신의 가면 I
원시 신화
조지프 캠벨 지음

이진구 옮김

Joseph Campbell Foundation

THE MASKS OF GOD Vol. I : PRIMITIVE MYTHOLOGY
by Joseph Campbell

Copyright © 2004 Joseph Campbell Foundation (jcf.org) : Collected Works of Joseph Campbell / Robert Walter, Executive Editor / David Kudler, Managing Editor

All rights reserved.
This Korean edition was published by Kachi Publishing Co., Ltd. in 2010 by arrangement with The Joseph Campbell Foundation through KCC(Korea Copyright Center Inc.), Seoul.

이 책은 (주)한국저작권센터(KCC)를 통한 저작권자와의 독점계약으로 (주)까치글방에서 출간되었습니다. 저작권법에 의해 한국 내에서 보호를 받는 저작물이므로 무단전재와 복제를 금합니다.

역자 이진구(李進龜)
서울대학교 종교학과를 졸업하고(1984), 동대학원에서 석사 학위(1988)와 박사 학위(1996)를 취득하였다. 뉴욕 주립대학교(스토니 부룩) 객원 연구원(1997-1998)으로 재임하였으며, 현재 서울대학교에 출강하고 있다.
연구 논문으로는 「한국 개신교의 타종교 의식」, 「천도교 교단조직의 변천과정에 관한 연구」, 「종교자유에 대한 한국 개신교의 이해에 관한 연구」, 「미국 개신교 근본주의에 관한 연구」 등이 있으며, 저서로는 『한국 개신교 주요 교파 연구』(1998, 공저), 『북한 교회사』(1996, 공저)가 있고, 역서로는 『세계의 종교』(세르게이 토카레프 저, 공역), 『동양의 종교』(조지프 키타가와 저, 공역), 『현대 종교학과 사회과학』(프랭크 훼일링 편, 공역), 『신의 가면 : 동양 신화』(조지프 캠벨 저)가 있다.

신의 가면 I : 원시 신화

저자 / 조지프 캠벨
역자 / 이진구
발행처 / 까치글방
발행인 / 박후영
주소 / 서울시 용산구 서빙고로 67, 파크타워 103동 1003호
전화 / 02・735・8998, 736・7768
팩시밀리 / 02・723・4591
홈페이지 / www.kachibooks.co.kr
전자우편 / kachibooks@gmail.com
등록번호 / 1-528
등록일 / 1977. 8. 5
초판 1쇄 발행일 / 2003. 1. 10
    7쇄 발행일 / 2020. 12. 10
값 / 뒤표지에 쓰여 있음

ISBN 89-7291-241-7 04210
      89-7291-240-9 04210(전4권)

신의 가면 I
원시 신화

책을 내면서

『신의 가면』 완간에 부쳐

오늘 나는 매우 보람 있는 작업을 위하여 보낸 지난 12년의 즐거운 시간을 회고해보려고 한다. 이 작업을 하면서 얻은 주요한 성과는 내가 오랫동안 충실하게 지켜온 생각을 확인하게 되었다는 것이다. 그 생각이란, 인간이 생물학적 수준에서만이 아니라 그 영적 역사에서도 통일성을 가지고 있다는 것이다. 그 통일성은 하나의 교향곡이 울려 퍼지는 것처럼 세계 곳곳에서 펼쳐져왔고 지금도 펼쳐지고 있다. 주제들이 나타나고 전개되고 확대되었다. 방향을 돌리기도 하고 비틀기도 하며 다시 나타나기도 하였다. 그리하여 오늘날에는 모든 악기들이 함께 소리를 내며 거역할 수 없는 물결을 이루어 장대한 포르티시모로 힘찬 절정을 향해서 나아가고 있다. 이 절정으로부터 그 다음의 위대한 악장이 나타날 것이다. 우리가 이미 들은 모티프들이 미래에 다시 등장하지 말라는 법은 없다. 그것들은 새로운 관계 속에서 등장할 것이지만, 그 모티프들은 동일할 것이다. 이 네 권의 책 속에 그 모든 것이 들어 있다. 그리고 합리적인 사람들이 합리적인 목적을 위하여 그것들을 사용할 수 있는 방법을 암시하는 단서들도 들어 있다. 물론 시인들은 시를 위해서, 광인들은 난

센스와 재앙을 위해서 그러한 것들을 사용할 수 있을 것이다. 제임스 조이스의 『피네건의 경야(*Finnegans Wake*)』에는 이러한 말이 있다. "사람들이 전혀 알지 못하였던 여느 사건들이 일어났음직한 사건일 수 있듯이, 마찬가지로 이 모든 사건들은 전적으로 불가능하게 보인다고 하더라도 일어났음직한 사건일 수 있다."

『신의 가면 : 원시 신화』 1969년판에 대한 하나의 노트

1959년에 『신의 가면』 4부작 가운데 첫번째에 해당하는 이 책이 나왔다. 그런데 그로부터 2년도 되지 않아 동아프리카의 탕카니카에 있는 올두바이 조지(Olduvai Gorge)라고 하는 곳에서 놀라운 유물들이 발굴되었다. 그 유물들로 인하여 지구상에 출현한 첫 인류의 연대가 100만 년 이상 더 거슬러 올라가게 되었다. 과거에 남아프리카의 여섯 곳(405-408쪽 참조)에서 발굴된 유물들은 기원전 60만 년경의 것이었던 반면, 탕카니카 유물은 새로 개발된 아르곤-40(Argon-40) 방법으로 측정한 결과 기원전 175만 년경의 것으로 밝혀졌다.[1] 더구나 그 시기에는 분명히 구별되는, 적어도 두 종류의 호미니드가 살고 있었던 것으로 밝혀졌다. 하나는 진잔트로푸스——"에티오피아 유인원(Ethiopian anthropoid)", "에티오피아인의 땅"을 의미하는 아랍어 발라드 알-지니에서 나온 말)——로 불렸는데, 대체로 채식을 하며 강인한 턱을 가지고 있었다. 반면, 다른 하나는 키가 더 작고 육식을 하며 박편석기를 사용하는 능숙한 사냥꾼으로 보였다. 올두바이 유물의 발굴자인 리키(L. S. B. Leakey) 박사는 후자가 지금의 인류와 더 가까운 원형이라고 보면서, 그를 "유능한 혹은 솜씨 있는 인간"을 뜻하는 호모 하빌리스(Homo habilis)라고 명명하였다.[2] 그렇지만 현재의 통설에 따르면, 앞에서 언급한 탕카니카와 남아프리카에서 출토된 유물은 모두 호모 사피엔스로 향하는 주요한 진화 선상에서 벗어나 있으며, "남쪽의 원숭이(southern ape)"를 의미하는 오스트랄로피테쿠스라는 학명으로 분류된다. 나는 이 책에서에서 보다 그럴듯하게 보이는 플레시안트로푸스(Plesianthropus)——"사람에 가까운 존재(near man)"를 뜻하는——라는 명칭을 사용하였는데(405쪽), 이 명칭은 단지 한 부류의 두개골과 치아 그리고 뼈에만 제한적으로 적용된다. 이 유물들은 남아프리카의 스테르크폰테인(Sterkfontein)에서 출토되었다. 이러한 문제에 관한 전문가 가운데 대표적인 한 사람인 쿤(Carleton S. Coon) 박사에 의하면, 남아프리카의 오스트랄로피테쿠스와는 달리 플레시안트로푸스는 현재의 우리로 이어지는 진화 선상에서 좀 특별한 종이다.[3]

이 책의 출판 직후 두번째의 중요한 발굴 작업이 근동 핵심부에서 이루어졌다. 남부 터키의 아나톨리아 평원에서 발굴된 일련의 유물에 의하면, 당시까지 알려진 최초의 신석기 문화보다 선행하는 어떤 시기가 존재하였다. 따라서 신석기 시대의 연대가 재조정되었다. 원-신석기 문화(The proto-neolithic, 161-164쪽, 454-455쪽)는 2,000년이나 더 거슬러 올라가 기원전 9500년에 등장한 것으로 재조정되었고, 기초 신석기 문화(The basal neolithic, 164-167쪽, 455쪽)는 이라크나 이란, 팔레스타인, 시리아가 아니라 소아시아에서 기원전 7500년경에 처음 출현하였으며, 그후 3단계로 발전해나간 것으로 간주되었다.

1. 첫 단계는 이전에는 알려지지 않았지만 지금은 토기 이전 혹은 무토기 신석기 문화로 알려진 문화이다. 이 문화의 유적은 팔레스타인뿐만이 아니라 하킬라르(Hacilar), 샤탈(Çatal), 휘위크(Hüyük), 그리고 그 밖의 다른 아나톨리아 지역에서도 발견되었다.[4] 이들은 작은 벽돌집을 갖춘 화려한 거주지에서 살았으며, 이미 잘 확립되어 있는 삶의 방식을 지니고 있었던 듯하다. 따라서 이 시기에는, 아직 사냥으로 식량을 보충하기는 하였지만, 이미 농업과 목축 기술이 구비되어 있었던 것으로 보인다. 더구나 하킬라르와 여리고에서는 어떤 종류의 두개골 숭배가 가정에서 행해졌음을 보여주는 흥미로운 증거들이 발견되었다(154쪽 이하의 내용과 비교할 것).

2. 다음 단계에 해당하는 기원전 6500년경에는 휘위크에서 갑자기 토기가 등장한다. 제임스 멜라트(James Mellart) 박사는 이렇게 말하고 있다. "바구니와 목재 용기만을 지닌 무토기 단계로부터 최초의 토기를 지

넌 신석기 시대로의 전환을 우리는 실제로 밝혀낼 수 있다."[5] 이 최초의 토기와 함께 신석기 입상들도 처음으로 나타났다. 이 입상들은 40개가 넘는 사당들과 관련되어 있었는데, 그 사당들에는 다양한 상징이 나타나고 있다. 그 찬란한 상징은 후기에 등장하는 위대한 어머니-여신 신화의 기본적 모티프를 사실상 모두 보여주고 있다. 이 최초의 신석기 입상들은 조금도 "고대적"이거나 원시적이거나 과장되어 있지 않으며, 부드럽고 자연스럽고 살아 있는 것과 같은 우아함을 지니고 있었다.

3. 초기 아나톨리아 문화의 세번째이자 마지막 단계는 기원전 5500-4500년경에 해당한다. 이 단계에서는 생동감이 없고 인습화된 모습을 보이는 저 유명한 벌거벗은 여신 입상들이 처음으로 등장하는데, 이는 최초의 촌락 예술과 대체적으로 관련되어 있다. 이 시기에는 자연주의에서 추상주의로, 시각적 사유에서 개념적 사유로의 전환이 일어난다. 한편 당시까지 모든 면에서 선진적이었던 이 아나톨리아 지역에서는 금속을 처음으로 사용하는 초기 청동기 시대의 조짐이 나타나고 있다. 구리와 납으로 만든 구슬과 작은 관(管), 다양한 장신구, 심지어는 금속으로 만든 도구들도 등장하였다. 정말 훌륭한 채색 도기도 제조되었는데, 이는 다음 1,000년간의 위대한 도기 양식(167-170쪽에서 다룬 할라프 도기, 사마라 도기, 오베이드 도기 등)을 예고하고 있다. 이러한 정착 촌락의 기술과 생활 방식이 남쪽과 동쪽으로 확산되면서 근동 전체가 그 영향권 아래 놓이게 되고, 그 과정에서 창조적 변형을 일으키는 새로운 중심지들이 등장하기 시작하였다. 그리하여 마침내——170쪽에서부터 다룬 것처럼——기원전 4000년경 메소포타미아에서 처음으로 위대한 역사 문명이 등장할 수 있었던 것이다.

여기서 마지막으로 언급해야 할 세번째의 고고학적 발견은 에쿠아도르 해안에서 있었다. 이 책의 출간 직후인 1960년 겨울, 한 조각의 일본 토기가 그 해안에서 발견되었고, 그후 계속해서 더 많은 토기가 발견되었다. 그 토기들은 모두 기원전 3000년경의 초기 조몬(繩文, 줄무늬) 양식에 속하는 것으로서, 신세계에서 발견된 토기 가운데 가장 오래된 것이었다. 또 최초의 예술 작품이라고 할 수 있는, 토기로 만든 여성 입상도 수없이 발견되었는데, 그것들은 아메리카 대륙에서 발굴된 것 가운데 가장 오래된 것이었다.[6] 나는 매우 흥분하였다. 왜냐하면 이 발굴의 결과물은 구세계의 문화가 아주 일찍부터 태평양을 가로질러 신세계로 전파되었다고 하는 나의 주장(234-249쪽)을 가장 극적으로 지지하였기 때문이다. 한편 콜럼버스 도래 이전의 아메리카에서 경작 및 농업이 언제 처음 등장하였는가에 대한 연구가 진행되었다. 남서 타마우리파스와 테후아칸 계곡의 동굴에 대한 집중적인 탐사 결과, 기원전 3500년경(몇 세기의 오차는 있지만)에 수렵과 어로에 종사하는 동굴 거주민들이 곡물도 경작하고 있었음이 드러났다. 이들이 최초로 재배한 곡물은 옥수수로 보인다. 그후 2,000여 년 동안에는 원예농업이 등장하였고, 기원전 1500년경에 이르러 마침내 진정한 의미에서 신석기 촌락 단계의 농경이 등장하였음을 보여주는 증거들이 나타났다.[7]

지금까지 살펴본 인간의 과거에 대한 이 세 가지 연구 분야는 오늘날 더욱 빠르게 발전하고 있으며 많은 가능성을 지니고 있다. 1960년대와 마찬가지로, 1970년대와 1980년대에도 새로운 사실을 알려주는 놀라운 성과가 틀림없이 나타날 것이다. 나는 그러한 발견들이 이 책에서 제시한 내 자신의 논지를 대체로 지지할 것이라고 생각한다. 만일 그렇지 않을 경우에는, 독자들 스스로 새로운 사실을 더하거나 잘못된 사실을 뺄 수 있기를 감히 희망한다.

1968년 크리스마스, 뉴욕 시에서
조지프 캠벨

차례

책을 내면서 / 5

머리말 : 신과 영웅의 자연사를 향하여 ································· 15
  1. 신 과학의 얼개 ··· 15
  2. 과거의 우물 ··· 17
  3. 학문과 낭만의 대화 ·· 20

제1부 신화의 심리학

서론 : 가면의 교훈 ··· 35

제1장 유전된 이미지의 수수께끼 ······································ 45
  1. 생득적 방출 기제 ·· 45
  2. 초일상적 신호 자극 ·· 54

제2장 경험의 각인 ··· 67
  1. 고통과 환희 ··· 67
  2. 지상에서의 삶을 구조화하는 힘 ································ 75
  3. 유아기의 각인들 ·· 80
  4. 유년기의 자연 발생적인 애니미즘 ······························ 99
  5. 각 지역의 감정 체계 ·· 110
  6. 노년기의 충격 ·· 144

제2부 원시 농경인의 신화

제3장 고등 문명의 문화 영역 ·········· 161
  1. 원(原) 신석기 : 기원전 7500-5500년경 ·········· 162
  2. 기초(Basal) 신석기 : 기원전 5500-4500년경 ·········· 164
  3. 신석기 중기 : 기원전 4500-3500년경 ·········· 167
  4. 사제 도시국가 : 기원전 3500-2500년경 ·········· 171

제4장 희생된 왕의 영토 ·········· 177
  1. 카시 파괴의 전설 ·········· 177
  2. 셰라자드의 밤 ·········· 188
  3. 왕과 성화(聖火)의 처녀 ·········· 192

제5장 사랑-죽음 의례 ·········· 197
  1. 처녀의 하강과 귀환 ·········· 197
  2. 신화적 사건 ·········· 204
  3. 페르세포네 ·········· 211
  4. 괴물 뱀장어 ·········· 219
  5. 병행 발전인가 확산 과정인가? ·········· 234
  6. 콜럼버스 이전 아메리카의 사랑-죽음 의례 ·········· 249

제3부 원시 사냥꾼의 신화

제6장 샤머니즘 ·········· 261
  1. 샤먼과 사제 ·········· 261
  2. 샤머니즘의 주술 ·········· 276
  3. 샤먼의 비전 ·········· 286
  4. 불을 가져오는 자 ·········· 304

제7장 동물의 주 ·········· 323
  1. 들소 춤의 전설 ·········· 323

 2. 구석기 신화 ·· 328
 3. 돌아온 피의 의례 ······································ 339

제8장 구석기 시대의 동굴 ································ 343
 1. 위대한 사냥꾼 샤먼 ·································· 343
 2. '우리들의 여인' 매머드 ···························· 358
 3. 곰의 주 ·· 382
 4. 두 세계의 신화 ·· 395

제4부 신화의 고고학

제9장 구석기 시대의 신화적 문턱 ···················· 405
 1. 플레시안트로푸스의 시대(기원전 60만 년 전후) ·········· 405
 2. 피테칸트로푸스의 시대(기원전 40만 년 전후) ············ 409
 3. 네안데르탈인의 시대(기원전 20만-7만 5000/2만 5000년경) ········· 414
 4. 크로마뇽인의 시대(기원전 3만-1만 년경) ·················· 423
 5. 카프사-세석기 양식(기원전 3만/1만-4000년 경) ········· 429

제10장 신석기 시대의 신화적 문턱 ·················· 435
 1. 최초 경작인의 거대한 뱀(기원전 7500년경?) ·············· 435
 2. 근동 문명의 탄생(기원전 7500-2500년경) ················· 442
 3. 대 확산 ·· 473

결론 : 신화의 기능 ··· 521
 1. 국지적 이미지와 보편적 길 ······················ 521
 2. 사랑, 권력, 그리고 덕의 속박 ·················· 524
 3. 속박으로부터의 해방 ······························· 529

주 / 535
역자 후기 / 557
색인 / 561

머리말 : 신과 영웅의 자연사를 향하여

1. 신 과학의 얼개

전세계의 신화를 비교하다 보면 인류의 문화사를 단일한 것으로 보지 않을 수 없게 된다. 불 훔치기, 홍수, 사자(死者)의 땅, 처녀 출생, 부활한 영웅과 같은 주제들이 전세계적으로 널리 분포하고 있지만, 그것들은 몇 개의 항상 동일한 요소들이 각 지역에서 새롭게 조합되어 나타난 것——만화경의 경우처럼——에 불과하기 때문이다. 이러한 신화적 주제들은 오락용 이야기에서는 놀이의 정신으로 가볍게 받아들여지지만, 종교적 맥락에서는 사실적인 것으로 받아들여진다. 심지어 문화 전체의 영적 권위와 세속적 힘의 토대가 되는 계시적 진리로 받아들여지는 경우도 있다. 그러한 신화적 모티프들은 제의 속에서 재현되며, 구도자, 시인, 신학자, 철학자에 의해서 해석되고, 예술을 통해서 드러나고, 노래를 통해서 웅장하게 표현되고, 생명력을 제공하는 비전 속에서 황홀하게 경험된다. 이러한 현상이 나타나지 않은 인간 사회는 아직 발견되지 않았다. 인류의 역사를 그 첫 장부터 탐색해보면, 그것은 단지 도구를 만드는 인간의 진화 이야기에서 그치는 것이 아니라, 불타는 비전을 자신의 마음속에 쏟아 붓는 구도자의 역사이자 초월적인 계약을 육화시키려는 지상 공동체의 역사였음을 알 수 있다. 그 과정에서 각 공동체는 초자연적 문양을 지닌 독특한 서명과 날인을 갖추게 되었다. 각 공동체의 영웅들에게 전달된 이러한 서명과 날인의 효능은 대중의 삶과 경험 속에서 날마다 검증된다. 자신이 속한 종교의 성소에서 눈을 감고 기도하는 독실한 사람들은 다른 전통의 성사(聖事)에 대해서는 합리성의 잣대를 들이대어 반박하는 경향이 있다. 그러나 여러 전통을 정직하게 비교해보면 그 모든 전통은 다양한 신화적 모티프——모든 사람이 존중하고 있는——를 저장하고 있는 하나의 금고에서 나왔음을 알 수 있다. 단지 그 모티프들이 지역적 필요에 따라 다양하게 선택되고 조직화되고 해석되고 제의화된 것일 뿐이다.

바로 이러한 맥락에서 우리의 관심을 끄는 역사적이고 심리학적인 문제가 등장한다. 인간은 보편적인 신화적 유산을 나름의 방식으로 수용하지 않고서는 우주 속에서 도저히 살아갈 수 없는 것 같다. 삶의 충만성은 합리적 사유가 아니라 각자가 지니고 있는 신화의 깊이와 폭에 직접 비례하는 것으로 보인다. 사람들에게 삶의 활력을 불어넣을 뿐만 아니라 각기 고유한 아름다움과 자발적인 운명을 지닌 문명들을 창조해내는, 이러한 비실체적인 주제가 지닌 힘은 도대체 어디서 나오는 것일까? 그리고 왜 사람들은 자신들의 삶의 확고한 토대를 세계에 널려 있는 객관적 사실들이 아니라 아주 먼 옛날의 상상력에 근거한 신화에서 찾는 것일까? 심지어 세상이 제공하는 축복을 편하게 받아들이기보다는 어떤 폭력적인 신의 이름으로 자신과 이웃의 삶을 지옥으로 만들면서까지 말이다.

현대 문명들은 인류 공통의 전통을 각기 다른 자리에서 이해하고 있기 때문에 서로 영적으로 고립되어 있는가? 그렇다면 우리는 보다 깊은 곳에 자리 잡고 있는 인간 이해의 공통 지점으로 뚫고 들어갈 수 없는가? 여러 문화의 신화들은 의식적 차원이든 무의식적 차원이든 각 문화 속에서 살고 있는 사람들의 삶의 에너지를 분출시키고 삶의 동기와 방향을 제공하는 강력한 동인으로 분명히 작용하고 있다. 따라서 이성적 차원에서는 서로를 이해할 수 있지만, 우리와 우리 조상의 삶을 이끌어온 신화들에 의해서 우리의 삶은 극한적인 대립 국면으로 치달을 수도 있다.

내가 아는 한, 비교상징론, 비교종교학, 비교신화학, 비교철학과 같은 여러 학문 분야에서 최근에 등장한 새로운 시각들을 하나의 그림 속에 통합한 작업은 아직까지 나오지 않았다. 지난 수십 년 동안 고고학 분야에서는 풍부한 연구 성과가 축적되었으며, 문헌학, 민족학, 철학, 예술사, 민속학, 종교학 분야에서도 집중적인 탐구로 인하여 놀라울 정도의 학문적 명료화 및 단순화 그리고 협동 작업이 이루어졌다. 심리학 분야에서는 새로운 통찰력이 제시되었고, 아시아의 학자, 승려, 지식인들도 서구의 학문 발전에 귀중한 역할을 하였다. 이러한 일들로 인류의 영적 역사의 근본적 통일성에 관한 새로운 이미지가 형성될 수 있었다. 나는 이처럼 다양한 학문 분야에서 이미 축적된 자료의 보고(寶庫)를 왜곡시키지 않으면서 단지 하나의 통일적인 신화 과학의 구성요소들을 수집할 것이다. 이를 토대로 다음 몇 쪽에 걸쳐 우선 신들과 영웅들의 자연사를 스케치할 것이다. 궁극적으로는 모든 신적 존재들이 이러한 작업 속에 포함될 것이다. 여기서는 그 어떠한 존재도 신성불가침한 영역에 존재하는 것으로 간주되어 과학적 탐구에서 벗어나는 일은 결코 없을 것이다. 동물학이 모든 동물을 포함하고 식물학이 모든 식물을 포함하고 있듯이 말이다. 가시적인 식물과 동물의 세계에서와 마찬가지로 환상적인 신들의 세계에서도 역사와 진화가 있으며 법칙의 지배를 받는 일련의 변동 과정이 존재한다. 그러한 법칙을 발견해내는 것이 과학의 고유한 목적이다.

2. 과거의 우물

토마스 만(Thomas Mann)은 신화적 분위기를 풍기는 그의 4부작 『요셉과 그의 형제들(Joseph and His Brothers)』의 서두에서 이렇게 말하고 있다. "과거라는 우물은 매우 깊다. 바닥이 없다고 표현해야 하지 않을까? 귀를 깊이 기울일수록, 그리고 과거의 낮은 세계로 더 파고 들어갈수록, 우리는 인류와 인류의 역사 및 문화의 최초의 토대가 측정 불가능하다는 사실에 접하게 된다."[11]

우리의 첫번째 과제는 토마스 만의 이러한 지적이 사실에 부합하는가를 묻는 것이다. 이를 위해서 먼저 이 문제의 심리학적 측면을 조사할 것이다. 즉 인간의 정신적·육체적 시스템에는 신화와 제의의 기원을 알려줄 어떤 구조나 역동적 경향이 존재하는가를 탐구할 것이다. 그 다음에는 신화적 관념의 최초 형태를 알기 위하여 고고학적·민족학적 자료를 탐구할 것이다.

그러나 토마스 만이 이미 경고하였듯이, "우리가 아무리 깊이 파들어가는 모험을 한다고 하더라도 그 토대들은 계속해서 더 깊은 곳으로 가라앉는다." 첫번째 심연은 기나긴 선사시대의 말미를 장식하는 인류 최초의 문명들인데, 이 심연 밑에는 원시인, 힘센 사냥꾼, 그리고 식물의 뿌리와 벌레를 잡아먹던 보다 원시적인 인간들이 활동한 수 세기, 수천 년, 아니 수만 년의 시간이 존재한다. 그 아래로는 50만 년 이상의 시간이 흐르고 있다. 그리고 그 밑, 인류의 마지막 지평선 아래로는 더 깊고 더 어두운 세번째 심연이 가로놓여 있다. 거기에서는 새, 물고기, 원숭이, 꿀벌의 제의적 춤이 발견된다. 따라서 이제 동물의 왕국을 이루는 다른 구성원들처럼 우리 인간도 환경과 그 자신에 의해서 발산되는 어떤 신호들에 대하여 엄격하게 패턴화된 방식으로 반응하는 어떤 본래적인 경향을 지니고 있는가를 물어야만 한다.

신들에 대한 자연과학이라는 개념은 과학적 파일 속에서 이미 분류되어 있는 자료들의 범위와 비슷한 성격을 가지고 있다. 따라서 그 개념 속에는 최근의 인간 경험만이 아니라 인간 경험의 원시적·선사적 층도 포함되어야만 한다. 이 오랜 과거의 층을 본론에 대한 일종의 서론처럼 간단하게 다루어서는 안 된다. 문명의 뿌리는 깊고, 우리의 도시들은 표면만 보아서는 안 되기 때문이다. 이 주제의 첫 장은 풍부하고 위대하고 놀라운 것을 포함하고 있기 때문에 제2장, 제3장, 제4장만큼이나 철저하게 탐사해야 한다. 그리고 거기서 다루는 범위는 나머지 시대들보다 훨씬 더 광활하다. 그것은 최근에 개인의 내면 속에 드러난 저 심리학적 무의식의 인류사적 대응물이라고 할 수 있는 "시간의 어두운 심연(the dark backward and abysm of time)"으로 이어진다. 대수렵 시대의 크로마농인 마법사-예술가의 동굴을 탐사하고, 그보다 깊은 층에서 타인의 두개골을 부수고 뇌를 날것으로 핥아먹는 빙하시대 식인종의 굴을 조사해보라. 그리고 그보다 훨씬 더 깊은 층에 속하는 초기 트란스발(Transvaal, 남아프리카 공화국 북동부의 주/역주)의 너른 평야에서 활동하던, 침팬지처럼 생긴 사냥꾼-피그미인의 수수께끼 같은 백악질 해골을 조사해보라. 그러면 우리는 동서양 고등 문화의 가장 깊은 비밀만이 아니라 우리 자신의 가장 깊은 곳에 있는 기대, 자발적 반응, 그리고 강박적 두려움의 비밀을 밝히는 단서를 발견하게 될 것이다.

따라서 이 책에서는 현재 동원할 수 있는 모든 빛을 이용하여 과거의 깊고 깊은 우물을 탐사할 것이다. 베이컨의 『학문의 진보(Advancement of Learning)』와 마찬가지로 이 책도 이미 완전히 정복된 지식 분야가 무엇이고 아직 정복되지 못하였거나 철저하게 무시된 분야가 무엇인지를 밝히는 데 그 목적을 두고 있다. 시야가 넓게 트이고 어떤 것을 암시하는 분명한 표식이 보이는 곳에서는 그것의 의미를 파악하기 위해서 때때로 대담한 추측을 시도할 것이다. 그러나 이 책은 모험적인 가설을 시도함에도 전체적으로는 어떤 분명한 입장의 천명보다는 전망의 방식을 취할 것이다. 왜냐하면 이 자료들은 계시의 뿌리의 과학(a science of the roots of revelation, 신화의 과학/역주)을 위하여 미리 순서대로 배열되어 있었던 것은 결코 아니기 때문이다.

선사시대인의 영적 자원을 탐사한 뒤에는 세 권의 책을 통하여 순차적으로 동양 신화(Oriental mythology), 서양 신화(Occidental mythology), 창작 신화(Creative mythology)를 탐사할 것이다. 여기서 말하는 "동양"은 광활하고 다양한 내용을 포함하지만 본질적으로는 통일성을 지닌 주요 지역의 모든 전통을 가리킨다. 즉 인도, 동남아시아, 중국, 일본의 철학적 신화와 신화적 철학이 우선적으로 포함된다. 그리고 이들보다 좀더 빠른 시기에 등장하였지만 이들 문명과 밀접한 관련을 지닌 고대 메소포타미아와 이집트의 신화적 우주론이 포함된다. 나아가, 이들 문명보다 늦은 시기에 등장하였고 거리가 멀리 떨어져 있기는 하지만, 본질적 차원에서는 유사성을 지니고 있는, 콜럼버스 도래 이전의 중앙아메리카와 페루의 신화 체계가 포함된다. "서양"에는 조로아스터교, 유대교, 기독교, 그리고 이슬람의 역사 발전적이고 윤리 지향적인 신화들이 당연히 포함되는 동시에, 이와 대립되면서도 관련을 지닌 그리스-로마의 만신전과 켈트-게르만 만신전이 포함된다. 마지막으로 "창작 신화"라고 하는 제목 아래에서는 근대 세계의 가장 중요한 신화적 전통들이 포함될 것이다. 그 전통은 원래 그리스인에게서 시작되어 르네상스 시대에 성년에 달하였고, 오늘날에는 서양의 예술가, 시인, 철학자의 작품 속에서 계속하여 건강한 모습으로 번성하고 있다. 이러한 사람들에게는 과학이 분석 대상으로 삼고 있는 세계의 경이 자체가 궁극적 계시이다.

토마스 만이 말하였듯이, 인류의 역사에서는 신화적인 것이 초기의 원시적인 사유 방식이지만, 개인의 생애에서는 신화적인 것이 늦게 나타난, 성숙한 사유 방식이다.[2] 따라서 우리는, 원시적인 것에서 가장 성숙한 것에 이르기까지, 이 신화라는 주제의 모든 변주곡 속에 나타나는 어떤 놀라운 통일성의 울림을 들을 수 있을 것이다.

3. 학문과 낭만의 대화

19세기 말까지는 학문적 차원의 신화 연구가 사람들의 관심을 끌지 못하였다. 그 분야가 너무 광범위하고 자료가 널리 흩어져 있었기 때문이다. 그런데 19세기에는 이미 모든 지식 분야에서 급속한 발전이 이루어지고 있었다(고전학과 동양학, 비교문헌학, 민속학, 이집트학, 성서비평, 인류학 등). 특히 이 시기에 격렬하게 진행된 학자들 사이의 이론적 논쟁은 불교 전통에서 오래전부터 우화로 전해져온 "장님과 코끼리" 이야기를 닮았다. 이 이야기에 따르면, 어느 날 코끼리의 머리를 만진 장님들이 "코끼리는 물단지처럼 생겼다"고 주장하였다. 코끼리의 귀를 만진 장님들은 "이 동물은 키처럼 생겼다"고 외쳤다. 이어서 코끼리의 엄니를 만진 사람들은 보습, 배꼽을 만진 사람들은 뚜껑 달린 큰 상자, 다리를 만진 사람들은 기둥, 직장(直腸)을 만진 사람들은 회반죽, 발을 만진 사람들은 공이, 꼬리를 만진 사람들은 부채라고 각각 목소리를 높였다. 그들은 서로 주먹을 쥐고 다투면서 이렇게 외쳤다. "이것이 코끼리이고 저것은 코끼리가 아니다!", "이것은 코끼리가 아니고 저것이 코끼리다!"

그때 부처가 다음과 같은 교훈을 설파하였다. "이단의 견해를 그대로 믿으면서 이단을 공격하고 이단에 빠지기를 좋아하는 승려나 브라만이나 유랑하는 은둔자의 무리는 눈이 없는 이 장님들과 똑같다. 선과 악, 옳음과 그름을 판별하지 못한다. 그들은 비수와 같은 말로 서로를 비방하면서 '이것이 옳고 저것이 그르다', '이것이 그르고 저것이 옳다'고 외칠 뿐이다."[3]

근대 학문 분야에서 건전한 비교 방법을 최초로 사용한 두 학문은 고전학과 성서학이다. 그러나 당시에는 기독교 전통의 근본적 특징 때문에 그리스 고전과 성서를 동일한 사유의 지평에 놓고 비교하는 것이 불경스러운 일로 간주되었다. 그리스 신화는 자연적 질서에 속하는 것으로 여겨졌고, 성서의 신화는 초자연적 질서에 속하는 것으로 여겨졌다. 그래서 고전적 영웅들(헤라클레스, 테세우스, 페르세우스 등)의 경이로운 활동은 문학으로 연구되고, 히브리인(노아, 모세, 여호수아, 예수, 베드로 등)의 그것은 객관적인 역사로 간주되었다. 그러나 그 시기가 정확히 일치하는, 이 동지중해의 두 가지 전통에 공통적으로 나타나는 전설적 이야기들은 모두 그에 선행하는 메소포타미아의 청동기 문명에서 나온 것이다. 근대 고고학이 등장하기 전에는 이 사실을 아무도 알 수 없었다.

이러한 학문적 논쟁에 가장 결정적인 영향력을 행사한 세번째 학문은 당시에 급속히 발전한 아리안, 인도-게르만, 혹은 인도-유럽 문헌학이다. 1767년에 이미 인도에서 활동한 예수회 신부 쾨르두(Coeurdoux)는 산스크리트와 라틴어의 놀라운 유사성에 주목하였다.[4] 서양 최초의 본격적인 산스크리트학자이자 캘커타 대법원의 판사였던, 그리고 벵골 아시아학회(Begal Asiatic Society)의 창설자인 윌리엄 존스 경(Sir William Jones)은 그 관계에 주목한 두번째 사람이었다. 그는 라틴어, 그리스어, 산스크리트의 문법구조를 비교한 뒤, 이 세 언어가 모두 "지금은 더 이상 존재하지 않는 것으로 보이는 어떤 공통의 근원"에서 "튀어나왔다"고 결론지었다.[5] 프란츠 보프(Franz Bopp, 1791-1867)는 1816년에 산스크리트, 그리스어, 라틴어, 페르시아어, 그리고 게르만어의 동사변화를 비교한 저서를 출판하였다.[6] 19세기 중반에는 서로 밀접한 관련을 맺고 있는 술어들이 문명 세계의 대부분 지역에 광범위하게 존재한다는 사실이 분명하게 드러났다. 하나의 근원에서 나온 것이 분명한 단일한 언어군이 광범위하게 퍼져 있음이 드러난 것이다. 거기에는 산스크리트와 팔리어(불교 경전의 언어)만이 아니라 북인도에서 사용되는 대부분의 언어와 싱할레어(실론의 언어), 페르시아어, 아르메니아어, 알바니아어, 불가리아어, 폴란드어, 러시아어, 여타의 슬라브어, 그리스어, 라틴어, 그리고 유럽의 모든 언어——에스토니아어, 핀란드어, 랩어, 마쟈르어, 바스크어를 제외한——가 포함된다. 이렇게 하여 아일랜드에서 인도에 이르는 지역의 연속성이 드러났다. 이들 지역의 언어만이 아니라 문명, 종교, 신화, 문학 형식 그리고 사유 양식도 쉽게 비교할 수 있었다. 예를 들면, 고대 인도의 베다 만신전, 중세 아이슬랜드의 에다 만신전, 그리스 올림포스 동산의 만신전에 대한 비교가 가능해진 것이다. 당시의 지도적인 학자들과 철학자들이 어찌 놀라지 않을 수 있었겠는가!

이러한 학문적 발견으로 인하여, 문명의 역사에서 가장 생산적이고 철학적으로 성숙한 사람들은 이 광범위한 지역과 관련되어 있었을 것이라는 발상이 등장하였다. 많은 흑인종의 고향이기도 한 오리엔트 지역에서 조차 그들에게 최고의 문화적 자극을 제공한 것은 밝은 색 피부의 인도-아리아인으로 보였기 때문이다. 이러한 관점에서 볼 때 당시 최고의 문화는, 기록을 남긴 최초의 단계에서는 산스크리트 베다와 베다의 만신전으로 대표되며(호메로스의 시와 올림포스 만신전의 형식 및 정신과 너무 비슷하기 때문에 알렉산드로스(Alexander) 대왕의 추종자들은 양자 사이의 유비를 쉽게 인정하였다), 보다 발전한 후기에는 부처의 복음에 의하여 대표된다. 유럽의 많은 학자들은, 부처의 정신이 아리아족의 독특한 영성에 의하여 영감을 받은 것이며 그러한 부처의 정신은 마법처럼 동양 전체에 영향을 미쳤다고 보았다. 따라서 동양에서는 어떤 신을 위해서가 아니라, 인간 자신 속에 있는 순수하고 완전하고 밝은 의식, 즉 불성 자체를 위해서 사원과 불탑을 바치게 되었다고 생각하였다.

이러한 학문적 발견은 필연적이었지만, 매우 위험한 요소를 잠재적으로 지니고 있었다. 비록 조용한 학문적 용어를 통해서 보고되었다고 하더라도, 그러한 발견은 결국 당시의 어떤 정서적 경향과 일치하였기 때문이다. 당시 새롭게 부상한 물리학, 생물학, 지리학의 모든 영역에서 이루어지던 발견에 비추어볼 때, 구약성서에 나와 있는 신화적인 창조 이야기는 더 이상 문자적 의미의 사실로 받아들여질 수 없었다. 17세기에는 루터와 로마 가톨릭 교회의 종교재판소가 태양 중심적 우주관을 성서에 대립하는 것이라고 공격하였다. 그러나 19세기의 학자들은 오히려 성서가 사실에 부합하지 않는 책이라고 주장하였다. 히브리 성서가 거부됨에 따라 히브리의 신과 기독교의 신적 권위도 함께 거부되었다. 유대-기독교 전통은 계시의 산물로 간주되는 신법에 대한 복종을 이상적 덕목으로 제시하는데, 르네상스는 그리스의 휴머니즘으로 그것에 대항하였다. 앞에서 언급한 것과 같은 놀라운 인종적 연속성의 발견에 따라, 그 휴머니즘은 한편으로는 인도 우파니샤드 및 불교 경전의 심오하고 비신학적인 종교성과 관련되고 다른 한편으로는 이교도 게르만──기독교화된 로마를 무너뜨렸지만 결국에는 기독교화된──의 원시적 건강성과 관련되었다. 그 결과 유럽 문화 전통에서 유대-기독교의 몫과 대립하는 이교도의 비중이 상당히 증대하는 것처럼 보였다. 더구나 이러한 심오하고 활력 있는 창조적 전통을 낳은 발상지가 유럽, 특히 게르만 지역*이라는 증거가 나타났기 때문에 유럽인의 낭만적 자부심이 학문 세계에 불꽃처럼 번졌다. 그림(Grimm) 형제 야콥(Jacob, 1785-1863)과 빌헬름(Wilhelm, 1786-1859)은 인도-유럽 신화의 깨어진 잔해를 찾겠다는 신념으로 수많

---

* 이러한 증거를 제시하는 현대의 연구를 개관하기 위해서는 Paul Thieme의 "The Indo-European Language", *Scientific American*, Vol. 199, No. 4(1958년 10월), 63-74쪽을 보라. 그리고 Peter Giles의 논문 "Indo-Europeans", *Encyclopedia Britannica*, 14판(1929), Vol. 12, 262-263쪽을 보라. Thieme는 그 핵심적인 종족의 본래 고향을 기원전 4000년대 후반의 비스툴라 강과 엘베 강 사이의 어떤 지역으로 보았다. Giles는 옛날의 오스트리아-헝가리 제국에 있는 어느 곳이라고 추정하였다. 한편 A. Meillet와 Marcel Cohen은 그들의 대저 *Les Langues du monde*(Paris : H. Champion, 1952)의 6쪽에서 그 지역이 "남러시아의 평원 지대"라고 주장하였다.

은 민담을 채집하였다. 쇼펜하우어는 산스크리트로 쓰여진 우파니샤드를 "이 세상에서 가장 가치 있고 뛰어난 책"[7]이라고 격찬하였다. 바그너는 보탄, 로키, 지크프리트 그리고 라인 강의 처녀들이 등장하는 오래된 게르만 신화들 속에서 독일 정신의 고유한 매개물을 발견하였다.

그러므로 창조적 상상력을 지닌 일군의 현학적 지식인들이 학계──여기서는 사유가 더 많은 사유를 낳는다──에서 나온 이러한 놀라운 문헌학적 연구 성과를 정치의 영역──여기서는 사유가 행동을 낳고 단 하나의 사유면 족하다──으로 가져왔을 때, 잠재적으로 매우 위험한 상황이 조성되었다. 1839년에 그러한 위험한 상황이 처음 일어났다. 당시 프랑스의 귀족이던 쿠르테 드 릴(Courtet de l'Isle)은 자신의 저서『인간 과학에 의거한 합당한 정치학 ; 혹은 인종에 관한 연구(*La Science politique fondée sur la science de l'homme ; ou, Etude des races humaines*)』(Paris, 1839)에서 하나의 정치 이론을 제시하였다. 그러한 경향은 아르튀르 드 고비노(Arthur de Gobineau) 백작의 유명한 4권짜리 책『인종의 불평등에 관한 에세이(*Essai sur l'inégalité des races humaines*)』(1853-1855)와 바셰 드 라푸주(Vacher de Lapouge) 백작의『아리아인과 그들의 사회적 역할(*L'Aryen et son rôle social*)』(1899)에서 더 강화되었다. 마지막으로, 바그너의 딸과 결혼한 영국인 휴스턴 스튜어트 체임벌린(Houston Stewart Chamberlain)의 저 유명한 작품『19세기의 토대(*The Foundations of the Nineteenth Century*)』(1890-1891)가 나왔는데, 이 작품은 알프레드 로젠베르크(Alfred Rosenberg)가 집필한『20세기의 신화(*Der Mythus des 20. Jahrhunderts*)』(1930)의 배경이 되었으며, 이 세상을 불꽃에 휩싸이게 만들었다.

신화는 분명 어린이를 위한 장난감이 아니다. 또한 그것은 현대인과는 아무 관련이 없는 고대적인 것이거나 단지 학문적인 것에 불과한 것도 아니다. 신화 속의 상징들은 가장 깊은 동기부여를 가져온다. 신화는 배운 사람과 배우지 못한 사람 모두를 움직이고, 폭도를 움직이며, 문명을 움직인다. 최근의 상황을 보면 세계를 하나의 공동체로 묶는 기술적 발전 성과가 생활의 전면으로 부상하였음에도, 도덕 체계의 기반이 되는 인류학적·심리학적 연구 성과는 학문 세계에 그대로 갇혀 있다. 이러한 두 분야 사이의 불균형 상태는 실제적인 위험을 초래한다. 달나라행 로켓을 타게 될 어린이들에게 인류가 마력(馬力)을 사용하기 이전에 만들어진 인간관과 사회관에 근거하여 도덕과 우주론을 가르치는 것은 어리석은 짓이다. 이제 이러한 오래된 '선민'(여호와, 알라, 보탄, 마누, 악마 가운데 그 어느 것에 속하든)의 게임 가운데에서 어느 것을 하기에는 세계가 너무 좁고 인간의 지위는 너무 위대하다. 사실 그러한 게임들은 뱀이 아직 말을 하던 시절에 부족사회의 구성원들을 적으로부터 보호하기 위하여 만들어진 것에 불과하다.

인류 공동체 의식의 확장에 따라, 시대착오적이고 무시무시한 아리아인의 고함 소리는 19세기의 학문 무대에서 급속하게 사라졌다. 이러한 인류 공동체 의식의 등장은 무엇보다도 인류학과 고고학에서 그동안 전혀 예견되지 않았던 새로운 자료들이 대거 발굴된 데 따른 것이다. 예를 들면, 최초의 인도-유럽 부족들은 이미 수많은 인종의 혼합으로 존재하고 있었을 뿐만 아니라, 그들이 발명한 것으로 간주되었던 것의 대부분이 그보다 이른 시기에 훨씬 고도의 문명을 구가한 고대 이집트와 크레타 그리고 메소포타미아에서 나온 것이라는 사실이 드러났다. 더구나 성서적 신화와 종교 전통만이 아니라 그리스의 고전 신화와 종교 전통의 주요 주제들이 전세계적으로——아리아인과 셈족의 어떤 영향력을 훨씬 벗어나서——분포되어 있다는 사실이 드러남으로써 선사시대 문명의 범위는 엄청나게 확장되었고, 그 결과 오래된 문제들과 자만심과 편견은 구시대적인 것으로 간주되었다.

19세기의 인간상 확립에 중요한 기여를 한 새로운 발견 가운데 대표적인 것을 요약하면 다음과 같다.

1821년   장 프랑수아 샹폴리옹(Jean François Champollion)이 로제타석(Rosetta Stone)을 통하여 고대 이집트의 상형문자를 해독함으로써 그리스 문학과 히브리 문학보다 거의 2,000년이나 앞선 고대 문명의 종교적 문헌이 알려지게 되었다.

1833년	윌리엄 엘리스(William Ellis)가 『폴리네시아에 관한 연구(*Polynesian Researches*)』(전4권)를 통하여 남태평양 군도의 신화와 풍습을 밝혔다.
1839년	헨리 로 스쿨크래프트(Henry Rowe Schoolcraft)는 『알직 연구(*Algic Researches*)』(전2권)에서 북아메리카 인디언 신화의 상당 부분을 처음으로 수집하였다.
1845-1850년	오스틴 헨리 레어드 경(Sir Austen Henry Layard)은 고대 니네베와 바빌론 지역을 발굴하여 메소포타미아 문명의 보고를 드러냈다.
1847-1865년	자크 부셰 드 크레브쾨르 드 페르테(Jacques Boucher de Crevecoeur de Perthes)는 『고대 켈트인과 대홍수 이전의 사람들(*Antiquités celtiques et antédiluviennes*)』(전3권)에서 플라이스토세(世)에 유럽에 인간이 존재하였음을 밝혔다. 그리고 석기의 분류에 근거하여 구석기 시대를 (1) "동굴 곰 시대", (2) "매머드와 털이 많은 코뿔소 시대", (3) "순록 시대", 이렇게 세 시기로 나누었다.
1856년	요한 카를 풀로트(Johann Karl Fuhlrott)는 동부 독일의 한 동굴에서 '동굴 곰과 매머드 시대'의 힘센 사냥꾼인 네안데르탈인(호모 네안데르탈렌시스)의 뼈를 발견하였다.
1859년	찰스 다윈(Charles Darwin)의 『종의 기원(*On the Origin of Species*)』이 출판되었다.
1860-1865년	에두아르 라르테(Edouard Lartet)가 남부 프랑스에서 크로마뇽인의 유해를 발견하였다. 플라이스토세의 끝 무렵인 '순록 시대'에 네안데르탈인은 크로마뇽인에 의하여 대체되었다.
1861년	고대 중앙아메리카의 신화 문헌인 『포폴 부(*Popol Vuh*)』가 아베 브라쇠르 드 부르부르(Abbé Brasseur de Bourbourg)에 의하여 학계에 소개되었다. 그리고 이 시기(1860년대)에 신화의 근본 주제와 모티프의 보편성이 일반적으로 인

식되기 시작하면서 어떤 종류의 심리학적 설명이 곧 나올 것이라는 기대가 있었다. 이때 학계의 주변 지대에서 다음과 같은 두 비교 연구서가 동시에 나왔다.

1868년　필라델피아에서 출판된 다니엘 브린턴(Daniel G. Brinton)의 『신세계의 신화들(The Myths of the New World)』은 신세계와 구세계의 원시 문화 및 고등 문화 속에 등장하는 신화들을 비교하였으며, 베를린에서 나온 아돌프 바스티안(Adolf Bastian)의 『인종의 지속과 그 가변성의 범위(Das Beständige in den Menschenrassen und die Spielweite ihrer Veränderlichkeit)』는 비교심리학과 비교생물학의 관점을 인류의 신화들에 나타나는 "상수"와 "변수"의 문제에 적용하였다.

1871년　에드워드 타일러(Edward B. Tylor)는 자신의 저서 『원시 문화 : 신화, 철학, 종교, 언어, 예술, 풍습의 발달에 대한 연구(Primitive Culture : Researches into the Development of Mythology, Philosophy, Religion, Language, Art, and Custom)』에서 원시인의 사유를 체계적으로 해석하기 위하여 심리학적인 "애니미즘(animism)"이라는 개념을 사용하였다.

1872-1885년　하인리히 슐리만(Heinrich Schliemann)은 트로이(히사를리크)와 미케네를 발굴하여 호메로스와 고전 시대 이전의 그리스 문명을 밝혀냈다.

1879년　돈 마르셀리노 데 사우투올라(Don Marcelino de Sautuola)는 북스페인(알타미라)에 있는 자신의 사유지에서 '매머드와 순록 시대'의 훌륭한 동굴 벽화를 발견하였다.

1890년　제임스 조지 프레이저 경(Sir James George Frazer)은 이 시기의 인류학적 연구에서 백미라고 할 수 있는 『황금가지(The Golden Bough)』를 출판하였다.

1891-1892년　중부 자바의 솔로 강가에 있는 트리닐 부근에서 외젠 뒤

	부아(Eugène Dubois)는 "잃어버린 고리"에 해당하는 피테칸트로푸스 에렉투스("직립보행하는 유인원")의 뼈와 이빨을 발견하였다. 그것의 뇌 용량은 고릴라 가운데 가장 큰 것(약 600cc)과 보통 현대인의 것(약 1,400cc) 중간에 해당하였다.
1893년	아서 에번스 경(Sir Arthur Evans)이 크테타 발굴을 시작하였다.
1898년	레오 프로베니우스(Leo Frobenius)가 원시 문화에 대한 새로운 접근 방식("문화권 이론")을 보여주었다. 그 이론에 의하면, 하나의 원시 문화 연속체가 서아프리카의 적도 지대에서 시작하여 동쪽으로 인도와 인도네시아 그리고 멜라네시아와 폴리네시아로 이어지고, 다시 태평양을 건너 적도 지역의 아메리카와 북서 해안으로 이어진다.[8] 이 이론은 브린턴, 바스티안, 타일러, 그리고 프레이저가 제시한 오래된 "병행 발전" 이론이나 "심리학적" 해석 방식에 대한 근본적인 도전이었다. 왜냐하면 이 해석은 이른바 "보편적" 주제의 광범위한 분포 문제를 거시적이고 대담한 시각, 즉 대양을 건너는 원시적 "확산"(a primitive trans-oceanic "diffusion")의 관점에서 접근하였기 때문이다.

그러므로 거의 믿을 수 없을 정도의 영적·기술적 변형이 일어난 이 획기적인 세기 동안, 낡은 지평이 해체되고 모든 학문의 무게중심이 국지적 자부심이라는 좁은 영역으로부터 새롭고 단일한 세계 속에 존재하는 인간 자신에 대한 거시적 학문 영역으로 이동하였다. 과거에 인문학적 관심 영역을 충분히 만족시켰던 것으로 보이던 18세기의 학문 분과들이 이제는 보다 큰 주제의 한 영역으로 편입되었다. 당시까지 사람들의 최대 관심사는 인간의 자연적 능력과는 구별되는, 인간의 초자연적 능력에 관한 것이었다. 그런데 이제는 그동안 고등 종교들의 신적 토대에 대한 증거로 간주되었던 이러한 신화적 모티프들——토마스 아퀴나스가 주장

하였듯이, "신은 인간의 자연적 지식을 초월하며, 인간이 그에 대해서 상상할 수 있는 모든 것을 넘어서 존재한다"⁹⁾는——이 보편적으로 존재한다는 사실이 널리 알려지게 되었다. 이처럼 초자연적 모티프가 어떤 한 종교 전통의 전유물이 아니라 모든 종교 전통에 공통적으로 나타난다는 인식이 등장하면서, "정통"과 "이단", "고등 종교"와 "원시 종교" 사이의 긴장과 갈등은 쉽게 해소되었다. 이제 사람들의 최고 관심사이자 주요한 문제로 등장한 것은 두 가지였다. 하나는, 죽음과 재생, 처녀 출생, 무로부터의 창조 같은 신화적 주제들을 단순한 원시적 무지의 흔적으로 간주하고 이를 합리적 시각에서 제거해야 할 것인가 아니면 그와 반대로 그것들이 이성의 능력을 넘어선 어떤 가치(초월적 상징)를 지녔다고 간주하고 그것의 의미를 해석해야 할 것인가의 문제였다. 다른 하나는, 자연 발생적 정신 작용의 산물인 그러한 주제들이 세계의 각 지역에서 독자적으로 등장한 것(병행 발전 이론)인지 아니면 특정한 시대와 사람들에 의하여 발명된 뒤 이주와 교역에 의해서 다른 지역들로 확산된 것(확산 이론)인지 하는 문제였다.

19세기에는 이 문제를 편견 없이 접근하거나 그러한 분석에 필요한 자료를 충분히 활용할 수 있는 학자가 거의 없었다. 당시의 심리학은 심층 심리의 탐구에 필요한 정보나 가설을 아직 가지고 있지 못하였기 때문이다. 저명한 생리학자이자 심리학자이며 철학자인 빌헬름 분트(Wilhelm Wundt, 1832-1920)는 1857년에 하이델베르크 대학에서, 1875년에는 라이프치히 대학에서 강의를 하였다. 민족심리학(Völkerpsychologie)에 관한 수많은 저술을 통하여 그는 심리학적 관점에서 민족학 분야 전체를 훌륭하게 탐구하였다. 그러나 그는 매우 광활하면서도 심층적 깊이를 지닌 이 유망한 주제 영역이 아직 충분히 분석되지 못하였다고 솔직하게 인정하였다.¹⁰⁾ 그러나 이러한 심층심리에 대한 학문적 탐구는 파리에 있는 살페트리에르(Salpêtrière) 병원의 신경학 진료실에서 이미 시작되고 있었다. 그 대학의 병리해부학 교수인 장 마르탱 샤르코(Jean Martin Charcot, 1825-1893)는 히스테리, 마비, 뇌 질환, 노쇠, 최면 연구에서 이미 새로운 지평을 열고 있었다.¹¹⁾ 당시 젊은 나이였던 지그문트 프로이트

(Sigmund Freud, 1856-1939)와 카를 융(Carl G. Jung, 1875-1961)은 그의 제자였다. 그의 연구가 어느 정도의 힘과 방향성을 지니고 있었는가는 그 어둡고 접근 불가능한 정신 영역을 탐구한 제자들의 화려한 경력을 통해서 판단해볼 수 있을 것이다. 그러나 신경증 환자에게 나타나는 "무의식"의 현상학에 관한 새로운 지식이 민족학 자료의 해석에 체계적으로 적용된 것은 20세기에 들어와서였다. 이러한 20세기의 운동에 문을 연 것은 융의 『변환과 리비도의 상징(*Wandlungen und Libido*)』(1912)[12]과 프로이트의 『토템과 터부(*Totem und Tabu*)』(1913)[13]였다. 분트와 샤르코의 학문적 방향성은 이러한 운동의 기반을 제공하였지만, 무의식에 관한 학문이 지닌 법칙과 가설을 종교, 선사시대, 신화와 민속, 문학과 예술사——이는 20세기 사상의 전개 과정에서 중요한 역할을 한 분야의 하나이다——분야에 광범위하게 적용한 그러한 시도들은 당시의 학계에서는 단지 유망한 분야로만 비쳐질 뿐이었다.

그러나 프로이트 박사 80회 생일을 기념하여 빈에서 열린 강연에서 토마스 만이 「프로이트와 미래」라는 제목의 연설을 하며 언급한 것처럼, 문학의 영역과 무의식의 과학 사이의 심오하고 자연스러운 공감은 오랫동안 인식되지 못하였다. 노발리스(Novalis, 1772-1801)의 낭만적-생물학적 환상, 쇼펜하우어(Schopenhauer, 1788-1860)의 꿈의 심리학과 본능의 철학, 매우 날카로운 심리학적 통찰력을 보여준 키에르케고르(Kierkegaard, 1813-1855)의 기독교적 열정, 거짓말을 삶에 필수불가결한 것으로 본 입센(Ibsen, 1828-1906), 그리고 무엇보다도 신학, 신화, 도덕철학의 형이상학적 위선을 경험적 심리학의 언어로 바꾼 니체(Nietzsche, 1844-1900). 이들은 모두 오늘날 과학적 정확성을 지닌 거대한 가설과 용어들로 체계화되고 있는 놀라운 통찰력들을 선구적으로 보여주었을 뿐만 아니라 때로는 그 범위와 풍부함의 측면에서 그러한 통찰력들을 넘어서기도 하였다. 토마스 만은 저명한 과학자들을 칭찬하면서도 그들의 태도를 비꼬는 아이러니를 보여주었다. 그에 따르면, 과학자들은 과학적 정확성에 집착하기 때문에 철학을 높이 평가하지 못한다. 이러한 맥락에서 보면 현대의 무의식의 과학은 낭만적 시인, 시인-철학자, 예술가들에 의하여 대변되는 형이상학적·심리학적 통찰력의 위대성을 단지 증명하고 있을 뿐이라고 할 수 있다. 이 예술가들은 19세기 내내 그러한 분석적 지식을 소유한 과학자들과 나란히 있어왔던 것이다.[14]

괴테의 경우를 생각해보자. 그의 소설 『파우스트(*Faust*)』에는 정신이 지닌 전통적 상징의 힘에 대한 아주 균형잡힌 이해가 모든 문장 속에 드러나 있는데, 그러한 정신은 단지 개인의 전기만이 아니라 문명의 정신적 역학(dynamics)과도 관련되어 서술되고 있다. 바그너의 경우도 마찬가지이다. 그의 위대한 작품들은 동시대의 동양학자들과 민족학자들에 의해서 알레고리적 해석이 주어지기 훨씬 이전에 이미 상징 형식의 중요성을 잘 깨닫고 있었다(바그너, 1813-1883 ; 막스 뮐러, 1823-1900 ; 제임스 조지 프레이저 경, 1854-1941). 멜빌(Melville, 1819-1891)의 경우도 생각해보자. 그는 실제로 남태평양의 누카히바 섬에서 식인종에게 잡혀 그들의 반찬이 될 뻔한 경험을 가지고 있다. 그의 작품 『모비 딕(*Moby Dick*)』(1851)과 『피에로(*Pierre*)』(1852)에서는 저자가 지닌 심오한 심리학적 통찰력이 상징 언어의 완벽한 사용을 통하여 잘 드러나고 있다.

토마스 만이 이야기하였고 많은 심층심리학자들도 동의하듯이, "신화는 삶의 토대이고 무시간적 도식(*schema*)이며 경건한 공식(formula)이다. 신화가 자신의 특질을 무의식으로부터 꺼낼 때 삶은 그 속으로 흘러 들어간다."[15] 그러나 다른 한편으로는 민족학자, 고고학자, 역사가들이 지적하고 있듯이, 여러 문명의 신화들은 시대와 지역에 따라 상당히 다르다. 그 차이는 너무나 크기 때문에 어떤 신화에서는 "선"으로 간주되는 것이 다른 신화에서는 "악"으로 등장하고, 한 신화 속의 천국은 다른 신화에서는 지옥으로 등장한다. 더구나 과거에 다양한 문화 세계들과 그들의 만신전을 외부 세계로부터 보호하는 역할을 하였던 오래된 경계선이 사라지면서, 진정한 신들의 황혼(*Götterdämmerung*)은 그것의 불꽃을 이 우주 전체에 던졌다. 자신들의 신화에 의하여 보증된 경건한 의식(意識) 속에서 지금껏 안락한 삶을 살아온 공동체가 갑자기 이웃들의 눈에서는 자신들이 악마에 불과하다는 사실을 깨닫게 된 것이다. 따라서 이제는 과거에 그 어떠한 지역에서 상상되었던 것보다 더 넓고 깊은 정신을 지닌 신화가 요청되고 있다. 지역 전통의 분리된 비전보다 훨씬 더 유연하고 더 세련된 어떤 궁극적 신비(arcanum arcanorum)가 요구되는데, 그 안에서는 이 모든 신화들 자체가 보다 큰 신화의 가면들로 드러날 것이다. 모든 찬란한 만신전들은 도식이 없는 "무시간적 도식"의 깜박거림이 될 것이다.

그러나 그것이야말로 우리의 시선을 기다리고 있는 위대한 신비의 향연이다. 그것은 이미 다양한 학문의 구역과 홀과 박물관 안에 있으며, 우리의 가장 위대한 예술가들의 작품 속에서는 이미 생생하게 살아 움직이고 있다. 이제 우리는 그것을 그 자체의 차원에서 과학적으로 수집하고 혹은 재수집한 다음, 예술의 형식으로 그것에 우리 자신의 생명을 불어넣으면 된다. 여기서 말하는 예술의 형식은 공감적이고 유익한 즐거움을 가져오는 경이의 방식이므로 도덕적 판단은 요구되지 않는다. 우리는 단지 우리 자신의 각성된 인간성을 가지고 그 깜박거림의 축제에 참여할 뿐이다.

제1부 신화의 심리학

서론 : 가면의 교훈

　토마스 만(Thomas Mann)이 말한 것처럼,[1] 예술가는 신화적인 감성으로 삶을 바라본다. 그러므로 우리는 신화의 영역을 예술가의 눈으로 바라보고, 예술가의 눈으로 대해야 한다. 신화의 영역은 신들과 악마들의 세계이며, 그들의 가면이 등장하는 축제의 장이다. 신화에서는 "마치 ~인 것처럼(as if)"이라는 기이한 게임이 등장하는데, 그 게임 속에서 살아 있는 신화의 축제는 모든 시간의 법칙을 폐기한다. 따라서 그 게임 속에서는 죽은 자가 다시 살아나고 "아득한 옛날"이 곧바로 현재가 된다. 신화의 기원에 관한 대부분의 단서를 지니고 있는 원시인의 세계에서 신과 악마는 실증적 실재들(positive realities)로 이해되지 않는다. 멜로디나 전통적인 가면의 형식처럼, 거기에서는 하나의 신이 여러 장소에 동시에 존재할 수 있다. 그리고 그가 출현하는 곳이면 어디에서나 그 영향력이 똑같다. 그 신이 여러 군데 나타난다고 하여 영향력이 감소하는 것은 아니다. 더욱이, 원시인의 축제에서 가면은 그것이 표현하는 신화적 존재의 참된 환영(幻影, apparition)으로서 숭배되고 경험된다. 가면을 만든 것은 사람이며 그것을 쓰고 있는 것도 사람이라는 사실을 모두 알고 있지만 말이다. 더군다나 신의 가면을 쓰고 있는 사람은 의례가 행해지고 있는 동안 그 신과 동일시된다. 그는 단지 신을 표상만 하는 것이 아니라 그

신 자체이다. 이때 신의 환영이 가면(A)과 신화적 존재를 가리키는 지시물(B)과 가면을 쓴 사람(C)의 세 요소로 이루어져 있다는 엄연한 사실은 완전히 잊혀진다. 그러한 신의 환영은 구경꾼과 행위자의 감정에 실제적인 힘을 미친다. 바꾸어 말하자면, 이러한 의례에서는 일상적인 세속적 세계의 논리가 연극과 놀이 세계의 논리로 전환된다. 일상의 세계에서는 사물들이 각각 별개의 존재로 이해되지만, 연극의 세계에서는 경험되는 그대로 사물들이 받아들여지며, "마치 ~인 체하는(make-believe)", 즉 "마치 ~인 것처럼"이라는 논리가 지배한다.

물론, 우리는 그러한 관습을 잘 알고 있다! 그것은 어린 시절의 원초적이고 자연 발생적인 심리적 장치이자 일종의 마술적 장치이다. 그러한 심리적 장치에 의하여 이 지루하고 심심한 세계는 순식간에 마법과 신비가 가득한 세계로 바뀔 수 있다. 그리고 어린 시절에 필연적으로 등장하는 이러한 심리는 인간의 보편적 특성의 하나이며, 이로 인하여 인류는 하나의 가족으로 결합된다. 따라서 그러한 심리적 장치는 자연 발생적 신념 체계에 관심을 갖는 신화학의 직접적인 자료가 된다.

레오 프로베니우스(Leo Frobenius)는 어린 시절에 경험하는 악마 세계의 힘에 대하여 유명한 논문을 썼는데, 그는 이 논문에서 다음과 같이 말하였다. "한 교수가 책상에서 글을 쓰고 있고 네 살 먹은 어린 딸이 방에서 뛰어놀고 있다. 그 아이는 할 일이 없어서 아버지를 괴롭히고 있다. 그래서 아버지가 '얘야! 이것을 가지고 놀아라!' 하면서 타버린 성냥개비 세 개를 준다. 그러자 딸은 깔개 위에 앉아서 성냥개비에 각각 헨젤과 그레텔 그리고 마녀라고 이름을 붙이고는 놀이를 시작한다. 얼마의 시간이 흐른다. 그동안 아버지는 방해받지 않고 글을 쓰는 일에 집중한다. 그때 갑자기 딸이 깜짝 놀라서 비명을 지른다. 아버지가 달려간다. '무슨 일이냐? 무슨 일이 일어난 거냐?' 매우 놀란 어린 딸은 아버지에게 달려오면서 이렇게 외친다. '아빠! 아빠! 저 마녀를 쫓아주세요! 더 이상은 저 마녀와 놀 수 없어요!'"

그리고 프로베니우스는 이렇게 말하고 있다.

하나의 관념이 감정(*Gemüt*)의 차원에서 감각적 의식(*sinnliches Bewusstsein*)의 차원으로 이동할 때 정서(emotion)의 분출이 일어난다. 더욱이 그러한 정서의 분출은 어떤 정신적 진행 과정이 완료되었음을 의미한다. 성냥은 마녀가 아니다. 놀이의 시작 단계에서는 그 아이에게도 성냥이 마녀가 아니었다. 그러므로 그 과정은 성냥이 감정의 차원에서 마녀로 되었다는 사실, 그리고 그러한 관념이 의식의 평면으로 이동하는 순간과 그 정신적 과정의 결말이 일치한다는 사실에 의존하고 있다. 그렇지만 의식적 사고로 그 과정을 검사할 수는 없다. 왜냐하면 그 과정이 완료된 뒤에야 혹은 완료의 순간에야 비로소 성냥이 마녀라는 그 관념은 의식의 차원으로 올라오기 때문이다. 그러나 그 관념이 이미 존재하고 있으므로, 그 관념은 어떤 과정을 통해서든 생성되었음에 틀림없다. 그 정신적 과정은 매우 창조적이다. 앞에서 보았듯이, 어린 소녀에게 성냥은 마녀가 될 수 있기 때문이다. 요약하자면, 그 관념의 생성(*becoming*) 국면은 감정의 차원이지만, 그 관념의 존재(*being*) 국면은 의식의 평면이다.[2]

놀이 도중에 마녀에게 사로잡힌 이 아이의 생생한 경험은 악령에 들린 것과 같은 신화적 경험의 강렬함을 잘 보여준다. 그러나 마녀에게 사로잡히는 경험을 하기 전에, 그 놀이 자체에서 나타나는 정신적 태도도 우리의 연구 주제에 포함된다. 호이징가(J. Huizinga)가 문화에서의 놀이 요소에 대한 자신의 훌륭한 연구에서 지적한 것처럼, 놀이의 경우에 처음 순간에 강조되는 것은 "사로잡힘(seizure)"의 황홀이 아니라 놀이의 즐거움(*fun*)이기 때문이다. 그는 다음과 같이 말하였다. "모든 야생의 신화적 상상력 속에서는 공상의 정신이 장난과 진지함 사이의 경계선에서 뛰어놀고 있다."[3] "내가 아는 한, 민족학자와 인류학자가 공유하는 견해가 있다. 그것은 거대한 종교적 축제를 거행하고 지켜보는 야만인의 정신적 태도가 전적인 환상에 속하는 것은 아니라는 점이다. 원시인들도 어떤 사물과 사실들이 '실제의 것이 아님'을 암묵적으로는 알고 있다."[4] 그리고 그는 마레트(R. R. Marett)를 인용하고 있다. 마레트는 『종교의 시초(*The Threshold of Religion*)』의 한 장인 「원시인들의 순박함(primitive credulity)」에서, 모든 원시 종교에서는 "마치 ~인 체하는" 어떤 요소가 작용하고 있다는 견해를 밝혔다. 마레트는 계속해서 말한다. "놀이를 하는 어린아이처럼, 야만인은 자신의 배역에 잘 몰입할 수 있는 훌륭한 연기자이다. 이와 동시에 그는 어린아이처럼, 어떤 대상──'진짜' 사자가 아님을 잘 알고 있지만──의 포효 소리에 까무러치듯이 놀랄 수 있는 훌륭한 관객이기도 하다."[5]

호이징가는 이렇게 결론을 맺고 있다. "원시 문화의 모든 영역을 놀이-영역으로 간주하면, 어떤 엄밀한 심리학적 분석이나 사회학적 분석보다 더 직접적이고 더 총체적으로 원시 문화의 독특성을 이해할 수 있다."[6] 나는 이 견해에 진정으로 공감하며, 이러한 시각을 우리의 현재 연구 주제의 모든 분야에까지 확장하여 적용하고 싶다.

로마 가톨릭 교회의 미사를 예로 들어보자. 사제는 최후의 만찬에서 예수 그리스도가 하였던 말을 축성의 문구로 선포한다. 그는 매우 엄숙한 분위기로 먼저 빵에 축성하고("이는 내 몸이요〔Hoc est enim Corpus meum〕"), 이어서 포도주 잔에 축성한다.("이는 내 피의 잔이니, 새롭고 영원한 계약을 위한 신앙의 신비이며, 너희와 모든 이의 죄 사함을 위해서 흘린 피이니라〔Hic est Calix Sanguinis mei, novi et aeterni Testamenti : Mysterium fidei : qui pro multis effunetur in remissionem peccatorum〕"). 이때 빵과 포도주는 그리스도의 몸과 피로 변화한다고 간주되며, 신자들이 받는 모든 빵 조각과 포도주는 실제로 살아 있는 구세주로 간주된다. 이 성사(聖事)는 우리 안에 일련의 생각을 불러일으키기 위한 하나의 기호나 상징 혹은 지시물(*reference*)이 아니라, 우주의 창조자이고 심판자이며 구원자인 신 자신이다. 그는 에덴 동산(지리적인 사실로서 존재하였다고 가정되는)의 아담과 이브가 저지른 원죄로부터 우리의 영혼(신의 형상으로 창조된)을 해방시키기 위하여 직접 이곳으로 내려왔다고 여겨진다.

인도에도 이와 비슷한 것이 있다. 거기에서는 축성 의식을 할 때, 신들이 자비롭게 내려와서 그들의 신성을 사원에 있는 상(像)들 속에 부어 넣는다고 한다. 그런 다음 그 장소들은 그 신들의 옥좌 혹은 자리(피타〔pīṭha〕)라고 불린다. 한 개인이 신의 자리가 될 수도 있다. 몇몇 종파에서는 그러한 행위를 권장하기도 한다. 예를 들면, 『간다르바 탄트라(Gandharva Tantra)』에는 "스스로 신이 되지 못한 사람은 신을 제대로 예배할 수 없다. 신이 된 사람만이 신에게 자신을 제물로 바칠 수 있다"고 기록되어 있다.[7]

더욱이, 참으로 재능이 있는 놀이꾼은 모든 것이 신의 몸으로 되어 있음을 발견할 수 있다. 그 놀이꾼은 만물의 토대인 신이 모든 곳에 존재하고 있음을 드러내기도 한다. 예를 들면, 19세기에 벵골의 영적 지도자였던 라마크리슈나(Ramakrishna)의 어록 속에는 그런 경험이 묘사되어 있다. 그는 이렇게 말하였다고 한다. "어느 날, 모든 것이 순수한 영(Pure Spirit)이라는 사실을 갑자기 알게 되었다. 예배 도구, 제단, 문틀 등 모든 것이 순수한 영이었다. 사람과 동물 그리고 살아 있는 모든 생물이 순수한 영이었다. 그 순간 나는 미친 사람처럼 사방팔방으로 꽃을 뿌리기 시작하였다. 그리고 눈에 보이는 모든 것을 향해서 예배를 드렸다."[8]

믿음(belief) 혹은 믿음의 놀이는 그러한 "사로잡힘"의 상태로 나아가는 첫걸음이다. 성자전(聖者傳)에는 그들이 "사로잡힘"의 경험을 하기 전에 겪은 기나긴 시련의 이야기가 풍부하게 실려 있다. 대중(아마추어)들의 보다 자발적인 종교적 놀이도 많이 있는데, 이 놀이들도 "사로잡힘"의 원리와 관련되어 있다. 축제와 축일 그리고 종교적 성일(聖日)의 정신은 특별한 가장(假裝)의 분위기를 위해서 일시적이나마 세상에 대한 일상적 관심을 버릴 것을 요구한다. 영구적인 종교적 성소——성스러움의 분위기가 항상 감돌고 있는 신전과 대성당 같은——에서는, 냉철하고 엄밀한 사실의 논리가 침입하여 그곳에 있는 마술을 풀도록 내버려두어서는 안 된다. 이방인, "흥을 깨는 사람(spoil sport)", 실증주의자, 믿음의 놀이를 할 수 없거나 하려고 하지 않는 사람들은 성소 바깥에 남아 있어야 한다. 그러므로 신성한 장소의 입구 양편에는 사자와 황소 그리고 무기를 든 무시무시한 전사 같은 수호자들의 형상이 서 있다. 그 수호자들은 아리스토텔레스의 논리를 지지하는 "흥을 깨는 사람들"이 들어오지 못하도록 그곳에 서 있는 것이다. 이런 사람들의 사고 속에서는 A는 결코 B일 수 없다. 그들은 배우가 자기의 역할에 완전히 몰입해서는 안 된다고 생각한다. 그리고 가면, 이미지, 축성된 성체, 나무, 또는 동물은 신이 될 수 없고 단지 지시물일 뿐이라고 생각한다. 그런 심각한 사색가들은 밖에 남아 있어야 한다. 신전에 들어가거나 축제에 참가하는 유일한 목적은 "다른 마음"(산스크리트로는 아냐마나스[anya-manas]인데, 어떤 영에 사로잡혀 마음이 텅 빈 상태를 말한다)으로 알려진 어떤 상태에 도취되는 것이기 때문이다. 이 상태에서는 "제정신을 잃고", 마법에 걸리며, 자기 집착의 논리에서 벗어나게 된다. 그리고 이때에는 A가 B이며 C 또한 B라는 "미분화(indissociation)"의 논리가 압도하게 된다.

라마크리슈나는 이렇게 말하였다, "시바 신을 예배하고 있던 어느 날이었다. 그 신상의 머리 위에 꽃잎을 바치려는 참이었다. 그 순간 이 우주 자체가 시바 신이라는 깨달음을 얻었다. 또 다른 어느 날이었다. 꽃을 꺾다가 갑자기 모든 식물이 신의 우주적 형상을 꾸미고 있는 꽃다발임을 깨달았다. 그 뒤로는 한번도 꽃을 꺾지 않았다. 나는 이와 똑같은 방식으로 사람들을 본다. 어떤 사람을 볼 때, 그를 신 자신으로 본다. 물결 위에 떠 있는 베개처럼, 각 사람은 이리저리 움직이며 대지 위를 걷는 신 자신인 것이다."⁹⁾

이러한 관점에서 보면, 우주가 신의 자리(피타)이다. 우리의 일상적 의식 상태는 이러한 신적 비전을 보지 못하도록 막고 있다. 그러나 신들의 놀이를 하고 있으면, 이 실재(reality)──이것은 결국 우리 자신의 실재이다──를 향해서 한발 나아가게 된다. 거기에는 황홀경, 환희의 감정, 원기 회복의 느낌, 조화, 그리고 재창조가 있다! 성인들이 행하는 신들의 놀이는 "사로잡힘"의 상태에 도달한다. 성냥을 마녀로 보았던 어린 여자아이의 경우처럼 말이다. 그 경우에는 이 세상의 논리와 접촉을 끊고 그것과는 다른 마음의 상태로 돌입하게 된다. 그런 사람들에게는 세상 속에 존재하는 삶의 놀이로 되돌아가는 것이 불가능하다. 그들은 신을 소유하고 있다. 그들이 이 세상에서 알고 있고 또 알 필요가 있는 것은 오로지 그 사실뿐이다. 그들은 사회 전체에 영향을 미칠 수도 있다. 그렇게 되면 사회 전체가 그들의 "사로잡힘"의 경험에 영감을 받아, 세상과 접촉을 끊고 세상을 망상 혹은 악으로 거부해버릴 수 있다. 그때에는 세속적 삶이 타락으로, 그러니까 신의 축제에 대한 환희(the rapture of the festival of God)인 은총으로부터의 타락으로 읽힐 것이다.

그런데 두 세계 모두에 미와 사랑의 가치를 부여하는 보다 포괄적인 태도가 있다. 동양에서 릴라(*līlā*)라고 불려온 "놀이(the play)"의 태도가 바로 그것이다. 이런 태도에서는 세상을 타락한 것으로 비난하거나 거기에서 도피하지 않는다. 오히려 정신의 놀이를 위한 놀이터나 춤추는 장소로서 이용하기 위해서 세상 속으로 자발적으로 들어온다.

라마크리슈나는 눈을 감고 "이것이 전부인가? 눈을 감을 때에만 신이 존재하고 눈을 뜨면 신이 사라지는가?" 하고 말하였다. 그러고는 눈을 뜨고 이렇게 말하였다. "놀이는 영원을 소유한 사람의 것이며, 영원은 노는 사람의 것이다.…… 어떤 사람들은 7층에 올라가서 내려오지 못하지만, 어떤 이들은 그곳에 올라간 다음 아래층들을 자유롭게 방문한다."[10]

그렇다면 남아 있는 의문은 이것뿐이다. 우리는 놀이 감각을 잃지 않은 채 얼마나 사다리를 오르내릴 수 있는가? 앞에서 언급한 저술에서 호이징가 교수는 일본어 아소부(あそぶ)에 대하여 이렇게 설명하였다. 이 동사는 일반적으로 오락, 기분 전환, 여행이나 소풍, 유흥, 도박, 한가하게 누워 있기, 직업 없이 지내기 등과 같은 놀이를 의미한다. 그렇지만 대학에서 공부하거나 스승 밑에서 공부하는 것을 의미하기도 하고, 모의 전투에 참여하는 것도 의미한다. 심지어는 아주 엄격한 다도(茶道) 의례에 참여하는 것을 의미하기도 한다. 그는 계속해서 말한다.

일본인의 삶의 이상(理想)에서 나타나는 비상할 정도의 열정과 깊은 엄숙함은 하나의 허구에 의해서 가려져 있다. 그것은 인생 만사가 놀이일 뿐이라는 멋진 허구이다. 중세 기독교의 기사도처럼, 일본의 무사도는 거의 전적으로 놀이-영역에서 등장하였고 놀이-형식으로 구체화되었다. 일본어에는 높은 지위를 지닌 사람들과 대화할 때 사용되는 존칭 어법인 아소바세-코도바(글자 그대로 하면, 놀이-언어) 속에 이 개념이 아직도 보존되어 있다. 이는 높은 계층의 사람들은 모든 일을 놀이로 여긴다는 것을 의미한다. "당신은 도쿄에 도착합니다"를 존칭 어법으로 하면, "당신은 도쿄 도착을 연출합니다"가 된다. "당신의 부친께서 돌아가셨다고 들었습니다"에 대한 존칭 어법은 "당신의 부친께서 죽음을 연출하였다고 들었습니다"이다. 달리 말하자면, 존경받는 사람들은 즐거움과 겸양만이 행해지는 고상한 영역에서 살고 있는 것으로 여겨진다.[11]

이러한 극도의 귀족주의적 관점에서 보면, 어떤 "사로잡힘"의 상태——생활에 의해서이든 신에 의해서이든——는 영적 수준의 타락이나 추락, 즉 놀이의 저속화이다. 정신의 고귀함은 천상에서이든 지상에서이든, 놀이를 할 수 있는 기품이나 능력이다. 그리고 예로부터 귀족의 자질이었던, 높은 신분에 따른 의무(*noblesse oblige*)는 바로 고대 그리스의 시인과 예술가 그리고 철학자의 덕($ἀρετή$)이었다. 그들에게는 시가 진실이듯이 신들도 진실이었다. 이는 보다 엄격한 실증주의적 관점과 대조되는 원시인의 신화적 관점이라고 할 수 있다. 엄격한 실증주의적 시각은 종교 체험을 문자주의적으로 해석하는 태도에서 나타난다. 이러한 태도를 취할 경우, 감정의 수준에서 생겨나 의식의 평면으로 떠오른 악마 체험의 충격을 문자 그대로 객관적인 사실로 간주하게 된다. 다른 한편으로는 측정 가능한 사실들만 객관적으로 참되다고 인정하는 과학과 정치경제학에서도 이러한 실증주의적 관점이 나타난다. 그러나 인도의 우파니샤드에 나오는 내용을 한번 보자.

신은 이미 알려진 것과는 다르다.
더구나 신은 아직 알려지지 않은 것마저도 초월해 있다![12]

고대 그리스의 철학자 안티스테네스(Antisthenes, 기원전 444년경 태어남)가 말한 것처럼, 만일 "신은 어떤 것과도 같지 않다. 그러므로 이미지에 의해서는 신을 이해할 수 없다"[13]는 말이 사실이라면, 또 위의 우파니샤드의 내용이 사실이라면, 신과 영웅의 자연사를 탐사하는 우리의 작업에서는 기본 원리로 삼아야 할 것이 있다. 그것은 신화를 문자 그대로 해석할 때마다 그 신화의 의미가 왜곡되며, 이와 정반대로 신화를 사제들이 꾸며낸 사기나 열등한 지성의 징후로 볼 때에도 신화의 진실은 항상 다른 문으로 살짝 빠져나간다는 것이다.

그런데 그 진실이 여기에도 없고 저기에도 없다면, 우리가 찾아야 하는 의미는 도대체 어디에 있는 것인가?

칸트(Kant)는 『미래의 모든 형이상학 체계를 위한 서설(*Prolegomena to Every Future System of Metaphysics*)』에서 궁극적인 사물과 존재에 관한 우리의 사유는 유추(*analogy*)에 의해서만 가능하다고 아주 조심스럽게 말하였다. 그는 이렇게 선언한다. "오류에 빠지기 쉬운 우리의 개념 구성 방식은 다음과 같이 표현될 수 있을 것이다. 즉 우리는 세계의 존재와 그 내적인 특성이 마치 최고의 지성으로부터 비롯된 것처럼(*as if*) 세계를 상상한다"(강조는 내가 표시한 것임).[14]

이처럼 고도로 놀이화된 "~인 것처럼"의 게임은 신의 법을 아는 체하는 신학의 억측으로부터 우리의 마음과 영혼을 해방시키는 동시에, 인간 경험의 지평 너머로는 적용되지 않는 이성의 속박으로부터도 우리를 자유롭게 한다.

나는 칸트의 말을 신중한 형이상학자의 관점을 대변하는 것으로 기꺼이 받아들이려고 한다. 그리고 방금 전에 검토하였던 일련의 축제 놀이와 태도――가면에서부터 축성된 성체와 신전의 상 그리고 성스럽게 변화된 신자와 세상에 이르기까지――에 그의 관점을 적용하면서, 나는 해방의 원리가 "~인 것처럼"의 연금술로서 그것들 전체에 작용하고 있음을 볼 수 있다. 그리고 이것을 통하여, 정신을 엄습하는 모든 "실재"의 충격이 성스럽게 변화됨을 알 수 있다. 그러므로 거기에서 종종 비롯되는 놀이 상태와 열광적인 "사로잡힘"의 경험은 필연적 진실로부터 멀어지는 것이 아니라 그 진실을 향한 하나의 발걸음을 의미한다. 그리고 믿음――전적인 믿음이 아닌, 믿음 속에서의 순종――은 축제가 제공하는, 삶에의 일반 의지에 대한 심화된 참여를 향한 첫걸음이다. 형이상학적 측면에서 보면, 삶을 향한 의지는 삶의 모든 법칙들에 선행하며 삶의 모든 법칙의 창조자이다.

세상의 불투명한 무게――이 세상에서의 삶의 무게만이 아니라 죽음과 천국과 지옥의 무게까지 포함하는――는 사라지고 정신은 자유로워진다. 그러나 그 정신은 어떤 것으로부터 자유로워지는 것이 아니라 어떤 것을 위하여 자유로워진다. 너무 고지식하게 믿는 신화 말고는 거기에서 해방되어야 할 그 어떤 것도 없으며, 그 정신은 신선하고 새로운 어떤 것을 위하여 자유로워지는 자발적인 행위이기 때문이다.

다시 말하자면, 우리는 세속적 인간(호모 사피엔스)의 위치로부터 벗어나, 믿음의 게임을 묵묵히 받아들이면서 축제의 놀이 영역으로 들어가게 된다. 그 놀이 영역에서는 재미와 기쁨 그리고 황홀감이 단계적으로 힘을 발휘한다. 거기에서는 시공간 속에 존재하는 삶의 법칙들, 즉 경제학과 정치학 그리고 도덕법칙이 사라진다. 그 다음에는 타락 이전――선과 악, 옳고 그름, 참과 거짓, 믿음과 불신에 대한 지식이 생겨나기 이전――의 낙원으로 귀환하여 새롭게 거듭나게 되고, 그 결과 놀이의 인간(호모 루덴스)의 정신과 관점을 삶 속에서 다시 회복하게 된다. 아이들의 놀이에서처럼, 그러한 상황에서는 진부한 삶의 현실에 기가 꺾이지 않은 채, 순수한 놀이의 기쁨을 위하여 다른 어떤 것과 스스로를 동일시하는 자발적인 정신의 충동이 이 세상을 성스럽게 변화시킨다. 사실 이 세상에 존재하는 모든 사물과 존재들은 그렇게 객관적이거나 영속적이지 않으며, 무시무시하거나 중요하지도 않다. 또 겉으로 보이는 것처럼 그렇게 논리적이지도 않다.

제1장 유전된 이미지의 수수께끼

1. 생득적 방출 기제

바다거북이 알을 낳고 부화하는 신비한 과정을 잘 보여주는 다큐멘터리 영화들이 많이 있다. 이 과정을 보면 먼저 어미가 물에서 나와 해변가의 어떤 지점까지 안전하게 도달한다. 거기서 어미는 구멍을 파고 수백 개의 알을 낳은 다음 흙으로 덮는다. 그리고 다시 바다로 돌아간다. 18일이 지나면 수많은 새끼 거북들이 모래를 뚫고 나온다. 이 거북들은 출발을 알리는 총소리를 들은 단거리 선수들처럼 전력을 다하여 거친 파도를 향해서 돌진한다. 이때 갈매기들이 먹잇감을 낚아채려고 위에서 소리를 지르면서 달려든다.

자발성과 미지의 세계에 대한 욕망을 이보다 더 생생하게 보여주는 예는 없을 것이다. 여기에는 학습이라든가 시행착오와 같은 것은 존재하지 않는다. 이 새끼 거북들은 거대한 파도를 두려워하지도 않는다. 그들은 서둘러 달려야만 한다는 것을 알고 있고, 그렇게 달리는 방법도 알고 있다. 그리고 그들이 향하고 있는 곳을 정확하게 알고 있다. 마침내 바다에 도달하면 이 거북들은 헤엄치는 방법과 헤엄을 쳐야만 한다는 사실을 즉각적으로 안다.

동물의 행동을 연구하는 학자들은 이전에 결코 경험한 적이 없는 환경에 이처럼 동물이 반응할 수 있도록 하는 신경계의 유전적 구조를 지칭하기 위하여 "생득적 방출 기제(innate releasing mechanism, IRM)"라는 용어를 만들었다. 그리고 그러한 반응을 일으키는 요인을 "신호 자극(sign stimulus)" 혹은 "유발인(誘發因, releaser)"이라고 불렀다. 그러한 신호에 반응하는 살아 있는 실체를 개체라고 말할 수 없다는 점은 명백하다. 왜냐하면 개체는 그 자신이 반응하고 있는 대상에 대하여 사전 지식을 전혀 가지고 있지 않기 때문이다. 인지하고 반응하는 주체는 차라리 어떤 종류의 초개체적인 것으로서, 이것이 개별적 생물 안에 존재하면서 그것들을 움직인다고 보아야 할 것이다. 여기서는 이러한 신비의 형이상학에 대해서는 더 이상 사변적 논리를 펼치지 말도록 하자. 왜냐하면 쇼펜하우어가 『자연 속의 의지에 관하여(The Will in Nature)』에서 현명하게 말한 것처럼, "우리는 주변 세계와 우리 자신에 대하여 이해하지 못한 채, 수수께끼와 불가해성의 바다 속에 빠져 있기" 때문이다.

꼬리에 알 껍질이 아직 붙어 있는 병아리들도 공중에서 날고 있는 매를 보면 곧바로 은신처를 향해서 돌진한다. 그러나 만일 갈매기나 오리 혹은 왜가리나 비둘기를 보면 숨지 않는다. 더구나 나무로 매의 모형을 만들고 거기에 끈을 달아 닭장 위에서 잡아당기면 병아리들은 마치 진짜 매를 보았을 때처럼 행동한다. 그러나 그 모형을 잡아당기지 않으면 아무런 반응도 보이지 않는다.

여기서 우리는 매우 분명한 하나의 이미지를 보게 된다. 이것은 전에 결코 본적이 없지만 그 형태만이 아니라 그것의 움직이는 형태와 관련하여 인지되는 이미지이다. 이 이미지는 숨기 위하여 도망가는 행위와 같은, 직접적인, 계획되지 않은, 학습하지 않은, 의도하지도 않은, 적절한 행동 체계와 관련되어 있다. 유전되어 내려오는 적의 이미지는 이미 병아리의 신경계 안에 잠재하고 있으며, 그에 따라 잘 준비된 반응이 나온다. 이 세상에 존재하는 매가 모두 사라진다고 할지라도 매의 이미지는 병아리의 영혼 속에 그대로 잠자고 있을 것이다. 하지만 그러한 경우 어떤 기술적 조작——예를 들면, 나무로 만든 매의 모형에 끈을 달아 날게 만드는 교묘한 실험을 반복하는 것——을 가하지 않으면 이러한 이미지는 결코 환기되지 않을 것이다. 그러한 시도를 (상당수의 세대 동안) 반복해야 그동안 망각되어 있던 반응 행동, 즉 도망가는 행위가 다시 나타날 것이다. 그런데 만일 병아리에게 매가 위험하다는 것을 우리가 알지 못한다면, 병아리의 이러한 갑작스러운 행동을 설명하기란 매우 어려웠을 것이다. 아마 우리는 이러한 질문을 던질 것이다. "병아리의 세계에서, 그 유례를 전혀 찾아볼 수 없는 이러한 행위, 즉 하나의 이미지에 강력하게 사로잡히는 이러한 행동은 도대체 어디에서 연유하는 것일까? 실제로 살아 있는 갈매기와 오리, 왜가리와 비둘기는 병아리에게 아무런 반응도 불러일으키지 못하는데, 나뭇조각으로 만든 매의 모형이 그처럼 깊은 감정을 불러일으키다니!"

여기서 우리는 어린이의 신경계 안에 있는 마녀 이미지에 관한 문제를 해결하기 위한 실마리를 얻을 수 있는가? 어떤 심리학자들은 그렇다고 말한다. 예를 들면, 융은 인간의 정신 안에서 무의식적으로 동기가 부여된 두 개의 근본적으로 서로 다른 반응 체계를 확인한다. 그 가운데 하나를 그는 개인 무의식(the personal unconsciousness)이라고 부른다. 이것은 개인의 경험(유아 시절의 인상, 충격, 좌절, 만족 등과 같은)에 기인하는 억압된 기억 이미지의 맥락에, 혹은 잊혀지고 무시된 기억 이미지의 맥락에 근거하고 있다. 프로이트가 환자의 치료 과정에서 인식하고 분석한 것이 바로 이것이다. 융은 다른 하나를 집단 무의식(the collective unconsciousness)이라고 부른다. 이 집단 무의식의 내용을 그는 원형(archetype)이라고 부르는데, 병아리의 신경계 안에 있는 매의 이미지와 같은 것이 바로 그러한 것에 해당한다. 그것이 어떻게 해서 형성되었는지는 아무도 말할 수 없지만, 그것은 분명히 존재한다!

융은 이렇게 말하고 있다. "개인적 이미지는 고대적 성격이나 집단적 의미를 지니고 있지 않다. 그것은 단지 개인적 성격을 띤 무의식의 내용들과 개인적으로 조건지어진 의식적 성향을 표현할 뿐이다.

"내가 '원형'이라고 부르는 근원적 이미지(urtümliches Bild)는 항상 집단적이다. 그것은 적어도 인류 전체와 모든 시대에 공통된 것이다. 모든 시대와 인류의 주요한 신화적 동기는 이러한 성격을 지니고 있다. 예를 들면, 순수한 니그로 혈통을 지닌 신경증 환자의 꿈과 환상에서 일련의 그리스 신화의 동기를 발견할 수 있었다."

그는 계속해서 말하고 있다. "근원적 이미지는 셀 수 없이 많은 유사한 경험의 응축에서 비롯된 기억 심상(engram)이며…… 해부학적으로 그리고 생리학적으로 결정된 자연적 경향의 심리적 표현이다."[1]

융의 "원형" 개념은 오늘날의 신화 연구 분야에서 주도적인 이론 가운데 하나이다. 이것은 그보다 일찍 활동하였던 아돌프 바스티안(Adolf Bastian, 1826-1905)의 이론에서 나온 것이다. 바스티안은 광범위한 여행을 통하여 인류의 통일성을 인식하게 되었는데, 그는 그것을 인류의 "근본적 관념(Elementargedanke)"이라고 불렀다. 그러나 그는 다양한 인류 문화 속에서 그러한 "근본적 관념"이 다채롭게 표현되고 정교하게 변형되어 있음을 언급하면서, 그러한 보편적 형식의 현실적·지역적 표현을 "종족적 관념(Völkergedanke)"이라고 불렀다. 그에 따르면, "근본적 관념"은 지역적으로 조건지어진 "종족적 관념"으로부터 분리되어 그 자체 순수한 형태로 존재할 수는 없고 단지 그러한 "종족적 관념"을 통해서만 실체화된다. 마치 인간 그 자체의 이미지가 그러하듯이, 근본적 관념들은 인생의 파노라마 속에서 극히 흥미롭고 종종 놀랍기까지 하면서도 결국에는 항상 알아볼 수 있는 다양하고 풍부한 변이 형태를 통해서만 스스로를 드러낸다.

바스티안의 이러한 이론에는 두 가지 점이 강조되어 있다. 첫째는 심리학적인 것이라고 할 수 있고, 두번째는 민족학적인(ethnological) 것이라고 할 수 있겠다. 이러한 두 가지 강조 사항은 과학자와 철학자들의 신화 접근 방식에 나타나는 두 가지의 대조되는 관점을 대체로 반영한다.

바스티안은 이렇게 말하였다. "먼저 관념 자체를 연구해야 하고…… 두번째 요인으로서 기후적-지질학적 조건의 영향을 연구해야 한다."[2] 그에 따르면, 그렇게 한 다음에야 비로소 세번째 요인, 즉 역사 속에서 등장하는 다양한 종족적 전통의 상호 영향을 효과적으로 탐구할 수 있다. 결국 바스티안은 문화의 심리적이고 자연 발생적인 측면을 일차적인 것으로 강조한 것이다. 생물학자, 의사, 심리학자가 오늘날까지 일반적으로 취해온 입장이 바로 이러한 것이다. 간단하게 말하자면, 이러한 관점은 심리 구조와 기능에는 인류의 역사와 문화를 관통하는 어느 정도의 자연 발생성과 지속적인 통일성이 존재함을 전제한다. 즉 신체 구조에 내재하는 이러한 심리학적 질서는 오리나시안 동굴 시대 이후로 근본적으로 변화하지 않았으며, 이러한 질서는 파리의 카페와 마찬가지로 브라질의 정글에서도, 마라케시(Marrakech, 모로코 남부 텐시프트 지방의 주/역주)의 하렘과 마찬가지로 배핀랜드(Baffin Land, 캐나다 북부에 있는 추운 지역/역주)의 이글루에서도 쉽게 찾아볼 수 있다는 것이다.

그러나 이와 달리 기후 및 지리와 거대한 사회적 힘이 생득적인 심리 구조와 능력보다 인간의 관념과 이상과 환상과 정서를 형성하는 데 더욱 중요한 계기라고 본다면, 정반대의 철학적 관점을 전제해야만 한다. 이러한 경우에 심리학은 민족학의 함수가 된다. 이 분야의 대표적인 권위자인 래드클리프 브라운(A. R. Radcliffe-Brown)의 『안다만 제도의 사람들(The Andaman Islanders)』을 인용하면 다음과 같다.

> 한 사회가 존속하기 위해서는, 각 개인의 행위를 사회의 필요에 맞게 규제할 수 있는 어떤 감정 체계가 사회 구성원들의 마음속에 마련되어 있어야 한다. 사회제도 그 자체의 모든 특징 그리고 사회의 안녕이나 단결에 어떻게든 영향을 미치는 모든 사건이나 대상은 이 감정 체계의 대상이 된다. 인간 사회에서는 이러한 중요한 감정들이 각 개인의 마음속에 생득적으로 존재하는 것이 아니라 사회가 그 구성원들에게 부과하는 행위에 의하여 각 개인의 마음속에서 발달하는 것이다(강조는 인용자의 것임). 한 사회의 제의적 관습은 그러한 감정들을 적절한 시기에 집단적으로 표현하는 하나의 수단이다. 어떤 감정을 제의적으로(즉 집단적으로) 표현하는 것은 개인의 마음속에 그 감정을 적절한 수준으로 유지하는 데 도움이 되는 동시에 이를 한 세대에서 다음 세대로 전승시키는 역할도 한다. 그러한 집단적 표현이 없다면 그 감정들은 존속될 수 없을 것이다.[3]

위와 같은 관점에서 보면, 다양한 사회의 제의와 신화는 인류 공통의 심리학적 토대를 지닌 "근본적 관념"의 표현이 아니라, 지역적으로 조건 지어진 이해관계의 표현에 불과하게 된다. 여기서 두 가지 접근 방식의 근본적인 차이가 분명하게 나타난다.

앞에서 언급한 어린 소녀가 마녀 관념에 대하여 보여준 반응은 병아리가 나무로 만든 매의 모형에 대하여 보인 반응과 비교될 수 있는가? 그렇지 않으면 그와 반대로 해석해야 하는가? 즉 그녀는 그림(Grimm) 형제가 수집한 요정 이야기를 들으면서 자라났기 때문에 어떤 상상 속의 위험을 독일의 허구적 인물과 관련시키는 것을 배웠고, 따라서 그녀가 느낀 두려움은 오직 거기에서 연유한다고 보아야 하는 것인가?

우리는 이 문제에 대한 대답을 안다고 자부하기 전에, 다음과 같은 잘 알려진 사실을 먼저 진지하게 숙고해야 할 것이다. 즉 인간의 신경계는 인류의 발생 이후 첫 60만 년 동안 떠돌아다니는 사냥꾼의 생활, 다시 말해서 식량을 찾아 헤매고 자신과 가족을 극히 위험한 동물의 세계로부터 보호하는, 그런 삶을 영위하고 안내하고 통제하는 역할을 해왔던 반면, 비교적 안전하고 분별력 있는 생활을 하는 농민, 상인, 교수, 그리고 그의 자식들에게 신경계가 봉사한 기간은 8,000년도 안 된다(이는 전체의 1.5퍼센트도 안 되는 시기이다). 그렇다면 우리의 이름이 호모 사피엔스가 아니라 피테칸트로푸스와 플레시안트로푸스 또는 심지어 이들보다 몇천 년 앞서 존재한 드리오피테쿠스였을 때, 우리의 방출 기제에 어떤 신호 자극이 강타하였는지 알고 있다고 주장할 사람이 누가 있겠는가? 그리고 우리가 동물이던 시절부터 지금까지 우리 몸에 남아 있는 수많은 해부학적 기관의 흔적(예를 들면, 한때 우리 몸에 달린 꼬리를 흔들던 척추 끝 부분의 근육)을 인정한다면, 우리의 중추신경계에 그것과 비교될 만한 흔적, 즉 자고 있는(sleeping) 이미지——이 이미지의 유발인은 자연 속에서는 더 이상 존재하지 않지만 예술 작품 속에서는 종종 등장한다——가 잔존하고 있음을 누가 감히 의심하겠는가?

틴베르헨(N. Tinbergen)이 『본능의 연구(The Study of Instinct)』의 서론에서 잘 지적하였듯이, 너무 협소한 토대에 근거한 일반화는 불필요한 논쟁을 불러일으키는 경향이 있다. 따라서 우리는 어떤 결론을 내리기 전에 종의 행동 패턴에 대한 완전한 목록 작업의 중요성을 특별히 강조해야 한다.[4] 생득적 행동과 조건지어진 행동의 관계에 관한 문제는 우리 인간보다 훨씬 덜 복잡한 동물의 경우에도 아직 해답이 나오지 않았기 때문이다. 그리고 동물의 세계에서는 하나의 종에 대하여 타당한 설명이 다른 종에게도 반드시 타당하다고 하는 일반화를 시도할 수도 없다.

뻐꾸기는 다른 종류의 새 둥지에 알을 낳는다. 그런데 알에서 나온 새끼 뻐꾸기는 깃털이 다 자라게 되면——자라는 과정에서 뻐꾸기들을 전혀 본 적이 없지만——뻐꾸기들하고만 날아다닌다. 이처럼 뻐꾸기는 다른 새의 둥지에서 자라면서도 자신의 종을 알아보도록 하는 학습을 받지는 않는다. 그러나 오리의 경우는 정반대이다. 오리는 알에서 나왔을 때 처음 마주친 동물——예를 들면, 어미 닭——을 자신의 부모로 생각하고 그 동물에게 안기려고 한다.

매에게 반응하는 병아리나 바다로 돌진하는 거북의 경우처럼, 뻐꾸기도 이미지 유전의 생리학에서 고려해야 할 첫번째의 점을 잘 보여준다. 이미 언급하였듯이, 모든 동물의 중추신경계에는 종의 고유한 환경에 대응하는 생득적인 구조가 존재한다. 형태 심리학자인 볼프강 쾰러(Wolfgang Köhler)는 중추신경계에 존재하는 이러한 구조를 "동형체(isomorphs)"라고 불렀다. 생득적 능력에 따라 활동하는 동물은 오랜 경험과 시행착오라는 학습 과정에 의해서가 아니라 즉각적이고 확실한 인지에 기초하여 자연환경에 적응한다. 그런데 오리의 경우는 이와 다르다. 이러한 연구 성과들과 신화적 원형의 문제가 맺고 있는 상호 연관성을 올바르게 인식하기 위해서 반드시 주목해야 하는 두번째 점을 오리는 잘 보여준다. 대부분의 경우에는 동물의 행동을 유발시키는 신호 자극이 항상 일정하며, 더구나 열쇠와 자물쇠의 관계처럼 외적 자극은 동물의 내적 준비와 정확하게 상응한다. 그러나 오리의 경우에는 어떤 개별적 경험에 의하여 반응 체계가 확립될 수 있음을 보여주고 있다. 이러한 경우의 IRM 구조를 "열려" 있는 구조라고 한다. 그러한 구조는 "인상(Prägung)"에 영향을 받기 쉽다. 더구나——오리의 경우처럼——이러한 "열린 구조"의 경우에는 첫인상이 결정적 역할을 한다. 그 인상이 완성되는 데는 1분도 안 걸리는 경우가 종종 있으며, 일단 그 인상이 결정되면 돌이킬 수 없게 된다.

틴베르헨 교수는 동물의 학습 문제에 특별한 관심을 가지고 있다. 그에 따르면, 각각의 종들은 서로 다른 학습 경향을 지니고 있을 뿐만 아니라 어떤 중요한 성장 시점에서만 그러한 생득적 경향을 완성시키게 된다. 그는 다음과 같은 예를 들고 있다.

그린란드 동부의 에스키모 거주지에서는 다섯 마리 내지 열 마리의 개가 한 무리를 이루어 살고 있다. 한 무리에 속한 개들은 다른 무리의 개가 자신들의 영토를 침입하면 집단적으로 방어한다. 어떤 에스키모 거주지에 살고 있는 개들은 다른 집단의 개들이 차지하고 있는 영토의 경계선을 매우 정확하게 알고 있다. 다른 집단의 개들로부터 공격을 받을 수 있는 영역이 어디까지인지를 잘 알고 있는 것이다. 그러나 어린 개들은 방어 능력이 없다. 그들은 아무 곳이나 돌아다니다가 다른 집단의 영역으로 침범하여 들어가기도 한다. 그러면 곧바로 다른 개들에게 추격당하게 된다. 이렇게 자주 공격을 받고 그 도중에 심하게 물리기도 하지만, 어린 개들은 경계선의 지형을 배우지 못한다. 어린 개들의 이러한 우둔함에 놀라지 않는 사람은 아무도 없을 것이다. 그러나 어린 개들은 성적 성숙을 거치는 동안, 다른 집단의 경계선을 알아차리게 된다. 일주일 정도만 되면 더 이상 경계선을 침범하지 않게 된다. 어떤 수캐 두 마리는 첫번째 교미를 한 뒤, 일주일도 안되어 경계선을 방어하는 것과 낯선 경계선에 들어가지 않는 것을 배웠다.[5]

유아의 발달 단계와 유아 시절에 획득된 인상이 개인의 생애 전체에 미치는 영향에 관한 프로이트와 그 학파의 연구가 나온 이후, "내적 준비성(inner readiness)" 및 "인상"의 개념과 학습 영역 사이의 관련성을 논증하는 것은 거의 필요 없게 되었다. 더구나 유아가 학습해야만 하는 대부분의 내용은 에스키모 개의 사회학과 매우 유사하다. 학습의 내용은 대체로 집단 소속의 문제와 관련되어 있기 때문이다. 그러나 인간의 경우에는 본능과 내적 구조에 관한 연구를 몹시 어렵게 만드는 요인이 있다. 다른 동물들의 경우 태어날 때에는 매우 무력하지만 상당히 빠른 속도로 성장하는 반면, 인간은 처음 몇 년 동안에는 매우 무력하게 남아 있다.

또 인간은 인격이 형성되는 이 시기 동안에 지역 사회의 압력과 인상에 철저히 종속되어 있다. 바젤 대학의 아돌프 포르트만(Adolf Portmann)이 적절하게 지적한 것처럼, 인간을 다른 동물보다 뛰어나게 만드는 세 가지 능력, 즉 직립보행, 언어 사용, 사유 능력은 출생 이후에만 발전한다. 따라서 모든 개인의 구조 속에는 생득적인 생물학적 요소와 외적 인상에 의하여 형성된 요소가 서로 뗄 수 없는 혼합물 형태로 존재한다. 하나가 없이 다른 하나를 생각할 수 없는 것이다.

그러므로 과학의 이름으로 그러한 시도를 하지는 말자!

물론 인간에게서도 생득적인 "열쇠-자물쇠(key-tumbler)" 반응이 상당히 많은 예에서 나타나고 있다. 가령, 유아가 젖꼭지를 보았을 때 보이는 반응이 여기에 속한다. 그리고 하등동물의 경우와 마찬가지로 인간에게도 "중추 흥분 기제(central excitatory mechanisms, CEMs)"가 있다. 이로 인하여 인간은 내부와 외부 양쪽에서 자극을 받을 때 건전한 이성적 판단에 가끔 어긋나는 "본능적 행동(appetitive behaviour)"을 하게 된다. 어떤 호르몬(예를 들면, 테스토스테론 프로피온산염과 에스트로겐)의 자극에 반응하는 성적 욕구나, 종 전체에 잘 알려진 신호 자극에 반응하는 순진한 개인의 경우가 가장 분명한 예에 속한다. 이러한 현상들은 실험실에서 실험할 필요조차 없는 사실이다. 그러나 인간의 본능 구조 전체는 동물의 경우보다 학습과 조건에 더 열려 있음을 망각해서는 안 된다. 그러므로 인간의 행동을 평가할 때는 곤충, 물고기, 새 혹은 원숭이의 CEMs 및 IRMs을 측정할 때보다 개인의 경험을 훨씬 더 많이 고려해야 한다.

이 중요한 사실은 바스티안이 근본적 관념과 종족적 관념을 대조하면서 제시하였던 문제를 뚜렷하게 하는 데 도움이 된다. 내 생각으로는, 근본적 관념 혹은 생득적 관념은 호모 사피엔스의 생득적인 신경학적 구조(CEMs와 IRMs)라고 불리는 것——인류의 모든 경험과 반응의 근본적 토대를 구성하는, 유전되어온 중추신경계의 구조——을 19세기의 용어로 가리키고 있는 것에 불과하다. 이와 달리 종족적 관념은 한 사회에서 인간의 활동을 분출시키는, 역사적으로 조건지어진 신호 자극의 맥락을 가리킨다. 그러나 모든 사회적 조건으로부터 분리된 "보편 인간"으로서의 인간은 존재하지 않기 때문에 인간 행동학의 수준에서는 외적 인상을 받지 않는 순수한 신호 자극의 예는 극히 드물다. 따라서 인간이라는 종을 연구하는 현상학자들은 인류에게는 어떠한 유전된 구조도 존재하지 않는다고 주장하기도 한다. 그러나 인간의 마음이 17세기의 인식론에서 말하는 식의 단순한 백지상태(tabula rasa)가 아니라는 사실은 분명하다. 사실은 그와 정반대이다! 인간의 마음은 독자적인 반응 체계를 지닌 수많은 술어 구조들(predicating structures)로 이루어진 총체이다. 그것들이 동물의 심리보다 개별적 경험에 더 개방적이라는 단순한 사실 때문에 그 존재 자체가 부정되어서는 안 된다. 그리고 그러한 마음의 구조가 전세계의 문화에서 차이성보다 훨씬 더 광범위하게 나타나는 근본적 유사성을 확립하고 유지하는 데 미치는 힘을 부정해서는 안 된다. 그러나 어떤 특정한 신호 자극에 대한 보편적인 반응이 광범위하게 발견된다고 해서, 이를 외적 인상과는 아무런 관련이 없는 생득적인 것이라고 섣부른 판단을 내려서도 안 된다.

2. 초일상적 신호 자극

오늘날 생물학의 상식에 의하면, 인간은 다른 동물이 어미의 자궁에서 끝내는 발달 과정을 출생 이후 최소한 1년에 걸쳐 완성한다. 우리의 몸에 털이 없는 것은 태아의 특질에서 기인하며, 인간의 수많은 심리적 곤경이 조산에 기인한다는 사실은 잘 알려져 있다. 니체의 기괴한 용어를 사용하자면, 우리 인간은 죽는 그 날까지 "병든 동물(das kranke Tier)"로 남아 있을 수밖에 없다. "인간은 타락한 원숭이다"라고 처음 지적한 사람은 프랑스의 유명한 자연주의자 뷔퐁(Buffon, 1707-1788)이다. 그리고 이러한 생각에 과학적 토대를 부여한 사람은 루드비히 볼크(Ludwig Bolk)인데, 그는 네덜란드의 해부학자로서 1926년에 『인간 육화의 문제 (*The Problem of Human Incarnation*)』라는 책을 썼다. 볼크는 이 책에서 성숙 과정을 방해하는 돌연변이가 동물의 세계에서 실제로 나타난다는 사실을 제시하고, 인간의 진화가 그러한 일련의 변형에 의한 것이라고 주장하였다. 볼크의 견해에 따르면, 인간은 침팬지의 태아 발달 과정의 후기 단계로 표현될 수 있는 성장 단계에서 발육이 정지되었다.⁹⁾

그러나 보다 일반적인 견해에 따르면, 여느 동물과 달리 체모를 갖지 않고 태어난 인간은 피부의 감각기관이 증대하였으며, 빛을 받아들이는 신체 부위도 널리 발달하였다. 척추를 따라 분포하는 인간의 감각 신경은 그 수가 털이 많이 난 동물보다 훨씬 더 많으며, 몸에 털이 없는데다가 자주 옷을 입고 벗기 때문에 신호 자극의 범위와 민감성이 여느 동물보다도 크다. 따라서 인간은 단순한 동물적인 식욕이나 성욕보다 훨씬 더 복합적인 반응 체계를 지니게 된다. 얼굴에는 털이 없기 때문에 인간의 얼굴은 미세한 움직임을 표현할 수 있는 기관이 되었다. 즉 인간의 얼굴은 동물의 왕국에서 나타나는 사회적 "유발인"(새의 울음소리, 사슴의 뿔 장식, 꼬리 치기)보다 훨씬 더 광범위하고 세련된 사회적 신호를 제공할 수 있다. 이처럼 체모의 부재라는 사실이 인간에게 부정적 결과가 아니라 오히려 긍정적 효과를 가져온 것이다. 그리고 자궁의 지탱 능력을 넘어설 정도로 오래 지속되는 임신 기간은 인간에게 발전적 결과를 초래하였다. 쇼펜하우어가 선언한 것처럼, "위대한 존재는 천천히 성숙"하기 때문이다.

더구나 태아는 자궁 밖으로 나온 지 1년도 안 되어 머리와 뇌의 크기가 엄청나게 빠른 속도로 성장하는데, 이 과정을 우리가 어찌 잊을 수 있겠는가? 이처럼 인간은 상대적으로 미성숙한 상태로 태어나기 때문에 다른 척추동물에서 전형적으로 보이는 열쇠-자물쇠 반응이 나타나지 않는다. 그 결과 다른 척추동물보다 더 개방적인 반응 구조를 가지게 되며, 따라서 본능도 상대적으로 덜 엄격하게 패턴화되어 있다. 즉 인간의 본능은 동물의 본능만큼 보수적이거나 확고하지 않다. 한편 인간의 뇌는 매우 발달되어 있다. 그것은 인간과 가장 가까운 종에 속하는 동물의 뇌보다 3배나 더 크다. 따라서 인간은 새로운 지식(자신의 불가피한 죽음 자체에 대한 지식을 포함하여)뿐만 아니라 자기 자신의 반응을 조절하고 금지할 수 있는 능력을 지니고 있다.

그러나 인간에게 주어진 능력 가운데 최고의 선물은 미성숙함 자체이다. 인간은 미성숙한 존재이기 때문에 본래적으로 놀이 능력을 지니고 있다. 동물들도 어릴 때에는 놀이 능력을 보여준다. 어미의 보호 아래 있는 새끼는 야수에 대한 두려움에서 벗어날 수 있다. 실제로 모든 동물은 구애 기간 동안에 다시 이러한 놀이 능력을 아주 잘 보여준다. 그러나 인간에게는——최고의 남성들과 대부분의 여성의 경우라고 하는 것이 더 맞을지도 모른다——이러한 능력이 평생 동안 유지된다. 사실, 싸구려 소설의 주인공이 될 법한 폭력배나 야비한 사람들은 이러저러한 방식으로 자신들의 남성성이나 여성성을 얻는 데 실패한 사람들뿐이다. 동물심리학자인 콘라트 로렌츠(Konrad Lorenz)는 인간이 이러한 놀이 능력에 빚지고 있음을 아주 탁월하게 설명하면서 다음과 같은 사실을 일깨워주고 있다.

> 인간이 수행한 모든 연구는 일종의 놀이인 참된 호기심의 결과이다. 인간의 세계 지배를 가능하게 한 모든 자연과학적 사실은 오로지 즐거움을 추구하기 위한 활동 과정에서 나온 것이다. 프랭클린이 연의 꼬리에서 불꽃을 끌어당겼을 때 피뢰침에 대하여 거의 생각하지 않았던 것은, 헤르츠가 전자파를 연구하면서 무선송신을 거의 생각하지 않았던 것과 마찬가지다. 놀이에 열중한 어린이의 호기심이 얼마나 쉽게 자연과학자의 평생에 걸친 연구과제로 발전해갈 수 있는가를 직접 경험한 사람은 놀이와 연구의 근본적 유사성을 결코 의심하지 않을 것이다. 호기심에 넘치는 어린이는 성숙한 침팬지가 지니고 있는 철저한 동물적 본성으로부터 완전히 결별한다. 그러나 니체가 생각하듯이, 어린이가 어른의 세계 속으로 매장되는 것은 결코 아니다. 이와 정반대로 어린이가 어른을 절대적으로 지배한다.[7]

동물의 세계에는 말이 없다. 그 이유 가운데 하나는 그들이 소리를 내어 놀지 못한다는 사실에 있다. 동물의 세계에는 예술도 존재하지 않는다. 그것 역시 그들이 형태를 만들어 놀지 못하는 데서 연유한다. 인간의 놀 수 있는 능력은 자신의 충동을 움직여서, 새로운 자극을 스스로에게 창조하는 방식으로 새로운 이미지와 형태를 만들어낸다. 앞에서 우리는 스스로 마녀를 창조하여 그것에 사로잡힌 여자 아이의 경우를 보았다. 그러면 시인의 경우에는 어떠한 일이 일어날 수 있는지 살펴보도록 하자. 영국의 시인이자 비평가인 하우스먼(A. E. Housman)은 시적 영감(靈感)이 떠오를 때에 작동하는 어떤 유발 원리(triggering principle)에 대하여 내가 아는 한 가장 만족할 만한 정의를 보여주고 있다. 그는 다음과 같이 말하였다.

시는 지적인 것이라기보다는 신체적이다. 몇 년 전에, 시에 대한 정의를 내려달라는 요청을 미국에서 받은 적이 있다. 그때 나는 이렇게 대답하였다. 사냥개가 쥐를 정의할 수 없듯이 나도 시를 정의할 수 없지만, 우리 모두는 시에 의하여 우리 마음속에 일어나는 징후들로 시를 알아본다. 이런 징후들 가운데 하나는 테만족의 엘리바즈(Eliphaz the Temanite)가 어떤 대상과 관련하여 묘사한 구절에 표현되어 있다. "어떤 영(靈)이 내 얼굴 앞을 지나가는 순간 내 온몸의 털이 곤두섰다." 나는 아침에 면도하면서 내 생각을 지켜보는 법을 배웠다. 한줄기의 시구가 마음속에 떠오르면 온몸의 털이 곤두서게 되고, 그 순간 면도칼은 움직임을 멈추기 때문이다. 이러한 특별한 증세에는 척추를 따라 내려가는 전율이 동반된다. 목구멍이 막히는 듯한 느낌과 눈물이 솟아나는 또 다른 증상도 있다. 키츠의 마지막 편지 하나에서 발췌한 구절을 인용해야만 묘사될 수 있는 세번째 증상도 있다. 키츠는 파니 브로네(Fanny Brawne)에 대하여 말하면서, "그녀를 생각나게 하는 것은 무엇이든지 나를 창으로 찌르는 것 같다"고 썼다. 이러한 감정이 일어나는 신체 부위는 명치이다.[8]

시와 사랑의 이미지만이 아니라 종교와 애국심의 이미지도 효과적으로 작용하면 실제적인 신체적 반응——눈물, 한숨, 내적 통증, 자기도 모르게 나오는 신음, 비명, 폭소, 분노, 충동적 행위 등——을 불러일으킨다는 사실은 잘 알려져 있다. 인간의 경험과 예술은 다양한 신체적 반응을 불러일으키고 그것들을 목적에 맞게 이끄는 신호 자극의 환경을 인류 자신을 위하여 창조하는 데 성공하였다. 이 신호 자극의 환경은 자연의 신호들이 짐승의 본능을 작동시키고 목적에 맞게 이끄는 것 못지않게 효과적으로 기능한다. 이러한 신호 자극의 생물학, 심리학, 사회학, 역사학이 우리의 주제인 비교신화학의 영역을 구성한다. 그러한 인간-문화적 촉매들과 그것들이 일으키는 반응의 생득적인 면과 획득된 면, 자연적인 면과 문화적으로 조건지어진 면, "근본적" 측면과 "종족적" 양상을 구별하는 효과적인 방법은 아직 나오지 않았다. 그렇지만 에너지 유발인으로서 신경 구조에 작용하는 이미지와 사유의 전달을 위하여 봉사하는 이미지의 근본적 구별——시인 하우스먼이 시도한——은 우리의 주제를 검증하는 데 매우 커다란 도움이 된다.

그는 이렇게 쓰고 있다. "나는 시적 관념과 같은 것이 별도로 존재한다고 말하는 것으로는 도저히 만족할 수 없다. 진리가 너무 고귀하여 산문으로 표현할 수 없다거나, 관찰이 너무 심오하여 산문으로 표현할 수 없다거나, 감정이 너무 고양되어 산문으로 표현할 수 없다는 말은 성립하지 않는다. 어떤 관념들——다른 관념들은 그렇지 않지만——이 시적으로 특히 잘 표현될 수 있다는 사실은 인정한다. 그리고 이러한 관념들은 스스로를 더 아름답게 변형시키는 상승효과를 시로부터 얻기도 한다. 그런데 이러한 상승효과는 분석할 때를 제외하면 별도의 것으로 인식되지는 않는다."[9]

하우스먼은 "시는 내용이 아니라 그것을 표현하는 방식이다"라고 썼다. 그리고 "지성은 시의 원천이 아니다. 지성은 오히려 시의 생산을 실제로 방해할 수 있다. 시가 만들어질 때 지성이 그 시를 알아볼 거라는 확신조차 할 수 없다"[10]고 말하였다. 이는 모든 창조적 예술——시, 음악, 춤, 건축, 회화, 조각 그 어느 것이든 간에——의 첫번째 공리, 즉 예술은 과학과 같은 지시의 논리(logic of references)가 아니라 지시로부터의 해방이며 직접적 경험의 연출이라는 사실을 그가 재확인하고 명쾌하게 공식화하고 있음을 보여준다. 여기서 직접적 경험의 연출이란, 사유나 심지어 감정을 통해서가 아니라 어떤 강한 충격을 통해서 형태와 이미지와 관념을 전달하는 것을 가리킨다.

여기서 다시 한번 이 공리를 기억할 필요가 있다. 역사적으로 신화는 예술의 어머니이지만, 그와 동시에 신화는, 상당히 많은 신화적 어머니의 경우처럼, 그녀 자신이 낳은 예술의 딸이기도 하기 때문이다. 신화는 합리적으로 생겨난 것이 아니다. 따라서 신화를 합리적으로 이해할 수는 없다. 신학자들은 신화를 우스운 이야기로 해석하고 만다. 문학 비평가들은 신화를 은유로 환원한다. 그러나 생물학적 심리학의 관점에 서서 신화를 인간 신경계의 한 기능으로 보게 되면, 신화에 대한 매우 참신한 해석이 열리게 된다. 여기서 말하는 신경계란 자연의 에너지를 방출하고 방향짓는 선천적·후천적 신호 자극을 가리키며, 인간의 두뇌는 그중에서 가장 고도로 발전한 것일 뿐이다.

동물로부터 또 한 가지의 교훈을 얻을 수 있다. 동물의 행동을 연구하는 학자들 사이에서는 "초일상적 신호 자극(supernormal sign stimulus)"으로 알려진 현상이 있다. 그런데 이 현상을 예술이나 시 혹은 신화와 관련시켜 논의한 사람은 아직 아무도 없는 것 같다. 그러나 어쩌면 이 현상을 통해서 우리는 예술과 시와 신화가 지닌 힘의 근원으로 돌아갈 수 있을지도 모르며, 더 나아가 그러한 현상 속에서 삶에 대한 인간의 꿈을 활성화시키는 기능을 볼 수 있을지도 모른다.

틴베르헨은 이렇게 말하고 있다. "생득적 방출 기제(IRM)는 그것이 반응하는 주위 대상이나 상황의 특성과 대체로 조화를 이루고 있는 것 같다. 그러나 IRMs를 정밀하게 조사하면 자연적 상황보다 더 효과적인 자극 상황을 만들어낼 수도 있다는 놀라운 사실이 드러난다. 다시 말해서, 자연적 상황이 항상 최적의 상황인 것은 아니다."[11]

예를 들면, 뱀눈나비과(Eumenis semele)에 속하는 수나비는 주변을 지나가는 암나비를 쫓아가 교미를 함으로써 교미 행위에서 주도권을 쥔다. 그런데 이 수나비는 밝은 색 나비보다 검은색 나비를 선호하는 경향이 있다. 그래서 만일 자연 속에서 발견되는 가장 검은 암나비보다 더 검은 색을 띄는 모형 나비를 만들어 보여주면, 이 수컷은 성적 충동을 느껴 다른 검은 나비들은 모두 제쳐놓고 그 모형 나비만을 쫓아가게 된다.

포르트만 교수는 이 문제에 대하여 다음과 같이 언급하고 있다. "자연 속에서는 만족되지 않는 하나의 '성향(inclination)'을 여기서 발견할 수 있다. 만일 보다 어두운 색을 띤 유전 가능한 변종이 출현한다면, 언젠가 이 '성향'은 교미 대상의 선택 과정에서 일정한 역할을 하게 될 것이다. 이 성향이 진화의 방향을 결정하는 선택의 과정에서 하나의 요인으로 기능할 수도 있는 한, 특별한 신호 자극에 대한 그러한 기대가 새로운 변종을 지지하고 강화하는 데 일정한 역할을 하지 않을 것이라고 누가 장담할 수 있겠는가?"[12]

놀이에 재능이 있는 여성들은 이미 수천 년 전부터 초일상적 신호 자극의 힘을 간파하고 있었음에 틀림없다. 눈꼬리를 치켜세우기 위하여 사용되는 화장품이 신석기 최초의 유적에서 발견되었기 때문이다. 이러한 초보적 단계에서 의례, 종교 예술, 가면, 검투사의 복장, 그리고 왕의 의복 등이 지닌 힘을 인정하는 단계로 나아가는 데는 단지 한 걸음 혹은 몇 걸음이면 족하다.

신들의 자연사를 추적하는 작업을 하다보면, 신들 자신이 초일상적 신호 자극으로 나타나는 경우를 보게 된다. 또 초자연적 영감에서 비롯된 제의적 형식들은 인간을 신으로 변화시키는 촉매제로 기능한다. 그리고 문명——인간 자신의 내부에서 자라나 달의 영역까지 그 경계선을 확장한 이 새로운 환경——은 제의의 정수(distillate), 따라서 신들의 정수로 등장한다. 다시 말해서, 문명은 자연에 의해서는 결코 충족되지 않는 일련의 IRMs에 작용하는 초일상적 신호 자극의 체계이다. 그러나 인간이 자연의 아들인 것처럼, 문명 역시 본래는 자연에 속할 수밖에 없다는 것은 당연한 일이다.

그러나 문화적으로 계발되어온 신호 자극이 역사적으로 늦은 시기에 나타났다는 이유만으로 그것에 대한 인간의 반응이 **학습된** 것이라고 즉각 가정해서는 안 된다. 현재로서는 이 점을 말하는 것으로 충분하다. 사실, 그 반응은, 이전에는 한번도 보인 적이 없을지라도, 무의식적으로 자연히 일어나는 것일 수도 있다. 인간 유기체의 여러 생득적 "성향" 가운데 어느 하나——자연에서는 이에 상응하는 것을 찾아볼 수 없는——가 창조적인 상상력에 의하여 바로 여기서 방출되었을 수도 있기 때문이다. 그러므로 제의적 예술과 그로부터 발달한 고대 문명의 소산뿐만 아니라,

자신의 최고의 꿈 너머로 날아오른 현대인의 화살에 의한 그것들의 파산은 심리학적으로 잘 해석될 수 있을 것이다. 즉 그러한 예술과 문명의 탄생과 파산은, 경악과 기쁨 그리고 놀라움을 일으킨 우리 인간의 가장 깊은 비밀들을 방출해왔던 초일상적 신호 자극의 역사로서 해석될 수 있을 것이다. 참으로, 인간의 심연일 뿐만 아니라 현존하는 세계 자체의 심연이기도 한 우리의 연구 주제가 지닌 신비의 깊이는 아직 측정되지 않은 상태이다.

이제 요약해보자. 동물 행동학은 통제된 실험을 통해서 동물의 본능을 관찰하여 신뢰할 만한 결론에 도달할 수 있는 유일한 연구 영역이다. 이 학문 분야에서 생득적 방출 기제의 두 질서가 확인되었다. 외적 인상에 대하여 정형화된 반응을 보이는 방출 기제와 열린 반응을 보이는 방출 기제가 각각 그것이다. 전자의 경우에는 신경계의 내적 준비성과 반응을 촉발시키는 외부의 신호 자극 사이에 정확한 자물쇠-열쇠 관계가 존재한다. 그러므로 인간의 유전질 속에 정형화된 질서를 지닌 많은——또는 하나라도——IRMs이 존재한다면, 인간의 심리 속에 "유전된 이미지들"이 있다는 주장이 타당하다. 그런 자물쇠-열쇠 관계가 어떻게 확립되었는지 아직 설명할 수 없다고 해서 그 현상의 관찰 가능성이 배제되는 것은 아니다. 어떻게 하여 농가에서 기르는 닭의 신경계 속에 매의 인상이 들어가게 되었는지는 아직 설명할 수 없지만, 수많은 검사를 통해서 그런 사실 자체는 증명되고 있다. 그러나 인간의 심리 속에도 그러한 정형화된 기제가 있는지에 관해서는 아직 만족스러운 조사가 행해지지 않았다. 그러므로 신화적 보편성을 해석할 때 유전된 이미지의 원리를 어느 정도 적용시켜야 할지 우리는 확신할 수 없다. 우리는 이 점을 솔직히 인정해야 한다. 그렇지만 그 가능성 자체를 부정하는 태도는 그것을 하나의 신중한 견해 이상의 어떤 것으로 과감하게 선언하는 것만큼이나 성급한 처사이다.

여러 인종 사이의 명백한, 그리고 때로는 매우 놀라운 신체적 차이가 인종간의 생득적 방출 기제의 현저한 차이를 의미하는지에 대해서도 아직 분명하게 말할 수 없다. 동물의 경우에는 그런 차이가 분명히 존재한다. 사실, 주요 본능에 대한 IRMs에서의 변화는 돌연변이에 의하여 영향 받은 첫번째 특징들 가운데 하나로 여겨진다.

틴베르헨은 다음과 같은 예를 보여주고 있다.

북서유럽에 사는 재갈매기(Larus argentatus)와 그보다 작으면서 검은 등을 가진 흰갈매기(L. fuscus)는 같은 종에 속하지만, 아주 멀리 떨어진 지역에서 각기 진화해온 것으로 알려져 있다. 그렇지만 그들의 서식 범위가 확장됨에 따라 다시 서로 접촉하게 되었다. 이 두 갈매기의 행동 방식에는 많은 차이점이 있다. 흰갈매기는 가을이 되면 남서유럽으로 여행하는 철새이지만, 재갈매기는 한 지역에 거주하는 텃새이다. 흰갈매기는 재갈매기보다 더 넓은 바다를 무대로 하여 살아간다. 번식기도 서로 다르다. 특히 흥미로운 것은 둘 다 위기 상황을 알리는 울음소리를 내고 있는데, 거기에는 두 가지 소리가 있다. 하나는 별로 중요하지 않은 위기 상황을 알리는 것이고, 다른 하나는 극도의 위급함을 알리는 것이다. 두 갈매기는 대부분의 위험 상황에서 서로 다르게 반응한다. 재갈매기의 경우에는 위급한 경보를 보내는 빈도가 훨씬 적다. 두 갈매기가 함께 서식하는 지역에 사람이 침입하면, 재갈매기는 항상 낮은 울음소리를 내는 반면, 흰갈매기는 높은 울음소리를 낸다. 이러한 차이는 두 새가 지닌 울음소리의 역치(閾値, 생물체가 자극에 대한 반응을 일으키는 데 필요한 최소한도의 자극 강도를 표시하는 수치/역주)의 변화에 근거한 것으로서, 두 형태의 울음 사이에 질적 차이를 초래한 것으로 보인다. 각각의 갈매기는 두 울음소리 가운데 하나를 완전히 잃어버리게 되었고, 그 결과 운동 능력에서도 질적으로 다른 성질을 가지게 된 것으로 보인다. 이러한 역치의 차이와는 별도로 두 울음소리의 고저에도 차이가 있다.[13]

인종이 다르면 신체만이 아니라 심리적인 차이도 생긴다는 지적이 있어왔다. 예를 들면, 게자 로하임(Géza Róheim)이 자신의 책 『정신분석과 인류학(Psychoanalysis and Anthropology)』에서 지적한 것처럼, 성숙 속도의 차이가 그것이다.[14] 그러나 통제된 관찰과 단편적인 기록에 근거하여 지적 능력과 도덕적 성격에 관한 일반화를 시도하는 것은 타당하지 않다. 동일한 민족과 인종 안에서도 개인마다 생득적 능력의 차이가 워낙 크기 때문에 민족과 인종에 관한 일반화를 시도하는 것은 별 의미가 없다.

바꾸어 말하면, 호모 사피엔스의 생득적 전형(stereotypes)에 관한 전체적인 물음은 아직 해결되지 않았다. 지금까지 객관적이고 유력한 연구들이 시도되었지만, 아직 그 성과에서는 별다른 진전을 보이고 있지 못하다. 카일라(E. Kaila)[15]와 스피츠(R. A. Spitz) 그리고 울프(K. M. Wolf)[16] 등이 수행한 일련의 흥미로운 실험에 따르면, 생후 3개월에서 6개월 사이의 유아는 인간의 얼굴을 보면 미소를 짓는다. 정상적인 인간의 얼굴에서 특정 부분을 뺀 가면을 만들어 실험한 결과, 이들은 다음의 사실을 확인할 수 있었다. 즉 아기의 미소를 자아내려면 얼굴에 반드시 두 눈(애꾸눈과 같은 비대칭적 가면을 사용하면 효과가 없었다)과 부드러운 이마(이마에 주름살이 그려진 가면은 어떤 미소도 자아내지 못하였다) 그리고 코가 있어야 한다는 사실을 확인한 것이다. 신기하게도 입은 아무런 관계가 없었다. 입을 그려 넣지 않아도 미소를 보인 것이다. 이처럼 미소는 모방의 산물이 아니었다. 가면은 어느 정도 움직이면서 정면에서 보여주어야 하였다. 그 밖의 어떤 것——심지어 장난감도——도 갓난아이의 미소를 유도하지 못하였다. 생후 6개월이 지나면서 아기는 친한 얼굴과 낯선 얼굴 그리고 다정한 얼굴과 무뚝뚝한 얼굴을 식별해내기 시작하였다. 이 무렵이 되면 사회적 환경에 대한 아기의 경험이 이미 풍부해졌으므로, 생득적 방출 기제가 외부 세계에서 받은 인상에 의하여 변한 것이다. 그래서 그 상황도 변하였던 것이다.

오스트레일리아 원주민의 암각화에는 입이 없는 인물상들이 종종 발견되고 있고, 구석기 시대의 여성 입상(立像)도 입이 없는 경우가 많다. 그러나 우리는 이를 근거로 하여 유아의 중추신경계 안에 "부모 이미지"가 존재한다고 단언할 수는 없다. 포르트만 교수는 이렇게 말하였다. "얼굴 형상이 유아에게 미치는 효과는 생후 3개월 이후에야 비로소 가능하기 때문에, 인간의 얼굴을 알아차리게 만들고 미소라는 사회적 반응을 가능하게 하는 중추신경계가 전적으로 생득적인 것인지 아니면 열린, 즉 인상에 의한 것인지는 여전히 의문으로 남아 있다. 우리에게 이용 가능한 지표들은 대체로 유전설을 옹호한다. 그러나 이 문제는 여전히 미해결 상태로 남아 있다."[17]

로렌츠 교수는 「인간 경험의 생득적 형태(The Innate Forms of Human Experience)」라는 자신의 논문에서 다음과 같은 문제를 제기하였다.[18] 즉 아기의 신호 자극을 받은 어른은 부모로서 어떠한 반응을 일으키는가? 이 문제에 대한 해답은 더욱더 미해결의 상태로 남아 있다. 말할 수 있는 범위 안에서, 아래의 그림이 나름대로 설명해주고 있다.

〈그림 1〉 성인으로 하여금 부모의 반응을 일으키도록 하는 신호 자극(왼쪽), 그렇게 하지 못하는 자극(오른쪽). 로렌츠의 논문에서 따옴.

마지막으로, 어떤 범주의 욕구를 인간의 본능으로 볼 것인지에 대해서조차 학자들 사이에 합의가 이루어지지 않았다는 점을 주목해야 한다. 틴베르헨 교수는 동물 세계의 일반적 본능으로 잠자기와 먹이 찾기를 제시하였고, 또한 대부분의 종에서 위험으로부터의 도피, 자기 방어를 위한 싸움, 그리고 생식 충동과 관련된 다양한 기능적 활동——성적 투쟁과 경쟁, 구애, 짝짓기, 그리고 어미 활동(둥지 만들기, 새끼 보호 등)——이 본능으로 나타난다고 주장하였다. 그러나 종마다 그 본능의 목록이 상당히 다르게 나타나고 있다. 그 가운데 인간의 본능에 해당할 수 있는 것이 얼마나 되는가는 확실하지 않다. 단지 먹이 찾기, 잠자기, 자기 보호, 구애와 짝짓기, 그리고 얼마간의 어미 행동을 인간의 본능이라고 잠정적으로 추정해볼 수 있을 뿐이다. 그러나 인간의 경우 이런 활동을 일으키는 신호 자극이 정확히 무엇인지, 또 그 신호 자극 가운데 어떤 것들이 인간에게 생득적으로 알려져 있는——병아리에게 매가 생득적으로 알려져 있듯이——것인지는 아직 알 수 없다. 그러므로 앞으로는 유전된 이미지에 대하여 언급하지 않을 것이다.

그러나 에너지를 방출시키고 그 방향을 지시하는 이미지로서 신호 자극의 개념은 문학적 메타포와 신화의 차이를 명료하게 해준다. 문학적 메타포는 지성과 관련되며 신화는 한 개인의 중추 흥분 기제(CEMs) 및 생득적 방출 기제(IRMs)와 주로 관련되어 있기 때문이다. 이러한 견해에 따르면, 신화는 문화적으로 유지되는 일련의 신호 자극으로 정의될 수 있는데, 이러한 신호 자극의 덩어리는 인간 삶의 특정한 유형 혹은 유형들의 배열(constellation)을 발달시키고 활성화한다. 더구나 의심의 여지없이 생득적으로 확립된 이미지는 존재하지 않으며 우리의 IRMs는 고정불변의 기제가 아니라 열린 기제임이 밝혀졌다. 따라서 우리의 비교 연구에서 발견될 수 있는 "보편적인 것(universals)"은 그 어느 것이나 모두 천부적으로 주어진 것이라기보다는 공통 경험에 기인한 것이라고 보아야 한다. 그렇지만 신호 자극이 서로 다르다고 해서 반응하는 IRMs까지 반드시 달라야 할 필요는 없다. 우리의 과학은 어디까지나 생물학적인 동시에 역사적이어야 한다. 여기서는 "문화적으로 조건지어진" 행동과 "본능적인" 행동 사이에 어떤 구별도 하지 않는다. 왜냐하면 인간의 모든 본능적 행동은 문화적으로 조건지어져 있고 우리 안에 문화적으로 조건지어진 것은 모두 본능——보다 정확히 말하면, 인간의 CEMs와 IRMs——이기 때문이다.

그러므로 우리는 아돌프 바스티안의 근본적 관념에 관한 이론과 융의 집단 무의식 개념이 제안한 것과 같은, 신화적 이미지의 심리학적 병행 발전의 가능성을 존중하지만, 앞으로 수없이 접하게 될 그것들 사이의 놀라운 상응성을 그러한 관점에서 해석하려고 하지는 않을 것이다. 그렇지만 "한 사회는 생물학적으로 구별되는 자족적인 개인들의 집단이다"라고 하는 인류학자 랠프 린턴(Ralph Linton) 식의 사회학적 이론화는 배격할 것이다.[19] 그러한 이론은 생물학적으로 이치에 닿지 않기 때문이다. 우리 인간은 어디까지나 동일한 하나의 종(種)이며 생물학적으로 구별되지 않는다. 우리의 연구 방법은 가능한 한, 회의적이고 역사적이고 기술(記述)적이어야 한다. 그러므로 역사적 자료는 존재하지 않지만, 다른 무엇인가가 거울에 비친 영상처럼 희미하게 나타나는 곳에서는 그 분야의 최고 권위자들의 신중한 추론을 언급할 것이다. 나머지 부분에 대해서는 단지 침묵할 것이다. 그 침묵 속에는 드리오피테쿠스(Dryopithecus)의 정글 속 외침뿐만 아니라 또 다른 수백만 년 동안 들리지 않을 초일상적 멜로디도 잠자고 있을 수 있음을 인정하면서 말이다.

제2장 경험의 각인

1. 고통과 환희

　제임스 조이스(James Joyce)는 『젊은 예술가의 초상(*A Portrait of the Artist*)』에서 비극의 재료를 "인간의 고통 속에 있는 중대하고 불변하는 모든 것"으로 정의하였다.[1] 여기에서 우리는 비교문화적 신화 연구를 위한 훌륭한 구조화 원리를 발견할 수 있다. 전세계 신화에 공통적으로 나타나는 인상들(imprints)은 "중대하고 불변하는 것"으로부터 나오고 있음이 분명하기 때문이다. 그리고 그러한 인상들 가운데 고통 그 자체――비극의 원재료(原材料)――가 확실히 가장 일반적인 인상이다. 적어도 서론적인 의미에서는 고통이 인생사의 요점이자 결과이기 때문이다.
　더욱이, 비극――그리스 비극――은 신화의 시적 변형, 즉 연민과 공포를 통한 감정의 비장한 정화(淨化)이다. 아리스토텔레스는 이것이 종교 의례에 의한 영혼의 정화(카타르시스[καθαρσις])와 심리적으로 정확히 대응한다고 말하였다. 종교 의례와 마찬가지로, 비극은 마음의 초점을 바꿈으로써 고통을 환희로 변화시킨다. 비극은 종교 언어에서 "영적(靈的) 정화" 또는 "자아 비우기(stripping of the self)"로 명명되는 수행(修行)과 밀접한 관계가 있다. 우리는 인간의 고통과 불행에서 중대하고 불변하는 요소를 관조함으로써 자신의 필멸적(必滅的) 부분에 대한 애착으로부터 해방되어——플라톤의 『티마이오스』에 나오는 적절한 표현을 인용하면, "세계의 회전(periphora)과 조화를 알 수 있는 방법을 배움으로써, 태어날 때 흐트러진 머릿속의 회전(periodos)을 바로잡고"[2]——스스로 비극적 연민을 느끼면서 "고통받는 사람"과 하나가 되는 동시에, 비극적 공포를 느끼면서 "비밀스러운 원인(secret cause)"과 하나가 된다. 그 때문에 영혼은 어느 날 기쁨의 탄성과 함께 인간성과 지성 둘 다를 뒤로 남겨놓고, 현상이라는 가면 너머에 존재하는 것을 별안간 깨닫고 그것을 향하여 도약할 수도 있다. 비극이 끝나고 희극이 시작된다(Finis tragoediae : incipit comoedia). 즉 비극의 양식은 끝나고 신화가 시작된다. 니콜라우스 쿠자누스(Nicolaus Cusanus)는 이렇게 쓰고 있다.

오, 주여, 당신의 얼굴은 얼마나 놀라운지요. 당신의 얼굴은 젊은이의 상상 속에서는 젊은이의 얼굴로, 이른의 상상 속에서는 이른의 모습으로, 노인의 상상 속에서는 나이든 모습으로 나타납니다! 모든 얼굴은 다른 것과 비교될 수 없는 각자의 독특한 완전함을 지니고 있지만, 가장 참되고 가장 아름다운, 이 유일한 모습을 누가 상상할 수 있겠습니까? 당신의 얼굴을 보려는 사람은 모든 형태의 얼굴과 모든 형상을 초월해야만 합니다. 당신의 얼굴을 보려고 하는 사람이 당신 얼굴에 대한 어떤 개념을 가지고 있다면, 그는 당신의 얼굴에서 멀리 떨어져 있는 것입니다. 얼굴에 대한 모든 개념은, 주여, 당신의 얼굴에 미치지 못하며, 상상할 수 있는 모든 아름다움은 당신 얼굴의 아름다움만 못하기 때문입니다. 모든 얼굴은 아름다움을 지니고 있지만 어떤 얼굴도 아름다움 그 자체는 아닙니다. 그러나 당신의 얼굴은, 주여, 아름다움을 소유하고 있되 이 소유는 존재(being)입니다. 그러므로 그것은 절대미(絶對美) 그 자체이며, 모든 아름다운 형상에 존재를 부여하는 형상입니다. 오, 엄청나게 아름다운 얼굴이여, 그 아름다움을 보도록 허락받은 모든 존재들도 제대로 그 아름다움을 존경하지 못하는구나! 모든 얼굴 속에는 얼굴의 얼굴(Face of faces)이 가려진 채, 수수께끼 속에 보입니다. 우리가 모든 얼굴을 초월하여 얼굴에 대한 어떤 지식이나 개념도 없는 신비적 침묵과 비밀 속으로 들어갈 때까지는, 그것은 가려져 있지 않은데도 보이지가 않습니다. 당신의 얼굴을 찾는 사람이 안개, 구름, 어둠, 무지의 속으로 들어갈 때 그는 모든 지식과 개념을 넘어섭니다. 거기에서는 당신의 얼굴이 가려져 있으므로 볼 수 없습니다. 그러나 바로 이 어둠은 당신의 얼굴이 모든 베일 너머에 존재하고 있음을 계시합니다.[3]

이 글에서 비밀의 원천은 공포가 아니라 환희 속에서 드러나고 있다. 그리고 인간적 경험과 사고와 언어의 정상적인 한계를 초월한, 완전히 정화된 영혼만이 그것을 볼 수 있다. 인도의 『케나 우파니샤드(Kena Upanisad)』에서는 "눈과 언어와 지성은 그곳에 도달하지 못한다"[4]라고 표현하고 있다. 그럼에도 아주 많은 사람들이 그 충격을 경험해왔다. 여러 신화와 신비주의자의 찬가 속에서, 그리고 여러 시대와 지역에서 그것은 다양하게 표현되었다(영감으로 쓰여진 쿠자누스의 이 글만큼 훌륭한 표현을 찾기는 힘들지만 말이다). 그것은 경험 가능한 것임에 틀림없으며, 인간의 고통과 기쁨 속에 있는 "중대하고 불변하는" 것들 가운데서도 최고의 것으로 간주되어야 할 것이다. 더구나 그것을 표현하는 이미지들이 우리의 종교적 상징 형식에 낯설게 보일지라도 그것들은 나름대로의 질서를 가지고 있는 것으로 분류되어야 한다.

제5차 덴마크 북극 탐험대(1921-1924)는 북아메리카의 북극 지방을 횡단하였는데, 이를 지휘한 사람은 노련하고 경험이 많은 탐험가 겸 학자인 크누트 라스무센(Knud Rasmussen)이었다. 그린란드에서 알래스카의 '웨일스 왕자 곶(Cape Prince of Wales)'까지 가는 이 특별한 여행에서 그는 여러 에스키모 샤먼을 만날 수 있었다. 그들의 신뢰를 얻은 라스무센은 그들로부터 비밀스러운 여러 이야기를 들을 수 있었다. 그가 만난 에스키모 샤먼들 가운데 인상적인 사람이 몇 있었다. 첫째는 허드슨만(灣)에 사는 관대하고 따뜻하고 공손한 마음을 지닌, 아우아(Aua)라는 이름의 억센 늙은이였다. 두번째는 바람이 거센 베이커 호수 지역에 사는 카리보우 에스키모족(지구상에서 가장 원시적으로 사는 사람들) 출신의 이그주가르주크(Igjugarjuk)였다. 그는 냉혹하고 매우 영리한 야만인이었으며, 지극히 독립적인 성격을 지니고 있었다. 젊은 시절에 그는 아내로 삼고 싶었던 여자가 있었다. 그런데 그 여자의 가족이 그와의 결혼을 반대하자 자신의 형과 함께 그 여자의 오두막집 입구 근처에서 잠복하고 있다가 그녀의 부모와 형제자매——모두 합쳐서 일곱 내지 여덟 명——를 모두 총으로 쏴 죽이고 자신이 원하는 여자를 데리고 떠나갔다. 마지막 에스키모는 놈(Nome, 미국 알래스카 주 서부에 있는 항구 도시/역주)에서 만난 나자그네크(Najagneq)라는 이름의 늙은 부랑배였다. 그는 자기가 속한 지역 사회의 에스키모 일고여덟 명을 죽였다는 죄목으로 감옥에서 1년간 복역하다가 막 출소한 상태였다. 그는 외딴 마을에서 자기 집을 요새로 만들어놓고 거기서 홀로 부족 전체와——그리고 백인들에 대해서도——전쟁을 벌이다가 어떤 선장의 책략에 넘어가 놈(Nome)으로 이송되었다. 그의 살인 행위를 증언할 열 명의 증인이 올 때까지 그는 감옥에 갇혀 있었다. 그런데 이 증인들은 그의 죽음을 원하였으면서도 그를 대면하자 고소하는 것을 포기하였다. 그가 작고 날카로운 눈동자를 사방으로 흘겼기 때문이다. 열 명의 증인들은 부끄러움에 사로잡혀 증인석에서 감히 얼굴도 들지 못하였던 것이다.

성자들만이 최고의 종교적 깨달음에 이를 수 있는 것은 아니다. 이러한 이해를 돕기 위해서는 이 거칠고 억센 샤먼들의 성격을 잠시 살펴볼 필요가 있다.

오스터만(H. Ostermann) 박사는 제5차 북극 탐험대 보고서에 다음과 같이 기록하였다.

> 놈(Nome)의 큰 변화가 나자그네크의 상상력을 자극하였다. 그는 오두막과 썰매, 카약(에스키모인의 카누)을 제외하면 아는 것이 없었지만, 거리의 거대한 집과 증기선, 자동차들을 보고도 전혀 놀라지 않았다. 그러나 큰 사륜마차를 끄는 백마를 보고는 매혹되었다. 그래서 그는 놀란 마을 사람들에게 이렇게 말하였다. 그해 겨울에 놈에 사는 백인들이 자신을 열 번이나 죽이려고 하였는데, 그때마다 자신의 수호령이었던 열 마리의 백마를 하나씩 희생시킴으로써 자신의 목숨을 구하였다는 것이다.
> "10마력(ten-horse-power)"의 이 사나이는 사람들을 사로잡을 정도의 권

위 있는 말 솜씨를 가지고 있었다. 그러한 그가 라스무센 박사에 대해서는 이상할 정도의 호감을 가졌다. 박사와 단둘이 있을 경우에는 자신이 동료들을 다소 속였음을 솔직하게 인정하곤 하였다. 그는 결코 허풍선이는 아니었다. 다만 많은 사람들에 대항해서 굴하지 않는 습관이 몸에 밴 고독한 사람이었다. 따라서 자신만의 조그마한 속임수를 필요로 하였던 것이다. 그러나 그의 오래된 비전과 조상 전래의 신앙을 이야기할 경우에는 항상 간결하고 요령 있는 대답을 하였는데, 거기에는 어떤 단호하고 엄숙한 분위기가 배어 있었다. 그가 자주 언급하고 있는 여러 힘들 가운데 어느 하나라도 정말로 믿느냐고 라스무센 박사가 그에게 물었다. 그러자 그는 이렇게 대답하였다. "물론입니다. 우리는 실라(Sila)라고 불리는 그 힘을 믿습니다. 그것은 어떤 말로도 설명할 수 없는 힘입니다. 그 힘은 우주와 날씨를 주관할 뿐만 아니라 지구상의 모든 생명을 관장하는 강력한 영(靈)입니다. 그가 하는 말은 너무 강하기 때문에 일상적인 언어로는 전달되지 않습니다. 그것은 폭풍, 눈, 폭우, 거센 파도, 그리고 인간이 두려워하는 모든 힘을 통해서 옵니다. 또 그것은 햇빛, 고요한 바다, 혹은 아무것도 모르고 뛰노는 천진난만한 어린이의 입을 통해서 다가옵니다. 시절이 좋을 때에는 실라는 인류에게 어떠한 말도 하지 않습니다. 사람들이 그날그날의 양식에 만족하면서 평안하게 살고 있는 동안에는 그 자신의 무한한 무(無, nothingness) 속으로 사라집니다. 실라를 본 사람은 아무도 없습니다. 그가 머무는 장소는 너무 신비합니다. 그는 우리와 함께 있는 동시에 아득히 먼 곳에 계십니다."

라스무센 박사는 다음과 같은 말을 덧붙였다(이는 오스터만 박사가 라스무센 박사의 유저(遺著)에서 인용하고 있는 것이다). "나자그네크가 말하는 것은 우리가 여행하면서 만난 늙은 샤먼들――불모지인 윌리엄 킹 랜드(King William Land)나 허드슨만에 있는 아우아의 화려한 눈 오두막집(snow hut)에서 만난――의 놀라운 지혜와 아주 비슷하다. 또 원시적인 에스키모인 이그주가르주크의 지혜와도 유사하다. 그가 말해준 간결한 금언 가운데는 이러한 것이 있다.

"'단 하나의 참된 지혜는 인류로부터 멀리 떨어져 있다. 그 지혜는 위대한 고독 속에 존재한다. 그리고 고통을 통해서만 그 지혜에 도달할 수 있다. 궁핍(privation)과 고통을 통해서만이 우리의 마음은 그 감추어진 세계에 도달할 수 있는 것이다.'"[5]

우리는 다음 장에서 이그주가르주크가 참된 지혜를 배우기 위하여 통과하였던 고난의 이야기를 다시 언급할 것이다. 지금 강조하고 싶은 것은, 위대한 쿠자누스와 위대한 이그주가르주크가 전적으로 다른 성격과 경험 그리고 서로 다른 문화적 유산을 가지고 있었지만, 그들의 말은 궁극적으로 동일한 것을 가리키고 있었다는 점이다. 물론 이것이 고통을 통하여 얻게 되는 감추어진 지혜——"위대한 고독 속에서 존재하며", "모든 형태의 얼굴과 형상 너머에 있으며", 또 나자그네크의 말대로, "어떠한 말로도 설명될 수 없는"——에 대해서 우리가 배우게 되는 전부는 아니다.

인간의 고통 속에 존재하는 "중대하고 불변하는" 것을 아는 사람은 그것을 인생의 최고 목표——말로 표현할 수는 없지만——로 간주하게 되는 어떤 경험을 하게 된다. 이 경험은, 적어도 이 경험으로 향하는 길은 모든 종교의 궁극적 목표이자 모든 신화와 의례의 궁극적 지향점이다. 더구나 전세계의 신화적 전통을 발진시키고 유지해온 사람들은 사민과 현자와 예언자 그리고 사제였는데, 그들 가운데 상당수가 이 표현 불가능한 신비를 실제로 경험하였고 그 신비를 공경해왔다. 우리가 지금 논하고 있는 주제의 아이러니 가운데 하나는 원시 부족에 관한 정보를 수집하고 그들의 문화를 연구한 대부분의 과학자들이 이러한 경험에 대해서는 닫혀 있는 심성을 가지고 있었고 "신비적"이라는 용어 자체를 부정적 의미로 받아들이고 있었다는 점이다. 또 자신들의 영적 전통 안에서만 그러한 경험이 가능하다고 믿는 선교사들에 의하여 연구가 이루어졌다는 점이다. 그러나 때때로 라스무센과 같은 탁월한 학자가 나타나서 진실이 드러나고 있다.

우선 주목해야 할 점은, 원시 부족의 마법사가 인간 존재의 신비에 대하여 보여주는 진술의 심오함이다. 그의 진술은 고등 종교의 역사에서 발견되는 그 어떠한 진술에도 뒤지지 않는 심오함을 보여주고 있다. 그뿐만이 아니다. 그는 자신보다 더 단순한 부족 성원들을 위협하거나 그들에게 감명을 주기 위하여 신화의 패러디들을 제멋대로 만들어낼 수도 있다. 타당성을 지닌 신화적 주제들(예를 들면, 죽음과 부활 같은)이 이런 식으로 속임수를 위하여 이용되었다고 해서 그것들 모두가 본래부터 "민중의 아편"이었다는 것은 아니다. 그러나 그러한 신화적 주제들은 그렇게 될 가능성을 충분히 지니고 있다. 왜냐하면 종교가 궁극적으로 가리키는 내용은 언어로 표현될 수 없으므로, 그 신화를 가장 진지하게 받아들이며 사는 사람들이 가장 잘 속기 때문이다. 이 기만 자체가 고통과 어둠의 한 부분이다. 인간의 마음은 얼굴 없는 얼굴(Face-that-is-no-face)을 알게 되기 전까지는 반드시 이러한 고통과 어둠을 통과해야만 하는 것이다.

산스크리트에 우파디(upādhi)라는 단어가 있는데, 이것은 "사기, 속임, 변장"을 의미하는 동시에 "한정(限定), 특유의 개성, 또는 속성"을 의미한다. 궁극적 진리는 속성을 가지고 있지 않기 때문에 정신으로는 파악할 수 없다. 이그주가르주크가 말하듯이, 그것은 "인류로부터 멀리 떨어져 있으며, 위대한 고독 속에 존재한다." 그러므로 절대미(絶對美)의 아름다움을 경험하도록 정신을 준비시키기 위하여 고안된 의례와 명상에서는 어떤 "속성들(우파디스[upādhis])"이 부여된다. 예를 들면, 쿠자누스의 명상에서는 얼굴이라는 속성과 아름다움이라는 속성이 궁극적 진리에 부여되었다.

게르하르트 하우프트만(Gerhart Hauptmann)에 따르면, 시(詩)는 근원적 말(Word)이 일상적 말들 배후에서 울려퍼지도록 하는 예술(Dichten heisst, hinter Worten das Urwort erklingen lassen)이다.⁶⁾ 이와 같은 의미에서, 신화는 자신을 통하여 형상들의 형상 없는 형상(the formless Form of forms)을 드러내는 형상 만들기이다. 이때 낮은 차원의 대상은 보다 높은 차원의 것을 표현하고 담아내는 도구로서 제시된다. 낮은 차원의 대상에 대하여 느끼는 사랑과 애착은 실은 높은 차원의 대상 안에 자신을 잠재적으로 확립하는 작용이다. 그러나 만약 정신이 본연의 목적에 도달하려면 낮은 차원의 대상에 대한 사랑을 희생해야만 한다(거기에 고통이 있다!)

따라서 비교신화학은 우파디스, 즉 존재의 기만적 속성들에 대한 비교연구이다. 인간 정신은 다양한 시대와 영역에서 그러한 속성들을 통하여 비극적 공포 속에 존재하는 근원적 비밀과 합일하고, 비극적 연민 속에 존재하는 '고통받는 자(자아가 발가벗겨지는)'와 합일해왔던 것이다. 이 우파디에는 두 종류가 있다. 하나는 인류의 경험 전체를 근본적으로 규정하는 인간 조건(la condition humaine) 자체에서 필연적으로 나오는 것이고, 다른 하나는 인류 문명의 시간적·공간적 다양성에 따라 독특하게 나타나는 종족적 사유들(die Völkergedanken)이다. 전자에 대해서는 지금 이 장에서 다루고, 후자에 대해서는 이 책의 나머지 부분에서 논의할 것이다.

하지만 모든 것이 고통에 대한 것, 즉 고통의 비극적 우파디(또는 기만)에 대한 것이지는 않을 것이다. 왜냐하면 신화의 최고 주제는 탐구의 고통이 아니라 계시의 환희이며, 죽음이 아니라 부활이기 때문이다. 할렐루야!

이시스(Isis, 이집트의 여신/역주)의 열렬한 예찬자인 루키우스 아풀레이우스(Lucius Apuleius)는 자신의 소설 『황금 당나귀(Golden Ass)』에서, 우주의 위대한 여신이자 여왕인 이시스가 시련 의식을 마치면서 선포하는 말을 이렇게 비유적으로 묘사하고 있다.

나는 만물의 어머니, 모든 원소의 여주인, 세계 최초의 존재, 신적 권세의 우두머리, 지옥 거주자들의 여왕, 그리고 천상 거주자들의 대장이다. 나는 모든 신들의 형태를 취하면서도 한 가지 형상으로 홀로 나타난다. 온갖 천체들, 바다의 상쾌한 바람, 그리고 지옥의 슬픈 침묵은 나의 의지에 따라 움직인다. 세상 사람들은 나의 이름과 신성을 다양한 방식과 풍습과 이름으로 숭배한다.

세상의 첫 민족인 프리기아 사람들은 나를 페시누스의 신들의 어머니라고 부르며, 아테네 사람들은 나를 케크롭스의 미네르바라고 부른다. 바다로 둘러싸인 키프로스 사람들은 파포스의 베누스, 화살을 지니고 다니는 크레타 사람들은 딕테 산의 디아나, 세 언어를 사용하는 시칠리아 사람들은 지옥의 프로세르피나, 엘레우시스 사람들은 자신들의 고대적 여신 케레스라고 나를 부른다. 또 어떤 사람들은 나를 유노, 벨로나, 헤카테, 혹은 람누시에라고 부른다. 그리고 에티오피아 사람들——동방에 살면서 아침 햇빛을 받는──과 이집트 사람들──모든 종류의 뛰어난 고대적 교의(敎義)를 가지고 있으며 고유의 의식(儀式)으로 나를 잘 섬기는──은 나의 진정한 이름을 사용한다. 즉 그들은 나를 이시스 여왕이라고 부른다.
 보라, 나는 그대의 운명과 시련을 돕기 위해서 왔도다. 보라, 나는 그대를 아끼고 돕기 위해서 왔도다. 그대의 눈물과 비탄과 모든 슬픔을 떨쳐버려라. 그 대신 나의 섭리에 의하여 마련된 밝은 날을 보아라.[7]

 고통 그 자체는 '속임수(upādhi)'이다. 고통 속에 감추어져 있는 알맹이는, 깨달음의 특성(upādhi)인 환희이기 때문이다. 그러므로 고통으로 덮여 있는 환희의 각인(刻印)은 우리의 연구에서 가장 "중대하고 불변하는" 것이다. 그것은 아마도 몇몇 사람의 삶의 지혜 속에만 존재할 것이다. 그럼에도 그것은 전세계 신화의 모태이자 궁극적 조건으로서, 이제 우리가 살펴보아야 할 덜 중요한 우파디──또는 각인들──의 축제 전체에 빛을 발한다.

2. 지상에서의 삶을 구조화하는 힘

 아돌프 포르트만(Adolf Portmann)이 「생명체의 집으로서의 지구(The Earth as the Home of Life)」[8]라는 의미심장한 논문에서 지적하였듯이, 인간의 경험에서 결코 간과할 수 없는 한 가지 힘은 중력임에 틀림없다. 중력은 인간사의 모든 면에 끊임없이 작용할 뿐만 아니라 육체와 모든 신체 기관의 형태를 근본적으로 조건짓는다. 날마다 반복되는 빛과 어둠의 교대는 또 하나의 불가피한 경험 요소이다. 이러한 현상에는 매우 극적인 의미가 내재되어 있다. 밤이 되면 온 세상이 잠들고 여러 위험이 숨어들며 마음은 꿈나라 속으로 뛰어들기 때문이다. 꿈나라의 논리는 낮 세계의 논리와 다르다. 꿈속에서는 사물들이 어떤 다른 곳으로부터 빛을 받지 않고도 스스로 빛난다. 게다가 꿈속의 사물들은 주술적이고 신속한 변형을 일으키며, 소름이 끼칠 정도의 무시무시한 효과를 낸다. 그리고 과학적 법칙에 따르지 않고도 스스로 움직일 수 있는 미묘하고 신비적인 성질을 지니고 있다. 신화의 세계에는 꿈이 흠뻑 스며들어 있다. 인간은 원숭이로부터 그리 많이 진화하지 않았을 때부터 이미 꿈을 꾸었다는 것은 의심할 여지가 없다. 그리고 게자 로하임(Géza Róheim)이 말한 것처럼, "잠자는 데 두 가지 방법이 있지 않듯이, 꿈꾸는 데도 '문화적으로 결정된' 몇 가지 방법이 있을 수는 없다."⁹⁾

꿈의 세계에서 깨어나는 것과 새벽은 항상 태양 및 일출과 관련을 맺어왔다. 밤의 공포와 밤의 매력은 빛의 출현과 동시에 사라진다. 빛은 항상 위로부터 오는 것으로 경험되는 동시에 방향을 안내하는 인도자로 경험되어왔다. 그렇다면 아주 예리한 공포와 기쁨만이 아니라 어둠과 무게와 중력 그리고 육지와 정글과 심해(深海)의 어두운 내부는 세상을 잠에서 깨우는 태양의 찬란한 고공 비행과 대조를 이루면서, 수천 년 동안 인간 경험의 확고한 증후군을 이루어왔음에 틀림없다. 그러므로 빛과 어둠, 위와 아래, 안내와 방향 상실, 확신과 공포의 대극(對極)——우리 자신의 사유와 정서의 전통으로부터 알 수 있고 또한 세계 곳곳에서 조화를 이루고 있는——은 인간의 사유를 구조화하는 필수적 원리로 간주되어야만 한다. 이 대극은 "동형체(isomorph)"로 우리 마음 안에 고정되어 있을 수도 있고 그렇지 않을 수도 있다.* 어느 쪽이든 간에, 그것은 분명히 보편적인 경험이고 우리에게 깊이 알려진 경험이다.

게다가 달과 밤하늘의 별 그리고 은하수가 펼쳐 보이는 거대한 장관은 처음부터 경이로움과 놀라운 감정의 원천을 제공해왔음에 틀림없다. 실제로 달은 지구와 그 위의 생명체들, 그리고 조수와 인간 내부의 조수에 물리적 영향력을 행사하고 있다. 인류는 오랜 세월 동안 이 사실을 잠재의식으로 경험해왔을 뿐만 아니라 의식적으로도 인지해왔다. 여성의 생리 주기와 달의 주기의 일치는 인간의 삶을 구조화하는 물리적 현실이며, 경이로움을 불러일으키면서 관찰되어온 신비한 현상이다. 천체의 세계와 인간의 세계 사이에 삶을 구조화하는 어떤 관계가 있다고 하는 기본적인

---

* 51쪽 참조.

관념은 달의 주기가 지닌 힘을 깨달으면서 시작되었을 것이다. 달은 아름다운 별들 사이를 가로지르고 구름 속을 달리며, 깨어 있는 생명 그 자체를 일종의 꿈으로 바꾸는 경이로운 불멸의 은빛 접시이다. 그 접시는 자신을 향해서 울부짖는 개와 늑대, 여우, 자칼과 코요테에 대하여 어떠한 영향력을 행사할 뿐만 아니라, 그믐달로 이지러졌다가 만월로 다시 살아나는 놀라운 신비를 지니고 있기 때문에 신화를 형성하는 데서 태양보다 더 강력한 역할을 해왔다. 그렇지만 아침마다 태양이 뜨면 이러한 달빛과 밤하늘의 별, 밤의 소리, 관능적인 분위기, 그리고 꿈의 마법은 사라져버린다.

  남성과 여성의 생물학적 형태 및 능력 범위의 현저한 차이와 대조는 확실히 인간의 경험에 나타나는 또 하나의 보편적 측면이다. 우리는 남성과 여성 사이의 "본능 교차(instinct crossing)"를 이러한 맥락에서 고려해야만 한다. 이러한 본능 교차가 있기 때문에 두 육체는 저 기이한 상호 교접(성행위)——심지어는 건전한 판단을 거스르면서까지 행동하는 경우도 종종 있다——에 동시에 눈뜨게 되는 것이다. 프로이트 학파는 그러한 행위를 "최초 무대(primal scene)의 재연"이라고 부르곤 한다. 성행위가 저항하기 가장 어려운 욕구라는 사실은 잘 알려져 있다. 동물 행동에 대한 치밀한 연구 결과에 따르면, 수컷 유기체와 암컷 유기체 사이에서 적절한 방식으로 그리고 연속적으로 이루어지는 신호 자극은 종의 재생산 이전에 완벽한 조화 가운데 이루어져야만 하는 고도로 복잡한 행위의 유발인(誘發因)으로 간주될 수 있다. 매우 전문적으로 학문적 훈련을 받은 과학자를 제외한다면, 대부분의 사람은 이와 유사한 동형체의 교차(criss-cross)가 인간의 경우에도 역시 존재할 것이라고 가정할 것이다. 그러나 그 어떤 것도 그저 개인적인 경험을 근거로 지각 없이 가정해서는 안 된다. 두 어린 남녀를 사회적 환경과 조건에서 완전히 격리시켜 기른 다음, 보름달이 뜰 때 그들이 서로 만나도록 시험한 사람은 아직 아무도 없다. 따라서 이 문제에 관해서 일반적으로 알려져 있는 것 가운데 어느 정도가 인상에 기인한 것이고, 어느 정도가 유전된 이미지에 기인하는지를 감히 말해서는 안 된다. 단지 인간의 역사에서는, 우리의 눈이 볼 수 있는 한, 꽃향기, 몸치장, 밤, 은밀한 만남, 음악, 증표 교환, 고뇌, 후회, 경쟁, 질투, 살인, 그리고 온전한 작품들이 분명히 발견되고 있다는 사실만을 주지해두자.

그리고 프로이트 학파의 연구에 따르면, 섹스와 성기(性器)와 성적인 행위를 우리의 사고(思考) 속에서 연관시키는 유추, 말장난, 어형(語形) 변화——암시적이든 노골적이든——는 전세계 문화 전통에서 발견되고 있다. 문자 전통과 비문자 전통을 불문하고 말이다. 물론 신화 속에서는 자궁에서의 출생이라는 이미지가 우주의 기원을 가장 흔하게 표상하고 있으며, 그러한 우주의 탄생에 선행하는 것으로 간주되는 성교(性交)는 이야기뿐만 아니라 제의 속에서도 등장하고 있다. 더욱이, 주기적으로 월경을 하다가 임신 기간 중에는 멈추고, 마침내 산고를 겪으면서 새로운 생명을 탄생시키는 여체의 신비스러운(어떤 이는 마술적이라고도 말할 것이다) 기능은 사람들의 마음속에 깊고 강한 인상을 남겼음에 틀림없다. 월경 시에 흘리는 피에 대한 공포, 월경 중에 있는 여성들을 격리시키는 관습, 출생 의례, 그리고 인간의 생산력과 연관된 모든 주술적 지식에는 인간의 상상력 가운데 가장 흥미롭고 중요한 부분이 나타나 있다. 우리는 지금 이처럼 흥미로운 주제를 다루고 있는 것이다. 최초의 제의 예술에서는 벌거벗은 여성의 몸이 큰 비중을 차지하는 반면, 남성들은 어떤 치장을 하거나 가면을 쓴 채로 무엇인가를 하고 있는 샤먼이나 사냥꾼으로 등장하고 있다. 남성은 여성에 대한 공포와 모성(母性)의 신비에서 자연계 그 자체의 공포와 신비만큼이나 깊은 인상을 받아왔다. 그리고 인류의 종교 의례 전통과 신화 속에는 남성이 자신을 깊이 속박하는 이러한 두 가지 이질적 힘, 즉 여성과 자연에 대하여 나름대로 효과적인 관계——적대적이면서도 협력하는——를 맺기 위해서 꾸준한 노력을 기울였음을 보여주는 무수한 사례가 발견된다.

우리 자신의 삶을 준비하는 데 일정한 패턴을 각인시키는 또 하나의 극히 중요한 경험의 구조화 체계가 있다. 그 체계는 출생의 순간부터 시신의 부패 시점에 이르기까지, 인간의 성장과 정서적 감수성의 정상적인 발달 단계를 위한 것이다. 이 주제에 관해서는 아동심리학 및 정신분석의 권위자들이 최근에 아주 많은 훌륭한 저술들을 내놓았다. 따라서 이 주제 전체를 상세하게 검토하는 것은 이미 잘 알려진 내용을 반복하는 것에 지나지 않을 것이다. 그러나 인간의 성장에 대한 이 사회학화된 생물학의 각인들로부터 전개되는 신화적 모티프에 대하여 체계적인 접근을 시도한 저작 시리즈는 아직 없는 것 같다.

앞에서 살펴본 것처럼, 인간이라는 유기체는 성숙하는 데 20년이 걸리며, 그 기간 동안에는 거의 전적으로 부모의 보살핌에 의존한다. 또 다른 20여 년의 성숙 기간이 이어지고, 그 뒤에는 노화 징후가 나타나기 시작한다. 인간은 자신의 죽음을 불가피한 것으로 인식할 수 있는 유일한 동물이다. 그리고 자신의 죽음을 의식하게 되는 노년기가 다른 영장류들의 생애 자체보다 더 길다. 여기서 우리는 인간의 생애가 적어도 세 단계의 성장 및 각인 과정을 지니고 있음을 알 수 있다. 세 단계란 곧, (1) 투박한 매력을 지닌 유년기와 청춘기, (2) 능력과 권위를 보여주는 장년기(maturity), 그리고 (3) 죽음을 준비하며, 사라져가는 세상을 사랑과 회한으로 되돌아보는 현명한 노년기이다.

대부분의 신화 전승과 제의 행위는 유년기에서 성년기, 또 노년기에서 죽음으로 이어지는 삶의 마디마디에서 개인들이 반드시 만나게 되는 중대한 고비들을 지성과 감정과 행위의 힘으로 극복하도록 하는 주요한 기능을 지니고 있다. 즉 신화와 제의는 새로운 과제와 새로운 국면을 맞이한 사람들이 자신의 생명력을 집단의 복리(福利)에 적합한 방식으로 발휘하도록 적절한 신호 자극을 제공하는 기능을 가지고 있다. 그러므로 이러한 "통과의례"에는 불변의 상수와 문화적 변수가 동시에 발견된다. 전자는 특정 상황에 있는 개인의 필연적이고 보편적인 요구이고, 후자는 각 지역 집단이 지니고 있는 역사적으로 조건지어진 요구와 신념들이다. 따라서 세계 신화의 만화경은 항상 변하면서도 항상 같은 것처럼 보이는 흥미로운 특성을 지니고 있다. 신화의 이러한 특성은 시인과 화가들에게는 매혹적인 것이지만, 분류 지향적인 지성인에게는 악몽이다. 하지만 인내심을 가지고 꾸준하게 노력한다면, 악몽 같은 만화경도 어느 정도 분류해볼 수 있다.

그러므로 이 장의 나머지 부분에서는 인간의 전형적 생애에서 나타나는 각인의 주요한 근원으로 보이는——적어도 지금까지는——것들의 주요 경향과 국면을 잠정적이고 예비적인 방식으로 그려나갈 것이다.

3. 유아기의 각인들

한 인간이 태어나서 성인이 되기 전, 즉 감수성이 예민한 시기에 신경계에 각인되는 인상들은 가장 널리 알려진 신화적 이미지들의 근원이 된다. 모든 사람에게 똑같이 나타나는 그 인상들은 다양한 전통 속에서 여러 가지 방식으로 조직되어왔지만, 그 어디에서나 잠재적 에너지를 방출하고 그 방향을 제시하는 기능을 수행하고 있다.

지울 수 없는 첫번째 인상은 태어나는 순간의 인상이다. 허파가 작동을 시작하기 전에 신생아는 질식의 느낌과 충혈로 인하여 짧은 시간 동안 공포에 사로잡히는 체험을 한다. 이러한 현상(숨막힘, 혈액순환의 장애, 현기증, 또는 일시적 의식상실)은 갑작스러운 공포를 느낄 때마다 다시 나타나는 경향이 있다. 출생의 상흔(birth trauma)은 변형(transformation)의 원형이다. 그 상흔은 급격한 변동의 위기를 수반하는 죽음의 위협에 처하였을 때나 어떤 안정감을 상실하였을 때 커다란 정서적 충격과 함께 와락 몰려오는 경향이 있다. 신화와 종교의 이미지에서는 이러한 출생(혹은 재생)의 테마가 극히 두드러지게 나타난다. 사실, 모든 경계선 통과——자궁의 어둠으로부터 햇빛 속으로의 통과뿐만 아니라, 어린 시절로부터 어른의 삶으로의 이행, 그리고 세상의 빛으로부터 죽음의 입구 너머에 있는 어둠의 신비로의 이행까지 포함하는——는 출생과 비교될 수 있으며, 그것은 자궁 속으로 다시 들어가는 이미지를 통하여 거의 모든 제의 속에서 표현되어왔다. 이것은 민족학의 관점에서보다는 심리학의 관점에서 해석해야 할 가치가 있는 '신화적 보편성(mythological universals)' 가운데 하나이다.

신화 속에서 보이는 물의 이미지는 이러한 동기와 밀접하게 연관되어 있다. 물의 수호신이나 물의 현현(샘, 수로, 젊음을 되찾는 가마솥)으로 흔히 등장하는 여신, 인어, 마녀, 사이렌, 그리고 호수의 여인들(Ladies of the Lake)과 물의 요정은 생명을 위협하거나 생명을 강화하는 물의 상징으로 나타나기 때문이다.

후기 고전 문학인 오비디우스의 『변신(*Metamorphoses*)』[10]에 나오는 악타이온(Actaeon) 이야기를 예로 들어보자. 혈기왕성한 남성 사냥꾼 악타이온은 어느 날 사냥개들을 데리고 사슴을 쫓다가 어느 개울에 이르렀다. 그는 그 개울을 거슬러 올라가다가 발가벗은 님프들의 무리에 둘러싸여 목욕하고 있는 디아나 여신을 발견하였다. 그런데 이 젊은이는 아직 이러한 초일상적(supernormal) 이미지에 대하여 영적 준비가 되어 있지 않았기 때문에 보통 남자처럼 그 여신을 쳐다보고 말았다. 그러자 그의 눈빛을 감지한 여신은 어떤 힘을 발산하여 그를 수사슴으로 변화시켰다. 그러자 사슴의 냄새를 맡은 사냥개들이 즉시 자신의 주인에게 달려들어 그 몸을 갈기갈기 물어뜯었다.

프로이트 학파의 전형적인 해석에 따르면, 이 신화적 에피소드는 어머니를 발견한 어린 소년의 성적 불안을 상징적으로 표현한다. 그러나 더 세련되고 "승화된(sublimated)" 해석에 따르면——이러한 해석이 오비디우스의 격조 높은 문학이 지니고 있는 후기 헬레니즘 시대의 분위기에 더 어울린다——디아나는 우리가 이미 이시스 여왕으로 만났던 세계의 여신-어머니(goddess-mother)의 현현이다. 그녀 자신이 우리에게 말한 것처럼, 이시스는 지중해 연안의 여러 문화에 다양한 이름으로 알려져 있다. 이 사례는 확실히 우파디에 속한다. 즉 보다 상위에 있는 것(삶의 신비)의 상징으로 봉사하는 하위의 대상(어머니 이미지)인 것이다. 우리가 상위의 것을 강조할 경우, 인도에서 삼파드 우파사나(sampad upāsanā)로 불리는 것, 즉 "완성된 혹은 완전한 명상"을 행하게 되는 것이며, 하위의 것을 강조할 경우, 아드야사 우파사나(adhyāsa upāsanā)로 불리는 것, 즉 "전도된(superimposed) 혹은 그릇된 명상"을 하게 되는 것이다. 전자는 우리를 초일상적 상태로 들어 올린다. 이와 달리 후자는 우리를 악타이온과 같은 상태, 즉 정신이 산산이 분열된 채 자궁으로 돌아가게 만든다.

소아시아에 있는 그녀의 가장 큰 신전(神殿) 도시인 에페소스(기원후 431년에, 동정녀 마리아가 진실로 "신을 낳은 자(Godbearer)"였다고 공표된 곳이다)에서 만물의 어머니인 그 위대한 여신은 수많은 유방을 가진 아르테미스(디아나)로 재현되었다. 더욱이, 나체의 여신들을 조각한 입상(立像)들이 고대 유적 탐사에서 무수히 발굴되었다. 하인리히 침머(Heinrich Zimmer)는 그러한 여신 이야기가 힌두교에서는 어떻게 나타나고 있는지 보여주고 있다.

만약 우리가 그녀의 궁극적 기원을 알고자 한다면, 가장 오래된 문서 자료와 조상(彫像)들을 참고해서 어느 정도까지는 그 기원으로 다가갈 수 있다. 그러고나서 이렇게 말할 수 있을 것이다. "이와 같이 그녀는 먼 옛날에 나타났다. 그녀는 이러이러한 이름으로 불리고, 이러이러한 방식으로 숭배된 것 같다." 그러나 우리는 더 이상은 말할 수 없다. 이제 우리는 그녀에 대한 파악 가능성과 그녀의 존재라는 근본적 문제에 직면하였다. 그녀는 만물의 모체가 되는 최초의 동인(primum mobile)이다. 그녀 너머에서 그녀의 조상과 기원을 탐사하려는 시도는 그녀를 제대로 이해하지 못하는 것이며, 참으로 그녀를 오해하고 잘못 평가하고 모욕하는 행위이다. 그런 일을 시도하는 자는 재난을 겪을지도 모른다. 마치 고대 이집트의 사이스 신전에서 여신상의 베일을 벗었던 그 똑똑한 젊은 신자가 재난을 맞이하였던 것처럼 말이다. 그 젊은이는 자기가 본 것에 충격을 받아서 벙어리가 되고 말았다. 그리스 전통에 따르면, 여신은 스스로에 대해서 이렇게 선언하였다. "아무도 나의 베일을 벗긴 적이 없다(οὐδεὶς ἐμὸν πέπλον ἀνεῖλε)." 그것은 사실 베일의 문제가 아니라, 그녀의 알몸을 덮고 있는 의복의 문제이다. 베일은 그 여신의 체면을 유지하기 위하여 나중에 생겨난 오해의 산물이다. 그 의미는 다음과 같다. 나는 배우자 없는 어머니이며, 최초의 어머니이다. 모든 존재는 나의 아이들이다. 그러므로 아무도 내게 감히 접근하지 못하였다. 내게 접근을 시도하는 뻔뻔스러운 자는 어머니를 욕되게 하는 자이다. 그가 저주받은 이유는 바로 그 때문이다.[11]

악타이온 이야기에는 이와 동일한 종교적 주제가 비슷한 이미지를 통해서 표현되어 있다. 오비디우스는 이렇게 썼다. "활과 화살이 있다면 좋

앉을 테지만, 옆에 있을 리 없었다. 디아나 여신은 물을 쥐어 청년의 얼굴에 뿌렸다. 여신은 청년의 얼굴에 이 복수의 물방울을 뿌리면서 재난을 예고하는 다음과 같은 말을 선포하였다. '자, 이제 할 수 있거든 어디 내 알몸을 보았다고 떠벌려보아라.'"[12]

물은 여신의 힘을 나타내는 수단이다. 그렇지만 이와 동시에 탄생과 소멸이라는 물──개인의 탄생과 소멸이든 우주의 탄생과 소멸이든──의 신비를 인격화하는 것도 여신이다. 왜냐하면 신화 속에서는 원소적인 표상 양식이 인격화의 표상 양식과 번갈아 나타날 수 있기 때문이다. 예를 들면, 「창세기」의 첫머리에는 "하느님의 영(또는 바람)이 수면 위를 휘돌고 계셨다"라고 쓰여 있지 않은가? 물과 바람, 물질과 영, 생명과 그것을 낳는 자, 이 대극의 쌍들은 삶의 경험 속에서 융합되어 있다. 그리고 그것들의 세계-창조적 접합은 「창세기」에서처럼 원소로 표현될 수도 있는 반면, 탄트라 불교 예술에서처럼 성적 포옹을 하고 있는 남신과 여신의 이미지로 표현될 수도 있다. "거대한 우주(대우주)"의 기원에 관한 신비는 "작은 우주(소우주)"의 출산이라는 관점에서 읽을 수 있다. 그렇다면 양수(羊水)는, 소크라테스 이전의 그리스 현자 탈레스(기원전 640-546년경)의 철학만이 아니라 많은 신화에서 등장하는, 만물의 근원적 실체를 상징하는 물에 정확히 대응한다.

개인과 우주를 대응시키는 이런 방식은 신화적 담론의 기본 방법이다. 따라서 신경증 환자 연구에서 주로 나온 상징 언어에 익숙한 프로이트 학파의 정신분석학자들은 인류의 문화 유산 전체를 자장가나 동요로 환원할 수 있었다. 그러나 신경증 환자가 지니고 있는 문제의 핵심은 다음과 같다. 그러한 환자는 유아의 정체성을 버리고 성인으로 다시 태어나는 의미를 지니고 있는, 힘들고 고된 문지방 통과를 시도하지 않는다. 대신에 그의 성격 구조는 대체로 어떤 의존 상태에 고착되어 있다. 그리고 신경증 환자는 원숙하게 기능하는 공동체의 신화와 의례를 통해서 유아기의 각인들을 재조직하는 과정을 감정적으로 거부한다. 그는 자기가 속한 문명 사회의 그림 언어를 어린이의 관점에서만 읽을 수 있다. 반면에 신화와 의례에서는 이것들이 문화적인 동시에 형이상학적인 의미의 맥락을 지녀왔다. 프로이트는 그러한 문화적이고 철학적인 의미 부여가 이루어진 재형성 과정(repatternings)을 이론적으로 평가절하하면서, 그것들을 단지 "부차적인 세련화(elaborations)"라고 명명하였다. 문제가 된 경우가 정신적으로 청년기를 통과하지 못한 40세가량의 환자가 꾼 악몽──그 꿈에서 깨어나 침상에서 울고 있는──이라면, 그의 지적이 아마 적절할 것이다. 그러나 그런 환원적 방법에 근거한 신화 해석은 모든 상징 체계에서 유아기적 요소의 원천만을 확인하는 단조로움으로 우리를 이끌며, 그것들의 재조직화라는 역사적 문제를 단지 부차적인 것으로 간주하는 결과를 초래한다. 이것은 마치 로마, 이스탄불, 모헨조다로, 그리고 뉴욕의 건축물이 모두 벽돌로 이루어져 있음을 관찰하고 만족스러워 하는 건축가와 무엇이 다른가? 이 장에서는 벽돌들을 검토하고 있지만, 다음 장부터는 벽돌들이 어떻게 배치되는지에 관심을 가질 것이다. 융 학파에 속한 나의 친구 하나가 일전에 이 문제를 이렇게 요약하여 말하였다. "모든 것을 유아기의 성적 관심으로 이끌어가는 것이 신경증 환자의 곤혹스러운 상태이다. 그러나 만약 의사도 그렇다면, 우리는 어디에 이를 것인가?"

자궁 속의 아기는 움직임이 없는 축복의 상태에 있다. 이 상태는 낙원을 묘사한 지복의 상태에 비견될 수 있다. 자궁 속에서는 밤과 낮의 교체나 어떤 시간성의 이미지도 알지 못한다. 그러므로 영원성을 나타내는 데 이용되는 메타포가 유아적 무의식의 상징에 익숙한 학자에게는 자궁으로의 후퇴를 연상시킨다고 하더라도 놀랄 일이 아니다.

어린이들에게 그렇게도 강하게 나타나는 어둠에 대한 공포는 자궁으로의 회귀에 대한 공포에서 연유하는 것으로 이해되어왔다. 즉 그들은 자신들이 최근에 획득한 대낮의 의식(意識)과 아직 확고하지 않은 자신들의 개성이 다시 어둠 속으로 흡수되어버리는 것에 대한 공포를 가지고 있다는 것이다. 고대 예술에서는 미로──아이를 잡아먹는 미노타우로스의 집──가 나선형의 꼴로 등장한다. 나선은 명상의 한 단계에서도 나타나며 들판에서 잠들려는 사람들에게도 나타난다. 더욱이, 나선은 뉴 그레인지(New Grange)에 있는 고대 아일랜드 왕실 무덤의 입구와 그 속의 어두운 통로에서도 자주 사용되는 장치이다. 이러한 사실들은 비존재(non-being)의 어둠 속에서 급격하게 등장하였다가 사라지는 의식의 흐름을 암시하는 이미지 덩어리들이 옛날부터 의도적으로 이용되어왔음을 시사한다. 탄생을 위하여 아이가 자궁으로 들어가는 신비와 통과의례가 지니고 있는 유사성을 나타내기 위해서 말이다. 그리고 이러한 견해를 더욱 지지하는 증거들이 있다. 그것은 남부 프랑스와 북부 스페인에서 발견된 구석기 시대의 동굴들——기원전 3만 년에서 1만 년 사이로 추정되는——이 사냥 주술을 행하는 장소였을 뿐만 아니라 남자의 성인식을 치르는 신성한 장소이기도 하였다는 사실이다. 밀실공포증과 동시에 동굴 밖 세계의 모든 정황으로부터 해방되었다는 느낌이, 어두운 심연보다 더 깊은 동굴 안에 갇힌 마음을 엄습한다. 거기서는 어둠이 더 이상 빛의 부재가 아니라 하나의 힘으로서 경험된다. 그리고 아름답게 그려진 동굴의 황소와 매머드, 순록의 무리, 빠르게 걷는 조랑말, 거친 코뿔소, 그리고 춤추는 샤먼의 모습이 한줄기 빛에 의하여 드러날 때, 그 이미지들은 지울 수 없는 인상으로 다가온다. 죽음-재생(death-and-rebirth)의 관념, 즉 제의를 통하여 이루어지는 동시에 깊이 각인된 신호 자극의 새로운 구성을 수반하는 이러한 관념은 문화사에서 극히 오래된 것임에 틀림없다. 심지어 구석기 시대의 동굴에서도 상징적으로 죽어가고 있는 젊은이의 마음속에 어둠에 대한 유년기의 공포를 재활성화시키기 위하여 모든 수단이 동원되었다는 것은 아주 확실하다. 더 이상 바람직하지 않은 성격 구조를 분쇄하기 위하여 사용되는 그런 "충격 요법"의 심리학적 가치는 순진한 어린이를 남자로, 믿음직한 사냥꾼으로, 그리고 부족을 수호하는 용감한 전사로 전환시키기 위하여 어린이의 생각을 지우고 동시에 IRMs를 재조정해야 하는 교육적 위기 시에 아주 엄격한 방식으로 오랫동안 이용되어온 것으로 보인다.

낳고 길러주는 어머니로서의 대지 개념은 수렵 부족과 농경 부족의 신화 속에서 모두 두드러지게 나타난다. 수렵인의 이미지에 따르면, 사냥감이 되는 동물은 대지의 자궁에서 나온다. 지하 세계 혹은 춤마당에서는 입문식의 무시간적 원형들이 발견된다. 이에 따르면, 지상 위의 짐승들은 인간의 양식이 되기 위하여 보내어진 원형들의 일시적 현현에 불과하다. 농경 부족에서도 이와 비슷한 것이 발견된다. 여기서는 곡물의 씨가 뿌려지는 곳이 어머니 대지의 몸속이다. 따라서 밭을 가는 것은 성행위(begetting)이며 싹이 트는 것은 출생이다. 더욱이, 어머니로서의 대지 개념 그리고 재생을 위하여 자궁 속으로 재진입하는 것을 상징하는 매장 개념은 인류의 몇몇 공동체에서는 극히 초기부터 나타난 것으로 보인다. 지금까지 발견된 것 가운데 가장 오래되었으면서도 신뢰할 만한, 종교 의례와 신화의 증거는 현대인의 먼 조상인 네안데르탈인의 무덤이다. 그들이 살았던 시기는 기원전 20만-7만 5000년경 사이로 추정된다.[13] 네안데르탈인의 두개골들은 생활 용품(사후 세계 관념을 암시하는) 및 희생 제의용 동물들(야생 황소, 들소, 그리고 야생 염소)로 둘러싸인 채 동-서의 축(죽은 자가 묻혀 있는 동일한 대지로부터 다시 태어나는 태양의 길)을 향하고 있으며, 몸은 구부리거나(자궁 안에 있는 것처럼) 잠자는 자세――어떤 경우에는 돌 조각으로 된 베개를 베고 있다――를 취하고 있다.[14] 여기서 우리는 잠과 죽음, 깨어남과 부활, 그리고 재생을 위하여 어머니에게 회귀하는 통로로서의 무덤 개념 등을 찾아볼 수 있다. 그러나 그들 자신이 다시 깨어나는 장소가 이 지상일 것이라고 생각하였는지 아니면 다가올 어떤 세계일 것이라고 생각하였는지(아니면 둘 다인지)는 알 수 없다.

출생의 이미지에 관해서는 이 정도로 해두자.

주목해야 할 또 다른 인상의 덩어리는 어머니의 가슴에 안겨 있는 아기의 행복과 연관된 것이다. 여기서 우리는 다시 지속적인 힘을 발휘하는 또 하나의 맥락을 발견한다. 어머니와 젖먹이의 관계는 공생 관계에 속한다. 그들은 비록 둘이지만, 하나의 단일체를 이루고 있다. 사실 젖먹이의 경우에는――아직 주체와 객체, 안과 밖의 분리에 대한 첫 관념조차도 갖고 있지 못한――경험의 정서적 측면과 그의 감정, 욕구, 만족에 대응하는 외부 자극이 아직 하나이다. 장 피아제(Jean Piaget)가 그의 저서 『아이들의 세계 개념(*The Child's Conception of the World*)』에서 명백하게 증명한 것처럼, 젖먹이의 세계는 "의식의 연속체(continuum of consciousness)"[15]이다. 그것은 물론 물리적인 동시에 심리적이다. 그의 미숙한 감각기관에 부딪치는 것들은 무엇이든지 그 자신의 내부 음조와 무비판적으로 동일시된다. 그래서 젖먹이의 세계에서는 내부의 축과 외부의 축 사이에 전혀 구별이 없다. 그리고 이렇게 정의되지 않고 정의하지 않는 연속적 경험은, 젖먹이의 요구에 반응하고 또 그것을 예상하기도 하는 어머니의 준비성에 의하여 강화되기만 한다.[16] 이 자기중심적 젖먹이의 작은 세계 전체는 "다소간 상호 의존적인, 의도적인 운동들의 네트워크"[17]이며, 그것들 모두는 젖먹이 자신의 이익과 행복을 향하고 있다.

그러나 어머니가 모든 것을 예상할 수는 없다. 따라서 세계가 아기 자신의 필요와 요구에 정확히 상응하지 않는 상황들이 발생하게 된다. 이때 분리 과정에서 오는 그 무시무시한 첫 충격의 인상, 즉 출생의 충격(the birth trauma)──생명의 위협을 처음 경험하는 유기체 전체에 고통을 부과하였던──이 다소간 강렬하게 다시 활성화된다. 이 상황에서는 어머니도 없고, 세계도 존재하지 않는다. 성모 마리아의 몸에서 나오는 암브로시아를 영원히 섭취하는 축복받은 아기의 행복도 영원히 사라진다. 인생의 초기 부분에 특별히 주목하여 연구를 수행한 멜라니 클라인(Melanie Klein)에 따르면, 그런 순간에는 어머니의 "살(good body content)"을 쥐어뜯으려는 충동이 즉각적으로 그리고 동시적으로 자신의 신체 파괴의 위험과 동일시된다.[18] 그러므로 어머니의 이미지가 아기의 의식 속에서 점차 그 형태를 갖추어가기 시작할 때, 그 이미지는 이미 행복의 느낌만이 아니라 위험, 분리, 무서운 파괴의 환상과도 연결된다.

우리 모두가 잘 알고 있는 동화가 있다. 먹기 좋은 사탕으로 만들어진 집에 사는 마녀 이야기 말이다. 사실 우리는 앞에서, 한 소녀가 놀이 도중에 스스로 상상해낸 마녀 때문에 얼마나 무서움에 떨었는지에 대하여 언급한 적이 있다. 동화 속의 마녀는 아이들에게 친절하고, 자신의 맛있는 집으로 그들을 초대한다. 물론 그 아이들을 잡아먹기 위해서이다. 그녀는 식인종이다. (약 60만 년 동안 인류의 경험 속에서 식인 풍습은──심지어는 사람을 먹는 어머니도──항상 존재하는 잔인하고 섬뜩한 현실이었다는 점에 주목해야 한다.) 사람을 잡아먹는 마녀는 전세계 여러 민족의 민담에서 나타난다. 그리고 그 원형은 신화의 수준에서 보편적 상징으로 나타나기도 한다. 대표적인 예가 바로 힌두 전통의 칼리(Kālī) 여신이다. 그녀는 "검은 자(Black One)"라는 뜻을 지닌 식인-어머니(cannibal-mother)로, "모든 것을 먹어치우는 시간"의 인격화이다. 또 중세 유럽의 신화에서 등장하는 것으로, 사악한 영혼을 사후에 먹어치우는, 여성의 모습을 한 '헬(Hel)의 입과 배'도 그러한 보편적 상징의 하나로 볼 수 있다.

바누아투 열도에 있는 말레쿨라 섬의 한 신화에는 사자(死者)의 나라로 가는 길의 위험을 묘사하는 부분이 있다. 거기서는 영혼이 바람에 실려 죽음의 바다를 건너서 하계(下界)의 입구에 다가갈 때, 입구 앞에 앉아 있는 한 여성 문지기가 보인다. 이 문지기는 길을 통과하는 미로의 도안을 그리고 있는데, 영혼이 다가오면 그것의 반을 지운다. 여행자가 사자의 나라로 가기 위해서 길을 통과하려면 그 도안의 지워진 반쪽을 완성시켜야만 한다. 실패하는 영혼은 입구의 문지기가 먹어치운다. 여기서 우리는 죽기 전에 미리 미로의 비밀을 배우는 일이 얼마나 중요한지, 그리고 왜 이 불사(不死)의 비밀에 대한 가르침이 말레쿨라의 종교의식에서 주요 관심사인지를 알 수 있다.

잭슨 나이트(W. F. Jackson Knight)는 "미로 상징과 트로이의 게임"에 대하여 아주 재미있고 의미심장한 논문을 썼다. 그가 그 글에서 인용한 많은 자료에 따르면, 미로나 미궁 그리고 나선은 고대 크레타 섬과 바빌론에서 하계(下界)와 연관된 것뿐만 아니라 인체의 내부 장기와도 관계가 있다. 몸속의 장기는 하계의 소우주인 셈이다. 그는 이렇게 썼다. "무덤 건축자의 의도는 무덤을 최대한 어머니의 몸과 같이 만드는 데 있었을 것이다. 영혼은 다음 세계로 들어가기 위해서 다시 태어나야 하기 때문이다."[19] "복잡한 나선으로 이루어진 미로는 바깥에서 내부의 어떤 지점——핵(nucleus)으로 불리는 중심 근처의 부분——으로 통하는 긴 우회로의 형태를 취하고 있다. 그것의 원리는 어떤 중요한 지점에 이르는, 어렵기는 하지만 접근 가능한 길을 제공하는 것으로 보인다. 여기에 두 관념이 함축되어 있다. 방어와 배제의 관념 그리고 이 방어선의 돌파라는 관념이 그것이다."[20] 그는 다음과 같이 더욱 심도 있는 진술을 한다. "미로 상징은 처녀성과 연관되어 있는 것으로 보인다.…… 영웅은 종종 어떤 숨겨진 공주와 결합하기 전에 어떤 어려움을 극복해야만 하기 때문이다."[21]

테세우스와 미궁 그리고 아리아드네 공주에 관한 이야기는 유명하다. 그 이야기에 등장하는 크레타의 미궁은 들어가는 것도 어렵지만 나오는 것도 그만큼 어려웠는데, 아리아드네의 실이 단서를 제공하였다. 또 로마의 전설적 건국자인 영웅 아이네아스가 여행 도중 하계의 입구 역할을 하는 동굴 앞에 도착하였을 때, 그 바위의 표면에 크레타 미궁의 형상이 새겨져 있는 것을 발견하였다. 그와 동료들이 그 심연의 최고 신들에게 쇠고기와 새끼 양을 넉넉히 제물로 바칠 때, "태양의 첫 햇살이 비치고 땅은 발밑에서 신음하고 삼림의 봉우리들은 움직이기 시작하였다. 그리고 무서운 감시자 시빌(Sibyl)이 도착하자 개들이 어스름 속에서 짖었다. 그녀는 이렇게 외쳤다. '가라! 떠나라, 신성하지 않은 자들아!' '숲에서 떠나라! 하지만 너, 아이네아스는 따라오라. 너의 칼을 뽑아라. 지금은 용기가 필요한 때이다. 지금은 단호한 결단의 순간이다!' 그렇게 외친 뒤 그녀는 동굴 속으로 뛰어들었다. 그러자 아이네아스는 당당하게 앞서가는 안내자의 뒤를 따랐다."[22]

뉴 그레인지에 있는 고대 아일랜드 왕실의 무덤(기원전 2000년대의 것으로 추정된다)에서는 나선형의 미로가 "핵" 부분으로 이어지는 좁은 통로 안에서만이 아니라 그 무덤 입구에 서 있는 큰 경계석들──네 방향을 향한 네 개의 문을 지키고 있는──에서도 두드러지게 나타난다는 사실을 앞에서 살펴보았다. 고대 이집트에서 미로(헤로도토스와 스트라보가 언급한 적이 있고, 1888년에 플린더즈 페트리가 발굴한)로 알려진 구조물은 인공 호수 옆에 있는 광대한 건물 단지였으며, 그 지하실에는 왕들과 성스러운 악어의 무덤이 있었다. 그런 거석 구조물들과 그것들을 이용하여 이집트, 크레타, 아일랜드에서 행해진 제의와 멀리 떨어진 멜라네시아의 매장 풍습은 어떤 관계(만약 있다면)가 있을까? 멜라네시아의 매장 풍습도 동물 희생(그러나 거기서 희생되는 동물은 돼지이다)뿐만 아니라 거석 구조물, 나선, 그리고 미로의 상징과 관련되어 있다. 그러나 이 문제는 신석기 시대와 적도 문화 지대에 대한 신화적 주제의 기원 및 확산 문제를 다룰 때 살펴보게 될 것이다. 현재로서는, 말레쿨라의 신화에서는 사자(死者)의 나라로 가는 여행자가 위험한 문지기의 미로-도안을 완성시킴으로써 동굴 속에 들어갈 자격이 있음을 스스로 증명할 때 그 안에서 위대한 물, 즉 생명수를 발견한다는 사실, 그리고 그가 그 옆에서 자라는 나무에 올라가서 지하의 바닷물 속으로 뛰어든다는 사실을 말하는 것으로 충분할 것이다.[23]

힌두 전통의 어머니-여신 칼리는 축 늘어진 긴 혀를 가진 것으로 묘사된다. 그녀는 이 혀로 자기 자식들의 피와 생명을 핥아먹기 때문이다. 이 여신은 자신의 새끼들을 잡아먹는 암퇘지와 식인종의 전형이다. 아니, 존재들을 낳았다가 그대로 잡아먹는 생명 자체, 즉 우주의 전형이다. 그렇지만 그녀는 안나푸르나(Annapurna, 안나[anna]는 "음식"을 의미하고 푸르나[pūrṇā]는 "풍요"를 의미한다) 여신이기도 하다. 그녀는 자신의 가슴에 태양-아들 호루스(Horus)를 안고 있는 이집트의 이시스 여신 혹은 다시 태어난 달-신을 기르는 바빌로니아의 이슈타르(Ishtar) 여신에 해당하는 인도의 여신이다. 중세의 성모 마리아는 고대 지중해 지역의 신화와 예술에서 이미 등장한 이 이시스와 이슈타르의 후예이다.

그러므로 유아의 심리만이 아니라 신화와 제의에서도 어머니의 이미지가 행복과 위험, 탄생과 죽음, 풍부한 젖가슴과 괴물의 날카로운 발톱에 거의 똑같이 연결되어 있음을 알 수 있다. 천국의 음식이 영원히 공급되는 천상 세계와 신들의 산이자 암브로시아가 흐르는 올림포스 동산은 어린 시절의 축복을 받은 성숙한 성인(聖人)과 영웅에게 잘 어울린다. 이와 마찬가지로, 과대망상에 빠진 어른들이 가지고 있는 무시무시하게 씹어 삼키는 지옥의 격분과 공포 이미지의 근원에 각인되어 있는 인상은 갈갈이 찢겨진 자신의 신체──자신의 세계 전체──에 대한 아이 자신의 환상일 뿐이다.

유아의 정신 발달에서 보편적인 것으로 간주될 수 있는 세번째의 인상 체계는 아이가 자신의 배설물에 대하여 느끼는 매혹에서 기인한다. 이 매혹은 두 살 반 정도의 시기에 두드러지게 나타난다. 대부분의 사회에서 유아들은 언제 어디서 어떻게 배변 충동에 반응해야 하는가에 관하여 엄격한 훈련을 받게 되고 그 과정에서 첫 충격을 경험한다. 인생의 이 시기에는, 그 경험이 최악이면 아이에게도 최악의 영향을 끼친다. 유아에게 배변은 창조적인 행위로 경험되며, 배설물은 타인에게 선물로서 줄 수 있을 만큼 귀중한 사물로 경험된다. 이런 관심과 행위의 패턴이 추한 것으로 간주되는 사회에서는 사회적으로 결정된 반응의 재조직화가 심하게 그리고 절대적으로 아이에게 부과되며, 초기에 아이가 가졌던 자발적인 관심과 평가는 엄격하게 억압된다. 그러나 그것들이 완전히 지워질 수는 없다. 그것들은 억제되고 고쳐 쓴(written-over) 인상으로 남아 있다. 즉 때때로 어떤 변장을 하고서 자신의 힘을 거듭 주장하는 금지된 이미지로 남아 있는 것이다.

고등 종교들의 신화에서는 이런 상황에서 유래한 이원적 이미지의 체계가 풍부하게 발견된다. 그것은 거의 항상 오물과 죄 그리고 청결함과 덕을 서로 관련시키는 데서 잘 확인된다. 불교, 조로아스터교, 힌두교, 이슬람교, 기독교 할 것 없이, 이 모든 종교에서는 지옥이 더러운 구덩이이고 천국은 절대적으로 순수한 곳이다. 프로이트 박사는 이렇게 말한 적이 있다. 오물을 만지면서 그것에 가치를 부여하려는 유아의 충동은 보석, 금, 돈을 모으려는 충동과 선물을 주고받는 데서 생기는 즐거움 안에서만이 아니라, 예술——모든 종류의 그리기와 칠하기, 조각, 건축——에 대한 어른들의 관심 속에서도 살아남는다. 이러한 견해에 따르면, "원초적 물질"(오물과 부패)을 금(순수하고 따라서 부패하지 않는)으로 승화시키려는 16-17세기 연금술사들의 목적은 첫번째의 관심 체계에 갇혀 있는 에너지를 두번째로 부과된 체계의 영역으로 옮기려는 욕구를 완벽하게 재현하고 있다. 이렇게 함으로써 억압과 그로 인한 분열 대신에 사회적으로 대립되는 두 심리 체계의 승화 또는 융합을 시도하려는 것이다. 시인 블레이크의 표현을 빌리자면, 천국과 지옥의 결혼을 실현하려는 것이다. 연금술뿐만 아니라 서양 예술이 가장 꽃핀 시절은 신과 악마라는 중세적 이원론의 권위가 붕괴(많은 사람들에 대하여)된 바로 그때였다. 이 사실은 그러한 결과를 가져온 충동에 대하여 정신분석학적 해석의 타당성을 확증하는 데 도움이 될 수도 있다. 더구나 금, 조각가의 대리석과 점토, 그리고 화가가 사용하는 물감의 가치는 더욱더 컸을 것이라고 생각해볼 수 있다. 그것들 모두는 대지의 내부에서 나온 것이기 때문이다. 그런데 성인(聖人)들의 사유 체계가 지배적인 힘을 행사하면서부터 대지의 내부는 오랫동안 지옥의 장소라는, 결정적으로 부정적인 평가를 받게 되었다.

이와 관련해서 다음과 같은 점도 주목해야 할 것이다. 지금까지 연구된 거의 모든 원시 사회에서는 신체에 진흙을 칠하거나 그림을 그리면 몸이 아름다워질 뿐만 아니라 주술적으로도 몸이 보호된다고 믿었다. 인도에서는 소똥이 성스러운 것으로 숭배되며 왼손(화장실에서 사용되는)과 오른손(음식을 입에 넣는)의 제의적 구별이 아주 중요하다. 거기에서는 색깔 있는 진흙과 재를 이마와 몸에 칠하는 종교의식이 두드러지게 발달하였다. 그리고 원시 민족만이 아니라 문명화된 여러 민족들 사이에서도 성스러운 광대——종교의식에서 금기를 깨는 것이 허용되며 항상 음란한 무언극을 연기하는——는 오물을 먹는 제의적 행위를 통하여 자신들의 성직에 입문한다.

뉴멕시코의 지카릴라 아파치족에서는 광대 공동체의 구성원들을 실제로 "줄무늬가 있는 배설물"[24]이라고 부른다. 그들은 흰 점토를 몸에 칠할 뿐만 아니라 다리, 몸, 얼굴에 네 개의 검은 수평 줄무늬를 그리고 다닌다.[25] 우리 사회의 서커스에서 등장하는 광대들은 화려하게 칠하고 다니며, 경찰이 허용하는 금기는 무엇이든 깨뜨린다. 따라서 어린이들이 가장 좋아하는 대상이다. 아마도 어린이들은 선과 악, 순수와 더러움에 대한 지식을 배우기 전에 그들의 것이었던 순수의 낙원이 광대의 독특한 매력 속에서 반영되어 있는 것을 볼 것이다.

자라나는 유아의 마음속에 각인되는 네번째 인상 덩어리들은 네 살 무렵에 나타난다(적어도 이런 효과에 관한 연구가 실시되었던 서구 사회의 각 지방에서는). 이때는 남녀간의 신체적 차이가 강렬한 관심의 대상이 된다. 남녀간 신체의 작은 차이(petite différence)로 인하여 여자 아이는 자신이 거세되었다고 믿게 되고 남자 아이는 자신도 거세될 가능성이 있다고 믿게 된다(프로이트 학파는 이렇게 말한다). 그후부터, 남자들의 상상 속에서 등장하는 모든 처벌에 대한 두려움 속에는 어렴풋이 감지된 거세 공포가 침윤된다. 반면에 여자들은 부러움에 사로잡히며 자신의 몸으로 아들을 낳고나서야 그 부러움이 사그라진다. 이리하여 여성들은 성모 마리아의 이미지에 가치를 부여하고 성모의 자궁과 가슴에 우주적 의미를 부여하는 종교적 관념 체계를 지니게 된다. 반면에 남성들의 마음 속에는 여성의 질투에 대한 어떤 두려움이 항상 존재하게 된다. 그 결과 여성을 정신적 남성성——신체적 남성성은 아니더라도——을 거세할 가능성이 있는 자로 보는 부정적인 평가가 등장하게 된다. 아이의 정신 속에서는 이러한 평가가 '여자 괴물' 및 식인 마녀의 이미지와 연결되는 경향이 있고, 금욕주의 종교 전통에서는 여성에 대한 이런 부정적인 평가가 두드러진 특성으로 나타난다.

이와 관련하여 주목해야 할 사실은 현대의 초현실주의 회화와 신경증 환자의 꿈에서뿐만 아니라 일부 원시 신화에서도 어떤 하나의 동기가 반복하여 나타나고 있다는 점이다. 그것은 민속학에서 "이빨 달린 질(the toothed vagina)"로 불리는 것으로, 남근을 거세하는 질이라는 의미를 지니고 있다. 그리고 이것과 정반대되는 동기는 이른바 "남근 상징의 어머니(phallic mother)"인데, 이 주제는 긴 손가락과 큰 코를 가진 마녀에게서 가장 잘 나타나고 있다. 프로이트에 따르면,[26] 거미의 모습은 신경증적 불안을 증대시키는데, 이는 거미와 남근 상징의 어머니가 무의식적 차원에서 서로를 연상시키기 때문이다. 그리고 거미집은 공포심을 일으키는 신호로서 거미류 동물의 힘에 기여하기도 한다는 점 역시 더 지적되어야 할 것이다.

안다만 섬 사람들의 신화에 따르면, 태초에는 여자가 없고 남자들만 있었다. 큰도마뱀 님(Sir Monitor Lizard, 나중에 다시 그를 언급하게 될 것이다)이 남자들 가운데 한 명을 붙잡아서 생식기를 잘라내고 자신의 아내로 삼았다. 그 둘 사이에서 나온 자손은 안다만 섬 사람들의 조상이 되었다.[27]

다른 신화에 따르면——뉴멕시코에 사는 지카릴라 아파치 인디언이 전하는[28]——옛날 옛적에 "걷어차는 괴물(Kicking Monster)"이라고 불리는 살인 괴물이 있었다. 그 당시에는 그의 네 딸만이 세상에서 질을 가진 유일한 여성들이었다. 그녀들은 "질 소녀(vagina girls)"였다. 그리고 그녀들은 질로 가득 찬 집에서 살았다. "그녀들은 여성의 형태를 갖추었으나 사실은 질 자체였다. 다른 질들은 사방의 벽에 걸려 있었지만, 이 네 질만이 다리와 모든 신체 장기를 갖춘 소녀의 형상을 하고 걸어다녔다." 쉽게 상상할 수 있듯이, 이 네 소녀에 대한 소문을 듣고 많은 남자들이 몰려들었다. 그런데 "걷어차는 괴물"이 나타나서 그들을 집안으로 걷어찼으며, 결국 그들은 다시는 돌아오지 못하였다. 그래서 놀라운 소년 영웅, "적을 죽이는 자(Killer-of-Enemy)"가 이 상황을 바로잡게 되었다.

"걷어차는 괴물"에게 꾀를 써서, "적을 죽이는 자"는 그 집에 들어갔다. 그러자 네 소녀가 성교를 갈망하며 그에게 다가왔다. 그러나 그는 물었다. "이 집으로 걷어차여 들어온 남자들은 모두 어디로 갔는가?" 그녀들이 대답하였다. "우리가 먹어치웠어요. 왜냐하면 우리는 그렇게 하는 걸 좋아하니까요." 그리고 그를 포옹하려고 하였다. 하지만 그는 그녀들을 밀치면서 외쳤다. "비켜라! 질을 사용하는 방법은 이런 것이 결코 아니다." 그러고나서 그는 말하였다. "나는 먼저 너희들에게 어떤 약을 주어야 한다. 그것은 너희들이 한번도 맛본 적 없는 것으로, 신맛이 나는 장과(漿果)로 만든 약이다. 그것을 너희들이 먹고나면 원하는 대로 해주겠다." 그리고 그는 네 종류의 신맛이 나는 장과를 그녀들에게 먹으라고 주면서 말을 이었다. "이것을 먹고나면 너희들의 질은 항상 황홀감을 느낄 것이다." 그러나 그 장과는 그녀들의 입을 오므라들고 주름잡히게 만들었다. 그래서 마침내 그녀들은 전혀 씹을 수가 없었고 삼킬 수만 있었다. 이 신화는 다음과 같이 선언한다. "그녀들은 '적을 죽이는 자'가 자신들과 성행위를 하고 있는 것처럼 느꼈다. 그렇지만 '적을 죽이는 자'는 실제로는 그녀들에게 전혀 손을 대지 않았다. 그녀들은 황홀한 느낌 때문에 거의 무의식 상태에 있었던 것이다. 그녀들이 그렇게 느끼도록 만든 것은 약이었다.

이 신화는 다음과 같은 이야기로 끝난다. "'적을 죽이는 자'가 그녀들을 찾아왔을 때, 그녀들은 강한 이를 가지고 있었다. 그 이로 남자들을 먹어왔던 것이다. 그러나 이 약은 그녀들의 이를 완전히 파괴하였다."[29] 이것이 바로 옛날 옛적에 위대한 소년 영웅이 이빨 달린 질을 길들여 올바르게 사용되도록 만든 경위이다.

지금까지 우리는 일련의 각인들에 대하여 살펴왔다. 이 과정을 쭉 살펴본 독자들의 머릿속에는 다음과 같은 생각이 틀림없이 떠올랐을 것이다. 앞에서 논의한 많은 이미지들이 외부로부터 우리의 "열린" IRMs에 각인된 것은 틀림없지만, 다른 어떤 이미지들은 신경 체계 그 자체의 산물일 수 있다. 식인 괴물이 이 세상 어디에 있단 말인가? 남근 상징의 어머니와 이빨 달린 질 역시 세상 어디에도 없지 않은가? 어른들의 마음뿐만 아니라 어린이들의 마음에도 감정을 일으키는 이런 이미지들의 힘으로 미루어 판단하건대, 이것들은 상당히 강력한 신호 자극일 것이다. 그러나 이것들은 자연에는 존재하지 않고, 마음속에서만 만들어져왔다. 그렇다면 어디로부터? 어디로부터 악몽과 꿈의 이미지들이 비롯되는가?

뱀눈나비과 나비의 경우에서 그에 대한 암시적인 답을 찾아볼 수 있을 것이다.* 뱀눈나비과 나비는 현존하는 그 종의 색깔보다 더 어두운 색의 인공적인 짝을 선호한다. 만일 인간의 예술이 나비에게 초일상적 자극——자연적으로 주어진 것보다 더 강렬한 반응을 유도하는——을 제공할 수 있다면, 그것은 인간의 IRMs에도 그러한 초일상적 자극을 확실히 제공할 수 있을 것이다. 그러한 자극은 꿈과 악몽 속에서 자연스럽게 주어질 뿐만 아니라, 통속 예술과 종교 예술 속에 등장하는 전설, 동화, 신화적 풍경, 천상계과 지하계, 신전과 성당, 탑과 정원, 용, 천사, 신들, 수호천사 등에서 더 찬란하게 제공된다. 문화적으로 발달해온 이런 경탄할

---

* 59쪽 참조.

만한 형식들이 대체로 수 세기 심지어는 수천 년에 걸쳐 완성되었다는 것은 물론 사실이다. 그러나 그러한 이미지들이 정신──스스로 형성되기도 하고 스스로 형성하기도 하는──의 데자부(*déjà vu*, 기시감〔旣視感〕) 속에 수용되어 있음을 지지하는 증거들이 있다는 것 또한 사실이다 (지금까지의 검토 작업에서 이 사실이 입증되고 있다고 생각한다). 바꾸어 말하면, 동물의 세계에서는 유전을 통하여 형성된 중추신경계의 정형이나 "동형체"가 자연환경과 짝을 이루는 경우가 대부분이지만 간혹 자연과 부합하지 않는 반응을 보일 때가 있는 반면, 인간의 세계──대체로 우리 자신의 인위적 노력의 산물인──는 정반대의 역학 질서를 상당한 정도로 보여주고 있다. 즉 자신의 환경을 주조하는 살아 있는 신경 구조와 통제된 반응 체계의 질서가 그것이다. 그 역은 성립하지 않는다. 그러나 인간이 항상 자신의 환경을 의식적으로 만드는 것은 결코 아니다. 오히려 자신 안에서 저절로 생성되는 격노와 공포의 이미지로부터 자신의 환경을 충동적으로 만들어내는 경우가 더 많다.

내적 및 외적 충격과 혼재되어 있는 이런 종류의 각인들 가운데 다섯 번째이자 마지막은 오이디푸스 콤플렉스 증후군이다. 이 콤플렉스는 오랫동안 다양한 논의를 불러일으켰다. 정통 프로이트 학파에 따르면, 오이디푸스 콤플렉스는 대체로 5-6세 어린이의 정신 속에 확립되며, 그후에 발생하는 모든 충동, 생각과 감정, 창의적 예술, 철학, 신화와 종교, 과학적 연구, 건전한 정신과 광기의 근본적 패턴을 구성한다. 이 콤플렉스의 보편성을 옹호하는 주장은 여러 인류학자들에 의하여 격렬한 도전을 받아왔다. 예를 들면, 브로니슬라프 말리노프스키(Bronislaw Malinowski)는 그의 저서 『미개 사회의 성과 억압(*Sex and Repression in Savage Society*)』에서 이렇게 주장한다. "정신분석학자들은 오이디푸스 콤플렉스를 절대적인 것, 근본적인 원천…… 모든 것의 근원……으로 주장하는데, 바로 거기에 난점이 있다. 나는 이 콤플렉스가 제도와 신앙, 그리고 문화의 유일무이한 근원이라고 생각할 수 없다." 그는 계속해서 다음과 같이 말한다. "또한 나는 이 콤플렉스가 만물에 선행하면서 그 어떤 것에 의해서도 창조되지 않는, 즉 스스로는 창조적이면서 창조되지는 않는, 그 어떤 형이상학적 실체라고 생각할 수 없다."[30] 한편, 게자 로하임은 프로이트를 방어하는 입장에서 말리노프스키에게 강한 반박의 글을 보냈는데,[31] 아직 그에 대한 회답은 없는 것 같다. 그러나 현재 우리의 관심사는 이 각인이 시간과 공간 속에서 차지하고 있는 궁극적 힘이나 그 범위가 아니라, 단지 그것이 유아적 경험으로부터 유래되었을 가능성이다. 따라서 프로이트 학파가 믿는 것처럼 그것이 보편적인 것이든 아니면 특정 부족이나 가정의 사회학에 따라 그것의 힘과 성격에 중대한 변화가 일어날 수 있는 것이든 간에, 약 대여섯 살의 어린이들은 "가정의 로맨스(the family romance)"라고 불리는 우스꽝스러운 비극적 희극에 상상을 통하여 연루된다는 것이다(적어도 서구 문화권에서는).

고전적인 프로이트 심리학에 따르면, 이 오이디푸스적 로맨스는 아버지를 제거하고 어머니를 독차지하려는 소년의 무의식적 소망 그리고 이와 연관된 공포, 즉 아버지에 의하여 거세되는 처벌을 받는 것에 대한 무의식적 공포 속에 존재한다. 그 과정에서 마침내 하느님 아버지의 인상이 위험한 괴물의 모습으로 아이의 심상 속에 들어온다. 로하임이 원시인의 전쟁 심리에 대한 연구에서 사례를 들어가며 설명한 것처럼, 아버지는 첫번째 적이며 모든 적은 아버지를 상징한다.[32] 심지어 "죽임을 당한 것은 무엇이든지 아버지가 된다."[33] 여기서 머리 사냥 의식(the head-hunting rites)의 어떤 양상들이 나타난다. 이것에 대해서는 곧 살펴보게 될 것이다. 또 자신들의 토템 동물을 살해하여 먹는 구석기 수렵인의 의식도 이러한 맥락에서 나타나는 것이다.

프로이트는 이에 상응하여 소녀에 대한 정식화를 시도하였는데, 그것이 바로 엘렉트라 콤플렉스이다. 여기서 소녀는 아버지의 사랑을 독차지하기 위하여 어머니와 경쟁한다. 그 소녀는 여자 괴물이 아버지를 죽이고 그녀를 성적 구별 이전의 식인 잔치, 즉 아기 예수를 안고 있는 성모 마리아라는 악몽(이전에는 낙원이었던!)의 덫 속으로 그녀를 되돌려놓을지도 모른다는 공포 속에서 살아간다. 그렇지만 그동안 세월은 변하였다. 이제 성모 마리아 역할을 하고 있는 것——인형들을 안고 있는——은 작은 소녀 자신이다.

다음 장에서 두 거인과 한 난쟁이 사이의 이러한 로맨스에 대한 예가 충분히 다루어질 것이기 때문에, 여기서 이 문제에 관하여 상세히 논할 필요는 없다. 그러나 "적을 죽이는 자"(소년 영웅), "걷어차는 괴물"(아버지-괴물), 그리고 "네 명의 질 소녀"(아버지에게 봉사할 때는 위험한 존재이지만, 길들여질 여지가 있는)가 등장하는 에피소드 속에는 이미 하나의 예가 제시되어 있음에 주목하라. 4라는 숫자는 아메리칸 인디언의 전통에서 우주의 네 방향을 가리키는 종교적 의미를 지니고 있으며, 이 이야기에서 등장하는 인물들은 어떤 개인적인 또는 역사적인 인물이 아니라 우주적이고 신화적인 의미를 지니고 있는 인물이다. 즉 네 소녀는 삶의 신비가 지닌 어떤 측면을 인격화한 것이다.

마지막으로, 지금까지 간략하게 살펴본 가정의 로맨스와 그 변형에 대한 프로이트 심리학의 견해를 마무리해보자. 이러한 심리학적 견해에 따르면, 어머니가 근친상간과 부친 살해 쪽으로 아들의 상상력을 부추기는 요부로서 희미하게라도 느껴지는 순간, 그 남자 아이는 햄릿과 같은 부정적인 보상적 태도——여성 및 여성과 관련된 세상의 모든 매력(이집트의 환락가, 바빌론의 매춘부 등등)에 대한 격렬한 거부와 함께, 아버지의 권위에 지나치게 복종하는 정신적 자세——를 취함으로써 자신의 사유로부터 자신의 감정을 숨기게 된다.

> 아무렴, 내 기억의 수첩에서
> 하찮은 기억일랑 싹싹 지워버리겠소.
> 책에서 얻은 격언이나
> 젊었을 때 관찰에서 얻은 형상들을,
> 싹 지워버리고.
> 당신의 명령만을
> 이 뇌수라는 수첩 속에 간직해두고
> 천한 내용들과는 구별하겠소. 예, 맹세코!
> 오, 참으로 간악한 여자로군!
> 악당 주제에 미소까지 띠고 있다니. 오, 저주받을 악당이여![34]

이제 유일하고 전능한 아버지에 대한 숭배, 수도승의 세계, 청교도주의, 플라톤주의, 사제의 독신 제도, 동성애 등으로 통하는 길이 열린 것이다. 이러한 것들에 대해서는 뒤에서 다시 다룰 것이다.

인간 삶의 핵심적 구성 단위가 남자와 여자 그리고 어린이인 이상, 성숙한 의식을 지닌 사람은 사랑과 공격, 욕망과 공포, 의존성, 명령, 그리고 해방의 충동으로 이루어진 생물학적 트라이앵글——무겁게 내리누르는——이라는 매개체를 통해서 세상을 이해해야만 하였다. 그 매개체는 가장 완강하게 저항하는 반죽 덩어리마저도 어떤 형태로 만들어내는 요리용 주형틀이다. 그러므로 인간의 신경 체계에 어떤 생득적 형식이 없다고 결국 증명되더라도, 우리는 이런 필연적 요소들의 기억 심상에서 유래된 신호 자극의 질서가 모든 신화 속에서 발견된다는 사실에 놀라서는 안 된다.

4. 유년기의 자연 발생적인 애니미즘

우리 문화를 포함한 대부분의 문화권에서 어린이들이 그들 자신의 솜씨와 관심, 도덕적 판단, 그리고 지위 관념을 발달시키는 것은 6세에서 12세 사이의 기간이다. 이때부터는 다양한 자연환경 및 사회적 환경의 요소들이 지배적인 힘을 발휘하기 때문에, 공통의 사유 양식이나 행위 양식에 대하여 말하는 것이 더 이상 적절해 보이지 않게 된다. 그러나 매우 다른 지역적 환경에서 유래된 모든 새로운 인상들——우발적인 강한 충격에 의한 것이든 아니면 체계적인 교육을 통해서 부과된 것이든 간에——은 성인의 사고방식이 아니라 자라나는 어린이의 사고 구조를 통하여 받아들여진다. 그리고 전세계의 어린이는 어떤 공통의 특성들을 갖고 있다.

예를 들면, 꿈이라는 수수께끼는 처음에는 결코 정신적인 산물로 해석되지 않는다. 꿈을 꾼 어린이에게 꿈은 외부적인 것으로 느껴진다. 비록 꿈이 다른 사람들에게는 보이지 않지만 말이다. 그리고 꿈에 대한 기억은 일상적 현실에 대한 기억과 혼동되어 두 세계는 혼합된다.[35] 5년 6개월 된 소년이 이런 질문을 받았다. "꿈은 네 머릿속에 있니?" 소년이 대답하였다. "내가 꿈속에 있어요. 꿈이 내 머릿속에 있는 것이 아니고요. 선생님이 꿈을 꿀 때 선생님은 자신이 침대에 있다는 것을 몰라요. 선생님은 자신이 걷고 있다는 것을 알죠. 선생님이 꿈속에 있어요. 선생님은 침대에 누워 있지만, 침대에 있다는 걸 알지 못해요."[36] 심지어는 꿈이 외부에서——달로부터, 밤으로부터, 방안의 혹은 거리의 불빛으로부터, 또는 하늘로부터——온다고 인식하기보다는 머릿속에서 일어나는 현상이라고 인식할 수 있는 7-8세의 어린이들도 어떤 점에서는 여전히 꿈을 외부적인 것으로 생각한다. "악마가 저를 삶으려고 하는 꿈을 꾸었어요." 7세의 소년이 자기가 그린 그림을 설명하면서 한 말이다(〈그림 2〉). 왼쪽(I)에 그 아이가 침대 위에 누워 있었다. 소년은 이렇게 말하였다. "저게 나예요, 저기에 가만히 있으면서 보고 있던 것이 특히 제 눈이었어요." 가운데에는 악마가 있었다. 그리고 그림의 오른쪽(II)에는 악마 앞에 잠옷을 입은 그 소년이 다시 서 있고, 악마는 소년을 삶으려던 참이었다. 소년은 그 상황을 이렇게 설명하였다. "저는 거기서 두 번 있었어요. 제가 침대에 누워 있을 때 저는 정말로 거기 있었어요. 그 다음에 제가 꿈속에 있을 때 저는 악마 옆에 있었어요. 저는 정말로 거기에도 있었어요."

〈그림 2〉 악마에 대한 꿈을 꾼 어린이의 그림. 피아제의 책에서 따옴.

여기서 우리는 아리스토텔레스의 논리와는 좀 다른 논리, 즉 동화와 신화 속에 자주 등장하는 논리 유형을 보고 있는 것이다. 동화와 신화에서는 동시에 두 곳에 존재하는 기적이 가능하고, 동일한 인물이나 사물이 둘 이상의 장소에 동시에 존재할 수 있다. 곧 보게 되겠지만, 샤먼은 자기 몸을 떠나서 북이나 말을 타고 가시적 세계의 한계를 넘어, 악마와 신들 또는 다른 샤먼들과 함께 하는 모험에 참여한다. 이때 이들 모두는 동시에 둘 이상의 장소에 존재할 수 있다. 여기서 성사(聖事)와 관련된 그리스도의 다중 현존에 대한 로마 카톨릭 교리를 생각해볼 수도 있다. 카톨릭 교리문답서의 그리스도론 부분에는 다음과 같은 진술이 있다. "전세계에 있는 감실의 수만큼 또는 동일한 시간에 거행되는 미사의 수만큼 그리스도의 몸이 있는 것은 아니다. 그러나 하느님이 단 하나의 신이시면서도 모든 곳에 계시듯이, 거룩한 성체 안에 완전하게 임재하는 그리스도는 단 하나의 몸이지만 모든 곳에 계신다."[37] 또한 힌두교에서 구세주로 등장하는 크리슈나의 다중 현존을 생각해볼 수도 있다. 크리슈나가 브린다반의 수많은 처녀 목동들과 춤을 추고 있었다. 그때 그 처녀들은 그들 가운데 한 명에게 다중 현존의 종교적 경험에 대하여 다음과 같은 매력적인 설명을 해주었다. 아름다운 라다가 "저는 크리슈나를 어디서나 봐요"라고 말하자, 그들은 이렇게 대답하였다. "사랑스러운 이여, 그대는 사랑의 세안약(洗眼藥)을 눈에 발랐구나. 그래서 그대는 어디서나 크리슈나를 보는 거야."[38]

 앞에서 살펴본 것처럼, 유아는 부모의 세심한 배려로 인하여 우주가 자신의 관심에 순응하고 자신의 모든 생각과 욕구에 반응한다는 믿음을 갖게 된다. 비위를 맞추어주는 이러한 환경 때문에 아이에게는 안과 밖 사이의 근원적인 불가분리성이 강화될 뿐만 아니라 명령의 습관――즉각적인 효과를 가져오는 경험과 연관된――까지 생긴다. 그 결과 생기는 사고의 전능성에 대한 인상――사고, 욕망, 단순한 끄덕임이나 비명이 세상을 복종시키는 힘――을 프로이트는 주술의 심리적 기초로 이해하였다. 피아제와 그의 학파도 이 견해를 지지한다. 어린이의 세계는 즉각적이고 살아 있으며, 물리적 법칙에 의하여 지배되는 것이 아니라 응답과 명령의 규칙에 의하여 지배된다. 즉 그 세계는 아이 자신에게 저항하거나 순응하는 어떤 목적과 의도로 가득 찬, 놀라운 의식의 연속체이다. 그리고 잘 알다시피, 유아의 세계는 물리적 법칙이 아닌 도덕적 법칙에 의해서 지배되며, 비인격적인 물리적 힘 대신 그보다 상위에 있는 어버이의 성격에 의하여 통제된다. 그리고 인간의 행복과 불행을 향하고 있다. 이러한 유아적 세계의 이해는 지금까지도 전세계에 살고 있는 대다수 사람들의 사고를 지배하는 하나의 환상이다. 우리는 지금 모든 가르침에 선행하는 하나의 자연 발생적 가정(a spontaneous assumption)을 다루고 있다. 이 가정은 어떤 종교적·주술적 신념들을 낳았을 뿐만 아니라 지금도 그러한 신념들을 지탱하고 있다. 그리고 일단 이 가정이 그러한 신념들에 의하여 철저한 확신으로 받아들여지는 경우에는 어떤 합리적 사고나 경험 과학도 그것을 완전히 지워버릴 수 없다.

그러므로 이 장의 제3절에서 논의한 인상들이 아이의 해석이나 어른의 해석 모두에 적용될 수 있듯이, 이런 미분화(indissociation)의 경험들도 그러하다. 엄밀한 생물학적 관점에서 볼 때도, 어떤 의미에서는 아이의 미분화 경험이 성인의 개별화 경험보다 더 깊은 타당성을 지니고 있다. 생물학적으로 보면, 개개의 유기체는 결코 자연에서 독립해 있지 않다. 랠프 린턴(Ralph Linton)이 말한 것처럼, 사회는 "생물학적으로 자족적인 개인들의 집단"이 아니다. 사실 사회도 자연에서 분리되어 있지 않다. 유기체와 환경 사이에는 "지속적인 교환"[39]——피아제의 용어——이 존재한다. 내부의 축과 외부의 축은 인정되어야 한다. 그렇지만 "각자는 서로에 대하여 지속적인 평형 관계를 유지하고 자연스러운 의존 관계를 맺고 있다." 그리고 개인적 자유의 관념과 독립 의식은 비교적 느리게 발달한다. 그런데 이러한 자유와 독립 의식은 남자다운 자족의식 그리고 주관과 객관을 합리적으로 구분하여 인식하는 논리 체계를 형성시킬 뿐만 아니라, 사회적 질서의 통일을 붕괴시키고 일종의 분리 의식——불안과 신경증으로 가득 찬 상황으로 귀결되는——을 초래할 수도 있다.

그러므로 모든 종교적 가르침과 종교의식의 주요 목적 가운데 하나는 자아의식을 가능한 한 억누르고 참여의식을 계발하는 것이었다. 원시 제의에서는 그러한 참여가 주로 유기적인 공동체 안에서 이루어지며, 그 공동체 자체도 그 지역의 자연 질서에 참여한다. 죽은 사람들까지도 포함하는 더 큰 공동체 개념도 있다. 싸우고 고통받고 승리를 얻은 기독교의 교회 관념에서 그러한 예를 볼 수 있다. 기독교에서는 지상과 연옥과 천국에 모두 공동체가 있기 때문이다. 이 맥락에서 마지막으로 언급할 것은 신비주의 전통이다. 모든 신비주의가 추구하는 가장 큰 목표는 자아라는 이슬방울을 전체라는 대양 속에 소멸시키는 것, 즉 자아를 비우고 신의 얼굴을 보는 것이다.

헬프타의 성(聖) 게르트루드(Gertrude of Helfta, 1254-1302)는 이렇게 썼다. "당신이 보잘것없는 제게 다가와 너무나 보고 싶었던 당신의 얼굴을, 더없는 기쁨을 주는 그 얼굴을 보여주실 때, 당신의 거룩한 눈에서 저에게로 쏟아지는, 말로 표현할 수 없을 만큼 엄청난 생명의 기운을 주는 빛을 느꼈습니다. 저의 영혼 전체를 꿰뚫으면서, 그 빛은 제 몸 구석구석에 아주 놀라운 효과를 일으켜, 제 살과 뼈를 속속들이 분해하였습니다. 그때 저는 저의 전 존재가 오직 그 신성한 광휘일 따름이라고 느꼈고, 그 빛은 형언할 수 없는 환희에 찬 방식으로 저의 영혼에 비길 데 없는 평온과 기쁨을 주었습니다."[40]

이와 비슷한 정서가 인도의 『브리하다라니아카 우파니샤드(Bṛhadāraṇyaka Upaniṣad)』(기원전 800년경)에 나타나 있다. "사랑하는 아내의 품에 안겨 있는 남자가 자신의 안과 밖을 전혀 구별하지 못하는 것처럼, 지고의 자아(Supreme Self)에 안겨 있는 존재도 자기의 안과 밖을 전혀 구별하지 못한다."[41]

일본 선승(禪僧)들의 시구 가운데에는 아름다운 것이 많다. 그중에 신발을 만들면서 살던 사이치(1850-1933년경)의 일기 속에는 이런 구절이 있다.

    나의 가슴과 당신의 가슴은-
    하나의 가슴-
    "나무아미타불!"[42]

오마르 하이얌(Omar Khayyam, 1050-1120)의 시에서도 이런 구절을 볼 수 있다.

나의 존재는 당신의 것, 그리고 당신은 나의 것,
당신 속에서 나를 잃었으니, 나는 당신의 것![43]

어린이들이 사물의 기원에 관하여 맨 처음에 질문을 던질 때, 거기에는 누군가가 그 사물들을 만들었다는 무의식적 가정이 드러나고 있다. 2년 6개월 된 아이는 "누가 태양을 만들었나요?"라고 묻는다. 3년 6개월 된 다른 아이는 "누가 밤하늘에 별들을 펼쳐놓았나요?"라고 묻는다.[44] 어린 시절에 생기는 이러한 진지한 물음의 첫번째 대상은 자기 자신의 기원이고, 두번째는 인류의 기원이며, 마지막 관심은 사물의 기원이다. 그런데 아이들이 던지는 이러한 물음의 범위는 유식한 부모들이 구사하는 과학적이고 형이상학적인 답변의 수준을 넘어선다. 어떤 꼬마가 박학다식한 아버지에게 다음과 같은 일련의 질문을 던졌다.

2년 3개월 되었을 때 이렇게 물었다. "달걀은 어디서 생겼나요?" 아버지에게 대답을 듣고나서는 "그럼 엄마들은 뭘 낳죠?"라고 물었다.

2년 6개월이 되자, "아빠, 우리가 있기 이전에도 사람들이 있었나요?"라고 물었다. 아빠가 그렇다고 대답하자, "그 사람들은 어떻게 해서 있게 되었나요?"라고 묻고, 아버지는 우리처럼 태어났다고 대답하였다. "사람들이 살기 이전에도 지구가 있었나요?"라고 물으면 그렇다고 대답한다. 그러자 다시 "지구를 만들 사람이 없었다면 어떻게 지구가 있게 되었을까요?"라고 묻는다.

3년 7개월이 되자, "누가 지구를 만들었나요?"라고 물었다.

4년 5개월 때에는, "최초의 엄마 이전에도 엄마가 있었나요?"라고 물었다.

4년 9개월이 되자, "첫 인간은 엄마도 없이 어떻게 생겨났을까요?"라고 물었다.

그리고 즉시 이렇게 질문하였다. "물은 어떻게 만들어졌나요? 바위는

무엇으로 이루어져 있나요?"⁴⁵⁾

대부분의 어린아이들이 간직하는 첫번째 관념 속에서는, 아기는 태어나거나 만들어지는 것이 아니라 어느 곳에서 발견되는 것이다. 3년 6개월 된 꼬마가 "엄마, 어디서 저를 찾았어요?"라고 물었다. 3년 8개월 된 다른 아이는 "엄마, 나는 어디서 왔나요?"라고 물었다. 4년 10개월 된 한 꼬마 천재는 "아줌마가 내년 여름에 가질 아기는 지금 어디에 있나요?"라고 물었다. 그 물음에 대한 대답을 듣고나서는 "그 아줌마가 먹어버렸나요?"라고 다시 물었다. 또 다른 꼬마 천재는 "나이가 아주 많이 들면 어른은 다시 아기로 돌아가나요?"라고 물었다. 그 아이는 5년 4개월이 되자 다시 이렇게 물었다. "아빠는 죽고나면 다시 자라나요?"⁴⁶⁾

피아제 교수가 말하였듯이, 이론화의 이 첫 단계에서는 아기들이 미리 존재하고 있다고 생각한다. 그러나 부모가 이 신비와 모종의 관계가 있음을 곧 깨닫게 된다. 독자들은 여기서 등장하는 다양한 설명들이 어떤 잘 알려진 원시적·고대적 관념들과 아주 유사하다는 점을 알아차렸을 것이다. 예를 들어보자. 먹는 행위를 통한 임신이라는 관념은 전세계의 신화와 동화에서 발견되고 있으며, 기원전 10만 년 전경의 네안데르탈인의 무덤 속에서는 이미 재생의 관념이 암시되어 있다.*

출생과 관련한 어린이들의 두번째 질문은 언제의 문제만이 아니라 어떻게의 문제도 포함하고 있다. 이 무렵의 아이들은 액체나 고체 재료를 가지고 무엇인가를 만드는 데 관심을 갖게 되는데, 바로 이러한 행위 속에는 그에 대한 해답을 찾을 수 있는 가능성이 적어도 두 가지로 암시되어 있다. 그런데 아이들은 그 가능성을 체계적으로 말하지는 못하고, 단지 어른들에게 던지는 질문을 통하여 그 가능성을 암암리에 탐구한다. 물과 바위의 기원에 관하여 앞에서 인용한 질문들은 명백한 예가 된다. 아이들은 부모에 의한 어떤 종류의 신비스러운 제작 과정이——그분들의 몸 바깥에서나 내부에서 행해지는——있다고 가정하며, 그 다음에는 이런 모호하게 생각해낸 과정들이 다른 모든 것들의 창조에도 적용될 수

---

* 86쪽 참조.

있는 모델이라고 간주한다. 아이들은 어른들을 전지전능한 존재로 생각하기 때문에 그들이 모든 것을 만들었다고 가정한다. 물론 이러한 가정은 어른들이 결코 전지전능한 존재가 아니라는 사실을 아주 명백하게 드러내는 사건들이 발생하기 전까지만 유효하다. 그후에는 마음속 깊이 품어온 전지전능한――손으로 만들거나 아니면 다른 방법으로 창조를 하는――부모의 이미지가, 사람의 모습을 닮았지만 눈에는 안 보이는 신이라는 막연한 형상으로 쉽게 옮겨간다. 이때 신의 개념은 부모의 가르침이나 여러 교육을 통해서 이미 주입된 것이다.

창조주는 전세계의 신화에서 거의 보편적으로 등장한다. 그리고 유년기에는 부모의 이미지가 모든 것을 만드는 힘만이 아니라 명령할 수 있는 권위와도 연결되어 있는 것처럼, 종교적 사유 속에서는 우주의 창조자도 우주적 법칙의 수여자인 동시에 그 법칙의 지배자로 등장한다. 이처럼 유년기의 질서와 종교적인 질서는 유사하며, 종교적인 질서는 엄밀한 관찰 영역 바깥으로 유아기의 질서를 옮겨놓은 것에 지나지 않을지도 모른다. 피아제에 따르면, 어린아이들이 자신들의 기원과 사물의 기원을 설명하기 위하여 생각해낸 소박한 창조 신화들은 제각기 다를 수도 있지만, 그것들 모두의 근저에 있는 기본 가정은 동일하다. 즉 사물은 누구인가에 의해서 만들어졌고, 살아 있으며, 자신들을 만든 창조주의 명령에 반응한다는 것이다. 전세계의 기원 신화들도 서로 다르기는 하지만, 그러한 모든 신화들――아주 예외적인 경우는 제외하고――속에는 살아 있는 우주가 어떤 아버지-어머니 신(father-mother God) 혹은 어머니-아버지 신(mother-father God) 의 유출――영적이든 물리적이든――이거나 작품이라는 신념이 공유되어 있다.

그렇다면 이 세계를 주관적인 동시에 객관적인 경험의 미분화된 연속체 (참여[participation])로서, 전적으로 살아 있는 것(애니미즘[animism])으로서, 그리고 어떤 뛰어난 존재에 의하여 만들어진 것(창조론[artificialism]) 으로서 지각하는 것은 유년기의 모든 경험에 무의식적으로 가정된 공리 체계를 구성하고 있다고 할 수 있다. 각 지역에 따라 유년기 경험의 세부 내용이 아무리 다르게 나타난다고 할지라도 말이다. 그리고 이 세 원리가 전세계의 신화와 종교 체계 속에 가장 보편적으로 나타나고 있다는 것 역시 분명한 사실이다.

사실, 참여——또는 경험의 주관적 측면과 객관적 측면 사이의 미분화——의 개념은 유아의 사고 체계와 고대의 철학 체계에서 너무나 큰 위력을 발휘하고 있다. 모든 어린이들과 대부분의 고대 철학자들은 사물의 이름(분명히 주관적이고 단순히 마음속에 있을 뿐이며 문화마다 크게 다른)을 그 사물에 내재적인 것이라고 생각하며, 사물의 청각적 측면이라고 생각한다. 예를 들면, 히브리의 카발라(Kabbala, 12세기 이후 유행한 유대교의 비의적 신비주의/역주)에서는 히브리 알파벳의 글자 형태와 소리가 바로 실재(實在)의 요소라고 생각한다. 그래서 유능한 카발라 신비주의자는 사물이나 천사 또는 심지어 신(神)의 이름을 정확하게 발음함으로써 그 존재들의 힘을 이용할 수 있다고 한다. 신의 이름(YHVH)을 발음하는 행위는 언제나 매우 세심하게 감시되었다. 고대에는 현자들이 7년에 한 번만 제자들에게 신의 이름을 발음해주었다.[47] 두루마리에 성서의 내용을 베끼는 필경사는 신의 이름을 쓸 때 항상 경건한 마음의 자세를 가질 것이 요구되었다. 만약 그가 신의 이름을 쓰다가 실수를 저지르면, 어떤 경우에는 그 실수가 돌이킬 수 없는 것으로 간주되어 그 두루마리 전체를 폐기해야만 하였다.[48] 신의 이름 자체는 지울 수 없었기 때문이다. 인도 탄트라 전통의 신비주의에서도 이와 유사한 현상이 발견된다. 거기서는 히브리어가 아닌 산스크리트가 우주의 근본 언어로 간주되는데, 어떤 신의 이름을 발음하면 그 신이 나타나서 자신의 힘을 발휘한다고 한다. 이름은 신 자신의 청각적 측면이기 때문이다. 인도 전통에서는 최고의 말이 아움(AUM)이라는 음절이다. 보이는 우주와 보이지 않는 우주 전체가 그 말의 현현이다. 여기서「요한복음」첫 장의 저 유명한 구절이 떠오른다. "한 처음, 천지가 창조되기 전부터 말씀이 계셨다. 말씀은 하느님과 함께 계셨고 하느님과 똑같은 분이셨다. 말씀은 한 처음 천지가 창조되기 전부터 하느님과 함께 계셨다. 모든 것은 말씀을 통하여 생겨났고, 이 말씀 없이 생겨난 것은 하나도 없다. 말씀 안에 생명이 있었으니 이 생명은 사람들의 빛이었다."[49]

"그리고 하느님이 말씀하셨다, '빛이 있으라' 그러자 빛이 생겼다."[50]

6년 6개월 된 한 소년이 말하였다. "만약에 말이 하나도 없다면 그건 아주 나쁠 거예요. 아저씨는 아무것도 만들 수 없는 걸요. 어떻게 사물이 만들어질 수 있었겠어요?"[51]

아주 어린 소년들은 자기가 아는 사물들의 이름을 언제 또는 어떻게 처음 들었는지 기억하지 못한다. 아이들은 단지 그것들을 보면서 이름을 알게 되었다고 생각한다. 그리고 그 이름은 그 대상과 동시에 존재하게 된다고 믿는다. 어떤 사람이 5년 6개월 된 한 아이에게 "이름의 쓰임새는 뭐지?" 하는 질문을 던졌다. 그러자 아이는 "이름은 아저씨가 사물들을 볼 때 보게 되는 거예요"라고 대답하였다.[52] 아이에게 이름은 그 대상의 내부에 위치한 특질이며, 그 대상에게 알려져 있기도 하다. "태양의 이름은 어디에 있니?"라는 질문을 받은 7세의 아이는 "태양 안에요"라고 대답하였다.[53] 그 아이가 9세가 되었을 때 "물고기는 자기 이름을 아니?"라는 질문을 받자 "예"라고 대답하였다.

신학자들이 "무로부터의 창조"라고 불러온 극히 고상한 창조 개념은 사실 이름짓는 행위를 통한 말로부터의 창조이다. 이러한 창조 행위는 유아들이 지니고 있는 창조에 대한 근본적 관념 가운데 하나이다. 더욱이, 유아들의 우주론에서처럼 고대인들의 우주론에 등장하는 창조자의 주요 관심은 인간의 행복과 불행이다. 우리가 사물을 볼 수 있도록 하기 위해서 빛을 만들었고, 우리의 잠을 위해서 밤을 만들었으며, 날씨를 예측하도록 하기 위해서 별을 만들었다. 그리고 비오는 것에 대비하도록 하기 위해서 별을 만들었다. 아이들의 세계관은 지구중심적일 뿐만 아니라 자아중심적이다. 이 단순한 구조에 프로이트가 발견한 성향——모든 것을 가정의 로맨스라는 주관적 공식과 관련하여 경험하는 성향(오이디푸스 콤플렉스)——을 추가한다면, 얼마간의 근본적 관념으로 이루어진 어휘 사전을 얻게 될 것이다. 그리고 이러한 어휘들이 전세계의 신화 속에서 다양하게 활용되고 적용되었음을 볼 수 있을 것이다.

서구의 어린이들을 대상으로 한 연구에 의해서 분명해진 사실이 있다. 합리적 논리와 과학적 관점이 유아기의 물활론적(animistic) 가설과 창조론적(artificialist) 관점을 아이들의 사고 속에서 결국 대체하게 되지만, 이 과정은 매우 느리게 진행된다는 것이다. 즉 유아 시기의 관념들은 매우 천천히 억제되거나 소멸된다는 것이다. 10세나 11세가 지나서야 비로소 각 사물의 이름과 그 지시 대상을 정확하게 구별하게 된다. 그리고 11세나 12세가 되어서야 비로소 생명은 동물과 식물에만 있으며 의식은 동물에만 있다는 사실을 인지하게 된다. 더구나 물리학과 화학의 기본 법칙들——과학자들이 오랜 노고 끝에 그렇게도 애써서 자연으로부터 끌어낸——을 학습한 성인의 경우에도 창조의 신비에 관하여 질문을 받으면 거의 십중팔구는 유아기에 형성된 창조론적 혹은 물활론적 용어로 대답을 한다. 즉 어떤 전지의 신들이 어떤 목적을 위하여 세상과 인간을 만들었기 때문에 우리는 그 목적을 이해하고 그 목적에 봉사해야만 한다고 대답한다. 그렇지 않으면 이보다 다소 더 세련된 대답을 하기도 한다. 즉 사물들의 내부에는 그것들을 존재하게 하는 어떤 힘이 있는데, 그 내재적 힘으로부터 각 사물이 생겨나고 다시 그 안으로 돌아간다고 말하기도 하는 것이다.

전세계의 신화에는 아주 많은 기원 신화들이 있지만, 9세의 한 어린이가 자기 나라의 기원에 관한 질문을 받았을 때 자연스럽게 지어낸 다음의 이야기는 기존의 기원 신화들 못지않게 경탄을 자아낸다.

"스위스는 맨 처음에 어떻게 시작되었지?"

"어떤 사람들이 왔어요"라고 아이가 대답하였다.

"그 사람들은 어디서 왔지?"

"난 몰라요. 물 위에 거품들이 있었고 작은 벌레가 그 밑에 있었어요. 그후에 그 벌레의 몸이 커지면서 물 밖으로 나왔어요. 그리고 이 벌레의 팔과 이빨과 발과 머리가 자라나더니 아기로 변했어요."

"거품이 어디서 생겨났지?"

"물에서요. 벌레는 물에서 나왔고 거품이 터지면서 벌레가 나왔어요."

"물 밑바닥에는 뭐가 있었니?"

"거품이요. 거품은 땅에서 나왔어요."

"그러면 그 아기에게 무슨 일이 생겼니?"

"그 아기는 어른으로 성장해서 아기들을 가졌어요. 그가 죽을 때쯤에는 그의 아기들이 자라서 아이들을 가졌어요. 나중에 그들 가운데 어떤 사람들은 프랑스인이 되었고, 어떤 사람들은 독일인이 되었고, 어떤 사람들은 사부아(Savoy, 프랑스의 남동부에 위치한 지역으로, 1860년 나폴레옹 3세에 의해서 프랑스 영토로 확정되기까지 유럽의 여러 왕들에 의하여 영토 다툼이 잦았던 역사적인 곳이다/역주) 주민들이 되었고……."[54]

이 시점에서, 이 기원 신화에 대하여 논평을 시도하는 것은 전혀 필요하지 않을 것이다. 대부분의 독자들은 어린 시절에 자신들이 지어냈던 신화 역시 이와 다소 비슷한 구조를 가졌다고 생각해볼 수 있을 것이다. 우리가 지닌 공통의 유년기——아득한 네안데르탈인의 시대 이후, 인류의 유년기——가 걸어온 과정에 대해서는 이 정도로 해두고, 이제부터는 어른에 해당하는 샤먼과 사제와 철학자들이 삶의 수수께끼를 읽고 표상하는 과정에서 유년기의 수준을 너머 성취한 것이 무엇인지 살펴보도록 하자.

5. 각 지역의 감정 체계

문명 사회에서는 아이가 어른으로 변화하는 과정이 수 년간의 교육을 통하여 이루어지지만, 원시 사회에서는 성인식을 통해서 더 간단하고 급속하게 진행된다. 원시 부족 사회에서는 성인식이 가장 중요한 종교적 의식이다.

오스트레일리아의 중부 지역에 사는 아란다 부족의 경우를 예로 들어보자. 거기에서는 10세에서 12세 사이의 소년들이 성인식의 후보자가 된다. 먼저 그 마을의 성인 남자들은 후보자들을 데리고 가서 공중에 몇 번 던져 올린다. 그동안 여자들은 춤을 추며 그 주위를 돌면서 팔을 흔들고 소리를 지른다. 그 다음에는 후보자들의 가슴과 등에 간단한 무늬가 그려진다. 그 무늬를 그리는 사람은 그 소년을 사위로 삼을 집단에 속한 남자 어른이다. 그 성인 남자는 무늬를 그리면서 이렇게 노래한다.

"이 아이가 하늘의 위(胃)에 도달하기를! 이 아이가 하늘의 위(胃)에 도달할 수 있을 만큼 자라나기를! 이 아이가 하늘의 위(胃) 안으로 들어갈 수 있기를!" 이제 이 소년들은 특정한 신화적 조상의 표를 몸에 지니게 되었으며, 자신이 그 조상의 살아 있는 짝(counterpart)이라는 말을 듣는다. 여자의 몸에서 태어나는 아기들은 신화적 시대——이른바 "꿈의 시간"인 알트제링가(altjeringa)——에 살았던 존재들의 재출현으로 간주되기 때문이다. 이제부터 그 소년들은 여자들이나 소녀들과 놀거나 같이 야영해서는 안 된다. 그 대신에 남자들과 어울리면서 지내야만 한다. 여자들과 함께 나무뿌리를 캐거나 쥐나 도마뱀 같은 작은 동물을 사냥해서도 안 된다. 오직 남자 어른들과 함께 캥거루를 잡아야 한다.[55]

이 간단한 의례에서 분명하게 나타나는 것이 있다. 탄생의 이미지가 어머니로부터 하늘로 옮겨졌다는 것, 그리고 이와 동시에 자아의 개념이 육체적 생존 너머로 확장되었다는 것이다. 한 여성이 그 소년의 육체를 낳았지만, 남자 어른들이 이제 그 소년에게 영적 탄생을 선사할 것이다. 그들은 소년의 몸과 마음을 개조하고 소년이 그 자신의 영원한 부분——시간 너머의——과 결합하도록 인도함으로써 그가 완전한 인간적 성숙에 이르도록 할 것이다. 더욱이, 소년이 곧 참여하게 될 의식(儀式)에서는 남성에게 부여된 고유한 과제들 하나하나가 초시간적 질서에 속하는 신화적 상상과 연결될 것이다. 그럼으로써 소년 자신뿐만이 아니라 그의 세계 전체와 삶의 방식 전부가 영(靈)의 영역과 불가분적으로 연결될 것이다. 신화와 의례를 통해서 말이다.

이제부터 지상의 모든 생명은 온갖 형상과 대상과 인격체들로 이루어진 시간적 사건의 평면——영구불변한 무-시간(no-when)과 무-장소(no-where) 속에 영원히 존재하는——에 신화적 시대, 곧 알트제링가이자 "꿈의 시간"이 투사된 것으로 간주되어야 한다. 그러한 신화적 시대와 알트제링가와 "꿈의 시간"에서는 모든 것이 꿈속에서처럼 마법적이다. 그리고 그러한 시간의 영역은 꿈과 의례에서 다시 나타난다. 이제 소년 자신은 지상에 육체의 모습을 지니고 나타난, 신화적인 영원한 존재이다. 그의 친구들도 역시 영원한 형식의 현현이다. 이와 마찬가지로 곧 사냥감이 될 캥거루와 그 유명한 사막도 사냥이라는 주술적 신비극의 무대 속에 등장하게 된다. 진지한 삶의 게임으로 행해지는 이 신비극 속에서 캥거루의 죽음과 재생의 신비가 드러난다. 여기서 캥거루는 인간의 양식이 되기 위하여 자발적으로 자기 살을 내어주는 희생 제물로 등장하기 때문이다. 어떤 어린이나 어떤 여자도 이러한 이중 신비의 진정한 경이로움을 알지 못한다. 이 신비 안에서 영원한 것과 시간적인 것은 동일하다. 세상의 이 비밀스러운 차원은 남자들의 의식(儀式) 속에서 드러나며, 이러한 의식을 통해서 남자들의 정신은 지적으로 성숙하게 되어 어린이의 사고 수준을 훨씬 넘어서게 된다. 이것은 경이이자 경탄의 근원이다. 따라서 두번째 탄생의 고통과 공포는 감내할 가치가 충분히 있다. 한편 이러한 변화 과정에 따르는 정신적 시련과 육체적 시련을 인내하는 동안, 소년의 유연한 정신과 의지는, 이 세상의 어머니를 잃은 보상으로서, 이 세상의 아내와 함께 있는 자신의 남성 이미지를 향할 것이다.

지금 무슨 일이 일어나고 있는지는 명백하다. 에너지-방출 신호로서 유아에게 확고하게 각인된 인상들이 재조직되고 있는 것이다. 이러한 재조직화는 극도로 생생하고 무시무시하며 결코 잊을 수 없는 일련의 통제된 경험들을 통하여 소년을 한 명의 남성으로 만들고 있는 것이다. 그리고 이러한 재조직 과정은 아무런 소속감이나 의무감이 없는 남성이 아니라 부족 공동체의 요구에 적합한 생각과 감정, 충동과 행동 양식을 가진 성인 남자를 지향한다. 각 부족의 관습과 이데올로기와 동기부여가 소년의 정신적 실체와 융합하여 그의 심리 속으로 동화되는 것은 바로 이 시점이기 때문이다.

래드클리프 브라운(Radcliffe-Brown)의 글을 인용하면서 이미 말하였듯이,* "한 사회가 존속하기 위해서는 각 개인의 행위를 사회의 필요에 맞게 규제할 수 있는 어떤 감정 체계가 사회 구성원들의 마음속에 마련되어 있어야 한다." 게다가 "인간 사회에서는 이러한 중요한 감정들이 각 개인의 마음속에 생득적으로 존재하는 것이 아니라 사회가 그 구성원

---

* 49쪽 참조.

들에게 부과하는 행위에 의하여 각 개인의 마음속에서 발달한다." 각 지방의 이러한 감정 체계가 유년기의 근원적인 사고 체계와 강력한 융합을 통해서 확립되는 것은 성인식에서이다. 앞에서 살펴본 것처럼, 유년기의 사고 체계는 인류에게 거의 공통적으로 나타난다. 그러나 각 지방 특유의 감정 체계는, 성장하는 젊은이의 감각적 쾌락과 남성적 힘에 대한 본능적 욕구를 만족시키기 위하여——일차적 혹은 이차적으로——형성된 것이 아니라, 어떤 특정한 지역적 차원의 문제를 가진 집단의 전체적 관심사 속에서 형성되었다. 젊은 육체의 본능적 에너지는 위협받고 부서지고 보다 큰 체제로 재조정되어야 한다. 그렇게 해서 길들여지는 동시에 확장되어야 한다. 이처럼 의례들은 분명히 심리적 기능을 가지고 있으므로, 인류의 일반 심리의 언어로 해석되어야 한다. 그렇지만 각 지역 사회는 이러한 심리 구조 배후에 특별한 종류의 사회적 경험이라는 오랜 역사를 가지고 있기 때문에 일반적인 심리학 용어로 설명될 수가 없다. 각 지역 사회는 지리적으로 결정된 특정한 삶의 조건들과 밀접한 관련을 맺으면서 적응해왔다. 더구나 살아 있는 세계의 자연 질서에 대한, 수천 년간의 명상에서 도출해낸 어떤 고대적 우주론을 지니고 있다. 성인식에 등장하는 신호 상징(sign symbols)은 문화마다 상당히 다르다. 따라서 그것들은 심리학적 관점뿐만 아니라 역사적인 관점에서도 연구되어야 한다. 두 관점 가운데 하나만으로 연구하는 것은 지나친 단순화라는 점을 인정해야 한다.

일정한 기능을 하고 있는 어떤 신화 체계도 그것을 구성하고 있는 보편적 이미지들에 의하여 설명될 수는 없다. 이 이미지들은 바로 앞에서 검토한 유아기의 인상들로부터 주로 발전하여 나오며, 신화의 원재료를 구성하고 있을 뿐이다. 그 이미지들은 심리 에너지를 신화적 맥락 속으로 이전시키고 그 사회의 역사적 과제와 결합시킨다. 여기서 상징은, 어린 오이디푸스의 기쁨과 슬픔, 욕망과 공포로 정신을 불러들이거나 또는 그보다 더 이전의 엄마 품속의 아기로 불러들이는 퇴행적 회상의 역할을 하는 것이 아니라, 성인의 경험과 성취의 영역 속으로 그 에너지를 방출하고 방향을 설정하는 기능을 한다. 이처럼 신화는 퇴행적인 것이 아니라 진보적인 것이다. 그리고 의례 자체는 우리의 주제 영역에서 가장 흥미롭고 중요한 초점의 하나가 된다. 의례를 통해서 새로운 신호 상징이 젊은이의 마음속에 각인되기 때문이다. 그들의 생득적 방출 기제의 체계 전체를 재조정하는 방식으로 말이다. 우리가 신화의 영역에서 일반적인 것과 특수한 것 그리고 근본적인 것과 종족 특유의 것의 만남을 직접적으로 목격할 수 있는 곳은 바로 의례이다. 성인식은 그러한 것들이 융합되는 가마솥이다.

그런데 이 융합이 일어나지 않는다면?

만일 특정 개인의 경우에 유아기의 이미지들을 사회적으로 재조직하는 과정이 적절한 효과를 발휘하지 못한다면, 그 개인의 준거 체계와 감정 체계는 본질적으로 유아적인 차원에 머물게 된다. 그는 비정상적이고, 고립적이고, 부끄러움을 많이 타고, 겁이 많은 성격으로 남게 된다. 그 결과, 신화적·제의적 교육을 받은 문명에서는 보기 힘들지만, 현대인의 정신분석용 침상에 아주 잘 나타나는 일종의 방향감각 상실이 불가피하게 초래될 것이다. 그는 두번째 탄생 시의 충격적 경험에서 최초의 유산(流產)이나 신체적 사고에 비견되는 고통을 겪었을 것이다. 물론 그 경우에는 그 지역 신화의 이미지를 경험하는 독특한 방식에 대하여 퇴행적 해석을 할 수 있을 것이다. 그러나 정신분석학자가 그 퇴행적 사례의 환상들을 그 당사자가 속해 있는 사회 집단의 의식주의(ceremonialism)와 진보적으로 기능하는 신화에 대한 과학적 이해의 열쇠로 이용한다면, 그것은 팬케이크를 수플레(달걀과 우유로 만든 요리/역주)로 착각하는 것만큼 부적절할 것이다.

현대 문명에서 신화와 제의가 효과적으로 기능하지 못하는 것은 현대인에게 광범위하게 만연되어 있는 불쾌감에서 기인한다고 볼 수도 있는데, 이 불쾌감은 우리 시대를 "불안의 시대(The Age of Anxiety)"로 특징짓게 한다. 그렇지 않으면 사회적으로 구조화된 감정 체계의 각인이 시인과 예술가와 언론인과 학자들에게서만 효과를 발휘하지 못하고 있다고 볼 수도 있다. 즉 불안의 만연이라는 생각은 대중들의 소박하고 건강한 심리 상태에 근거하고 있다기보다는 이러한 지식인들만의 복잡한 병리적 심리에 근거한 허구일 수도 있다. 어떻든 간에, 우리의 문명 사회에서처럼 학교교육이 지적인 성취만을 중시한다면, 유아기에 알맞은 감정 체계로부터 성인의 의무에 적합한 감정 체계로 넘어가는 과정——어렵고도 중요한 경계선 통과하기——에서 심각한 실패가 자주 발생할 것이다. 따라서 현대인의 사고와 감정에 기초하여 고대인의 상징 체계를 해석하려는 어떠한 시도도 극히 위험할 것이다.

그러므로 오스트레일리아 중부 지역에 사는 아란다 부족의 성인식과 시련에 관한 지금부터의 논의 과정에서는 현대 심리학의 진부한 표현들은 한쪽으로 제쳐놓고, 차라리 그 지방의 사막이 지니고 있는 독특한 성격과 과제들에 초점을 맞추는 것이 더 좋을 것이다. 그 지역에서는 대낮의 기온이 섭씨 60도로 올라가는 일이 자주 있고, 사회의 기본 단위는 서로 잘 알고 있는 친척과 동료들로 이루어져 있는 작은 집단이며, 그 구성원들은 남녀 할 것 없이 모두 나체로 지낸다. 이곳에서는 부족의 지식 체계와 영적인 삶의 양식 그리고 생존 기술을 전달할 수 있는 문자 전통이 전혀 없다. 그리고 주요한 사냥감은 캥거루이다.

소년의 진정한 시련과 입문식의 두번째 단계——새로운 신분에 요구되는 지식과 의무의 세계로 들어가는——는 어느 날 저녁 갑자기 시작된다. 그것은 남자 성인들의 야영지에서 시작된다. 먼저 세 명의 힘센 젊은이들이 소년을 덮친다. 그들은 공포에 질려 발버둥치는 소년을 큰소리를 지르면서 할례 장소로 데려간다. 그곳에서는 남자들만이 아니라 여자들까지 포함된 공동체 전체가 그를 환영한다. 이때 소년은 자신이 부족원들 가운데 있음을 알고는 몸부림을 멈춘다.

소년은 남자들 사이에 놓이고, 그 즉시 여자들은 방패를 흔들며 춤을 추기 시작한다. 지금 그녀들은 꿈의 시대인 알트제링가 시대의 여인들이며, 조상들의 시대에 젊은이들이 비의를 전수받을 때에도 이런 식으로 춤을 추었다. 여자들이 춤을 추는 동안 남자들은 노래를 부른다. 소년이 춤을 보고 노래를 듣는 동안 사람들은 털실로 만든 여러 끈을 그의 머리 둘레에 감는다. 그러면 그에게 꼭 맞는 모자가 된다. 그의 허리에는 털을 꼬아 만든 띠를 맨다. 이는 그 부족의 남자 어른들의 차림을 그대로 모방한 것이다. 그 다음에는 그를 이곳으로 데려왔던 세 남자가 다시 그를 데리고 춤추는 여자들을 가로질러 풀숲으로 간다. 거기서 소년은 며칠 동안 머무르게 된다. 그 남자들은 소년의 몸에 무늬를 그리고 이제 그가 어른의 단계에 들어섰음을 환기시킨다. 소년은 지금 막 보고 배우게 될 비밀스러운 내용 가운데 어떤 것도 여자들이나 사내아이들에게 결코 누설해서는 안 된다. 다음 의식이 행해지는 동안 내내, 그는 질문을 받지 않는 한 한 마디도 말해서는 안 된다. 질문을 받으면 최대한 간단히 대답해야만 한다. 그리고 그를 부르는 소리를 듣기 전까지는 풀숲에서 웅크린 채 기다려야 한다. 만약 그가 보아서는 안 되는 것을 보려고 하면, 거대한 영(靈)이 그를 데려갈 것이다. 소년은 그 영의 목소리를 소리 울림 판자의 소리 속에서 들은 적이 있다. 소년이 풀숲에서 혼자 밤새 조용히 앉아 있는 동안 남자들은 의식이 행해지는 마당에서 춤을 춘다.

다음날 소년의 장모가 될 여자와 소년의 고모들 그리고 소년의 어머니가 도착한다. 밤새도록 자신의 야영지에서 불을 피워놓고 있던 소년의 어머니가 불붙은 긴 막대기 두 개를 들고 왔다. 그녀는 아들의 장모가 될 여자에게 막대기 하나를 건네준다. 그러면 남자들은 불-노래(fire-song)를 부른다. 미래의 장모는 소년에게 다가가 털실로 만든 띠 몇 개를 소년의 목에 감아주고 그 불-막대기(fire-stick)를 전해준다. 그러면서 그 불을 단단히 잡고 있으라고 말한다. 다른 남자의 여자를 결코 넘보지 말라는 뜻이다. 이 의식이 끝나면 소년은 불-막대기를 들고 자신의 풀숲으로 돌아오고, 여자들은 나머지 불-막대기를 가지고 자신들의 야영지로 돌아간다.

소년은 이제 숲 속으로 인도된다. 거기서 사흘 동안 조용히 앉아 있어야 하며 약간의 음식만 받아먹는다. 그가 곧 보게 될 의식의 장엄함은 소년의 마음 전체에 깊은 인상을 주게 되는데, 이로써 그는 의식의 이미지가 주는 충격을 감내할 준비가 된 셈이다. 나흘째 되는 날, 그가 자신의 풀숲으로 돌아오면, 그날 밤에 남자들의 의식이 시작된다. 그것은 약 일주일 동안 계속된다.

볼드윈 스펜서(Baldwin Spencer)와 길렌(F. J. Gillen)의 주요 저작인 『오스트레일리아 중부의 원시 부족들(The Native Tribes of Central Australia)』[56]을 보면, 소년이 아직 은거지에 웅크리고 앉아 있을 때 첫번째 의례가 시작된다. 그 어두운 밤에 남자 노인들이 작은 매 토템 집단(the Little Hawk totem group)에 대한 조상들의 전설을 노래하는데, 그 조상들은 알트제링가, 즉 신화 시대의 "꿈의 시간"에 불-막대기 대신 돌칼로 할례를 하는 기술을 도입하였다. 여기서 우리는 제의 전통의 변화를 추측할 만한 희미한 단서를 발견할 수도 있다. 즉 오스트레일리아의 문화지층과 최근의 고대 암각화 연구에서 나타나기 시작한 것처럼, 두 종족의 합체 후에 할례 방법이 변하였을 수도 있는 것이다.[57] 그러나 우리는 여기서 또한 그 소년이 모친과 미래의 장모로부터 받은 불-막대기가 소년 자신의 성적인 불의 통제된 방출을 명백히 상징한다는 것을 알아야 한다. 성적인 불의 방출은 할례라는 제의적 시련을 통하여 사회적으로 허가되는 것이다. 그 자신의 성적인 불이 향해야 할 두번째 불-막대기는 그와 결혼하게 될 신부의 구역에 놓이게 된다.

문명인의 눈에는 조야한 것으로 보일지도 모르지만, 이러한 일련의 주목할 만한 의식들은 원시적인 무지가 빚은 미신적 행위로 쉽게 간주되어서는 안 된다. 오히려 그 반대일 수 있다. 그러한 의식들은 원시적인 지혜가 작용하는 도구이며, 어떤 면에서는 우리 현대인의 것들보다 더 정교하고 효과적이다. 그것의 주요 목적은 교육적인 것이며, 좀더 정확히 말하자면 연금술, 즉 심리의 주술적 변형이다. 사실 그것은 중세 후기 유럽의 호문쿨루스(homunculus) 관념을 낳은 한 예로 볼 수 있을 것이다. 괴테는 『파우스트(Faust)』의 제2부에서 매우 정교한 심리학적·역사적 이해를 가지고 이 개념을 다루었는데, 그에 따르면 그것은 자연에 의하여 제공된 천연의 재료(materia prima)로부터 작은 인간(호문쿨루스)을 탄생시키는 신비한 기술이다.

시련을 받고 있는 그 소년은 한밤중에 눈을 가린 채 풀숲에서 이끌려 나와, 춤마당의 끝에 고개를 숙이고 앉았다. 잠시 후에는 똑바로 앉아서 앞을 보라는 명령을 받았다. 거기에는 야생 개로 분장한 한 남자가 누워 있었다. 분장을 한 두번째 남자는 캥거루를 상징하고 있었다. 그는 캥거루를 상징하는 성스러운 장신구를 머리에 쓰고, 두 손에는 유칼리나무의 가지를 들고, 춤마당의 반대편 끝에서 두 발을 벌린 채 서 있었다. 캥거루 인간은 무언가를 찾는 듯이 머리를 좌우로 흔들었고, 이따금씩 캥거루 소리를 냈다. 개의 역할을 하는 남자는 캥거루 인간에게 짖기 시작하더니, 갑자기 네발로 달려가서 캥거루 인간의 다리 사이를 통과하였다. 그리고 그의 뒤에 누웠다. 그러자 캥거루 인간은 어깨 너머로 그 남자를 쳐다보았다. 그러고나서 야생 개의 역할을 하는 인간은 다시 한번 캥거루 인간의 다리 사이를 향해서 달렸다. 그러나 이번에는 붙잡혀서 심하게 휘둘렸다. 그는 머리를 땅에 부딪치는 척하였고, 그 때문에 고통스러운 듯이 울부짖었다. 마침내 그는 죽은 것으로 간주되었다. 그래서 꼼짝도 않고 누워 있었다. 그러나 잠시 후 다시 네발로 소년 후보자에게 뛰어가서 그 소년 위에 누웠다. 그러자 캥거루 인간이 껑충껑충 뛰어가서 그 두 사람 위에 겹쳐 누웠고, 소년은 약 2분 동안 두 사람의 무게를 견뎌야 하였다. 마침내 그들은 일어났다. 그때 소년은 그 모의극이 알트제링가 시대에 일어났던 한 사건, 즉 야생 개 인간이 캥거루 인간을 공격하다가 죽은 사건을 나타낸 것이라는 말을 들었다. 이제 소년은 풀숲으로 되돌아가고, 남자들은 밤새도록 계속 노래를 불렀다.

이와 비슷한 행사가 소년의 교육을 위하여 엿새 동안 밤낮으로 계속되었다. 캥거루 인간들, 쥐 인간들, 개 인간들, 그리고 크고 작은 밤 매들(night hawks)이 전설에 따라 그 소년의 몸 위에 차례로 누웠다. 그러고는 다시 떠나갔다. 7일째 되는 날에는 세 명의 남자가 풀숲에서 소년의 몸에 엄숙하게 기름을 바르고 등에는 하얀 파이프 점토(white pipe-clay, 질이 좋은 흰 점토의 일종/역주)로 조심스럽게 문양을 그렸다. 그 사이에 춤마당에서는 여자들도 참가하는 많은 의식이 행해졌다. 그때 갑자기 소리 울림 판자들이 가까이 오는 소리가 들리자 여자들은 도망쳤다. 소년은 누워 있고, 남자들은 이 소년의 배 위에 막대기들을 쌓는다. 그리고는 박자에 맞추어 막대기를 들었다가 올렸다가 한다. 동시에 다음과 같은 시구를 반복해서 노래한다.

밤, 여명, 위대한 밝은 빛.
태양처럼 붉게, 하늘 높이, 솟아오르는 한 묶음의 나무.

관찰자인 스펜서와 길렌은 "이들 모두가 흥분의 도가니에 빠졌다"고 기록하였다.

불은 밝은 빛을 내고 있었고, 할례 집행자로 지정된 두 남자가 마당의 서쪽 끝에 자리를 잡았다.

턱수염을 잡아당겨 입속에 밀어넣고, 다리를 넓게 벌리고, 팔은 앞으로 내뻗은 채, 두 남자는 완전히 부동자세로 서 있었다. 그 가운데 할례 시술을 맡은 이는 앞에 서고, 조수 역할을 맡은 이는 그의 바로 뒤에 바짝 붙어 섰다. 앞의 남자가 그의 쭉 뻗은 오른손에 시술용 돌칼을 들었다. 그들이 시술을 하는 위치에 서자마자, 방패를 운반하는 역할을 맡은 사람이 등장하였다. 그는 장차 소년의 장인이 될 사람으로, 머리에 방패를 지고 있고, 엄지손가락과 집게손가락을 마찰시켜 탁탁 소리를 내면서 마당을 가로질러 왔다. 그러고는 불을 쳐다보며 시술자 앞에서 살짝 한쪽 무릎을 꿇었다. 할례 의식이 진행되는 동안 소리 울림 판자의 소리는 아주 크게 울려 퍼졌다. 그래서 자신들의 야영지에 있는 여자들과 아이들도 쉽게 그 소리를 들을 수 있었다. 그들은 그 소리가 소년을 데려가기 위해서 온 거대한 영(靈) 트와니리카(*Twanyirika*)의 음성이라고 생각하였다.[58]

트와니리카에 관하여 여자들과 아이들이 들은 전설은 진짜 신화(true myth)가 아니라 "은폐하는 우화(screening allegory)"이다. 그것은 비밀 의식의 참 모습을 일상적 시선으로부터 숨기는 동시에 의식의 영적인 의미를 상징적으로 암시하기 위하여 고안된 것이다. 종교와 연금술과 신비주의와 교수법(敎授法)의 역사에는 이처럼 비의를 숨기는 많은 우화들이 있다. 그렇지만 그러한 우화들을 늙은 에스키모 샤먼 나자그네크의 이야기와 같은 노골적인 패러디나 사기와 혼동해서는 안 된다. 나자그네크의 이야기는 그의 동료들을 겁주기 위하여 꾸며낸 것이었다. 비의를 숨기는 우화는 두 가지 기능을 한다. 첫번째 기능은 입문식에 적합하지 않은 사람들을 심오한 신비의 지식으로부터 배제하고, 그럼으로써 의식의 힘을 보호하는 것이다. 두번째 기능은 계시──그 우화를 부정하는 것이 아니라 우화의 참 의미를 드러낼──의 강력한 충격으로부터 후보자를 보호하고 그의 정신을 준비시키기 위한 것이다. 트와니리카 우화는 황량한 지역에 거주하는 한 영에 관한 이야기이다. 그 영은 소년의 몸에 들어가기 위하여 성인식 시간에 도착한다. 할례 시술이 끝나면 그 소년을 광야로 데리고 가서 완쾌될 때까지 보호한다. 그후 소년을 놓아준다. 그러면 소년은 성인식을 거친 남자로서 야영지에 돌아온다.[59]

트와니리카를 아직도 믿고 있는 소년은 어른 남자들이 올렸다 내렸다 하는 막대기들 밑에 누워 있다. 거기에 있는 모든 남자들은 굵은 음성으로 천둥치듯 할례 노래를 부른다. 그러면 즉시 막대기들이 치워지고, 두 힘센 남자가 소년을 들어서 방패 위로 옮겨놓는다. 이때 조수 역할을 맡은 이가 재빨리 소년의 음경 포피를 움켜잡고 최대한 길게 잡아늘이면 시술자가 그것을 잘라낸다. 그러자 이 의식에서 공적 역할을 담당하였던 사람들이 모두 사라진다. 이때 소년을 옮겼던 남자들이 다소 어리둥절한 상태에 있는 그에게 이렇게 말한다. "잘했다. 너는 울지 않았다." 풀숲이 있었던──지금은 사라진──곳으로 다시 안내된 소년은 거기서 남자들의 축하를 받는다. 상처에서 나오는 피는 방패 위로 흐르는 것이 허락된다. 소년이 여전히 피를 흘리고 있는 동안, 사람들은 몇 개의 소리 울림 판자를 가져와서 그 상처 부위를 누른다. 이때 소년은 소리를 낸 것이 트와니리카가 아니라 이 악기들이었다는 사실을 알게 된다. 소년은 유년기의 마지막 공포를 이렇게 넘어서게 된 것이다. 이와 동시에 그는 소리 울림 판자가 츄룽가(tjurunga), 즉 신화 시대와 신화의 왕국에서 비롯된 성스러운 대상이라는 것을 배운다. 마침내 최고 연장자가 지금까지 의식을 집행한 모든 사람의 이름(의식 수행 때 부여된 이름)을 소개하고, 소년에게 한 묶음의 츄룽가를 선사한다.

그 노인이 소년에게 이렇게 말한다. "자, 지금까지 네가 아주 많이 들어왔던 트와니리카가 여기에 있다. 이것들이 바로 츄룽가이다. 네가 빨리 회복되는 데 도움이 될 것이다. 잘 간수하고 절대로 잃어버리지 말아라.

만약 잃어버리면 너와 너의 피 그리고 부족의 어머니들과 누이들이 죽을 것이다. 이것들을 너의 시야에서 벗어나지 않도록 하라. 너의 피와 부족의 어머니들과 누이들이 너를 보는 일이 없도록 주의하라. 너를 맡은 남자가 너의 곁에 남아 있을 것이다. 금지된 음식을 먹지 말아라."

그동안 소년은 불 옆에 서 있다. 이 불에서 나오는 연기는 상처를 치료한다고 여겨진다.[60] 그런데 연기를 쐬는 이 행동에는 하나의 의미가 더 있다. 오스트레일리아에서는 아이가 태어날 때 아이를 정화시키기 위하여 연기를 피우기 때문이다. 따라서 이 소년은 연기를 쐬면서 두번째 탄생을 하는 것이다.

오스트레일리아의 제의와 신화를 정신분석학적 관점에서 연구한 게자 로하임에 따르면, 이 의례에서 나타나는 할례 집행자의 위장된(simulated) 태도는 "자기 아들의 음경을 공격하는 성난 아버지의 태도이다." 두 남자는 분노를 위장하기 위하여 턱수염을 씹었고, 그 의식에서 등장하는 그들의 이름은 "고통의 제조자(pain makers)"이다.[61] 더욱이, 이 의식의 기원에 관해서 이야기하는 신화에 따르면, 시술을 받는 소년들이 처음에는 다 죽었지만 불-막대기 대신에 부싯돌 칼을 쓰면서 위험이 줄어들었다고 한다. 로하임 박사는 이렇게 쓰고 있다. "아버지와 할례 집행자의 극화(劇化)된 분노, 그리고 모든 소년들이 죽게 되는 원래의 성인식에 대한 신화는 성인식의 배후에 있는 근본 동기가 연장자 세대의 오이디푸스 콤플렉스적 공격임을 분명히 보여준다. 이 점에서 할례를 완화된 형태의 거세라고 부르는 것은 아주 정당하다."[62]

로하임은 더 나아가 이렇게 말한다. "자라나는 소년은 힘의 증가와 성적 욕구로 인하여 부족 공동체의 안정에 심각한 위협이 된다. 피트옌타라(Pitjentara) 부족(아란다 부족의 서쪽에 거주한다)의 경우에는, 소년들이 사춘기의 도래와 함께 급격한 성장(키, 음모의 출현, 그리고 일상적 행위의 영역에서)을 보이기 시작할 때 여자 친척들이 땅을 파는 막대기로 무장하고 찾아온다. 그리고는 해질 무렵에 소년들을 둥글게 에워싸고 그들의 다리와 어깨 부분을 무자비하게 찌르고 때린다. 그러면 소년들은 반쯤 마비가 된다. 이 일은 성인식이 열리기 바로 전에 일어날 수도 있고, 몇 주일이나 몇 달 전에 일어날 수도 있다.

"느가타타라 부족과 서부 아란다 부족에 따르면, 만약 젊은이들이 성인식의 엄격한 시련을 겪지 않는다면 그들은 귀신(에린티아〔erintja〕)이 되어 하늘로 날아오르고, 나이든 사람들을 먹어 삼킬 것이다."[63] 만일 소년들이 복종하지 않는다면, 노인들은 그들을 제압하기 위하여 그들을 상징적으로 죽이고 먹는다. 심지어는 실제로 그렇게 한다. 최근의 청소년 일탈 현상에 관한 보고서들에 근거하여 판단해본다면, 노인들의 이러한 위협은 결코 지나친 것이 아닐지도 모른다.

그런데 연장자들의 행위에는 위협의 의미 외에 또 다른 측면이 있다. 그들은 남자들 사이의 공감이라는 효과적인 주술을 통해서, 아들들이 어머니에게 느끼고 있는 근본적인 유아적 애착을 끊어주어야 한다. 그러므로 고통스러운 의식이 행해지는 동안에는 소년들에게 남자 어른들의 피 외에는 먹을 것과 마실 음료를 전혀 주지 않는 경우가 종종 있다. 그들은 사발에 담은 피를 액체 상태로 직접 마시거나, 아니면 응고된 피를 케이크처럼 잘라서 먹는다. 또 피를 목욕물로 사용하기도 한다. 그래서 소년들은 글자 그대로 아버지의 몸에서 나온 피에 흠뻑——안과 밖에서 모두——젖는 것이다. 이 피는 어른 남자들의 팔과 상처 부위에서 받아낸 것인데, 거의 믿을 수 없을 만큼 많은 양이다. 남자들은 할례받은 음경의 흉터를 찌르거나 팔 안쪽을 베어 피를 받는다. 그러면 그 피는 소년들의 음식과 음료로 이용될 뿐만 아니라 의식용 도료로도 사용된다. 그리고 성스러운 의식에서 조상들의 모습을 가장할 때 새털 장식물을 몸에 붙이는 일이 있는데, 이때 필요한 접착제로도 사용된다. 그러므로 그 피는 어머니의 젖과 같은 물질적 음식이면서 동시에 영적인 음식(어머니들이 줄 수 없는)이기도 하다. 그것은 육체에만 영양이 되는 아이의 음식이 아니라, 진실로 성인의 음식이다. 즉 두번째 탄생이라는 이 두려우면서도 매혹적인 위기의 연금술에 활력을 주는 힘이자 양수(羊水)인 것이다.

그렇다면 심리학적 측면에서 볼 때, 그 소년은 어머니에 대한 의존으로부터 아버지의 본성에 참여하는, 힘든 경계선 넘기를 하는 중이라고 할 수 있다. 자신의 신체에 가해지는 결정적인 물리적 변형(첫째로는 방금 살펴본, 포피를 잘라내는 할례 의식에서, 그러고나서, 우리가 곧 검토하게 될, 음경에 칼자국을 내는 의식에서 더욱 잔인하게)에 의해서뿐만 아니라 유아적 무의식의 모든 주요한 인상과 상상들을 다시 각성시키고 재조직하는 일련의 강렬한 심리적 경험들에 의해서 말이다. 프로이트 학파의 전문 용어를 사용하자면, 연장자들은 아들들의 오이디푸스적 공격 충동(데스트루도 : 타나토스〔destrudo : thanatos〕) 그리고 삶과 사랑의 의지(리비도 : 에로스〔libido : eros〕)를 일깨우고 흡수하며 그 방향을 조정한다. 방금 전에 본 것처럼, 소년의 장인이 될 사람은 방패 위로 옮겨진 그에게 할례 시술을 권하는 역할을 맡는다. 로하임 박사는 이렇게 썼다. "소년의 몸에서 잘려 나가는 것은 사실은 어머니이다. 그 보상으로 소년은 아내를 얻는다.…… 포피 안에 감싸여 있는 귀두는 어머니 품속의 아이이다."[64]

그런데 남자들만의 이 거대한 의식(儀式)의 세계에는 또 다른 측면이 있는데, 그것의 상징적 의미는 심리학적 해석만으로는 충분히 해명될 수가 없다. 그 소년의 지성에 들여오게 되는 특별한 신화적 영역이 바로 그것이다. 그에게 있는 사랑과 공격의 본능적 에너지는 본래의 관련 영역으로부터 떨어져 나와 성인(成人)의 인성에 맞게 재조직되고 있는데, 이 심리적 변형을 이루어내는 특정한 이미지 체계는 보편적인 심리 법칙들에 의해서만 결정되어온 것이 아니라, 아마도 똑같은 정도로, 그 집단의 특정한 사회적 관심사에 의해서도 결정되어왔다.

우리는 소년의 흥미로운 참여를 유도하는 간단하고 교묘하고 놀랄 만큼 직접적인 방법에도 역시 놀라지 않을 수 없다. 일깨워진 상상력을 지닌 소년에게 부족의 성스러운 대상물들이 처음에 어떻게 제시되는가를 앞에서 살펴보았다. 유년 시절 내내 소년은 남자 어른들의 야영지에서 비밀스러운 일이 벌어질 때마다 두려움을 자아내는 소리 울림 판자의 소리를 들어왔다. 그리고 기묘하게 윙윙거리는 소리는 어떤 한 영의 음성이며 그 영은 소년 자신의 성인식 시간에 몸에 들어와 성인이 되는 과정을 도와줄 거라는 말을 들어왔다. 그러나 실제 그 영은 표면에 무늬가 있는 45센티미터 길이의 나무 막대기――긴 끈의 끝에 매달려 빙빙 돌아가는――에 불과하다는 사실이 드러났을 때, 흥미와 호기심으로 가득 차 있던 소년의 감정은 상당한 충격을 받았을 것이다. 어린 시절에 무서워하던 유령이 하나의 막대기로 갑자기 축소되었기 때문이다. 그러나 그 막대기는 소년과 부족 구성원 모두에게 신화적 왕국에서 비롯된 심오한 의미를 지닌 것으로 선언되었다. 소년에게는 그의 영원한 면을 표현하는 것으로 선언되고, 동료 부족원들에게는 부족의 제의에서 숭배되는 성스러운 대상의 하나――츄룽가로 알려진――로 선언되었다. 아직도 피가 흐르는 소년의 할례 부위를 그 막대기로 누르자, 그의 츄룽가는 그의 상실감을 성취감으로 바꾸고, 곧바로 그의 감정과 지성을 신화의 영역과 결합시켰다.

독자들은 여기서 약간의 놀라움과 함께, 아기 디오니소스의 죽음과 재생(그의 아버지 제우스에 의한)에 관한 저 유명한 그리스 신화를 틀림없이 떠올렸을 것이다.

그리스 신화에 따르면, 어느 날 크레타를 떠난 위대한 데메테르 여신이 자신과 제우스 사이에서 낳은 딸 페르세포네를 데리고 시칠리아에 도착하였다. 그때 그녀는 크야네의 샘 옆에서 동굴 하나를 발견하였다. 데메테르는 아직 처녀인 딸을 거기에 숨겼다. 그리고 평소에 딸의 전차를 끌던 두 마리 뱀에게 그곳을 지키도록 해놓았다. 그 동굴에서 페르세포네는 우주의 아름다운 그림을 수놓을 큰 겉옷을 만들기 위하여 털실로 직포를 짜기 시작하였다. 그동안 데메테르는 제우스가 딸이 있는 곳을 알 수 있도록 일을 꾸몄다. 제우스는 뱀의 모습을 하고 자신의 딸에게 접근하였다. 그리고 자신의 딸과의 사이에서 디오니소스를 낳았고, 그 아들은 동굴에서 자랐다. 이 아기의 장난감은 공, 팽이, 주사위, 몇 개의 황금사과, 약간의 털실, 그리고 소리 울림 판자였다. 그런데 그는 거울도 하나 가지고 있었다. 어느 날 디오니소스가 즐거운 마음으로 거울을 들여다보고 있을 때, 뒤에서 두 명의 티탄이 몰래 접근하였다. 이들은 제우스의 아내이자 질투심 많은 여왕인 헤라 여신이 디오니소스를 살해하기 위하여 보낸 자객이었다. 흰 점토와 백악(白堊)으로 몸을 칠한 이 자객들은 놀고 있는 아이에게 갑자기 달려들었다. 그리고 아이를 일곱 토막으로 찢어서는 삼발이 가마솥에 던져 넣었다. 그러고나서 일곱 개의 쇠꼬챙이로 그것들을 꽂아서 구이로 만들었다. 그러나 그들이 신성한 희생제물을 다 먹어버렸을 때——아테네 여신이 구해낸 심장만 제외하고——고기 굽는 냄새를 맡은 제우스가 동굴로 쳐들어왔다. 그 광경을 본 제우스는 몸에 흰 칠을 한 식인 티탄들을 번갯불로 내리쳐 죽였다. 이때 아테네 여신은 자기가 구출한 심장을 바구니에 담아 아버지 제우스에게 바쳤다. 그러자 제우스는——다른 판본에 따르면——그 귀중한 유해, 즉 심장을 삼킨 뒤 자기 혼자 아들을 낳음으로써 부활을 이루었다.[65]

앞에서 보았듯이, 그리스와 오스트레일리아에서 모두 흰색으로 치장한 인물들(오스트레일리아의 원주민은 새털을 붙이고, 그리스 신화의 티탄은 흰 점토를 바른 광대처럼 칠하였다)뿐만 아니라 소리 울림 판자가 무대에 등장하고 있다. 이는 단순한 우연도 아니고 병행 발전의 결과도 아니다. 그리스 신화에 등장하는 티탄들은 신들보다 더 이전 세대의 신적 존재들이기 때문이다. 그들은 하늘과 땅의 자식들이었고, 그들과 같은 족속에 속하는 크로노스와 레아로부터 신들——올림포스 산의 신들——이 태어났다. 티탄들과 그들의 신화는 고전적인 올림포스의 만신전보다 더 오래된 사유와 종교에서 유래하였으며, 그들이 등장하는 에피소드는 매우 원시적인 분위기를 띠고 있는 경우가 종종 있다. 최근에 많은 학자들이 이런 특성과 현존하는 원시 부족의 제의가 지닌 특성 사이에 병행 관계가 있음을 지적하였다.[66] 그러나 그리스 신화에서는, 아버지 제우스가 어떤 여성적 기관을 통하여 아들을 낳을 수 있었는가에 대한 이야기가 나오지 않는다. 이와 달리 원시 부족들의 제의에서는 이 이야기가 나온다. 젊은 오스트레일리아 원주민이 겪는 다음의 극적인 일련의 교육과 시련은 음경에 칼자국을 내는 시술에 관한 것들이다. 이 시술은 음경 포피를 잘라내는 할례 의식이 끝난 뒤 5주 내지 6주 뒤에 시행하는데, 그 시간 간격은 첫번째 시술로부터의 회복 기간에 달려 있다. 극도로 고통스러운 이 의례는 일련의 간단한 교육용 무언극과 함께 시작되어, 성스러운 막대기를 땅에 심는 것으로 끝난다. 이 막대기의 끝 부분은 풀밭에 푹 찔러 넣는 긴 창으로 되어 있다. 중간 부분에는 머리카락으로 만든 끈이 매여 있으며, 또 붉은색과 흰색의 새털 고리가 번갈아 장식되어 있다. 막대기의 윗부분에는 독수리-매 깃털로 만든 큰 술이 붙어 있다. 마지막 무언극과 춤이 끝나면서 그 장대를 땅에 심을 때, 소년에게 그것을 껴안으라는 지시가 내려진다. 그렇게 하면 시술이 고통스럽지 않고 따라서 두려워할 필요도 없기 때문이다. 한 명의 남자가 땅에 엎드리고 두번째 남자가 그 위에 눕는다. 그리고 장대에 있는 소년을 데려와서 인간 탁자 위에 길게 뻗게 하여 눕힌다. 그때 거기 있는 사람들은 아주 크게 소리를 지른다. 곧이어 세번째 남자가 소년의 몸에 걸터앉아 그의 음경을 움켜잡고 돌칼로 자르기 좋은 상태로 만든다. 그러면 시술자가 즉시 나타나 요도를 따라 밑에서부터 위까지 음경 표면을 세로로 길게 벤다.

  이때 여자들의 야영지에서도 남자들의 고함 소리가 들린다. 그러면 소년의 어머니가 여자 친척들의 상반신을 향해서 제의적 체찍질을 가한다.

  소년은 방패 위로 옮겨지고 거기에 쪼그리고 앉는다. 이때 상처의 피는 방패 안으로 흐르게 된다. 그 사이에, 이미 시술받은 적이 있는 젊은 남자 한 명 또는 여러 명이 두번째 시술을 받겠다고 자발적으로 일어난다. 음경 부위에 이미 나 있는 상처의 길이를 더 늘이기 위해서이다. 이들은 성스러운 막대기 앞에서 발을 넓게 벌리고 뒷짐을 진 채로 이렇게 외친다. "자, 와서 내 것의 끝 부분까지 칼자국을 내주십시오!" 그러면 그들의 손을 묶은 다음, 시술자가 나와서 요도의 끝 부분까지 길게 베어준다. 스펜서와 길렌은 이렇게 썼다. "대부분의 남자들은 어느 때인가는 두번째 시술을 받는다. 심지어는 세번째 시술까지 받겠다고 나서는 사람들도 있다. 두번째 시술을 받을 때가 이미 30세나 35세가 넘었는데도 말이다."[67]

  이 기이한 의례의 성적 상징은 너무나 분명하게 나타나고 있기 때문에 별도의 언급이 필요 없을 정도이다. 길게 칼자국이 난 음경은 "남근 자궁 또는 남근 질(膣)"[68]로 불리는 경우가 많다. 이 의도적인 시술에 의하여 남성은 남성-여성(male-female)으로 변화한 것이다. 로하임 박사는 이렇게 말한다. "'질 아버지(vaginal father)'가 유아기 상태의 '남근 상징의 어머니(phallic mother)'를 대체한다."[69] 그러므로 그 상처 부위에서 흘러나오는 피는, 남자들의 상상 속에서는 여성들의 월경 시에 흐르는 피에 해당한다. 여성들의 주술 행위에서 이 피는 매우 강력한 힘을 발휘한다. 인류학계의 오랜 상식에 따르면, 전세계적으로 나타나는 원시적 심리의 가장 뚜렷한 특성 가운데 하나는 월경에 대한 미개인 남성들의 공포이다.[70] 로하임 박사는 다음과 같이 말한다. "남자들은 피를 흘리는 질을 보며 거세의 불안감을 느낀다. …… 소년들은 거세하는 질(the castrating vagina)을 언제나 두려워해왔음에 틀림없다. 그런데 아버지들은 이 강력한 무기를 이미 가지고 있다."[71] 이제 젊은이 자신들도 그것을 얻은 것이다. 따라서 할례 의식에서 어머니로부터 분리되는 충격적인 경험은 이제 어머니 및 아버지와의 동일시를 동시에 성취함으로써 균형을 잡게 된다. 그들은 이제 이렇게 말할 수 있다. "우리는 피 흘리는 질을 두려워하지 않는다. 우리도 그것을 가지고 있다. 그것은 남근을 위협하지 않는다. 그것은 남근이다." 결론적으로 그들은 이렇게 말한다. "우리는 어머니로부터 분리되지 않았다. '우리 둘은 하나'이기 때문이다."[72]

그러나 그 문제에는 이러한 심리학적 주제 이상의 것이 있다. 그 의례와 의식적(意識的)으로 연결되어 있는 신화적 주제가 있기 때문이다. 그것도 또한 고려의 대상이 되어야 한다. 서구 세계는 성서 전통 안에 있는, 이와 관련된 한 신화를 잘 알고 있다. 「창세기」에는 하느님이 아담을 깊이 잠들게 하셨다고 쓰여져 있다. "그리고 그가 자고 있는 동안 그의 갈빗대 하나를 뽑아내고 그 자리를 대신 살로 채우셨다. 주 하느님이 아담에게서 뽑아낸 그 갈빗대로 여자를 만드시고 그녀를 아담에게 데려오시자 아담이 이렇게 외쳤다. '이는 내 뼈 중의 뼈요 살 중의 살이구나! 남자에게서 나왔으니 이를 여자라고 부르리라.' 그러므로 남자가 부모를 떠나 자기 아내와 합하여 두 사람이 한 몸이 될 것이다."[73] 이브의 분리가 있기 전에는, 아담이 남성과 여성 둘 다였다.

플라톤의 『향연(Symposium)』에 나오는 우화도 고려해보라. 여기서 아리스토파네스(Aristophanes)는 창세기와 동일한 신화를 다음과 같이 좀 장난스럽게 표현하고 있을 뿐이다. 최초의 사람들은 "둥근 모양을 하고 있었으며, 팔과 다리는 각각 네 개씩 달려 있었습니다. 그리고 똑같이 생긴 두 얼굴이 서로 반대편을 향하여 붙은 채로 둥근 목 위에 달려 있었습니다. 귀는 네 개이고, 생식기는 둘이었지요. 그 나머지에 대해서는 이것들에서 미루어 짐작이 갈 줄 압니다." 플라톤 학파의 이러한 해석에 따르면, 이 최초의 인간들은 남성-남성과 남성-여성 그리고 여성-여성의 세 종류로 되어 있었다. 그런데 그들은 놀라운 힘과 기운을 가졌기 때문에 신들이 두려워하였다. 따라서 제우스는 그 인간들을 모두 두 동강 내기로 결심하였다. 마치 사과를 절여서 저장하려고 할 때 두 조각으로 쪼개듯이 말이다.

혹은 삶은 달걀을 머리카락으로 가르듯, 한 사람 한 사람을 쪼개었지요. 그리고 아폴론에게는 반쪽으로 잘린 얼굴과 목을 안쪽으로 돌려놓으라고 명령하였습니다.…… 그래서 아폴론은 사람의 얼굴을 돌려놓고, 반쪽으로 나눌 때 칼로 내리친 부분──지금 우리의 언어에서 배라고 불리는──은 양쪽의 살가죽을 늘려서 덮었지요. 마치 돈지갑을 닫을 때처럼 말이에요. 그리고 조그마한 입을 하나 만들어 배의 한가운데 붙였습니다. 이것이 사람들이 배꼽이라고 부르는 것이지요. 그리고 그는 구두 만드는 직공이 구두 골 위에 가죽을 대고 주름을 펼 때 쓰는 것과 비슷한 연장을 써서 거기에 생긴 주름살을 대강 펴주었고, 또 가슴을 반듯하게 만들어 주었습니다. 다만 배꼽과 배 주변에 있는 주름살만은 몇 개 그냥 남겨두어 과거에 있었던 일을 상기하게끔 했지요. 그래서 본래의 몸이 갈라졌을 때 그 반쪽은 각각 다른 반쪽을 그리워하고 다시 한 몸이 되려고 하였습니다. 그래서 그것들은 서로 목을 끌어안고 꼭 붙어 있으려고 하였으며, 또 서로 떠나서는 아무 일도 하려고 하지 않았기 때문에 결국 굶어 죽고 말았습니다.…… 이렇듯 사람들이 서로 사랑한다는 것은 먼 옛날부터 그들 속에 깃들어 있는 것입니다. 이는 본래의 몸뚱이 부분을 다시 한데 모아 둘에서 하나가 되게 하여, 인간 본연의 모습을 회복하려고 하는 것이지요. 그런즉 서로 분리되어 있는 우리들 각자는 한 인간의 할부(割符)입니다. 마치 넙치처럼 쪼개져서, 하나에서 둘

이 생겨난 것이지요. 그래서 사람마다 자기의 다른 반쪽을 항상 찾는 것입니다.[74]

우리는 중국 신화에서 성스러운 여성(the Holy Woman)이자 위대한 원천(the Great Original)인 태음(太陰)을 발견한다. 그녀는 자신의 인격 안에 자연의 능동적-남성적 힘인 양(陽)과 수동적-여성적 힘인 음(陰)을 결합시켰다.[75]

그리고 마침내 인도의 베다 전통에 속하는 『브리하다라니아카 우파니샤드』에서는 다음과 같은 내용이 나타난다.

…… 태초에 이 우주는 사람의 모습을 한 자아(Self)일 뿐이었다. 그는 주위를 둘러보았으나 자기 자신 외에는 아무것도 보지 못하였다. 그래서, 그의 첫 외침은, "나다!"였다. 거기서 "나"라는 개념이 생겨났다. 그리고 이런 이유로 인하여, 오늘날까지도, 누군가가 말을 걸어오면, 사람들은 먼저 "나"라고 대답하고나서 자신이 가진 다른 이름을 말한다…….

그 다음에 그는 두려움을 느꼈다. 이것이 홀로 있는 사람이라면 누구나 두려움을 느끼게 되는 이유이다. 그는 이렇게 생각하였다. "나 자신 외에는 여기 아무것도 없는데, 무서워할 것이 무엇인가?" 그 때문에 무서움이 사라졌다. 무엇을 두려워해야 한단 말인가? 무서움이 적용되는 것은 대상이 있을 때뿐이다.

그러나 그에게는 아직 기쁨이 없었다. 그러므로 사람들은 혼자 있을 때 기쁨이 없다. 그는 두번째 존재를 원하였다. 그의 크기는 한 남자와 여자가 서로 포옹하고 있을 때의 크기였다. 이 자아는 스스로를 두 부분으로 나누었다. 그 결과, 한 남자와 한 여자가 존재하게 되었다. 그러므로 이 몸은 현자 야즈나발크야가 말하듯이, 완두콩을 반쪽으로 쪼갠 모양과 같다. 그리고 그것이 한 여인으로 인하여 이 우주에 많은 존재들이 있게 된 이유이다. 그는 그녀와 결혼하였고 거기서 인류가 생겨났다.

그런데 그녀는 곰곰히 생각하였다. "어떻게 그가 나와 결합할 수 있는가? 어떤 존재가 나 없이 그에게서 생겨나는가? 그렇다면, 숨어보자!" 그녀는 암소가 되었다. 그러자 그는 황소가 되어 그녀와 결합하였다. 그리고 거기서 소가 생겨났다. 그녀가 암말이 되자, 그는 종마(種馬)가 되었다. 그녀가 나귀가 되자, 그는 수나귀가 되어 그녀와 결합하였다. 거기서 단단한 발굽을 가진 동물들이 생겨났다. 그녀가 염소가 되자, 그는 숫염소가 되었다. 그녀가 양이 되자, 그는 숫양이 되어 그녀와 결합하였다. 거기서 염소들과 양떼가 생겨났다. 이와 같은 방식으로 그는 모든 쌍을 만들어냈다. 개미에 이르기까지 말이다.

그때 그는 깨달았다. "나는 진실로 창조(creation)이다. 내가 이 모든 것을 쏟아 냈으니까." 여기서 "창조"(sṛṣṭiḥ, "쏟아진 것, 투사된 것, 방출된 것, 유출된 것, 발생된 것, 놓아진 것, 또는 주어진 것"이라는 뜻)라는 개념이 생겨났다. 이것을 아는 사람은 스스로 창조자가 된다.[76]

이러한 신화적 동기는 고등 문명 사회의 어떤 가장 고상한 주제들을 지속시키는 데 상당한 기여를 해왔는데, 오스트레일리아 원주민 사회에서도 이러한 동기가 상당히 많이 발견된다. 그리고 이러한 동기는 우리가 방금 살펴본 제의의 신비에 새로운 차원을 더해준다.

예를 들어보자. 캥거루쥐를 토템으로 삼고 있는 북부 아란다 부족에 따르면, 태초에는 모든 것이 암흑에 덮여 있었다. 밤이 대지를 온통 뒤덮었기 때문이다. 밤이 계속되고 있는 동안, 캥거루쥐의 선조인 카로라는 일발린트야(Ilbalintja) 늪 밑에 누워 잠자고 있었다. 이곳은 아직 물이 없었다. 그렇지만 카로라 위에 있는 땅은 꽃들이 붉게 만발해 있었고 풀도 무성하였다. 그런데 갑자기 거대한 크기를 지닌 성스러운 기둥이 카로라의 위에서 흔들렸다. 그것은 꽃밭 한가운데에서 튀어나온 것이었다. 카로라는 그 기둥의 뿌리에 머리를 대고 휴식을 취하고 있었다. 그러자 그 기둥은 창공을 찌를 것처럼 하늘을 향해서 솟아올랐다. 그 기둥은 사람의 피부처럼 부드러운 살결을 지닌 생물이었다.

카로라는 흔들리는 이 거대한 기둥의 뿌리에 머리를 대고 있었으며, 태초부터 이렇게 휴식을 취해왔다. 그러나 카로라는 무엇인가를 생각하고 있었다. 그러자 욕망이 그의 마음속에서 갑자기 생겨나기 시작하였다. 그때 그의 배꼽과 겨드랑이로부터 캥거루쥐들이 나오기 시작하였다. 그것들은 위에 있는 잔디로 뛰어나가 활기차게 놀았다. 새벽이 밝아오고, 태양이 솟아오르기 시작하였다. 그러자 캥거루쥐의 선조도 일어났다. 그는 자신을 덮고 있던 지각(地殼)을 뚫고 일어났다. 그때 그 자리에 생긴 갈라진 큰 구멍은 일발린트야 늪이 되었다. 이 늪은 인동덩굴 싹에서 나온 검은색의 달콤한 즙으로 채워져 있다.

캥거루쥐의 선조는 곧 배고픔을 느끼게 되었다. 마법이 몸에서 빠져나갔기 때문이다. 그는 멍한 상태에서 천천히 눈꺼풀을 깜박이면서 눈을 조금 떴다. 그 상태에서 손으로 더듬다가 한 무리의 캥거루쥐들이 주위에 있음을 느꼈다. 그는 두 마리를 잡았다. 그리고 그것들을 태양 바로 옆에 있는 뜨겁고 흰 모래 속에서 요리하였다. 태양이 자신의 손가락으로 그에게 필요한 불을 마련해주었기 때문이다.

저녁이 다가왔다. 태양은 노끈처럼 생긴 자신의 긴 머리카락으로 얼굴을 가리고 그 머리카락에 매달린 온갖 장식물로 몸을 가린 채 시야에서 사라졌다. 그러자 카로라는 동료가 있으면 좋겠다는 생각을 하면서 양팔을 쭉 뻗은 채 잠이 들었다.

그가 자고 있는 동안 소리 울림 판자 모양의 무엇인가가 겨드랑이 밑에서 나왔다. 그것은 사람의 모습을 하고 있더니, 하룻밤 사이에 젊은 남자의 키만큼 자라났다. 카로라는 자신의 팔이 무엇인가에 의해서 무겁게 눌리고 있음을 느끼고는 즉시 깨어났다. 그러고는 자신의 첫아들이 옆에 누워 있는 것을 보았다. 아들이 아버지의 팔을 베고 자고 있었던 것이다.

새벽이 밝아왔다. 카로라는 일어나서 떨리는 음성으로 소리를 질렀다. 그러자 아들이 움직이기 시작하더니, 마침내 일어나 아버지 주위에서 제의적 춤을 추었다. 이때 카로라는 자신의 몸에 피와 깃털로 장식을 하고 앉아 있었다. 아들은 비틀거리며 걷다가 넘어졌다. 정신이 반쯤 나간 것 같았다. 그러자 아버지는 몸과 가슴을 격렬하게 떨었다. 이때 아들이 두 손을 아버지 몸 위에 얹었다. 이 행위를 마지막으로 첫번째 의식이 끝났다.[7]

이러한 캥거루쥐족의 원시적인 기원 전설과 유사한 예가 전세계의 여러 고급 신화에서 발견된다. 가장 두드러진 예는 이새의 나무(Tree of Jesse)와 카로라의 머리에서 자라는 살아 있는 기둥과의 유사성이다. 중세의 상징(예를 들면, 샤르트르 대성당에 있는 이새의 창에서처럼)에서 두번째 아담인 예수는 이 나무에서 나왔다. 예수가 매달린 골고다 언덕의 십자가도 하나의 예가 될 수 있다. 골고다 언덕은 "해골산(Hill of Skull)"으로 불리었는데, 그 이유는 히브리 신화에서는 남녀양성의 최초 인간인 아담의 해골이 그곳에 묻혔다고 말하기 때문이다. 또 다른 예로는 아이슬란드의 에다에 나오는 이미르(Ymir)가 있다. 태초에 북쪽에서 밀려오는 한류가 남쪽의 난류와 만났고, 그 태초의 "하품하는 공간(yawning void)"에서 최초의 인간인 이미르가 태어났다. 따라서 그는 항상 졸린 상태에 있다. "그가 잠잘 때 몸에서 땀이 나왔다. 그의 왼쪽 팔 아래 땀 나는 곳에서 한 남자와 한 여자가 생겨났으며, 한쪽 발이 다른 발과 결합하자 아들이 나왔다. 인류는 이렇게 생겨났다고 한다."[78] 그때 졸린 상태에 있는 이미르의 거대한 몸이 잘라졌고, 거기서 이 세상이 나왔다.

> 이미르의 살로 대지가 만들어졌고,
> 그의 땀으로 바다가,
> 그의 뼈로 바위들이, 그의 머리카락으로 나무들이,
> 그리고 그의 해골로 하늘이 만들어졌다.[79]

자연계의 재료가 된 잘려진 인간, 최초의 존재, 세계-창조의 희생 제물은 인도 신화에서는 푸루샤(Purusha)로 불린다. 이 단어는 단순히 "사람"을 의미한다.[80] 고대 바빌로니아의 창조 서사시에서는 그 인물이 괴물과 같은 여성이자 세계의 심연인 여신-어머니, 곧 티아마트(Tiamat)이다.[81] 오스트레일리아 원주민의 카로라 전설에서는 만물을 포함하고 있는 이 최초의 존재와 동일한 보편적 원형 혹은 근본적 관념이 지역적 상황과 제의 양식의 차이로 인하여 다르게 표현되어왔다. 오스트레일리아의 기원 신화 속에는 아이슬란드와 달리 얼음 같은 추위가 없고, 인도와 달리 브라만의 희생에 관한 어떤 언급도 없으며, 그리고 다른 모든 지역과 달리 여성에 관한 이야기도 전혀 없다. 그 패턴은 전적으로 남성적이다. 마치 유대인의 주 하느님이 세상을 홀로 창조하고, 여성의 개입 없이 최초의 아들 아담을 만든 것처럼 말이다. 강한 가부장적 편견을 지닌 오스트레일리아 원주민의 할례 의식은 이러한 종류의 신화 속에서 정당화된다. 거기에서는 어머니와 함께 하는 유아적 삶의 단계 전체가 단번에 무시되고, 하룻밤 사이에 그 아들은 아버지의 장성한 아들로 태어나는 것이다.

카로라의 머리에서 솟아올라 흔들리고 사람의 피부와 같은 부드러운 살로 뒤덮여 있으며 창공을 찌를 것처럼 위로 뻗어 올라가는 그 살아 있는 기둥은, 음경에 칼자국을 내는 시술을 받기 직전에 소년이 껴안는 의식용 기둥과 같다. 이 의식용 장대를 땅에 심기 위하여 한 남자가 등으로 운반한다. 그러나 이때 그 장대는 마치 깃대처럼 높이 하늘을 향해서 수직으로 운반되어야 한다. 사람들은 그 기둥과 그 남자의 몸에 새털 장식을 하는데, 그때 사용되는 접착제는 음경에 칼자국을 내는 과정에서 나온 피이다. 그리고 그 남자가 뛰면서 돌아다닐 때마다 새털이 떨어져 날아가는데, 이 새털은 조상들로부터 사방으로 퍼져나갔던 '생명을 낳는 힘(life-generative power)'을 상징한다. 이 우주적 기둥과 칼자국이 난 음경은 사실은 같은 것이다. 그것들은 만물을 낳는 태초의 조상으로서, 자기 충족적인 남성-여성이다. 여기서는 과거와 현재의 시간적 대극, 남성과 여성의 성적 구별, 의식용 마당과 태초 공간의 제의적 구별은 모두 사라진다. 그리고 정통 프로이트 학파의 해석에 따르면, 음경 시술을 통해서 남자들은 스스로에게 "우리는 어머니로부터 분리되지 않았다. 우리 둘은 하나이니까"라고 말하게 된다. 이와 동시에 우주의 형이상학적 신비에 관한 신화적 이미지에 그들 자신의 방식대로 참여할 수 있게 된다. 그 우주 발생적인 책략(sleight-of-hand)의 신비에 의해서 일자(一者)는 다(多)가 되었고 또 계속 다(多)가 되며, 영원의 무시간성은 시간의 변화 속에 반영된다.

쇼펜하우어가 "세계의 난제(World Knot)"라고 적절하게 명명하였던, 이 궁극적 신비의 수수께끼가 캥거루쥐 선조의 이미지에서보다 철학이나 신학의 논리적 문구에서 더 잘 설명되는 것은 아니다. 「창세기」, 『브리하다라니아카 우파니샤드』, 또는 플라톤의 『향연』에 나오는 유사한 이미지들을 진지하게 숙고하고자 한다면, 아란다 부족의 신화를 그저 원시적 정신의 호기심에 불과한 것으로 처리할 수 없다. 우주의 신비와 세계라는 신전의 경이로움은 자신의 개인적 삶을 전체와 조화시키려는 사람들의 위대한 노력을 통해서만이 아니라 모든 신화와 의례를 통해서도 우리에게 다가온다. 그리고 인류의 전통 속에서 이 신비, 경이, 노력을 표현해온 이미지들은 너무나 놀라울 정도로 변하지 않고 있다. 지역적 삶과 문화의 모든 다양성에도 불구하고 말이다. 따라서 우리는 그것이 인간의 정신과 영원히 함께 하고 있는 것은 아닌가 하고 생각하게 된다.

그러나 이 장의 이 부분에서 주요 관심사는, 보편적 요소의 문제가 아니라, 그런 일반적 주제들을 표현하고 적용하는 다양한 지역적——지리적·역사적으로 조건지어진——방식이다. 보편적 요소의 문제는 다음 부분에서 다시 논할 것이다. 그리고 우리가 지금까지 간단하게 살펴본 최초의 남녀양성적 거인에 관한 다양한 신화들 속에서도 하나의 공통 이미지가 다양한 목적으로 전화(轉化)되는 방식을 예비적으로나마 파악하기에 충분하다. 예를 들면, 그리스와 유대의 신화에서는 인간이 신에 의해 둘로 나뉘는 반면, 중국, 힌두 전통, 오스트레일리아에서는 나뉘고 증식하는 존재가 신 자신이라는 점을 알 수 있다.

더욱이, 힌두교에서는 남녀양성적 선조의 이미지가 본질적으로 심리학적 관점에서 전개된다. 우주적 자아(Self)는 "나"(산스크리트로는 아함〔aham〕)라는 대명사를 생각하고 발음한 뒤에 즉시 분화한다. 여기서 에고(ego)에 대한 관념이 세계 환상(world illusion)의 근원이라는 인도인의 기본적 신념이 나타난다. 에고는 공포와 욕망을 발생시킨다. 그리고 이것들은 모든 생명과 모든 존재를 움직이는 열정이다. "나"라는 개념이 확립된 뒤에야 비로소 자신의 파멸에 대한 공포나 개인적 향락에 대한 욕망이 전개될 수 있기 때문이다. 그러므로 인도 요가의 목적은 마음에서 "나"라는 개념을 제거하고, 공포와 욕망을 둘 다 해체하는 것이다. 그러나 이렇게 되면 창조의 취소만이 아니라 결과적으로 그 개인의 심리적 참여 활동 자체의 폐기에 이르게 된다. 왜냐하면 그렇게 될 경우 불안과 슬픔의 근원지가 에고라는 지식에만 이르는 것이 아니라, 모든 사유에 선행하는 직접적 경험의 수준——희망도 공포도 없고, 오직 존재의 순수하고 단순한 의식의 황홀만이 있는——에도 이르기 때문이다.

다른 한편, 히브리 전통에서는 최초의 남녀 양성구유자(兩性具有者)의 이미지가 창조의 신비와 관련하여 신학적으로 해석되어왔다. 그리고 그러한 신학적 해석은 에덴 동산에서 둘로 나뉜 양성구유자의 실수와 불복종 뒤에, 유대인을 신의(神意)의 대행인으로 보는 발상에서 최고조에 달하였다. 신과 인간 사이의 긴장을 유지하기 위하여 이 신화에서는 창조자가 자신의 창조물로부터 떨어져 있다. 자기 자신의 참된 본성으로부터 추방되는 존재는 신이 아니라 피조물이다. 그리고 그 추방은 우주의 다양성(the manifold) 개념에 선행하고 그 개념에 내재하는, 그런 심리적인 것이 아니다. 그것은 초월적이지만 내재적이지는 않는 주 하느님과 그의 보편적 섭리에 의하여 이미 창조된 세상 안에서 일어난 하나의 구체적인 역사적 일화이다.

마지막으로 플라톤의 그리스적 우화를 보면, 이와 동일한 기본 주제가 시적으로 적용되었음을 알 수 있다. 거기에서는 인간의 사랑과 그것의 시련, 깊이, 환희의 신비에 대한 정답고도 은유적인 해석을 강조하고 있다. 그리고 신들은 그들이 갈라놓은 존재보다 어떤 면에서는 우월하게 묘사되지만, 또 다른 반어적 의미로는, 사랑에서 더 우월한 존재가 인간이라는 점에 주목할 필요가 있겠다. 사실 질투심이 많은 신들은 인간들의 힘에 공포를 느껴서 그들을 분할하였던 것이다.

이제 이 세 가지 신화──인도인, 유대인, 그리고 그리스인의──를 우리 마음속에서 서로 대비시켜본다면, 그것들이 단일한 공통의 전통으로부터 유래하지 않았다고 믿기는 어렵다. 그리고 오스트레일리아 원주민의 예를 그 신화들과 관련시켜서 검토하면 더욱 놀라지 않을 수 없게 된다. 창에 찔려서 아버지와 동일시되기 전에, 첫 선조의 머리에서 솟아난 살아 있는 나무를 껴안는, 할례를 받은 소년 입문자! 그는 누구인가? 이 연구에서 우리는 이러한 것들을 비교할 수 있는 용기를 가져야만 한다. 우리는 이 소년을, 첫 조상의 해골이 묻힌 언덕 위에 솟은, 십자가에 매달린 예수와 비교(이 비교가 왜 가능한지를 이해할 준비가 아직 되지 않았을 수도 있지만)하는 데 주저해서는 안 된다. 사실 예수의 옆구리가 창에 찔린 것은 하느님 아버지와 화해(at-one-ment)하는 장엄한 의식(儀

式)에서였던 것이다.

　이런 신화들의 배경에 공통의 전통이 있다는 데는 의심의 여지가 거의 없다. 그러나 그것이 우리 인류의 유일무이한 신화 전통인가? 그래서 그것의 주제와 동기가 인간의 사유와 동일한 외연을 갖는다고 말할 수 있는가? 만약 그렇다면, 우리는 더 이상의 수고 없이 바스티안의 근본적 관념과 종족적 관념의 이론*을 받아들여야 할 것이다. 그런데 이처럼 널리 퍼져 있고 심대한 중요성을 지닌 신화 전통이 서로 철저하게 분리되어 있는 많은 전통들 가운데 단지 하나이거나 혹은 그러한 두 전통 가운데 하나에 불과한 것으로 드러난다면, 우리는 그것이 언제 어디서 시작되었는지 그리고 어떤 경험이나 통찰에 의하여 나타나게 되었는지를 물어야 할 것이다. 물론 마찬가지로 다른 전통들도 언제 어디서 그리고 어떤 다른 경험이나 통찰로부터 비롯되었는지 물어야 한다. 게다가 우리는 이 특별한 신화가 어떤 특정한 시기——아득한 옛날이지만——에 고등 문명의 중심부에서 오스트레일리아로 전파되었다고 보아야 하는가? 또 언제 그 무정한 땅에서 퇴행적 변형이 일어나 본래의 이미지들이 현재의 형태로 축소되었다고 볼 수 있는가? 아니면 그 반대의 과정이 일어나서, 본래의 신화가 수 세기의 진보적인 변형 과정을 통하여 원시적인 형태로부터 고등한 형태로 순화된 것일까? 그것도 아니라면 그 신화는 차라리——이 문제를 연구하는 얼마간의 지도적인 신학자들이 제안하듯이——태초의 인간에게 주어진 원시적 계시의 흔적들을 나타내고 있는 것인가?

　이런 이론의 초기 형태는 19세기 초엽에 낭만주의 철학자 프리드리히 폰 셸링(Friedrich W. J. Von Schelling, 1775-1854)에 의해서 제안되었다. 그에 따르면, 인간은 "신성의 중심(Center of Godhead)"에서 창조되었으며, 또한 인간은 만물을 신 안에 존재하는 것으로 보았다. 다시 말하자면, 그 당시의 인간은 모든 사물의 본질적 질서를 직관하였다. 따라서 당시에는 신화가 존재할 필요가 전혀 없었다는 것이다. 그러나 인간이

---

* 48쪽 참조.

이 중심으로부터 주변으로 이동하였을 때, 중심에 있던 그의 통일성(unity)은 사라지고, 이제 그의 통찰력은 사물의 그것보다 더 이상 우월하지 않게 되었다. 인간은 단지 사물에 불과한 수준으로 전락하였기 때문이다. 중심을 잃은 인간은 자기 자신의 잃어버린 존재 상태에 대하여 꿈을 꾸게 되었는데, 그것이 바로 다양한 다신론적 신화들로 나타난 것이다. 그러나 셸링이 말하기를, 신 안에서 인간 본래의 통일성(unity)은 불완전하였다. 이 상태에서는 인간이 스스로의 자유를 시험하는 경험을 아직 가지지 못하였기 때문이다. 그러므로 다신론적 신화들은 두번째 아담의 현현으로 특징지어지는 궁극의 종교, 즉 기독교를 향한 역사적 진보 안의 한 단계(혹은 일련의 단계들)를 나타낸다. 이방 종교에서는 그리스도가 암시되었고, 구약에서는 예언되었고, 신약에서는 계시되었다. 따라서 기독교는 인간 삶에 본유적인 것이며, 세상만큼 오래되었다는 것이다.[82]

이러한 관념은 초기 기독교 교부들의 저술에서 나왔을 수 있다. 예를 들면, "영혼은 본래 기독교인이다(anima naturaliter christiana)"라는 테르툴리아누스(Tertulian, 160-230년경)의 주장에서 비롯된 것일 수 있다. 하지만 셸링은 자신의 생각을 독자적으로 전개하였을 수도 있다. 바스티안의 근본적 관념 이론을 등장시킨 현상들이 인종의 교류사를 통해서 많이 관찰되었기 때문이다. 우연의 일치에 불과하다고 보기에는 고등 문화의 신화 전통과 하등 문화의 신화 전통 사이에 비슷한 점들——사소한 유사성까지도——이 너무 많이 존재한다. 그리고 극심한 충격을 받는 아란다족 젊은이들의 성인식과 같은 야만적 의식들과 기독교 전례 사이의 유사성은 매우 두드러지게 나타나고 있다. 그러므로 이제 부활의 신비에 대한 그들의 이해를 살펴보도록 하자.

소년들이 그들 자신의 유년 시절을 죽이고 태초의 존재인 양성구유자의 화신으로 다시 태어나는 고통스러운 변형 과정을 겪고나면, 그들은 이제 두려워할 만한 더 이상의 시술이 없다는 말을 듣게 된다. 하지만 또 하나의 극히 흥미로운 사건이 그들을 기다리고 있다. 그들이 꼬박 네 달로 되어 있는 한 계절 동안 계속 춤을 추고, 세계를 새로이 형성시키는 신화적 시대(우주적 "꿈의 시간[dream time]")를 보고나면, 그들에게 특별한 중요성을 지닌 이중(double) 츄룽가가 매우 신비로운 방식으로 나타나게 된다. 그 다음에는 뜨거운 불——꺼지기는 하였지만——위에서 자신들의 몸을 구워야 한다. 이 과정이 모두 끝나면 마침내 여자들의 야영지로 되돌아가게 되고, 거기서 모든 시험을 거쳐 보증된 아란다 부족의 남성을 기다리고 있는 자신들의 신부들을 만나게 된다.

축제의 마지막 순간에는 이중 츄룽가를 보여주는 장대한 입문식이 행해지는데, 이 축제를 엥우라(Engwura) 의식이라고 한다. 그 의식에서 행해지는 무언극들에 대한 설명은 스펜서와 길렌의 저작에서 100쪽 이상에 걸쳐 상세하게 나와 있다. 그 의식에는 수많은 부족이 참가하는데, 이들은 열여덟 명 내지 스무 명의 젊은 남자 후보자들을 데리고 온다. 축제의 열기는 시간이 갈수록 점점 더 가열되지만, 일행 전체가 피로로 쓰러지는 일은 없다. 신들이 기적을 통하여 이러한 사태를 미리 막기 때문이다. 한낮의 기온은 섭씨 70도까지 올라갈 정도로 푹푹 찌지만,[83] 의식은 조금도 산만해지지 않고 계속된다. 만일 누군가 그 과정에서 일사병으로 죽는다면, 그것은 어떤 다른 부족의 흑주술(黑呪術, black magic)에 기인한 것으로 간주된다.

아란다 부족에 따르면, "영원자(Eternal)"의 뜻을 지닌 눔바쿨라(Numba-kulla)라는 초자연적 존재가 최초의 츄룽가들을 만들었다. 그런데 그는 그것들을 모두 두 쪽으로 쪼갰다. 눔바쿨라는 다시 그 반쪽들을 함께 묶어, 하나는 남자의 영혼을, 다른 하나는 여자의 영혼을 갖도록 하였다. 그래서 그 둘은 부부가 되었다. 이런 이중 츄룽가들의 이름이 암빌예리키라(ambilyerikirra)이다.[84]

스펜서와 길렌은 다음과 같이 기록하고 있다. "의식은 이제 아주 흥미로워진다.…… 엥우라 의식의 지도자는 자기 집단 출신 남자들의 도움을 받아 특별한 성물(聖物)을 준비하면서 야영지에 남아 있었다. 그 물건은 각각 90센티미터 정도의 긴 나무로 된 두 개의 츄룽가였다. 그는 그 성물의 모습이 외부에서 전혀 보이지 않도록 하기 위하여 머리털로 만든 끈으로 두 개를 밀착시켜 꽁꽁 묶었다. 그리고 아래에서 위쪽으로 4분의

3 되는 부분까지는 흰털로 만든 둥근 고리들로 온통 에워쌌다. 그 고리들을 하나하나 바싹 붙여나갔기 때문에, 작업이 끝났을 때는 고리의 모습이 전혀 보이지 않았다. 꼭대기 부분은 올빼미 깃털로 만든 술로 장식하였다. 이 작업이 완성되자, 작은 개울가의 마른 땅 밑에 조심스럽게 감추었다."[85]

이 의식을 치르는 네 달 동안 남자들의 야영지와 여자들의 야영지는 츄룽가가 묻혀 있는 시냇가의 마른 땅을 경계로 하여 서로 떨어져 있었다. 여러 가지 지정된 모험들 때문에 온종일 야영지에서 벗어나 있던 입문식 후보자들이 돌아와서 한 줄로 누울 때까지, 그 성물은 거기에 묻혀 있었다. 한 노인이 누워 있는 후보자들을 감시하면서 왔다갔다 하였다. 쥐죽은 듯한 침묵이 야영지 전체를 뒤덮었다. 그리고 밤이 되었다. 젊은 남자들은 아직 누워 있었다. 그들을 감시하는 노인은 아직도 천천히 걷고 있었다. 아주 칠흑 같은 밤이었다. 이때, 이중 츄룽가를 만들며 하루를 보냈던 축제 지도자가 쪼그리고 앉은 자세로 개울가 땅 밑에 숨겨놓았던 성물을 파냈다. 그는 야구방망이를 잡듯이, 장식되지 않은 끝 부분을 잡고 그것을 자신의 얼굴 앞으로 들어 올렸다. 그의 옆에는 두 명의 보조자가 무릎을 꿇고 앉아 그의 팔을 떠받치고 있었다. 이 지도자는 성물을 자신의 얼굴 앞에서 천천히 올렸다 내렸다 하였다.

지도자와 두 명의 보조자로 이루어진 이 근엄한 분위기의 3인조는 노인들에 의하여 철저히 에워싸여 있었다. 따라서 고요히 침묵 속에 누워있는 소년들은 밤새도록 무슨 일이 일어나고 있는지 전혀 알아채지 못하였다. 스펜서와 길렌이 묘사한 것처럼, "단 몇 초 동안 한 번 쉰 것을 제외하면, 밤새도록 전혀 중단없이",[86] 그 늙은 지도자는 두 보조자의 도움을 받아 성스러운 상징물을 계속해서 올렸다 내렸다 하였다.

밤중에 갑자기 노인들이 노래를 부르기 시작하였지만, 소년들은 그대로 누워 있었다. 감시하는 노인은 여전히 그들 앞을 거닐고 있었다. 새벽이 되자 마침내 소년들은 일어났다. 그때서야 늙은 지도자와 그를 돕던 두 남자는 암빌예리키라를 올렸다 내렸다 하는 일을 멈추었다. 스펜서와 길렌은 이렇게 기록하였다. "그들은 지치고 수척해 보였지만, 아직까지도 그들의 일이 완전히 끝난 것은 아니었다."

　이제 그들은 자리에서 일어나 의식 장소의 북쪽 끝으로 이동하였다. 두 보조자는 여전히 지도자의 팔을 붙들고 있었다. 젊은 후보자들은 일렬로 늘어선 관목들 앞으로 나아가서 그 나무의 가지들을 꺾었다. 그리고 그 3인조 지도자의 뒤에 정사각형 대형으로 정렬하였다. 대부분의 노인들은 엥우라 마당에 그대로 있었다. 후보자들을 감독하였던 노인만이 건너편에 있는 여자들을 향해서 큰소리로 무엇인가를 지시하였다. 암빌예리키라를 들고 앞장서는 세 남자와 그들의 뒤를 따르는 몇 명의 노인이 행렬의 선두를 형성하였고, 그 뒤를 소년 입문자들이 따랐다. 엥우라 마당을 출발한 이 무리는 정사각형 대형을 이루고 강과 반대편 강둑을 넘어 여자들이 모여 있는 곳으로 향하였다.…… 여자들은 남자들을 환영한다는듯이, 팔꿈치를 구부리고 손바닥을 위로 편 채 손목을 위아래로 움직였다. 그리고 한쪽 다리는 펴고 한쪽 다리는 구부린 상태로 몸을 천천히 흔들면서 "쿠타, 쿠타, 쿠타"하고 외쳤다.…… 이 무리는 아무 말도 하지 않으면서 여자들이 있는 곳으로 천천히 다가갔다. 마침내 양 진영의 거리가 5야드 이내로 좁혀지자, 암빌예리키라를 옮기던 세 남자가 땅에 엎드렸다. 성물이 보이지 않도록 하기 위해서였다. 그 즉시 젊은 입문자들이 그들 위로 엎드렸다. 그래서 세 남자는 사람들 더미 속에 묻혀 머리만 보일 뿐이었다. 그 상태로 2분이 지난 뒤에, 젊은 남자들이 일어났다. 이들은 여자들을 등지고 정사각형 대열을 이루었다. 세 지도자도 재빨리 일어나 여자들을 뒤로 한 채 정사각형 대열을 이끌고 엥우라 마당으로 황급히 되돌아갔다. 이것으로써 암빌예리키라 의식은 끝났다.[87]

　이처럼 세 명의 비법 전수자의 인도를 받은 소년들은 아름다운 여인들의 땅으로 인도되어, 결혼에 적합한 남자들로 소개되었던 것이다. 이전에는 그곳에서 벌거벗은 사이렌들이 그들을 쫓아냈지만, 이제는 그녀들이 "쿠타, 쿠타, 쿠타"라고 정답게 속삭이면서 유혹하고 있는 것이다. 그녀들의 역할은 시인이자 극작가인 입센의 작품 『페르 귄트(Peer Gynt)』에 나오는 솔베이지(Solveig)의 역할에 비길 수 있다. 그녀는 자기 남자가 오랫동안 '남자의 광기(man's madness)'에 따라 모험을 하고나서 다시 돌아왔을 때, 그 영적 모험가에게 자장가를 부드럽게 불러주었다.

난 그대를 요람에 넣어 재울 거예요. 나는 그대를 돌볼 거예요.
그대는 잠자고 꿈꾸어요. 사랑스러운 내 남자여![88]

또 젊은 남자들이 깊은 잠에 떨어지고 이상한 이중 츄룽가가 저녁부터 새벽까지 올라갔다 내려갔다 하는 긴 침묵의 밤을, 이브가 만들어지는 과정에서 아담이 빠졌던 깊은 잠과 비교해볼 수도 있다. 음경에 칼자국을 내는 의식을 마친 젊은이들은 신의 형상에 따라 창조된 최초의 남성-여성인 아담에 비견될 수 있다. 그러나 그들은 그 밤이 지난 뒤에는 여자(the Woman)를 보아야만 하였다. 사실 그들은 강을 건너는 과정에서 남자들의 춤마당인 주술적 신화의 땅으로부터 시간과 죽음과 생식의 땅으로 들어간 것이다. 즉 영원한 것들을 눈으로 볼 뿐만 아니라 "우리 둘은 하나이다"라는 꿈을 꿀 수 있는 영역으로부터, 신비적으로는 하나인 두 존재를 사실 그대로인 둘로 인정해야만 하는 곳으로 건너간 것이다. 그들이 새로 들어간 곳은 정통 플라톤주의자들이 혐오하는 곳이며, 에덴 동산의 경우처럼 여성이 인도하는 곳이다. 이제 젊은 입문자는 소리 울림 판자의 소름이 끼치는 소리에 담긴 지혜만이 아니라 "쿠타, 쿠타, 쿠타"의 지혜도 인정해야 하며, 더 나아가 할례를 받은 음경을 신들의 정원으로 가는 다리로만이 아니라 현세적 삶의 노고로 가는 다리로 삼아야 하는 것이다.

어떤 측면에서 보면, 이 의식들은 오스트레일리아 원주민 특유의 종교 제의임에 틀림없다. 캥거루쥐나 캥거루와 같은 그 지역 특유의 동물 조상이 이와 똑같은 형태로 언급되고 있는 곳은 세상 어디에도 없기 때문이다. 또 오스트레일리아의 모든 원주민 신화들에서 체계적으로 언급되고 있는 성스러운 츄룽가도 그 밖의 다른 곳에서는 전혀 찾아볼 수 없다. 다른 종교 전통들에서는 다른 대상들이 신성한 상징의 역할을 한다. 그러나 어떤 특정한 유형의 막대기나 돌, 신성한 제물용 빵, 뼛조각, 신성한 발언 등을 신적인 기원에서 유래된 것으로 간주하는 사고방식은, 바스티안이 근본적 관념이라고 명명하였던, 종교적 삶의 보편적 특성의 하나이다. 이와 마찬가지로 양성구유 형태의 최초 인간이라는 동기도 오스트레일리아 원주민의 이 의식들에서 상당히 세부적으로 나타났다. 앞에서 살펴본 것처럼, 이 동기는 두 어머니와 두 불-막대기의 의식에서 처음 등장하여, 음경에 칼자국을 내는 시련과 그에 관련된 신화를 거쳐, 극히 신성한 이중 츄룽가의 등장과 입문자가 여자들의 야영지에 돌아가는 마지막 밤 제의에 이르기까지 상세하게 나타나고 있다. 이 강력한 동기의 상징은 전세계의 다른 많은 종교 전통에서도 본질적으로——때로는 상세한 차원에 이르기까지——나타나고 있다. 더구나 일련의 제의의 밑에 깔려 있는 연금술적 원리를 고려한다면 우리는 역시 공통의 토대 위에 있게 되는 것이다. 왜냐하면 어떠한 종류의 입문식에서도 오스트레일리아 원주민의 제의에서처럼 동일한 세 단계의 구조가 발견될 수 있기 때문이다. 그 세 단계는 공동체로부터의 분리, 변형(대개는 심리적일 뿐만 아니라 신체적이기도 한), 그리고 새로운 역할을 맡고 공동체로 복귀하는 것이다. 후보자를 공중에 던지는 의식은 분리의 위기를 표현하였다. 음경 포피를 잘라내고 음경에 칼자국을 내는 할례 의식은 돌이킬 수 없는 변형을 초래하였다. 그리고 이중 츄룽가 의식은 복귀를 의미하였다.

　이제 요약해보자. 전통 사회에서 젊은이의 교육은 일반적으로 인류 공통의 전승인 유아기의 각인을 재조직하는 방식을 취하였다. 그 방식은 정신 에너지를 유아적 의존성이라는 초기의 준거 체계로부터 지역 공동체의 주요 관심 영역으로 유도하는 것이다. 그러나 유아기의 근원적 상징들을 이렇게 재조직하는 과정에는 어떤 동기들이 나타난다. 그 동기들이 유아적인 것이라고 확언할 수도 없지만, 그렇다고 그 동기들이 전적으로 지역적인 것이라고 할 수도 없다. 세계 어느 지역에서나 어린이가 성인으로 변형되는 성인식에서는 몹시 가혹한 시련이 수반된다. 매질, 단식, 치아 부러뜨리기, 피부 절개(scarification), 손가락 바치기, 고환 제거, 상처 내기(cicatrization), 포피 제거, 음경에 칼자국 내기, 물어뜯기, 불로 지지기 등이 대표적인 것들이다. 사실 이것들은 오이디푸스적 공격성이라는 일반적인 유아적 환상이 폭력적인 방식으로 현실화된 것들이다. 그러나 거기에는 고려해야 할 또 하나의 측면이 있다. 그러한 시련들을 통하여 자연적인 육체는 새로운 영적 상태의 영구적 기호로 변형되기 때문이다. 의복을 착용하며 신체를 손상시키지 않는 온화한 문명 사회에서도 새로운 옷과 장식은 성인식 뒤의 새로운 정신 상태를 상징하고 북돋우는 것으로 간주된다. 인도에서는 카스트의 표시, 삭발, 의복 등이 개인의 사회적 역할을 정확히 나타낸다. 서구 사회에서는 군복, 성직자의 옷깃, 의사의 염소수염, 판사의 가발이 있다. 그러나 사람들이 벌거벗고 사는 곳에서는 변화되어야 하는 것이 신체 그 자체이다. 완전히 문신을 한 마르케사스 사람의 몸은 더 이상 자연적인 육체가 아니었다. 그 몸은 신화적 현현이었다. 따라서 그러한 육체 안에 깃들어 있는 의식은 그 신체의 형태와 어울리지 않는 방식으로 행동할 수 없었을 것이다.

우리는 하나의 신화와 동일시됨으로써 어른으로서 자신의 역할과 관련을 맺게 된다. 즉 신화적 형식의 현현에 스스로, 실제적으로, 그리고 육체적으로 참여함으로써 성인 역할을 획득하게 되는 것이다. 이러한 신화적 형식들은 종교 의례의 역할과 패턴에 의하여 가시적으로 제공된다. 그리고 이러한 종교 의례는 사회의 형태를 떠받친다. 요컨대, 정신 에너지는 유아적 관심이 지배하는 초기의 정신적 상황에서는 개인적 쾌락과 힘이라는 본능적 목적으로 향하는 반면, 성인식에서는 그 에너지가 사회적 의무의 체계 안으로 포섭되고 재조직된다. 따라서 그때부터 개인은 집단의 한 구성원으로서 신뢰를 얻게 된다.

쾌락과 힘 그리고 의무, 이 셋은 원시 사회의 자연적 수준에서 일어나는 모든 경험의 준거 체계이다. 그리고 원시 사회가 안정된 상태에 있을 때에는 쾌락과 힘이 의무에 종속되며, 의무는 신화에 의하여 뒷받침되고 종교 의례로 강화된다. 종교의식은 살아 있는 신화이며, 사람을 천사로 변화시키는 효과를 가지고 있다. 현대의 개인주의적 인간관의 관점에서 보면, 고대인은 전혀 인간이 아니라 사회적으로 결정된 원형의 화신이다. 그리고 그의 신화(神化, apotheosis)가 이루어졌던 시공간은 바로 성인식이었다. 우리가 방금 살펴본 연금술의 잔혹한 각인과 함께 말이다.

6. 노년기의 충격

노년기에 들어서면서 나타나는 첫 징후는 죽음의 전조이다. 그것은 기쁜 마음으로 받아들이기에는 현대인에게조차 너무 빨리 나타난다. 그러니 원시적인 옛날 사람들에게는 얼마나 더 빨리 나타났겠는가! 그 시기에는 45세의 여인이 보기 흉한 노파였고, 50세의 전사(戰士)가 관절염에 걸린 장애자였다. 더구나 모든 이가 질병과 사냥과 전쟁을 직접적으로 경험하였다. 따라서 원시인에게 죽음은 가장 안전한 성역 안에서도 대담하게 직면해야만 하는 강력한 존재였고, 삶 안에 동화시켜야만 하였던 힘이었다.

죽음이라는 이 위대한 세상의 주(great lord of the world)에 대한 하나의 상상력은 동아프리카의 빅토리아 니안자(Victoria Nyanza) 지역에 사는 바숨브와(Basumbwa) 부족의 한 전설에서 잘 나타나고 있다. 이 전설은 이미 죽은 아버지가 젊은 아들에게 나타나는 이야기로 시작한다. 그 아버지는 죽음의 소를 몰고서 땅속으로 통하는 길을 따라 아들을 안내한다. 사람들이 많이 있는 장소에 도달한 뒤, 거기서 아버지는 아들을 숨기고 어디로인가 떠나버렸다. 아침이 되자 '위대한 죽음의 주(the Great Chief Death)'가 나타났다. 그의 반쪽은 아름다웠으나 다른 반쪽은 썩어 있었고, 거기서 구더기가 땅에 떨어지고 있었다. 시중드는 사람들이 그 구더기들을 모으고 있었다. 그들은 죽음의 주의 문드러진 곳을 물로 씻었고, 그 일이 끝나자 죽음의 주가 이렇게 말하였다. "오늘 태어난 사람이 장사하러 떠난다면 강도를 만나 약탈당할 것이다. 오늘 임신한 여인은 아이와 함께 죽을 것이다. 자신의 밭에서 일하는 남자는 수확물을 잃을 것이다. 오늘 정글 속에 들어가는 사람은 사자에게 잡혀 먹힐 것이다." 그러나 다음날 아침에 죽음의 주는 다시 나타났고, 그의 수행원들은 죽음의 주의 아름다운 반쪽을 씻고 기름으로 마사지하면서 향수를 발랐다. 그들이 그 일을 끝마쳤을 때, 죽음의 주는 이렇게 축복의 말을 하였다. "오늘 태어난 사람은 부자가 될지어다! 오늘 임신한 여인은 장수할 아이를 낳을지어다! 오늘 태어난 사람은 시장에 보내라! 그러면 그는 유리한 계약을 성사시키고, 장님과 거래하게 될 것이다. 정글로 들어가는 남자는 사냥감을 얻게 되고, 코끼리도 발견하게 될 것이다. 왜냐하면 오늘은 내가 축복을 내리는 날이니까."

아버지가 아들에게 말하였다, "네가 어제가 아니라 오늘 도착하였더라면 너의 수중에 많은 것이 들어왔을 것이다. 그러나 이제 가난이 너의 운명으로 정해졌다. 그것은 분명하다. 따라서 너는 내일 떠나는 것이 좋겠다." 그래서 아들은 그곳을 떠나 집으로 돌아왔다.[89]

아프리카에서 아주 멀리 떨어진 태평양 한가운데의 하와이 제도에서도 사자(死者)의 나라는 땅의 갈라진 틈을 통해서 들어가는 것으로 여겨졌다. 하와이 사람들은 이런 틈을 "버려진 곳(casting-off places)"이라고 불렀고,[90] 사람이 거주하는 지역마다 이 틈이 있다고 생각하였다. 죽은 자의 영혼이 그곳에 도착하면 나무 하나를 발견하게 된다. 그런데 그 나무 주위에는 어린아이들이 모여 있고, 그들이 길의 방향을 알려준다고 한다. 나무의 한쪽은 싱싱하고 푸르지만, 나머지 한쪽은 마르고 부서지기 쉽다. 한 이야기에 따르면, 죽은 자의 영혼은 나무의 마른 쪽을 붙잡고 꼭대기로 기어올라야 하고, 또 같은 쪽을 붙잡고 아이들이 방향을 가리키는 곳으로 내려와야만 한다. 만약 싱싱한 쪽을 붙잡고 올라가면, 나무는 부러지고 영혼은 멸망의 땅으로 떨어질 것이다.[91] 그러나 다른 이야기에 따르면, 붙잡아야 하는 것은 마른 부분이 아니라 싱싱한 부분이다. 영혼이 그 싱싱한 부분을 잡으면, 나무가 부러지면서 그 영혼은 "하계(下界)에 이르는 미로" 속으로 던져질 것이다.[92]

그 입구에 서 있는, 속임수의 가지를 가진 나무는 매우 인상적인 이미지를 우리에게 제공한다. 거기서는 죽은 것처럼 보이는 것이 살아 있는 것으로 판명되고, 반대로 살아 있는 것처럼 보이는 것은 죽은 것으로 판명되기 때문이다. 그 어디서나 노인들로 하여금 자발적으로 죽음이라는 어두운 문으로 들어가게 만드는 것은 희망의 이미지이다. 그러나 모든 사람이 이 문을 통과할 수 있는 것은 아니다. 죽음의 비밀을 이해하는 자만이 통과할 수 있다. 죽음은 우리가 삶이라고 알고 있는 것의 다른 측면이고, 아이가 성숙한 어른의 세계로 나아가기 위해서는 반드시 유년기를 떠나야 하는 것처럼, 죽음으로 나아갈 때는 삶을 떠나야 한다는 것이 바로 그 비밀의 내용이다.

하와이 사람들에게는 사후 세계에 대한 몇 가지 이미지가 있었다. 그들의 생각에 따르면, 대부분의 영혼들은 거처를 갖지 못한 채, 황무지를 방황하고 있으며, 살아 있는 사람의 몸속으로 들어가기도 한다. 어떤 영혼들은 상어, 뱀장어, 도마뱀, 혹은 올빼미의 몸속으로 들어가서 살아 있는 사람들의 수호신이 되어 그들을 돕는다. 그러나 속임수의 나무를 완전히 성공적으로 통과한 영혼들에게는 지위에 따라(하와이 사람들은 지위에 대하여 세심한 신경을 쓰기 때문에) 그에 적합한 거처가 주어진다. 그리고 이 특권적인 영역에 거처하는 영혼들은 스포츠——살아 있을 당시에 행하였던 것과 같은 위험한——를 즐긴다. 그리고 그곳에서는 물고기와 토란(土卵), 얌, 코코넛, 바나나 등과 같이 경작이 필요하지 않은 먹을거리들이 넘쳐난다. 이런 사후 세계들 가운데 가장 높은 곳에 위치한 것은 화산-여신 펠레(Pele)의 산 정상에 있는 불타는 분화구 안에 있다. 그곳에는 고통이 전혀 없고 오직 순수한 즐거움만 있다.[93]

폴리네시아인의 이런 전사-낙원(warrior-paradise)의 분위기는 게르만 전사들의 신, 보탄(Wotan[Odin, Othin])이 거주하는 전사-전당의 분위기와 비슷하다. 아이슬란드의 전사-시인, 스노리 스튀를뤼손(Snorri Sturluson)의 『산문 에다(Prose Edda)』에는 다음과 같은 구절이 보인다. "전사들이 싸우고 있지 않을 때, 그들의 오락거리는 무엇인가? 그들은 매일같이 옷을 입자마자, 무기와 갑옷을 입고 경기장으로 나아가 싸우고 서로를 쓰러뜨린다. 그것이 그들의 오락이다. 점심시간이 가까워지면 그들은 모두 말을 타고 발할라 전당으로 돌아와서 먹고 마신다."[94] 거기에서는 오딘의 딸들인 발키리에가 포도주와 음식 시중을 든다.[95] 금빛이 그 전당을 비추고, 칼이 불 대신 사용된다.[96]

한쪽 부분은 싱싱한 듯 보이고 다른 한쪽 부분은 말라죽은 듯 보이는 하와이의 속임수의 나무는 에다의 세계 나무(World Ash), 곧 이그드라실(Yggdrasil)을 연상시킨다. 이그드라실의 몸통은 회전하는 천국들의 축이며, 그 꼭대기에는 세계 독수리(World Eagle)가 앉아 있고, 그 가지들에서는 네 마리의 수사슴이 뛰어다니면서 잎사귀들을 뜯어먹고 있다. 그리고 우주 뱀(Cosmic Serpent)이 그 뿌리를 갉아먹고 있다.

> 이그드라실 물푸레나무는 고통을 겪는다.
>   우리가 상상할 수 있는 것보다 더 심한 고통이다.
> 위에서는 사슴이 뜯어먹어 썩어가고 있으며,
>   아래에서는 용이 갉아먹고 있다.[97]

이그드라실은 모든 나무 가운데 가장 크고 가장 좋은 것이며, 신들은 이 물푸레나무에서 매일 판결을 내린다. 그 가지는 전세계로 뻗어 있으며 하늘 위로 솟아 있다. 그 뿌리는 심연을 꿰뚫는다. 그리고 그 이름, 이그드라실은 "이그(Ygg)의 말"을 의미하는데, 이그는 오딘의 다른 이름이다. 이 위대한 신은 한때, 자기 자신에게 희생을 바친다는 의미에서, 그 나무에 아흐레를 매달려 있었다.

> 나는 바람에 휘날리는 나무 위에서
>   9일 밤을 꼬박 매달려 있었다.
> 창에 찔린 채, 오딘에게 바쳐졌다.
>   나를 나 자신에게 바친 것이다.
> 그 뿌리가 어디로 뻗어있는지 아무도 알지 못하는
>   그 나무 위에서 말이다.[98]

여기에서는 죽음의 신비에 관한 희망과 공포 그리고 깨달음을 표현하기 위하여 적절히 고안된 일련의 이미지들이 분명하게 나타나고 있다. 그런 것들은 전세계의 수많은 지역에서 죽음이라는 어두운 문에 직면하였던 사람들의 마음속에 자연히 일어났을 것이다. 그리고 죽어 있는 동시에 살아 있는 사람이나 나무의 이미지는 그것들만 별도로 나타나는 것이 아니라 언제나 그와 연관된 주제들과 함께 나타난다. 그렇기 때문에 우리는 선사시대에 하나의 신화-제작 중심지에서 전세계의 나머지 지역으로 퍼져나갔던 그 징후의 흔적들을 찾아서는 안 되는가? 우리가 앞에서 살펴본 성인식에서는 나무 및 큰 막대기와 관련된 양성구유의 이미지들이 발견되었다. 그런데 이 에다의 신화에서도 다시 나무 및 이중적 관념 연합이 나타나고 있는 것이다. 물론 여기서는 남성과 여성의 이원성이 아닌 삶과 죽음의 이원성이다. 이 두 이원성은 신화적으로 서로 연결되어 있는가? 그것들의 연결 가능성을 보기 위해서는 성서에 나오는 첫 아담을 생각해보기만 하면 된다. 그는 아담과 이브가 되었고 선악과에 의해서 타락하였으며, 그 결과 이 세상에 죽음과 그것의 대응물인 생식 과정이 들어왔다. 여기에 두번째 아담의 형상인 예수 그리스도, 즉 십자가라는 "나무" 위의 죽음으로 인간에게 영원한 생명을 가져다준 그리스도를 덧붙여 생각해보라. 그러면 다양한 측면을 가진 이미지의 구조화에서 핵심이 되는 열쇠가 발견될 것이다. 그것은 다름 아니라 문지방(threshold) 이미지이다. 이 이미지는 사람들이 심리적 불안을 극복하도록 하기 위하여 서로 대립되는 쌍들을 통합하는 방식을 취한다. 그렇다면 그것은 자연적으로 생겨나는 시적 영감처럼 세계 각지에서 독자적으로 생겨난 것은 아닐까? 땅에 난 틈이나 굴을 통해서 들어가는 사자의 나라라는 하계의 관념도 역시 자연적으로 생겨난 것으로 충분히 볼 수 있을 것이다. 미로와 물의 심연이라는 동기들도 마찬가지이다. 우리는 이미 이러한 이미지들을 어린 시절의 세계 이해와 세계 경험에서 비롯된 각인들로 볼 수 있다고 언급한 바 있다.* 여기서 다시 한번 우리는 유아기의 각인이 지닌 힘이라는 미묘한 심리학적 문제와 바스티안의 근본적 관념 이론과 마주치게 된다.

  노년기가 다가오면 그 육체는 오래전의 성인식에서 정해진 남성적인 과업을 제대로 수행하지 못하게 된다. 그러면 정신 에너지는 이전의 유년기 시절로 퇴보하거나 역행하게 되는 것일까? 또 나이가 들면, 그리움의 대상이면서도 두려운 어머니의 자궁과 무서운 아버지라는 옛 맥락이 다시 활성화되는가? 따라서 우리는 노년기를 "제2의 유년기(second childhood)"라고 부르는 예로부터의 표현이 뜻밖에도 깊은 통찰력을 담고

---

* 80-90쪽 참조.

있다고 말할 수 있는가? 아니면, 나이가 듦에 따라 사람들의 마음이 지역적인 관심으로부터 벗어나기 시작하여(이때쯤엔 그러한 종류의 관심이 모두 소진되어), 다음 경계선의 신비를 심각하게 숙고하는 쪽으로 자연스럽게(사람은 죽음이 다가온다는 것을 아는 유일한 동물이므로) 이동하는 것일까? 다음 세계의 신비에 대한 숙고는 지역적 상황의 산물이 아니라 인류 공통의 운명이다. 따라서 유아기의 이미지처럼 그렇게 강력하고 지속적인 성격을 지니면서 노년기에 나타나는 그 경험은, 어떤 열려 있는 심리적 기제에 보편적으로 작용하는 인상이라고 말해도 좋은가? 어느 경우나 가능할 것이다. 아니 두 경우가 동시에 가능할 수도 있다. 어느 쪽이든, 노년기의 관심은 지역적인 준거 체계에서 인간의 보편적인 준거 체계로 이동한다. 집이나 마을이나 밭의 경계선에 대한 관심은 사라져가고, 어두운 신비의 어떤 윤곽이 마음의 바깥과 안에 있는 밤으로부터 점차 나타난다. 마음은 새로운 과제를 부여받게 된다. 그런데 그것은 고통과 환희처럼 인류의 경험에서 중대하고 불변하는 요소이다. 그리고 신화의 형성에서 이 요소가 지니고 있는 힘——오지의 사람들에게서도 나타나는——은 우리의 연구에 반드시 포함되어야 한다.

원시 사회이든 문명 사회이든, 장년층은 그들 자신과 자식들뿐만 아니라 그들의 부모와 조부모의 육체적 생존까지 책임지느라 바쁘다. 따라서 종교적 형식의 보존은 대개 노인들의 몫이다. 더욱이, 대부분의 사회에서는 부모들이 땅을 일구고 실을 잣는 동안, 노인들은 어린이들을 돌보고 그들과 놀면서 대부분의 시간을 보낸다. 그러므로 노인은 자신의 마음속만이 아니라 외부에 존재하는 영원성의 영역으로 돌아오게 된다. 그리고 어린이와 노인 사이에 존재하는 높은 친밀성은 그들이 공유하는 어떤 비밀스러운 지식에서 나오는 것으로 보인다. 그것은 다름 아니라 영원하고 참으로 현명한 시적 놀이에 관심을 가진 사람은 그들 사이에 끼인 바쁜 세대가 아니라 그들 자신이라는 지혜이다. 우리는 우주의 유지자인 실라의 지혜에 관하여 늙은 샤먼 나자그네크가 말한 것을 듣지 않았는가? "그분은 너무 위대해서 그가 인간에게 건네는 말은 일반적인 단어들을 통해서 들려오는 것이 아니라, 폭풍과 눈과 폭우와 바다의 거센 파도 같은, 인간이 두려워하는 모든 힘들을 통해서 오거나 아니면 햇빛이나 고요한 바다 또는 아무것도 모르고 노는 천진난만한 어린이의 입을 통해서 옵니다."

노년기라는 인생의 마지막 황혼에서 모든 인간이 직면해야 하는 문제, 즉 저항할 수 없는 죽음의 왕(King Death)의 접근에 대해서 최근에 가장 심오한 분석적 고찰을 행한 사람은 지그문트 프로이트가 아니라 카를 융이다. 융은 한때 이렇게 썼다.

> 인간은 그의 장수(長壽)가 인류라는 종에게 아무 의미가 없다면 분명히 70세나 80세까지 살지 않을 것이다. 인생의 오후는 그 자체로 중요한 의미를 가지고 있음에 틀림없다. 그 시기는 인생의 오전에 매달린 가엾은 부가물에 불과할 리가 없다. 오전의 의미와 중요성은 의심할 여지없이 개인의 발달, 외부 세계에 자신만의 굳건한 영역을 구축하는 것, 자식을 낳아 종을 번식시키고 자식을 돌보는 것에 있다. 그러나 이 목적이 달성되었을 때—— 그리고 달성된 것 이상일 때——돈벌이와 정복 그리고 생명의 연장을 이성과 상식의 한계를 넘어서까지 계속 가속화시켜야 하는가? 자연의 목적에 합치하는 아침의 법칙을 오후까지 연장하는 사람은 그 행위의 대가로 자신의 영혼에 손해를 끼치게 된다. 그것은 마치 어린이 같은 자기중심성을 끝까지 버리지 않으려는 성장기의 젊은이가 그 실수의 대가로 사회적 실패를 경험하게 되는 것만큼 확실하다. 돈벌이와 사회 생활 그리고 가정과 자손의 번식은 자연의 영역에 속하는 것이지, 결코 문화에 속하는 것이 아니다. 문화는 자연의 목적과 의도를 초월하여 존재한다. 혹시 문화가 인생 후반기의 의미와 목적이 아닐까?
>
> 원시 부족 사회에서는 노인들이 거의 언제나 신비와 율법의 수호자이며, 그 부족의 문화적 유산은 이러한 신비와 율법 속에 표현되어 있다.[9)]

융은 종교 영역에 임상적인 용어를 사용하는 것에 양해를 구하면서 다음과 같이 말하였다. "의사로서 나는 사람들이 죽음에서 어떤 추구할 만한 목적을 발견하는 것이 정신 건강에 좋다고 확신한다. 죽음을 외면하는 것은 인생의 후반기에서 그 목적을 빼앗는 불건강과 비정상의 징후라고 생각한다. 그러므로 나는 내세에 대한 종교 교리가 정신 건강의 관점과 일치한다고 생각한다. 앞으로 2주 이내에 내 머리 위로 무너져 내릴 거라고 알고 있는 집에 살 때에는, 내 생명의 기능 모두가 이 생각 때문에 손상될 것이다. 그러나 만약 반대로, 내가 안전하다고 느낀다면, 나는 정상적이고 편안한 마음으로 거기에 머물 수 있다. 그러므로 정신요법의 관점에서는 죽음을 과도기──그 범위와 지속 기간이 우리의 지식을 벗어나는 생명-과정(life-process)의 일부분──일 뿐이라고 생각하는 것이 바람직하다." 그리고 사실, 융 박사가 지적하고 우리 모두가 잘 알고 있듯이, "아주 먼 옛날부터 대부분의 사람들은 생명의 지속에 대한 믿음이 필요하다는 사실을 느껴왔다. 왜 몸이 소금을 필요로 하는지를 아는 사람은 거의 없지만, 그럼에도 불구하고 모든 사람은 본능적인 충동 때문에 소금을 필요로 한다. 정신의 영역도 마찬가지이다. 그러므로 심리 치료는 우리를 어떤 샛길로 인도하는 것이 아니라, 인류가 밟아왔던 도로의 한가운데로 이끈다. 따라서 우리는 생명의 의미에 관하여 바르게 생각하고 있는 것이다. 비록 우리가 무엇을 생각하는지 이해하지는 못할지라도 말이다."[100]

이런 발언들 때문에 융 박사는 신비주의자라는 평판을 얻었다. 그렇지만 일상 업무에 시달려 마음이 각박해지고 있는 사람에게 취미 생활을 권고하는 것이 신비주의적 권고가 아니듯이, 융 박사의 발언은 결코 신비주의적이지 않다. 그는 단지 인생의 오후에 처해 있는 사람에게는 죽음의 왕에 대한 상징이 정신 에너지의 발전적 성향, 즉 성숙에 도움이 된다는 것을 말하였을 뿐이다. 더구나 융은 그런 상징적 형식의 힘이 지닌 궁극적 비밀을 "이해"하는 것이 필요하다고 생각하지 않았고, 가능하다고 생각하지도 않았다. 그는 이렇게 묻고 있다.

우리는 우리 자신이 생각하는 것을 항상 이해하는가? 우리는 단순한 방정식과 같은 사고만을 이해하는데, 그러한 방정식에서는 우리가 집어넣은 것 외에는 아무것도 나오지 않는다. 그것이 지성의 활동 방식이다. 그러나 그런 사고 작용 너머에, 근본적인 이미지들──역사적 인간보다 더 오래된 상징들——속의 사고가 있다. 이 근본적 상징들은 아주 먼 옛날부터 인간의 마음 안에 뿌리 깊게 존재해왔고, 영원히 현존하며, 앞으로 올 모든 세대보다 오래 존속하고, 지금도 인간 심리의 토대를 이루고 있다. 우리는 이런 상징들과 조화를 이루어 살 때에만 가장 충만한 삶을 영위할 수 있다. 지혜란 그 상징들로 돌아가는 것을 뜻한다. 그것은 신앙의 문제나 지식의 문제가 아니라, 무의식의 근본적 이미지에 우리의 사고가 동의하느냐의 문제이다. 그것들은 우리의 의식적인 생각 전체의 근원이며, 이런 근본적 이미지들 가운데 하나가 바로 육체의 죽음 이후에도 생명이 지속된다는 관념이다.[101]

이 진술은 근본적 관념의 이론을 가장 철저하게 지지하는 것으로 보인다. 여기서 그 일반 이론에 덧붙여진 새로운 주요 주제들은 삶을 증진시키는 이런 관념들의 진보적 영향력 그리고 인생의 후반기에 그 관념들이 획득하는 새로운 가치이다. 융 박사가 그렇게 자주 말한 것처럼, 이 시기에는 "사람의 가치관뿐만 아니라 심지어는 그의 육체까지도 정반대로 되는 경향이 있다."[102] 늙은 남자들은 여성적으로 되고, 늙은 여자들은 남자처럼 된다. 삶에 대한 공포는 죽음에 대한 공포가 된다. 그러므로 노인들이 이제 붙잡고 고통스럽게 올라가야 하는 것은 우주적 나무——여러 층의 천국들이 그것을 축으로 하여 돌고 있는——의 싱싱한 가지가 아니라 마른 가지이다.

그러나 죽음의 왕에 대한 신화적 상징에 어떤 일반적인 심리학적 해석을 내리기 전에 주목해야 할 커다란 난점이 있다. 경험이 많은 인류학자라면 쉽게 증명할 수 있듯이, 경험의 각인들이나 죽음의 신비와 관련된 이미지들은 그 어느 것도 보편적이지 않기 때문이다.

레오 프로베니우스(Leo Frobenius)는 전세계의 원시 부족들에서 죽음에 대한 두 가지의 대조적인 태도가 나타난다는 것을 처음으로 지적한 학자였다.[103] 먼저 수렵 부족의 경우부터 살펴보자. 수렵인의 삶의 양식은 살해의 기술에 근거하고 있다. 그들은 죽이고 죽임을 당하는 짐승들의 세계에서 살고 있으므로, 자연적인 죽음이라는 유기체의 경험에 대해서는 거의 알지 못한다. 따라서 이들의 경우에는 모든 죽음이 폭력의 결과로 일어나며, 죽음은 시간적 존재의 필연적 운명이 아니라 주술에 기인하는 것으로 간주된다. 거기서 주술은 다른 사람에게 행할 수도 있지만 자기에게 가해진 주술을 방어하기 위해서도 행해진다. 그리고 죽은 자들은 위험한 영적 존재로 간주된다. 그들은 다른 세계로 보내진 것에 분개하여, 자신들의 불행한 상태에 대한 원한을 살아 있는 사람들에게 풀려고 하기 때문이다. 프로베니우스는 그러한 태도를 이렇게 분명하게 표현하고 있다. "살아 있는 사람이 선을 위하여 행사하는 힘을, 죽은 자는 악을 위하여 행사한다. 그러므로 살아생전에 남보다 나은 사람은, 죽은 다음에는 더 나쁜 사람이 된다. 그리고 살아 있을 당시 남보다 더 힘센 사람이었다면, 그의 시신을 묶는 끈은 더 강해야 하고 시신 위에 놓이는 돌의 무게는 더 무거워야 한다. 요컨대, 더 낫고 더 강한 사람은 죽은 다음에는 더 위험한 유령이 된다."[104] 프로베니우스는 이와 관련된 수많은 예를 제시하고 있다. 죽은 자의 유령이 돌아다니지 못하도록 밧줄이나 붕대 또는 그물로 시신을 묶는 행위, 유령을 몸 안에 가두기 위해서 시신의 몸에 있는 구멍을 모두 막거나 돌무더기 밑에 묻는 행위, 그리고 죽은 날 밤에 곧바로 짐승에게 먹혀 없어지기를 바라는 마음에서 늑대와 하이에나에게 시체를 던져주는 행위 등이 대표적인 예이다.

스펜서와 길렌의 상세한 설명에 따르면,[105] 오스트레일리아의 아란다 부족은 사망자가 발생한 마을을 완전히 불태운다. 그리고 사망자의 이름은 결코 입에 오르내리지 않는다. 또 매우 고통스럽고 힘든 시련이 미망인과 가까운 친척들에게 부과된다. 이는 죽은 자가 충분히 애도의 대상이 되었음을 죽은 자 자신에게 보여주기 위한 시도이다. 마지막으로 무덤 주위에서 망자의 친척들은 떠들썩하게 고함을 지르고 춤을 추면서 땅을 두드리며 서로를 때린다. 이런 행위들은 죽은 자가 살아 있는 사람들을 무섭게 하는 방식으로 다시 돌아오면 안 된다는 것을 고인 자신에게 보여주기 위한 시도들이다. 물론 그가 원한다면 여전히 자신의 친구를 돌볼 수도 있고, 꿈을 통해서 친구들을 점잖게 방문할 수도 있으며, 그들을 해악에서 보호할 수도 있지만 말이다. 이런 종류의 문화적 분위기 속에서는 죽음이, 사회와 고인의 관계에 관한 한 마지막 종점으로 해석된다. 그리고 죽음의 신비는 어느 정도 부인되고 무시되며, 두려움의 대상이 된다. 즉 그것은 심리적으로나 철학적으로 수용되지 못하고 계속해서 도전을 받게 된다. 따라서 노인들은 죽음에 대하여 저항의 태도를 가지게 되며, 끝까지 싸우는 기운찬 늙은 전사의 사고와 감정 패턴을 소유하게 된다.

이번에는 비옥한 대초원과 열대의 정글에 사는 농경인을 살펴보자. 이들에게는 죽음이 생명의 자연스러운 단계이며, 재생을 위하여 씨를 뿌리는 순간에 해당한다. 우리는 이러한 태도의 한 예를 남아프리카와 동아프리카의 원예 부족들에 널리 확산되어 있는 매장 의례와 유골함 의례에서 찾아 볼 수 있다.

노인이 죽으면, 기쁨의 외침이 즉시 대기에 퍼진다. 잔치를 준비하는 동안 사람들은 고인의 인격과 인생 역정에 대해서 논하고, 마지막 몇 년 동안 겪었던 그의 노환에 대하여 애도의 감정을 표현한다. 근처 어딘가에는——대체로 그늘진 작은 숲에——돌로 덮여 있는 구덩이가 있다. 그곳은 조상들의 뼈가 안치된 곳이다. 이제 마을 사람들은 그곳의 뚜껑을 열고 새로 넣을 시체의 자리를 마련하기 위하여 조상들의 뼈를 옆으로 밀어놓는다. 그리고 시신이 특정한 방향을 향하고 특별한 자세를 갖추도록 조심스럽게 놓는다. 시신은 뚜껑을 덮은 그 무덤 속에서 이 상태로 한 계절 동안 방치된다. 시체의 살이 썩어 없어질 만큼 시간이 충분히 흐르고나면, 친족 노인들이 지하 무덤을 다시 연다. 그리고 내려가서 두개골을 꺼내어 밖으로 들고 나와서 농장으로 가져간다. 그곳에서 그것을 물로 씻고, 붉은색을 칠하고, 곡물과 맥주를 공손하게 바친다. 그 다음에는 조상들의 두개골을 모셔놓은 특별한 곳에 그것을 함께 놓는다. 이제부터 고인은 봄이 올 때마다 파종 의례에 참여할 것이고, 가을의 추수 의례에도 참여할 것이다. 사실은 후손들이 파종을 하기 전이나 수확물을 즐기기 이전에도 항상 참여한다. 더욱이, 이 말없는 늙은이는 농장에서 일어나는 모든 일에 참여한다. 표범이 어떤 여인을 죽이거나 농장의 소년이 뱀에게 물리면, 그리고 전염병이 돌거나 가뭄이 들면, 고인의 유골은 언제나 그 사건과 어떤 식으로든 연결된다. 불이 나면 가장 먼저 유골함을 구한다. 성인식이 시작될 때면, 축제용 맥주와 죽을 가장 먼저 유골함에 바친다. 젊은 여성이 시집오면, 최고 연장자가 그녀를 조상들의 두개골이 안치된 단지나 선반으로 데리고 간다. 그러고는 조상의 해골 속에 넣어둔 성스러운 곡식 낟알 몇 개를 집어서 삼키도록 명한다. 이것은 참으로 중요한 풍습이다. 왜냐하면 씨족의 영혼을 담을 이 젊은 새 그릇이 임신할 때, 씨족 공동체의 노인들은 새롭게 자라나는 생명과 시든 생명 사이에 무슨 유사점이 있을지 지켜보기 때문이다……[106]

프로베니우스는 수렵 부족의 태도를 "주술적(magical)"이라고 명명하고, 농경 부족의 태도를 "신비적(mystical)"이라고 명명하였다. 그 이유는, 전자는 유령을 물질적 존재로 이해하는 데서 드러나듯이 준거 영역 자체가 물질적인 반면, 후자는 씨족이라는 실체 안에서 죽음과 생명의 교제라는 심오한 의미를 포착하고 있기 때문이다. 이 신비적 친교의 느낌이나 의미를 말로 표현하려고 하는 사람은 언어적 표현이 불충분하다는 것을 곧 알게 된다. 이 경우에는 침묵 혹은 침묵의 의례가 최선의 방법이다.

하지만 이 신비적 공동체의 정신이 생각해낸 모든 의례가 방금 묘사한 경우만큼 온화한 형태를 취하고 있는 것은 아니다. 뒤에서 곧 보게 되겠지만, 상당수의 의례들은 소름이 끼칠 만큼 끔찍하다. 그러나 잔인한 의례이든 온화한 의례이든 간에, 생명 속의 죽음과 죽음 속의 생명이라는, 변화무쌍하게 돌고 도는 이 이중 이미지의 놀라운 의미가 그 안에 표현되어 있다. 그 이중 이미지의 의미는 바숨브와의 '죽음의 주'——한 부분은 아름답지만, 다른 한 부분은 썩어서 구더기가 땅에 떨어지는——의 형식에서도 표현되었고, 다른 세계로 가는 '버려진 곳'에 있는 하와이의 속임수의 나무——한 면은 싱싱하고 푸르게 보이지만, 다른 면은 마르고 부서지기 쉬운——에서도 표현되었다.

가장 원시적인 농경 부락의 의례 및 신화와 수렵 부족의 그것들을 비교해보면, 농경인들이 훨씬 더 깊은 종교적 감정을 가지고 있고 공동체적 삶에도 훨씬 더 깊이 참여함을 쉽게 알 수 있다. 이에 비하여 수렵인들은 거칠고 억센 개인주의자들이다. 농경인은 그 집단의 신화와 의례를 통해서 혈족의 실체에 대한 그들의 감정을 획득할 뿐만 아니라 행복한 사자(死者)의 나라로 가는 도중에 생기는 위험들을 극복하는 방법을 배운다. 그리고 그들의 신화와 의례 속에서 그 집단과 조상은 연결된다. 조상들은 생생한 의례의 기억 속에서 계속적으로 현존하기 때문이다. 이처럼 산 자와 죽은 자는 단일한 구(球)의 밝은 부분과 어두운 부분에 각각 해당한다. 사실 이 구는 존재 자체이다. 그리고 이 존재의 신비 혹은 경이는 '위대한 주'와 역설적 나무의 이야기에 나오는 상징들이 궁극적으로 가리키는 내용이다.

더욱이, 식물과 그 씨앗의 이미지에서와 같이 단일한 삶의 과정 속에 죽음과 생명이 결합되어 있는 곳에서는, 어린이에서 성숙기를 거쳐 노년기에 이르는 과정이 연령에 의하여 뚜렷이 구별된다. 물론 각 단계에는 특정한 사회적 의무와 기능이 할당된다. 말레쿨라 원주민들의 경우를 예로 들어보자. 이미 살펴보았듯이, 그들의 신화에서는 하계의 입구에 도착한 영혼은 한 영(靈)으로부터 미로의 도안을 완성하라는 도전을 받는다. 그런데 그것은 그가 공동체의 의례에서 평생에 걸쳐 배운 것이었다. 말레쿨라의 남자들에게는 다섯 가지의 연령 단계가 있다. (1) 남자 어린이, (2) 젊은 남자, (3) 중년 남자, (4) 늙은 남자(회색 머리카락), (5) 아주 늙은 남자(백발)이다. 이 단계들은 죽음 이후에도 계속된다. 따라서 유령은 죽을 당시의 연령 단계에 그대로 계속 머문다. 그리고 늙은 남자나 아주 늙은 남자만이 여행의 목적지인 '최후의 사자의 나라(ultimate land of the dead)'까지 갈 수 있다. 그곳은 하와이 족장들의 낙원처럼 거대한 화산의 정상에 위치하고 있으며, 그곳에 있는 사자들은 매일 밤 불꽃 속에서 춤을 춘다.[107] 이와 달리 더 젊은 단계의 남자들은 삶을 통한 죽음의 신비에 이르는 입문식 과정을 끝마치지 못하였기 때문에, 그 입구에 있는 동굴에 머물러 있어야 한다. 앞에서 본 것처럼, 그 동굴 안에는 하와이의 '버려진 곳'에 있는 것과 아주 흡사한 나무——타고 올라가야 할——가 있다.

이처럼, 대조되는 두 죽음의 이미지가 대조되는 두 신화의 세계를 형성하였다. 하나는 동물계의 생명과 죽음의 충격, 인상, 또는 우파디로부터 비롯되었고, 다른 하나는 식물의 죽음과 재생의 주기라는 모델로부터 비롯되었다.

첫번째 영역에서는 최고의 경험 대상이 동물이다. 동물이 살해되면, 그 살은 인간에게 먹혀서 인간 신체의 일부가 되고, 이빨은 그의 장식물이 되며, 가죽은 옷과 천막의 재료가 되고, 힘줄은 밧줄의 재료로, 뼈는 도구로 이용된다. 죽음, 도살, 요리, 무두질, 바느질 기술의 매개를 통해서, 동물의 생명은 인간의 삶 속으로 완전히 이전된다. 그러므로, 게자 로하임이 말하였듯이, "죽임을 당한 것은 무엇이든 아버지가 된다"는 것이 맞다면, 수렵인의 신화에서 동물들이 영적인 아버지로 숭배되는 것도 전혀 놀랄 일이 아니다. 토템은 동물이면서도 인간이기도 한 기이한 이중 이미지이다. 같은 이름을 가진 씨족과 동물의 종(種)이 그것에서 나왔다고 간주되며, 그것은 수렵 부족의 사회적 사유에서 핵심적 상징 역할을 하고 있다. 이러한 토템의 수수께끼는 이 법칙으로 완벽하게 해석된다. 아버지가 아들의 모델이듯, 동물은 사냥꾼의 모델이기 때문이다. 어쩌면 경이로운 놀이(호이징가)로서, 아니 차라리 "사로잡힘"(프로베니우스)으로서,* 인간의 세계 전체가 동물의 세계와 연결된다. 식물의 모델에 집착하는 세계관을 가진 사람들은 이러한 것을 도저히 상상하기 어려울 것이다. 이런 유형의 신화, 즉 원시 수렵인에 대한 신화의 역사와 분포 그리고 주요 구조는 제3부에서 논의할 것이다.

제2부에서는 근동과 유럽 그리고 아시아의 고등 신화가 '죽음의 주' 및 우주적 나무의 원시적 이미지와 어떤 관계에 있는지를 추적할 것이다. 수렵인의 신화보다는 이 신비적인 신화가 우리 현대인의 감성에 더 가깝다. 그러한 신화 안에서, "훨씬 더 깊이 혼합된 어떤 것"이 시간적 현현을 통하여 교대로 나타나는 국면은 바로 삶과 죽음으로 이해된다. 그러나 대조되는 이 두 신화 가운데 어느 한쪽이 더 오래되었다고 할 수는 없다. 적어도 우리 연구의 작은 양초 불빛이 과거라는 우물 속으로 깊이 들어가는 한, 두 신화의 자취를 모두 발견할 수 있을 것이다.

---

* 36-37쪽 참조.

그렇다면 이제 근본적 관념과 종족적 관념에 관한 바스티안의 심리학적 이론에 대하여 어떻게 말해야 할까? 서로 반대되는 두 신화가 단일한 심리학적 유산으로부터 비롯되었다고 주장할 수 있을까?

그렇다고 할 수 있다. 왜냐하면 개별적 인생의 최초 단계에서는 어머니와 아버지의 이미지가 모두 모순된 특성들——위협적이면서도 보호하는, 악의적이면서도 인자한——과 관련되어 있듯이, 인생의 후반기에는 죽음의 이미지도 모순적 특성을 지니고 있기 때문이다. 한 개인의 인생에서 정신과 그것의 꿈에 대한 궁극적 구조를 결정하는 것은 상황에 따라 다르게 나타난다. 어떤 경우에는 부모 이미지의 부정적인 측면이 결정하고 어떤 경우에는 긍정적 측면이 주도한다. 이와 마찬가지로 죽음에 대한 성인의 태도에서도 사나운 동물의 교훈과 온화한 식물의 교훈은 서로 다른 결과를 초래한다. 전자의 경우에는 죽음에 대하여 부정적 태도를 취할 것이며 후자의 경우에는 긍정적 태도를 취할 것이다. 근본적 관념(Elementargedanke)은, 신화 속에서 그 자체가 직접적으로 나타나는 경우는 없고, 언제나 각 지방의 종족적 관념이나 형태(Völkergedanke)를 통해서 표현된다. 이것들은 지역적 환경에 따라 결정되므로, 저항의 태도를 반영할 수도 있고 동화의 태도를 반영할 수도 있다.

그러므로 신화의 이미지는 인간이라는 종이 지닌 비밀 전체의 직접적 표현일 수는 없으며, 단지 하나의 삶의 자세이자 놀이 방식일 뿐이다. 그런데 그런 놀이의 규칙이나 형태를 포기하는 곳에서는 신화가 소멸한다. 그리고 그와 함께 생명도 소멸한다.

제2부 원시 농경인의 신화

제3장 고등 문명의 문화 영역

　최근의 고고학적 성과에서 가장 흥미로운 것 가운데 하나는 근동 지역에서의 발굴 작업이 지속적인 발전을 거듭하고 있다는 사실이다. 요즈음 이 발굴 작업은 최초의 신석기 문화 형식의 기원과 확산 경로에 초점을 맞추고 있다. 우리의 주제와 관련하여 이 작업이 지니는 중요한 결과를 소개하기 위해서는 우선 다음과 같은 사실을 지적하는 것으로 충분할 것이다. 즉 전세계의 고등 문명을 지탱하는 가장 기본적인 경제 형태인 농경과 목축 기술이 기원전 7500년에서 4500년 사이에 근동 지역에서 처음으로 출현하였으며, 이 중심부에서부터 넓은 띠 모양을 그리면서, 이 기술보다 훨씬 불확실한 지탱 능력을 지녔던 수렵과 채집 문화를 대체해 나갔던 것이다. 기원전 2500년경이 되면 이 기술은 아시아의 태평양 해안과 유럽 그리고 아프리카의 대서양 해안으로까지 확산된다. 그동안, 즉 기원전 3500년에서 2500년 사이에 근동의 중심부는 더욱 발전하였다. 이 시기에 고대 고등 문명의 가장 기본적인 요소들——문자, 바퀴, 달력, 왕권, 사제 제도, 사원의 상징, 조세 제도 등——이 출현하였고, 이 두번째 발전 단계에 독특한 신화적 주제들이, 기술적 발전과 함께 이미 확산된 길들을 따라 비교적 급속한 속도로 전파되었다. 그리고 태평양과 대서양 해안은 이러한 문명의 성과를 다시 한번 받아들이게 되었던 것이다.

1. 원(原) 신석기 : 기원전 7500-5500년경

이러한 중요한 사회 변화의 첫번째 국면은 19세기 중반 도로시 개로드(Dorothy Garod)가 팔레스타인 지역의 카르멜산 동굴에서 발굴한 일련의 물품들에 잘 나타나고 있다.[1] 그녀가 발굴한 것과 유사한 물품들이 그후 계속하여 발굴되었는데, 남쪽으로는 이집트의 헬완, 북쪽으로는 베이루트와 야브루드, 동쪽으로는 이라크의 쿠르드 언덕에까지 분포되어 있다. 고고학에서는 이러한 물품들을 생산한 산업을 나투피안(the Natufian) 산업이라고 부르는데, 기원전 8000년에서 5000년 사이에 거의 모든 지역에서 번성한 것으로 보인다. 그렇지만 이 산업이 발달한 연대를 정확하게 추정하는 것은 몹시 어려운 작업으로 남아 있다.* 우리는 이처럼 모호하게 정의된 시기를 원-신석기(proto-neolithic)라고 부르고, 이러한 발전 단계를 "마지막 단계의 채집 사회(terminal food-gathering)"라고 부를 것이다. 발굴물을 보면, 이들은 유목 혹은 반유목 상태의 수렵 부족으로서, 후기 고(古)-세석기(paleo-microlithic) 유형의 석기와 뼈 도구를 많이 사용하고 있다. 그러나 이들은 마을에 정착하여 산 것이 아니라 곡물과 비슷한 풀들로 식량을 보완한 것으로 보인다. 발굴지에서 발견된 돌낫의 칼날은 당시에 수확 작업이 행해졌음을 암시하고 있다. 그리고 돼지, 염소, 양, 황소, 그리고 그와 비슷한 동물의 뼈가 수없이 많이 발견되었다. 이는, 나투피안 시대에는 아직 동물을 사육하지 않았다고 하더라도, 나중에 모든 고등 문화에서 필수적인 가축이 되는 동물들을 도살하고 있었음을 보여준다. 이처럼 그들의 생활양식은 채집과 농경의 과도기에 있었다.

그러나 기초적인 농경 기술의 기원에 관한 핵심적인 고고학적 문제는 아직 베일에 가려져 있다. 즉 근동 지역의 발굴물이 전세계적으로 나타나는 농경과 목축의 첫번째 단계를 실제로 대표하는지, 아니면 문화접촉

---

* 월터 페어서비스 주니어(Walter A. Fairservis, Jr., "The Ancient East", *Natural History*, November 1958, 505쪽)에 따르면 기원전 8000년이지만, 로버트 브레이드우드(Robert J. Braidwood, *Primitive Men*, Chicago Natural History Museum, 3rd edition, 1957, 113쪽)에 따르면 기원전 4500-5500년이다. 우리가 제시한 기원전 7500-5500년이 잠정적으로는 설득력이 있어 보인다.

의 주변 지대인 그곳의 유목 수렵인이 그 밖의 다른 곳에서 파생한 관념과 요소들을 단지 피상적으로 수용한 것에 불과한지 하는 문제가 아직 해결되지 않고 있다.

최근 10년 사이에 점차 영향력을 행사하고 있는 견해를 볼 때, 후자가 더욱 가능성이 높다. 이러한 추론에 따르면, 최초의 식물 재배는 광활한 적도 지대에서 시작한 것으로 보아야 한다. 적도 지대에서는 아주 먼 옛날부터 식물의 세계가 인류의 의식주뿐만 아니라 삶의 경이에 대한 모델도 제공해왔기 때문이다. 생장과 소멸 그리고 꽃과 씨의 순환 속에 있는 식물의 세계에서는 죽음과 삶이 지고한 불멸의 힘에 대한 하나의 변형으로서 나타나기 때문이다.* 오늘날 우리는 이 광활한 지역에서 잘 확립되어 있는 정착 생활의 양식을 볼 수 있다. 거기에서는 얌, 코코넛, 바나나, 토란(土卵) 등을 재배하는 원예 경제만이 아니라, 직사각형 박공 구조의 오두막, 통나무를 쪼개서 만든 북, 북을 두들겨 소식을 전하는 방식, 특별한 종류의 비밀결사, 문신, 활과 깃털 달린 화살, 남아프리카와 동아프리카를 묘사할 때 언급한 것과 같은 매장 형태과 해골 숭배,** 새와 뱀과 악어에 대한 숭배, 정령을 모신 기둥과 오두막, 불을 만드는 특별한 방식, 야자나무의 섬유질과 나무껍질로 옷을 만드는 방식 등으로 대표되는 독특한 문화적 조합(assemblage)이 보인다.[2] 이러한 요소들에다가, 공동으로 행하는 동물 공희와 인신 공희에서 절정에 달하는 정교한 의례 전승, 말레쿨라 섬의 미로를 지키는 수호자의 신화와 여러 면에서 유사한 사자(死者)의 나라로의 여행에 관한 신화, 다양한 민담을 지닌 놀라운 공동체, 그리고 마다가스카르 섬에서부터 남동아프리카의 해안을 거쳐 이스터 섬(Easter Island, 남태평양의 타이티와 남미 대륙 사이에 있는 섬으로 에쿠아도르의 영토/역주)[3]에 이르는 단일한 언어 복합(말레이-폴리네시아어)을 덧붙여보라. 그러면 공통의 영역을 논증할 수 있는 상당히 많은 토대가 확보될 것이다. 더구나 고도로 발전한 농업 양식이 출현한 페루와 중앙아메리카——이 지역에서는 옥수수가 주곡이지만 50개 정

---

* 153-156쪽 참조.
** 154-155쪽 참조.

도의 다른 곡물도 재배하며, 라마와 알파카(페루), 칠면조(멕시코)를 기른다. 그리고 이 광활한 지역의 중간 지역(인도차이나와 인도네시아를 중심으로 하는 남동아시아 부근)에서는 쌀, 콩, 물소, 가축이 중요한 산물이다——가 이 영역의 동쪽 끝에 접하고 있다는 사실을 주목하면(이 점은 특히 중요하다), 많은 학자들이 단일 문화 영역의 개념을 발전시킨 것은 놀라운 일이 아니다. 이 학자들은 이 단일 문화 영역으로부터 그리고 이 영역과 관련하여 세 개의 주요한 곡물 농업, 즉 남동아시아(벼), 근동(밀과 보리), 페루와 중부아메리카(옥수수)의 모체가 형성되었다고 본다.

근동 지역을 단계적으로 탐사하는 고고학자들은 거기에서 신석기 시대 촌락의 궁극적 기원을 밝힐 수 있다고 믿고 있다. 적어도 아프리카-유럽 반구에 한해서는 말이다. 이들의 견해에 따르면, 남동아시아 지역은 근동 중심부에서 전파된 기술 체계를 토착적 방식으로 채택한 것에 불과하다. 이와 달리 페루와 중앙아메리카 고등 문명의 기원을 탐색하는 학자들은 대체로 이 지역의 문화가 마다가스카르 섬-이스터 섬 축에서 전형적으로 나타나는 원시적 원예 복합과는 독립적으로 발전하였다고 믿고 있다. 이 문제는 매우 복잡하며, 어떤 이유 때문인지 이 논쟁은 감정적으로 치닫는 경향마저 있다. 이 문제에 대해서는 다음 장에서 다시 논하도록 하고, 대신 여기서는 이 복잡한 이야기의 근동 부분을 간략하게 재구성하는 데 초점을 맞출 것이다.

2. 기초(Basal) 신석기 : 기원전 5500-4500년경*

근동 중심부의 두번째 발전 단계는 기원전 5500년에서 4500년에 이르

---

* 기원전 8000년경의 여리고에 읍 수준(town-level)의 촌락이 형성되었다는 주장이 최근에 제기되었다. 만일 이 주장이 맞다면, 기초 신석기 시대의 상한선은 기원전 7000년경으로 올라가야 할 것이다. 그러나 이 분야의 권위자들 상당수가 이러한 주장에 대해서 의문을 던지고 있다. 가령, 브레이드우드의 앞의 책, 120쪽이 그렇고, 로버트 에리히(Robert W. Ehrich)가 편집한 Relative Chronologies in Old World Archaeology(Chicago:

는 1,000년의 기간이며, 이 시기는 기초 신석기 시대라고 부를 수 있다. 이 시기에는 원예 경제에 근거한 촌락의 정착 생활이 중심부에 확고하게 자리 잡게 되며, 당시의 주곡은 밀과 보리이고 주요 가축은 돼지와 염소 그리고 양과 황소이다(개는 이보다 훨씬 빠른 시기인 기원전 1만 5000년 경에 가축에 포함되었으며, 후기 구석기 수렵인의 조수 역할을 하였다). 그리고 도기와 직물, 목공과 가옥 건축 기술도 새롭게 등장하였다. 이 시기에는 이미 여성의 역할이 사회적으로나 상징적으로나 훨씬 더 증대되었을 것이다. 수렵 시대에는 부족의 생계를 유지하는 데 주요한 기여자가 남성이었고 여자는 대체로 잡일에 종사하였으나, 이제는 여성의 경제적 기여가 더 중요하게 되었다. 여성은 씨를 뿌리고 곡물을 수확하는 일에 참여——어쩌면 더 주도적인 역할을——하였으며, 또한 생명을 낳고 기르는 자로서, 대지의 생산성을 상징적으로 돕는 존재로 간주되었다.

그러나 이 시기 여성의 사회적·종교적 위치에 대해서 확신 있게 말할 수 있는 사람은 아무도 없다. 뼈와 토기 조각 같은 빈약한 증거는 당시 여성의 운명에 대하여 아무것도 드러내지 못하기 때문이다. 단지 그 다음 1,000년 동안(기원전 4500-3500)의 유물에 근거해서 당시의 상황을 거꾸로 추정할 수 있을 뿐이다. 이 1,000년 동안의 것으로 보이는 질그릇 조각에서 수많은 여성상이 발견되고 있다. 새로운 생명을 낳고 기르는 여성의 힘과 대지의 힘이 분명하게 유비되면서 다산적 여성성(womanhood)과 자연의 모성성(motherhood) 관념이 확실히 연결되었을 것이다. 이 문자 이전 시대의 유물에서는 어떠한 기록도 나오지 않는다. 따라서 당시의 신화나 의례에 대하여 아무런 지식도 얻을 수 없다. 그러므로 상당한 지적 훈련을 받은 고고학자들이 수많은 가정용 토기에 나타난 여성상의 용도에 대하여 아무런 의견도 내놓지 못하는 것은 전혀 이상한 일이 아니다. 그러나 우리는 그러한 여성상이 바로 다음 시기에, 심지어는 오늘날까지도 어떠한 용도로 사용되는지 잘 알고 있다. 여성상은 임신과 분

University of Chicago Press, 1954)에 실려 있는 올브라이트(W. F. Albright)의 "A Survey of the Archaeological Chronology of Palestine from Neolithic to Middle Bronze", 29쪽의 각주 2도 그렇다.

만의 과정에 있는 여성들에게 주술적인 심리적 도움을 제공한다. 그리고 집안에 안치된 이 여성상들은 매일같이 기도를 받으면서 집안 식구들의 영적 위험만이 아니라 신체적 위험까지 막아준다. 나아가 존재의 신비에 대하여 명상하고 있는 사람들의 마음을 안정시켜주기도 한다. 그리고 이 여성상들을 휴대하는 것은 매우 길한 것으로 간주되기 때문에 신앙심 깊은 집안에서는 장식물로 삼는 경우가 많다. 농부들은 이 상들을 가지고 들판에 나가 곡물의 피해를 막고자 하며, 외양간의 소도 이것들을 통해서 보호하고자 한다. 이 상들은 어린이의 수호신일뿐만 아니라 바다에서 항해하는 선원과 육로로 여행하는 상인을 돌보기도 한다.

더구나 동정녀 마리아에게 바치는 로마 가톨릭 교회의 "로레토의 연도(Litany of Loreto)"를 보기만 하여도 이 어머니-여신이 지니고 있는 전형적이고 명료한 영구적 역할이 금방 드러난다. 그 기도문에서 그녀는 신의 성모(聖母), 천상 은총의 어머니, 훌륭한 조언자이신 어머니, 찬송받을 동정녀, 든든한 힘이신 동정녀, 인자하신 동정녀, 성실하신 동정녀 등으로 불린다. 또한 그녀는 정의의 거울, 지혜의 옥좌, 즐거움의 샘, 하늘의 문, 샛별, 병자의 나음, 죄인의 피난처, 근심하는 이의 위안, 평화의 모후, 다윗의 망대, 상아탑, 황금 궁전으로 찬양받는다.

고대 지중해의 예술에서 위대한 여신과 관련된 상징 가운데에는 거울, 지혜의 왕관, 문, 새벽별과 저녁별, 그리고 뒷발로 일어선 사자가 기대고 있는 기둥이 있다. 더구나 신석기 시대의 수많은 여신상들은 임신부의 모습으로 서 있거나, 분만 중인 것처럼 쪼그려 앉아 있다. 그리고 아이를 가슴에 껴안고 있거나 두 손으로 양쪽 가슴을 잡고 있는 경우도 있으며, 한쪽 가슴만 잡고 다른 손으로는 성기를 가리키고 있는 경우도 있다(로마 시대에는 이 자세에 변화가 생긴다. 옥타비아의 주랑 현관에 있다가 지금은 피렌체에 있는, 메디치가의 베누스 상에서 바로 그러한 변화가 나타나고 있다). 또한 그녀는 황소의 머리를 한 채 팔 안에 황소 머리를 가진 아이를 안고 있는 모습으로 발견되기도 한다. 그녀는 벌거벗은 채 사자의 등에 타고 있거나 뒷발로 일어선 사자나 염소 옆에 서 있기도 한다. 그리고 우리를 받아들이려는 듯이 양팔을 벌리고 있거나 꽃이나 뱀을 잡은 채 팔을 뻗은 모습을 하고 있기도 한다. 그녀는 도시의 성벽을 묘사한 관을 머리에 쓰고 있기도 한다. 또 힘센 황소의 뿔 사이에 앉아 있거나 그 소의 등에 타고 있는 모습으로 나타나기도 한다.

3. 신석기 중기 : 기원전 4500-3500년경

신석기 중기라고 통칭되는 이 시기에는 일군의 신석기 나체 여인상들이 처음으로 나타나며, 매우 세련되고 아름다운 도자기들이 급작스럽게 나타난다. 더구나 이 도자기들은 장식미술과 미적 형상의 구성에서 전적으로 새로운 개념을 보여주는데, 이는 그때까지 유례가 없었던 일이었다. 프랑스와 스페인 남부의 거대한 동굴에 있는 구석기 미술 작품들——제3부에서 다루게 될——에서는 미적 영역의 기하학적 구성이라는 개념이 전혀 드러나지 않는다. 사실, 동물들을 온통 엉킨 채 때로는 겹쳐진 모습으로 그리거나 조각한 동굴 벽면을 미적인 취미의 영역으로 간주하기란 힘든 것이었다. 구석기 말엽부터 전해져온 작품에서도 기하학적으로 구성된 미적 영역은 발견할 수 없다. 수렵 시대 말기의 암각화는 대부분 그 이전의 인상주의적 아름다움과 정밀성을 상실하였으며, 심지어 어떤 것들은 단순한 기하학적 낙서나 추상물로 전락하였다. 더구나 사냥꾼들의 종교적 성역이었던 듯한 장소에서 발견된 어떤 종류의 납작하고 채색된 돌에는 십자가, 가운데에 점이 있는 원, 선과 그 양쪽의 점, 줄무늬, 만(卍) 자 무늬, E 자 비슷한 모양 등의 기하학적 형태들이 그려져 있다. 하지만 수렵 시대의 마지막 시기에도 기하학적 구성이라고 불릴 만한 사례, 즉 본질적으로 다른 여러 요소들이 리듬의 아름다움에 따라 하나의 미적인 총체로 결합된 것으로 명확히 정의된, 어떤 영역의 개념을 보여주는 사례는 발견되지 않는다. 그러나 우리가 지금 논하고 있는 시기——정착 촌락의 강력한 발전과 일치하는——가 되자 갑자기 지극히 우아하고 의도적으로 구성된 기하학적·추상적 동기를 지닌 둥근 형태의 문양이 나타나기 시작한다. 이른바 할라프(Halaf) 양식과 사마라(Samara)

양식의 도자기에서 풍부하게 발견되는 것들이 그것이다.

또한 이 문양들의 중심부에서는 오늘날까지 이런 구성들을 특징짓는 어떤 상징들이 발견되고 있다. 예를 들면, 사마라 도자기에서는 가운데에 만(卍) 자가 그려져 있는 원이 최초로 발견되었다(사실 그 이전에 키예프로부터 멀지 않은 구석기 시대 유적지에서 만 자 문양이 딱 한번 발견된 적이 있다. 그것은 상아에 새겨져 있는 새의 날개 아랫부분에서 발견되었다). 이러한 최초의 기하학적 문양의 중심부에는 몰타 십자가(the Maltese cross)도 발견된다. 때때로 그러한 십자가는 양팔에서 나오는 독특한 동물 형상을 암시하는 방식으로 변형되기도 한다. 여자들이 발이나 머리를 원의 가운데로 모아서 별 모양을 이루고 있는 문양도 종종 보인다. 네 마리의 가젤이 나무 한 그루를 둘러싸고 있는 문양도 있다. 또한 접시에 그려진 많은 문양들 가운데는 예쁜 새들이 발을 물에 담그고 고기를 잡고 있는 모습도 많이 있다.

〈그림 3〉 도자기 디자인, 기원전 4000년. 할라프 도자기(왼쪽)와 사마라 도자기(오른쪽).

이 뛰어난 도자기 장식들의 명칭이 유래된 고고학 유적지 사마라는 이라크의 바그다드에서 70마일 위쪽의 티그리스 강변에 있다. 그러나 그

도자기들의 영향은 북쪽으로는 니네베까지, 남쪽으로는 페르시아만의 위쪽까지, 그리고 동쪽으로는 이란을 지나 아프가니스탄의 국경까지 이르고 있다. 반면 할라프 도자기들은 그 북쪽으로 산재해 있는데, 그 중심이 되는 지역은 시리아 북쪽이며, 정확하게는 토로스(Taurus) 산맥 혹은 '황소' 산맥이라고 불리는 아나톨리아(지금의 터키)의 남쪽으로, 유프라테스 강과 그 지류들이 구릉지에서 평원으로 흘러내리는 지점이다. 주목할 것은, 이 아름답게 꾸며진 북서 지방 도자기들의 앞 표면에는 뿔이 달린 황소(소위 부크라니움〔bucranium〕)의 문양이 자주 나타난다는 사실이다. 그 형태는 사실적으로 표현되기도 하고 매우 온순한 모습으로 표현되기도 한다. 이 도자기 문양들에서 종종 발견되는 또 다른 것은 양날 도끼이다. 여기서는 또한 사마라 도자기에서처럼 몰타 십자가가 나타나지만, 만(卍) 자나 온순한 가젤 문양은 보이지 않는다. 여성의 입상(이 지역에서 무수히 발견되는)과 관련하여 점토로 빚은 비둘기가 발견되는 동시에 암소, 혹이 난 황소, 양, 염소, 돼지 등도 보이고 있다. 어떤 매혹적인 도자기 조각에서는 뒷발로 선 두 염소 사이에 어떤 여신이 옷을 입고 서 있다. 왼쪽의 염소는 수컷이고, 오른쪽의 염소는 새끼에게 젖을 먹이고 있는 암컷이다. 할라프 문화에 있는 이 모든 상징들은 이른바 벌집형 무덤들과 관련되어 있다.

크레타에서 꼭 1,000년 뒤에 나타난 문화가 바로 이 문화이다. 이 문화는 거기서 다시 바다를 건너고 헤라클레스의 문(Gates of Hercules)을 지나, 북쪽으로는 영국 제도까지, 남쪽으로는 황금해안과 나이지리아 그리고 콩고까지 전파되었다. 그것은 또한 미케네 문화의 토대이기도 하다. 그리스인, 따라서 우리 서구인들이 지닌 무수한 상징은 바로 이 문화에서 나왔다. 그리고 죽었다가 부활한 황소-신에 대한 숭배가 기원전 4000-3000년경 시리아로부터 나일강의 삼각지로 전해졌을 때 이 상징들도 함께 전파되었다. 우리는 황소와 여신, 비둘기, 양날 도끼와 같은 할라프의 상징들 속에서 이슈타르와 탐무즈, 베누스와 아도니스, 이시스와 오시리스, 마리아와 예수 등과 같은 위대한 이름들과 연계된 그 모든 신비롭고 영향력 있는 신화들의 최초의 형태를 발견할 수 있다. 토로스 산맥——

죽어서 사흘 뒤에 부활하는 초승달과 동일시된 황소-신의 산맥——으로부터, 그 황소-신에 대한 숭배가 목축 기술과 함께 세계의 끝까지 전파되었던 것이다. 그리하여 우리는 우리 자신의 불멸을 약속하는 신화적 죽음과 부활의 신비를 오늘날까지도 경축하고 있다. 하지만 영원에 대한 어떤 체험과 이해 그리고 시간에 대한 어떤 체험과 이해가 있었기에 그렇게 이른 시기에 이처럼 우아한 형상들의 조합이 일어났던 것일까? 그리고 왜 황소의 이미지였던 것일까?

수메르인

다가 올 인류 문명사에서 큰 의미를 갖게 될 중요한 발전이 바로 이 동일한 시기의 후반부(기원전 4000년경)에 일어났다. 이 시기에는 얼마간의 농촌 마을들이 상업 도시 수준의 크기와 기능을 가지기 시작하였으며, 문화 영역이 남부 메소포타미아의 평원 지대까지 확장되었다. 이 시기에 수수께끼 같은 수메르인들이 처음으로 역사에 등장하였다. 이들은 우르, 키시, 라가시, 에리두, 시파르, 슈루파크, 니푸르, 우루크 같은, 머지 않아 왕의 도시로 성장할 마을들을 무더운 티그리스와 유프라테스의 삼각주 평원에 건립하였다. 나무와 석재는 북쪽에서 수입해야 하였다. 그리고 얼마 안 있어 작은 구리알들이 수입품 가운데 보이기 시작하였다. 금속의 시대가 오고 있었기 때문이다. 그러나 진흙땅은 비옥하였고, 매년 땅의 기력이 회복되었다. 더구나 수메르인들은 역사상 처음으로 진흙을 가지고 햇볕에 말린 벽돌을 만들 수 있었으며, 그것으로 사원을 지었다. 이 역시 세계 역사상 유례없는 일이었다. 수메르인들의 전형적인 사원 형태는 잘 알려져 있듯이 초기 단계의 지구라트였다. 그것은 약간 높고 인공적으로 축조되었으며, 꼭대기에는 땅-여신과 하늘의 주인이 결합하여 세상을 창조하는 의식이 거행되는 성소가 있었다. 그보다 몇 세기 이후의 증거들로 판단해보면, 이러한 최초의 시기에는 각 도시의 여왕이나 공주가 여신과 동일시되었고, 그녀의 배우자인 왕은 신과 동일시되었다.

남부 메소포타미아의 가장 오래된 지층에서 발견된 채색 도자기들은 고고학계에서는 오베이드 도자기(Obeid ware)로 알려져 있다. 이곳의 위치는 유프라테스강 하류의 남쪽이며, 고대 도시 우르에서 멀지 않은 곳에서 발굴된 텔 엘-오베이드(Tell el-Obeid) 언덕의 이름에서 따온 것이다. 이 우르는 곧 역사의 무대에 등장하게 될 도시로서, 아브라함과 그의 아내 사라의 여정이 시작된 곳으로 알려져 있다(「창세기」 11 : 31). 이 도자기들 역시 세련되었을 뿐만 아니라 기하학적 문양을 지니고 있다. 다채로운 할라프와 사마라 양식에 비하자면 세련미는 약간 덜하고 색상도 단조로운 편이지만, 그럼에도 무척 아름답다. 문양은, 몇몇 예외가 있지만, 다색이 아니라 밝은 색 바탕에 검정이나 갈색의 단일한 색으로 그려져 있다. 제작 시기는 대략 기원전 4000-3500년으로 추정된다.[4]

4. 사제 도시국가 : 기원전 3500-2500년경

우리가 앞에서 살펴본 내용은 다음과 같다. 초보적 수준의 곡물 재배 흔적이 근동의 곳곳에서 최초로 발견되는, 나투피안인들의 원-신석기 시대(기원전 7500-5000년). 티그리스강과 유프라테스강 상류 지역을 중심으로 처음 출현한 다음, 동쪽으로는 이란, 서쪽으로는 아나톨리아(지금의 터키), 남쪽으로는 지중해를 따라 이집트까지 확산되는, 초기 형태의 정주 촌락으로 특징지어지는 기초 신석기 시대(5500-4500년 경).* 마지막으로 할라프 및 사마라의 도자기 양식(기원전 4000-3000년경)과 메소포타미아 남부의 오베이드 양식(기원전 4000-3500년경)으로 대표되는 중기 신석기 시대. 이 시기에는 기하학적으로 구성된 미적 영역이라는 추상 개념과 추상화되고 양식화된 상징들(몰타 십자가, 만[卍] 자, 장미 매듭, 양날 도끼, 황소 머리)이 인간 사고 체계에 처음으로 등장하는 동시에 일련의 나체 여인 입상들——땅에 근거를 둔 정착 농경민들의 풍요 여신의 기능을 표상하는——이 최초로 나타난다.

---

* 164쪽의 각주를 보라.

이 마지막 시기에 오면 메소포타미아의 진흙 평원 지대에서 인간 주거지의 흔적이 최초로 나타나기 시작한다. 더구나 아나톨리아에서 이집트 그리고 지중해에서 이란 지역에 걸쳐, 보다 전략적으로 위치한 촌락들은 상업 도시로 발전하기 시작하는 반면, 더 작은 촌락들 가운데 일부는 저마다 특수한 기예를 발달시키기 시작한 것으로 보인다. 예를 들면, 고고학계에 아르파키야(Arpachiya)로 알려져 있는 이라크 북방의 한 촌락은 소규모이지만 지극히 흥미로운 유적지이다. 성벽이 있고 규모가 더 큰 거주지였던 니네베에서 별로 멀지 않은 이 촌락의 중심부에서는 촌장 역할을 하였던 것으로 보이는 매우 유능한 도공의 큰 상점이 발굴되었다. 햇볕에 말린 벽돌로 지은 비교적 큰 주택에서 그는 사면을 둘러싼 선반에 많은 접시들을 진열해놓았다. 여기서 우리는 자신의 밭을 경작하고 자신의 가축을 돌보는 동시에 아름다운 할라프 도자기들을 제작하여 스스로 사용하였을 뿐만 아니라 다른 곳에 있는 고급 시장에도 내다 팔았던 농민 도공의 촌락을 추정해볼 수 있다. 아마도 그 시장은 근방에 있는 대도시 니네베였을 것이다. 당시에는 상업이 농경과 기예——도자기 제작, 석조, 보석 가공, 직조——못지않게 발달해 있었기 때문이다.[5]

더구나 앞에서 보았듯이, 기원전 4000-3000년경에 최초의 지구라트가 출현한 것은 바로 이 시기의 대규모 상업 도시들에서였다. 지구라트는 분명히 우주의 축을 상징하는데, 그곳에서는 하늘과 땅의 힘이 제의적 결혼을 통하여 생명을 창조한다. 만일 왕과 왕비가 이렇게 이른 시기에 존재하였다고 가정한다면, 아마도 이 의식은 신성한 여왕과 그녀의 배우자에 의해서 수행되었을 것이다. 그렇지만 신석기 중기에 있었던 이러한 상업 도시의 사회적·정치적 구조에 대해서 정확하게 알려진 것은 아무것도 없다.

하지만 바로 그 직후의 시대——메소포타미아 남부 강변 도시의 경우에는 기원전 3500년에서 기원전 2500년 사이로 추정되는 사제 도시국가 시대——에 오면 전적으로 새롭고 주목할 만한 상황이 등장한다. 오베이드 지층의 바로 위에 있는 고고학 지층(기원전 3500년경에 해당), 즉 일명 우루크 A(Uruk A)를 보면, 남부 메소포타미아 사원 구역의 크기와 중요성이 상당히 증가하였음을 알 수 있다. 그리고 기원전 3200년경(이 시대의 고고학 지층은 우루크 B로 알려져 있다)의 어느 결정적인 시기에, 이 작은 도시들에서 갑자기 꽃들이 피어나기라도 한 것처럼, 수메르인들의 작은 진흙 마당에 세계의 모든 고등 문명의 기초 단위를 구성하게 되는 총체적인 문화적 징후들이 나타난다. 우리는 이러한 사건의 등장을 소박한 농민들의 정신적 향상에서 찾을 수는 없을 것이다. 경제적으로 결정적인 역할을 하는 물질 가공 기술의 축적에 의한 기계적 결과로 해석할 수도 없다. 이는 새로운 차원의 인간성을 지닌 정신과 지식에 의하여 매우 의식적으로 창조된 것으로서, 인류 역사상 미증유의 사건이었음에 틀림없다. 요컨대 입문식을 거쳐 전문적인 직업을 소유한 사제들로 이루어진 새로운 사원 질서가 출현한 것이다.

 문명 생활에 이러한 새로운 활력을 불어넣은 첫번째 요인은 오랫동안의 정확하고 꼼꼼한 관찰에 근거한 새로운 질서의 발견이었다. 그것은 해와 달 외에도 육안으로 볼 수 있거나 겨우 볼 수 있는 다섯 개의 다른 천체(수성, 금성, 화성, 목성, 토성)의 발견이었는데, 그 별들은 항성들 사이에서 정해진 법칙을 따라 정해진 길 위에서 움직인다. 그리고 두번째 요인은 일곱 천체의 운동을 다스리는 법칙이 어떤 신비로운 방법에 의하여 땅 위에 사는 인간의 삶과 사고에도 영향을 미칠 것이라는 관념이었다. 이는 거의 광적이고 농담 같기도 하지만, 어떻게 보면 무시무시한 관념이었다. 이러한 관념에 따르면, 사원 구역뿐만 아니라 도시 전체가 우주적 질서의 지상적 모방, 사회학적으로 말하자면, "중간 우주 (middle cosmos)" 혹은 중(中)우주(mesocosm)이다. 이러한 사고 속에서는 대우주와 소우주 사이에 존재하는 성직자들이 만물의 본질적 형식을 드러낼 수 있었다. 왕은 지역에 따라 해 혹은 달로 나타나는 천상의 힘을 대표하는 인간으로서 그 중심에 있었다. 성벽으로 둘러싸인 도시는 애초에 사분원 형태(다가올 시대의 도자기 문양에서 보이듯이)로 건축되었으며, 궁정의 축인 성소 혹은 지구라트는 그 도시의 중심에 자리 잡고 있었다(도자기 문양에서의 십자가, 장미 매듭, 만[卍] 자처럼). 그리고 해와 달의 궤도에 따라 도시 생활의 절기를 정하는 수학적 계산에 근거한 달력이 사용되었다. 또한 음악을 사용하는 매우 발전된 형태의 예배 의식도 행해지고 있었는데, 여기서 음악은 천상의 영역에서 나타나는 세계의 질서를 인간의 귀에 들려주는 역할을 하였다.

인간의 역사에서 문자 체계가 처음 등장한 것은 이 시점이었으며, 따라서 역사시대는 이 시기부터 시작된다. 또한 바퀴가 발명되었다. 오늘날까지 문명 사회의 전반에 쓰이고 있는 두 가지 숫자 체계, 곧 십진법과 육십진법도 이 시기에 이미 나타나고 있었다. 전자는 대체로 세금으로 거둔 곡식을 저장하는 사원의 창고 사무실에서 상업 회계에 이용되었으며, 후자도 역시 사원에서 제의적인 시간과 공간을 측정할 때 사용되었다. 그때처럼 지금도 360도는 원주──천상의 주기──를 나타내며, 360 더하기 5는 1년의 순환 주기를 표시한다. 365일이라는 합계를 만들기 위하여 덧붙인 5일은 영원의 무한(pleroma)으로부터 영적 에너지가 세상의 원 안으로 흘러 들어오는 성스러운 열림의 시간을 나타냈으며, 따라서 이 기간은 신성한 제례와 축제의 기간으로 정해졌다. 이와 마찬가지로 성스럽고 둥근 우주의 중심에 있는 축이자 그곳에서 천상과 지상의 힘이 만나는 장소인 지구라트는 숫자 5로 표현되었다. 네 방향을 각각 향하고 있는 탑의 네 면은 다섯번째 점인 정상에서 함께 만나며, 바로 거기에서 천상의 에너지가 땅과 만나는 것이었다.

사제 정치에 의해서 운영되는 작은 도시에서는 각 사람이 천상의 영감을 받은 신성한 놀이의 규칙에 따라 자신의 역할을 수행하였으며, 그 도시 가운데에 있는 이 초기 수메르 사원의 탑은 수 세기 뒤에 세계 산(the world mountain) 수메르에 대한 힌두교와 불교의 이미지에 나타나게 되는 천국의 모델을 제공하였다. 수메르 산의 경사면은 보석으로 되어 있으며, 네 방위를 향하고 있다. 서쪽에는 신성한 뱀, 남쪽에는 난쟁이들, 북쪽에는 땅의 거인들, 동쪽에는 신성한 음악가들이 산다고 한다. 이 산은 지상 세계의 중앙에서 계란형의 우주를 수직으로 관통하면서 솟아오르는 축이며, 사각형으로 된 그 축의 정상에는 불멸의 신들이 사는 대궐 같은 저택들이 있다. 이 신들과 저택이 있는 산꼭대기의 도시를 아마라바티(Amaravati), 즉 "영원한 도시"라고 부른다. 그러나 지구라트는 그리스의 올림포스 산, 아스텍의 태양 사원, 그리고 단테의 『신곡』에 나오는 연옥의 신성한 산──속세의 낙원이 그 꼭대기에 위치한──의 모델이기도 하였다. "중우주"(대우주의 천상적 질서를 지상에서 모방한 것)로 간주되는 신의 도성(City of God)에 대한 형태와 개념이 역사의 무대 위에 등장한 것은 기원전 3200년경이며, 지리적으로는 정확히 티그리스강과 유프라테스강이 페르시아만에 도달하는 지점에서이다. 그런데 이 형태와 개념은 신석기 초기에 이미 개척되었던 경로를 따라 동쪽과 서쪽으로 전파되었다. 삶을 관장하는 이러한 개념과 원칙들의 놀라운 조합──왕권, 문자, 수학, 천문학과 달력을 포함한──은 기원전 2800년경 나일강에 이르러 이집트 제1왕조 문화의 밑거름이 되었다. 기원전 2600년경에는 크레타와 인더스 계곡, 그리고 기원전 1600년경에는 중국의 상(商)왕조에 영향을 끼쳤다. 이 분야의 권위자 가운데 한 사람인 로베르트 하이네겔데른(Robert Heine-Geldern) 박사에 따르면, 기원전 7세기에서 4세기 사이에 후주(後周)가 해상을 넘나들던 과정에서 이러한 것들이 태평양을 건너 페루와 중앙아메리카에까지 전파되었다고 한다.[6]

　이 모든 사실이 정말이라면(그 가능성은 앞으로 이어지는 장들에서 검토될 것이다), 세계의 고등 문명은 모두 그 뿌리를 천상에 두고 있는 거대한 한 그루의 나무에서 뻗어 나온 가지라고 할 수 있다. 그리고 우리가 이제 그 신화적 근원──인간의 운명을 살아 있는 우주의 한 기관(器官)으로 응결시키고 삶을 고무시키는 모나드(monad)──의 의미를 공식화한다면 다음과 같이 말할 수 있을 것이다. 즉 당시에는 새로이 발전한 다양한 사회 계급(사제, 군주, 상인, 농민)을 포함하고 있는 대규모 정착 공동체의 각 부문들을 유기적인 관계 속으로 편입시키는 동시에, 그 모든 부문 속에 충만하고 자명하고 활력을 불어넣어주는 하나의 고차원적 원칙이 작용하고 있다는 사실을 암시하고 싶은, 그런 심리학적 필요가 있었을 것이다. 이처럼 절실한 사회학적·심리학적 필요는, 기원전 4000년대의 어느 시점에서, 성좌의 별들을 통과하는 다섯 천체와 해와 달의 질서 정연한 춤을 인식하게 되면서 채워졌을 것이다. 이러한 천체의 질서는 사회 구성원들의 의지를 통합하는 지상의 질서를 확립하는 데 인류의 모델이 되었다. 특히 왕과 철학자들에게 모델이 되었는데, 그 이유는 이 법칙이 우주 자체만이 아니라 그 안에 있는 모든 요소를 떠받치는 법칙으로 보였기 때문이다. 평범한 세상의 지식으로 살아가는 우리는 세계의 다양한 작용들 때문에 정신이 산만해질 수도 있고, 개인적인 권력과 쾌락에 대한 그릇된 욕망 때문에 우리 존재의 내적 질서와의 접촉을 잃고 방황할 수도 있다. 그러나 이제 천상의 법칙이 우리를 바로잡아줄 것이다. 플라톤이 말한 것처럼, "우주의 생각들과 회전들(periphora)은 우리 안에 있는 신적인 부분들과 유사한 운동이다. 따라서 모든 사람들은 이것들에 따라야 하고, 세계의 회전(periphora)과 조화를 알 수 있는 방법을 배움으로써, 태어날 때 흐트러진 머릿속의 회전(periodos)을 바로잡고, 깨닫는 쪽이 깨닫게 되는 대상에 자연 그대로의 본성에 따라 동화되도록 해야만 한다. 이를 통해서 신들에 의하여 인간들에게 제시된 최선의 삶을 현재와 미래에 실현시키도록 해야만 한다."[7]

이러한 우주적 질서를 이집트인들은 마트(Ma'at)라고 불렀으며, 인도에서는 다르마(Dharma), 중국에서는 도(道)라고 불렀다.

만약 우리가 이러한 우주적 질서의 개념에서 파생된 모든 신화와 의례의 의미를 한 문장에 담으려고 한다면, 우리는 그것들이 인간 사회의 질서를 천상의 질서에 일치시키는 기능을 하는, 우주적 질서의 대리자라고 할 수 있을 것이다. "천상에서 행해지는 것처럼, 지상에서도 행해질지니라." 신화와 의례들은 중우주——그것을 통해서 개인이라는 소우주가 만물의 대우주와 관계를 맺는, 매개적인 중간 단계의 우주——를 형성한다. 이 중우주는 바로 사회의 총체적 맥락이다. 따라서 사회는 사제 도시국가의 예술적 형식으로 주조된 일종의 살아 있는 시이자 찬송가이자 성상(icon)——진흙과 갈대, 피와 살, 그리고 꿈으로 이루어진——이다. 지상에서의 삶은 숨어 있는——그러나 이제 발견된——천상에서 벌어지는 향연의 질서를 가능한 한 완벽하게 인간의 몸속에 반영하는 것이다.

제4장 희생된 왕의 영토

1. 카시 파괴의 전설

아프리카의 동북부에 위치한 수단은 오늘날 거의 이슬람화되었지만, 그 이전의 과거 역사에 빛을 던져주는 하나의 전설이 있다. 1912년 코르도판(Kordofan)의 중심지에 있는 시장에서 한 노인이 그 전설을 이야기해주었다. 아라크 벤 하술(Arach-ben-Hassul)이라는 이름을 지닌 그 사람은 당당한 반백의 노인으로서, 프로베니우스(Frobenius)가 조직한 코르도판 원정대 소속 낙타몰이꾼들의 우두머리였다. 카르툼(Khartoum)에서 남쪽으로 약 240마일 떨어진 곳에 있는 엘 오베이드(El Obeid)*의 작은 도시는 사람들로 북적거렸다. 새로 부임하는 총독 키치너(Kitchener) 경을 환영하기 위하여 황량하고 인적이 드문 시골에서 많은 사람들이 올라왔기 때문이다. 그들은 주로 베르베르인, 아랍인, 누비아인, 그리고 외딴 구릉지의 요새에서 온 잊혀진 부족 출신들이었다. 당시는 정치적으로 민감한 시기였다. 이탈리아는 터키에 전쟁을 선포하였고, 사전에 경고도 없이 프레바자를 폭격하였으며, 트리폴리와 키레나이카, 도데카니소스 제도

---

* 제3장에서 언급한 이라크의 텔 엘-오베이드(Tell el-Obeid)와 혼동해서는 안 된다.

를 점령하였다. 그래서 키치너는 자신의 공적인 의무를 제대로 수행하기 위하여, 전국적인 차원의 면화 시장 개설, 마을 학교와 저축 은행 및 지방 법원의 설립, 아스완 댐 증강 같은 방대한 경제 개혁 프로그램을 만들었다. 그 당시는 비교신화학에 행운을 제공한 시기였다. 낙타몰이꾼과 유목민 그리고 의적 무리들로 이루어진 토착인들이 이야기꾼들로부터 각 지방——코르도판을 비롯하여 서쪽으로는 다르푸르, 동쪽으로는 에티오피아, 북쪽으로는 누비아, 남쪽으로는 다르누바에 이르기까지——의 위대한 과거에 얽힌 오래된 전설들을 여기저기 쭈그리고 앉아서 듣고 있었고, 독일 학자들이 그들 사이에 끼어 앉아 그 이야기들을 채록하였기 때문이다. 다르푸르 출신의 아라크 벤 하술은 코르도판의 옛 구리 세공인 길드 가문 가운데 마지막까지 존속한 가문의 한 사람이었다. 그는 7일 동안이나 턱수염을 움직이지 않은 채 입을 다물고 그들 사이에 앉아 이야기를 들었다. 8일째 되는 날, 드디어 그는 일어났다. 그는 손을 들어 얼굴에서부터 수염을 쓸어내리고는 입을 열었다. "나도 이야기하겠네."

그가 한 이야기는 "카시 파괴의 전설"이었다. 그것은 막연한 "옛날 옛적"에 관한 이야기가 아니라, 오래된 과거의 특정 시점에 관한 이야기, 그러니까, 오늘날은 물리적으로만이 아니라 문화적으로도 황폐화되었지만, 한때 푸르고 위대하였던 이 지역에 관한 이야기였다.

그는 모여 앉은 위대한 과거의 자손들에게 다음과 같이 말하였다.

그때는 네 명의 왕이 이 땅의 제국을 통치하였다. 첫번째 왕은 누비아에, 두번째 왕은 에티오피아에, 세번째 왕은 코르도판에, 그리고 네번째 왕은 다르푸르에 살았다. 그러나 네 명 가운데 가장 부유한 사람은 코르도판의 왕인 나파타의 납(the Nap of Napata)이었으며, 지금은 호프라트-엔-나하스(Hophrat-en-Nahas)라고 불리는 마을 근처에 그의 수도가 있었다. 나파타의 납은 그 지역의 모든 구리와 금을 소유하였다. 그의 금과 구리는 누비아로 운반되어 서쪽의 강대한 제왕들에게 보내어졌다. 또한 바다 건너 동방에서 사절들이 배를 타고 그의 궁정으로 왔다. 그는 남쪽으로도 지배력을 행사하고 있었기 때문에, 그곳 사람들은 쇠로 된 무기와 수천의 숙련된 노예들을 궁정으로 보내왔다.

그러나 지상에서 가장 부유한 인간이었음에도 그의 삶은 가장 슬프고 짧은 것이었다. 나파타의 각 납은 짧은 기간 동안만 통치할 수 있었기 때문이다. 그의 통치 하에서는 밤마다 사제들이 별을 관측하고, 제물을 공양하며, 성화를 지폈다. 그들은 하룻밤이라도 기도와 공양을 빠뜨려서는 안 되었다. 만약 그 일들을 빠뜨리게 되면 그들은 별의 움직임을 놓치게 되고, 그렇게 되면 관습에 따라 왕을 살해해야 하는 날을 알지 못하게 되기 때문이었다. 왕은 살해되어야만 하였다. 그 관습은 까마득히 오랜 옛날부터 내려오는 것이었다. 매일 밤, 매해, 사제들은 왕을 살해해야 하는 날을 잘 주시하고 있어야만 하였다.

예전에 무수히 그랬던 것처럼, 또다시 그날이 찾아왔다. 그들은 우선 희생용 황소의 뒷다리를 베었다. 그리고 나라 안의 모든 불을 끄고, 여인들을 집안에 가두었다. 사제들은 새 불을 지폈다. 그리고 새 왕을 임명하였다. 새 왕은 막 살해된 왕의 조카, 곧 누이의 아들이었다. 이번 왕의 이름은 아카프였다. 그러나 아카프가 재위하는 동안 오래된 관습은 변화를 맞았다. 사람들은 이 변화 때문에 나파타가 파괴되었다고 말한다.

나파타의 납이 해야 하는 최초의 공식적 행위는 자신과 죽음의 길을 동행할 사람을 선택하는 것이다. 그들은 왕과 가장 가까운 사람들 가운데에서 선택되며, 첫번째로 지목된 사람이 나머지 사람들의 지도자가 된다. 몇 년 전 바다 건너 멀리 떨어진 곳에 사는 동방의 왕이 파르 리 마스라는 노예를 선물로 궁정에 보냈는데, 그 노예는 이야기 솜씨로 유명하였다. 새로운 나파타의 납이 이렇게 말하였다. "이 남자가 나의 동행인이 될 것이다. 그는 내가 죽을 때까지 나를 즐겁게 해줄 것이며, 죽은 뒤에도 나를 행복하게 해줄 것이다."

그 말을 들은 파르 리 마스는 두려워하지 않았다. 그는 단지 혼잣말을 하였을 뿐이었다. "신의 뜻이로다."

또한 당시 나파타에서 지켜지고 있던 원칙의 하나는 불꽃이 끊임없이 타오르고 있어야 한다는 것이었다. 다르푸르의 고립된 마을들에서는 지금까지도 그런 관습이 행해지고 있다. 사제들은 젊은 남자나 여자 하나를 지명해서 불을 책임지도록 하였다. 그들은 일생 동안 완전한 순결을 유지하면서 불을 지켜야 하였고, 새로 불이 지펴지는 순간에 왕이 살해당하면 그도 즉시 살해되어야 하였다. 아카프를 위하여 새로운 불이 지펴졌을 때 사제들은 다음 시기의 성화(聖火)를 지키는 승려로 왕의 가장 어린 누이를 지명하였다. 그녀의 이름은 살리, 혹은 살리-푸-함르였다. 그러나 그녀는 죽음이 두려웠으며, 자신이 선택되었다는 말을 듣고서 창백해졌다.

왕은 한동안 무척 행복하게 지냈으며, 자신의 부와 권위를 마음껏 누렸다. 그는 매일 저녁을, 친구 및 궁전을 방문한 모든 사절들과 함께 보냈다. 그러나 운명적인 어느 날 밤, 신은 이 즐거운 하루하루가 확고부동한 죽음으로 다가가는 걸음임을 그가 깨닫도록 하였다. 그는 이 끔찍한 생각을 쫓아버릴 수가 없어서 상심에 빠졌다. 그때 신은 두번째의 깨달음을 그에게 보냈다. 그것은 파르 리 마스가 이야기를 하도록 만드는 것이었다.

그리하여 파르 리 마스가 소환되었다. 그가 나타나자 왕은 말하였다. "파르 리 마스여, 오늘이야말로 네가 나를 즐겁게 해주어야 하는 날이다. 이야기를 해다오!" 파르 리 마스가 대답하였다. "명령이 떨어지는 것보다 더 빨리 수행하리다." 그리고 이야기를 시작하였다. 왕은 귀를 기울였다. 손님들도 함께 귀를 기울였다. 왕과 그의 손님들은 마시는 것을 잊고, 숨쉬는 것조차 잊어버렸다. 노예들은 시중드는 것을 잊었다. 그들 역시, 숨쉬는 것조차 잊어버렸다. 파르 리 마스의 이야기 솜씨는 해시시(마약의 일종/역주)와 같았으며, 그가 이야기를 마쳤을 때는 모두들 유쾌한 졸도 상태에 빠진 것 같았다. 왕은 죽음에 대한 생각을 잊어버렸으며, 해가 질 무렵부터 동이 틀 때까지 이야기에 사로잡혀 있었다는 것도 깨닫지 못하였다. 그러나 손님들이 궁전을 나섰을 때, 그들은 하늘에 해가 떠올라 있는 것을 보았다.

그날, 아카프와 그의 친구들은 저녁이 되기만을 초조하게 기다렸다. 파르 리 마스는 매일 불려와서 이야기를 하였다. 그의 이야기에 대한 소문이 온 궁정에, 도시 전체에, 나라 전체에 퍼졌으며, 왕은 매일 그에게 아름다운 옷을 선물하였다. 손님들과 사절들이 그에게 금과 보석을 주었다. 그는 부자가 되었으며, 그가 거리를 걸을 때면 노예들이 무리지어 그를 따라갔다. 사람들은 그를 사랑하였다. 그들은 존경의 표시로 그에게 맨가슴을 드러내 보이기 시작하였다.

그 놀라운 소문을 들은 살리는 오빠에게 전갈을 보내어 이렇게 말하였다. "저도 한번만 파르 리 마스가 이야기하는 것을 들어보고 싶습니다!"

왕이 대답하였다. "청하기 전에 이루어질 것이다."

그리하여 살리는 궁정으로 왔.

파르 리 마스는 살리를 보는 순간, 정신이 혼미해졌다. 그에게는 살리 밖에 보이지 않았다.

살리에게는 파르 리 마스 밖에 보이지 않았다.

왕이 말하였다. "왜 이야기를 시작하지 않느냐? 더 이상 이야기가 없는 것이냐?"

파르 리 미스는 살리에게서 눈을 거두고, 이야기를 시작하였다. 처음에 그의 이야기는 가벼운 마취 상태로 유인하는 해시시와 같았으나, 얼마 뒤에는 사람들을 자기도 모르는 사이에 잠들게 하는 해시시와 같았다. 손님들은 곧 잠에 빠졌다. 왕도 잠이 들었다. 그들은 꿈속에서 이야기를 듣고 있었지만, 어느새 완전히 의식을 잃었으며, 살리만이 깨어 있었다. 그녀의 눈은 파르 리 마스에게 고정되어 있었다. 그녀의 마음은 온통 파르 리 마스로 채워져 있었다. 그가 이야기를 끝내고 일어났을 때, 그녀 역시 일어났다.

파르 리 마스는 살리를 향해서 다가갔다. 그녀도 그에게 다가갔다. 그는 그녀를 포옹하였고, 그녀도 그를 포옹하였다. 그녀는 말하였다. "우리는 죽고 싶지 않아요." 그는 그녀의 눈을 들여다보며 웃음을 지었다. "당신의 분부대로 따를 것입니다." 그가 말하였다. "방법을 일러주세요." 그녀는 대답하였다. "일단 물러가세요. 방법을 생각해보겠어요. 방법을 생각해내면, 그때 당신을 부르겠습니다." 그들은 헤어졌다. 왕과 손님들은 여전히 누워서 잠들어 있었다.

그날, 살리는 고위층 사제를 찾아가서 "오래된 불이 꺼지고 새 불이 지펴질 시간을 정하는 것은 누구입니까?" 하고 물었다.

사제가 대답하였다. "신께서 정하십니다."

살리가 다시 물었다. "하지만 신께서 그 뜻을 어떻게 당신들에게 전하는지요?"

사제가 대답하였다. "우리는 밤마다 별을 관측합니다."

"우리는 언제나 별을 지켜봅니다. 우리는 매일 밤 달을 관찰하여, 밤마다 어느 별이 달에 접근하고 어떤 별이 멀어지는지를 압니다. 그렇게 해서 우리는 신의 뜻을 알게 되지요."

살리는 말하였다. "매일 밤 그렇게 해야 한다는 말이지요? 아무것도 보이지 않는 밤에는 어떻게 합니까?"

사제가 말하였다. "그런 밤이면 우리는 많은 제물을 바칩니다. 아무것도 보이지 않은 채 많은 밤이 지나면, 우리의 별들을 다시 찾아낼 수 없을 테니까요."

살리가 말하였다. "그러면 당신들은 언제 불이 꺼져야 하는지 모르게 되는 것입니까?"

사제가 대답하였다. "그렇습니다. 그렇게 되면 우리는 직무를 행할 자격을 상실하지요."

그러자 살리는 그에게 말하였다, "신의 조화는 위대하군요. 하지만, 가장 위대한 것은 하늘에 적힌 신의 뜻이 아닙니다. 지상에서의 우리의 삶이야말로 신의 가장 위대한 작품이지요. 나는 지난 밤 그것을 깨달았습니다."

"무슨 말씀이신지요?" 사제가 물었다.

살리는 대답하였다. "신은 파르 리 마스에게 지금까지 유례가 없는 이야기꾼의 재능을 주셨습니다. 그것은 하늘에 적힌 신의 뜻보다 더욱 위대한 것입니다."

사제는 반박하였다. "그렇지 않습니다."

그러자 살리는 말하였다. "당신이 달과 별은 잘 알지라도, 파르 리 마스가 이야기하는 것을 들어본 적은 없지 않습니까?"

사제가 대답하였다. "그렇군요. 나는 그의 이야기를 들은 적이 없습니다."

그녀는 물었다. "그런데 어떻게 당신은 판단을 내릴 수 있습니까? 나는 당신들도 그의 이야기를 듣는다면, 별을 지켜보는 것을 잊어버릴 것이라고 확신합니다."

"왕의 누이여, 진심으로 하시는 말씀입니까?"

그녀가 대답하였다. "내 생각이 잘못되었으며, 하늘에 적힌 신의 뜻이 지상의 삶보다 더 위대하고 강하다는 것을 증명해보십시오."

"증명하겠습니다." 사제가 대답하였다.

그리하여 사제는 젊은 왕에게 전갈을 보냈다. "오늘 밤 사제들이 전하의 궁전을 방문하여 해질 녘부터 파르 리 마스의 이야기를 듣도록 윤허해주십시오."

왕은 허락하였으며, 살리는 파르 리 마스에게 이렇게 전하였다. "오늘 밤에 예전에 했던 것처럼 하십시오. 성공할 것입니다."

그리하여, 해질 무렵이 되고 왕과 손님들과 사절들이 모여 있을 때, 사제들 전원이 나타나서 상반신을 드러내고 바닥에 몸을 엎드렸다. 그때 고위층 사제가 말하였다. "파르 리 마스의 이야기가 신이 하신 일 가운데 최고라는 말을 들었습니다." 왕이 대답하였다. "그대들 스스로 판단하도록 하시오."

그러자 고위층 사제가 이렇게 간청하였다. "달이 뜨면 저희들은 맡은 임무를 다하기 위하여 궁전을 떠나야 하는데, 그러더라도 양해해주십시오." 그러자 왕은 대답하였다. "신의 뜻대로 하시오."

그리하여 사제들은 자리를 잡고 앉았다. 손님들과 사절들도 자리에 앉았다. 홀은 사람들로 가득 찼으며 파르 리 마스가 그들 사이를 뚫고 걸어왔다. 그러자 왕이 말하였다. "시작하라, 시작하라, 친애하는 나의 죽음의 동반자여." 파르 리 마스는 살리를 바라보았고, 살리는 파르 리 마스를 바라보았다. 왕이 말하였다. "어째서 이야기를 시작하지 않느냐? 더 이상은 알지 못하는가?"

시선을 살리로부터 거두고, 이야기꾼은 입을 열었다.

그의 이야기는 해가 넘어갈 때 시작되었다. 그것은 감각을 흐리게 하고 기분을 황홀하게 만드는 해시시와 같았다. 그것은 해시시처럼 듣는 사람을 몽롱하게 만들었다. 그리고 해시시처럼 듣는 사람을 실신 상태에 빠뜨렸다. 그리하여 달이 떴을 때는 왕과 손님들 그리고 사절들 모두가 잠들어 있었다. 사제들 역시 깊이 잠들어 있었다. 살리만이 깨어, 파르 리 마스를 바라보며 그의 입술에서 흘러나오는 달콤한 말들을 주의 깊게 듣고 있었다.

이야기가 끝나자 파르 리 마스는 일어나서 살리에게 다가갔다. 그녀 또한 그에게 다가와서 말하기를, "너무나 달콤한 말들이 흘러나오는 그대의 이 입술에 키스하게 해주세요." 그녀가 그의 입술에 자신의 입술을 가까이 대자, 파르 리 마스가 그녀에게 말하였다. "내게 힘을 주었던 그대의 몸을 안아도 좋겠소?" 그들은 꼭 껴안고 서로의 팔다리를 휘감으며, 잠든 사람들 사이에 누워서 가슴을 찢는 듯한 행복을 맛보았다. 살리는 행복에 겨워 물었다. "이제 방법을 아셨나요?" "그렇소." 그가 대답하였다. "이제 알겠소." 그들은 홀을 떠났다. 그래서 궁전 안에는 잠든 사람들만 남아 있었다.

다음날 아침 살리는 고위층 사제를 다시 찾아가서 말하였다. "이제 말씀해주십시오. 내 생각에 대한 당신의 판단이 옳았는지 말입니다."

그러자 그 사제는 이렇게 대답하였다. "오늘은 대답해드릴 수 없습니다. 한 번 더 파르 리 마스의 이야기를 들어보아야 합니다. 어제는 제대로 준비를 하지 않았습니다."

그리하여, 사제들은 기도를 드리고 제물을 바쳤다. 많은 황소들의 발목이 베어졌으며, 사원에서는 하루 종일 기도문이 암송되었다. 저녁이 되자 사제들은 궁전으로 왔다.

살리가 전처럼 그녀의 오빠인 왕 옆에 앉자 파르 리 마스는 이야기를 시작하였다. 또다시, 동이 트기 전에 모두가—왕과 손님들과 사절들 그리고 사제들도——황홀한 기쁨 속에서 잠에 빠졌다. 그러나 살리와 파르 리 마스만은 깨어 있었으며, 서로의 입술에서 기쁨을 빨아들였다. 그들은 다시금 서로의 팔다리를 휘감았다. 이런 일이 매일같이 지속되었다.

그런데 처음에는 파르 리 마스의 이야기에 대한 소문이 퍼졌다면, 이제는 사제들이 공양과 기도를 소홀히 한다는 소문이 퍼졌다. 사람들은 불안해졌으며, 마침내 어느 날 도시의 저명인사 한 사람이 고위 사제를 방문하였다.

그가 이렇게 물었다. "다음 번의 계절 축제는 언제가 되겠습니까? 제가 여행을 떠나려고 하는데, 축제에 맞추어 돌아오는 것이 좋겠습니다. 저에게 얼마의 시간이 주어질 수 있을까요?"

사제는 당황하였다. 그가 달과 별을 마지막으로 관측한 이후, 많은 밤이 지났던 것이다. 그는 대답하였다. "하루만 기다리시오. 그러면 대답을 드리도록 하겠소."

남자가 대답하였다. "고맙습니다. 내일 다시 오겠습니다."

사제장은 사제들을 불러놓고 물었다. "최근에 누가 별의 운행을 관찰하였는가?" 침묵이 흘렀다. 한 사람도 대답하지 않았다. 모두들 파르 리 마스의 이야기를 들으러 갔던 것이다.

"우리들 가운데 별의 운행과 달의 위치를 관찰한 자가 한 사람도 없단 말인가?"

그들은 말없이 앉아 있었다. 마침내, 매우 늙은 사제 하나가 일어나서 말하였다. "우리는 파르 리 마스의 마법에 걸렸습니다. 우리 가운데 그 누구도 언제 축제를 열어야 하는지, 언제 불을 꺼야 하는지, 그리고 언제 새 불을 지펴야 하는지 알지 못합니다."

고위 사제는 간담이 서늘해지면서 부르짖었다. "어떻게 이럴 수가 있단 말인가? 사람들에게 뭐라고 말해야 하는가?"

그 늙은 사제가 대답하였다. "이것은 신의 뜻입니다. 그러나 만약 파르 리 마스가 신이 보낸 사람이 아니라면 그를 죽게 만듭시다. 그가 살아서 이야기를 하는 한, 모든 사람들이 그의 이야기를 들을 테니까요."

고위 사제가 물었다. "하지만, 그 사람에게 내가 뭐라고 말해야 한단 말인가?"

아무도 답을 하지 못하였다. 그러고나서 사제 일행은 묵묵히 흩어졌다.

고위 사제는 살리를 찾아가서 물었다. "그대가 내게 첫번째 날 하였던 이야기가 무엇이었지요?"

그녀는 대답하였다. "나는 이렇게 말하였습니다. '신의 조화는 위대하군요. 하지만 가장 위대한 것은 하늘에 적힌 신의 뜻이 아닙니다. 지상에서의 우리 삶이야말로 신의 가장 위대한 작품이지요.' 그런데 당신은 그렇지 않다고 하셨지요. 하지만, 이제, 내 말이 거짓이었는지 말해주시지요."

사제는 그녀에게 말하였다. "파르 리 마스는 신을 거역하고 있습니다. 그는 죽어야 합니다."

그러자 살리가 대꾸하였다. "파르 리 마스는 왕이 죽을 때 동행할 사람입니다."

사제가 말하였다. "내가 왕과 이야기해볼 것입니다."

살리는 대답하였다. "신께서 내 오라버니 안에 계십니다. 그의 의견을 여쭈어보십시오."

고위 사제는 궁전으로 가서 왕에게 알현을 청하였다. 왕의 누이 살리는 그의 곁에 앉아 있었다. 고위 사제는 왕 앞에서 가슴을 드러내고 바닥에 몸을 엎드리며 탄원하였다. "용서하십시오, 아카프, 나의 왕이시여!"

왕이 말하였다. "무슨 일이오? 말해보시오."

고위 사제가 말하였다. "전하가 보시기에, 전하의 죽음의 동반자인 파르 리 마스는 어떤 사람인지 말씀해주십시오."

왕은 대답하였다. "처음에, 신은 나에게 죽음의 날이 차츰 다가오고 있다는 생각을 떠올리게 하셨고, 그때 나는 매우 두려웠소. 그런데 다음에, 신은 내게 바다 건너 동쪽 나라에서 선물로 보내온 파르 리 마스를 떠올리게 하셨소. 처음에 신은 죽음에 관한 생각으로 내 분별력을 혼란시키셨소. 그후에는 파르 리 마스에 관한 생각으로 내 영혼을 북돋우고 나를——그리고 다른 사람들 모두를——행복하게 하셨소. 그래서 나는 파르 리 마스에게 아름다운 옷들을 주었소. 내 친구들은 그에게 금과 보석을 주었소. 그는 그 대부분을 사람들에게 나누어주었소. 그는 부유하고, 그럴 가치가 있는 사람이오. 사람들은 그를 사랑하오. 내가 그렇듯이."

고위 사제가 말하였다. "파르 리 마스는 죽어야 합니다. 그는 신께서 계시한 질서를 붕괴시키고 있습니다."

왕이 말하였다. "그전에 내가 먼저 죽겠소."

그러나 사제는 말하였다. "이 문제는 신의 뜻대로 이루어질 것입니다."

왕이 대답하였다. "그럴지어다! 하지만 이에 대하여 모든 사람이 증인이 되어야 하오."

사제가 떠나자, 살리는 아카프에게 말하였다. "왕이시여! 나의 오라버니여! 막다른 길이 눈앞에 있습니다. 전하의 죽음의 동반자는 전하의 삶을 각성시키는 자가 될 것입니다. 그러나 제 운명을 실현하기 위해서 저 역시 그를 필요로 합니다."

아카프가 말하였다. "내 누이 살리여, 그렇다면 그대가 그를 취하도록 하시오."

전령들은 도시 여기저기를 돌아다니면서 그날 저녁 파르 리 마스가 대(大)광장에서 이야기할 것이라고 선포하였다. 왕궁과 사제관 사이에 있는 광장에 왕을 위하여 베일을 드리운 옥좌가 세워졌으며, 저녁이 되자 사방에서 밀려온 사람들이 여기저기에 둥글게 모여 앉았다. 수천 명의 사람들이 모여들었다. 사제들이 도착하여 자리를 잡고 앉았으며, 손님들과 사절들도 도착하였다. 살리는 자신의 오빠이자 베일을 쓴 왕 아카프 곁에 앉았다. 마침내 파르 리 마스가 소환되었다.

드디어 그가 도착하였다. 그의 수행원 전원이 화려한 의상을 입고 그의 뒤를 따랐으며, 그들은 사제들의 맞은편에 앉았다. 파르 리 마스는 베일을 쓴 왕에게 절하고는 자리에 앉았다.

고위 사제가 일어나서 말하였다. "파르 리 마스는 우리의 확고한 질서를 파괴하였소. 오늘 밤 그것이 신의 뜻인지 아닌지 알게 될 것이오." 그러고는 다시 앉았다.

파르 리 마스는 살리로부터 눈을 거두어 군중을 응시하고, 사제들에게 시선을 던졌다. 그리고 일어났다. 그는 이렇게 말하였다. "나는 신의 종입니다. 나는 인간의 마음속에 있는 모든 사악함은 신의 뜻에 어긋난다고 믿습니다. 오늘 밤, 신께서 결정을 내리실 것입니다." 그러고나서 그는 이야기를 시작하였다.

처음에 그의 말은 꿀처럼 감미로웠으며, 그 목소리는 메마른 땅에 내리는 여름의 첫 빗줄기처럼 사람들의 마음속으로 스며들었다. 그의 혀에서는 사향이나 방향보다 더 미묘한 향기가 흘러나왔다. 그의 머리는 한줄기 빛처럼 광채를 발하고 있었으며, 밤의 어둠 속에 있는 단 하나의 등불과도 같았다. 그리고 그의 이야기는 처음에는 깨어 있는 사람을 유쾌하게 만드는 해시시와 같았지만, 얼마 뒤에는 꿈꾸는 자에게 작용하는 해시시와 같았다. 아침이 가까워오자 그는 목소리를 높였으며, 그가 하는 말은 사람들의 마음속에서 나일강의 물이 범람하듯 넘쳐흘렀다. 그 말들은 어떤 사람에게는 천국의 입구처럼 감미로운 것이었지만, 어떤 사람에게는 죽음의 천사처럼 소름끼치는 것이었다. 어떤 이들은 기쁨으로 충만하였지만, 어떤 이들은 공포에 질렸다. 새벽이 다가올수록 그의 목소리는 더욱 강해졌으며, 군중에게 더욱 힘찬 반향을 일으켰다. 마침내 사람들의 마음은 전투에서처럼 서로 반목하고, 폭풍우 몰아치는 밤하늘의 구름처럼 서로에게 몰아쳤다. 분노의 번갯불과 격노의 뇌성이 충돌하였다.

그러나 해가 뜨고 파르 리 마스의 이야기가 끝났을 때, 혼란스러운 모든 이의 마음속은 형언할 수 없는 놀라움으로 가득 찼다. 살아남은 사람들이 자기 주변을 둘러보다가 사제들에게 시선을 던졌을 때, 사제들이 땅 위에 쓰러져 죽어 있는 것을 보았기 때문이다.

살리는 일어나서 베일을 쓴 왕 앞에 몸을 던지면서 이렇게 말하였다. "왕이시여! 내 오라버니여! 아카프여! 그 베일을 벗어버리십시오. 전하의 모습을 백성들에게 드러내고, 전하 스스로 제물을 바치십시오! 죽음의 천사 아즈라일이 신의 명을 좇아 이 사제들을 죽였으니까요."

하인들이 옥좌에 드리운 베일을 걷어올리자, 아카프는 일어섰다. 그는 왕조 역사상 처음으로 나파타의 백성들에게 얼굴을 드러낸 왕이었다. 그는 젊었으며, 떠오르는 태양처럼 아름답게 보였다.

군중은 환호하였다. 왕이 탈 백마가 준비되었다. 왕은 왼편에 그의 누이를, 오른편에 이야기꾼을 데리고 사원까지 나아갔다. 젊은 왕은 사원의 곡괭이를 들어 성스러운 땅에 세 개의 구멍을 팠다. 파르 리 마스가 거기에 세 개의 씨앗을 던져 넣었다. 왕은 다시금 성스러운 땅에 두 개의 구멍을 팠으며, 살리가 두 개의 씨앗을 던져 넣었다. 다섯 개의 씨앗은 즉시 그리고 동시에 싹을 틔웠고, 사람들의 눈앞에서 자랐으며, 정오가 되자 그 모두가 이삭을 맺었다. 도시의 모든 안마당에서 가장들이 커다란 황소의 발목을 베었다. 왕이 사원의 불을 끄자, 도시의 모든 가장들도 화로의 불을 껐다. 살리가 새 불을 지피자, 도시의 모든 처녀들이 와서 그 불씨를 가지고 갔다. 그날부터 나파타에서는 인간을 제물로 바치는 일이 없어졌다.

그리하여 아카프는 늙어서 신이 그를 데려갈 때까지 살아남은 나파타의 첫 남이 되었으며, 그가 죽은 뒤에는 파르 리 마스가 왕이 되었다. 그러나 그와 함께 나파타의 운은 정점에 그리고 종말에 이르렀다. 현명하고 분별 있는 왕 아카프의 이름은 멀리멀리 나라마다 퍼졌으며, 모든 왕들이 그에게 선물과 현자들을 보내어 조언을 듣고자 하였다. 대상인들은 그의 수도에 정착하였고, 동방으로 항해하는 여러 척의 거선들이 세계 곳곳으로 나파타의 생산물들을 싣고 갔다. 그의 광산에서 나오는 구리와 금의 생산량은 수요를 따르기가 힘들 지경이었다. 그리고 파르 리 마스가 왕위를 계승하였을 때, 왕국은 더욱 번창하여 절정에 도달하였다. 파르 리 마스의 명성은 바다 건너 동방에서부터 서방에 이르는 모든 나라로 퍼졌으며, 사람들은 그의 명성을 시기하였다. 파르 리 마스가 죽었을 때, 이웃 국가들은 조약을 깨고 나파타 왕국에 전쟁을 선포하였다. 그 결과 나파타는 패하였다. 왕국은 파괴되고 무너졌다. 야만인들이 그 땅을 차지하였다. 금과 구리 광산은 잊혀졌고, 도시들은 사라졌다. 이렇게 해서 위대한 과거는 아무것도 남지 않고 사라졌지만, 파르 리 마스의 이야기, 즉 바다 건너 동쪽의 자기 나라에서 그가 가져왔던, 그 이야기에 대한 기억은 남아 있다.

　이것이 카시 왕국의 파괴에 얽힌 이야기이며, 그 후손들의 얼마가 지금 다르푸르에 살고 있다.[1]

2. 셰라자드의 밤

　위의 전설을 늙은 낙타몰이꾼 우두머리로부터 채록하고 출판한 학자는 레오 프로베니우스였다. 그런데 그는, 기원전 60-57년 사이에 이집트를 방문하였던 시칠리아의 연대기 작가 디오도루스 시쿨루스(Diodorus Siculus)의 『역사 총서(Historical Library)』 속에서 국왕 살해 의례의 관행을 발견하였다. 그 책에 따르면, 당시에 메로에-나파타(Meroe-Napata)라고 알려진, 나일강 상류에 위치한 누비아의 카시트족(族) 사이에서 그 의례가 행해지고 있었다.[2] 먼저 사제들이 왕의 처형에 관한 신들의 신탁을 그 내용으로 하는 메시지를 사자(使者)를 통해서 왕에게 보낸다. 그러면 왕은 이 미신적인 심판에 그대로 따른다. 그러나 디오도루스에 따르면, 알렉산드리아의 파라오 프톨레마이오스 필라델푸스 2세의 재위 기간(기원전 309-246)에, 그리스식 교육을 받은 에티오피아 황제 에르가메네스가 이 관습을 폐지하였다. 그는 종교보다는 철학을 신뢰하였고, 옥좌를 차지한 자에 걸맞는 용기를 가지고 있었다. 따라서 에르가메네스는 당시까지 엄숙한 경외의 대상이던 황금빛 신전의 성소에 군인들을 데리고 들어가 거기에 있던 사제들을 전부 죽였다. 그리고 두려운 과거로부터 이어져온 전통을 폐지하고 자신의 취향에 맞게 모든 것을 개편하였다.[3]

프로베니우스가 말한 것처럼, 아라크 벤 하술의 이야기 자체는 천일야화를 연상시킨다. 문체와 우화적인 분위기뿐만 아니라 테마에서도 그렇다. 잘 알려져 있다시피, 천일야화의 전체적인 줄거리를 보면, 영리한 신부 셰라자드가 환상적인 이야기 솜씨로 자신은 물론 그녀 세대의 모든 처녀를 구한다. 카시 파괴의 전설에서도 이와 똑같은 결과를 성취하는 이야기 솜씨가 나타나고 있다. 단지 여기서는, 셰라자드처럼, 사건 전체를 유발시킨 영리하고 젊은 여성뿐만 아니라 왕 자신도 죽음에서 구출된다는 점이 다를 뿐이다.

천일야화의 줄거리가 짜여진 시기는 8세기에서 14세기 사이이지만, 몇몇 이야기는 17세기에 와서 덧붙여진 것으로 보인다.[4] 이 세상에서 가장 매혹적이고 경이로운 이야기들 가운데 상당수가 이 시대(중세 시대)에 만들어졌다. 아라비아와 이집트는 물론 유럽과 인도 그리고 페르시아의 궁정에서 이야기를 하고 듣는 관행이 가장 고상하고 우아하게 번창한 것이 바로 이 몇 세기 동안이었다. 따라서, 우리에게 알려진 "카시 파괴의 전설"이 실제로는 기원전 3세기——그리스의 휴머니즘이 수단의 나일강 상류에 있던 성스러운 국왕 살해 장소에까지 침투하였던 시기——의 에르게메네스 왕의 행위와 같은 어떤 것에 기초한 것일지라도, 그 이야기 자체는 10세기경의 양식과 분위기로 표현되고 있다는 것을 주의해야 할 것이다.

구전 동화의 기교를 연구해본 사람이라면 누구나, 아라크 벤 하술과 같은 20세기의 전통적인 이야기꾼이 중세에 만들어진 이야기의 줄거리뿐만 아니라 그 양식까지 충실하게 재현할 수 있다는 것을 의심하지 않을 것이다. 1880년대에 제러마이어 커틴(Jeremiah Curtin)이 서부 아일랜드에서 채록한 민담들을 먼저 읽어보라.[5] 그러고나서 15세기 아일랜드의 필사본들에 실려 있는 피아나와 아일랜드 성인들의 이야기들——스탠디시 오그래디(Standish H. O'Grady)가 번역한——을 비교해보라.[6] 그러면 그러한 의심이 사라질 것이다. 전통적인 이야기꾼들이 자신의 귀중한 이야기들을 가장 세부적인 사항까지 속속들이 기억한다는 사실은 이미 그림 형제가 독일 민담을 수집하는 과정에서 지적한 바 있다. 그 형제는 이렇게 썼다. "구전되는 민담들이 날조되고 부주의하게 보존되며, 따라서 오랫동안 살아남을 수 없다고 여기는 사람은 뭔가 잘못 생각하고 있는 것이다. 늙은 이야기꾼이 얼마나 자신의 이야기를 꼼꼼하게 기억하고 있는지 그리고 그 정확성을 지키기 위해서 얼마나 열성적인지 그들의 말을 직접 들어보라. 그들은 반복해서 이야기하는 동안 어떤 부분도 바꾸지 않으며, 실수를 발견하는 즉시 스스로 정정한다. 옛 생활 방식을 고치지 않고 사는 사람들이 전통적 양식에 대하여 지니고 있는 애착은, 다양성을 갈구하는 우리들이 실감할 수 있는 것보다 훨씬 더 강하다."[7]

그러므로 카시 파괴의 이야기가 셰라자드 이야기와 동일한 시대 및 동일한 사조에서 유래하였을 가능성은 충분히 있다.

그렇다면 셰라자드의 이야기들은 어디에서 비롯되었는가?

10세기의 아라비아 역사가인 알리 아불 하산 울-마수디(Ali Abul-l Hasan ul-Mas'udí, 956년경 사망)는 이렇게 적고 있다. "처음으로 이야기들을 지어내고 책으로 펴낸 자들은 페르시아인들이었다. 아랍인들은 그것을 번역하였으며, 지식층이 그것을 읽고 그와 비슷한 이야기들을 지어냈다. 첫번째 아류작은 『하자르 아프산(*Hazār Afsān*)』(천 가지의 로맨스)이었으며, 그 기법 역시 비슷하였다. 페르시아의 어떤 왕은 아내를 맞아들이면 첫날밤을 보낸 뒤 다음날 그녀를 죽이는 습관을 가지고 있었다. 어느 날 그는 타고난 재치와 영리함을 갖춘 여자와 결혼하게 된다. 그녀의 이름은 셰라자드이다. 그녀는 이야기를 시작하면 밤이 샐 때까지 계속하는데, 그때쯤 되면 왕은 그 결말을 물어보지 않고는 못배기게 된다. 그래서 다음날 밤까지 그녀를 살려두게 된다. 그렇게 하루하루가 흐르는 동안, 그는 그녀와 동침하였고 아이를 낳게 되었다. 그러자 그녀는 마침내 왕에게 자신이 목숨을 부지해온 계책을 밝힌다. 왕은 그녀의 영리함에 기뻐하여 그녀를 계속 살려두게 되었다."[8]

아라비아의 『천일야화(*Thousand Nights and One Night*)』가 현재의 규

모에 이른 데는 아라비아령 시리아와 이집트 그리고 이라크의 공헌이 크다는 것이 인정되고 있다. 그렇지만 그 핵심 내용은 페르시아에서 유래하였다는 것이 일반적인 견해이다. 프로베니우스는 수단에서 수집한 이야기들에 근거하여 이 견해에 매우 흥미롭고 참신한 가설을 덧붙인다. 그 가설에 따르면, 페르시아의 이야기들과 수단의 이야기들은 공통의 근원에서 나왔으며, 그곳은 남부 아라비아의 하드라마우트(Hadramaut), 즉 전설의 노예 파르 리 마스가 나파타의 납의 궁정으로 오기 전에 살았던 "동쪽 바다(홍해) 너머"에 있는 땅이다.

프로베니우스는 이렇게 의문을 제기한다. "어쩌면, 우리가 수집한 수단의 이야기는 인도어와 페르시아어 그리고 후기 이집트어로 번역되기 이전의 보다 순수하고 투박한 원본에서 나온 것이 아닐까?"[9]

그렇다면 이 우아한 수단의 이야기와 유명한 『천일야화』는 하나의 전통에서 나온 두 개의 변이인가? 즉 지금은 대부분이 황야이지만 그 모래 속에 고대 도시의 폐허들이 묻혀 있는 땅——오늘날은 아라비아 사막(*Arabia deserta*)이라 불리지만, 한때는 **행복한 아라비아**(*Arabia felix*)로 불리던——에서 비롯된 동일한 구전의 두 가지 변형인가?

프로베니우스는 코르도판에서 수집한 이야기들을 설명하면서 이렇게 쓰고 있다. "1915년에 우리는 홍해를 따라 천천히 이동하고 있었고, 그 과정에서 아랍 선원들과 이야기할 기회가 있었다. 나는 당시 아랍인 사이에 널리 퍼져 있던 어떤 이야기들을 그들로부터 들을 수 있었는데, 그 이야기들은 여기서 논의되는 많은 문제들을 이해하는 데 매우 도움이 된다. 나의 정보 제공자들의 단호한 주장에 따르면, 천일야화에 실린 이야기들은 모두 하드라마우트에서 나왔으며 거기에서부터 각 지역으로 유포되었다. 그들이 특히 강조한 이야기는 '선원 신드바드' 이야기였다."[10]

내가 아는 한, 이 두 전통의 관계에 관한 문제는 아직 해결되지 않았다. 그러나 거기에서 이에 못지않게 매혹적인 두번째 질문이 등장한다. 그 질문은 상세하게 대답할 수 있는 것인데, 이 역시 프로베니우스가 제기한 것이다. 그 물음은 수단의 야화(夜話)라고 부를 수 있는 이 모험담의 역사적인 혹은 선사적인 배경에 대한 것이다. 그 이야기는 단순한 허구가 아니라, 후대의 이야기 양식의 거울에 반영된 과거의 실제 상황일 수 있을까?

디오도루스의 저작에 나오는 한 구절은 그러한 가능성을 시사한다. 더구나 제임스 프레이저 경(Sir James G. Frazer)이 방대한 자료에 근거하여 저술한 총 열두 권의 기념비적 저서 『황금가지(The Golden Bough)』에 따르면, 고대 세계의 상당수 지역에서는 국왕 살해 의례가 모계 상속 관습과 결합되어 널리 행해졌다는 충분한 증거가 나타나고 있다. 프레이저가 말하기를, 백나일강(the White Nile, 나일강의 지류로, 수단의 말라칼과 하르툼 사이를 흐른다/역주)의 실루크족(우리의 이야기에 등장하는 바로 그 지역에 현재 살고 있는 민족)에서는 몇 년 전까지만 하더라도 왕을 살해하는 관행이 있었다고 한다. 그는 셀리그먼(C. G. Seligman)의 연구를 인용하여 다음과 같이 말하고 있다. "족장들이 왕에게 죽음을 선고하면, 그 의식(儀式)을 위하여 특별히 만든 오두막 안에서 왕의 목을 매단다."^[1] 더구나 1926년에는 최초의 왕들과 조신(朝臣)들이 처하였던 운명의 본질을 말해주는 새로운 증거들이 발견되었다. 레너드 울리 경(Sir Leonard Woolley)이 고대 수메르 지역에 있던 달-신의 도시(the city of the moon-god), 즉 우르의 왕릉을 발굴하던 중에 이러한 증거들이 발견된 것이다. 그 음울한 발견물에 대해서는 다음 장에서 서술할 것이다. 이제 우리는 다음과 같이 확실하게 말할 수 있겠다. 사제 도시국가의 초창기에 왕과 조신들은 행성과 달의 관계에 의하여 결정되는 몇 년의 주기가 지나면 의식에 따라 몰살되었다. 그리고 우리의 카시 전설은 과거의 깊은 심연으로부터 나오는 메아리이며, 후대 이야기꾼의 기교 안에서 낭만적으로 반영되었다.

3. 왕과 성화(聖火)의 처녀

성화를 지키는 처녀, 살리의 역할――천일야화에서 셰라자드의 역할도――과 고대 국왕 살해 관습의 관계에서 보이는 본래적으로 섬뜩한 의미는, 최근까지 수단에서 전통적으로 거행되었던 왕실의 의식에 주목할 때 적나라하게 드러난다.

실루크족에서는 신(니아캉이라고 불리는)의 뜻을 유일하게 알 수 있는 사람이 사제들이었다. 이들은 7년을 주기로 왕을 살해하였으며, 농사가 흉작이거나 가축이 잘 번식하지 않는 경우에는 그 기간이 돌아오기 이전에 왕을 죽이기도 하였다. 왕위에 있는 자는 신성한 존재였다. 귀족을 제외한 누구도 그를 볼 수 없었다. 자식들조차 그의 거처에 들어가서는 안 되었다. 그가 귀족들에게 겹겹이 둘러싸여 밖으로 행차할 때에는, 전령들이 미리 가서 사람들을 각자의 오두막으로 돌아가라고 명한다. 왕이 죽을 때가 되면 귀족의 우두머리는 고위 사제에게서 그 통고를 받는다. 그리고 자기 계급의 사람들을 소집하여, 침묵 속에서 손의 움직임만으로 그 사실을 알린다. 그 신비로운 의식은 그믐과 초승 사이의 어느 어두운 밤, 첫 비가 내리기 전의 건기, 그리고 첫번째 씨앗을 뿌리기 전에 거행해야만 하였다. 귀족의 우두머리 자신이 그 임무를 수행한다. 다른 어느 누구도 그것에 대하여 듣거나, 알거나, 이야기해서는 안 되었다. 눈물을 흘려서도 안 되었다. 마침내 그가 왕의 목을 졸라 죽이고, 그 옆에는 처녀를 산 채로 매장한다. 두 사람의 몸이 썩고나면, 뼈는 거두어 황소가죽 안에 보관한다. 그후 1년이 지나면, 새 왕이 임명되고, 선임자의 무덤 위에서는 가축 수백 마리가 도살된다.[12]

이러한 오랜 관습은 나일강 상류뿐만 아니라 수단의 다른 지역, 그리고 모잠비크, 앙골라, 로디지아(짐바브웨의 예전 이름/역주)에도 알려져 있었다. 인도와 인도네시아에서도 이 의식을 알고 있었다. 신성한 왕의 희생에 관하여 기록한 가장 생생한 사례는 아마도 두아르테 바르보사(Duarte Barbosa)가 쓴 『16세기 초 동아프리카 해안과 말라바르에 관한 기술(Description of the Coasts of East Africa and Malabar in the Beginning of the Sixteenth Century)』에서 찾아 볼 수 있을 것이다.

남부 인도의 말라바르에 있는 킬라카레 주(오늘날까지 모계 전통을 강하게 유지하고 있는 곳)의 신-왕(god-king)은 12년이 지나면 스스로를 희생 제물로 바쳐야 하였다. 이 기간은 목성이 황도 12궁을 순회하고, 게

자리에서 다시 자신의 자리로 돌아가기 시작할 때까지의 시간이다. 그때가 다가오면 왕은 나무로 처형대를 만들고 그 위에 비단을 드리우게 한다. 왕은 욕조에서 엄숙하게 목욕을 하고, 웅장한 행렬과 음악이 뒤따르는 가운데, 신전으로 나아가 신에게 예배를 드린다. 그리고 사람들이 보는 앞에서 처형대로 올라간다. 거기서 매우 날카로운 칼을 집어들고, 자신의 몸——코, 귀, 입술, 팔, 다리, 그리고 베어낼 수 있는 만큼의 살까지도——을 잘라내어 주위에 던진다. 피가 너무 많이 흘러 의식이 혼미해지면, 마침내 자신의 목을 벤다.[13]

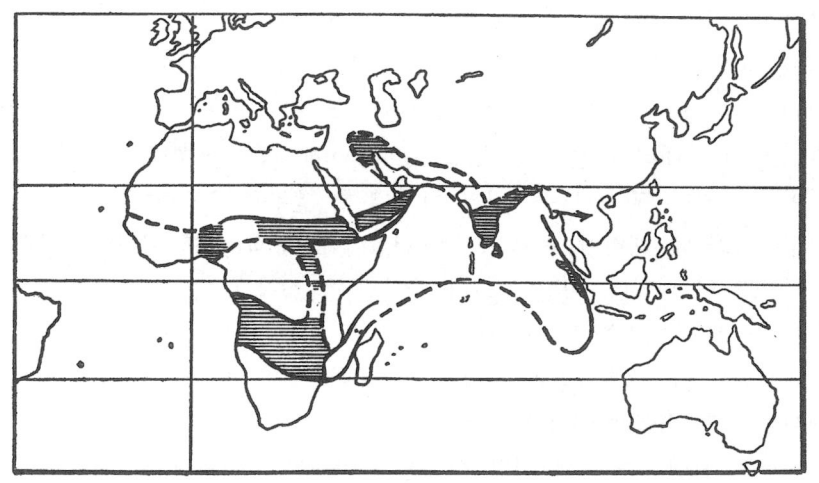

〈그림 4〉 국왕 살해 의례가 퍼져 있는 지역. 프로베니우스의 것을 따옴.

프로베니우스는 신성한 국왕 살해의 원형에 대하여 결론짓는 과정에서 이렇게 말하고 있다.

본질적 동기는 신의 죽음의 시기에 놓여 있다. 위대한 신은 죽어야만 한다. 그는 목숨을 빼앗기고 산속에 있는 지하 세계에 갇혀야 한다. 그러면 여신(나중에 바빌로니아에서 불렀던 호칭을 사용하여, 그녀를 이슈타르라고 부르자)이 그를 쫓아 지하 세계로 간다. 거기서 신의 자기-희생이 절정에 달하면, 그녀가 다시 그를 구해낸다. 이 지고의 신비는 유명한 노래들을 통해서, 또한 이를 극적으로 드러내는 고대의 신년 축제를 통해서 찬양되었다. 이러한 극적 재현은 세계사 속에서의 신화의 문법과 논리의 결정적 현현을 재현하는 것이라고 할 수 있다.

더구나 이와 관련된 관념 체계 전체는 그것에 상응하는 사회제도의 조직 속에 구현되었다. 그 자취가 가장 잘 보존된 곳은 아프리카이다. 실제로 남아프리카의 "에리트레아" 지역(모잠비크, 앙골라, 그리고 로디지아)에서는 오늘날까지 이러한 관념들이 실천되고 있는 것으로 밝혀졌다. 거기서는 위대한 신성을 재현하는 왕이 아예 "달(Moon)"이라는 이름을 가지고 있다. 그의 두번째 아내는 달의 연인인 금성이다. 신의 죽음의 시간이 다가오면 왕과 그의 금성-배우자는 목이 졸려 죽는다. 그들의 유해는 산속에 있는 매장용 동굴에 안치되어 새로운 혹은 "다시 새로워진(renewed)" 천체로 부활한다고 여겨진다. 이는 신화적·제의적 맥락의 최초 형태를 표현하고 있음에 틀림없다. 고대 바빌론에서는 이미 국왕 살해의 관습이 쇠퇴하였다. 따라서 거기서는, 신년 축제 때 실제 왕이 사원에서 벌거벗은 채 모욕당하고 매를 맞는 동안, 장터에서는 대리 왕이 호화로운 의식에 따라 왕위에 오른 뒤 교수형에 처해지게 된다…….

프로베니우스는 이렇게 말한다. "이러한 관념과 풍습의 조합이 카스피해와 페르시아만 사이에서 발생한 뒤, 남동쪽으로는 인도 드라비다 문화권까지, 남서쪽으로는 아라비아 남부를 지나 동아프리카까지 퍼졌다는 것은 이제 분명한 사실이다."[14]

그러므로 왕의 '죽음의 자매'인 살리와 결혼식 날 밤에 죽게 되어 있던 왕의 신부 셰라자드에 관한 이야기는 모두 희미하고 어두운 과거의 메아리라고 할 수 있지만, 그 이야기들을 직접 말하고 듣고 있는 세계에서는 그 기억이 그렇게 희미하거나 어둡지 않았다고 할 수 있다. 또한 왕이 자신의 운명을 선고하는 사제 권력의 회의에 종속되어 있었음에도 외관상으로는 원시 부족의 최고 권력자로 등장하는 경우, 우리는 항상 그 문화를 정확한 의미에서 원시 문화라기보다는 좀 퇴보한 문화로 간주해야 할 것이다. (앞에서 인용하였던 플라톤의 용어로 표현하자면) "세계의 회전과 조화를 알 수 있는 방법을 배움으로써, 태어날 때 흐트러진 머릿속의 회전을 바로잡고", 그렇게 함으로써 "신들에 의하여 인간들에게 제시된 최선의 삶을 현재와 미래에 실현시키도록" 해야 한다는 관념은, 궁극적으로는 바로 앞 장의 결론 부분에서 살펴보았던 사제 도시국가의 핵심적 관념에서 비롯된 것이 틀림없다.

그러나 인신 공희에는 고려해야 할 더 근본적인 의미의 층이 존재한다. 그것은 왕이나 하늘과 관련된 것이 아니라, 아주 광범위한 열대 농경지대의 문화권에서 살고 있는 사람들과 그들의 농작물에 관련되어 있다. 이 층이야말로 참으로 원시적인 것이라고 할 수 있다. 하지만 그러한 지층까지 내려가기 전에 성화의 처녀 살리가 맡았던, 새 불을 지피는 의식에 잠시 주목해보자.

최근까지 이러한 의식을 거행하거나 회상해온 아프리카의 여러 부족(예를 들면, 문당족, 하우사족, 과리족, 누페족, 수단의 모시족, 나이지리아의 요루바족, 남쪽으로는 르완다족, 와세구에족, 와도에족, 와웸바족, 왈룸브웨족, 와헴바족, 맘브웨족, 룬다족, 카니오카족, 방갈라족, 비헤족이 있다)의 사례들을 비교해보면, 다음과 같은 사실이 드러난다. 일단 왕이 죽으면 그 영토 안에 있는 모든 불이 꺼진다. 그리고 그의 죽음과 후계자의 승계 사이, 즉 통치의 부재 시기에는 신성한 불을 켤 수 없다. 신성한 불을 다시 지피는 의식을 위해서 사춘기의 소년과 소녀가 한 명씩 선택된다. 이 두 젊은이는 새 왕과 신하들, 그리고 백성들 앞에 완전히 벌거벗은 채 불-막대기(fire-sticks)만 들고 나타나야 한다. 이 두 막대기는 각각 남성(빙빙 도는 막대기〔the twirling stick〕)과 여성(받침대〔the base〕)으로 알려져 있다. 두 젊은이는 새 불을 지핀 다음, 이와 상징적으로 유사한 행위, 즉 그들의 첫 성교를 해야 한다. 그 행위가 끝나면, 사람들은 그들을 미리 준비된 구덩이 속으로 던져 넣는다. 거기에 있던 모든 사람이 커다란 함성으로 두 젊은이의 비명을 잠재우면서 그 둘을 신속히 생매장한다.[15]

이제 우리는 실로 죽음의 왕, 곧 '위대한 죽음의 주'라는 영역으로 들어서고 있는 것이다.

제5장 사랑-죽음 의례

1. 처녀의 하강과 귀환

어린 한 쌍을 등장시키는 성화(vestal fire) 의례와 개념적으로 유사한 의례가 인도양의 정반대 지역에서도 발견된다. 새로이 발견되는 이 의례는 보다 원시적인 신화를 배경으로 하고 있다. 구체적으로는 동아프리카와 수단에서 7,000-8,000마일 떨어진 네덜란드령 남뉴기니섬의 마린드-아님(the Marind-anim)족에서 발견되고 있다. 스위스의 민족학자 파울 비르츠(Paul Wirz)는 사람을 사냥하는 이 식인종의 신화와 관습에 대하여 기록하고 있다.[1] 두 권으로 된 자신의 책에서 그는 그 부족의 신 데마(Dema)에 대하여 자세하게 기술하고 있다. 그에 따르면, 데마는 "태초의 시간"에 일어난 세계 창조의 사건을 다시 재연하기 위하여 이상한 복장을 하고 제의에 등장한다(보다 정확하게 이야기하자면, "다시"가 아니다. 왜냐하면 "제의적 시간" 속에서 일상적 시간은 붕괴하고 "그때"가 "지금"이 되기 때문이다). 제의의 현장은 수많은 사람들이 지칠줄 모르고 불러대는 노랫소리, 통나무 북에서 나오는 소리, 의식용 악기에서 나오는 윙윙거리는 소리로 가득하다. 이러한 소리는 모두 땅속에서 올라오는 데마 자신의 목소리로 간주된다. 며칠 동안 지속되는 이 제의의 과정에서 마을 사람들은 하나의 혼융적 존재(a fused being) 안에서 일치감을 느끼게 된다. 이때 혼융적 존재는 결코 생물학적 존재가 아니라 하나의 살아 있는 정령(a living spirit)——수많은 머리와 눈과 목소리를 가지고 있으며, 땅을 구르는 발을 가진——이다. 이 정령은 일상적 시간성의 영역에서 벗어나 있으며, 구체적인 장소와 시간을 초월한 신화적 시간——즉 여기 지금(here and now)——속에 존재한다.

우리의 논의와 관련하여 특히 중요한 것은 성년 의례의 마지막 부분이다. 이 의례는 며칠 동안 계속되는 성적 난장(sexual orgy)으로 마무리되는데, 이 기간 동안 성년식 후보자를 제외한 마을 사람들은 아무하고나 자유롭게 성 관계를 맺는다. 그리고 이때 신화적 노래, 북소리, 예식용 악기 소리가 흥분의 도가니 속에서 울려퍼진다. 마지막 날 밤이 되면, 예쁘게 생긴 어린 소녀가 춤추는 무대 위로 이끌려 올라온다. 몸에 색칠을 하고 기름을 바르고 제의용 옷을 걸친 그 소녀는 매우 무거운 통나무 기둥들로 지탱되고 있는 단 아래에 눕는다. 그러면 모든 사람이 보는 앞에서 성년식 후보자들이 차례로 그녀와 성 관계를 맺는다. 마지막으로 뽑힌 소년이 그녀와 결합하는 순간, 단을 지탱하던 통나무들을 제거한다. 단이 무너진다. 그와 동시에 거대한 북소리가 울려 퍼진다. 그리고 어디선가 소름끼치는 소리가 들려온다. 사람들은 죽은 소녀와 소년을 끄집어내어 토막토막 자른 다음 구워 먹는다.[2]

이처럼 잔인한 놀이는 무엇을 의미하는가? 이렇게 소멸되어버리는 소녀와 소년은 누구인가? 그러한 의례의 배경은 무엇인가? 이러한 의례는 자주 행해지는 것은 아니지만 광활한 적도 지대에서 원예 경작을 하는 식인 부족 사이에서는 전형적으로 나타난다.

레오 프로베니우스(Leo Frobenius)가 1895-1897년 사이에 처음으로 제시한 광범위한 교차 문화 이론은 프랑크푸르트 대학의 아돌프 옌젠(Adolf Jensen) 교수에 의하여 더욱 발전되었다. 옌젠에 따르면, 이러한 의례들은 식물의 세계에서 나타나는 죽음과 삶의 모델에서 영감을 받은 신화의 연출일 뿐이다. 그리고 이 의례들은 정확하게 정의할 수 있는 선사 문화층의 기본적인 성례이며, 오늘날에도 인도나 인도네시아나 오세

아니아뿐만 아니라 아프리카와 아메리카의 적도 지대에서도 행해지고 있다. 그렇지만 이처럼 서로 단절되어 있는 지역 사이의 통일성은 아직 설명되지 못하였다. 그리고 이것을 설명해줄 수 있는 방법을 생각해내는 일도 쉽지 않다. 더구나 맥(貘, tapir)이라고 알려진 동물의 화석이 유럽과 중국 그리고 미국 지역의 중신세(中新世, miocene)와 선신세(鮮新世, pliocene) 그리고 홍적세(洪績世, pleistocene)에서 발견될 때까지는 이 동물의 분포 양상을 이해하는 것(이 동물은 말레이반도와 중남미에서는 발견되지만, 그 사이에 있는 어떤 지역에서도 발견되지 않는다)이 어려웠다. 그러나 이 화석이 발견됨으로써 이 동물의 전파 역사를 재구성하는 것이 가능해졌다. 그전까지는 어떠한 생물학자도 신대륙과 구대륙에서 맥이 각기 독자적인 진화의 평행선을 따라 발전할 수 있었을 것이라고는 감히 생각하지 못하였다. 이와 마찬가지로 비교신화학 분야에서도 완전한 설명이 제시되기 전까지는 "과학적" 결론을 정립하지 않는 것이 좋다.

선사 문화층에 속하는 식인 원예농들은 오늘날에도 정글 지대에 거주하고 있다. 이 지역은 인구가 조밀하지 않고 자연산 식물이 풍부하기 때문에 식량 공급이 매우 원활하다. 코코넛과 사고야자의 고갱이(남양산 사고야자의 나무심에서 뽑은 녹말/역주) 그리고 바나나를 비롯한 다양한 과일이 재배되고 있으며, 캘리포니아 지역에서 나오는 도토리는 매우 다양한 종류를 자랑하고 있다. 또 얌, 타로, 고구마 같은 괴경 식물(쌀과 기타의 작물은 보다 후대의 문화층에 속한다)도 많이 재배되고 있는데, 이들의 재배 방식은 규칙적이며 종종 제의적 색채를 띠고 있다. 건축물은 대체로 정교하며, 말뚝을 박아 지은 경우가 많다. 길이가 200야드가 넘는 거대한 건축물도 적지 않은데, 이 건물들은 백 명 정도로 이루어진 공동체를 보호하는 역할을 한다. 특히 이 지역에서 많이 자라는 대나무는 다양한 용도로 쓰이고 있다. 사육 동물로는 개와 닭(아메리카에서는 칠면조)이 주종이며, 간혹 돼지(멜라네시아와 인도네시아 일대)나 염소(아프리카)가 있다. 금속 세공과 직물 그리고 도기 기술은 거의 알려져 있지 않지만, 수입된 이들 제품은 몹시 비싼 가격으로 거래된다. 정치적 측면에서 보면, 거대한 국가 조직이나 왕, 직업적 사제가 존재하지 않으며, 의미 있는 노동 분업도 이루어져 있지 않다(물론 성별 분업은 예외이지만). 그렇지만 의례 공동체로서 마을은 어떠한 부족 조직보다도 높은 지위를 가지고 있다.

이처럼 특별한 삶과 사유 방식의 발달을 보여주는 이 선사시대에 대해서 아직 명확하게 밝혀진 것은 없다. 이 시기를 다루는 고고학의 성과가 아직 모호하고 그 역사가 일천하기 때문이다. 이 시기의 주요 물품은 매우 쉽게 소멸될 수 있는 재료로 만들어져 있다. 대나무, 판다누스 잎(아시아산 식물), 조개껍질과 뼈, 깃털, 종려나무와 그 잎, 가는 가지와 두들겨 편 나무껍질 등이 그것이다. 더구나 이 지역의 대부분은 최소한 50만 년 동안 인류가 살았던 거주지였다. 피테칸트로푸스(약 40만 년 전)의 뼈가 자바에서 발견되었고, 아프리카에서는 이보다 빠른 시기의 유물이 풍부하게 발견되었다. 이 지역의 문화 생활은 이보다 더 온난하고 보다 지속적인 기록을 남긴 북부 지역의 석기 및 철기 시대의 문화에 대한 일종의 지속적인——비록 사라져갔지만——평형추로서 존재해왔다. 이 문화-세계에서는 문화 형태는 지속되지만 그 문화 형태를 담는 재료가 사라지는 반면, 석기와 철기 문화에서는 문화 형태를 담는 재료가 지속된다. 그러므로 이 원시적인 원예농업의 선사시대적 기원은 비교적 고정된 우리의 도식인 구석기·중석기·신석기의 시대구분과 느슨한 관련을 맺으면서 그 사이에서 모호한 위치를 가질 수밖에 없다. 옌젠은 이 시대를 초기 신석기 혹은 한발 물러나서 중석기로 보는 경향이 있다. 만일 그의 견해가 옳다면, 우리는 여기서 그 기원 시점이 근동의 원-신석기 마을과 큰 차이가 없는 또 하나의 문화 형태를 보고 있는 셈이다.

옌젠 교수는 서세람(West Ceram, 뉴기니 서부에 있는 두번째로 큰 섬) 지역을 탐사하는 과정에서 하나의 신화를 발견하였다. 내가 이러한 식인 문화층의 첫번째 예로 제시하려는 것이 바로 이 신화, 즉 하이누웰레(Hainuwele) 신화이다. 하이누웰레라고 하는 말은 "야자수 잎"을 의미하며, 세 명의 처녀 데마 가운데 하나이다. 이 데마들은 세 부족으로 이루어진 세람족 사이에서 매우 큰 존경을 받고 있다. 이 신화의 내용은 다음과 같다.

태초에 아홉 씨족의 인간이 누누사쿠산의 바나나 다발에서 나왔다. 이들은 서세람의 아히올로와 바롤로인 사이의 정글 지대에 있는 "아홉 춤의 구역"이라는 장소에 정착하였다.

그들 가운데 "어두운", "검은" 혹은 "밤"이라는 의미를 가진 아메타라는 이름의 남자가 있었다. 그는 결혼하지 않았으며 자식도 없었다. 어느 날 그는 개를 데리고 사냥을 나갔다. 개가 멧돼지의 냄새를 맡고 연못까지 쫓아갔다. 그렇지만 물가에 이르자 멈춰 섰다. 멧돼지는 헤엄치다가 지친 나머지 물에 빠져 죽었다. 그 사이에 그 남자가 도착하여 멧돼지를 건져냈다. 당시에는 아직 세상에 코코넛 나무가 없었지만, 멧돼지의 엄니에는 코코넛이 끼워져 있었다.

오두막으로 돌아온 아메타는 그 열매를 대(臺) 위에 얹고 뱀 문양이 있는 천으로 덮어놓았다. 그리고 잠이 들었다. 밤에 한 남자의 모습이 그에게 나타나서 말하였다. "네가 대 위에 얹고 천으로 덮어놓은 코코넛을 땅에 심어야 한다. 안 그러면 그것은 자라지 않으리라." 그래서 다음날 아침에 아메타는 코코넛을 심었으며, 3일 만에 그 나무는 크게 자랐다. 다시 3일이 지나자 그 나무에서 꽃이 피었다. 그는 나무에 올라가 꽃을 꺾어 자신이 마실 음료수를 만들려고 하였다. 그렇지만 꽃 대신 자신의 손가락을 베는 바람에 피가 이파리 위에 떨어졌다. 집으로 돌아온 그는 손가락에 붕대를 감았고, 3일 뒤 다시 나무가 있는 곳으로 갔다. 그런데 잎에 떨어진 자신의 피와 잘린 꽃에서 나온 즙이 섞였던 곳에 사람의 얼굴이 나타났다. 3일이 지나자 거기에는 사람의 몸뚱이가 나타났다. 다시 3일 뒤에 나무로 갔을 때, 그는 자신의 핏방울로부터 어린 소녀가 생겨났음을 알게 되었다. 그날 밤 그의 꿈속에 예전의 그 남자가 다시 나타나서 이렇게 말하였다. "뱀 문양이 있는 천을 가져가서 코코넛 나무의 소녀를 잘 감싸고, 그녀를 집으로 데려와라."

다음날 아침 아메타는 천을 가지고 코코넛 나무에 올라가서 소녀를 잘 감쌌다. 그리고 조심스럽게 내려와서, 그녀를 집으로 데려가 하이누웰레라는 이름을 지어주었다. 그녀는 빨리 자라서 3일 만에 성숙한 처녀가 되었다. 그러나 그녀는 보통 사람과는 달랐다. 그녀가 용변을 보면 그 배설물에서는 중국의 접시나 징과 같은 온갖 귀중품들이 나왔기 때문이다. 그래서 그녀의 아버지는 큰 부자가 되었다.

그 무렵 "아홉 춤의 구역"에서는 아홉 밤 내내 아홉 씨족이 참여하는 성대한 마로 춤(Maro Dance) 공연이 행해졌다. 남자들이 마로 춤을 출 때,

여자들은 그 가운데에 앉았다. 그러고는 춤추는——아홉 겹의 커다란 나선형을 이루면서——남자들에게 빈랑나무의 열매를 건네주고자 하였다. 하이누웰레는 그 여자들 가운데 서 있었다. 그녀는 여자들에게서 그 열매를 받아 남자들에게 전해주었다. 새벽이 되자 춤이 끝났고, 모두들 잠을 자기 위하여 집으로 갔다.

두번째 밤이 되자 아홉 씨족은 두번째 구역에 모였다. 마로 춤은 매일 밤 다른 장소에서 추어야 하였기 때문이다. 하이누웰레는 이번에도 춤추는 남자들에게 빈랑나무의 열매를 건네주는 역할을 위하여 그 가운데에 세워졌다. 남자들은 지난번처럼 그 열매를 달라고 하였지만, 그녀는 그 열매 대신 산호를 건네주었다. 산호를 받은 남자들은 그것을 매우 좋아하였다. 춤추는 사람들뿐만 아니라 다른 사람들도 끼어들어 빈랑나무의 열매를 달라고 하였다. 그러자 이번에도 그녀는 그들에게 산호를 주었다. 그렇게 춤은 새벽까지 계속되었으며, 그후 모두들 잠을 자기 위하여 집으로 갔다.

다음날 밤, 춤은 세번째 구역에서 다시 시작되었고, 그 가운데에 하이누웰레가 다시 섰다. 이번에 그녀는 아름다운 중국 도자기 접시를 춤추는 남자들에게 주었고, 참석한 사람들도 모두 그런 접시를 받았다. 네번째 밤에 그녀는 더 큰 도자기 접시를, 다섯번째 밤에는 커다란 벌채용 칼을, 여섯번째 날에는 아름답게 만들어진 빈랑나무의 열매 상자를, 일곱번째 밤에는 황금 귀걸이를, 여덟번째 밤에는 멋진 징을 주었다. 그렇게 매일 밤마다 물건의 값어치가 증가하자 사람들은 그것을 이상하게 여겼다. 그들은 모여서 이 일에 대해서 의논하였다.

그들 모두는 하이누웰레가 그러한 부를 분배할 수 있다는 사실에 큰 질투를 느꼈다. 그리고 그녀를 살해하기로 결정하였다. 아홉번째 밤에 그녀가 빈랑나무의 열매를 건네주기 위하여 춤추는 장소의 가운데에 자리 잡자 그 근처에 큰 구덩이를 파놓았다. 커다란 아홉 겹의 나선 가운데 가장 안쪽의 원에서는 레지엘라 일족이 춤추고 있었다. 그들은 원을 따라 느리게 돌면서 하이누웰레를 밀어붙여 구덩이 속에 빠뜨렸다. 큰소리로 부르는 3음부(音符)의 마로 노래 속에 그녀의 비명은 흡수되었다. 그들은 그녀 위에 얼른 흙을 덮었고, 춤추는 사람들이 그 위를 짓밟아 단단히 다졌다. 그들은 새벽까지 춤을 추었다. 축제가 끝나자 사람들은 오두막으로 돌아갔다.

그러나 마로 축제가 끝나도 하이누웰레가 돌아오지 않자 그녀의 아버지는 딸이 살해되었다고 생각하였다. 그는 신탁을 구할 때 쓰는 어떤 식물의 가지를 아홉 개 꺾었다. 그리고 그것들을 가지고 집으로 와서 아홉 겹으로 추는 마로 춤의 모양을 재현하였다. 그때 그는 하이누웰레가 춤추는 장소에서 살해되었다고 확신하였다. 그래서 코코넛 이파리에서 아홉 가닥의 섬유를 뽑아내어 춤추는 장소로 가져갔다. 그리고 약간씩 이동하면서 한 가닥씩 땅에 꽂아보았다. 그가 마지막으로 섬유 가닥을 꽂은 곳은 가장 안쪽의 원이 있었던 곳이었다. 그가 아홉번째 가닥을 그곳에 꽂았다가 다시 끌어올리자, 하이누웰레의 피와 머리털이 묻어났다. 그는 딸의 시체를 파내어 여러 조각으로 자른 다음, 춤추던 구역 전체에 골고루 묻었다. 그러나 두 팔만은 사네테 아가씨에게 가져갔다. 그녀는 서세람의 최고 존재인 데마-처녀들 가운데 제2인자였다. 인간이 세상에 처음 나타났을 때 사테네는 덜 익은 바나나에서 나왔고, 그 나머지는 익은 바나나에서 나왔다. 그렇지만 그녀는 지금 그들 모두의 지배자이다. 그러나 땅에 묻힌 하이누웰레의 몸 조각들은 어느새 다른 물체들로 변해버렸다. 그것들은 당시에 세상 어디에도 없던 것들이었다. 무엇보다도 그것들은 그 뒤로 사람들의 주식이 된 어떤 결절 식물들이었다.

아메타는 인간을 저주하였으며, 사테네는 인간들의 살해 행위에 분노하였다. 그래서 그녀는 춤추던 마당 한곳에 커다란 문을 세웠는데, 이 문은 춤추는 남자들의 대형과 마찬가지로 아홉 겹의 나선형으로 이루어졌다. 그리고 그는 하이누웰레의 두 팔을 자신의 양손에 들고 문 안의 커다란 통나무에 올라섰다. 그녀는 사람들을 불러모은 뒤, 이렇게 말하였다. "너희들이 살인을 하였기에, 나는 더 이상 이곳에 살지 않겠다. 오늘 나는 떠날 것이다. 그러니 이제 너희 모두 이 문을 지나 내게로 와보아라. 성공하는 자는 사람으로 남겠지만, 실패하는 자는 다른 것으로 변하게 될 것이다."

그들은 나선형의 문을 통과하려고 하였지만, 모두가 성공한 것은 아니다. 실패한 사람들은 동물이나 정령으로 변하였다. 돼지, 사슴, 새, 물고기, 그리고 땅 위에 사는 많은 정령들은 그렇게 해서 생겨난 것이다. 그전에는 사람들만이 존재하였다. 문을 통과한 사람들은 사테네에게 걸어갔다. 몇몇은 그녀가 올라선 통나무의 오른쪽에, 나머지는 왼쪽에 섰다. 한 사람이 지나갈 때마다 그녀는 하이누웰레의 팔로 그들을 쳤다. 왼쪽으로 간 사람들은 다섯 개의 대나무 막대를 뛰어넘어야 하였고, 오른쪽으로 간 사람들은 아홉 개를 뛰어넘어야 하였다. 이 두 무리에서 각각 '다섯 부족'과 '아홉 부족'이 형성되었다. 사테네는 그들에게 말하였다. "나는 오늘 떠나고 너희들은 이 세상에서는 더 이상 나를 보지 못할 것이다. 죽은 뒤에야 나를 다시 볼 수 있을 것이다. 그러나 그때에도 나에게 다다르기 전에 매우 어려운 여정을 통과해야 할 것이다."

그 말과 함께 그녀는 세상에서 사라졌다. 그녀는 지금 서세람의 남쪽 지방에 있는 죽은 자의 산 위에 살고 있으며, 그녀에게 가고 싶은 사람은 죽어야 한다. 그러나 그녀가 있는 산에 이르려면 다른 여덟 개의 산을 넘어가야 한다. 그리고 그날부터 세상에는 인간뿐만 아니라 정령과 동물이 존재하게 되었으며, 인간 종족은 다섯 부족과 아홉 부족으로 나뉘게 되었다.[3]

이와 관련된 하나의 신화가 있는데, 그것은 살아남은 신성한 처녀 라비아(Rabia)에 관한 것이다. 태양-인간(sun-man) 투왈레(Tuwale)와 결혼한 그녀는 그의 욕망의 대상이 되었다. 그런데 그녀의 부모가 신부의 침대에 그녀 대신 죽은 돼지를 놓았다. 그러자 투왈레는 몹시 폭력적인 방식으로 자신의 권리를 주장하면서 그녀를 나무뿌리가 있는 땅속으로 떨어뜨렸다. 그녀를 구하려는 사람들의 노력은 아무 소용이 없었다. 아무도 그녀가 더 깊숙이 떨어지는 것을 막을 수 없었다. 거의 끝까지 떨어졌을 때 그녀는 자신의 어머니에게 외쳤다. "나를 이렇게 만든 자는 태양-인간 투왈레예요. 돼지를 죽여서 축제를 벌이세요. 지금 나는 죽고 있어요. 3일이 지나 저녁이 되면 하늘을 쳐다보세요. 그때 나는 하나의 등불처럼 당신의 위에서 비치고 있을 거예요." 이것이 바로 달-처녀(moon-maiden) 라비아가 죽음의 축제를 제정한 방식이다. 그녀의 친척들이 돼지를 죽여 3일 동안 죽음의 축제를 열 때, 그들은 처음으로 동쪽에서 떠오르는 달을 보았던 것이다.[4]

2. 신화적 사건

원시-촌락의 데마 신화에서 중심 주제는 죽음의 출현이다. 죽음이 살해를 통하여 이 세상에 출현하였다는 사실이 첫번째로 특별한 점이다.

두번째 점은 인간의 양식이 되는 식물이 이 죽음을 통해서 나온다는 점이다. 세상은 죽음을 먹고 산다. 그러한 통찰력이 바로 이러한 이미지 속에서 극적으로 표출된 것이다. 더구나 이러한 문화 영역의 다른 신화와 신화적 단편들을 통해서도 알 수 있듯이, 생식 기관은 이러한 죽음의 출현 시기에 등장한 것으로 간주된다. 재생산 없는 죽음이 저주인 것처럼, 죽음 없는 재생산은 저주일 것이다.

이제 우리는 다음과 같이 말할 수 있을 것이다. 즉 죽음과 성의 상호 의존성, 단일한 상태의 상호 보완적 측면으로서의 죽음과 성, 이러한 상태의 지속을 위한 살해——죽이기와 먹기——의 필연성(여기에는 지상의 인간만이 아니라 동물, 새, 물고기를 비롯한 지상에 있는 모든 존재의 살해가 포함된다) 등, 생존자의 생명과 마찬가지로 죽음에 대한 이러한 매우 감동적이고도 정서적으로 혼돈스러운 감지야말로 초기 원시 촌락의 사회 구조를 구성하는 의례의 기본적인 원동력이라고 말이다.

옌젠 교수는 이렇게 지적하였다. "살해는 동물과 인간의 삶의 방식에서 가장 중요한 위치를 점하고 있다. 인간은 스스로의 삶을 유지하기 위하여 매일같이 다른 존재를 죽여야 한다. 인간은 동물을 죽인다. 그리고 지금 우리가 살펴보고 있는 문화에서는 식물의 수확도 일종의 살해 행위로 분명히 간주된다. 옌젠은 계속하여 이야기하고 있다.

이 문화에서는 살해 행위가 호전적 남성성의 의미를 지니는 영웅적 행위가 아니다. 머리 사냥에 관한 모든 세부 지침들은 그와 정반대의 내용으로 되어 있다. 머리 사냥꾼의 행위를 영웅적 기준에 의하여 판단하면 그는 비겁자로 불려야만 할 것이다. 그리고 달-존재(moon-being)에서 일어난 최초의 신화적 살해 사건이나 제의——촌락 행사에서든 머리 사냥꾼의 행위에서든 간에——를 통한 그 사건의 반복은 처벌받아야 할 "살인" 행위가 아니다. 즉 카인에 의한 아벨의 살해 사건과는 다른 의미를 지니고 있다. 최초의 살해 사건이 태초의 시간에 인간 삶을 완전히 변형시키고, 신화 속에서 이러한 사건이 종종 죄와 처벌의 관점에서 재현되고 있는 것은 사실이다. 심리학적으로는 어떤 죄의식이 살해 행위로부터 분리될 수 없기 때문이다. 그러나 그러한 행위의 반복은 인류에게 주어진 성스러운 의무로 간주되기 때문에 그러한 행위를 문자 그대로 살해 행위라고 부를 수는 도저히 없는 것이다. 죄의식과 영웅주의는 어떤 에피소드의 신화적 표상들 속에서는 분명히 나타나고 있지만, 그것이 필수적인 것은 아니다. 에피소드보다는 맥락이 훨씬 더 근본적인 것이다. 나의 견해로는, 이와 가장 밀접한 유비 관계를 보여주는 것은 맹수의 세계에서 발견된다. 맹수가 다른 동물을 잡아먹는 방식을 보면서, 우리는 영웅주의나 살인을 생각하지 않는다. 단지 원초적인 자연의 힘을 생각한다. 서세람족이 맹수의 사냥 행위에서 자신들의 머리 사냥 의례를 취하였다고 하는 분명한 진술 속에서만이 아니라, 남성 비밀결사나 성인식에서 출현하는 맹수를 닮은 정신 속에서도 이러한 평행 관계가 분명하게 보이고 있다.

그러나 이 모든 것은 살해에 대한 심리적 태도의 문제만을 다루고 있을 뿐이다. 나는 이러한 문화권의 총체적 세계관 안에서 살해 행위가 그처럼 중요한 위치를 점하고 있다는 사실을 이 사람들과 식물 세계의 밀접성에 특별히 관련시키고 싶다. 여기서 인류에게 새로운 깨달음의 영역이 계시되었던 것이다. 사람들이 과일을 따먹기 때문에 식물은 계속하여 살해당한다. 그러나 식물은 그들의 새로운 생명에 의하여 놀라울 정도로 빠르게 재생한다. 이 과정에서 인간은 자신의 운명을 동물과 식물 그리고 달의 운명과 관련시키는 종합적 통찰력을 획득할 수 있었던 것이다.[5]

사제 도시국가의 우주적 이미지의 경우에서처럼, 여기서 우리는 다시 한번 지적이고 정서적인 색채를 띈 통찰력을 얻게 된다. 그것은 한 사회의 토대가 된 의례의 근본적 영감이다. 조야한 경제적 관점에서는 원시적 사회 체계의 현상학을 설명할 방도가 없다. 왜냐하면 그러한 사회 체계에서는 막대한 시간과 에너지를 정교한 의례적 활동에 투여하기 때문이다. 그러한 의례들은 경제적 복지와 사회적 화합을 도모하기 위한 것이라고 생각해볼 수 있다. 그것은 사실이다. 그러나 그러한 의례의 기원을 경제적 통찰력이나 사회적 필요에서 찾을 수는 없다. 수백 명의 영혼을 지닌 집단은 그 집단의 존속을 위하여 그들 자신의 소중한 자식들의 살해를 요구하지 않는다. 의례의 이러한 범람은 우주적 통찰력에서 기인한 것이다. 의례가 그러한 힘을 지닐 수 있었던 요인 가운데 하나는, 그것이 인류 역사의 어떤 기간 동안 총체적 의식, 즉 우주의 형식적 구조화 원리에 근거하고 있었다는 데 있다.

그러한 의례들은 현대 물리학의 공식에 비견될 수 있는 방식으로 이러한 우주적 통일성을 표상하고 있다. 현대 물리학의 공식은 알 수 없는 우주적 힘의 작동 양상을 인간 정신에 접근 가능하게 하였을 뿐만 아니라 통제 가능하게 만들었다. 의례는 인간의 깨달음과 인간 목적의 증진을 위하여 기능한다. 의례는 물리적 공식이다. 그러나 그 공식은 $E=mc^2$처럼 백지 위에 검게 쓰여진 것이 아니라 인간의 육체 위에 각인되어 있다. 그리고 그러한 의례를 행하는 사람들은 더 이상 개인이 아니라 우주적 신비의 육화이며, 그 자체가 하나의 금기이다. 따라서 의례라는 그 공식은 제의적으로 장식되며, 인간적으로 취급되는 것이 아니라 상징적으로 취급된다.

그러므로 공동체의 조화와 복지, 우주의 조화와 궁극적 본성을 공동체와 일치시키는 것, 그리고 개인의 사상과 감정과 욕망을 이 우주적 환경의 의미 및 본질적 힘에 통합시키는 것이 의례의 근본 목적이자 본성이라고 할 수 있다. 따라서 우리가 여기서 살펴보고 있는 종류의 사회에서는 모든 개인이 삶의 모든 순간과 단계에서 의례의 맥락에 다소 연루되어 있는 것이다.

요약하자면 이렇다. 신화는 삶의 의미를 연출하는 이미지의 체계이다. 그리고 그 의미는 두 가지 방식으로 파악할 수 있다. 첫째는 사유의 방식이고 둘째는 경험의 방식이다. 사유로서의 신화는 과학에 접근하거나 과학으로 향하는 원시적 서곡이다. 경험으로서의 신화는 예술 자체이다.

더구나 신화적 이미지와 신화적 공식은 의례 속에서 현재화된다. 이 페이지에 쓰여져 있는 $E=mc^2$이라는 공식이 아인슈타인 박사가 그 밖의 다른 종이 위에 쓴 공식의 단순한 참조물이 아니라 그 공식 자체이듯이, 의례의 동기는 참조물로서가 아니라 현존으로서 경험된다. 의례는 신화적 시대 자체를 가시화시킨다. 축제는 세계를 창조하는 신화적 사건이 현재로 확장된 것이기 때문이다. 그 신화적 사건을 통하여 조상(그 영원한 꿈의 조상들)*의 힘은 덧없는 시간의 흐름 속으로 흘러 들어왔으며,

성스러운 존재의 형태로 아무런 변화 없이 현존하였던 것은 이제 죽고 다시 출현하기를 반복하게 된 것이다. 달과 얌과 식용 동물과 인간이 죽고 다시 태어나는 것처럼 말이다.

신적 존재(데마)가 이 세상의 살아 있는 음식 안으로 육화하였다. 이는 우리 모두 안에 데마가 육화되었다는 것을 말한다. 왜냐하면 우리는 모두 궁극적으로는 다른 존재의 먹이가 될 것이기 때문이다. 이것이 살해된 데마가 지니고 있는 핵심적 관념이다. 즉 데마는 우리의 재화와 음식의 원천이다. 전승 과정 속에서 유치한 동기가 많이 덧붙여졌지만, 그 관념 자체는 유치하다고 할 수 없다. 이는 사실 하나의 새로운 통찰력이다. 이것은 유아기로의 퇴행을 부추기는 것이 아니라 인간의 운명과 존재의 잔혹성에 대한 적극적인 긍정이다. 오히려 훨씬 더 예민하고 인간화되고 인간주의적인 혐오감을 가지고 그러한 인간의 운명과 존재의 잔혹성에 반응하고 있는 오늘날의 우리야말로 더 유치하다고 할 수 있다. 삶의 행위 앞에 놓여 있는 불안——죽음을 다루는 행위——은 이렇게 극복된다. 맹수는 아무런 지식이 없이 죽음을 다룬다. 그러나 인간은 지식을 가지고 있고, 살기 위하여 죽음을 극복해야만 한다. 원시 수렵사회에서 사용된 방법은 죽음과 죽음의 실재를 부정하고, 인간이 필요로 하고 존중하는 동물을 적절한 희생물로 간주하여 계속하여 죽이는 것이었다. 그러나 원예농업 사회에서는 식물 세계 자체의 교훈에 의하여 새로운 통찰력 혹은 해결책이 제시되었다. 식물의 세계는 어떤 방식으로든 달과 연관되어 있고, 달은 죽었다가 다시 부활한다. 더구나 달은 아직 알려지지 않은 신비스러운 방식으로 여성의 달거리에 영향을 미친다.

현대 과학을 통하여 신화는 모든 측면에 걸쳐서 철저하게 논박당하였다. 그러나 신화는 우주의 구조를 관통하는 공통 법칙——동식물의 세계와 천체만이 아니라 인간의 삶을 포함하는 법칙——의 존재와 작용에 대한 근원적 통찰을 통하여 과학의 주요한 주제만이 아니라 과학이 지닌 매력의 주요 원천을 폭로하였다. 신화는 심지어 인생의 중심 주제와 인

---

* 111쪽 참조.

생이 지닌 매력의 주요 원천을 드러내었다. 더구나 어떤 개인이 존재 자체의 불멸성과 만물 속에서 작용하는 존재의 모습을 깨달음으로써 자기 자신의 불멸성을 향한 의지를 버리게 되었을 때——이러한 의례에서 나타나는 것처럼——그는 죄의식과 필멸성의 심리학으로부터 해방되는 아득한 분기점 속에서 그 존재와 통합되는 체험을 하게 된다. 적도 지역의 원예농들 사이에서는 우리가 지금까지 살펴본 것 같은 의례를 통하여 이러한 근본적인 종교적 경험이 현실화되었다.

철학적으로 볼 때, 인간의 중요한 문제 가운데 하나가 사유와 감정의 측면에서 이 세상의 일상성이 지닌 기괴함과 화해하는 것이라면, 이러한 의례를 통하여 제공되는 것보다 더 훌륭한 입문 효과를 가져오는 경우는 찾아보기 어려울 것이다. 옌젠 교수가 지적하였듯이, 그러한 의례에서 희생되는 생명의 수는, 인구 비례로 따지자면, 현대 도시에서 교통사고로 희생되는 사람의 수보다 훨씬 더 적다. 교통사고는 통계적으로 예측 가능하지만, 우리들은 그러한 사고를 인간적 오류의 결과로서 생각하고 경험하는 경향이 있다. 이와 달리 개인의 시각보다는 집단의 시각에 근거하고 있는 원시 의례에서는 우리에게 "사고"로 간주되는 것——즉 갑작스럽고 기괴한 죽음——이 우주 체계의 중심에 놓여 있다. 따라서 이러한 "사고"는 우주의 질서가 지닌 잔인성의 계시로 간주된다. 더구나 이렇게 계시된 것은 단지 이 세상이 지닌 일상성의 기괴함이 아니라, 우리의 둔감한 능력으로 느끼는 것보다 훨씬 고차적인 실재성을 지닌 일상성이다. 즉 이러한 계시의 내용은 신적 의지를 지닌 기괴함이며, 그것이 그러한 기괴함의 형태를 지니는 것은 신(데마)이 모든 활동에서 그 자신을 현실화시키기 때문이다.[6]

따라서 우리는 일상적인 것(the well-known)을 기이한 것으로 입증하거나 타당화한 것이 바로 신화라고 결론지을 수 있을 것이다. 그러므로 신화는 역사의 단순한 참고서나 과학에 의하여 분석된 세계 구조의 참고서가 아니라, 이 세상의 기괴성과 경이감의 표출이라고 할 수 있다. 신화를 통하여 우리는 세계와 우리 자신을 깊은 차원에서 경험할 수 있는 것이다.

그리고 그러한 신화의 주제가 명료하게 드러나는 희생제의에서는 "내가 제물을 바치니 당신도 나에게 복을 내려주어야 한다(do ut des)"는 교환 논리가 존재하지 않는다. 이 희생제의는 신에게 바치는 선물이나 뇌물이나 세금이 아니라, 태초에 행해진 신 자신의 희생제의――이를 통해서 만물이 세계 속으로 육화된 것이다――를 지금 이곳에서 새롭게 재현하는 것이다. 더구나 촌락 공동체의 조직 원리이자 공동체의 정체성을 유지시키는 모든 제의적 행위는 이러한 영원한(immortal) 희생제의의 기능이자 부분적 계시이다. 원시적이지만 심오한 이런 신화의 어떤 부분은, 앞에서 사제 도시국가를 다룰 때 언급한, 보다 거시적인 천체 구조의 기초를 이루고 있음에 틀림없다.

마린드-아님이나 서세람과 같은 신화 지향적 원시 사회에서는 삶과 세계의 모든 측면이 데마 시대의 신화와 의례에서 나온 핵심적 통찰력과 유기적 관련을 맺고 있다. 신화적 서사에 등장하는 조상들은 아직 성과 죽음이 출현하지 않은 대초의 목가적 시대를 살았는데, 이 시대에는 만물이 아직 시간 속에 존재하는 삶의 운명을 알지 못하였다. 그러나 그 시대의 어느 순간에 "신화적 사건"이 발생하였다. 이 사건으로 인하여 존재의 무시간적 방식이 종언을 고하고 만물의 변화가 일어났다. 이때 시간성의 근본적 상관물로서 죽음과 성이 이 세상에 들어온 것이다.

더구나 시간 속에서 만물의 전개 과정을 보는 현대적인 진화론과는 대조적으로, 신화적 개념은 천국 시대의 종언과 현 시대의 등장을 명확하게 알리는 유일하고 독특한 위기의 지점을 드러낸다. 이 순간에 만물은 오늘날의 형태로 빚어진 것이다. 정령과 제의적 관행만이 아니라 다양한 종으로 존재하는 뭍짐승과 물고기과 새 그리고 식물의 형태가 정해진 것이다. 「창세기」에서도 이와 똑같은 관념이 나타난다. 그러나 원시 신화에 등장하는 신화적 사건(「창세기」에서는 이 사건이 반대의 순서로 일어난다. 즉 카인의 아벨 살해 사건은 첫 조상에 의한 과일 따먹기 이전이 아니라 이후에 일어난다)에서, 우리는 인간이 데마 하이누웰레를 살해하였기 때문에 인류와 그가 서로 단절되었다고 여기지는 않는다. 이와 반대로 인간의 폭력적 행위를 통하여 데마는 인간 삶의 실체가 되었다.

이와 유사한 것을 예수의 살해와 매장과 부활 그리고 그의 먹힘에 관한 기독교 신화에서도 발견할 수 있다. 예수의 신비는 바로 제단과 제대에서 행해지는 의례 속에 존재한다. 그러나 여기서는 신적 드라마의 궁극적 기괴함이 인간의 죄의식만큼 강조되지는 않는다. 오히려 죄와 처벌로 점철되는 이러한 우주의 비극이 종언을 고하고, 마침내 하느님의 왕국이 지상에 실현되는 최후의 날에 대한 기대가 강조된다. 이와 달리 그리스 신화는 원시 신화와 더 가깝다. 거기서는 이러한 비극(어떤 인간에게 해당하는)이나 유희(신들에게 해당하는)의 종말이 존재하지 않으며, 심지어 그것들의 본질적 완화 혹은 증진도 존재하지 않는다. 그 모든 것의 의미——혹은 무의미——는 공동체 자체의 축제나 기이한 관습 속에 영원하고 분명하게 존재한다. 물론 의례를 통하여 세계의 본래적 모습을 파악할 수 있는 사람들에게는 우주의 모든 부분과 순간 속에서도 그러한 의미와 무의미가 명확하게 드러난다.

3. 페르세포네

그리스의 데메테르, 헤카테, 페르세포네 신화와 인도네시아의 사테네, 라비아, 하이누웰레 신화 및 의례 사이에는 공통점이 너무나 많다. 따라서 이것을 단지 우연의 산물로 보거나, 제임스 프레이저 경이 설득력 있게 말한 "서로 다른 나라와 하늘 아래에 사는 인간 정신의 유사성에서 기인하는 유사한 원인의 결과"[7]라고 보기도 어렵다. 페르세포네는 그녀의 아들 디오니소스처럼 제우스의 자식이다. 디오니소스(우리는 이미 중앙 오스트레일리아의 소년 의례와 이 신화를 비교하였다)*는 살해되어 먹혔지만 다시 부활한 빵과 포도주의 신이며, 페르세포네는 코레, 곧 "처녀"로도 알려져 있다. 페르세포네의 어머니 데메테르는 크레타 지방의 농업과 비옥한 토지의 여신이다. 다음과 같은 이야기가 전해지고 있다.[8] 어느

---

* 123-126쪽 참조.

날 페르세포네는 광활한 바다의 신 오케아노스의 딸들과 함께 들판에서 꽃을 따며 놀고 있었다. 그때 사방에 향기를 내뿜고 있는 화려한 꽃을 발견하였다. 그런데 그 꽃은 지하 세계의 통치자 하데스의 부탁을 받은 대지의 여신(가이아)이 그녀를 유혹하기 위하여 특별히 보낸 것이었다. 그녀가 그 꽃을 따려고 달려든 순간, 땅이 열리면서 위대한 신이 황금 마차를 타고 나타났다. 그는 그녀의 비명에도 불구하고 그녀를 깊은 심연 속으로 끌고 들어갔다. 그 신은 지하 세계의 통치자인 하데스였고, 그녀는 사자(死者)의 땅에서 그의 부인이 되었다.

페르세포네의 비명을 들은 자는 그녀의 어머니 데메테르와 달의 여신 헤카테뿐이었다. 잃어버린 딸을 찾던 데메테르는 딸의 발자국이 돼지 발자국 때문에 엉클어져 있는 것을 발견하였다. 페르세포네가 납치될 무렵에 그 근처에서 우연하게도──매우 이상하지만──한 무리의 돼지들이 코로 땅을 파며 먹을 것을 찾고 있었기 때문이다. 돼지 치는 사람의 이름인 유보우레우스(Eubouleus)는 "좋은 충고의 제공자"라는 뜻을 가지고 있으며, 한때 그 이름은 지하 세계의 신 자체를 가리키는 명칭이기도 하였다. 더구나 땅이 페르세포네를 삼키려고 열렸을 때 돼지들도 그 틈 사이로 함께 떨어졌다. 돼지가 데메테르와 페르세포네 의례에서 그처럼 중요한 역할을 하는 것은 바로 이 때문이라고 한다. 프레이저는 이 문제에 대하여 다음과 같이 지적하고 있다. "돼지 발자국은 본래 페르세포네와 데메테르의 발자국이었다고 추측해볼 수 있다."[9]

데메테르와 페르세포네의 슬픔──나중에는 기쁨──을 기념하여 행해지는 축제에서는 새끼 돼지를 제물로 바쳤다. 이 의례는 초기의 인신 공희만이 아니라, 앞에서 살펴본 바 있는, 아프리카와 멜라네시아의 마린드-아님에서 행해진 것과 같은 잔인한 종류의 인신 공희를 연상시킨다. 테스모포리아(Thesmophoria)라고 불리는 그리스 축제는 오로지 여성만을 위한 의례였다. 제인 해리슨(Jane Harrison)이 『그리스 종교 연구 서설(Prolegomena to the Study of Greek Religion)』에서 지적하였듯이,[10] 그리스에서 행해진 그러한 여성 의례는 호메로스 시대 이전의 것이다. 즉 보다 이른 시기에 해당하는 이른바 펠라스기인(Pelasgian, 기원전 12세기에 그리스에 살던 종족으로, 그리스인들은 에게해 주변의 원주민들을 펠라스기인이라고 불렀다고 한다/역주) 시대의 잔존물인 것이다. 이 시대에는 크레타와 트로이의 청동기 문명이 만개하였으며, 후대에 그리스인의 가부장적 전사신으로 등장하는 제우스와 아폴론이 아직 위대한 여신들의 힘을 약화시키지 못하고 있었다. 데메테르가 한 손에 지팡이 같은 긴 횃불을 들고 지상을 방황하며 9일 동안 슬픔에 젖어 있던 것을 기념하면서 여자들은 9일 동안 단식을 한다. 데메테르는 달의 여신 헤카테를 만났으며, 그들은 함께 태양신 포이보스(아폴론의 별칭/역주)에게 갔다. 포이보스는 페르세포네가 납치되는 장면을 목격하였으며, 그녀가 지금 어디에 있는지를 말해줄 수 있었기 때문이었다. 그에게서 사실을 듣고 난 뒤, 데메테르는 분노와 슬픔에 젖어 신들의 세계의 작동을 중지시켜버렸다. 그녀는 노파 차림을 하고 처녀의 샘물(the Well of the Virgin)로 알려진 물가에 며칠 동안 앉아 있었다. 그리고 그녀는 엘레우시스 근처에 있는 어떤 왕의 집에서 보모로 일하였는데, 이 도시는 나중에 그리스에서 그녀를 위한 의례를 행하는 가장 거대한 성소가 되었다. 그녀는 땅이 아무런 결실을 맺지 못하도록 저주를 내렸다. 1년 내내 인간과 신 모두에게 아무런 식량도 제공하지 못하도록 한 것이다. 그러자 마침내 제우스와 올림포스의 신들이 앞다투어 그녀에게 와서 노여움을 풀 것을 요청하였으며, 제우스는 드디어 페르세포네가 풀려나도록 조치를 취하였다. 그러나 그녀는 지하 세계에서 한 톨의 석류씨를 먹어버렸기 때문에 그 대가로 한 해의 3분의 1을 하데스와 보내야만 하였다. 어떻든 그녀는 어머니와 여신 헤카테의 호위를 받고 영광스럽게 올림포스로 돌아왔다. 그러자, 주술에 의한 것이기는 하지만, 들판 전체가 다시 꽃과 생명을 낳는 식물로 뒤덮이게 되었다.

　테스모포리아 파종 축제는 사흘 동안 지속된다. 첫째 날은 카토도스(Kathodos, 내려가기)와 아노도스(Anodos, 올라오기), 둘째 날은 네스테이아(Nesteia, 단식), 셋째 날은 칼리게네이아(Kalligeneia, 순산)라고 불리었다. 살아 있는 채로 새끼 돼지들을 메가라(megara)라고 불리는 구덩이로 던지는 것은 첫날이다. 그 구덩이에 던져진 돼지들은 그곳에서 1년 동안 썩게 되며, 1년이 지나면 그들의 뼈를 다시 지상으로 끌어올려 제단에 놓게 된다. 돼지를 던져 넣을 때 밀과 밀가루로 만든 뱀 형상들과 인간 형상들도 함께 그 구덩이에 던진다. 이 문제에 대한 단서를 우리에게 제공한 고대의 저자는 이렇게 쓰고 있다.[11] "그들의 말에 따르면, 구덩이 안이나 그 주위에는 던져진 것을 거의 모두 먹어치우는 뱀이 있다. 따라서 여자들이 돼지의 유해를 끌어올리려고 할 때, 성소의 수호자로 자처하는 뱀들을 쫓아내기 위하여 그 구덩이에서 시끄러운 소리가 나게 만든다."

그 의례들은 비밀스럽게 행해졌기 때문에 알려진 것이 거의 없다. 그러나 광범위하게 행해지고 매우 영향력이 있던 엘레우시스 신비 의례에서는 처녀 페르세포네의 카토도스와 아노도스가 다시 중심적 주제로 등장하고, 돼지 역시 중요한 제물로 재등장하였다. 더구나 그 의례에서는 새로운 동기도 나타났다. 왜냐하면 엘레우시스에 있는 "신비가의 뜰" 안에서 행해지는 거룩한 행렬——데메테르의 슬픔과 페르세포네의 궁극적 아노도스(귀환)를 재현하는——에서 하나의 낱알이 삽화처럼 등장하였기 때문이다. 초대교회의 주교였던 히폴리투스는 그 제의에 대하여 "그 위대하고 놀랍고 완벽한 계시가 하나의 곡식 줄기"에 불과한 것이라고 서술하였다.[12] 이때 그는 자신이 행하는 성스러운 미사의 결정적 계시가 바로 그것과 동일한 곡식으로 만들어진 빵을 들어 올리는 행위임을 잠시 동안 잊고 있었음에 틀림없다.

베어진 곡식의 줄기를 들어 올리는 것과 같은 이처럼 단순한 행위의 의미는 무엇이었는가?

미사 시에 성체를 들어 올리는 것의 의미는 무엇인가?

거의 모든 전통적인 종교적 행렬의 놀이-논리(play-logic)나 꿈-논리(dream-logic)에서처럼, 성스러운 대상은 적어도 의식이 거행되는 동안에는 신과 동일시된다. 베어진 줄기는 돌아온 페르세포네이다. 그녀는 죽었지만 이제 곡식 자체에서 다시 살아나는 것이다.

이때 청동 징의 소리가 울리고, 코레 자신을 재현하는 젊은 여사제가 등장하면서, 마침내 그 행렬은 기쁨의 찬가와 함께 끝나게 된다.[13]

원시적인 인도네시아의 축제 주기와 이처럼 몹시 고귀한 것으로 간주되는 고전적 신비 의식——이 의식을 통하여 그리스의 신참자들은 "죽음이 악이 아니라 하나의 축복"(무덤의 비문이 가르쳐 주듯이)[14]임을 배우게 된다——사이에는 아주 세부적인 면에서만이 아니라 주요한 주제의 측면에서도 일치하는 점이 상당히 많다. 그 축제의 거의 모든 국면마다 참신한 상응 구조가 등장하고 있다.

　이 두 신화의 핵심에는 지역의 식용작물과 동일시되는 삼위일체의 여신, 돼지, 지하 세계, 그리고 달이 존재하고 있다. 이들의 의례는 식물의 성장을 보호하고 사자의 세계로 여행하는 영혼을 돌본다. 그리고 이러한 의례에서는 처녀 여신 혹은 데마의 결혼이 그녀들의 죽음과 동일시된다. 그녀들의 죽음은 땅속으로의 하강으로 묘사되며, 얼마 뒤 그녀들은 음식으로 변화한다. 원시 신화와 의례에서는 얌으로, 고전 신화와 의례에서는 곡식으로 변하는 것이다. 더구나 그리스의 테스모포리아 축제의 여성들은 밀과 밀가루로 만든 뱀과 인간의 형상을 돼지와 함께 메가라에 놓는다. 돼지는 그 살이 썩을 때까지 방치되며, 그후 뼈는 들어 올려져 유해로 숭배된다. 그들은 뱀이 밀가루로 만든 형상들을 먹어치운다고 믿는다. 따라서 돼지와 밀가루 조각을 구덩이에 넣을 때, 뱀을 쫓아내기 위해서 떠들썩한 소리를 낸다.

　이 의례는 요란한 북소리 속에서 죽어간 소년과 소녀의 의례와 많은 점에서 관련되지만, 인신 공희에 대한 새로운 태도에 합치되기 위하여 나름대로 변형되었다. "카시 파괴의 전설"에서 등장한 이러한 새로운 태도는 그리스에서 수단에 이르기까지 나일강 유역을 따라 광범위하게 나타나고 있다. 프레이저는 『황금가지(*The Golden Bough*)』에서 이와 같은 유형의 예를 수없이 제시하고 있다. 그 책에 따르면, 곡식을 갈아서 구워 먹는 지역에서는 그 어느 곳이나 파종 축제와 수확 축제 시에 인간의 형상을 한 빵 조각을 성찬용으로 사용하고 있다.[15] 그러므로 인육을 먹는 성찬식은 한때 원시 종교와 고전 종교의 또 다른 공통 요소였음에 틀림없다.

　그러나 왜 거기서는 새끼 돼지와 함께 인간의 모습을 한 빵 조각 및 뱀 형상을 한 빵 조각이 등장하는가? 왜 살아 있는 뱀이 등장하지 않는 것일까? 혹은 왜 밀가루로 만든 돼지가 등장하지 않는 것일까?

그리스 신화에는 뱀에게 제물로 바쳐진 처녀와 그녀를 구하는 영웅의 이야기가 많다. 예를 들어보자. 페르세우스가 메두사를 정복한 뒤, 날개 달린 샌들을 신고 에티오피아 상공을 지나서 돌아가고 있을 때였다. 그는 아래를 내려다보다가 바닷가의 낭떠러지에 어떤 아름다운 공주가 팔이 묶인 채 매달려 있는 것을 보았다. 오비디우스는 그 사건을 이렇게 이야기하고 있다. "미풍에 부드럽게 흔들리는 그녀의 머리카락 그리고 뺨을 타고 흐르는 따뜻한 눈물이 없었더라면, 그는 그녀를 대리석 조각으로 생각하였을 것이다."[16] 그때 바다에서 거대한 굉음이 들려왔으며 뱀처럼 생긴 괴물이 파도를 가르며 나타났다. 그러자 그녀는 비명을 질렀다. 그러나 그 짐승이 빠른 배처럼 공주에게 다가가고 있을 때 낭떠러지와 그 짐승 사이에는 아직 어느 정도 공간이 있었다. 발레아의 투석기(Balearic sling)로 돌을 날릴 수 있는 거리였다. 자! 보라! 페르세우스는 그의 칼을 가지고 독수리처럼 급강하하여 그 짐승을 공격하였다. 그러자 거대한 소동이 벌어졌다. 그 괴물은 뒷다리로 일어서서 치고 찌르며 보라색 피가 섞인 물을 토하였다. 이때 페르세우스가 투우사처럼 칼을 가지고 일격을 가하자 그 뱀은 죽고 말았다.

이렇게 하여 구해낸 공주의 이름은 안드로메다였다. 그녀의 아버지 이름은 케페우스이며, 에티오피아를 다스렸다. "카시 파괴의 전설"에 따르면, 에티오피아는 나파타의 동쪽에 있던 왕국이며, 파르 리 마스가 자신의 혀 주술(the magic of the tongue, 곧 마력의 힘을 지닌 이야기/역주)로 처녀 살리(Sali)를 구한 장소에서 멀지 않다. 그리고 나일강 상류에 위치한 지금의 실루크(Shilluk)에 있는 촌락에서도 멀지 않은데, 이 지역에서는 제의를 통하여 왕의 목을 졸라 죽인 뒤 그를 살아 있는 처녀와 함께 매장하였다. 왕과 처녀의 몸이 썩으면 뼈를 수거하여 황소가죽 속에 넣어둔다.*

---

* 192-193쪽 참조.

페르세포네를 이처럼 뱀에게 바쳐진 공주처럼 묘사하고, 밀가루로 만든 형상들로 그녀의 이야기를 재현할 수 있을까? 그것은 가능하다! 우리는 이미 그녀가 광활한 바다의 신인 오케아노스의 딸들과 들판에서 꽃을 따며 놀고 있는 것을 보지 않았는가? 사실 오케아노스는 자신의 꼬리를 물고 있는 거대한 뱀이며 이 세상을 에워싸고 있다. 그는 또한 깊은 바다의 형상을 하고 이 세상을 지탱하고 있는 자로서, 하데스의 짝이라고도 할 수 있다. 그러나 하데스는 후대에 그리스 신화가 발전하면서 그 자신의 독자적인 성격을 얻게 되었다. 밀가루로 만든 뱀과 인간의 형상은 틀림없이 하데스와 페르세포네였을 것이다. 또한 페르세포네가 거대한 뱀의 신부였으므로 그녀는 돼지만이 아니라 뱀의 형상을 할 수도 있었다는 사실에 주목해야 한다. 그러한 변신은 모두 여신의 유희이다. 두 뱀이 서로 엉켜 있는 고전적 동기는 잘 알려져 있다. 그것은 심해의 물에서 나오는 성직, 즉 의사의 상징이 되었는데, 그 물은 건강을 주는 약초의 수액과 건강한 신체 속에 있는 생명의 피로서 흐른다.

그러므로 밀가루로 만든 형상들은 신화 속의 인물들을 나타낸다. 인간 대신 희생 제물이 된 돼지는 신비에 참여하는 삶을 표상한다. 희생 제물은 신화적 시대에는 하나(one)이지만 인간의 삶과 의례 속에서는 여럿(many)이다. 즉 희생 제물은 하나인 동시에 여럿이다. 신화적 처녀인 데마의 성격에서는 하나이지만, 각자의 개인적인 삶의 영역에서는 여럿이다. 여기에 연루된 논리적 원칙은 꿈과 놀이의 논리이다. 앞에서 언급하였듯이, 이러한 논리에서는 A는 B이고, B는 C이다. 데마는 돼지이고 돼지는 사람이자 참신이며 참인간이다.

하이누웰레의 전설도 보다 이른 시기에 등장하는 이야기의 흔적을 분명하게 보여주고 있다. "코코야자의 잎"으로 불리는 작은 소녀가 나무에서 떨어질 때 입은 옷에는 뱀이 그려져 있었으며, 그리고 죽은 수돼지의 몸에서 꺼낸 코코넛을 밤새도록 덮고 있었던 옷에도 뱀이 그려져 있었기 때문이다. 수돼지가 연못으로 뛰어들어 빠져 죽고 아메타가 그 돼지의 엄니에 걸려 있던 코코넛을 발견하게 되는 필연적 장치, 그리고 꿈속에서 아메타로 하여금 무엇을 해야 할 것인가를 말해주는 목소리의 알 수 없는 신비를 통해서 우리는 다음과 같은 사실을 강력하게 추론해볼 수 있다. 즉 어떤 초기 형태의 신화가 이차적 형태로 변용되었는데, 변용 이후에는 초자연적 뱀이 아니라 희생 제물용 돼지가 페르세포네와 데메테르 신화에서처럼 지배적인 역할을 하게 되었던 것이다.

초기 형태의 신화가 지니고 있는 공식의 구조는 다음 장에서 검토할 것이다. 여기서는 단지 지금까지 발견한 사실들을 요약하면서 다음과 같은 점만 지적하고자 한다. 지금까지 살펴본 그리스와 인도네시아의 신화는 공통적인 제의적 동기를 가지고 있을 뿐만 아니라 그들이 공유하는 이야기의 토대가 되는 과거 시대를 공유하고 있다. 물론 이때 그들의 공통 이야기 속에서는 돼지가 아니라 뱀이 동물의 역할을 하고 있다. 그리고 이 두 지역이 (어떠한 방식으로이든지 간에) 길고 가는 실에 의하여 단지 멀리서 서로 연결되어 있는 것이 아니라, 광범위한 공통 기반 위에 서 있다는 사실은 아직은 이해할 수 없는 더 많은 유사성에 의하여 명백하게 되었다.

예를 들면, 두 신화에서는 숫자 3과 9가 빈번하게 나타난다. 또한 그리스의 여신 의례——그리고 죽었다가 부활한 그녀의 손자 디오니소스 의례에서만이 아니라 죽었다가 부활한 그녀의 딸 페르세포네 의례에서도——에서는 합창, 북소리, 멧돼지의 윙윙거리는 소리가 인도네시아의 식인 의례에서처럼 사용되고 있다. 그리고 두 전통에서는 지하 세계와 연결되고 나선형으로 되어 있는 미로 이야기가 나오고 있다. 인도네시아에서만이 아니라 그리스에서도 합창을 하면서 추는 춤은 이러한 나선형을 그리고 있다. 인도네시아 신화에서는 코코야자의 꽃으로부터 마실 것을 찾고자 하는 아메타의 욕망이 언급되어 있는데, 이는 술과 흥분제가 처녀-식물-달-동물 복합체 의례와 관련되어 있음을 암시한다. 물론 이 복합체 의례는 고대 지중해 문화의 공식과 잘 어울린다. 마지막으로, 분노로 가득 차서 한 손에 긴 지팡이와 같은 횃불을 쥐고 올림포스를 떠나려고 하는 데메테르의 모습은 미로의 문 앞에 서서 신화적 시대의 사람들에게 그녀가 곧 그들을 떠나갈 것이라고 말하고 있는——양손에 하이누웰레의 팔을 지니고——사테네와 비교할 수 있지 않은가?

이 두 신화가 동일한 기반을 가지고 있음은 아주 확실하다. 얼마 전에 고전학자 카를 케레니(Carl Kerényi)도 이 사실을 인정하였으며,[17] 그의 주장은 인도네시아 관련 자료의 수집에서 중심적 역할을 담당한 민족학자 옌젠 교수도 지지하였다.[18]

그러면 우리는 곡물 경작과 목축에 의존하는 초기 근동 지역의 촌락을, 적도 지역에 그 기원을 갖고 있는 곡물 경작 및 목축 경제가 온화한 기후에 적응하는 과정에서 나타난 산물로 보아야 하는가? 그렇지 않으면 그 영향 관계는 반대 방향으로 일어났다고 보아야 하는가? 즉 인도네시아의 신화와 의례는 근동의 원 신석기 혹은 기초 신석기 촌락에 그 기원을 갖고 있는, 보다 고차적이고 덜 폭력적인 사유 체계의 변형과 퇴화를 반영하고 있다고 말해야 하는 것인가?

이 논쟁은 아직 결말을 얻지 못하였다. 어떤 쪽도 아직 충분한 증거를 가지고 있지 못하다. 그래서 당분간은 다음과 같은 연속체만이 확립되어 있다는 사실을 지적하는 것으로 만족할 수밖에 없다. 우선 가장 이른 시기의 것으로 확실하게 밝혀진 층은 근동 지역의 기초 신석기층(기원전 5500-4500년경)이다. 두번째 것은 남아프리카와 동아프리카 그리고 수단의 경작인에 대한 신화와 의례에서 발견된다. 세번째는 (아마도) 하드라마우트에 있으며, 네번째는 (확실히) 말라바르에 있다. 그리고 또 다른 것이 인도네시아에 있고, 앞에서 살펴보았듯이 멜라네시아와 오스트레일리아에도 있다. 이제 우리는 이러한 신화적 지대가 태평양, 심지어는 아메리카 대륙에까지 미치고 있는지를 조사해야 한다.

4. 괴물 뱀장어

인도네시아, 멜라네시아, 오스트레일리아의 동쪽에는 폴리네시아의 섬 삼각주가 형성되어 있다. 이 삼각주는 하와이를 정점으로 하여 좌변의 꼭지점에는 뉴질랜드가 있고 우변의 꼭지점에는 이스터 섬이 있다. 이 지역에서는 살해당하여 그 몸이 식용작물이 된 어떤 신적 존재의 신화적 이미지가 광범위하게 발견되고 있는데, 그 신화적 이미지는 해양 환경에 기인하는 자연적 요소의 영향을 많이 받고 있다. 예를 들면, 이 섬들에서는 뱀이 알려져 있지 않다. 따라서 뱀의 역할은 뱀과 가장 가까운 존재로 간주되는 괴물 뱀장어에 의하여 대체되고 있다. 그것(뱀 혹은 뱀장어)의 역할은 상당히 증대되었지만, 하이누웰레와 페르세포네 신화에서는 오히려 그 역할이 감소되었음을 보여주는 많은 증거들이 있다. 지금 우리는 태평양의 동쪽으로 나아가고 있다. 그렇지만 세상 속으로 죽음을 불러들인 신화적 사건에 대한 성서적 해석으로도 매우 가까이 다가가고 있다는 사실은 역설적으로 보인다. 더구나 어머니 이브와 뱀의 관계, 그리고 뱀과 동산의 과일나무의 관계에서는 상당히 놀라운 점이 나타나기 시작하고 있다. 물론 싱싱한 폴리네시아인의 모험이 지니는 관능적 분위기는 랍비주의적인 탈무드의 회색빛 거룩함과는 상당히 다를 것이다. 그럼에도 우리는 오래된 동일한 책 안에 있는 것이 확실하다. 그 책에 대한 최초의 해석판들은 모두 사라졌지만 말이다.

  코코넛의 기원에 관한 다음의 이야기에 나오는 영웅은 인류의 첫번째 부모가 아니라 우호적 성격을 지닌 폴리네시아의 사기꾼 영웅 마우이(Maui)이다. 거칠게 말하자면, 그는 헤라클레스에 해당하는 인물이다. 마우이는 여러 형제 가운데 막내로 등장하는 경우가 많다. 물론 형제의 수는 세 명(라로통가)이기도 하고 여섯 명(뉴질랜드의 몇몇 이야기)이기도 하는 등, 상황에 따라 변한다. 그가 지닌 주술적 능력 가운데 가장 잘 알려진 것으로는 바다 밑에서 섬을 낚싯대로 끌어올린 일, 태양을 덫으로 잡아서 원래의 속도보다 천천히 움직이게 한 일, 지상에 있는 친구들에게 더 넓은 공간을 만들어주기 위하여 하늘을 들어 올린 일, 그리고 자기 어머니의 부엌을 위하여 불을 훔쳐 온 일 등이 있다. 이 이야기의 여자 영웅인 마우이의 아내는 열정적 성격을 지니고 있으며 전혀 부끄러움을 타지 않는 미인 히나(Hina)이다(그녀가 도대체 무엇에 대해서 부끄러움을 타겠는가?). 오늘날에도 달의 반점에서 그녀의 모습을 찾아 볼 수 있는데, 그 이유는 그녀가 커다란 오바바(ovava) 나무 밑에 앉아서 그 나무껍질로 타파천(남태평양 제도에서 꾸지나무의 껍질로 만든 종이 같

은 천/역주)을 만들고 있기 때문이다.[19]
여기에 히나의 모험에 대한 투아모투아족의 이야기가 있다.[20]

히나는 원래 괴물 뱀장어 테 투나(Te Tuna, 솔직하게 말하자면 이 용어는 남근을 의미한다)의 아내였다. 이 둘은 바다 밑에 있는 자신들의 땅에서 살고 있었다. 그런데 어느 날 히나는 자신이 너무 오래 이곳에서 살아왔다고 생각하였다. 사실 그곳은 너무 추운 곳이었다. 그리고 이제 히나는 남편 테 투나로부터 벗어나고 싶었다. 그래서 남편에게 이렇게 말하였다. "당신은 이곳에서 편히 쉬고 계세요! 내가 우리 둘을 위한 식량을 구해 오겠습니다."
"그러면 언제 돌아올 것이오?"라고 테 투나가 물었다.
그녀는 이렇게 대답하였다. "아주 잠시 동안 떠나 있을 거예요. 오늘과 오늘 밤은 여행하는 데 시간을 다 보내게 될 것이고, 내일은 식량을 찾고, 모래와 모래 밤에는 그 식량을 요리하느라 시간을 보내게 될 것입니다. 그리고 그 다음날 밤에 집으로 돌아오게 될 것입니다."
"그러면 가도 좋소. 그리고 필요한 날만큼 머물러 있으시오"라고 테 투나가 말하였다.
그래서 그녀는 여행을 시작하였다. 그러나 히나는 식량을 찾는 데 몰두한 것이 아니라 새로운 애인을 찾는 데 몰입하였다. 그녀는 "남성-원리(타네) 씨족"이 사는 곳에까지 이르게 되었다. 그곳에 도착하였을 때 그녀는 이렇게 외쳤다. "이 내륙 지방에 살고 있는 뱀장어처럼 생긴 생물은 남자답게 절정에 이른다. 그런데 저 바다 속에 있는 테 투나는 맛없는 음식에 불과하다. 나는 뱀장어처럼 생긴 애인에게 소유되기를 바라는 여자이다. 나는 라로-누쿠(아래의 땅) 해안과 라로-바이-이-오(침투하는 물의 땅) 해안에서 열정의 투쟁에 참여하기 위하여 머나먼 길을 온 여자이다. 나는 뱀장어처럼 생긴 사랑의 막대기를 찾기 위하여 모든 부끄러움을 다 던져버리고 온 첫번째 여자이다. 나는 욕망의 만족을 추구하는 음부의 검은 헝겊 조각이다. 오! 남성-원리 씨족의 사내들이여! 너희의 남성적 용기가 저 아래 살고 있는 나에게까지 그 명성을 뻗쳤다. 그래서 내가 셀 수 없을 정도로 많은 모래 해안을 따라 여기에 온 것이다. 오! 위축된 막대기여 일어서라! 사랑의 절정에 몰입하라. 오! 남성-원리 씨족의 사내들이여! 나는 너희들을 열렬히 욕망하면서 멀리서 온 여자이다!"

그러나 그 씨족의 남자들은 그녀에게 이렇게 대답하였을 뿐이다.

"저기에 길이 있다. 그 길을 따라 계속 가라! 우리는 괴물 뱀장어 테 투나의 아내를 결코 취하지 않을 것이다. 그렇게 하면 그가 우리를 살해할 것이기 때문이다. 그는 하루도 안 걸려 이곳에 와서 우리를 죽일 수 있다."

그녀는 할 수 없이 길을 계속 갔다. "침투하는 성교(Peka) 씨족"의 땅에 도착하자, 그녀는 다시 똑같은 말을 사용하여 외쳤다. 그러나 그 지역의 남자들도 앞의 씨족과 마찬가지의 반응을 보였다. 그녀는 "발기(Tu) 씨족"이 사는 곳에 도착하였지만, 다시 한번 이전과 똑같은 일이 일어났다. 이번에 그녀는 "기적을 일으키는(Maui) 씨족"의 땅에 도착하였다. 그러나 이번에도 똑같은 일만 되풀이되었다. 그래서 그녀는 마우이의 어머니인 후아-헤가의 집으로 달려갔다.

히나가 다가오고 있는 것을 본 후아-헤가는 자신의 아들인 마우이에게 "저 여자를 아내로 취하라!"고 말하였다.

그래서 마우이-티키티키-아-아타라가(기적을 일으키는 자, 상승하는 그림자의 아들인 투미드)는 히나를 아내로 취하였다. 그리고 그들 모두는 그곳에서 함께 살았다. 그런데 얼마 안 있어 주위 사람들은 마우이가 테 투나의 아내를 취한 것을 알고는 테 투나에게 달려가 그 사실을 알렸다.

"당신의 아내가 마우이에게 잡혀 있다"고 그들은 말하였다.

테 투나는 이렇게 대답하였다. "그가 그녀를 갖도록 그냥 내버려둬!"

그러나 그들은 계속하여 그에게 와서 같은 이야기를 반복하였기 때문에 테 투나는 마침내 화가 났다. 그는 이처럼 계속 종알거리는 그들에게 이렇게 말하였다. "그 마우이라는 자는 도대체 어떤 사람이냐?"

그들은 "그의 몸은 매우 작지만, 그의 귀두는 엄청나게 큽니다"라고 대답하였다.

"그래! 그러면 때 묻은 내 속옷의 한 조각을 그에게 보여주어라! 그러면 그는 멀리 달아나고 말 것이다!" 하고 자랑스럽게 말하였다. 그리고 이렇게 덧붙였다. "내가 복수단을 조직하여 가고 있다고 마우이에게 전해라!" 그리고 그는 자신의 아내를 위한 우울한 애가를 불렀다.

사람들은 그 노래를 듣고는 마우이에게 가서 이렇게 말하였다. "테 투나가 복수단을 조직하여 당신에게 오고 있습니다."

"올테면 오라지!" 하고 마우이는 말하였다. 그리고 "그자는 어떻게 생겼는가?" 하고 물었다.

"예, 거대한 괴물입니다!" 하고 그들은 답하였다.

"그는 키가 크고 곧바른 코코넛 나무만큼 힘이 세고 튼튼한가?"

그를 속이기 위하여 사람들은 이렇게 말하였다. "그는 가냘픈 코코넛 나무와 같습니다."

마우이가 물었다. "그는 항상 약하고 구부러져 있는가?"

그들은 대답하였다. "그는 태생적으로 약합니다."

마우이가 외쳤다. "오호! 그래! 그러면 내 생식기의 거대한 끝 부분을 그에게 보여줘야겠구나. 그러면 그는 즉시 멀리 도망치고 말 것이다."

며칠이 지나갔다. 마우이는 끈기 있게 기다렸다. 그와 그의 가족은 모두 함께 거주하고 있었다. 그러던 어느 날 하늘이 검게 변하더니 천둥이 치고 번개가 쳤다. 사람들은 두려움에 떨었다. 테 투나가 오고 있음을 알았기 때문이다. 그들은 모두 마우이를 비난하였다. "우리가 다른 사람의 여자를 훔친 것은 이번이 처음이다. 우리는 모두 살해될 것이다"라고 그들은 말하였다.

마우이는 그들에게 확신을 심어주면서 말하였다. "모두 가까이 붙어라. 우리는 죽지 않을 것이다."

드디어 테 투나가 나타났다. 네 명의 동료, 즉 푸푸-바에-노아(가운데 있는 덤불), 마가-바이-이-에-리레(여자 안에 존재하는 올가미), 포르포로-투-아-후아가(음낭 안의 고환 쌍), 토케-아-쿠라(계속해서 퍼지는 음핵)가 그를 따르고 있었다. 괴물 뱀장어는 자신의 때묻은 속옷을 벗고 모든 사람들 앞에서 높이 들어 보여주었다. 그때 갑자기 거대한 파도가 바다에서 내륙으로 밀려왔다. 그 파도는 모든 것을 쓸어 없애고 땅 위로 치솟아 올랐다. 그러자 후아-헤가는 자신의 아들 마우이에게 "자, 빨리! 너의 생식기를 보여주어라!" 하고 외쳤다.

마우이가 그대로 따라 하였다. 그랬더니 갑자기 거대한 파도가 후퇴하면서 마침내 바다 바닥이 보일 정도로 물이 말랐다. 그리고 괴물들은 암초 위에 걸려 넘어져 있었다. 마우이는 그들이 넘어진 곳으로 다가가서 그 가운데 세 명을 때려눕혔다. 토케-아-쿠라는 부러진 다리를 질질 끌면서 도망갔다. 그러나 마우이는 테 투나만은 살려주었다.

테 투나는 마우이의 집으로 가서 그와 함께 살았다. 그들은 잘 어울리며 살았지만, 어느 날 테 투나가 마우이에게 이렇게 말하였다. "우리는 결투를 해야만 합니다. 그래서 우리 가운데 하나가 죽었을 때 산 사람이 저 여자를 취하게 될 것입니다."

"당신은 어떤 종류의 결투를 원합니까?" 하고 마우이가 물었다.

그러나 테 투나는 이렇게 답하였다. "각자가 상대방의 몸속으로 완전히 들어가는 경기를 먼저 하지요. 그 경기가 끝나면 나는 당신을 죽이고 나의 아내를 되찾고 나의 집으로 돌아갈 것입니다."

"당신 좋을 대로 하시지요"라고 응답하면서 마우이는 그의 제안에 동의하였다. 그러고는 "그러면 누가 먼저 시작할까요?" 하고 물었다.

괴물 뱀장어가 "내가 먼저 하겠습니다"라고 답하였다. 마우이가 응낙하자 테 투나는 일어나서 그의 주문을 외우기 시작하였다.

오레아-뱀장어(Orea-eel)는 이리저리 몸을 흔드네,
오레아-뱀장어는 머리를 점점 낮추어 균형을 잡네.
그는 멀리 떨어진 섬에서부터 대양을 가로질러 이곳에 도달한 거대한 괴물이라네.
너는 두려움에 가득 차 오줌을 싸고 마네!

괴물은 줄어드네, 점점 작아지면서.
오, 마우이여! 지금 너의 몸속으로 들어가는 자는 바로 나, 테 투나이다!

이렇게 하면서 테 투나는 마우이의 몸속으로 완전히 들어갔고, 그의 몸속에 그대로 있었다. 오랜 시간이 흐른 뒤 그는 다시 몸 밖으로 나왔다.

그러나 마우이는 조금도 동요하지 않았다. "자! 이제는 내 차례이다"라고 마우이는 말하였다.

테 투나가 이에 동의하자 "기적을 일으키는 자"는 그 자신의 주문을 다음과 같이 읊기 시작하였다.

오레아-뱀장어는 이리저리 몸을 흔드네,
오레아는 머리를 점점 낮추어 균형을 잡네-
작은 자가 땅 위에 서 있네-
너는 두려움에 가득 차 오줌을 싸고 마네!

그자는 줄어드네-점점 작아지면서.
오, 테 투나여, 너의 몸속으로 지금 들어가는 자는 바로 나, 마우이이다!

마우이는 테 투나의 몸속으로 완전히 들어갔다. 그 즉시 괴물 뱀장어의 모든 힘줄이 찢어졌으며, 그는 죽고 말았다. 마우이는 그의 몸 밖으로 튀어 나와서 테 투나의 목을 잘랐다. 그리고 그 목을 자신의 할아버지에게 주려고 가지고 왔다. 그러나 그의 어머니 후아-헤가가 그것을 잡아채고는 할아버지에게 주지 말라고 하면서 이렇게 말하였다. "그 목을 우리 집의 모서리에 있는 기둥 밑에 묻어라." 그는 어머니가 가리킨 장소에 그것을 묻고, 다시는 그 일에 대하여 생각하지 않았다.

마우이는 일상생활로 복귀하였으며, 그의 가족은 이전처럼 함께 살았다. 그러던 어느 날 밤이었다. 집 모서리에, 그러니까 테 투나의 머리가 묻힌 곳에 그들이 앉아 있을 때였다. 마우이는 그곳 모래 속에서 새싹이 나오는 것을 보았다. 마우이는 놀랐다. 아들이 놀라는 것을 본 후아-헤가는 물었다. "왜 그렇게 놀라느냐?" 마우이는 대답하였다. "이것은 내가 이곳에 묻은 테 투나의 머리입니다. 왜 이것이 싹을 피웠을까요?"

후아-헤가가 대답해주었다. "네 옆에서 자라는 식물은 '신들의 나라에서 온 해록색(海綠色)의 껍질'로 알려진 일종의 코코넛이다. 그것은 우리에게 그 자신의 나라의 색깔을 보여주기 위하여 깊은 바다에서 나왔기 때문에 그렇게 부른다. 그러니 그 귀중한 코코넛 나무를 잘 돌보아라. 그러면 그것이 우리 모두에게 식량을 제공하게 된다는 것을 알게 될 것이다."

그 나무가 다 자라자 마우이는 그 열매를 땄다. 열매 속의 과육은 모든 사람에게 다 나누어주었다. 마우이는 그 껍질들을 가지고 음료수 잔을 만들었다. 이러한 모든 일을 마치자 그는 춤을 추면서 자신의 용기와 뛰어난 주술――괴물 뱀장어의 머리를 음식으로 변환시킨――을 칭송하는 노래를 자랑스럽게 불렀다.

> 여자의 혁대만도 못한,
> 재빠른 벌레만도 못한,
> 투나는 늙은이에 불과하였네!
>
> 모히오(mohio) 양치류의 잔가지에 홀려,
> 어리숙한 마법으로 얼간이에게 자신의 요술을 거는 하나의 이파리!
> 그러한 이파리에 불과한 그가 나에게 감히 무엇을 할 수 있었겠는가?

아무것도 못한다!

이 이야기는 다음과 같은 결론으로 끝나고 있다. "이것이 바로 이 지상 세계의 모든 사람들에게 코코넛이 식량으로 주어지게 된 사연이다."

여기에 소개된 모험 이야기는 투아모투 제도에 있는 파가투 섬의 늙은 추장인 파리우아-아-마키투아의 진술에 근거한 것이다. 이 제도는 태평양의 한가운데에 위치하고 있으며, 소사이어티 섬과 타이티의 동쪽에 있다. 이 노인은 젊은 시절에는 스승 카마케의 제자였다. 그 스승은 살아있을 당시에 투아모투안족의 성인들 가운데 가장 위대한 자로 간주되던 사람이다.[2] 나는 여기서 히나와 괴물 뱀장어에 대한 이야기를 조금도 변경하지 않고 있는 그대로 소개하였다. 왜냐하면 이 이야기는 고대 폴리네시아인의 서사시가 지닌 도덕적 분위기를 진지하게 보여줄 뿐만 아니라, 나중에 우리가 다루게 될 주술과 주술의 힘 그리고 원시적 요술에서 나타나는 관능적 요소의 힘을 연구하는 데 서론 역할을 할 수 있기 때문이다.

여기서 자세히 서술한 이야기는 폴리네시아의 서창(敍唱, recitative) 양식을 번역한 것인데, 고대적 의례의 형식과 분위기가 잘 나타나고 있다. 기원전 6세기에 발전한 그리스의 비극과 희극은 이러한 양식에서 나온 것이다. 그리스의 무용 합창단(satyr-chorus)이 미로와 같은 복잡한 춤을 추면서——몸을 틀고 빙빙 돌리면서——가장(歌章, strohpe)과 응답가장(應答歌章, antistrophe)을 하는 동안 신과 영웅의 전설이 읊어지듯이, 폴리네시아에서도 마찬가지 현상이 나타난다. 태평양을 항해한 쿡(Cook) 선장과 초기의 항해자들은 그곳에서 행해지는 거대한 종교적 축제를 기록하였다. 그 기록에 따르면, 실제로 수백 명의 춤꾼들이 일사분란하게 대오를 지으면서 북소리, 낭랑한 호리병 소리, 그리고 땅에다 친 대나무 파이프의 소리에 맞추어 성스러운 훌라댄스를 추는 동안 독창자와 합창대가 가장과 응답가장으로 영웅과 신의 성스러운 노래를 부른다.[22] 예를 들면, 히나를 잃고 애도하면서 부르는 테 투나의 우울한 노래는 원래 다음과 같이 되어 있다.

I

      제1창
쿠아 리로!   내 사랑이 도망쳤네.

      제2창
테 아로하 이 테   아내에 대한 애절한 사랑이
호아 키 로토 이   휘젓는구나
테 마나바.   나의 마음을.

      합창
— 쿠아 리로.   — 그녀는 다른 사람의 아내가 되었
          구나.
마타기 카베아 마이 에 바람이 알려 주었네
쿠아 리로.   아내가 도망갔다는 사실을.
호 아투…….   우리는 지금 출발한다…….

II

      제1창
호 아투 마토우 키 바바우. 우리는 지금 바바우로 출발하네.

      제2창
키아 히고 이 테 호아 — 나의 사랑을 찾기 위하여 —

      합창
— 쿠아 리로.   — 다른 자의 아내가 된 그녀.
마타기 이 아우에 에 바람도 슬퍼 울부짖네
쿠아 리로.   나로부터 도망친 그녀.

테 아로하…….   애절한 사랑…….

III

                            제1창
테 아로하 이 테 바히네   아내에 대한 애절한 사랑
키 로토 이 테 마나바.   가슴속에서 터져나오네.

                            제2창
키아 키테 타쿠 마타   내 눈으로
이 테 이포 —   다시 나의 사랑을 볼 수 있다면 —

                            합창
— 쿠아 리로.   — 나로부터 도망친 그녀, 지금은 다
                                른 자의 팔에 안겨 있네.
마타기 이 아우에 에.   바람마저 슬퍼하고 있네.
테 아로하 이-이-이-이-에!   쓰라린 나의 고통과 절망.

  이 장의 논의를 계속 따라가다보면, 우리는 초기 태평양 전통과 고대 지중해 전통 사이에 존재하는 매우 복잡하면서도 점차 명료해지는 관계의 문제에 직면하게 될 것이다. 그러나 일단 여기서는 폴리네시아의 괴물 뱀장어 신화와 이야기에 대한 우리의 스펙트럼을 확장하는 데 주력해보자. 그렇게 하면 성서에 있는 다양한 신화를 분석하는 데 유리한 지점을 확보할 수 있게 된다. 뿐만 아니라 그리스의 페르세포네 신화와 인도네시아의 하이누웰레 신화에서 뱀의 위상이 약화되고 그 대신 돼지 희생 제의가 강조되는 맥락을 보다 잘 이해할 수 있게 될 것이다. 비교신화학에 의하여 새롭게 출현한 선사시대 역사학의 시각이 지니는 가장 빛나는 측면인 동시에 중요한 측면의 하나는 돼지가 미로의 성스러운 동물인 뱀의 역할을 대체하는 문제에 놓여 있다. 그리고 이러한 시각에 따르면, 돼

지는 황소에 의하여 대체되고, 황소는 다시 말에 의하여 대체된다.

식용작물의 기원에 관한 신화(혹은 핵심적인 신화적 이미지)는 역사시대와 선사시대의 장구한 확산 과정을 거치는 과정에서, 서로를 비추어주면서도 서로를 현저하게 구별시키는 일련의 광범위한 변종을 만들어내었다. 이러한 각 변종들은 한때 존재하였음에 틀림없는 근원적 형태의 본질적 특성과 측면을 드러내고 있지만, 그 가운데 어떤 변종이 다른 변종보다 더 대표성을 지닌다고 할 수는 없다. 이는 많은 형제자매로 이루어진 가족의 경우와 비슷하다. 가족 구성원들은 하나의 가족 유형을 대표하지만 그중 어느 한 사람이 다른 사람보다 더 진정한 대표성을 갖는 것은 아니기 때문이다. 수집된 사례가 많을수록 비교는 더 매혹적이 되고 연구자를 애타게 만든다.

예를 들어보자. 프렌들리 제도(Friendly Islands, 통가)에서 한 사내아이가 뱀장어로 태어났다. 인간인 그의 부모에게는 두 명의 딸이 더 있었다. 호수 속에서 살고 있던 그 뱀장어는 자신의 누이들과 놀고 싶어서 물으로 뛰어 올라왔다. 그러나 그 두 자매는 모두 도망쳤다. 그 뱀장어가 끝까지 쫓아오자 그들은 바다로 뛰어들었으며, 두 개의 바위가 되어버렸다. 오늘날에도 통가바투 해안에서는 이 바위들을 볼 수 있다고 한다. 그 뱀장어는 계속 헤엄을 쳐서 사모아 섬에까지 이르렀다. 그리고 거기에 있는 한 호수를 거처로 삼아 머물렀다. 그런데 거기서 목욕하던 한 처녀가 뱀장어로 인하여 임신을 하게 되자, 그 동네 사람들은 그 뱀장어를 죽이고자 하였다. 그러자 뱀장어는 그 처녀에게, 자기가 살해되면 자신의 목을 마을 사람들에게 달라고 하여 땅에 묻어줄 것을 부탁하였다. 그녀는 그 부탁을 들어주었다. 그랬더니 그곳에서 새로운 종류의 나무, 즉 코코넛 나무가 자라났다.[23]

쿡 제도(the Cook Islands)의 하나인 망가이아에서는 이나(Ina, 히나의 방언)라는 이름을 지닌 처녀가 살고 있었다. 그녀는 어떤 호수에서 목욕하기를 좋아하였다. 그런데 거기에 살고 있던 뱀장어가 헤엄을 치면서 그녀의 몸에 부딪쳤다. 그 뱀장어는 계속해서 그녀의 몸에 다가갔다. 어느 날 그녀가 목욕하고 있을 때, 그 뱀장어는 자신의 뱀장어 형상을 벗

230

어딘지고 멋진 청년의 모습으로 그녀 앞에 섰다. 그의 이름은 투나(여기서도 다시 한번, 테 투나임을 알 수 있다)였다. 이나는 투나를 자신의 연인으로 받아들였다. 투나는 그녀를 찾아갈 때면 항상 인간의 모습을 하였으나, 그녀가 돌아가면 다시 뱀장어가 되었다. 그런데 어느 날 그 뱀장어는 이렇게 말하였다. 자신이 그녀를 영원히 떠나야 할 때가 올 것이다. 그때 거대한 홍수 속에서 뱀장어의 모습을 하고 그녀를 마지막으로 찾아갈 것이다. 그러면 자신의 목을 베어 땅에 묻어달라는 것이었다. 드디어 투나가 왔다. 이나는 그전에 들은 대로 하였다. 그후 매일같이 그의 머리를 묻은 곳을 방문하였다. 어느 날 그곳에서 마침내 푸른 싹이 올라왔다. 그것은 아름다운 나무로 자라났으며, 얼마 뒤에는 첫번째 코코넛 열매를 맺었다. 그래서 지금도 그 열매의 껍질을 벗기면 투나의 눈과 얼굴이 보인다.[24]

이러한 표본에 상응하는 음식-기원 이야기는 폴리네시아의 다른 식용 작물의 경우에서도 흔히 찾아볼 수 있다. 예를 들어서 하와이의 한 전설에 따르면, 지금의 힐로(Hilo) 시 근처에 살고 있던 울루(Ulu)라는 이름을 지닌 남자가 굶어 죽었을 때, 빵 나무가 처음 생겨났다. 그와 그의 아내는 병든 사내아이를 키우고 있었는데, 혹심한 기근 때문에 아이의 목숨이 위태롭게 되었다. 어떻게 해야 할지 몰라 상심에 빠진 그는 신의 도움을 얻기 위하여 푸에오(Puueo)에 있는 신전으로 가서 기도하였다.

그 신전의 신은 하와이 어로는 모오(mo'o)라고 불리는데, 이는 "도마뱀"을 의미한다. 그러나 하와이에 살고 있는 도마뱀은 해를 끼치지 않을 뿐만 아니라 사랑스러운 동물로 간주된다. 그리고 그 도마뱀은 벽을 잽싸게 오르내리며 파리처럼 천장에 달라붙기도 하고 날름거리는 혀로 곤충을 재빠르게 잡아먹는다. 하와이 제도의 신화적 체계가 이처럼 해롭지 않은 동물을 몹시 위험한 신적 용(dragon)으로 과장하는 방식은 내가 알고 있는 신화적 과정(mythological process)——우리의 주제를 다루는 교과서에서는 좀처럼 언급되지 않음에도 실제로는 매우 중요하고 영향력 있는——가운데 가장 생생한 하나의 예이다. 고(故) 아난다 쿠마라스와미(Ananda K. Coomaraswamy) 박사는 이러한 신화적 과정을 "땅 이름짓기(land naming)" 혹은 "땅 취하기(land taking)"를 의미하는 란드-나마(*land-náma*)라고 불렀다.[25] 새로운 땅에 들어온 이주자들은 란드-나마를 통해서 그 새로운 땅의 특성을 자신들의 신화 유산 속으로 융화시킨다. 우리는 이미 뱀장어가 뱀의 역할을 하는 경우를 살펴보았다. 지금은 무해한 도마뱀이 그와 똑같은 뱀의 역할을 하는 경우를 살펴보고 있는 중이다. 우리는 또한 미국 건국의 선조들과 서부 개척자들이 가는 곳마다 새로운 가나안, 나자렛, 샤론, 베텔, 베들레헴을 건설한 방식을 생각해볼 수 있다. 그들이 들어간 새로운 땅과 그 땅의 특성들은 그들의 마음속에 존재하던 신화적 체계의 원형들——영적으로, 심리학적으로, 사회학적으로 중요한 원형들——과 가능한 한 확고하게 관련을 맺게 된다. 이러한 과정을 통하여 그 땅은 영적인 타당성과 거룩함을 얻게 되고, 그들의 삶을 역동적으로 주조하는 운명의 이미지에 동화되는 것이다. 다음 장에서는 이러한 원리가 상징의 형성에서 발휘하는 힘을 수많은 사례를 통하여 살펴보게 될 것이다. 폴리네시아 내륙 지방의 신화 속에 등장하는 괴물 뱀장어와 고귀한 모오가 이러한 과정을 우리에게 분명하게 보여준 것이다.

　빵나무의 기원에 관한 전설을 좀더 살펴보자. 울루라는 사람이 푸에오에 있는 신전을 방문하고 돌아와서 아내에게 다음과 같이 이야기하였다. "신전에서 고귀한 모오의 소리를 들었는데, 그가 나에게 말한 내용은 이렇소. 오늘 밤 어둠이 바다에 밀려오고 화산 불의 여신 펠레(Pele)가 킬라우에아 산의 분화구에서 구름을 비추는 순간, 검은 천이 나의 얼굴을 덮을 것이라오. 그때 내 몸에서 숨이 빠져나가고, 내 영혼은 사자의 땅으로 간다고 하오. 그러니 당신더러 물이 흐르는 샘터 옆에 나의 베어진 머리를 조심스러이 묻고, 심장과 내장은 대문 옆에 묻으라고 말하였소. 발과 다리와 팔도 마찬가지 방식으로 묻으라고 말하였소. 그 다음에는 우리가 종종 휴식을 취하였던 침상에 당신이 누워 밤새 귀를 기울이고, 아침 해가 하늘을 붉게 물들이기 전까지는 일어나지 말라고 하였소. 만일 밤의 적막 속에서 잎이나 꽃이 떨어지는 소리를 듣고 이어서 무거운 열매가 떨어지는 소리를 듣게 된다면 나의 기도가 받아들여진 것으로 알라고 하였소. 그리고 그때 우리 아기는 살아날 것이라고 하였소." 이렇게 말한 뒤, 훌루는 얼굴을 떨어뜨리고 죽었다.

그의 아내는 애도의 노래를 불렀지만, 남편에게 들은 대로 행하였다. 다음날 아침 그녀는 자신의 집이 무성한 식물의 숲으로 에워싸여 있는 것을 보게 되었다.

토마스 트럼(Thomas Thrum)의 책에서는 그 전설이 이렇게 나와 있다.[26]

남편의 심장을 묻은 문 앞에서는 장중한 나무가 자라났다. 그 나무는 초록색의 넓은 잎들로 덮여 있었는데, 그 잎사귀들은 아침 햇빛을 받아 빛나는 이슬을 머금고 있었다. 풀 위에는 그 나무에서 떨어진 다 익은 둥그런 열매가 놓여 있었다. 그녀는 남편을 기념하여 이 나무를 울루(빵나무)라고 불렀다. 그 작은 샘물 주위에는 이상한 식물들이 무성하게 자라고 있었는데, 그 식물의 잎은 매우 컸으며, 노랗고 긴 열매 다발이 달려 있었다. 그녀는 이 열매를 바나나라고 불렀다. 그 사이에는 가느다란 줄기를 가진 식물과 덩이 식물이 무성하게 자라고 있었다. 그녀는 앞의 식물을 사탕수수라고 불렀고 덩이 식물을 얌이라고 불렀다. 그리고 집 주위에는 관목과 뿌리 식물이 자라고 있었는데, 그녀는 이들에게도 적절한 이름을 붙여주었다. 그녀는 자신의 작은 아이에게 빵나무 열매와 바나나를 따오라고 시켰다. 그 가운데 가장 크고 좋은 것은 신들에게 바치고 나머지는 뜨거운 불로 구웠다. 그리고 장차 이 구운 열매들이 아이의 식량이 될 것이라고 말하였다. 그 아이가 열매를 먹자마자 건강을 되찾았다. 그 뒤로 소년은 키가 크고 힘도 강해져 완벽한 남성이 되었다. 강력한 전사가 된 그는 섬 전체에 이름을 날리게 되었다. 그래서 그가 죽었을 때에는 그의 이름을 따서 섬 이름을 지었다. 즉 그의 뼈가 묻혀 있던 힐로(Hillo) 만의 섬 이름을 그의 이름을 따서 모쿠올라(Mokuola)라고 지었으며, 오늘날까지도 그 섬의 이름으로 사용되고 있다.

죽음과 생명의 상호성(죽이고 먹는 방식과 번식하고 죽는 방식 모두에서 나타나는)이라는 핵심적 개념에서 나온 이러한 신화와 의례 그리고 민담과 민속은 적도 지대의 광활한 영역에서 널리 발견되고 있다. 아프리카의 수단 서부에서부터 인도양을 거쳐 폴리네시아의 심장부에 이르기까지 광범위하게 분포하고 있는 것이다. 심지어는 이스터 섬에서도 발견되는데, 이 섬에서는 잡혀서 먹히는 물고기의 이미지로 그 개념이 나타나고 있다.

어떤 원주민이 제공한 자료가 하나 있다. 그것은 수 세대 동안 보존되어 온 것으로 여겨지는 이스터 섬의 신비스러운 상형문자 점토판이었다. 그 원주민 제공자가 읽어준(적어도 읽을 수 있다고 고백하였다) 내용은 이렇다. "우리의 옛날 여왕은 어디에 있는가? 그녀는 물고기로 변하였는데, 어느 날 고요한 바다에서 잡혔다고 한다.······ 꺼져버려라! 꺼져버려라! 당신이 그 물고기의 이름을 댈 수 없다면. 작은 아가미를 가진 이 사랑스러운 물고기는 우리의 위대한 왕의 음식이 되기 위하여 이 흔들리는 접시 위에 올라온 것이다."[27]

이와 관련된 변종이 수없이 많이 존재한다. 식인 의례에서부터 부성적 사랑에 관한 시적 이야기에 이르기까지 엄청나게 많다. 그러나 그들 사이에는 분명한 친족 관계가 있다. 그리고 거기에는 광범위한 확산 과정이 있었음을 어렵지 않게 알 수 있다. 인도양 분지들은 수천 년 동안 문화 교역의 중심적 수로였던 반면, 폴리네시아의 거주민은 대체로 인도네시아에서 왔다. 단일한 언어군인 말레이-폴리네시아어는 마다가스카르 섬(동남아프리카의 해안에서 어느 정도 떨어져 있는)에서부터 동쪽으로 이스터 섬(페루 해안에서 멀리 떨어져 있는)에 이르기까지 널리 분포하고 있으며, 남북으로는 뉴질랜드에서 대만까지, 그리고 북동쪽으로는 하와이 제도까지 분포하고 있다.[28] 이러한 언어적 친화성은 문화적·역사적 관계만이 아니라 심리학적 동질성도 보여준다. 따라서 병행 발전설을 가장 열렬하게 주창하는 학자들도 1에서 10까지 세는 방식에서 나타나는 다음 표와 같은 일치성을 그의 소중한 원칙에 따라 설명하려고 하지는 않는다(나는 그렇게 생각한다).[29]

이 비교 연구의 다음 단계는, 페루와 멕시코의 해안, 아마존의 정글 지대, 그리고 북아메리카의 대평원으로 나아가서 우리의 주제를 살펴보는 것이다.

	마다가스카르	인도네시아			폴리네시아	
	말라가시어	말레이어	자바어	타갈어	사모아어	마오리어
1	isa	sa	sa	isa	tasi	tahi
2	rua	dua	ru	dalawa	lua	rua
3	telu	tiga	telu	tatlo	tolu	toru
4	efatra	ampat	pat	apat	fa	wha
5	limi	lima	lima	lima	lima	rima
6	eni(na)	anam	(ne)nem	anim	ono	ono
7	fitu	tujuh	pitu	pito	fitu	whitu
8	valu	dulafan	wolu	walo	valu	waru
9	sivi	sambilan	sono	siyam	iva	iwha
10	fulu	puluh	puluh	polo	sefulu	nahuru

5. 병행 발전인가 확산 과정인가?

지난 반세기의 고고학과 민족학의 성과에 의하여 구대륙의 고대 문명들——이집트, 메소포타미아, 크레타와 그리스, 인도와 중국——이 하나의 단일한 토대에서 나왔다는 사실은 이제 분명해졌다. 그리고 이 최초의 공동체가 각 문명의 신화적·의례적 구조의 동질성을 설명하는 데도 충분하다는 사실이 명백해졌다. 앞에서 언급한 것처럼,* 이 획기적인 전성시대의 시점은 근동의 신석기 층으로 거슬러 올라가며, 그 최초의 징후들은 기원전 7500-5500년경의 것으로 밝혀졌다. 그리고 거의 같은 지역에서 기원전 3200년경의 징후들이 갑자기 나타났다. 즉 천문학에 근거한 달력, 문자 체계, 시간과 공간을 측정하기 위한 수학, 그리고 바퀴의 고안을 포함한 사제 계급 주도의 다양한 발견과 기술이 출현한 것이다. 이 지역을 제외하고는 세계 그 어디에서도 이처럼 심층적인 수준에서 신석기 시대의 물품이나 고등 문명의 요소가 발견된 곳이 없다. 그리고 모

---

* 161-176쪽 참조.

든 고등 문명만이 아니라 농경과 목축에 근거한 모든 촌락 생활의 기초적 기술이 근동에서부터 전세계로 확산되었을 가능성도 있다. 이는 일군의 학자들이 풍부한 자료를 가지고 주장한 것이다. 대표적인 학자로는 빈의 로베르트 하이네 겔데른(Robert Heine Geldern) 교수가 있다.

그러나 앞에서 살펴보았듯이, 신석기의 궁극적 배경에 대해서는 아직 적지 않은 의문점이 남아 있다. 구대륙에 관한 한, 고등 문명의 기초적 기술이 근동 지방의 모태로부터 나왔음은 확실히 인정해야 한다. 그럼에도 파종과 목축 기술에 관한 한, 근동 최초의 신석기 촌락은 보다 큰 어떤 지대의 단지 한 부분을 보여주는 것일 수도 있다. 말레이-폴리네시아 지역이라고 불리는 곳에서 돼지 사육의 시점이 언제였는가는 아직 확정되지 않았다. 그리고 우리는 코코넛, 바나나, 괴경 식물의 원시적 경작이 언제까지 소급되는지도 알지 못한다. 따라서 말레이-폴리네시아 지역에 대한 대부분의 신화와 의례를 근동의 원-신석기 혹은 기초-신석기의 한 부분으로 해석하는 것도 궁극적으로는 가능하지만, 이와 달리 그와 반대되는 해석도 궁극적으로는 가능하다. 그러나 어떠한 경우가 되든(지금까지 수집된 자료를 잘 아는 사람은 어느 누구도 이 점을 부정하지 못할 것이라고 생각한다), 이 두 지역의 발달 과정은 서로 분리될 수 없다. 따라서 구대륙에서 나타나는 식량 채집(사냥과 뿌리 채집) 단계로부터 식량 경작(파종과 목축) 단계로의 문화적 진보는 매우 광범위한 과정이면서도 단일한 과정으로 연구되어야만 한다.

그러나 신대륙에 대해서는 아직도 격렬하고 과격한 학문적인 의견 대립과 갈등이 존재하고 있다.

예를 들면, 대부분의 북아메리카 인류학자들이 선호하는 관점은 다음의 글에 단호하게 표현되어 있다.

동반구와 서반구에서 인간은 모두 유목 수렵인, 돌 연장의 사용자, 구석기 야만인과 같은 문화적 영점(cultural scratch)에서 출발하였다. 두 반구에서 인간은 거대한 대륙 전체로 퍼져나갔으며, 각각의 환경에 맞는 생활을 영위하였다. 그리고 양쪽에서 모두 야생식물을 경작하였으며, 인구가 증가하였다. 인구 집중으로 인하여 사회집단이 세분되고, 기술이 급속하게 발전하였다. 도기를 사용하고, 섬유와 양모로 옷을 만들고, 동물을 사육하였다. 그리고 금속가공을 시작하였는데, 처음에는 금과 구리를 사용하다가 나중에는 보다 단단한 합금인 청동을 사용하였다. 문자 체계도 발전하였다.

물질적인 측면에서만 병행하는 발전이 있었던 것은 아니다. 구세계에서만이 아니라 신세계에서도 사제직이 발전하였다. 사제 계급은 세속 권력과 연합하거나 그 자체의 힘으로 통치자가 되었으며, 신들을 위하여 회화와 조각으로 장식된 거대한 신전을 세웠다. 사제 계급과 추장은 자신들을 위한 정교한 무덤을 만들었는데, 거기에는 내세에서의 삶에 필요한 물품이 엄청나게 비축되어 있었다. 정치의 역사에서도 마찬가지 현상이 나타났다. 양 반구 모두에서 집단들이 서로 결속하여 부족을 형성하였으며, 상호 간의 연합과 정복 사업이 가속화되었다. 그 결과 제국이 등장하였고, 제국의 영광을 위하여 다양한 설비와 장치를 마련하였다.

이러한 것들은 매우 놀라운 유사성이다. 대부분의 현대 학자들처럼, 인디언의 문화적 성취가 독립적으로 이루어지고 그들의 진보가 외부의 자극을 받은 것이 아니라고 믿는다면, 우리는 매우 중요한 결론에 도달하게 된다. 즉 모든 인간은 우리가 문명이라고 부르는 어떤 일정한 단계를 향하여 나아가는 본래적 욕구를 지니고 있으며, 적절한 환경과 조건이 주어지면 그러한 본래적 욕구를 실현할 내적 능력을 지니고 있다고 추론해볼 수 있는 것이다. 다른 말로 하자면, 우리는 문명을 문화의 성장을 결정하고 인간-문화 관계를 통제하는 법칙들에 대한 필연적 반응이라고 생각해야만 한다.[30]

그러나 1903년에 이미 레오 프로베니우스는 이와 정반대되는 주장을 하고 있었다. 그후 그의 견해는 주로 유럽과 남아메리카의 학자들에 의하여 대변되고 발전되었다. 프로베니우스에 따르면, 아메리카의 적도 지역에 걸쳐 있는 원시 농경 촌락은 그가 이미 밝혔던 문화양식, 즉 수단에서부터 이스터 섬에 이르는 지역의 문화양식이 폴리네시아에서 동쪽으로 확산된 결과물이다. 이러한 확신을 가진 그는 폴리네시아의 항해자들에 의하여 아메리카의 기초적인 수렵-문화 연속체——북동 시베리아로부터 베링 해협을 거쳐 대륙으로 들어가고, 다시 알래스카에서 수직으로 남하하여 케이프호른(남미 최남단)까지 확산된——가 쐐기 모양의 횡적인 띠를 형성하였다고 주장하였다. 그는 이렇게 썼다. "우리는 오세아니아 연구를 통하여 아메리카와 아시아 사이에 틈이 아니라 다리가 존재하였음을 보여줄 수 있다. 폴리네시아인들이 이스터 섬까지 갔다가 정지 명령을 내리고 다시 돌아왔다고 추정하는 것은 오세아니아의 지역 문화가 지닌 모든 법칙에 모순된다. 더구나 하와이에서 아메리카의 북서 해안 쪽으로는 항로로 즐겨 이용되는 순풍 지대가 하나 있다."[31]

전파주의자(diffusionists)의 주장에 대한 고립주의자(isolationists)의 가장 일반적이면서도 강력한 대응 논리는 폴리네시아인의 이주 시기가 아메리카에서의 농업 발명과 고등 문명의 번성을 설명하기에는 너무 늦다는 점이다. 그들은 폴리네시아인의 대이주가 일어난 기간을 기원후 10세기에서 14세기 사이로 잡고 있다. 그리고 남태평양의 섬처럼 멀리 떨어진 곳으로 인간이 들어가 살기 시작한 시기는 아무리 빨라도 기원후 5세기 이후라는 것이다.[32] 다른 한편으로, 그들은 신세계에서의 농업의 등장 시점에 관한 다양한 이론을 제시하였다. 가령, 기원전 4000년경이라는 스핀든(Spinden)의 설과 기원전 3000년경이라는 크뢰버(Kroeber)의 설이 그렇다.[33]

그러나 실제로 아메리카 대륙에서의 농업 발생 시점으로 인정받고 있는 유일한 연대는 기원전 1016±300년경이며, 지역적으로는 후아카 프리에타(Huaca Prieta)*라고 불리는 페루의 북부 해안이다. 1940년대 후반 치카마 계곡에서 발굴된 수많은 흙무더기에서는 일련의 아름다운 지층 유적이 발견되었으며, 그 가운데 매우 중요한 네 개의 표본 연대가 새로

---

* 여기서 나는 뉴멕시코 서부의 저 유명한 '박쥐 동굴(Bat Cave)' 발굴 당시 제시되었던 상상적 해석을 논하고 있는 것이 아니다. 당시 몇 차례에 걸쳐 "원시 꼬투리-옥수수(pod-corn)"에 대하여 행해진 탄소 측정 방법은 논의의 방향을 얼마 동안 오도하였다(*Anthropology Today*[Chicago : University of Chicago Press, 1953]에 실린 알폰소 카소[Alfonso Caso]의 글[231쪽]과 알렉스 크리거[Alex D. Krieger]의 글[251쪽]을 참조할 것). 그 뒤로 200피트가 넘는 깊이를 가진 멕시코 계곡의 심부에서 적어도 6만 년 전의 것으로 추정되는 옥수수 꽃가루가 발견되었다. 이는 당시 북아메리카에 야생의 원시 옥수수가 존재하였음을 암시한다(Paul C. Mangelsdorf, "New Evidence on the Origin and Ancestry of Maize", *American Antiquity*, XIX, No. 4[1954], 409-410쪽을 참조할 것). 따라서 "박쥐 동굴"의 연대는 어떤 선행하는 농경 지층의 증거로 더 이상 채택될 수 없다.

운 탄소 측정 방법(C-14)에 의하여 아래와 같이 밝혀졌다.

1. 표본 598번 : 기층에 있는 취사장에서 나온 숯(기원전 2348±230). 이 층위에는 농경의 흔적을 보여주는 어떠한 증거도 없다. 단지 관련 유물에서 원시 수렵과 어로 그리고 채집 공동체의 자취를 찾아볼 수 있을 따름이다.
2. 표본 321번 : 농경 생산물과 관련된 나무(기원전 1016±300). 이 층위에서 최초의 농경 생산물이 출현하였는데, 그것은 다음과 같이 놀라운 것들이다. (1) 아시아의 면화로 만든 직물(그물과 돗자리), (2) 매우 다채로운 형상을 얕은 돋을새김으로 하고 있는 두개의 작은 호리병박. 거기에 새겨진 형상은 범태평양적 주제(머리가 두 개 달린 새, 그리고 고양이-인간이나 재규어-인간의 모습을 한 가면)를 암시하고 있다. 그리고 호리병박은 아메리카에서만 자생하는 식물이 아니다. 또한 이러한 유물과 관련하여 나무껍질로 만든 천(타파천[tapa] : 오세아니아와 환태평양적 요소)이 발견되었다.
3. 표본 323번 : 거친 도자기와 연관된 밧줄(기원전 682±300).
4. 표본 75번 : 경작 옥수수와 연관된 주거용 목재(기원전 715±200).[34]

"초기 농경의 상한선"을 기원전 4000-3000년경으로 본 기존의 추측은 너무 멀리까지 나아간 것이 분명하다. 그런데 마리화나 제도의 사이판 섬——필리핀에서 동쪽으로 1,500마일 정도 떨어져 있으며, 태평양 한가운데에 솟아 있다——에 있는 어떤 주거지에 대하여 탄소 연대 측정을 한 결과, 기원전 1530±200년이라는 연대가 나왔다.[35] 그러자 "너무 늦은 시기"라고 하던 반박은 거의 자취를 감추게 되었다.

독립적인 농경의 발전을 옹호하는 가장 최근의 입장들은 『오늘의 인류학(Anthropology Today)』에 개진되어 있다. 웬델 베넷(Wendel C. Bennett)과 알렉스 크리거(Alex D. Krieger) 그리고 고든 윌리(Gorden R. Willey) 같은 학자들의 논문으로 구성된 이 책은 1953년에 출간되었으며, 최근의 인류학의 성과를 백과사전식으로 요약하고 있다. 간단하게 말하자면, 이 책은 이른바 "신세계의 형성기(New World Formative Period)"를 가정하고 있다. 그 형성기 동안 페루와 중앙아메리카에서 기초적 신석기 예술이 발전하였을 것이며, 윌리 교수가 정식화한 것처럼 "기원의 중심 혹은 중심들"이 멕시코 중부와 페루 남부 사이의 어디인가에 있었을 것이라는 주장이다.[36] 베넷 교수는 이렇게 주장한다. "식물 재배에 근거한 남아메리카의 농업경제는 현재 '아메리카의 심장부(Nuclear America)'라고 불리는 지역으로 퍼져나갔다. 이러한 문화 복합이 이주나 확산에 의하여 일어난 것인지, 즉 거기에서는 독립적으로 농경이 발전되었을 가능성이 전혀 없었던 것인지는 아직 알 수 없다. 그렇지만 선진 문명의 두 중심지가 이 맹아(Formative basis)에서 자라나온 것은 분명하다. 하나는 중앙아메리카에 있었고 또 하나는 중앙안데스에 있었는데, 둘 사이에 연계는 거의 없었다.…… 그러나 그 중간 지역에서는 이 맹아적인 문화 복합이 지속되었으며, 카리브해 주변으로 확산되었다."[37]

하지만 신세계의 형성기에 대하여 정확하게 밝혀낸 사람은 아무도 없다. 예를 들면, 줄리언 스튜어드(Julian H. Steward) 교수는 자신이 편집한 총 여섯 권의 『남아메리카 인디언 편람(Handbook of South American Indians)』 말미에서 이렇게 요약하고 있다. "인디언들이 아메리카 토종 식물들을 길들여 재배하기 시작한 지가 적어도 3000년(기원전 1000년)은 되었을 것이며, 아마도 그 이상일 것이다."[38] 신세계의 형성기가 어디에서 시작된 것인지도 알 수 없다. 스튜어드 교수는 이렇게 말한다. "궁극적인 근원지는 밝혀지지 않았지만, 아마도 남아메리카의 어디인가일 것이다."[39]

하지만 기원전 1016±300년경에 이미 페루 해안에 호리병박이 출현한 것으로 보아, 그 근원지는 이와는 완전히 다른 곳일 수도 있다. 칼 소어(Carl O. Sauer)가 지적하듯이, 호리병박은 야생이 아니라 재배되는 작물이며, 자라는 데 사람의 손길을 필요로 한다. 그는 "이것은 분명 늪지 식물이 아니다"라고 쓰고 있다. 그는 계속해서 말한다. "이 식물이 우연히 퍼졌다고 주장한다면, 호리병박이 전혀 손상되지 않고 바다를 건너왔을 뿐만 아니라, 대기하고 있던 농업 전문가에 의해서 해안의 적절한 재배

장소로 옮겨졌다는 이야기일 것이다."[40]

그러나 태평양을 건너 아메리카로 온 식물은 호리병박뿐만이 아니다. 같은 시기에 신대륙에 들어온 아시아의 면화는 아직 토기 제작 단계에 이르지 못한 페루와 칠레 지역의 최초 농경 단계부터 재배되었다. 그 면화는 그곳 풍토에 적응되었을 뿐만 아니라 아메리카 야생종과 교잡되었으며, 그 혼합종은 폴리네시아와 그 너머 피지에까지 역으로 전파되었다.[41] 코코넛은 콜럼버스 이전 시기의 아메리카 열대지방에서 재배되었는데, 그것은 해변에 떠밀려 와서 스스로 싹을 틔울 수 있는 식물이 아니라는 사실을 기억해두자.[42] 또 인도를 위시한 아시아의 여러 몬순지대에서처럼, 콜럼버스 이전의 아메리카에서도 아마란스(돼지풀이라는 다분히 암시적인 이름으로 알려진)가 재배되어 곡식은 물론 향료로 쓰였다.[43] 또한 인도인의 식생활에서 필수적이며 브라질 남부에서 멕시코의 잘리스코에 이르는 아메리카 열대지방에 널리 분포되어 있는 질경이는 콜럼버스의 도래 이전에 해외에서 들여온 것으로 보인다.[44] 옥수수 자체의 기원은 여전히 불명확하지만, 동남아시아와 어떤 관련이 있는 것으로 보인다.[45] 마지막으로, 아메리카에서 처음 경작된 것으로 알려진 농작물 가운데 상당수(예를 들면, 땅콩, 작두콩, 리마콩, 지카마, 고구마 등이 있는데, 고구마의 경우 그것을 가리키는 명칭이 페루와 폴리네시아에서 각각 쿠마르〔kumar〕와 쿠마라〔kumara〕인 것을 볼 때 사실상 같은 이름이다)[46]가 태평양 남서쪽에서도 경작되었다는 사실을 기억하자. 이것은 말레이-폴리네시아권의 문화적 운동에 아메리카의 참여가 어느 정도 있어야만 가능한 일이다.

파리 인류박물관(the Musée de l'Homme)의 명예관장인 폴 리베(Paul Rivet) 교수는 이와 관련하여 다음과 같은 점을 지적하였다. 칠레와 페루의 해안 지방과 멕시코의 어떤 지역에서는 폴리네시아 양식의 오븐이 사용되고 있다.[47] 이스터 섬의 문자 체계와 콜롬비아, 베네주엘라, 페루-볼리비아 고원지대 부족의 상형문자도 서로 비교할 수 있다. 아르헨티나에서 밴쿠버 섬에 이르는 아메리카의 여러 지역에서 폴리네시아식 문양을 지닌 스물한 가지의 물품이 발견되었는데, 그 가운데 나무 곤봉은 페루의 남해 군도와 북서 해안의 틀링키트족 사이에서 발견되는 것과 동일한 것이었다. 그리고 폴리네시아에도 이스터 섬 너머로의 여행에 대한 구전 전승이 존재하며, 항해에 적합한 남해 군도의 쌍동선과 페루의 발사 뗏목 두 가지 모두 태평양을 건너는 모험을 할 수 있었다. 게다가 페루에서도 서쪽으로의 원정에 대한 구전이 전해지고 있다. 즉 최후의 페루 잉카족 가운데 한 사람인 투파크-잉카-유판쿠이가 2,000명의 사람들이 탄 400척의 배를 보냈는데, 실제로 그중 한 척이 성공하여 아홉 달이 지난 뒤 흑인 노예들과 놋쇠 혹은 구리로 만든 옥좌를 싣고 돌아왔다고 한다. 이와 반대로 폴리네시아에 속하는 망가레바에서는, "동쪽에서 여러 척의 뗏목 같은 배들을 이끌고 온 붉은 피부의 사람"에 대한 구전 전승이 존재한다. 1947년 여름, 토르 하이에르달의 콘티키 원정대는 페루의 발사 뗏목을 타고 페루에서 투아모투까지 항해함으로써 그러한 여행이 과거에도 충분히 가능하였던 것임을 생생하게 증명하였다.

이러한 모든 사항을 신중히 고려한 뒤, 리베 교수는 이렇게 묻는다. "세계에서 가장 뛰어난 항해사인 폴리네시아인들이 아메리카 해안까지 배를 타고 가려고 것이 그렇게 놀라운 일인가? 그들은 조류와 풍향을 자신의 몸처럼 훤히 알았고 별을 보고 항로를 조정할 수 있었기 때문에, 밤에 항해하면서도 떠내려가지 않고 하룻밤에 평균 2,000마일까지, 가끔은 4,200마일까지도 나아갈 수 있었다. 거대한 태평양에 떠 있는 조그마한 폴리네시아의 섬들을 잃어버리지 않기 위해서, 그들은 구름에 의존하였다. 섬 위의 구름들은 대체로 1만 1,000피트 이상의 고도에서 형성되는데, 숙련된 눈을 가진 사람들은 120마일 거리에서도 그것들을 간파할 수 있었다. 그들이 사용하는 쌍둥이 카누(double canoes) 피로그는 한 시간에 7-8마일을 갈 수 있었으며, 하루에 10시간 내지 12시간을 항해할 경우 75마일을 갈 수 있다. 따라서 이런 배로 항해한다면, 20일 이내에 하와이에서 캘리포니아까지, 혹은 이스터 섬에서 남아메리카 해변까지 주파할 수 있었을 것이다."[48]

그러나 폴리네시아인들이 이곳으로 배를 타고 온 최초의 사람들은 아니었다. 후아카 프리에타에서 출토된 호리병박의 탄소 연대 측정 결과가 그 하나의 증거이다. 또한 면화와 코코넛 그리고 아마란스는 모두 폴리네시아인들의 도래 이전에 유입되었다. 폴 리베는 멜라네시아인들이 폴리네시아인들보다 먼저 도착하였을 것이라고 주장한다. 아메리칸 인디언 어족 가운데 하나(중앙아메리카, 멕시코, 캘리포니아의 호칸어)는 폴리네시아에서 쓰이는 언어들보다도 멜라네시아어와 비슷하기 때문이다. 1923년에 캘리포니아 대학의 크뢰버(A. L. Kroeber) 교수는——당시에는 아무도 그를 전파주의자라고 비난할 수 없었을 것이다——자신이 분명히 바랐던 것이 결국에는 단순한 우연으로 들어맞은 것이거나 기껏해야 병행 발전의 예외적인 경우로 밝혀질 것임을 인정하였다. 그의 말을 들어보자.

멜라네시아의 솔로몬 제도에서 발견되는 팬파이프와 브라질 북서부 인디언들의 그것은 놀라운 평행 관계를 보여준다. 홀수번째 파이프들은 서로 간에 4도의 음정 차이가 난다. 짝수번째 파이프들은 음조에서, 인접한 홀수번째 파이프의 중간 값을 보여준다. 그에 따라 또 다른 "4도 음정의 순환"을 이루는 것이다. 그러나 유사성은 여기서 멈추지 않는다. 문제가 되는 멜라네시아와 브라질의 두 악기에서 절대 음정은 서로 같다. 예를 들면, 연속되는 파이프에서 진동률은 557과 560.5, 651과 651, 759와 749, 880과 879이다! 우연의 일치 치고는 대단한 우연의 일치임을 한눈에 알 수 있다. 이 자료는 실제로 제시되었으며, 부분적으로는 서태평양과 남아메리카의 역사가 연계되어 있다는 증거로서 받아들여졌다. 그러나 그러한 연계는 고대에 이루어졌어야 하는 것이었다. 왜냐하면 그에 대한 사람들의 기억이 전무한 데다가 인종과 언어 그리고 여타의 문화적 요소들 가운데에서도 유사점을 전혀 찾아 볼 수 없기 때문이다. 악기는 사라질 수 있다. 주먹구구식으로 일하는 원시인들은 악기를 제작할 때 다른 악기와 비교해보지 않고서는 절대 음정을 맞출 수 없었을 것이며, 아마도 그렇게 하지 않았을 것이다. 더구나, 잘 알려지지 않은 사실이지만, 절대 음정은 그들에게 별로 중요한 것이 아니었다. 따라서 이러한 일치가 과거의 문화 전파에 기인한다고는 도저히 생각할 수 없다. 기록상에서 어딘가 착오가 있던지, 100만 분의 1의 우연이 하필이면 문제의 그 악기에 일어난 것이 분명하다.

그래도 음계와 음정의 일치에 대한 문제는 남아 있으며, 이것만 하더라도 분명한 평행 관계의 예로 보일지 모른다. 하지만 여느 때처럼, 이것은 문제를 오히려 단순하게 만들어줄 뿐이다. 4도 음정의 순환은 분명히 양 지역 모두 연주 중에 파이프를 세게 불었던 데서 기인하는 것이다. 이 때문에 저음의 배음이 발생하는데, 이는 3도의 부분 음정이다. 이는 기초음의 제8음 위에 있는 5도 음정이다. 그래서 홀수이든 짝수이든 일련의 파이프들에서의 연속된 음조들은 제8음이 인정되지 않는 가운데 4도씩 차이가 나게 마련이다. 그렇다면 유사성의 근원은 물리적인 음향 법칙에 있는 것이다. 문화적 유사성은 일련의 파이프, 배음의 사용, 사이에 끼워진 짝수-홀수의 연속으로 축소된다. 이 유사성만 해도 놀라운 것이며, 기존에 인용된 많은 평행 관계들보다도 더욱 명확한 사례이다. 사실 문화의 다른 측면에서도 충분한 유사성이 뒷받침되었다면, 우리는 멜라네시아와 브라질이 실제로 연계되어 있었다고 믿는 데까지 나아갈 수밖에 없었으리라.[49]

물론, 이 두 지역 사이에는 실제로 많은 유사성이 존재한다. 입으로 불어서 독화살을 쏘는 바람총의 사용, 석회와 환각제를 섞어서 씹는 것, '이카트 직조'라고 알려진 특수한 직조 기법, 나무껍질을 두드려 만든 천(타파), 머리 사냥과 거기서 베어 온 머리들의 의례적인 보존, 여성들을 두렵게 하기 위하여 조작된 유령과 온갖 장치들을 동원하는 남자들의 비밀 조직, 집단 전체가 한 집에 거주하는 것, 말뚝을 박아 지은 집, 각각 고유의 이름을 가지고 있지만 다양한 형태를 지닌 실뜨기 놀이(복잡하게 얽힌 문양을 실로 뜨는 놀이), 특수한 형태의 고기잡이 그물과 짐승 덫, 빨판상어의 꼬리에 줄을 묶은 다음 놓아주어 거북 밑바닥에 달라붙게 하는 방법으로 바다거북 잡기, 통나무를 쪼개어 만든 북과 상당수의 독특한 타악기들, 여성의 나체 입상들(누구이겠는지 짐작해보라!) 등등, 끝이 없다. 앞서 살펴본 호리병박, 코코넛, 아마란스, 아시아 면화를 이용한 방직 등은 다시 언급할 필요조차 없다.

로베르트 하이네 겔데른 교수는 선사시대 환태평양 문화권이라는 개념에 근거하여 명료한 이론을 제시하였다. 이 문화권의 대표적 예술 양식은 동아시아에서 비롯한 것이며, 그 시기는 기원전 3000년경으로 추정된다. 그것의 조형적 특성은 아메리카 북서 해안의 토템 기둥에서 잘 나타나고 있다. 그 토템 기둥에는 인간과 신의 형상이 서로 결합된 채 수직으로 배열되어 있다. 그 형상들은 전령관 같기도 하고, 어떤 계보를 나타내는 것 같기도 하고, 혹은 어떤 신화적 세계를 보여주는 것 같기도 하다. 북서 해안에서 나타나는 또 다른 독특한 모티프는 직조와 나무껍질 공예, 문신, 회화, 얕은 돋을새김 등에서 나타나고 있다. 거기에 등장하는 새, 물고기, 동물, 혹은 사람의 형상은 마치 책을 펼쳐놓은 것처럼 앞이나 뒤가 둘로 갈라져 있으며, 그것을 다시 경첩으로 연결한 것처럼 보인다. 또 다른 모티프로는 납작하게 웅크린 채 혀를 턱 아래까지 쭉 내밀고 있는 사람의 형상이다. 이러한 형상은 그리스의 메두사, 즉 고르곤——페르세우스가 뱀으로부터 안드로메다를 구하기 직전에 아프리카에서 목을 베었던 괴물——의 자세 가운데 하나이다. 환태평양 문화권 전역에서 여신의 배우자이자 다양한 예술적 모티프를 가지고 등장하는 거대한 뱀, 즉 우주의 뱀은 매우 중요한 위치를 차지하고 있다. 하이네 겔데른이 보여주었듯이, 이 고(古)태평양 양식이 구성과 주제의 영역에서 지니고 있는 독특성은 북서 해안의 예술 작품뿐만 아니라 멜라네시아(뉴아일랜드와 뉴기니의 몇 지역), 보르네오의 디약족, 수마트라의 바탁족, 필리핀의 이고로트족——우리의 데마 하이누웰레가 있었던 바로 그 지역——에서도 잘 나타나고 있다. 그리고 마지막으로, 하이네 겔데른 교수는 이 양식의 특성이 중국의 초기 왕조들——상(商, 기원전 1523-1027)과 서주(西周, 기원전 1027-771) 그리고 동주(東周, 기원전 771-221) 내내——의 예술 세계로 흘러 들어갔음을 입증해내었다. 그에 따르면, 이렇게 유입된 특성들이 근동의 위대한 문화 모태로부터 중국으로 전파된 특성들과 다시 결합하였으며, 그렇게 혼합된 특성들이 중국 상선에 의하여 인도네시아, 멜라네시아, 폴리네시아, 그리고 북아메리카와 남아메리카로 확산된 것이다. 그래서 이러한 혼합적 특성들은 북서 해안, 중앙아메리카, 페루, 그리고 아마존 분지의 예술 속에서 잘 나타나고 있다.[50]

한발 더 나아가, 위대한 마야-아스텍 및 잉카 문명의 패턴과 이집트와 메소포타미아, 인도, 중국 문명의 양식을 비교해보면, 수많은 유사성 가운데에서 특히 다음과 같은 사실들이 눈에 뜨인다. 즉 농경과 목축(아메리카의 경우 라마, 알파카, 칠면조)을 포함한 기초 신석기의 복합체, 돗자리, 바구니 짜기, 투박하거나 세련된 채색 도기, 양털과 아시아 면화를 사용하여 베틀로 우아한 무늬의 천 짜기, 야금술(금, 은, 주석, 백금, 녹인 구리), 합금(구리-주석, 구리-납, 구리-비소, 구리-은, 금-은), 납형법(蠟型法)을 이용한 조형물의 주조, 그리고 금으로 종 만들기 ; 고도로 발달한 역법 체계(크고 작은 순환 주기들이 서로 맞물림), 다양한 천체들에 신의 이름 부여하기와 별자리 점의 개념, 창조와 사멸의 주기에 관한 관념, 꼭대기에 독수리가 앉아 있고 뿌리에는 뱀이 도사리고 있는 우주의 나무라는 신화적 형상 ; 수호신, 네 방향을 가리키는 네 가지 색, 4원소(불, 공기, 흙, 물), 위에 있는 천국과 아래에 있는 지옥, 베 짜는 달의 여신, 죽어 부활하는 신(神) 등이 그렇다. 사회학적 측면에서는 다음과 같은 유사점이 발견된다. 네 가지 사회 계급(성직자, 귀족, 농민〔평민〕, 노예), 고대 세계의 왕실 대부분에서 사용되던 것과 거의 똑같은 왕권의 휘장(부채 드는 사람, 홀, 천개〔天蓋〕, 가마, 왕의 나팔로 쓰이는 소라고둥) ; 제국의 수도로서의 도시라는 개념(아름답게 꾸며진 신전과 궁전으로 장식되고 사람들이 다니는 길과 연결되어 있음), 피라미드 위에 있는 신전(메소포타미아와 거의 비슷함), 건축(주랑, 나선형 계단, 조각된 현관, 상인들의 방, 기둥 등), 예술(모자이크, 높은 돋을새김과 얕은 돋을새김, 옥으로 만든 조각 작품, 프레스코 벽화, 기념비, 글쓰기) 등이 그렇다.

주요 연대는 다음과 같이 간추릴 수 있다.

I. 형성기(기원전 1500-500년경)
(구세계의 기초 신석기 및 신석기 중기와 비교해보라)

1. 최초의 농경과 도자기 층 : 기원전 1500년경부터.
   후아카 프리에타의 호리병박, 나무껍질 천, 면화 : 기원전 1016±300년.
   구아냐페 도자기 문명(페루)—초기의 특색 없는 도자기, 직조, 옥수수 : 기원전 1250(?)-850년경.
   자카텐코 도자기 문명(멕시코)—세련된 채색 도기와 입상들 : 기원전 1500(?)-1000년경.

2. 진보한, "고전 문명 이전 시대(Pre-Classic)"의 엘리트 양식들 : 기원전 1000년 경부터.
차빈 문명(페루) – 금 세공, 거대한 건축과 조각, 재규어 숭배 : 기원전 850-500년경.
올멕 문명(멕시코) – 옥 세공, 피라미드, 거대한 석조 두상, 재규어 숭배 : 기원전 1000-500년경.

II. 고전 시기(기원전 500-기원후 500년경)
(구세계의 사제 도시국가와 비교해보라)

중앙아메리카

마야 이전(치카넬)
 (기원전 424-기원후 57년)*
달력, 문자, 돌과 치장 벽토를 사용한 의식용 건축.

초기 마야(차콜)
 (57-373년)*
받침대로 지탱되는 지붕과 아치, 석재 기념비, 채색 도기를 갖추고 있는 거대한 석재-사원 도시들.

후기 마야(테페우)
 (373-727년)*
530년경에 절정에 달한 수많은 새로운 사원-도시들. 최고의 조각 수준에 도달(피에드라스 네그라스) ; 영향력의 확산과 동시에 쇠퇴. 많은 도시의 몰락(이유는 아직 모른다). 또한 타진(걸프 해안)과 울루아(혼두라스) 양식의 전성기.

페루

살리나르/갈린나조
 (기원전 500-300년경)
세련된 도기, 벽돌로 만든 피라미드, 일라마의 사육, 선진적 직조 기술과 야금업.

마체. 나스카. 초기 티아후아나코
 (기원전 300-기원후 500년경)
다양한 곡물을 생산하게 된 농업의 풍성한 발전(옥수수, 콩, 땅콩, 감자, 고구마, 칠레고추, 카사바, 호박, 호리병박, 면화, 코코넛, 퀴노아 등의 재배) ; 관개 사업, 벽돌로 만든 거대한 신전 피라미드, 벽화 ; 계층화된 사회 조직 ; 벽돌이나 돌로 만든 집 ; 정교한 도기 ; 금속 세공(금, 합금, 구리). 북부 해안가에서 이루어진 금속가공(모체), 남부 지역(나스카)에서 만들어진 태피스트리, 고원지대에서 이루어진 석재 가공.

* 247쪽의 각주를 보라.

III. 역사시대(500-1522/1533년경)

중앙아메리카

마야판 연맹(League of Mayapan)
  (727-934년)*
남서쪽에서 새로운 종족의 도래 : 새로운 종교, 새로운 관습, 새로운 건축 양식(동남아시아의 참신한 영향력을 암시하는 수많은 모티프가 포함되어 있음).[51] 오래된 도시들(치첸이차)의 부흥과 새로운 도시(마야판, 우즈말)의 건립. 치첸차와 마야판 사이의 처절한 전쟁으로 끝나는 시대.

톨텍/믹스텍
  (908-1168/1150-1350년경)
북쪽에서 온 야만족 출신 믹스코아틀이 톨텍 제국을 건설하였는데, 그 아들이 우화적 존재인 케찰코아틀이다. 바로 이 시대가 "온갖 색깔을 가진 면화가 자라난" 툴라의 황금시대이다. 툴라는 1168년에 파괴되었다. 제국이 몰락한 뒤 그 지배권은 2세기 동안 오아사카 해안가의 믹스텍족으로 넘어갔다.

아스텍
  (1337-1521년경)
토착 멕시코인에 의한 최후의 제국으로 1522년 코르테스가 정복하였다.

페루

후기 티아후아나코
  (500-1000년경)
고원 지대(티아후아나코)의 영향력이 해안 지대(모체, 나스카)로 확장 ; 거석 문화의 발전 ; 금, 은, 동으로 만든 우아한 예술 작품 ; 도금, 주조, 벼림(가열 냉각), 은도금 ; 화려한 도기(나스카 지역에서는 다채색 도기, 북부 지역에서는 3차원적인 형상 등장), 직조(양모와 면화), 태피스트리와 석재 조각.

치무
  (1000-1440년경)
전쟁과 방어 요새, 연맹과 연합의 시기 ; 새로운 왕국들과 새로운 도시들("도시 건립의 시대") ; 치무의 거대한 수도 찬찬(지금의 트루히요 부근)의 번성 ; 8평방마일에 이르는 성벽과 거리와 저수지 그리고 벽돌로 만든 피라미드 ; 실용적이지만 창의적이지 못한 산업 기술과 제품.

잉카
  (1440-1533년경)
토착 페루인에 의한 마지막 제국으로 1533년 피자로가 정복하였다.

---

* 기원전 424년에서 기원후 934년 사이의 연대들은 스핀든의 작업에 근거한 것이다. 그는 마야의 역법 체계와 우리 자신의 역법 체계를 서로 관련시켜 연대를 계산해내었다. 만일 톰슨 굿맨(Thompson-Goodman)의 계산법을 따른다면, 연대는 260년씩 뒤로 처질 것이다. 이 문제에 대해서는 Covarrubias의 *Indian Art of Mexico and Central America*, 216쪽 그리고 Willey와 Phillips의 *Method and Theory in American Archaeology*, 185쪽에 있는 각주 3을 참조하라.

이러한 요약은 어쩔 수 없이 거칠 수밖에 없다. 연대가 아직 확실하지 않고 학자들 사이의 의견이 상당히 다르기 때문이다.[52]

메소포타미아(기원전 3200년)나 이집트(기원전 2800년) 또는 크레타와 인도(기원전 2600년)와는 대조적으로, 여기서 "고전 시기"는 중국의 경우와 비교해도 훨씬 늦은 시대에 속한다. 중국의 고등 문화양식──문자와 역법, 그리고 국가의 종교적 계급 질서를 갖춘──은 기원전 1523년이 되어서야 출현하였다. 강력한 한(漢) 제국은 기원전 202년에서 기원후 220년 사이에 전성기를 구가하였다. 이 시기에 한 제국은 로마와 교역하기 위하여 거대한 함대를 인도차이나 근처까지 보낼 정도로 강성하였다. 북동 인도차이나의 동-손인(The Dong-son)들은 기원전 333년경에서 기원후 50년경까지 남지나해를 정복하였다. 기원후 7세기 초부터 12세기 말까지는 남동인도, 자바, 수마트라, 캄보디아의 해상 상인들이 이 지역의 정복자였다. 중앙아메리카의 "고전 시기"의 특징적 요소들은 아시아적 특성(계단식 피라미드, 내쌓기 방식의 천장 건축술, 무덤의 일정한 유형, 세련된 역법 및 천문학과 관련된 상형문자, 잘 발전된 석재 조각술)을 보여준다. 그리고 고든 에크홀름(Gordon Eckholm) 박사가 지적하였듯이,[53] 마야 문명의 "역사시대"에 나타나는 수많은 모티프는 당시의 인도, 자바, 캄보디아를 연상시키고 있다. 예를 들면, 트레포일(잎이 세 개 달린 모양의 장식/역주) 아치, 호랑이 모양의 왕관, 연꽃 모양의 지팡이와 왕관, 식물과 연관된 조가비, 십자가와 성스러운 나무(그 가운데에는 괴물 모양의 가면이 달려 있고 윗가지에는 새의 형상이 종종 달려 있다), 뱀 모양의 기둥과 난간, 앉아 있는 모습의 사자와 호랑이, 구리 종……. 이래도 우리는 아메리카가 외부로부터 영향을 받지 않았다고 생각해야만 하는가?

만일 아메리카가 고립되어 있었다고 생각한다면, 심리학은 양 대륙에 똑같이 나타나는 위업을 비교해야만 하는 보다 큰 부담을 지니게 된다. 이는 기원전 1500년경의 아메리카가 태평양에서 단지 6,000마일 떨어진 항해 거리에 있었다고 가정하고, 이 문제를 풀려는 고고학이나 민족학의 과제보다 더욱 어려운 것임에 틀림없다.

윌리 교수는 다음과 같이 묻고 있다. "인간의 정신과 신체의 병행 구조에 의해서만 가능한, 그러한 복제의 위업이 양 대륙에서 동시에 일어난 것인가 아니면 문화적 싹이 대양을 건너 이식된 것일까?"[54]

이 문제에 호기심을 느끼는 것은 당연하다.

6. 콜럼버스 이전 아메리카의 사랑-죽음 의례

살해되어 묻혔다가 인간의 음식으로 되는 신적 존재에 관한 가장 잘 알려진 아메리카 신화의 하나는 오대호 근처에 있는 오지브웨이족의 신화이다. 1820년대에 미국 정부의 파견자인 헨리 로 스쿨크래프트(Henry Rowe Schoolcraft, 1793-1864)가 그 부족의 신화를 수집하였는데, 이 신화는 롱펠로의 『히아와타의 노래(The Song of Hiawatha)』의 원천이자 영감이 되었다. 스쿨크래프트의 아내는 기독교로 개종한 인디언이었으므로, 그의 사돈들은 완전한 야만인이었다. 따라서 그에게 신화가 전달될 때 쓰인 언어는 혼성 영어도 아니고 혼성 오지브웨이어도 아닌, 자연스럽고 유창한 토착어 산문이었다. 그러므로 우리는 그의 문체가 오늘날 인디언 전승을 수집하는 사람의 문체와 비슷하지 않을지라도 그것을 양해해야만 한다. 오늘날의 수집가들은 "정보 제공자"와 함께 인디언 거주지를 비교적 짧게 방문한다. 이 때문에 그들 사이에는, 글의 흐름이 기묘하게 자주 끊어지고 표면상으로는 원시적이지만, 우리 사회에도 없고 인디언 사회에도 없는 순수하게 인류학적인 산문 스타일이 증가하게 되었다. 이런 문체는 원주민 사유의 미묘하고 정교한 측면을 제대로 표현하지 못하는 데 일조를 한다. 스쿨크래프트는 문학적 윤색의 면에서는 잘못을 범하였을지 모르지만, 적어도 그의 산문을 오해할 위험은 전혀 없다.

여기에 그가 번역한 「몬다우민의 전설 혹은 인디언 옥수수의 기원」이라는 산문이 있는데, 이것은 롱펠로의 『히아와타의 노래』 제5장인 「히아와타의 금식」의 원천이 되었다.

옛날 옛적에 한 가난한 인디언이 아내와 아이들을 데리고 이 땅의 어느 아름다운 곳에 살고 있었다. 그는 가난할 뿐만 아니라 가족을 먹여 살리는 데에도 서툴렀고, 아이들은 그를 도와주기에는 너무 어렸다. 가난하였지만 그는 친절하고 낙천적인 성격을 지니고 있었다. 그는 항상 자신이 받은 모든 것에 대하여 위대한 정령에게 감사하였다. 이러한 성격을 물려받은 그의 맏아들은 케-이그-니시-임-오-윈 의식을 치를 나이에 도달하였다. 이 의식은 살아가는 동안 자신을 안내하고 지켜줄 정령을 만나기 위해 금식하는 의식이었다.

그 소년의 이름은 운츠였다. 그는 유년 시절부터 고분고분하고, 명상적이고, 사려 깊고, 온화한 성격을 가지고 있었다. 따라서 식구들로부터 사랑을 받았다. 봄의 첫 기운이 느껴지자마자, 그들은 관습대로 집에서 어느 정도 떨어진 외딴곳에 작은 오두막을 지었다. 그곳은 이 소년이 엄숙한 의식이 행해지는 동안 아무런 방해를 받지 않고 지낼 수 있는 공간이었다. 이 소년은 마음을 가다듬고 집중한 뒤, 마침내 금식을 시작하였다.

처음 며칠 동안은 오전에 숲과 산을 거닐고 일찍 돋아난 싹과 꽃들을 관찰하면서 즐겁게 지냈다. 그래야 밤에 단잠을 잘 수 있었기 때문이다. 즐거운 생각이 떠오르면 좋은 꿈을 꾸기 위하여 마음속에 간직해두었다. 숲 속을 헤매고 있는 동안에는, 어떻게 해서 식물과 풀과 열매가 사람의 도움도 없이 자라는지, 어째서 어떤 것은 먹기 좋은데 어떤 것은 약이나 독이 되는지 알아내고 싶은 강한 욕망을 느꼈다. 그는 걷는 것에 지치자 오두막에만 머물면서 이러한 생각들을 되씹어보았다. 그러고는 이렇게 생각하였다. "그렇다! 위대한 정령께서 만물을 창조하셨고, 우리의 생명은 그분에게 빚진 것이다. 하지만 어째서 그분은 우리가 동물을 사냥하거나 고기를 잡는 것보다 더 쉽게 식량을 구할 수 있게 해주시지 않은 것인가? 꿈을 통해서 이것을 알아내보리라."

세번째 날, 그는 힘이 빠지고 어지러워서 침대에 누워 있었다. 그때 꿈을 꾸었는데, 꿈속에서 잘생긴 청년이 하늘에서 내려와 자신에게 다가왔다. 청년은 호화롭고 멋진 옷차림을 하고 있었으며, 녹색과 황색 계통의 그러나 다양한 색조를 지닌 화려한 장신구를 여러 개 달고 있었다. 머리 위의 깃 장식에서는 깃털들이 나부끼고 있었고, 동작 하나하나가 품위에 넘쳤다.

천상에서 온 방문자가 이렇게 말하였다. "내 친구여, 나를 그대에게 보낸 것은 하늘과 땅에 있는 모든 것을 창조하신 위대한 정령이시오. 그분은 그대가 금식하는 이유를 잘 알고 계신다오. 동족에게 이로운 일을 하고 싶은, 그리하여 그들에게 그 이로움을 나누어주고 싶은 그대의 선량하고 자비로운 소망을 말이오. 당신이 전쟁에서의 용맹스러움이나 전사로서의 칭송을 원하지 않는 것도 그분은 알고 계시오. 나는 그대가 친족들에게 선행을 베풀 수 있는 방법을 지시하고 또한 보여주기 위해서 그대에게 보내졌소."

그러고나서 그는 젊은이에게 일어나서 자기와 씨름할 준비를 하라고, 그래야만 소원을 이룰 수 있을 것이라고 말하였다. 운츠는 금식 때문에 몸이 약해진 것을 알고 있었지만 마음속에 용기가 솟아나는 것을 느꼈고, 지느니 차라리 죽겠다고 다짐하면서 즉시 일어났다. 그는 시합을 시작하여 오랫동안 힘쓰다가 마침내 거의 지쳐버렸다. 그때 아름다운 이방인이 말하였다. "친구여, 우선은 이것으로 충분하오. 나는 다시 그대를 찾아올 것이오." 그러고는 미소를 지으며 공기를 타고 자신이 왔던 방향으로 사라졌다.

다음날 같은 시간에 천상의 방문자는 다시 나타나 시험을 재개하였다. 운츠는 전날보다 더욱 힘이 없다고 느꼈지만, 몸이 약해질수록 오히려 마음속의 용기는 더욱 커지는 것 같았다. 이방인은 어제와 똑같은 말을 하고 떠났지만, 이렇게 덧붙였다. "친구여, 내일은 마지막 시험의 날이 될 것이오. 나를 이기고 그대의 소망을 성취할 유일한 기회요."

세번째 날, 그는 같은 시간에 다시 나타나 시험을 재개하였다. 가엾은 청년은 거의 쓰러질 지경이었지만, 시험이 거듭될수록 그의 의지는 더욱 굳어져서 죽기 아니면 살기로 싸우겠다고 마음먹었다. 그는 젖 먹던 힘까지 다하여 싸웠으며, 언제나처럼 시험이 끝날 시간이 되자 이방인은 씨름을 멈추고 자신이 졌다고 선언하였다. 처음으로 그는 오두막에 들어와서 젊은이와 나란히 앉았고, 그가 승리의 결과를 얻으려면 어떻게 해야하는지 방법을 말해주었다.

이방인은 말하였다. "그대는 위대한 정령이 바라시는 바를 이루었소. 그대는 남자답게 싸웠소 내일이면 그대가 금식한지 이레가 되오. 그대의 부친이 원기를 돋울 음식을 갖다줄 것이고, 시험의 마지막 날 그대는 나를 이길 것이오. 나는 그것을 알고 있기에, 지금부터 당신의 가족과 부족 전체를 이롭게 할 수 있는 방법을 말해주겠소." 그는 되풀이하여 말하였다. "내일 나는 그대를 만나 마지막으로 씨름을 할 것이오. 그대는 나를 이기면 곧바로 내 옷을 찢어버리고 내 몸을 쓰러뜨린 다음, 흙에서 뿌리와 잡초를 제거하고 부드럽게 하여 그곳에 나를 묻으시오. 그리고 내 몸을 땅속에 그대로 놓아둔 채 건드리지 마시오. 그러나 가끔씩 그곳에 들러 내가 다시 살아났는지 살펴보고, 무덤 위에 잡초나 잔디가 자라지 않도록 하시오. 한 달에 한 번 새 흙으로 나를 덮어주시오. 그대가 내 지시를 따른다면, 그대의 동족들에게 지금 내가 가르친 것을 다시 가르침으로써 그들을 이롭게 하려는 그대의 소망을 이룰 수 있을 것이오." 그러더니 젊은이와 악수를 하고 그는 사라졌다.

아침이 되자 젊은이의 아버지가 가벼운 요깃거리를 가져와서는 말하였다. "아들아, 너는 충분히 금식하였다. 위대한 정령께서 네게 호의를 베푸실 거라면, 그분은 지금 그렇게 하실 것이다. 네가 음식을 먹지 않은 지 이미 이레가 지났다. 네 목숨이 희생되어서는 안 된다. 생명의 주인께서는 그것을 원하지 않으신다."

젊은이가 대답하였다. "아버지! 해가 질 때까지만 기다려주십시오. 저는 그때까지 금식해야 할 이유가 있습니다."

늙은 남자는 대답하였다. "알겠다. 네가 식사를 원하게 될 때까지 기다리겠다."

여느 때처럼 하늘의 방문자가 돌아왔으며, 힘겨루기가 다시 시작되었다. 젊은이는 아버지가 준 음식을 거절하였음에도 그러한 의지 때문에 더욱 새로운 힘이 생기고 용기가 더해지는 것을 느꼈다. 그는 천상에서 온 상대방 선수를 꽉 잡고는 초자연적인 힘으로 내던져 넘어뜨렸다. 그리고 그의 몸에서 아름다운 옷과 깃 장식을 벗겨내었다. 상대가 죽은 것을 알아차리자 그에게서 들었던 모든 것에 유념하면서 그를 곧바로 그곳에 매장하였다. 물론 그는 이 일을 하는 동안 친구가 살아나리라는 것을 굳게 믿고 있었다.

일을 마치자 그는 아버지의 오두막으로 돌아가, 자신을 위하여 준비되어 있던 식사를 가족들과 함께 먹었다. 그러나 그는 한시도 친구의 무덤을 잊지 않았다. 봄철 내내 그는 그곳을 찾아가 잡초를 뽑았으며, 땅을 촉촉하고 부드러운 상태로 관리하였다. 얼마 지나지 않아 녹색의 깃털 같은 잎사귀가 땅을 뚫고 나오는 것이 보였다. 그에게서 들은 대로 땅을 정돈할수록 그 식물은 더 빨리 자라났다. 하지만 그는 자신이 하고 있는 일을 아버지에게는 숨겼다.

그렇게 여러 날이 지나고 몇 주가 흘렀다. 그사이 여름도 끝나가고 있었다. 그러던 어느 날, 사냥을 갔다가 돌아온 운츠는 이전에 자신이 머물렀던 조용하고 외딴 장소로 아버지를 모시고 갔다. 오두막은 없어졌지만 그 둥근 집터는 잡초들의 공격으로부터 벗어나 있었다. 그리고 바로 그 자리에 키가 크고 우아한 식물이 자라고 있었다. 그 식물의 몸통에서는 밝은 색의 비단결 같은 털이 나고, 위쪽에는 까닥이는 깃털 같은 잎과 당당한 잎사귀가 돋았으며, 그 몸통의 좌우에는 황금빛 열매들이 주렁주렁 달려 있었다.

젊은이가 외쳤다. "이것은 제 친구입니다. 또한 모든 인간의 친구입니다. 이것은 몬다우민(옥수수)입니다. 이제 더 이상 사냥에만 의지하지 않아도 됩니다. 왜냐하면 이 선물을 잘 돌보고 가꾸는 한, 땅 자체가 우리를 먹여 살릴 것이기 때문입니다." 그리고서 그는 열매 하나를 따 들고는 이렇게 말하였다. "보십시오, 아버지! 제가 금식을 한 목적은 이것이었습니다. 위대한 정령께서 저의 목소리를 들으시고, 우리에게 새로운 것들을 보내주셨습니다. 이제부터 우리는 사냥을 하거나 물가에 가지 않고서도 지낼 수 있을 것입니다."

그는 아버지에게 이방인이 가르쳐준 주의 사항들을 일러드렸다. 먼저 씨름에서 상대의 옷을 벗겼듯이, 이 열매의 넓은 껍질을 벗겨야 한다고 말하였다. 그리고 불 앞에서 열매를 굽는 시범을 보였다. 낟알의 겉껍질이 갈색이 되면서도 모든 유액이 낟알에 보존되는 동안까지만 열매를 굽는 방법을 아버지에게 보여드린 것이다. 그러고나서 가족들 전체가 새로 거둔 열매 앞에 모여 만찬을 나누면서, 이를 주신 자비로운 정령께 감사를 표하였다. 이렇게 옥수수가 세상에 나타났고, 지금까지 재배되고 있다.[55]

1903-1905년에 아마존강 상류의 정글을 탐험하던 테오도르 코흐 그륀베르크(Theodor Koch-Grünberg)와 그의 원정대는 이와 유사한 멋진 신화를 채집하였다. 침투가 거의 불가능한 이 녹색의 지옥에 사는 부족들은 원시적인 모습을 하고 있었고 실제로도 야만적이었지만, 여러 가지 농작물을 재배하고 있었다. 그 가운데 가장 중요한 식물은 재배한 알뿌리를 먹기 전에 꼭 요리를 해야 하는 마니오크(카사바)였다. 거기에는 치명적인 독(청산)이 함유되어 있기 때문이었다. 남자들이 정글을 벌채하여 만든 경작지에 여자들——일반적으로 맨살을 그대로 드러내고 체모를 완전히 제거한 모습의——이 마니오크를 심었다. 남자들——사타구니에 간신히 한 조각의, 혹은 한 가닥의 덮개나 장신구만을 걸친——은 사냥을 하고 고기를 잡는다. 그리고 이웃 부족에서 가장 아름다운 여자를

빼내기 위하여 잠복을 하곤 한다. 마니오크는 이들의 주식이며, 입으로 부는 바람총 화살에 바르는 독의 원료가 된다. 또 어느 정도 효력 있는 최음제의 원료가 되기 때문에 축제의 분위기를 돋우는 데 상당한 기여를 한다. 이처럼 놀랍게도 이 식물은 데마가 가지고 있는 모든 신비를 지니고 있다. 그것은 생명의 조력자인 동시에 죽음을 관장하며, 영혼을 일깨운다.

하지만 이 경이로운 식물(우리가 먹는 타피오카는 이것을 원료로 하여 만든 것이다)을 기르고 마련하며 향유하는 기술은 정글에 사는 부족들(이들은 겉보기처럼 결코 단순하지는 않다!)이 지니고 있는 놀라운 유산의 하나에 불과할 뿐이다. 그들은 축제에서 커다란 타악기들을 연주하는데, 이 악기들은 결코 원시적이지 않다. 거기에는 나무와 그 껍질로 만든 크고 작은 트럼펫, 클라리넷, 플루트와 퉁소, 오카리나, 팬파이프가 있으며, 항아리 속에 바람을 불어넣을 수 있도록 관으로 만든 일종의 "소리울림기(roarer)"도 있다. 이뿐만이 아니다. 프로베니우스가 말하는 "적도" 지대에서 잘 알려진, 통나무를 쪼개 만든 북도 있다. 그리고 3피트 높이를 가진 속이 텅 빈 나무 관이 있는데, 이 악기는 절구공이처럼 끝을 아래로 해서 땅을 두드리는 데 사용된다. 코흐 그륀베르크 교수는 식인 풍습이 있는 야후나족——아파포리스강 하류의 왼쪽 지대, 즉 적도(남위 2도) 및 콜롬비아와 브라질의 경계(서경 70도)에 해당하는 지역에 살고 있는——을 탐사하면서 그곳에서 놀라운 태양-소년 밀로마키의 전설을 채록하였는데, 이 전설에서는 부족의 주식과 첫 수확제의 기원만이 아니라 의식용 플루트와 관악기들에서 나오는 음악의 기묘한 기원이 나타나고 있다.

옛날 옛적에 위대한 물의 집, 태양의 땅에서 온 작은 소년이 있었는데, 그의 노랫소리는 너무도 아름다웠기 때문에 여기저기서 수많은 사람들이 들으러 찾아왔다. 소년의 이름은 밀로마키였다. 그러나 그의 노래를 들은 사람들이 집으로 돌아가서 생선을 먹기만 하면 그들은 죽어버렸다. 그래서 죽은 사람들의 친족들은 어느새 청년이 되어버린 밀로마키를 붙잡았으며, 자신들의 형제를 죽인 위험인물인 그를 커다란 장작불에 태워버렸다. 그럼에도 젊은이는 최후의 순간까지 아름답게 노래를 불렀으며, 불꽃이 그의 몸을 핥는 동안에도 그는 노래하였다. "이제 나는 죽는다, 이제 나는 죽는다, 이제 나는 죽는다, 내 아들아, 이제 나는 이 세상을 떠나간다!" 그리고 그의 몸이 열기로 부풀어오를 때에도 그는 여전히 아름다운 소리로 노래하고 있었다. "이제 내 몸은 부서진다, 이제 나는 죽는다!" 그러고나서 그의 몸은 터져버렸다. 그는 죽어서 불에 완전히 타버렸지만, 영혼은 하늘로 올라갔다. 한편 그 재는 바로 그날 그 장소에서 녹색의 긴 이파리로 자라, 점점 커지고 커져서 쭉쭉 뻗어나가더니, 다음날에는 이미 커다란 나무가 되어 있었다. 그것은 세상에 나타난 최초의 팍시우바 야자수였다……

사람들은 이 나무로 커다란 피리를 만들었고, 그 피리에서는 예전에 밀로마키가 불렀던 노래처럼 아름다운 소리가 났다. 그리하여 오늘날에도 사람들은 열매가 익으면, 모든 과실의 창조자이며 증여자인 밀로마키를 기리며 피리를 불고 춤을 춘다. 그러나 여자들과 아이들은 이 피리를 볼 수 없다. 만약 본다면 그들은 죽을 것이기 때문이다.[56]

옥수수 재배법은 신세계 고등 문명의 위대한 중심지인 멕시코 혹은 페루로부터 북아메리카 인디언들이 배워 온 것임에 틀림없다. 따라서 지금까지 살펴본 기본 신화(mythologem)의 여러 변형들에 대한 논의를 아스텍인들의 예로 끝맺고자 한다. 제임스 프레이저 경은 『황금가지』에서 프레이 베르나르디노 데 사하군(Fray Bernardino de Sahagún)의 생생한 이야기에서 나온 한 사례를 보여주고 있다.

7일간의 엄격한 금식 뒤에 9월의 성대한 축제가 이어졌다. 거기서 겨우 열두세 살이 된 어린 노예 소녀——그들이 찾을 수 있는 한 가장 아름다운 모습을 지닌——가 옥수수 여신 치코메코후아틀의 화신으로 선택되어 성화되었다. 그녀는 여신의 옷차림으로 치장되었고, 머리에 주교관을 썼다. 목과 손에는 옥수수 속으로 만든 화환이 걸렸고, 머리의 관에는 녹색 깃털이 똑바로 세워졌다. 그러자 그녀는 옥수수 열매처럼 보였다. 이렇게 하는 이유가 있었다. 축제의 시기에는 옥수수가 거의 익었지만 그래도 여전히 덜 여물었기에, 옥수수 여신의 역할 수행자로 앳된 나이의 소녀를 선택한다는 것이다.

하루 종일 그들은 이 가엾은 아이──온몸이 잔뜩 치장되어 있고 머리에서는 녹색 깃털이 나부끼는──를 집집마다 끌고 다니면서, 지루하고 힘들었던 금식 기간을 잊어버리기 위하여 신나게 춤추었다.

저녁이 되자 모두 사원으로 모였다. 그 사원의 마당에서는 등불과 초들이 무수히 타오르고 있었다. 거기서 그들은 밤을 새웠다. 자정이 되자 나팔과 피리, 뿔나팔들의 장엄한 음악 소리가 울려 퍼지는 가운데 운반용 가마──옥수수 속과 고추로 장식되고 온갖 씨들로 가득 찬──가 들어왔다. 일꾼들은 여신의 목상(木像)이 서있는 방의 문 앞에 그것들을 내려놓았다. 그 방은 안과 밖 할 것 없이 옥수수 속과 고추, 호박, 장미, 그리고 온갖 씨들과 화환으로 장식되어 있었다. 실로 경이로운 모습이었다. 바닥에는 경건하게 바쳐진 이 싱싱한 제물들이 발이 푹푹 빠질 정도로 쌓여 있었다. 음악이 멎자 타오르는 횃불과 연기가 나는 향로를 든 엄숙한 행렬이 사제들과 권력자들 앞으로 다가왔으며, 그 가운데에는 여신 역할을 맡은 소녀가 서 있었다. 그들은 그녀를 가마 위로 올라서게 하였다. 그녀는 떨어지지 않으려고 두 손으로 양 난간을 잡고 가마 바닥에 흩뿌려진 옥수수와 고추와 호박 위에 똑바로 섰다. 사제들이 그녀 주위로 향로를 흔들었다. 음악이 다시 시작되었다. 음악이 흐르는 동안 사원의 최고 책임자가 갑자기 면도날을 든 채 그녀에게 다가갔다. 그는 능란하게 머리 위의 녹색 깃털을 베어냈으며, 그와 동시에 그것이 매여 있던 머리털도 함께 뿌리째 잘라내었다. 그러고나서 그는 극도로 엄숙하고 주의 깊은 의식 절차에 따라 깃털과 머리 타래를 여신의 목상(木像)에 바쳤다. 그 사제는 눈물을 흘리면서 한 해 동안 여신이 지상의 과실들과 풍부한 농작물을 자신들에게 내려준 것에 대하여 감사를 드렸다. 그가 울면서 기도하는 동안, 사원의 마당에 서 있던 모든 사람도 함께 울면서 기도하였다. 의식이 끝나자 소녀는 가마에서 내려와 남은 밤을 지낼 장소로 호위를 받으며 갔다. 그러나 사람들은 날이 샐 때까지 횃불에 의지하여 사원의 마당을 지키고 있었다. 아침이 왔을 때에도 성소를 떠나는 것을 신성모독으로 여기는 군중들로 사원의 마당은 북적거렸다. 사제들은 여전히 여신의 차림──머리에 주교관을 쓰고 옥수수 속 화환을 목에 걸고 있는──을 하고 있는 소녀를 다시 데려왔다. 또다시 그녀는 난간에 두 손을 잡고 가마 위에 올라섰다. 이때 사원의 연장자들이 그 가마를 어깨 위에 받쳐었다. 그러자 거기에 있던 참석자들은 타오르는 향로를 흔들거나 악기를 연주하면서 혹은 노래를 부르면서 행렬을 따랐다. 이 행렬은 거대한 안마당을 지나 후이칠로포크틀리 신당(神堂)까지 갔다가 다시 옥수수 여신의 목상이 서 있는 방으로 돌아왔다. 소녀가 서 있는 동안 모든 연장자들과 귀족들은 각기 그릇을 들고 그녀 앞에 일렬로 섰다. 그 그릇은 7일 동안의 금식 기간 동안 참회를 위하여 자신들의 귀에서 뽑아낸 피――이미 말라붙은――로 가득 차 있었다. 그들은 무릎을 꿇는 자세로 차례차례 그녀 앞에 오금을 구부렸다. 그리고 각자의 그릇에서 굳은 피를 긁어내어 그녀 앞에 던졌다. 이러한 행위는 옥수수 여신의 화신인 그녀의 호의에 보답하기 위해서 제물을 바치는 행동이다. 남자들이 공손하게 자신의 피를 바치고나자 여자들도 길게 줄을 서서 똑같은 일을 반복하였다. 이 의식은 오랫동안 계속되었다. 권력자이든 가난한 사람이든, 젊은이든 늙은이든, 모두 예외 없이 육화된 신 앞에 제물을 바치고 가야 하기 때문이었다. 의식이 끝나자 각자 기쁜 마음으로 집으로 돌아가 온갖 진수성찬을 즐겼다. 이는 선량한 기독교인들이 사순절의 금욕 기간이 지난 뒤 부활절에 고기를 비롯한 모든 물질적 쾌락을 즐기는 것과 같다. 잔뜩 먹고 마시고 쉬면서 밤샘의 피로를 푼 다음, 그들은 활기에 넘쳐서 축제의 마지막을 보려고 사원으로 돌아왔다. 축제의 마지막은 다음과 같았다. 군중이 모이면, 사제들은 육화된 여신인 소녀 앞에 엄숙하게 향을 피웠다. 그런 다음 그들은 소녀의 뒷덜미를 잡아 옥수수와 씨앗 더미 위에 내던졌다. 그리고 그녀의 목을 자른 다음, 거기에서 뿜어 나오는 피를 통에 받아 여신의 목상에 뿌렸고, 또 옥수수와 고추와 호박과 씨앗을 비롯하여 바닥을 메운 온갖 채소들 위에도 흩뿌렸다. 목이 잘려나간 몸통의 가죽을 벗겨내자 사제 가운데 하나가 그 피투성이의 가죽 속으로 자신의 몸을 간신히 밀어넣었다. 그러자 거기에 있던 사람들이 소녀가 입었던 모든 옷가지들을 그 사제에게 입혔다. 머리에 관을 씌우고, 황금빛 옥수수 속의 화환을 목에 둘러주며, 깃털과 황금으로 만든 옥수수 열매를 손에 쥐어주었다. 그들이 그를 군중 앞으로 데려오자, 모두가 북소리에 맞추어 춤을 추었다. 사제는 행렬의 선두에 서서 껑충껑충 뛰고 온갖 자세를 취하며 자신의 역할을 충실하게 이행하였다. 그러나 사실 그는 끈적끈적하고 죄어오는 소녀의 가죽과 성인 남자에게는 너무 작은 소녀의 옷 때문에 매우 괴로운 상태에 있었던 것이다.[57]

스페인의 신부들이 신세계의 예배에서 그들 자신의 고등 신화, 그리고 희생과 부활의 신성한 미사에 대한 악마의 패러디를 보았다고 생각하였던 것은 당연하다고 말할 수 있다.

  이 의식(儀式)에 모델을 제공하였던, 태초의 신화적 사건에 관한 하나의 신화가 있다. 틀랄테우틀리 여신——사물을 보고 물어뜯을 수 있는 눈과 턱이 모든 관절에 달려 있던 위대하고 경이로운 처녀——이 태초의 수면 위에서 홀로 거닐고 있었다. 그때 두 명의 주신(主神) 케찰코아틀(깃털달린 뱀)과 테스카틀리포카(연기 나는 거울)가 그녀를 엿보았다. 그들은 그녀를 가지고 세계를 창조하기로 마음먹고, 거대한 뱀으로 변신하여 그녀의 좌우로 다가갔다. 한 신은 그녀의 오른손에서 왼발 쪽으로, 다른 한 신은 왼손에서 오른발 쪽으로 몸을 감은 다음, 두 신이 힘을 합하여 그녀를 갈기갈기 찢었다. 두 신은 그들이 찢어낸 부분들로 하늘과 땅은 물론 신들까지 만들었다. 여신에게 일어난 불행을 위로하기 위하여 모든 신들이 와서 그녀에게 경의를 표하였다. 그들은 사람들이 생명을 유지하기 위하여 필요한 모든 과실들이 그녀에게서 올 것을 선언하였다. 그리하여 신들은 그녀의 머리털로 나무와 꽃과 풀을 만들었고, 그녀의 눈으로 샘과 시내와 작은 동굴을, 그녀의 입으로 강과 큰 동굴을, 그녀의 코로는 골짜기를, 그녀의 어깨로는 산맥을 만들었다. 그러나 여신은 밤새도록 눈물을 흘렸는데, 인간의 심장을 먹고 싶은 갈망 때문이었다. 그녀는 인간의 심장을 제물로 받아야만 조용해졌다. 인간의 피로 흠뻑 적셔지기 전까지는 결코 열매를 내놓지 않았다.

제3부 원시 사냥꾼의 신화

제6장 샤머니즘

1. 샤먼과 사제

　북아메리카 인디언의 신화는 두 가지 대조적인 모습으로 나타난다. 하나는 사냥꾼의 신화이고 다른 하나는 농경민의 신화이다. 주로 사냥 생활을 하는 인디언들은 어떤 환상의 상태에 도달하기 위하여 자신들의 종교적 삶에서 개인적인 금식을 강조한다. 사내아이들이 12세나 13세가 되면 아버지가 그들을 외딴 장소로 데려간다. 이때 짐승들을 물리치기 위하여 약간의 불을 가지고 간다. 거기서 소년들은 어떤 영적인 방문자가 꿈속에서 찾아와 그들에게 말을 걸고 힘을 줄 때까지 4일 또는 그 이상 동안 금식하고 기도한다. 그의 미래의 삶은 이 환상에 의하여 결정된다. 그 방문자는 소년에게 병을 치유하는 샤먼의 능력을 줄 수도 있고, 동물을 잡을 수 있는 사냥꾼의 능력을 줄 수도 있고, 전사가 될 힘을 줄 수도 있기 때문이다. 만약 이때 얻은 능력이 성에 차지 않을 경우 언제든지 다시 금식할 수도 있다. '한 푸른 구슬(One Blue Bead)'이라는 이름을 지닌 크로족 인디언 노인은 금식에 대해서 다음과 같이 말하고 있다. "나는 소년 시절에 가난하였다. 그런데 어느 날 전사들이 지도자를 앞세우고 행렬하는 것을 보았다. 그들이 부러웠다. 그래서 금식을 해서 그들과 같이 되기로 마음먹었다. 나는 환상을 보았을 때 원하던 것을 얻을 수 있었다.…… 나는 여덟 명의 적을 죽였다."[1] 불운을 겪은 사람은 그가 받은 초자연적 힘의 은사가 충분치 않은 것으로 해석한다. 반면에 위대한 샤먼이나 전쟁 지도자들은 그 금식을 통하여 충분한 힘을 얻은 자들이다. 그들은 자신의 손가락 마디를 잘라내어 바친 것 같다. 손가락을 바치는 행위는 평원 지대의 인디언들에게 일반화되어 있다. 어떤 노인들의 경우에는 화살을 재고 활을 당길 수 있는 데 필요한 손가락 부분만 남아 있다.

농경 부족——호피족, 주니족, 그리고 그 밖의 푸에블로 인디언——의 경우에는 가면을 쓴 신에 대한 화려하고 복잡한 의식이 삶의 구심점 역할을 한다. 그 의례는 종교력(religious calendar)에 의해서 시기가 결정되고, 훈련된 사제들이 주관하며, 공동체 전체가 다 참여하는 매우 정교한 의례이다. 루스 베네딕트(Ruth Benedict)가 『문화의 패턴(Patterns of Culture)』에서 말하고 있듯이, "의례는 어떤 행위보다도 우선적인 관심의 대상이 된다. 서부 푸에블로족의 성인 남자들은 깨어 있는 생활의 태반을 의례에 바치고 있다. 그들은 상당한 양에 달하는 의식 절차——우리처럼 훈련받지 못한 사람의 눈에는 놀랍게 보이는——를 완벽하게 외워야 한다. 그리고 매우 정형화된 절차와 달력에 따라 편성된 제반 의례들을 상호 유기적인 관계 속에서 행해야 한다."[2] 그러한 사회에서는 개인적인 놀이가 거의 존재하지 않는다. 개인 사이의 관계에서만이 아니라, 촌락 생활과 달력 주기 사이에도 엄격한 관계가 존재한다. 농경민은 자연의 신에 의존하고 있으며, 이 사실을 분명하게 인식하고 있다. 중요한 시기에 너무 많거나 적은 비가 내리게 되면, 일년 동안의 농사는 허사가 되고 만다. 사냥꾼들의 운명은 이와는 전적으로 다르다.

우리는 이미 옥수수의 기원에 관한 전설에서 환상을 추구하는 전형적인 아메리칸 인디언에 관한 이야기를 들은 바 있다. 널리 퍼져 있는 이 이야기는 오지브웨이족에서 나왔다. 스쿨크래프트(Schoolcraft, 1793-1864, 미국의 탐험가, 민족학자, 작가였던 헨리 로[Henry Rowe]를 가리키는 별칭/역주)가 그들 안에서 살고 있을 당시, 이 부족의 문화는 기원전 6000

년경 고대 근동의 나투피안(Natufians) 문화와 거의 같은 수준에 있었다. 그들은 사냥을 하며 살아가는 알곤퀸(Algonquin) 계열의 호전적인 부족이었으며, 주요한 신화와 민담은 농경 전통이 아니라 수렵 전통과 관련되어 있었다. 그렇지만 최근에는 훨씬 발전된 남부 지방의 농경 부족들로부터 옥수수를 심고 수확하고 요리하는 기술을 받아들여, 사냥으로 얻은 수확물의 부족한 부분을 채우고 있다. 이 과정에서 아주 오래된 데마 신화도 함께 들어왔다. 인도네시아의 식인 부족에서 처음 출현한 이 신화는 코코야자와 함께 태평양을 건너온 것이다. 남아메리카의 여러 부족들은 이 대륙의 다양한 식용 식물에 이 신화를 적용하였다. 여기 북아메리카에서는 이 신화가 큰 키의 녹색식물인 옥수수와 깃털처럼 생긴 그 수염에 적용되었을 뿐만 아니라, 이질적인 양식의 신화적 사유, 즉 환상을 추구하는 신화적 사유에도 적용되었다. 이러한 신화에서는 하나의 위대한 집단, 그러니까 신화적 시대의 "사람들"이 아니라, 한 사람의 젊은이가 등장할 뿐이다. 엄청난 고독 속에서 그 자신의 환상을 추구하는 젊은이 말이다. 에스키모 샤먼 이그주가르주크가 한 말을 인용하자면, 그러한 고독 속에서는 "다른 사람들에게 숨겨져 있던 모든 것이 한 사람의 정신세계 속에서 나타나게 된다."

서로 대조되는 이 두 가지 세계관의 차이는 사제와 샤먼을 비교함으로써 보다 분명해질 수 있을 것이다. 사제는 공인된 종교 조직의 구성원으로서 사회적 차원의 입문 의식을 통과한 자이다. 그는 일정한 직위를 가지고 있으며 전임자가 맡았던 일을 계승한다. 반면에 샤먼은 심리적 위기를 통하여 자기만의 고유한 힘을 얻는 자이다. 환상을 통해서 그를 찾아온 영적 방문객은 다른 사람에게는 결코 나타난 적이 없으며, 샤먼의 영적 친구이자 보호자가 된다. 이러한 영적 방문객들과 대조되는 것이 바로 푸에블로족의 신, 곧 옥수수-신과 구름-신이다. 가면을 쓰고 있는 이 신들은 엄격하게 조직된 사제 집단의 숭배 대상이다. 마을 전체의 수호자로 유명한 이 신들은 아득한 옛날부터 기도의 대상이었으며, 제의적 춤을 통하여 그 존재가 표현되어왔다.

뉴멕시코 지카릴라 아파치 인디언의 기원 전설은 수렵 부족의 샤머니즘에서 나타나는 종교성이 농경문화에서 등장하는 보다 안정적인 사제 질서의 강력한 힘에 종속되는 좋은 예를 보여주고 있다. 아파치족은 그들의 사촌인 나바호족과 마찬가지로 수렵 부족이다. 이들은 14세기에 옥수수를 재배하는 푸에블로 지역에 들어와 그 지역의 신석기 의례를 대폭 수용하면서도 이를 독자적으로 변형시켰다.[3] 지금 우리가 살펴보고 있는 이 신화는 그들의 우주관 및 역사관에서 핵심적인 위치를 차지하고 있다. 이 신화는 남쪽에서 들어온 것이 분명하며, 농경문화의 사회질서 및 의례와 밀접한 관련을 맺고 있다. 또한 곧 보게 되겠지만, 이 신화는 한 개인의 원초적인 본성의 자유로운 비상보다는 확고한 질서를 지니고 있는 공동체에 개인을 통합시키는 데 관심을 두고 있다.

"태초에는 이 세상에 아무것도 없었다. 땅도 없었다. 단지 암흑, 물, 거대한 폭풍만이 있었다. 사람은 아무도 살고 있지 않았으며, 단지 학틴만이 존재하고 있었다. 그것은 외로운 장소였다. 물고기도 없었고 어떤 생물도 존재하지 않았다. 그러나 학틴은 모두 태초부터 여기에 있었다. 그들은 세상의 만물을 창조할 수 있는 재료를 가지고 있었다. 그들은 제일 먼저 세계를 만들었다. 그리고 땅과 지하 세계를 만들었다. 그 다음에 하늘을 만들었다. 땅은 살아 있는 여성의 모습으로 만들고 어머니라고 불렀다. 하늘은 남성의 모습으로 만들고 아버지라고 불렀다. 남성은 아래를 향하고, 여성은 위를 향하도록 하였다. 그가 우리의 아버지이고, 그녀가 우리의 어머니이다."[4]

아파치족의 학틴은 푸에블로 지역의 가면 쓴 신에 해당한다. 그들은 자연의 장관을 지탱해주는 힘들의 인격화이다. 그들 가운데 가장 강력한 것은 검은 학틴이다. 그는 진흙으로 동물을 하나 만든 뒤 이렇게 말하였다. "너의 네발로 걷는 모습을 보여다오." 그러자 그 동물이 걷기 시작하였다. "아주 좋다. 너를 이용할 수 있겠다." 그는 또 이렇게 말하였다. "그렇지만 너는 혼자다. 네 몸에서 다른 동물들이 나오게 해주겠다." 그러자 온갖 종류의 동물들이 그의 몸에서 쏟아져나왔다. 이렇게 된 것은 검은 학틴이 무엇이든지 할 수 있는 힘을 가지고 있었기 때문이다. 당시에는 모든 동물이 다 말을 할 수 있었으며, 지카릴라 아파치 말을 하였다.

세계의 창조자인 검은 학틴이 손을 내밀자 비 한 방울이 손에 떨어졌다. 이 빗방울을 흙과 뒤섞자 진흙 덩어리가 되었다. 그는 그것으로 새 한 마리를 만들었다. 그리고 "날개를 써서 어떻게 나는가를 보여다오"라고 하자, 그 진흙 덩어리는 새로 변하여 주변을 날아다녔다. "아, 정말 좋구나!" 하고 다시 외쳤다. 그는 날개를 가진 새와 네발짐승의 차이를 보고는 매우 좋아하였다. 그러고는 "이제 너에게 친구가 필요하겠구나"라고 하면서 그 새를 잡아 시계 방향으로 아주 빠르게 돌렸다. 그러자 그 새는 점점 어지러워졌다. 우리가 어지러울 때 그런 것처럼, 그 새도 어지러운 상태에서 여러 가지 이미지를 보았다. 독수리, 매, 작은 새를 비롯한 온갖 종류의 새가 보이기 시작한 것이다. 다시 정신을 차려보니, 어지러움 속에서 보았던 그 새들이 실제로 거기에 있었다. 오늘날 새들은 공중에서 날기를 좋아하고 높은 곳에 살며 땅으로는 거의 내려오지 않는다. 이는 최초의 새가 하늘에서 떨어진 물방울이 섞인 진흙으로 만들어졌기 때문이다.

　시계 방향으로 도는 회전 이미지는 메소포타미아의 신석기 중기(기원전 4500-3500년경)*에 등장하는 사마라 도기의 문양을 떠오르게 한다. 그 도기의 표면에 있는 회전하는 만(卍) 자 문양에는 여러 가지 동물과 새의 형상이 포함되어 있기 때문이다. 다음 그림에서 보듯이, 이와 비슷한 문양이 북아메리카의 선사시대 고분에서 발견된 것은 단순한 우연이나 병행 발전의 산물이 아니다. 그 문양이 오늘날 북아메리카 남서부 인디언들——푸에블로족, 나바호족, 그리고 아파치족——의 의례 생활과 상징에서 두드러진 역할을 하고 있는 것도 마찬가지이다. 이는 문화 전파에 대한 또 하나의 증거가 될 뿐만 아니라 구세계와 신세계의 초기 신석기 예술과 의식에서 만 자 문양이 갖는 의미를 드러내는 단서가 되기도 한다.

---

* 167-170쪽 참조.

〈그림 5〉 목 가리개의 문양. 미국 오클라호마의 스피로 마운드에서 출토됨.

여기서는 이처럼 창조자가 새를 시계 방향으로 돌렸고, 그 결과 꿈에서 보는 것 같은 형태의 새들이 출현한 것이다. 그런데 시계 반대 방향으로 도는 만 자 문양이 중국의 명상하는 부처 상에서 자주 나타나고 있다. 우리가 알고 있는 것처럼, 부처는 꿈과 같은 창조물의 세계에서 자신의 의식을 제거하고, 요가 수련을 통하여 그것을 원초의 심연 혹은 "공(空)"의 세계——여기에서 모든 것이 나온다——와 재통합한다.

> 별, 어두움, 등불, 환영, 이슬, 거품,
> 꿈, 섬광, 혹은 구름.
> 그대들은 세상을 이처럼 보아야 한다.[5]

이 구절은 동양의 사유에 커다란 영향을 미친, 유명한 불교 경전인 『금강경(金剛經)』에 나오는 것이다.

물론 아파치족의 신화에 불교가 어떤 영향을 미쳤다고 주장하려는 것은 아니다. 분명히 불교는 아파치족의 신화에 아무런 영향을 미치지 않았다. 그러나 스페인의 위대한 극작가인 칼데론(Calderón)이 『삶은 꿈이다(La Vida es Sueño)』에서 표현하고, 그와 동시대를 살았던 셰익스피어(Shakespeare)가 다음과 같은 구절에서 나타냈던 감동적인 생각은 초기 힌두 철학의 기본적인 주제였다.

> 우리는 그렇게 허망한 존재라네
> 꿈이 그렇게 만들어지는 것처럼, 우리의 보잘것없는 인생도
> 온통 잠으로 둘러싸여 있다네.[6]

인더스 계곡에서 기원전 2000년경의 것으로 보이는, 요가 자세를 취한 작은 조각상이 발견되었다. 이를 통해서 우리는 망아 상태를 유도하는 기술이 이미 초기 인도의 사제 도시국가에서 등장하였음을 알 수 있다. 힌두교의 비슈누 상 가운데 가장 잘 알려진 것의 하나는 또아리를 틀고 있는 우주 뱀 위에 누워서 잠이 든 모습이다. 그는 우주 바다를 떠다니면서 우주에 대한 꿈을 꾸고 있다. 여기서 내가 강조하고 싶은 것은, 새의 창조에 대한 아파치족의 전설 속에는 아득한 과거의 인도적 형식이 나타나고 있으며, 인도적 형식 역시 동일한 신석기 전통에서 나왔다는 사실이다. 그리고 두 경우에 모두 만 자 상징의 변형이 나타나고 있다는 사실이다. 학틴의 경우에는 우주를 불러내고, 부처의 경우에는 우주를 사라지게 하는 변형의 과정 말이다. 이처럼 덧없음의 본성을 지닌 우주는 신기루나 꿈의 속성과 비견될 수 있다.

새들은 창조된 지 얼마 안 되어 자신들의 창조자인 검은 학틴에게 다가왔다. 그리고 "우리는 무엇을 먹고살아야 하나요?" 하고 물었다. 학틴은 동서남북 네 방향으로 자기 손을 들어 올렸다. 그는 엄청난 힘을 가지고 있기 때문에 손을 들어 올릴 때마다 온갖 종류의 씨앗들이 손바닥으로 떨어졌다. 그는 씨앗들을 흩뿌렸다. 새들이 그 씨앗들을 집어먹으려고 달려들었다. 그러나 씨앗들은 곤충이나 벌레, 메뚜기들로 변하여 이리저리 움직이고 뛰어다녔기 때문에 그것들을 잡아먹을 수 없었다. 학틴이 새들을 놀렸던 것이다. 이때 학틴이 다시 말하였다. "그래! 곤충이나 메뚜기를 잡는 것은 어려운 일이지. 그렇지만 노력하면 너희들은 할 수 있을 거야." 그래서 새들은 메뚜기와 곤충을 쫓아가서 잡아먹게 되었다. 새들이 오늘날까지 그 일을 하고 있는 것은 이 때문이다.

또 얼마 안 있어 모든 새와 동물이 검은 학틴에게 몰려 왔다. 그리고는 자신들에게 동료가 필요하다고 말하였다. 그들은 사람을 원하고 있었던 것이다. 그들이 "당신은 언제나 우리와 함께 있지는 못할 것입니다"라고 말하자, 학틴은 "그 말이 사실일 것이다. 언젠가 나는 아무도 나를 보지 못하는 장소로 가게 될 것이다"라고 대답하였다. 그러고는 새와 동물들에게 모든 방향으로부터 물건들을 모아 오도록 시켰다. 그들이 모든 식물의 꽃가루, 붉은 황토, 하얀 진흙, 하얀 색의 돌, 흑옥(黑玉), 터키석, 붉은 돌, 오팔, 그리고 전복과 온갖 귀석(貴石)들을 가져왔다. 그러자 검은 학틴이 그들에게 멀찌감치 물러서 있으라고 하였다. 그는 먼저 동쪽을 향하여 서더니, 곧이어 차례대로 남쪽, 서쪽, 북쪽을 향하여 섰다. 그러고나서 꽃가루로 자기의 몸과 똑같은 모습을 땅 위에 그렸다. 그 다음에는 귀석과 다른 것들을 그 그림 안에 넣었다. 그랬더니 그것들이 살과 뼈가 되었다. 혈관은 터키석, 피는 붉은 황토, 피부는 산호, 뼈는 하얀 돌, 손톱은 멕시코 오팔, 눈동자는 흑옥, 눈의 흰자위는 전복, 뼈 안의 골수는 하얀 진흙, 그리고 이는 오팔로 만들었던 것이다. 그는 또 검은 구름을 끌어와 머리카락을 만들었는데, 나이가 들면 그 머리카락이 하얀 구름이 된다.

학틴은 자신이 만든 형상의 몸속에 바람을 불어넣어 살아 움직이게 하였다. 이때 그 형상의 손가락 끝의 지문에 있는 나선형 무늬는 창조의 순간에 바람이 지나간 길을 가리킨다. 발바닥의 나선형 무늬는 사람이 죽을 때 그 바람이 빠져나가는 길이다. 창조될 당시 그 사람은 얼굴을 아래로 향하고 양팔을 앞으로 뻗친 채 엎드려 있었다. 새들이 사람을 보려고 하였으나 검은 학틴이 금하였다. 얼마간의 시간이 지나자 그 사람의 몸이 움직이기 시작하였다. 그는 팔로 땅을 짚고 일어서려고 하였다. 이때 학틴은 아주 흥분되어 있는 새들에게 "보지 말라!" 하고 다시 외쳤다. 오늘날 사람들이 호기심이 많은 것——당신이 이 이야기의 뒷부분을 매우 듣고 싶어하는 것처럼——은 그때 새와 동물들이 사람을 보려고 그렇게 야단을 피웠기 때문이다.

학틴이 그 사람에게 "일어나 앉아라!" 하고 명령하였다. 그러고는 그 사람에게 말하고, 웃고, 소리치고, 걷고 달리는 법을 가르쳐주었다. 이 과정을 죽 지켜본 새들은 노래하기 시작하였다. 오늘날 아침마다 그렇게 하듯이 말이다.

동물들은 이 사람에게 짝이 있어야 한다고 생각하였다. 그래서 검은 학틴은 그 사람을 잠들게 하였다. 눈꺼풀이 무거워지면서 그는 꿈을 꾸기 시작하였다. 꿈속에서 어떤 여자가 그의 옆에 앉아 있었다. 꿈에서 깨어나자 실제로 그의 옆에 한 여자가 있었다. 그녀에게 말을 걸자 그녀가 대답하였다. 그가 웃자 그녀도 웃었다. "이제 일어납시다"라고 하자, 그녀는 그와 함께 일어섰다. "이제 걸읍시다"라고 하자 걷기 시작하였다. 물론 그가 "오른발, 왼발, 오른발, 왼발" 하면서 걸음마를 가르쳐주었다. 함께 달리자고 말하자, 같이 달렸다. 이때 새들이 다시 한번 노래하기 시작하였다. 그래서 사람들에게는 반드시 즐거운 음악이 있어야 한다. 사람들은 외롭게 혼자 있어서는 안 되는 것이다.

이러한 모든 일은 지금 우리가 살고 있는 땅 위에서 일어난 것이 아니라, 그 아래에 있는 땅의 자궁에서 일어난 것이다. 당시 그곳에는 해와 달이 없었기 때문에 매우 어두웠다. 그래서 하얀 학틴과 검은 학틴은 각각 자신들의 자루에서 작은 해와 작은 달을 꺼내어 자라게 한 뒤, 그것들을 대기 속으로 보내어 사방으로 빛을 내뿜으며 북쪽에서 남쪽으로 이동하게 하였다. 이 일은 사람뿐만 아니라 당시 존재하고 있던 새와 동물들까지도 흥분의 도가니로 몰아넣었다. 그런데 당시에는 사람들 사이에 샤먼이 많이 있었는데, 이들은 자신들이 만물로부터 힘을 얻었다고 주장하였다. 그리고 해가 북쪽에서 남쪽으로 이동하는 것을 보고는 한마디씩 하기 시작하였다.

한 샤먼이 "내가 해를 만들었다"고 하자, 다른 샤먼이 "아니다. 내가 만들었다"고 응수하였다. 그들은 싸우기 시작하였고, 학틴은 그들에게 말하지 말도록 명령하였다. 그러나 그들은 계속해서 자기 주장을 하면서 다툼을 멈추지 않았다. 그 가운데 한 샤먼이 말하였다. "나는 해를 한가운데에 멈추게 할 수 있다. 그렇게 되면 밤이 사라지고 말겠지. 그렇지만 나는 해가 그대로 지나가게 할 것이다. 우리에게는 쉬고 잠잘 시간이 필요하니까." 다른 샤먼이 말하였다. "나는 달을 없앨 것이다. 밤에는 정말 빛이 필요 없으니까." 해는 다음날도 떠올랐다. 새들과 동물들은 즐거워하였다. 그 다음날도 마찬가지였다. 그러나 네번째 날의 정오가 되었을 때, 학틴의 경고에도 불구하고 샤먼들은 계속해서 말을 하였다. 그래서 일식과 월식이 생기게 되었다. 태양은 꼭대기에 있는 구멍을 통하여 올라갔고, 달도 그 뒤를 따랐다. 이 때문에 오늘날 일식과 월식이 있게 된 것이다.

학틴 가운데 하나가 자기 자랑을 늘어놓는 샤먼들에게 말하였다. "좋아. 너희들이 힘을 가졌다고 하니까, 한번 해를 되살아나게 해보아라."

그래서 그들은 일렬로 섰다. 한 줄에는 샤먼들이 섰고, 다른 한 줄에는 새와 동물들이 줄을 지어 섰다. 샤먼들은 노래를 부르며 여러 가지 의식을 행하였다. 그들은 자신들이 알고 있는 모든 것을 다 보여주었다. 어떤 샤먼은 앉아서 노래를 부르다가 눈만을 밖에다 놓아둔 채 땅속으로 사라졌다가 다시 돌아왔다. 그러나 해가 다시 되살아나지는 못하였다. 그것은 단지 그들이 힘을 가지고 있다는 것을 보여줄 뿐이었다. 어떤 샤먼은 화살을 삼킨 다음 배 밖으로 나오게 하였다. 어떤 샤먼은 깃털을 삼켰고, 또 다른 샤먼은 가문비나무를 통째로 삼켰다가 다시 입으로 뱉어내기도 하였다. 그러나 여전히 해와 달은 나타나지 않았다.

이것을 본 하얀 학틴이 말하였다. "너희들 모두 꽤나 잘하였다. 그렇지만 너희들은 해를 되살려내지는 못하였다. 너희들의 기회는 끝났다." 그는 새들과 짐승들을 향해서 "좋다. 이젠 너희들 차례이다"라고 말하였다.

새들과 짐승들은 처남과 매부처럼 서로에게 공손히 말하기 시작하였다. 그러자 학틴이 말하였다. "너희들은 서로 간에 공손히 말하는 것 이상의 무언가를 해야만 한다. 일어나서 너희들의 힘으로 무언가를 하라. 해를 되살려내거라."

메뚜기가 가장 먼저 시도하였다. 그가 네 방향을 향해서 손을 뻗었다가 다시 거두어들이자 손안에 빵이 있었다. 사슴이 그와 똑같은 행동을 취하자 그의 손에는 유카(백합과의 식물/역주) 열매가 쥐어져 있었다. 곰이 그렇게 하였을 때에는 벚나무 열매와 마멋, 장과류 열매, 다람쥐,

딸기 등이 손에 생겼으며, 칠면조는 옥수수를 얻었다. 모두가 다 이러하였다. 비록 학틴이 이 선물들에 만족하였지만, 여전히 해와 달은 나타나지 않았다.

이번에는 학틴들 자신이 무언가를 하기 시작하였다. 그들이 네 방향에서 네 색깔의 천둥을 부르자, 거기에서 네 색깔의 구름이 생겨났다. 그리고 이 구름들에서 비가 내렸다. 학틴들은 비를 아름답게 보이도록 하기 위하여 무지개를 부르면서 사람들이 생산한 씨앗을 심었다. 그 다음에는 모랫바다에 그림을 그리기 시작하였는데, 그것은 네 가지 색깔로 된 작은 둔덕 네 개였다. 그림이 완성되자 그 둔덕에 씨앗을 심었다. 그때 새들과 짐승들이 노래를 부르자, 그 작은 둔덕들은 자라기 시작하고 씨앗도 싹트기 시작하였다. 그 네 개의 둔덕은 하나로 합쳐져 산이 되고, 그 산은 계속해서 높아져갔다.

그때 학틴은 주술 행위에서 특히 극적인 모습을 보여준 샤먼 열두 명을 뽑아서, 여섯 명에게는 파란 색을 칠하여 여름을 나타내도록 하고, 나머지 여섯 명에게는 하얀 색을 칠해서 겨울을 나타내도록 하였다. 그리고 그들을 트사나티라고 불렀다. 이것이 바로 지카릴라 아파치족의 트사나티 춤 집단의 기원이다. 학틴은 또 여섯 명의 어릿광대를 만들어, 그들의 몸을 전부 하얗게 칠하고 거기에 네 개의 검은색 줄무늬를 내었다. 얼굴, 가슴, 다리의 윗부분, 다리의 아랫부분에 각각 줄무늬를 내었다. 트사나티와 어릿광대들은 춤을 추고 있는 사람들에 동참하였는데, 이는 산이 자라도록 하기 위한 것이었다.[7]

구석기 양식의 주술을 행하는 개인주의적 샤먼들이 상대적으로 복잡한 조직을 가진 농경 공동체의 집단 지향적인 지도자들에 의하여 불신당하는 과정을 이보다 명확하게 보여주는 예는 없을 것이다. 여기서 샤먼들은 보다 큰 통일적인 의례 체계 속에서 하나의 위치를 부여받은 것이다. 위의 에피소드는 사회적으로 재가된 사제 조직이, 매우 위험하고 예측하기 어려운 개인적 재능의 힘을 뛰어넘어 승리하는 과정을 보여주고 있다. 지카릴라 아파치 족의 이야기를 해준 사람 역시 샤먼을 의례 체계 속으로 통합시킬 필요성에 대하여 설명하고 있다. 그는 이렇게 말한다. "이 사람들은 동물, 불, 칠면조, 개구리 같은 다양한 근원들에서 나온 자기들 나름의 의례를 가지고 있다. 이것들이 무시되어서는 안 된다. 그 의례들은 힘을 가지고 있으며, 의례 체계의 한 부분으로서 전체에 도움이 되어야만 한다."[8]

땅에 의존하는 신석기 시대의 촌락 질서가 지구상의 거주 가능한 지역 대부분을 서서히 정복해나아갈 때 구세계의 사회들이 직면하였던 위기를 이 신화보다 더 선명하게 제시하는 신화는 없을 것이다. 아메리카 대륙이 발견될 당시, 아리조나와 뉴멕시코의 문화는 기원전 4000년에서 기원전 2000년 사이의 근동 및 유럽의 문화와 흡사하였을 것이다. 이 당시는 정주 생활의 엄격한 패턴이 사냥의 자유로움과 변화에 익숙해 있던 사람들에게 강요되던 때이다. 인도, 페르시아, 그리스, 켈트, 독일의 신화로 눈을 돌려보자. 그러면 신들에 의하여 거인들이 정복되는 잘 알려진 이야기가 학틴에 의해서 샤먼들이 예속되는 이 전설과 유사하다는 사실을 즉시 알게 된다. 티탄, 거인, 난쟁이는 초기 신화 시대를 대표하는 존재들로서, 거칠고 세련되지 못하며 자기중심적이고 무법적이다. 이와는 대조적으로 신들은 아름답고 훌륭하다. 천체의 질서를 관장하는 신들의 통치는 자연과 인간의 세계를 조화롭게 지배한다. 싸움에서 패배한 거인들은 산 밑에 갇히거나 대지의 변방에 있는 험난한 영역으로 추방된다. 신의 힘이 그들을 그렇게 억제할 수 있는 한, 사람과 동물과 새 그리고 모든 살아 있는 생명체는 법칙에 의하여 지배되는 세계의 축복을 깨닫게 될 것이다.

힌두 경전에 자주 등장하는 하나의 신화를 살펴보자. 그 신화 속에서 신들과 거인들은 두 지고신 비슈누와 시바의 감독 아래 버터를 얻기 위하여 함께 '우유의 바다'를 휘젓는 협력자로 등장한다. 그들은 '세계 산'을 막대로 생각하고 '세계 뱀'을 밧줄로 생각하였다. 그래서 그 뱀으로 그 산 둘레를 빙빙 감아놓았다. 그러고는 신들이 뱀의 머리를 잡고 악마들이 뱀의 꼬리 부분을 잡았으며, 비슈누는 '세계 산'이 움직이지 않도록 꽉 붙잡고 있었다. 이때부터 거인들과 신들이 1,000년 동안 우유를 저은 결과 마침내 불사의 버터를 얻을 수 있었다.[9]

말다툼을 좋아하는 샤먼들과 질서를 잘 지키는 사람들이 학틴의 지휘 아래 '세계 산'이 자라도록 하여 함께 빛의 세계로 가려고 애쓰는 모습을 보면, 이 힌두 신화가 떠오르지 않을 수 없다. 트사나티와 어릿광대들은 춤추고 있는 사람들에 합류하였으며, 산은 자라서 마침내 그 끝이 해와 달이 사라진 구멍 가까이 도달하게 되었다고 한다. 이제 땅 표면으로 올라가기 위해서는 네 개의 색깔로 이루어진 빛의 사다리 네 개를 만들기만 하면 되었다. 질병을 쫓아버릴 수 있는 주술 회초리를 든 여섯 명의 어릿광대가 앞장을 섰고, 학틴이 그 뒤를 따랐다. 그 다음에는 트사나티가 따라나섰다. 마지막으로 사람들과 동물들이 그 뒤를 따랐다. 우리에게 이 이야기를 해준 사람은 이렇게 말하였다. "그들이 처음으로 지상에 올라왔을 때, 그들은 엄마 뱃속으로부터 갓 태어난 아이들과 같았다. 그들이 출현한 장소는 대지의 자궁이다."[10]

농업에 기반을 둔 사회의 신화, 의식, 윤리 체계, 사회조직의 최고 관심은 개인주의의 부상을 억누르는 것이었다. 이러한 목적을 이루기 위해서 일반적으로 이용된 방법은, 사람들로 하여금 자기 자신의 관심이나 직관 혹은 경험 양식이 아니라, 공적 영역에서 개발되고 유지되어온 원형적 행동 및 정서 체계와 스스로를 동일시하도록 강요하거나 설득하는 것이었다. 식물 세계의 교훈으로부터 나온 세계관은 개별적인 것을 친족, 민족, 인류 등과 같은 보다 큰 과정의 한 부분 또는 한 계기로 간주할 뿐이다. 이러한 세계관에서는 개인적인 자발성의 싹이 처음부터 평가절하되어 자기 발견에 대한 모든 충동이 사라진다. "정말 잘 들어두어라. 밀알 하나가 땅에 떨어져 죽지 않으면 한 알 그대로 남아 있고 죽으면 많은 열매를 맺는다."[11] 이 고상한 격언은 홀로 남기를 바라지 않는 사람들로 이루어진 성스러운 집단──고통과 승리로 점철된 투쟁의 교회──의 지배적 감정을 나타내고 있다.

이와 정반대로 홀로 있기를 참으로 바라고 또 그렇게 함으로써 고독의 상태를 성취한 사람들이 언제나 있어왔다. 이들은 집단의 관심으로부터 감추어져 있던 '대정령'이나 힘, 그리고 '위대한 신비'를 그러한 고독 속에서 직관적으로 파악한다. 이들의 경우에는 자기 꼬리를 물고서 낡은 허물을 벗어버리고 새로워졌다가 다시 허물을 벗는 뱀과 같은 무한한 반복의 길을——종종 경멸의 태도를 가지고——던져버린다. 그 대신 시간을 벗어나 있는 초일상적인 영원성의 세계를 경험하고자 한다. 이때 정신은 독수리처럼 자신의 날개로 하늘 높이 솟구쳐 오른다. 니체가 도덕률의 사회적 허구라고 부른 것처럼, 여기서는 "너는 해야만 한다(Thou Shalt)"를 상징하는 용이 자기 발견을 상징하는 사자에 의해서 살해당한다. 불교식으로 말하자면, 승리자가 사자의 울음소리를 낸다. 산꼭대기에 있는 위대한 샤먼, 모든 한계를 초월한 공(空), 그리고 끝을 알 수 없는 심연의 포효를 내는 것이다.

구석기 시대 사냥꾼의 세계에서는 집단의 규모가 상대적으로 작았다. 한 집단이 마흔 명이나 쉰 명을 넘는 경우가 거의 없었다. 따라서 그보다 훨씬 뒤에 오랜 기간에 걸쳐 형성된 촌락이나 도시——보다 규모가 크고 분화되고 체계적으로 통합되어 있는——의 경우와 비교할 때, 사회적 강제력이 훨씬 약하였다. 사냥꾼의 세계에서는 각 개인의 충동을 억누르는 것보다는 그것을 북돋아주는 것이 집단에 유리한 것으로 간주된다. 우리는 이미 오지브웨이족의 한 아버지가 외딴곳에 떨어진 금식의 집으로 자신의 아들을 인도하는 것을 살펴보았다. 그곳은 자기 발견과 자기 비움의 성소이다. 거기서는 사회적으로 지정된 어떤 신의 이미지나 개념도 강요되지 않는다. 소년이 거기서 발견하는 것은 그것이 어떤 것이든 간에 신이 부여한 소년 자신의 길로서 존중되고 받아들여진다. 이와 달리, 모든 것을 그들 자신의 위계화된 세계 속으로 편입시키는 농경민의 가면신이 지니고 있는 방식에 대해서도 앞에서 살펴본 바 있다. 여기서 가면신들은 집단의 힘을 하나의 최종적이고 절대적인 원리로 제공한다. 이 원리는 샤먼 자신들이 다양한 경험의 원천에서 끌어내는 그 어떠한 "그들 자신의 의례"보다도 우월하다.

이것이야말로 사냥꾼의 신화와 농경민의 신화를 구분해주는 첫번째 특징이다. 농경의례의 초점은 집단에 놓여 있는 반면, 사냥꾼의 의례는 그 초점이 개인에 놓여 있다. 물론 사냥꾼 의례의 경우에 집단이 사라지는 것은 아니다. 사냥꾼 사회에서도 처남 사이처럼 서로 소중한 관계에 있는 사람들의 경우에는 서로에게 예의 바르게 인사를 한다. 그러나 이들이 상대방에게 미칠 수 있는 개인적 힘은 상대적으로 약하다. 이는 월등한 힘을 가진 샤먼이 집단으로부터 독립할 수 있음을 의미한다. 온 마을 사람들과 전쟁을 벌였다가, 그들이 법정에서 자신을 고발하자 당황한 채로 그들과 대면하였던 에스키모 샤먼 나자그네크의 이야기가 생각날 것이다. 우리는 보다 원시적인 카리보우 에스키모 샤먼 이그주가르주크에 대한 이야기도 알고 있다. 그는 결혼하고 싶은 여자를 알게 되자 총으로 그녀 주변의 가족들을 죽이고 그녀를 집으로 데려왔다. 그러나 농경민들의 생활에서 보다 중요하고 집단의 생존에 도움이 되는 정서 체계를 완전히 표현하고 있는 것은 집단, 그리고 집단의 원형적인 철학——땅에 떨어져 죽지만 그럼으로써 다시 산다는 밀알의 철학이자 괴물 뱀과 처녀 희생의 의례 속에 이미지화되어 있는 철학——이다. 사냥꾼의 세계에서는 자기 나름의 방식으로 자신의 완전한 성취에 이른 개인과 맞설 정도로 그 집단이 크거나 강하지 못하다. 여기서 지배적인 철학은 "사자 포효"의 철학이다.

이미 알고 있는 것처럼, 어떤 지역(예를 들면, 북아메리카)에서는 이러한 샤먼적이고 개인주의적인 원리가 너무나 광범위하게 퍼져 있기 때문에, 성인식에서조차 개인적으로 환상을 추구하는 것이 주요한 주제가 된다. 이와 달리 다른 지역(예컨대 멜라네시아 농경 세계의 강력한 영향력에 의하여 동화된 오스트레일리아 중부)*에서는 조상의 시대와 춤마당에 대한 규율이 크게 강조되므로 개인적인 것은 거의 강조되지 않는다. 여하튼 사냥꾼의 세계에서는 샤머니즘의 원칙이 지배적이고, 그 결과 신화적이고 의례적인 생활은 농경민과 비교하였을 때 훨씬 덜 발달되었다고 할 수 있다. 사냥꾼의 세계는 보다 가볍고 조금은 변덕스러운 특징을 가지고 있으며, 그 세계에서 기능하고 있는 대부분의 신들은 깊이 있는 사고에 의하여 정리된 신이라기보다는 인격적인 친구의 성격을 띠고 있다.

---

* 110-140쪽 참조.

그럼에도, 앞에서 이미 살펴본 것처럼, 사냥꾼의 세계에는 툰드라의 고독 속에 있는 사람들이 도달한 깊이 있는 통찰력이 있다. 두려움을 동반한 채로 대기를 향하여 울려 퍼지는 소리 울림 판자에 의해서 유도되는 거대한 집단 엑스터시는 고독의 통찰력이 지닌 깊이와는 전혀 비교가 되지 않는다.

2. 샤머니즘의 주술

"'위대한 신비', 와칸-탄카(Wakan-Tanka)에서 모든 힘이 나온다." 이 말은 플랫 아이언 지구에 있는 오글랄라 수(Oglalla Sioux)족의 옛 추장이 내털리 커티스(Natalie Curtis)에게 한 말이다. 당시 그녀는 자신의 저서인 『인디언의 책(The Indian's Book)』의 집필에 필요한 자료를 수집하는 중이었다.

성스러운 사람이 사람들을 치유하고 성스러운 부적을 만들 수 있는 지혜와 힘을 얻게 된 것은 모두 와칸-탄카에서 비롯된 것이다. 그가 약용 식물을 인간에게 선사하였다는 것은 잘 알려져 있다. 그래서 약용 식물은 모두 성스럽다. 들소들도 와칸-탄카의 선물이므로 성스러운 존재이다. '위대한 신비'는 인간이 먹고 입는 데 필요한 것만이 아니라, 행복한 삶에 필요한 것도 선사하였다. 이러한 선물들을 이용할 수 있는 지식도 주었다. 약용 식물을 발견하는 방법, 들소를 사냥하고 포위하는 방법, 지혜를 아는 방법 등을 가르쳐준 것이다. 이처럼 모든 것이 와칸-탄카로부터 온다. 모든 것이 말이다.
성스러운 사람은 어려서부터 자신이 성스러운 존재가 될 것임을 미리 안다. '위대한 신비'가 그런 사실을 미리 알려주기 때문이다. 대정령이 그 역할을 하는 때도 있다. 대정령은 사람이 잠들었을 때에는 오지 않고 깨어 있을 때에만 찾아온다. 매우 평범한 방식으로 말이다. 따라서 그가 왔을 때에는 한 사람이 그저 거기에 서 있는 것처럼 보일 뿐이다. 그러나 그가 말을 하고 다시 출발하면, 아무도 그가 어디로 갔는지 알 수 없다. 바로 그렇기 때문에 대정령이다. 성스러운 사람은 대정령과 언제든지 이야기를 나눌 수 있으며, 대정령은 성스러운 사람에게 성스러운 것을 가르친다.
　성스러운 사람은 외로운 천막집으로 가서 홀로 금식하고 기도한다. 외딴 산으로 가기도 한다. 마을로 다시 돌아오면, 사람들을 가르치고 '위대한 신비'가 명령한 것을 그대로 전한다. 그는 사람들에게 충고하고 그들을 치료해 준다. 그리고 사람들을 모든 재앙으로부터 막아줄 수 있는 성스러운 부적을 만든다. 그의 힘은 위대하다. 그는 커다란 존경을 받는다. 천막집에 있는 그의 자리는 명예로운 자리이다.[12]

　카리보우 에스키모 샤먼 이그주가르주크는 그 자신이 샤먼의 능력을 얻을 때 겪은 시련에 대하여 크누트 라스무센(Knud Rasmussen)에게 자세히 설명해주었다. 이그주가르주크는 어렸을 때 이해할 수 없는 꿈들 때문에 계속 시달렸다고 한다.

　이상하고 알지 못하는 존재가 와서 그에게 말을 걸었다. 그가 깨어나자 꿈에서 본 것이 너무 생생하였다. 그래서 그는 그 모든 것을 동료들에게 말하였다. 그러자 그가 앙가코크(샤먼)가 될 운명을 가지고 태어났다는 소문이 쫙 퍼졌다. 마침내 페르카나오크라는 노인이 그의 선생으로 정해졌다. 어느 추운 겨울 날, 이그주가르주크는 혼자 앉을 수 있을 정도의 작은 썰매를 탔다. 그리고 집에서 멀리 떨어져 있는 히콜리그주아그의 맞은 편으로 갔다. 정해진 장소에 도착하자, 그의 선생이 작은 집을 만들어주었다. 그 집은 겨우 책상다리를 하고 앉을 수 있을 정도로 좁은 집이었다. 물론 그것은 눈으로 만들어졌다. 스승이 집을 만드는 동안 제자는 썰매 위에 그대로 앉아 있어야 하였다. 눈에 발을 디디는 것은 허용되지 않았기 때문이다. 스승은 그를 업고 집안으로 옮겨놓았다. 그 안에는 적당한 크기의 가죽 방석이 깔려 있었다. 그에게는 먹을 것도 마실 것도 주어지지 않았다. 스승은 그에게 곧 나타날 대정령과 보조령에 대해서만 생각하라고 말하였다. 그는 자기 자신과 자신의 명상에만 전념해야 하였다.
　닷새가 지나자 선생이 따뜻한 물 한 잔을 가지고 왔다. 그리고 똑같은 권고를 하였고, 그는 전처럼 홀로 남게 되었다. 그 뒤로 아무것도 먹지 못하였다. 그러다 보름이 지나서야 또 한 잔의 물과 아주 적은 양의 음식이 제공되었다. 그래서 그는 열흘을 더 버틸 수 있었다. 이 기간이 끝나자 선생이

와서 그를 집으로 데려다주었다. 이그주가르주크는 그 30일 동안의 추위와 금식에서 오는 긴장이 너무 심해서 "사실상 몇 번은 죽었다"고 고백하였다. 그 기간 동안 그는 오로지 대정령에 대해서만 생각하고, 인간과 모든 것으로부터 자신의 마음이 자유로워지도록 노력하였다. 정해진 30일의 기간이 끝나갈 무렵에 여성의 모습을 한 보조령 하나가 찾아왔다. 꿈속에 찾아온 그녀는 그의 머리 위에 떠 있었다. 그후 그는 그녀에 대해서 다시는 꿈을 꾸지 않았지만, 그녀는 그의 보조령이 되었다. 이러한 시련의 기간이 지난 뒤, 그는 다섯 달 동안 여전히 엄격하게 제한된 식사를 해야 하였고, 여성과 어떠한 성 관계도 가질 수 없었다. 그리고 다시 금식이 시작되었다. 금식을 자주 하는 것이야말로 숨겨진 것들에 대한 지식을 얻는 가장 좋은 방법이기 때문이었다. 사실 그러한 공부의 기간에는 어떠한 제한도 없다. 얼마나 고통을 기꺼이 받아들이고 얼마나 열심히 배우는가가 중요한 관건일 뿐이다.[13]

여성도 샤먼이 될 수 있었다. 그가 속한 에스키모 공동체에 키날리크라는 여자가 있었다. 라스무센에 따르면, 그녀는 "아직 젊은 여성으로서, 매우 지적이고 친절하며, 깨끗하고 예쁜 얼굴을 하고 있었다. 그리고 솔직하고 거리낌 없이 말을 하곤 하였다."

이그주가르주크는 그녀의 형부로서, 그 자신이 그녀의 주술 선생이었다. 그녀의 입문 과정은 혹독하였다. 그녀는 눈 위에 세워진 몇 개의 천막 기둥에 매달려서 그 상태로 닷새 동안 있었다. 그때는 한겨울로서 아주 춥고 심한 눈보라가 자주 몰아치던 때였는데, 그녀는 추위를 전혀 느끼지 않았다. 정령이 그녀를 보호하였기 때문이다. 닷새가 지나자 사람들이 그녀를 기둥에서 내려 그녀의 집으로 옮겼다. 그리고 이그주가르주크에게 그녀를 총으로 쏘라고 부탁하였다. 죽음의 환상을 통하여 초자연과 친밀한 관계를 얻을 수 있기 때문이었다. 진짜 화약을 총에 재었으나, 실제로는 납 총알 대신에 돌멩이를 사용하였다. 이는 그녀를 여전히 땅과 연결되어 있도록 하기 위한 상징적 행위였다. 마을 사람들이 모인 앞에서 이그주가르주크는 총을 발사하였으며, 키날리크는 정신을 잃고 땅에 쓰러졌다. 다음날 아침 이그주가르주크가 그녀를 되살리려고 할 때, 그녀는 아무런 도움도 받지 않고 스스로 깨어났다. 이그주가르주크는 자신이 그녀의 심장을 쏘았다고 주장하였다. 나

중에 그 돌멩이를 제거하여 그녀의 늙은 어머니가 보관하였다.[14]

　이들 황야의 성자들이 젊은 시절의 고행 기간 동안에 고통을 경험한 것은 틀림없다. 그러나 우리는 이들이 자신들의 시련에 대하여 과장해서 말하거나 꿈속에서의 일을 현실의 사건과 혼동하는 경향이 있다는 인상을 받는다. 우리는 이미 라스무쎈이 말한 또 다른 에스키모 샤먼 나자그네크가 열 번 죽었다가 되살아난 이야기를 들은 바 있다.* 이그주가르주크가 속한 공동체에는 아그자르토크라는 또 다른 젊은 샤먼이 활동하고 있었다. 라스무쎈에 따르면, "미소라고는 조금도 찾아볼 수 없는 그 사람은 이그주가르주크를 선생으로 하여 비밀 의식에 입문하게 되었다. 그가 겪은 시련은 익사라는 제3의 형태로 나타났다. 사람들은 그를 긴 기둥에 묶은 채 호수로 데리고 갔다. 얼어붙은 그 호수의 표면에는 구멍 하나가 뚫려 있었는데, 그 속으로 기둥을 밀어넣었다. 그래서 그는 머리 부분까지 물에 완전히 잠긴 채 호수 바닥에 서 있게 되었다. 그 상태로 닷새가 흘러갔다. 사람들이 다시 와서 그를 끌어올렸다. 그런데 그의 옷에는 물 한 방울 묻어 있지 않았다. 이렇게 스스로 죽음을 극복한 그는 위대한 주술사가 되었다."[15]

　허드슨만 북서쪽에 위치한, 지독하게 황량한 극지방에서 살고 있는 카리보우 에스키모들은 지구상에서 가장 원시적인 사람들 가운데 하나이다. 이들의 짝이 되는 사람들이 신대륙의 정반대 지역, 똑같이 황량하고 살기 어려운 바위 투성이 지역인 남아메리카 대륙의 끝자락, 티에라 델 푸에고에 살고 있다. 이들 역시 구석기 시대의 말기에 속하는 기원전 3만-10만 년의 생활양식을 보여주고 있다. 현재 "지구상에서 가장 멀리 떨어진" 남아메리카 대륙 남쪽 끝에 살고 있는 이 사람들이 언제 처음으로 바위 투성이인 이곳으로 오게 되었는지, 그리고 후기의 보다 발전된 북쪽 사회로부터 언제 압박을 받게 되었는지는 아직 밝혀지지 않았다. 그러나 그들의 조상이 그들보다 수천 년 전에 시베리아로부터 신대륙으

---

* 70-71쪽 참조.

로 건너온 것은 분명하다. 유럽인들이 그 지역을 처음으로 탐험하였을 때, 그 지역은 네 부족으로 나뉘어 있었다. 야마나족으로도 알려진 남쪽 해안가의 야흐간족 사람들은 키가 작지만 힘이 세다. 이들은 주로 물고기와 조개를 먹고 살고 카누를 아주 잘 타며, 바다표범이나 돌고래 혹은 작은 고래를 작살로 잡기도 한다. 야흐간족이 사는 지역에서 북쪽 내륙으로 들어간 곳의 산악 지방에는 오나족이 산다. 그들은 키가 상당히 크고 비교적 잘 생겼으며, 사냥을 주업으로 삼고 있다. 이 내륙 산악 지방의 서쪽과 동쪽에는 각각 알라칼루프족과 아우시족이 산다. 전자는 카누를 타는 사람들이고 후자는 오나족(오나족과 아우시족은 친척 관계에 있다)과 마찬가지로 사냥을 하는 사람들이다. 1870년에 용감한 젊은 성직자 토머스 브리지스(Thomas Bridges)가 그곳──그 뒤로 우슈아이아로 알려지게 된──에 선교 기지를 설치하였다. 1874년 우슈아이아에서 태어난 그의 아들 루카스는 야흐간족 및 오나족과 함께 보낸 긴 생활을 기록해두었다.

그는 준(*joon*)이라고 불리는 오나족의 주술사에 대하여 묘사하면서, 다음과 같이 말하고 있다.

이들 사기꾼 가운데 몇몇은 대단한 배우들이었다. 주술사는 옆에 서서 또는 무릎을 꿇은 채 환자가 고통스러워하는 부위를 무시무시한 표정으로 노려보았다. 우리들에게 보이지 않는 그 무엇을 그는 분명히 볼 수 있었다. 그는 느리게 행하는 경우도 있지만, 병을 일으킨 악한 존재가 도망치기라도 할까봐 매우 빠르게 주술을 시행하는 경우도 있었다. 자신의 손으로 악한 존재를 환자 몸의 한 부분, 일반적으로 가슴으로 끌어 모은 다음 자기 입을 가져다 대고 거칠게 빨았다. 이런 싸움은 한 시간 동안이나 계속되며, 나중에 다시 반복되기도 하였다. 이때 준은 자기 입속에서 무엇인가를 양손으로 잡은 듯한 시늉을 하면서 환자로부터 물러나곤 하였다. 그리고 그 보이지 않는 대상을 두 손으로 꽉 쥔 채 땅바닥에 내던지고 거칠게 짓밟았다. 이때 그는 말로 묘사할 수 없고 글로 옮길 수 없는 이상한 목쉰 소리를 내었다. 그러면서 작은 진흙 조각이나 부싯돌, 심지어는 조그만 생쥐가 환자의 병을 일으킨 원인이라고 제시하였다. 나는 이런 의례들에서 쥐를 직접 본 적은 한번도 없지만, 쥐가 병의 원인으로 제시되는 것은 흔한 일이었다. 아마도 내가 의례에 참여하였을 때에는 그 주술사가 쥐를 찾지 못하였던 것 같다.[16]

후슈켄(Houshken)이라는 이름을 가진 매우 유명한 준──한번도 백인을 본 적이 없다고 하는──이 브리지스 씨 앞에서 간단한 의례를 행한 적이 있었다. 그때 그는 앞의 경우보다 더 놀랍고 수수께끼 같은 능력을 보여주었다. 브리지스 씨는 다음과 같이 기록하고 있다.

그런 만남이 으레 그런 것처럼, 우리의 대화는 매우 느렸다. 마치 깊은 생각을 하는 것처럼 그의 말 한마디 한마디는 그 간격이 매우 길었다. 나는 그의 위대한 능력에 대해서 들은 적이 있으며 지금 그의 주술을 보고 싶다고 말하였다. 그는 나의 청을 거절하지는 않았지만 마음이 내키지는 않는다고 말하였다. 이러한 대답은 곧 그것을 보여줄 수 있다는 오나족의 표현 방식이었다.
15분 정도가 흘렀다. 그는 목이 마르다고 하면서 가까운 시냇가로 내려가 물을 마셨다. 그때는 밤이었지만 달빛이 밝았고, 땅 위에 쌓인 하얀 눈 덕분에 그가 행하는 의식의 장면을 대낮처럼 환하게 볼 수 있었다. 그는 돌아와서 앉고는 단조로운 노래를 시작하였다. 그러다가 갑자기 자신의 손을 입에 대었다. 입에서 손을 떼었을 때, 손바닥은 밑을 향하고 있었고 두 손은 몇 인치 떨어져 있었다. 그는 손에 장화 끈 정도의 두께를 가진 과나코(야생 라마의 일종/역주) 가죽 끈 하나를 가볍게 쥐고 있었다. 그 끈은 두 손의 엄지손가락에서 시작하여 반쯤 쥔 손바닥 밑을 거쳐 한 바퀴 돌면서 나머지 손가락에 전부 감기었다. 그리고 3인치 정도의 끝 부분은 양손 밑으로 떨어졌다. 그 끈의 길이는 18인치 정도 되는 것 같았다.
그는 끈을 강하게 잡아당기지 않으면서도 손을 세게 흔들어 두 손의 간격을 점점 벌리기 시작하였다. 그랬더니 가죽끈의 양끝이 여전히 보이면서도 양끝 사이의 길이가 4피트가량으로 늘어났다. 그때 그의 형제인 차슈킬이 와서 오른손에 있는 가죽끈의 끝을 잡고 뒤로 물러났다. 그러자 처음에는 4피트로 보였던 그 끈이 후슈켄의 왼손에서 계속 늘어나더니 마침내 그 두 배나 되는 8피트가 되었다. 차슈킬이 앞으로 발걸음을 내딛자, 그 끈은 갑자기 후슈켄의 손안으로 사라져버렸다. 이제 그 끈의 양쪽 끝 부분이 그의 손으로 들어온 것이다. 그가 계속 손을 흔들자 그 끈의 간격은 더욱더 좁아졌다. 두 손이 거의 하나가 되는 순간, 갑자기 자신의 손으로 입을 탁 치면서 길고도 날카로운 비명을 질렀다. 그리고 우리에게 손바닥을 내밀었는데, 거기에는 아무것도 없었다.

아무리 타조라고 할지라도 눈에 뜨이게 애쓰지 않고서는 8피트나 되는 가죽끈을 한입에 삼키는 것은 불가능할 것이다. 나는 똘똘 감긴 그 가죽끈이 어디로 가버렸는지 알지 못한다. 그것이 후슈켄의 옷자락 속에 숨겨져 있을 리는 없다. 왜냐하면 의례가 시작될 때 그는 옷을 벗었기 때문이다. (거기에 있는 다른 오나족 남자들도 모두 옷을 벗고 있었다.) 거기에 참석한 남자들은 이삼십 명 정도였지만, 겨우 여덟아홉 명만 후슈켄의 사람들이었다. 나머지 사람들은 그와 친구 관계에 있지 않았으며, 모두 주의 깊게 살펴보고 있었다. 만약 그들이 단순한 속임수라도 발견하였더라면, 그 위대한 주술사는 자신의 영향력을 잃어버렸을 것이다. 그리고 그가 행하는 어떠한 주술노 앞으로는 더 이상 믿지 않게 될 것이다.

의례는 아직 끝나지 않았다. 후슈켄은 일어나 옷을 입고 다시 한번 노래를 하기 시작하였다. 그는 망아 상태에 빠진 것처럼 보였는데, 자신의 정령이 아닌 다른 정령에 사로잡힌 것 같았다. 허리를 반듯하게 세우고 내게 다가온 그는 하나밖에 없는 자신의 옷을 벗어 땅에 떨어뜨렸다. 그러고는 아주 인상적인 몸짓으로 입에 손을 넣었다. 그 상태에서 다시 주먹을 쥐고 두 엄지손가락을 서로 가까이 한 채로 입에서 떼어냈다. 그리고 두 손을 나의 눈 높이까지 쳐들었다가 다시 두 손을 서서히 벌렸다. 그때 그의 손에는 작고 아주 흐릿한 물체 하나가 보였다. 그것은 가운데 가장 굵은 부분의 지름이 1인치 정도였고 양손 쪽으로 가면서 점점 더 가늘어졌다. 그러다가 끝 부분에서는 없는 것 같았다. 마치 반투명 상태의 말랑말랑한 덩어리이거나 둥근 고무줄 같았다. 그러나 그것이 무엇이든 간에 그것은 살아 있는 것처럼 보였으며, 굉장한 속도로 회전하고 있었다. 그동안 후슈켄의 몸은 근육 긴장으로 인하여 엄청나게 떨리고 있었다.

이 이상한 물체를 바라보고 있을 동안에는 책을 읽을 수 있을 정도로 달빛이 밝았다. 후슈켄이 양손을 점점 더 벌리자 그 물체는 더 투명해지기 시작하였다. 3인치 정도 벌어지자 마침내 사라졌다. 그것은 깨지거나 거품처럼 터진 것이 아니었다. 그저 사라졌을 뿐이다. 5초도 안 되는 순간에 내 앞에 보이다가 사라진 것이다. 후슈켄은 더 이상 갑작스러운 행동은 하지 않았다.

단지 자기 손을 천천히 펴면서 내가 자세히 볼 수 있도록 해주었다. 그의 손은 깨끗하고 말라 있었다. 그는 완전히 벗은 상태였고, 옆에는 그와 공모한 사람이 하나도 없었다. 내가 땅 위의 눈을 훑어보자, 근엄한 태도를 가진 그도 웃음을 참지는 못하였다. 눈 위에서는 아무것도 발견할 수 없었다.

우리 주위로 몰려왔던 사람들은 그 물체가 사라진 것을 보자, 다들 숨이 멎을 만큼 놀라워하였다. 그러자 후슈켄은 이렇게 말하면서 사람들을 안심시켰다. "그것이 여러분을 괴롭히지 않도록 하겠다. 나는 다시 그것을 나 자신에게 불러들일 것이다."

원주민들은 그것을 극히 해로운 정령으로 믿었다. 그리고 그것은 **준**에게 속해 있거나 **준**의 일부일 것이라고 생각하였다. 방금 우리가 본 것처럼, 그것은 물리적인 형태를 띄기도 하지만 전혀 보이지 않을 수도 있다. 그것은 자기의 주인을 불쾌하게 한 사람의 몸속에 곤충, 작은 쥐, 진흙, 날카로운 부싯돌, 심지어는 해파리나 새끼 문어를 집어넣을 수 있는 힘을 가지고 있다. 나는 이것이 가져올 수 있는 공포와 그것의 실제 가능성에 대한 생각만으로 건장한 사람이 자기 의지와는 무관하게 벌벌 떠는 것을 본적이 있다. 모든 주술사가 자신들은 사기꾼이고 야바위꾼이라는 것을 알고 있음에도 불구하고, 항상 다른 주술사들의 초월적인 능력을 믿고 두려워한다는 것은 기이한 일이다.[17]

오나족의 **준**의 역할과 앞에서 언급하였던 북극 지방의 그것에 해당하는 존재를 비교하면 몇 가지 흥미로운 점이 나타난다. 이 두 집단은 기원의 측면——만일 그런 것이 있다고 하면——에서는 어떤 공통점이 있을지 몰라도 수천 년 동안 아무 접촉도 없이 지구상의 반대 극점에서 살아온 가장 원시적인 수렵 공동체이다. 그럼에도 샤먼의 역할과 성격의 측면에서 보면, 이 두 부족은 동일한 관념을 가지고 있음을 기억할 필요가 있다. 두 지역의 샤먼은 같은 유형의 경험을 하고 있을 뿐만 아니라, 그들이 소박한 동료들 가운데에서 행하는 실천도 거의 같은 문제들에 직면하고 있다. 오스터만(Ostermann) 박사는 앞에서 언급하였던 알래스카의 나자그네크에 대하여 이렇게 평가하고 있다. "그는 결코 사기꾼이 아니다. 단지 많은 사람들에 맞서 자기의 것을 지키기 위하여 약간의 속임수를 쓰는 데 익숙한 고독한 사람일뿐이다." 성직자인 브리지스 씨도 샤먼은 기본적으로 사기꾼이라는 견해를 받아들였지만, 그와 동시에 샤먼들이 서로 상대방의 힘을 두려워한다는 사실을 알고 있었다. 이러한 실제적 두려움의 요소가 바로 샤먼의 힘과 기술이 나타나는 모든 곳의 특징이다.

이와는 정반대로 샤먼은 자신들의 공동체를 두려워하며 살아가고 있다. 브리지스 씨는 다음과 같이 기록하고 있다. "주술사는 커다란 위험을 감수해야 한다. 만약 혈기왕성한 사람이 아무런 이유도 없이 죽게 되면 가정의(family doctor)는 자신과 어느 정도 적대 관계에 있는 주술사에게 혐의를 둔다. 끊임없이 되풀이되는 오나족 내부의 투쟁에서 공격 집단의 주된 목표는 반대 집단의 주술사를 죽이는 것이었다."[18] 그가 말하고 있듯이, "샤먼은 정직한 사냥꾼들과는 전혀 다른 사람들이다." 이처럼 샤먼과 보통 사람을 구별하는 것을 우리는 앞에서 이미 살펴보았다. 에스키모 샤먼 나자그네크와 그의 공동체와의 전쟁, 그리고 지카릴라 아파치 신화에서 보통 사람과 샤먼이 서로 다른 줄에 배치되는 행위가 바로 그것이다.

샤먼은 자연에 대하여 신비한 힘을 행사할 수 있다. 그리고 이 힘을 사용하여 사람들을 해치거나 이롭게 할 수도 있다. 더욱이 샤먼은 반드시 인간의 모습으로 나타날 필요가 없다. 브리지스 씨는 우슈아이아 근처의 산에 대하여 이야기하고 있는데, 그 산은 여자 마법사로 간주되고 있다. 그녀는 자신의 언짢은 의도를 보이기 위해서 폭풍을 일으킬 수 있다."[19] 브리지스 씨는 자신이 사냥하였던 높은 산에 사는 외로운 과나코에 대해서도 이야기를 하고 있다. 그와 그의 인디언 친구들은 그 과나코가 작은 동굴에서 외톨이로 지내고 있는 것을 보았으며, 그는 이렇게 기록하였다. "긴 겨울 동안 산속에서 홀로 용감하게 지내는 이러한 과나코 은둔자는 매우 드물다.…… 그날 저녁 우리는 모닥불 주위에 둘러앉아 그 문제에 대해서 이야기를 나누었다. 그때 나는 그 은둔자가 과나코 주술을 배우기 위하여 그 동굴에 혼자 머물렀던 것 같다고 말하였다. 그러자 나의 친구들은 내 생각에 대해서 웃기는커녕 진지한 표정으로 동의를 표하였다."[20]

마법사-산과 샤먼-과나코의 두 일화에서 암시된 것처럼, 샤먼과 자연의 친화성은 같은 동족인 "정직한 사냥꾼"과 자연의 관계보다 훨씬 깊고 더 신비스럽다. 백인들에게는 숲 속에서 살아가는 그 사냥꾼들의 기술이 아무리 대단하게 보이고 경탄할 만한 것이라고 할지라도 말이다. 뛰어난 산사람이기도 한 브리지스 씨는 깊은 숲 속의 존재들에 대해서 오나족이 보여주고 있는 믿기 어려울 정도의 감수성에 대하여 경탄하고 있지만, 이 오나족의 사냥꾼들 자신은 자연을 지배하는 샤먼의 힘에 대하여 경탄하고 있다. 사냥꾼들은 자연의 외적 측면에 대해서는 아주 잘 알고 적절하게 대응할 수 있으나, 샤먼은 자연 현상의 원인을 알고 행동하는 자이기 때문이다. 샤먼은 평범한 현상의 배후를 파고들어, 자연스러운 에너지의 순환을 깨뜨리고 변형을 창조하는 숨겨진 중심들과 접촉할 수 있는 자이다. 그는 무섭게 떨리는 자신의 양 손바닥 사이에 영적 현상이 나타나도록 할 수 있다. 또한 산의 모습을 취할 수도 있고, 짐승으로 나타날 수도 있다. 폭풍을 불러올 수도 물리칠 수도 있다. 그리고 마치 잘 알고 있는 자신의 지식과 경험을 이야기하듯이, 부족의 신화 전승과 전설을 암송할 수 있다.

샤먼은 어디서나 자기 민족의 노래와 전통을 수호하고 암송하는 특별한 자이다. 브리지스 씨는 자신의 샤먼 친구에 대하여 이렇게 말하고 있다. "티니니스크는 명망 있는 준이 되고나서부터 힘든 일을 하는 것보다 노래하고 전통을 가르치는 것을 더 좋아하였다."[21]

그것은 어째서인가?

원시적 믿음에 따르면, 세계 전체를 산출한 신화의 영역과 샤먼의 망아 상태는 하나이며 동일한 것이다. 그가 자신의 기술과 힘을 믿는 것은 경험에 의하여 자신의 마음속에 새겨진 깊은 인상과 황홀감 때문이다. 물론 그는 정직한 사냥꾼들에게 어떤 놀라운 것을 보여주기 위해서, 어쩔 수 없이 자신의 정령이 주술의 영역에서 보여주었던 몇 가지 행위를 모방하여 기만적인 외적 행위를 해야만 한다.

샤먼의 내적 경험과 신화의 이러한 관계는 우리가 다루고 있는 가장 중요한 주제이자 문제이다. 왜냐하면 사냥이 생존의 주요 원천이었던 약

50-60만 년의 기간 동안 샤먼이 신화 전승의 수호자였다면, 샤먼의 내적 세계는 구석기 수렵 시대부터 형성되어온 우리의 정신적 유산의 거의 모든 부분에서 상당한 역할을 하였음에 틀림없기 때문이다. 그러므로 우리는 이제 샤먼의 경험 세계에 포함되어 있는 그것에서 어떠한 비전이 나오는지를 살펴보아야 할 것이다.

3. 샤먼의 비전

시베리아의 거대한 사각형 지대에 속하는 부리야트, 야쿠트, 오스티아크, 보굴, 그리고 퉁구스의 샤먼들로부터 수집한 최근의 자서전들을 개관해보면, 샤먼이 자신의 힘과 의례의 모티프를 얻는 내적 경험의 성격을 어느 정도 알 수 있다. 시베리아의 이 사각형 지역은 동쪽으로는 레나강, 서쪽으로는 예니세이강, 남쪽으로는 바이칼호, 북쪽으로는 타이미르반도와 경계를 이루고 있고, 구석기 시대부터 샤머니즘의 고전적인 학습장이었으며, 오늘날에도 샤머니즘이 가장 강하게 남아 있는 지역이다.

1925년 봄 퉁구스 샤먼 세묘노프 세몬은 퉁구스강 저지대에 있는 자신의 집에서 야쿠트족 출신의 러시아 민속학자 크세노폰토프의 질문에 다음과 같이 대답하였다. "자신의 친척 가운데 샤먼이 한 명도 없었던 사람은 샤먼이 될 수 없다. 샤먼 조상을 가지고 있는 사람만이 샤먼의 능력을 획득할 수 있다. 그 능력은 세대에서 세대로 전해진다. 나의 형인 일리야 세묘노프는 샤먼이었다. 그는 3년 전에 죽었다. 나의 외할아버지도 역시 샤먼이었다. 나의 외할머니는 치린디 지역 출신의 야쿠트인으로 예세이 야쿠트 씨족에 속하였다."

크세노폰토프는 이렇게 논평하고 있다. "이들 샤먼은 자신들의 차례가 되자 그 이름을 알고 있는 자신의 가계에 속하는 조상 샤먼들로부터 그 능력을 물려받은 것이다. 그러므로 몇 세기가 흘렀음에도 샤머니즘 전통이 끊어지지 않고 내려오는 것이다." 그는 "예세이 야쿠트족은 야쿠트족으로 동화된 퉁구스족일 가능성이 매우 크다"고 덧붙였다.

그 샤먼은 계속해서 말을 이어갔다.

내가 샤먼이 되는 과정에 있을 때, 죽은 형 일리야의 넋이 들어와 나의 입을 통해서 말하였다. 조상 샤먼들 역시 나로 하여금 샤먼의 길을 걷도록 하였다. 샤먼이 되기 전까지 나는 꼬박 1년 동안 앓았다. 15세의 나이에 나는 샤먼이 되었다. 내가 겪은 신병은 종기와 계속 반복되는 실신 증세였다. 그러나 내가 노래를 하기 시작하면 그 병은 대체로 사라졌다.

그후에는 조상들이 나를 샤먼으로 만들기 시작하였다. 그들은 나를 나무 판처럼 세워놓고 내가 의식을 잃을 때까지 활을 쏘았다. 그리고 내 살을 잘라 뼈를 발라내고 뼈의 수를 세었다. 그러고는 내 살을 그대로 먹었다. 뼈의 수를 세었을 때 뼈가 너무 많거나 너무 적으면 샤먼이 되지 못한다. 이러한 의례를 행하는 동안 나는 여름 내내 아무것도 먹거나 마시지 못하였다. 그러다가 마침내 샤먼 정령들이 순록의 피를 마신 다음에야 비로소 나에게도 마실 것을 주었다. 이러한 일을 겪었기 때문에 샤먼은 핏기가 없고 창백한 모습을 띠게 되었다.

이와 똑같은 일이 퉁구스의 모든 샤먼에게 일어난다. 조상 샤먼이 그의 몸을 이런 식으로 자르고 뼈를 분리시킨 뒤에야 비로소 그는 샤먼 의례를 행할 수 있게 되는 것이다."[22]

미르치아 엘리아데(Mircea Eliade) 교수가 샤머니즘에 대한 비교문화적인 연구에서 보여 주었듯이,[23] 여기서 묘사된 강력한 정신적 위기는 소명의 일반적인 특징이다. 이것에 상응하는 현상이 샤먼이 활동하는 모든 곳, 말하자면 모든 원시 사회에서 보인다. 그러한 위기로 인한 샤먼의 일시적인 불균형 상태가 신경쇠약의 모습을 띨 수도 있으나, 그렇게 간단하게 매도할 수만은 없다. 왜냐하면 그것은 그 자체의 존재 이유를 갖는 고유한 현상이기 때문이다. 그것은 병리적 현상이 아니라 원시 사회에서 어떤 능력을 부여받은 사람들에게 나타나는 정상적인 사건이다. 즉 성스러운 깨달음(hierophantic realization)——적절한 용어가 없기 때문에 이렇게 부른다——에서 나오는 어떤 힘에 의하여 혹은 그 힘을 받아들이는 과정에서 나타나는 사건인 것이다. 그 현상은 이 땅과 자신의 내면에 존재하면서 이 세상에 성스러운 성격을 부여하는 "아주 깊이 침윤되어 있는 어떤 것"에 대한 깨달음의 산물이다. 그것은 "거친 마음"을 가진 정직한 사냥꾼들(달러를 추구하든 과나코 가죽을 추구하든 혹은 작업가설을 추구하든 간에)은 도저히 접근할 수 없는 깊은 직관의 세계이다. 윌리엄 제임스(William James)가 "부드러운 정신의 소유자"[24] 라고 부른 사람들에게나 자연적으로 나타날 것이다. 그리고 폴 라딘(Paul Radin)이 『철학자 원시인(Primitive Man as Philosopher)』에서 보여준 것처럼, 그것은 고등 문명 사회만이 아니라 원시 사회에서도 나타날 수 있다.[25]

원시 사회에서는 이러한 성스러운 깨달음의 힘에 저항하기가 더 어렵다. 그러한 사회에서는 주변 자연 세계와의 관계를 합리화시키는 작업만이 신화에 근거한 것이 아니라, 사회 구조 전체가 신화적인 토대를 가지고 있기 때문이다. 따라서 그러한 위기는 사회 및 세계와의 단절로 분석될 수 없다. 오히려 그것은 사회와 세계의 깊이에 대한 강렬한 깨달음이며, 대다수 사람들이 안주하고 있는 평범한 인간 정신 및 세계와의 결별이다.

날카로운 통찰력을 가진 사람들에 따르면, 삶을 황폐화시키는 신경증(우리 사회에서뿐만 아니라 원시 사회에서도 인정되고 있는데, 원시 사회에서는 그것이 샤머니즘과 혼동되지 않는다)과는 달리 샤먼에게서 나타나는 위기는 적절하게 육성되면 탁월한 지성과 세련된 태도만이 아니라 보통 사람들의 것보다 훨씬 강한 육체적 에너지와 정신적 활력을 가진 사람을 낳을 수 있다.[26] 결국 그러한 위기는 뛰어난 입문 의례의 가치를 지니고 있는 셈이다. 그 위기는 부족에 의해서 강요되는 것이 아니라 자연 발생적으로 일어나고, 그리고 심리적으로 강력한 상징의 준거가 가족에서 부족으로*가 아니라 가족에서 우주로 전이되고 있다는 점에서 그렇다. 이와 같은 직접적인 삶의 영역의 확대에 의해서 작동하는 정신 에너지는 집단 지향적인 성년식이나 남성 춤마당의 환상적인 가장무도회에서 방출되는 에너지보다 훨씬 강력하다. 그러한 힘은 그 개인의 성품에

---

* 112-114쪽 참조.

보다 안정된 기초와 보다 넓은 틀을 제공하며, 샤머니즘의 현상학 자체에도 보편적인 인간적 타당성의 특질——지역 차원의 의례들은 공유하지 못하는——을 부여하는 경향이 있다. 마지막으로 수렵 사회의 집단 의례는 근본적으로 샤먼의 환상에서 처음으로 경험된 이미지들이 공적 영역에서 구체화된 것이므로, 깊은 소명에서 나오는 고통스러운 위기는 그 젊은 후보자를 그의 문화 구조의 뿌리로만이 아니라 부족 구성원 각각의 심리 구조의 뿌리로까지 인도한다.

심층적 측면에서 보면 샤먼은 집단과 대립적인 위치에 서 있으며, 필연적으로 그래야만 한다. 집단이 직면하는 이해관계와 불안의 영역 자체는 그에게는 이차적인 것이기 때문이다. 그러나 그는 집단과 그것의 관심 영역을 그 자체에 포함하고 있는 세계의 심장부를——어떤 식으로든, 어떤 의미에서든——거치기때문에 놀라운 방법으로 그의 동료들을 돕기도 하고 해치기도 할 수 있다.

그러면 그는 어떻게 그런 힘에 도달하게 되는가?

먼저 주목해야 할 것은 성년식이나 세묘노프의 환상에서처럼 여기에서도 핵심적인 주제는 죽음과 재생의 모험이라는 사실이다. 우리는 유아의 부모 이미지가 사람을 잡아먹는 괴물이라는 것을 이미 언급한 바 있다. 샤먼의 환상 속에서는 그 자신이 희생자로서 잡아먹히지만 그의 뼛속에 그를 되살려내는 재생의 힘이 내재하고 있다. 이것이 샤먼의 환상이 지닌 핵심적 측면이다. 샤먼은 죽음보다 더 강한 존재인 것이다.

스펜서와 길렌은 아란다 부족 주술사의 삶에서 이와 유사한 사건을 기술하고 있다. 어떤 사람이 자신이 샤먼이 될 힘을 가지고 있다고 느끼면, 그는 혼자 집단 거주지를 떠나 어떤 동굴의 입구로 간다. 거기서 그는 큰 두려움을 느끼며 감히 동굴 안으로 들어가지 못하고 그곳에 누워 잠이 들고 만다. 날이 샐 무렵이 되면, 한 정령이 동굴 입구로 접근한다. 그는 그 사람이 잠들어 있는 것을 발견하고는 눈에 보이지 않는 창을 그를 향해서 던진다. 그러면 이 창은 그의 목을 뒤에서 관통하여 혀를 뚫고 입으로 나온다. 그래서 그의 혀 가운데에는 평생 동안 작은 손가락이 통과할 정도의 구멍이 남아 있게 된다. 결국 이 구멍은 그런 사건이 일어났음을 증명하는 유일한 가시적이고 외적인 표시가 되는 것이다. 정령이 던진 두번째 창은 한쪽 귀로 들어가 다른 쪽 귀로 나온다. 이때 죽게 된 희생자는 즉각 동굴 깊숙한 곳으로 옮겨진다. 그곳에는 시냇물이 흐르고 있고 정령들이 영원한 햇빛을 쬐고 있다. 그 동굴은 지하로 10마일이나 뻗어 있으며, 에디스 산맥이라고 하는 곳에서 끝난다고 한다. 그곳에 살고 있는 정령들은 그 사람의 내장을 모두 제거하고 완전히 새로운 것으로 교체한다. 그는 곧 되살아나게 되지만 제 정신은 아니다. 그러나 이런 상태가 오래가지는 않는다. 그가 정상을 되찾으면 동굴의 정령들 ─ 아주 탁월한 재능이 있는 몇몇 주술사나 개들을 제외하고는 아무에게도 보이지 않는 ─ 이 그를 다시 마을로 데려다준다. 그렇지만 그 샤먼 후보자는 계속해서 이상하게 보이고 기이한 행동을 한다. 그러다가 어느 날 아침, 그는 숯가루와 기름으로 자기 콧마루에 넓은 줄을 그린다. 이 사실이 알려지면 그때부터 비정상적인 것을 나타내는 모든 표시는 사라진 셈이고, 그는 새로운 주술사 과정을 마친 것으로 간주된다. 그러나 그는 그후로도 1년 동안은 의례를 집행해서는 안 된다. 만일 이 견습 기간 동안에 그의 혀에 있는 구멍이 작아지면 그에게 내재해 있는 힘이 떠난 것으로 간주된다. 그러면 그는 영원히 의례를 행할 수 없게 된다. 그는 이 사실을 알고 있다. 물론 이 예비 샤먼은 견습 기간 동안에 그 지역의 스승 주술사에게서 비밀스러운 기술을 배우기도 한다. 스펜서와 길렌에 따르면, "그 비밀은 주로 자신의 모습을 숨기고 작은 수정 자갈과 작은 막대 조각을 마음대로 만들어내는 것이다. 이 능란하고 교묘한 손재주만큼이나 중요한 것이 있다. 그것은 보통 사람에게는 완전하게 감추어진 지식을 자신만이 소유하고 있는 것처럼 보이도록 하는 능력이다. 이를 위해서 그는 대단히 엄숙하고 진지한 표정을 짓는다."[27]

  샤먼의 새로운 내장은 수정으로 이루어졌고, 샤먼은 이제 그것을 좋은 일을 위해서나 나쁜 일을 위해서나 다른 사람들 내부로 집어넣을 수 있다.[28] 여기서 우리는 또 한번 죽음과 재생의 주제를 발견하는데, 이번에는 다이아몬드처럼 단단한 몸이다. 동양에서 이것에 해당하는 것이 바로 요기들이 성취하는 금강불괴(金剛不壞)의 몸인데, 이 관념은 힌두교와 불교의 신비 문헌에서 상당히 중요한 위치를 차지하고 있다. 원시적인 수준에서는 그러한 관념을 정신분석학적으로 해석하는 것, 즉 자신의 몸을 파괴하려는 갈망으로부터 유아의 정신을 보호하는 보상 환상(reparation fantasy)으로 보는 것이 적절할 것이다.[29] 그러나 나는 그러한 해석을 힌두교와 불교의 사상 세계, 혹은 일시적인 변화의 현상 배후에 있는 형이상학적인 영속성의 원리에 그대로 적용할 수 있다고 보지는 않는다. "우리의 비천한 몸을 신의 영광스러운 몸처럼"(「빌립보서」 3 : 21) 변화시키는 이러한 관념──모든 고차원적인 신비주의 전통에 일반적으로 나타나는──의 기원을 얼마나 먼 원시 시대까지 거슬러 올라가 찾아야 할지 모르겠다. 그러나 이미 에스키모 샤먼들에게 들은 것을 근거로 판단해볼 때 그 관념의 등장 시기를 먼 과거로 거슬러 올라가서 찾는 것이 가능하다고 생각한다. 그리고 정신분석학을 제외한 모든 고차원적 사상을 유아기적 갈망의 산물로 보는 관점──프로이트 박사에 의하여 유포된──을 독자들이 얼마나 받아들이고 있는지 잘 모르겠다. 그러나 어떻든 간에 우리는 여기서 바스티안 자신이 근본적 관념이라고 불렀던 것을 정확하게 재현하는 것으로 보이는 경험의 수준이나 단계와 정면으로 만나게 된 것이다. 샤먼이 직면하는 위기의 내향성과 지역 차원의 일상생활로부터의 일시적 단절은 그로 하여금 가장 깊은 의미의 지역주의를 초월하고 적어도 다른 어떤 것을 예감하도록 하는 길을 열어놓는다. 지금 우리는 전세계와 신들의 경이──모든 주술──의 궁극적 원천이자 성소가 되는 그 지점을 향해서 나아가고 있는 것이다.

퉁구스 샤먼 세묘노프 세묜은 다음과 같이 말하였다.

저 높은 곳에는 샤먼들이 자신의 힘을 얻을 때까지 그들의 영혼을 길러주는 나무가 한 그루 있다. 이 나무의 가지에는 누워서 보살핌을 받는 영혼들의 둥지가 있다. 이 나무의 이름은 "투우루"이다. 둥지가 높이 있으면 있을수록, 그 둥지에서 자란 샤먼은 더욱더 힘이 강하고, 더 많이 알고, 더 멀리 볼 수 있게 된다.

샤먼이 사용하는 북의 가장자리 테는 살아 있는 낙엽송에서 잘라온 것이다. 이 낙엽송은 샤먼의 영혼이 자라는 투우루 나무를 기억하고 그것에 경의를 표하면서 서 있다. 더구나 샤먼은 이 위대한 나무를 기념하기 위하여 강신 의례를 행할 때마다 그 천막 안에 십자형 막대기를 심는다. 이 나무도 역시 투우루라고 불린다. 저지대에 살고 있는 퉁구스카족과 안가라 퉁구스족도 모두 이러한 행위를 한다. 야쿠트족과 관련되어 있는 퉁구스족은 이렇게 심어진 나무를 "사르가"라고 부른다. 그 나무는 낙엽송 기둥으로 되어 있으며, 그 십자형 나무 위에 흰 천을 걸어둔다. 안가라 퉁구스족의 경우에는 그 나무에 희생 동물의 가죽을 걸어둔다. 중부 퉁구스카의 퉁구스족은 우리의 것과 똑같은 투우루를 만든다.

우리의 전통에 따르면, 어떤 사람이 샤먼이 될 때는 그의 영혼이 이 나무를 타고 올라가 신을 만난다. 의례가 거행되는 동안 그 나무는 자라고 눈에 보이지 않게 하늘 꼭대기에 도달하기 때문이다.

신은 땅과 인간을 창조할 때 두 나무를 창조하였다. 하나는 남성인 낙엽송이고, 다른 하나는 여성인 전나무이다.[30]

나무에 대한 환상은 시베리아 샤머니즘의 기본적 특성이다. 그 이미지는 남쪽의 위대한 전통에서 나왔을 가능성이 있다. 그러나 그것은 샤먼의 경험 체계와도 잘 맞는다. 보탄의 나무 이그드라실처럼, 그 나무는 천정까지 도달하는 세계 축이다. 샤먼은 이 나무에서 자랐다. 그리고 그 나무로 만든 북에서 나는 소리를 통하여 그는 엑스터시 상태에서 다시 그 나무로 돌아간다. 엘리아데가 지적한 것처럼, 샤먼의 힘은 자유자재로 망아 상태에 빠질 수 있는 자신의 능력에 달려 있다. 샤먼은 망아 경험의 희생자가 아니라, 그것을 스스로 통제하는 자이다. 마치 공중을 나는 새가 공기를 이용하듯이 말이다. 북소리의 주술은 샤먼을 리듬에 맞추어 날게 해주는, 영적 수송 수단의 날개이다. 북소리와 춤은 그의 정신을 고양시키며 그의 동료, 즉 동물과 새들을 불러낸다. 다른 사람들의 눈에는 보이지 않는 그러한 존재들은 그에게 힘을 불어넣고 그의 비행을 돕는다. 그가 기적적인 행위를 하는 것은 바로 이러한 황홀경의 상태에서이다. 이 상태에서 샤먼은 새가 되어 저 위의 천상 세계로 날아가거나, 순록이

나 황소 혹은 곰이 되어 지하 세계로 내려간다.

부리야트족에서는 샤먼을 보호하는 동물이나 새를 쿠빌간(khubilgan)이라고 부른다. 이는 "스스로를 변화시키다" 혹은 "또 다른 형태를 취하다"는 의미를 지닌 동사 쿠빌쿠(khubilku)에서 파생한 단어로서, "변형"을 뜻한다.[31] 18세기 전반에 시베리아를 방문한 초기 러시아 선교사들과 항해사들은 샤먼들이 자신들의 정령에게 찍찍거리는 이상한 목소리로 말하는 것에 주목하였다.[32] 또한 커다란 날개를 가진 거위 이미지──놋쇠로 만들어진 경우가 많은──를 여러 부족에서 발견하였다.[33] 뒤에서 보겠지만,* 바이칼호 주변의 말타라고 하는 지역에서 매우 흥미로운 구석기 시대의 사냥터가 발견되었는데, 그곳에서도 매머드 엄니에 새긴 날아가는 거위 상과 오리 상이 많이 출토되었다. 사실 그러한 날아가는 새들의 상은 구석기 지역에서 많이 발견되었다. 우크라이나의 키예프 근처에 있는 메진이라고 하는 곳에서, 중요한 의미를 지니는 날개의 아랫부분이 발견되었다. 그 날개 위에는 최초의 만 자 무늬가 있는데, 이 무늬는 거기서 멀지 않은 중국과 티베트의 후기 불교 예술에서 등장하는 부처의 영적 비행과 관련된 상징(앞에서 이미 언급한 바 있다)이다. 더구나 남부 프랑스에 있는 구석기 시대의 라스코 동굴에서도 새의 복장을 한 샤먼의 상이 발견된 바 있다. 그는 황홀경의 상태에서 엎드려 있고, 그의 뒤에는 샤먼의 지팡이 위에 새 형상을 한 동물이 앉아 있다. 시베리아의 샤먼들은 오늘날까지도 새의 복장을 하고 있다. 그리고 많은 샤먼들은 어머니를 통하여 새의 후손으로 태어났다고 믿어지고 있다. 인도에서는 요가 스승에게 부여하는 존칭의 하나로 파라마함사(Paramahamsa)라는 용어가 쓰이는데, 파라마(parama)는 "최고의"를 뜻하고, 함사(haṁsa)는 "거위"를 뜻한다. 중국에서는 "산사람" 혹은 "불멸의 존재"를 뜻하는 선(仙)이 새처럼 깃털을 가지고 있는 것으로 묘사되거나 하늘을 나는 동물을 타고 공중을 떠다니는 존재로 묘사된다. 독일의 로엔그린의 전설과 백조의 기사, 그리고 샤머니즘이 번성하는 곳에서 등장하는 백조 처녀의

---

* 376-377쪽 참조.

이야기는 모두 영적 힘의 훌륭한 상징으로서 새의 이미지가 지닌 힘을 증거하고 있다. 이 맥락에서 우리는 마리아에게 내려온 비둘기나 트로이의 헬렌을 낳은 백조를 생각하면 안 되는가? 많은 지역에서 영혼은 새로 묘사되었으며, 새들은 대체로 영적인 메신저이다. 천사는 새를 약간 변형시킨 것에 불과하다. 그러나 샤먼의 새는 독특한 특성과 힘을 지닌 새이다. 그것은 삶의 한계를 벗어나 망아 상태에서 하늘을 날고 다시 돌아오는 능력을 샤먼에게 부여하기 때문이다.

이 기적을 일으키는 자들이 돌아다니거나 정착하는 세상에 관한 이야기들이 야쿠트족 샤먼 아드자의 전설에 나온다. 세 단계로 이루어진 그의 우화적인 전기는 두 형제 이야기로 시작한다. 두 형제가 매우 어릴 때에 부모가 죽었다. 형이 서른 살이 되고 동생이 스무 살이 되었을 때, 동생이 먼저 결혼한다. 그러면 이야기를 계속 들어보자.

    같은 해에 붉은 얼룩말 새끼가 태어났는데, 그 망아지는 아름다운 말이 될 모든 표지를 가지고 있었다. 그러나 그해 가을, 두 형제 가운데 동생——이미 결혼한——이 갑자기 병을 앓으면서 죽었다. 그는 죽은 상태로 누워 있었지만 주위에서 말하는 소리를 다 들을 수 있었다. 마치 자신이 잠자고 있다는 느낌을 받았다. 그는 팔다리를 움직이지도 못하고 말도 못하였지만, 자신의 관을 만들고 무덤을 파는 사람들의 소리를 분명히 들을 수 있었다. 자신은 다시 살아났는데, 사람들이 자신을 묻기 위해서 모이는 것을 보니 괴로운 심정이었다. 마침내 그들은 그를 관에 넣고 그 관을 무덤 속에 넣었다. 그러고는 흙으로 덮었다.
    그는 무덤 속에 누워 있었다. 그의 영혼과 마음은 너무 슬퍼서 흐느끼고 울부짖었다. 그때 갑자기 위에서 누군가 아래로 땅을 파고 들어오는 듯한 소리가 들렸다. 그는 형이 자신이 살아 있다는 것을 알고 자신을 꺼내주기 위하여 내려오는 것으로 생각하고는 매우 기뻐하였다. 그러나 마침내 관 뚜껑이 열렸을 때 눈에 뜨인 것은 전혀 본 적이 없는 네 명의 검은 사람들이었다. 그들은 그의 몸을 잡아채더니 관 위에 똑바로 세워놓고, 얼굴은 그의 집을 향하도록 돌려놓았다. 그가 보니 자신의 집이 불타고 있었고 굴뚝에서 연기가 나오고 있었다.

  그때 땅속 깊은 곳으로부터 황소의 울음소리가 들려왔다. 그 소리는 점점 가까이 다가왔고 땅이 흔들리기 시작하였다. 갑자기 무서워졌다. 마침내 무덤 밑에서 황소 한 마리가 올라왔다. 그 황소는 검은색이었고 두개의 뿔이 가까이 붙어 있었다. 그 동물은 뿔 사이에 그를 앉히더니 그 구멍을 통해서 다시 내려가기 시작하였다. 마침내 어떤 집 앞에 도착하였다. 거기서 어떤 노인이 외치는 소리가 들려왔다. "애들아! 우리 작은아들이 한 사람을 데려왔다. 나가서 그의 짐을 내려놓도록 하여라." 그러자 마르고 검은 사람들이 나와서 그를 집으로 데리고 들어가 그 노인의 손바닥 위에 올려놓았다. 노인은 그의 무게를 재어보더니 "이자를 다시 데려가라! 그는 거기서 다시 태어날 운명이다!" 하고 말하였다. 그러자 황소가 그를 다시 뿔 사이에 태우고 왔던 길을 따라 원래 그가 있던 곳으로 데려다놓았.

  그 살아 있는 시신이 감각을 되찾았을 때에는 밤이 되어 아주 캄캄하였다. 그때 갑자기 검은 갈까마귀가 날아왔다. 그 새는 그 사람의 가랑이 사이에 머리를 집어넣고는 고개를 들고 위로 날아오르기 시작하였다. 그러더니 마침내 꼭대기에서 하나의 구멍을 발견하였다. 그들은 이 구멍을 통하여 밖으로 나간 다음 어떤 곳에 이르렀다. 그곳에는 태양과 달이 빛나고 있었고 쇠로 만든 집과 헛간이 있었다. 거기에 살고 있는 사람들은 모두 갈까마귀 머리를 하고 있었지만 몸은 인간의 모습을 하고 있었다. 그 가운데 가장 큰 집에서 어떤 노인의 목소리가 들려왔다. "애들아! 봐라! 우리의 작은아들이 한 사람을 데려왔다. 나가서 그를 데리고 안으로 들어오너라!" 그러자 젊은 사람들이 몰려 나가서 새로 온 그 사람을 데리고 안으로 들어왔다. 그리고는 흰머리가 난 그 노인의 손바닥 위에 올려놓았다. 노인은 그의 몸무게를 잰 다음 이렇게 말하였다. "애들아! 이 사람을 제일 높은 둥지에 가져다놓아라!"

  거기에는 커다란 낙엽송이 있었다. 그 나무는 우리가 알고 있는 것과는 비교가 되지 않을 정도로 컸다. 그 나무의 꼭대기는 분명히 하늘에 닿고 있었다. 그리고 그 나무의 가지마다 둥지가 있었는데, 그것들의 크기는 눈에 덮인 건초 더미만큼 컸다. 젊은이들이 그를 데려가 제일 높은 곳에 있는 둥지에 놓았다. 그때 날개가 달린 흰 순록이 둥지로 날아와 앉더니 젖꼭지를 그의 입에 물렸다. 그래서 그는 젖을 빨기 시작하였다. 거기서 그는 3년이나 그렇게 지냈다. 그가 순록의 젖을 많이 빨수록 그의 몸은 점점 작아졌고, 마침내는 골무처럼 조그맣게 되었다.

　이렇게 높은 둥지에서 휴식을 취하고 있던 어느 날, 그는 과거의 그 노인의 목소리를 듣게 되었다. 노인은 갈까마귀 머리를 한 일곱 명의 아들 가운데 한 명에게 이렇게 말하고 있었다. "애야, 중간 세계로 내려가서 한 여자를 잡아 데려오너라!" 그 아들은 곧바로 내려가서 갈색 머리에 갈색 얼굴을 한 여자를 데려왔다. 그러자 모두가 기뻐하며 축제를 준비하면서 춤을 추었다. 둥지에 여전히 누워 있던 그에게는 또 이러한 목소리가 들렸다. "이 여자를 철창 안에 가두어놓아라. 중간 세계에 살고 있는 우리의 아들이 그녀를 채가지 못하도록."

　그래서 그들은 그녀를 철창 안에 가두었다. 잠시 뒤에 둥지에 있던 그 어린이는 중간 세계에서 들려오는 샤먼의 북소리를 들었다. 샤먼의 노랫소리도 들려왔다. 그 소리는 점점 커지면서 가까이 다가왔다. 그때 아래에 있는 구멍으로부터 하나의 머리가 나타났다. 둥지에서 보니 그는 적당한 키에 민첩한 풍채를 가지고 있었고 머리는 이미 하얗게 세어 있었다. 그는 완전히 모습을 드러내더니 자신의 북채를 이마 위에 십자형으로 대었다. 그러자 그 순간 황소로 변하였다. 그 황소의 뿔은 하나였으며, 이마 한가운데에서 자라고 있었다. 그 황소는 단번에 그 여자가 갇혀 있던 철창을 부수었다. 그러고는 그녀를 가로채어 밑으로 사라져버렸다.[34]

　이 이야기는 지상의 샤먼이 죽은 여성의 영혼을 구하기 위하여 상층 세계에 도달하는 과정을 묘사하고 있다. 샤머니즘 이론에 따르면, 질병은 어떤 낯선 요소가 몸속으로 들어가는 경우에 발생한다. 오나족의 주술에 대한 브리지스 씨의 설명 속에서는 작은 생쥐, 조약돌, 벌레, 혹은 실체가 없는 것 같은 샤먼의 어떤 투사물이 그러한 요소들이었다. 또 영혼이 몸에서 빠져나가 정령의 세계──천상 세계나 지하 세계, 혹은 이 세상의 경계를 넘어서 있는 곳──에 감금되는 경우에도 질병이 발생한다. 그러므로 샤먼은 먼저 환자가 어떤 종류의 질병에 걸렸는지를 결정해야 한다. 증상에 따라 안마나 약초에 의한 정화 요법 혹은 이물질 제거를 위한 흡입술을 실행한다. 만일 영혼이 빠져나간 경우라면 투시력으로 그것이 숨어 있는 곳을 먼저 발견하고, 그 다음에는 망아 상태에 돌입하여 북소리를 타고 문제의 영혼이 숨겨져 있는 영적 영역으로 항해한다. 그런 다음 천상이나 지하 혹은 산 너머에서 그 영혼을 지키고 있는 문지기를 굴복시키고 신속하게 샤먼의 구원 행위를 완수한다. 이 마지막 경우가 샤먼의 고전적인 기적술이다. 환자가 이미 죽어 있는 경우에는 체력과 영적 용기가 가장 많이 요청된다.

우리는 곧 지상의 관점에서 이 상황을 살펴볼 것이지만, 당분간은 이 이야기의 천상 영역을 좀더 살펴보도록 하겠다. 한 우두머리 샤먼이 도착하여 황소로 변하더니 철창을 부수었다. 그러고는 자신의 목표물, 신들이 죽도록 내버려두었던 여성의 영혼을 잡아채어 달아난 것이다.

그의 뒤에서는 비명과 외침, 울부짖음과 애도의 소리가 들려왔다. 그러자 노인의 아들이 다시 중간 세계로 내려갔으며, 이번에는 하얀 얼굴을 가진 여자를 데려왔다. 그는 그녀를 작은 곤충으로 변화시키더니 유르트(천막/역주)의 가운데에 있는 기둥 속으로 완전히 감추었다. 얼마 뒤 다시 샤먼의 북소리와 노래가 들려오기 시작하였다. 이번에 도착한 샤먼도 그 환자의 영혼을 찾아내었다. 그래서 기둥을 부수고 그녀를 낚아챘다.

노인의 아들은 세번째로 다시 내려갔다. 이번에도 역시 하얀 얼굴의 여자를 데려왔다. 그러자 이번에는 상층 세계에 살고 있는 갈까마귀 머리의 정령-사람들이 그녀를 보다 완벽하게 보호하기 위한 장치를 마련하였다. 출입구 앞에 장작더미를 쌓고 불을 붙였다. 그리고 각자의 손에 불타는 나뭇조각을 들고 그 구멍 앞에서 조심스럽게 기다리고 있었다. 샤먼이 나타나자, 일제히 그 불타는 나뭇조각들로 공격하여 그를 지상으로 쫓아냈다.

어느덧 둥지에 있던 작은 관찰자의 3년의 양육 기간이 끝나게 되었다. 그래서 그는 다시 한번 노인의 목소리를 들을 수 있게 되었다. 그때 들려온 노인의 목소리는 이렇다. "그의 기간이 다 찼다. 이제 우리의 아이를 중간 세계로 던져라. 그는 여자의 몸으로 들어가 다시 태어날 것이다. 그는 샤먼 아드자라는 이름으로 유명하게 될 것이다. 성스러운 달에는 어떤 사람도 그의 이름을 함부로 입에 올리지 못할 것이다!"

노래와 축하의 소리가 들리더니 일곱 명의 아들이 그를 중간 세계로 밀어 던졌다. 그는 그 순간 의식을 잃었다. 그래서 그가 어떻게 이곳에 오게 되었는지 기억할 수 없었다. 이 기억이 되돌아온 것은 다섯 살이 되어서였다. 그때 그는 전에 어디서 태어났는지, 지상에서 어떻게 살았는지, 위의 세상에서 어떻게 태어났는지를 떠올렸고, 그리고 그곳에서 샤먼이 도착한 것을 자신의 눈으로 직접 보았던 것을 기억하였다.

새로 태어난 지 7년이 되었을 때 그는 정령에게 사로잡혔다. 그래서 그 정령의 힘에 의해서 노래해야만 하였고, 몸이 산산이 부서지는 체험을 하였다. 여덟 살이 되었을 때에는 샤먼이 되어 제의적 춤을 추기 시작하였다. 아홉 살에는 이미 유명하게 되었고, 열두 살에는 위대한 샤먼이 되었다.

어느 날 그는 이전에 살던 거주지에서 15베르스타(약 10마일) 떨어진 곳으로 갔다. 거기서 형을 만났는데, 자신의 아내가 이미 재혼하였다는 사실을 듣게 되었다. 그리고 자신이 죽을 때 태어난 여러 색깔을 지녔던 암말도 이제는 유명한 말이 되어 있었다. 그러나 친척들은 그를 알아보지 못하였기 때문에 그에게 아무런 말도 하지 않았다. 어느 여름날, 어떤 부자가 이스야흐 축제──성스러운 쿠미스*의 축복──라고 불리는 잔치를 열고 있었다. 이 축제에는 '말의 영혼의 고양(高揚)'이라고 불리는 제의가 포함되어 있었다. 거기서 그 젊은 샤먼은 과거에 자신이 둥지에 누워 있을 때 상층 세계로 들어가던 그 샤먼을 만나게 되었다. 그 노인은 그를 즉시 알아보고, 다른 사람들이 충분히 들을 수 있는 큰 목소리로 이렇게 말하였다. "내가 한때 병든 여인의 영혼을 회복하는 샤먼을 돕고 있었는데, 그때 너를 보았다. 너는 제일 높은 곳에 있는, 아홉번째 가지에서 너의 동물 어머니의 젖을 빨고 있었다. 너는 둥지에서 내려다보고 있었다." 이 말을 들은 젊은 샤먼 아드자는 즉시 화를 내면서 이렇게 물었다. "왜 당신은 모든 사람 앞에서 나의 출생의 비밀을 이야기하십니까?" 노인이 이렇게 대답하였다. "만일 네가 나를 해칠 계획을 가지고 있다면 나를 파괴시키고 나를 먹어라! 나는 네가 자란 그 똑같은 낙엽송의 여덟번째 가지에서 자랐다. 나는 다시 태어나서 검은 갈까마귀 차라-수오룬에 의하여 자라게 될 것이다."

야쿠트족의 이야기꾼인 포포프 이반은 이렇게 결론을 지었다. "그날 밤 젊은 샤먼은 그 노인 샤먼을 죽였다. 그 샤먼의 정령이 노인을 삼켜서 죽음에 이르게 한 것이다. 그 이후 그를 본 사람은 아무도 없다. 나는 이 옛날 이야기를 어떤 노인에게 들었다."[35]

---

* 암말의 젖을 발효시키거나 희석시켜 만든 것.

정령은 오스트레일리아의 샤먼을 동굴 속에서 입문시키지만, 시베리아에서는 나무에서 입문시킨다. 이 두 가지 경험은 동일한 것인가? 시베리아에서는 샤먼의 육신이 먹히고 다시 태어나는 반면, 오스트레일리아에서는 그의 내장이 제거되고 수정(水晶)으로 채워진다. 이것은 동일한 사건의 두 변이가 아닌가? 그리고 이 두 경우에 모두 두 가지 입문식이 요구된다. 하나는 정령에 의한 것이고 다른 하나는 살아 있는 스승에 의한 것이다. 그 어느 곳에서이든 간에, 이 두 가지는 샤머니즘의 기본적 특성으로 나타난다. 전통적으로 전승되는 엑스터시와 주술의 기법과 마찬가지로, 환상도 지역에 따라 다르게 나타난다. 샤먼의 위기가 등장하고 실현되는 문화적 패턴은 지역적 역사를 가지고 있고 지역적 조건에 영향을 받기 때문이다. 그러나 샤먼의 소명이 경험되고 계발되는 곳에서는 위기의 유형론이 동일하게 남아 있다(이것은 더 이상 의심할 수 없는 사실이다).

지금까지 생생하게 묘사한 것을 요약하자면, 신화와 종교의 현상학에서는 비역사적 요인과 역사적 요인이라는 두 가지 요인을 구별해야 한다. "거친 마음"을 소유한 자들의 종교적 삶에서는 역사적 요인이 지배적인 역할을 한다. 인류의 대부분을 차지하는 이 단순한 사람들은 특별한 능력을 가지고 있지 않으며, 언제나 생활에 쫓겨 산다. 그들의 경험의 범위는 항상 지역적이고 공적인 영역에 한정되어 있으므로 역사적으로 연구될 수 있다. 이와 달리 신비적 경향을 지닌, "부드러운 마음"을 소유한 자들의 영적 위기와 깨달음 속에서는 비역사적 요인이 지배적인 역할을 한다. 그들에게는 지역 전통의 이미지——그것이 아무리 발전하였다고 하더라도——가 그 전통의 범위를 넘어선 곳에서 분출되는 어떤 충격적 경험을 전달하기 위한 하나의 도구에 불과하다. 따라서 궁극적 차원에서 보면, 종교 경험은 심리학적인 것이고 자발적인 것이다. 그것은 역사적 환경 안에서 움직이고 그 환경에 의하여 도움을 받거나 방해를 받지만, 그와 동시에 인류에게 불변하는 것으로 남아 있다. 따라서 우리는 허드슨만에서 오스트레일리아로, 티에라 델 푸에고에서 바이칼호로 건너 뛸 수 있는 것이다.
 이 장에서는 주로 샤머니즘에 관하여 살펴보고 있으므로 신비 경험의 문제를 가볍게 다루고 있는 셈이다. 신비 경험은 비역사적이지만 언제나 지역 전통 안에서 보존되어온 이미지들——지역 사제에 의해서 계발되거나 지역 대중에 의해서 사회적 목적과 약간의 영적 위안을 위하여 조야하게 이용되는——에 의미와 깊이를 부여한다. 샤먼은 이 원리를 원시적인 수준에서 표상하고 있지만, 신비가와 시인과 예술가는 높은 수준의 문화에서 표상한다.
 그러므로 나는 하나의 기본 가설로서 근본적 관념과 신화적 요인의 관련성 그리고 종족적 관념과 역사적 요인의 상호 관련성을 제시하고 싶다. 근본적 관념은 종족적 관념의 매개 없이는 결코 형성되지도 경험되지도 않는다. 그러므로 신화와 종교는 역사적 평면에서 연구되고 논의될 수 있는 것으로 보인다. 그러나 종족적 구조 뒤에서 혹은 그 안에서 그것을 촉진하고 조직화하는 어떤 근본적인 힘이 작용하고 있다. 그것은 마치 자기장이 작용하는 것과 같다. 따라서 종족적 구조는 경제학적으로, 사회학적으로, 정치학적으로, 혹은 역사학적으로는 해석될 수 없다. 심리학이 모든 역사적 구조 뒤에 그리고 그 안에 보이지 않는 통제자로서 숨어 있는 것이다.
 다른 한편 철학과 관련되고 사회에 영향을 미치는 모든 신화적 이미지와 제의 형식은 역사적으로 연구될 수 있고 연구되어야만 한다. 옌젠 교수가 신화에 대한 순수한 심리학적 접근을 강력하게 비판하면서 말하였듯이, "신화는 독립적 이미지들의 연속이 아니라 의미 있는 전체이며, 그 안에 현실 세계의 특정한 측면이 반영되어 있다."[36] 이 책의 제2부에서는 식물 세계에서 등장하는 죽음과 출생의 모델이 인간의 상상력에 재현되는 측면을 다루었지만, 제3부의 나머지 부분에서는 동물의 세계와 관련된 인간의 반응을 살펴볼 것이다. 이러한 각각의 맥락 속에서 남성과 여성은 서로 관련을 맺고 있으며 또 세계와도 관련을 맺고 있다. 즉 인간은 지역적 삶의 방식에 밀접히 "관련된다(engaged)". 이처럼 신화는 기본적으로 사회적 목적을 위해서 봉사한다. 그러나 지금 우리가 다루고 있는 부분, 즉 샤머니즘과 엑스터시의 기술에서는 동일한 상징이 사회로부터의 "이탈(disengagement)"을 위해서 봉사한다.

우리의 현재 연구 주제는 다음과 같이 요약할 수 있다.

A. 샤머니즘적–신비적 황홀경의 비역사적이고 자발적인 요인. 이것은 다음 세 가지에 의해서 분출되고 형성된다.
   (1) 수렵 사회의 이미지
   (2) 원시 농경인의 이미지
   (3) 사제 도시국가의 이미지
B. 사회적 지향을 지니고 있는 지역 전통의 역사적──조건지어지고 조건짓는──요인. 이것은 다음의 세 가지에서 나타난다.
   (1) 수렵 사회의 이미지
   (2) 원시 농경인의 이미지
   (3) 사제 도시국가의 이미지

더구나 샤먼이 직면하는 위기의 기본 형태는 다음과 같이 요약할 수 있다.

A. 심각한 신경쇠약과 유사한 증세를 동반하면서 나타나는 일상 세계와의 자연적인 단절. 이때 샤먼은 환상 속에서 신체가 해체되고, 정령의 세계에서 양육되며, 다시 원상태로 돌아오는 경험을 한다.
B. 스승의 지도 아래 이루어지는 샤머니즘적이고 신화적인 교육 과정. 이를 통하여 샤먼은 뛰어난 능력을 획득하게 된다.
C. 공동체를 위한 주술의 실천. 이는 공동체로부터 생겨나는 자연스러운 분노를 여러 가지 속임수와 힘의 모방에 의하여 막으려는 시도이다.

샤먼의 고통과 병은 예술, 즉 신화와 노래를 통해서 치유된다. 샤먼 세묘노프 세몬은 "노래를 부를 때, 내 병은 대체로 나았다"고 말하였다. 샤먼의 행위도 예술을 통해서 이루어진다. 샤먼은 자신의 영적 "사로잡힘"

의 환상적 세계를 시간과 공간의 장에서 모방한다. 유르트의 중앙에는 기둥이 세워져 있는데, 샤먼은 클리트(미끄럼을 방지하기 위하여 쐐기 모양으로 만들어놓은 장치/역주)를 이용하여 그 기둥을 타고 올라간다. 이러한 행동은 그의 영혼의 주술적 상승을 모방하는 것이다. "사람들의 눈에 보이지는 않지만, 의례가 행해지는 동안 그 나무는 자라서 하늘 꼭대기까지 도달하기 때문이다."

레나강 근처에 사는 늙은 야쿠트인 알렉세예프 미하일은 이렇게 말하였다. "내 기억에 따르면, 옛날에는 강신 의례가 행해지는 동안에 샤먼이 황소처럼 울부짖었다. 그리고 그들의 머리에서는 투명한 것 같으면서도 불투명한 뿔이 자랐다. 나는 그러한 것을 직접 본 적이 있다. 콘노르라는 이름을 가진 샤먼이 우리 마을에 살고 있었다. 자신의 누나가 죽자 그는 샤먼이 되었다. 그때 그의 머리에 뿔이 자랐다. 그는 그 뿔로 마른 땅의 바닥을 휘저으면서 사방으로 뛰어다녔는데, 마치 어린아이들이 '황소' 놀이를 하는 것 같았다. 그러고는 황소처럼 크게 울부짖었다."[37]

또 다른 정보 제공자인 파블로프 카피톤은 이렇게 말하였다. "모든 샤먼은 동물-어머니나 기원-동물을 가지고 있다. 그 동물들은 대체로 고라니나 곰이며, 샤먼과 분리되어 독자적으로 산다. 공중을 나는 샤먼의 불 같은 힘은 바로 이 동물들을 상기시킨다."[38] 크세노폰토프는 이렇게 덧붙인다. "그 동물들은 샤먼의 예언자적 능력의 구체화이며, 샤먼은 과거와 미래를 꿰뚫어 볼 수 있는 투시력의 소유자로 간주된다."[39]

더구나 샤먼은 자신의 일을 돕는 동물 친구들을 가지고 있다. 삼소노프 스피리돈은 이렇게 말하였다. "샤먼들은 눈에 보이지 않는 조력자로 두 마리의 개를 가지고 있다. 강신 의례가 행해지는 동안 샤먼은 그들의 이름인 '샤르다스'와 '보토스'를 부른다. 어떤 샤먼이 악령에 사로잡혀 피에 굶주리게 되면 그의 개들이 소와 사람들을 죽인다. 그러나 다 자란 어른은 죽이지 않는다."

그는 계속해서 말한다. "어떤 샤먼들은 곰과 늑대를 조력자로 가지고 있으며, 이 조력자들이 강신 의례에 등장한다."[40]

그러나 누구나 원한다고 해서 샤먼의 기술을 행할 수 있는 것은 아니다. 다닐로프 표트르는 실패한 사례를 보여주고 있다.

　베르툰 지역에 한 사람이 살고 있었다. 2년 전에 그는 자신이 곧 샤먼이 될 것이라고 말하면서, 주변의 공터에 자신을 위한 집을 짓도록 명령하였다. 그 집은 가장 큰 낙엽송 바로 오른쪽에 지어졌다. 이 나무 위에는 샤머니즘의 우상들이 많이 걸려 있었는데, 이는 모두 강신 의례가 끝났을 때 사람들이 걸어놓은 것들이었다. 아직 결혼하지 않은 어린 소년들이 껍질이 벗겨지지 않은 나뭇가지들로 그 샤먼 후보자를 위한 집을 만들었다. 그의 명령에 따른 것이었다. 이 후보자의 이름은 미하일 사비치 니키틴이었고, 나이는 40세 정도로 보였다.
　집이 완성되자 그는 그 안으로 들어가 사흘을 머물렀다. 그는 이렇게 말하였다. "나는 여기서 사흘 동안 죽은 사람처럼 누워 있을 것이며, 그동안 나의 몸은 산산이 찢겨질 것이다. 사흘 뒤에 나는 다시 일어날 것이다." 자신이 다시 태어나면 샤먼이 와서 그를 데려가도록 미리 지시해두었다. 그러한 명령을 받은 샤먼은 타핀의 아들, 보츄카였다. 따라서 그는 "몸 들어 올리기"와 "샤먼의 임명"이라는 의식을 거행해야만 하였다. 이때 조력자 역할을 맡은 사람은 디미트리 사바 우크투르였다.
　마침내 그 샤먼이 도착하자 그 의식을 보기 위하여 많은 사람들이 그 집 앞으로 모였다. 나도 그때 거기에 있었다. 그 샤먼은 북을 가지고 왔고, 후보자는 샤먼의 복장을 하고 있었다. 나는 그 의식을 주재하는 샤먼의 목소리를 직접 듣기 위해서 아주 가까이 갔다. 그 샤먼은 자신의 정령들을 불러내어 칭송한 다음 그들에게 도움을 요청하였다. 그러고는 이렇게 결론적으로 말하였다. "지금은 한여름이다. 나뭇잎과 풀잎이 완전히 나와 있을 때에는 샤먼의 임명식을 거행해서는 안 된다. 그 의식을 거행하기에 적합한 계절은 봄과 가을이다!" 그러고는 그 의식을 중지하였다.
　오늘날까지도 불완전한 방식으로 샤먼이 되는 사람들이 있다. 그들은 샤먼의 복장도 하지 않고, 단지 초보적인 차원의 부름의 행위만을 하며, 사소한 병만을 앓을 뿐이다.[41]

　알렉세예프 이반은 이렇게 선언한다. "참으로 훌륭한 샤먼은 평생 세 번 몸이 해체당하는 경험을 한다. 시시한 샤먼은 그러한 경험을 단지 한

번만 한다. 예외적인 샤먼의 정신은 죽은 뒤에 다시 태어난다. 위대한 샤먼은 세 번 태어난다."[42]

4. 불을 가져오는 자

북아메리카에 전해오는 한 이야기가 있다. 어느 날 한 노인이 숲길을 가고 있었다. 그러다 매우 이상한 것을 발견하였다. 어떤 새가 나뭇가지에 앉아 이상한 소리를 지르고 있었던 것이다. 그 새가 소리를 지를 때마다 새의 두 눈이 빠져나가 나무 위에 달라붙었다. 그 새가 다른 소리를 지르자 이번에는 그 두 눈이 제자리로 돌아오는 것이었다.

노인이 말하였다. "이보게, 나에게도 그 방법을 가르쳐주겠나?"

새가 대답하였다. "가르쳐드리겠습니다. 그렇지만 하루에 세 번만 눈이 빠져나가게 할 수 있습니다. 그 이상으로 해서는 안 됩니다. 만약 그 약속을 지키지 않는다면 후회하게 될 것입니다."

"물론이지, 그대가 말한 대로 하겠소! 이 기술은 그대의 것이니 그대로 따르겠소."

마침내 새는 그 방법을 가르쳐주었고, 노인은 기분이 좋아서 새로 배운 그 기술을 사용하였다. 하루에 정확하게 세 번씩만 하고 그 이상은 하지 않았다. 그러나 얼마 안 있어 그 이상으로 해보고 싶은 욕망이 생겼다. 얼마 동안은 망설였지만 결국 이렇게 중얼거렸다. "왜 그 새는 나에게 하루에 세 번씩만 하도록 하였을까? 그 새의 말은 아무런 의미도 없을 거야. 더 많은 횟수를 해보도록 하자." 그러고는 네번째 시도를 해보았다. 그러자 이번에는 눈이 다시 돌아오지 않았다. 그는 새를 불렀다. "오, 이보게, 내 눈이 다시 돌아오도록 도와주게나." 그러나 새는 아무런 대답도 하지 않고 날아가버렸다. 노인은 손으로 나무를 더듬어보았지만 자신의 눈을 다시 찾을 수 없었다. 그는 오랫동안 그 길을 방황하면서 동물들에게 볼멘소리로 도움을 요청하였다.

어느 날 늑대 한 마리가 그 노인이 앞을 못 본다는 사실을 알고는 장난을 쳤다. 늑대는 죽은 들소의 시체에서 살점 하나를 떼어가지고 노인 앞으로 왔다. 그 고기는 이미 썩고 있었기 때문에 냄새가 지독하였다. 늑대는 그 고기를 노인의 코앞에 들이댔다. 그러자 노인이 "음, 죽은 동물의 냄새가 나는군. 나는 그 동물의 시체가 있는 곳으로 가보고 싶소. 지금 배가 고파 죽겠소." 그러면서 늑대가 가져온 그 고기를 만지려고 하였지만, 그 순간 늑대는 그 고기를 재빠르게 잡아당겼다. 그래서 노인은 그 고기를 잡을 수 없었다. 그러나 늑대는 마침내 이 노인의 속임수에 걸려들었다. 노인은 그러한 행위를 몇 번 반복하다가 늑대를 잡은 것이다. 늑대를 사로잡은 노인은 늑대의 눈 한쪽을 빼낸 다음 자신의 눈이 있던 곳에 박아 넣었다. 그리하여 마침내 시력을 회복하였다. 그러나 새가 가르쳐준 그 놀이를 다시는 할 수 없었다.[43]

또 다른 어느 날이었다. 노인은 평원을 가로질러 가고 있었다. 어디서인가 매우 이상한 노랫소리가 들려왔다. 한번도 들어본 적이 없는 소리였다. 그 소리가 어디서 나는지 알기 위해서 사방을 둘러보다가, 마침내 한 무리의 솜꼬리토끼를 발견할 수 있었다. 그들은 노래를 부르면서 마법을 행하고 있었다. 그 토끼들은 불을 피운 다음, 벌겋게 타오른 뜨거운 재를 한데 모았다. 그러고는 그 안으로 뛰어들어 노래를 부르는 것이었다. 토끼들 가운데 한 마리가 뜨거운 재로 그들의 몸을 덮어주었다. 얼마의 시간이 흐른 뒤, 다른 동료가 재를 걷어내었다. 그들은 모두 뛰어나왔다. 노인에게는 이것이 매우 재미있는 놀이로 보였다.

그래서 노인은 이렇게 말하였다. "여보게들, 이처럼 뜨거운 재 속에 누워 있으면서도 조금도 데지 않다니, 매우 놀랍소. 나도 그 놀이를 배우고 싶으니 가르쳐주시오."

그러자 토끼들이 대답하였다. "노인 양반, 이리로 오시오. 그 방법을 가르쳐드리겠소. 당신은 우리의 노래를 반드시 불러야 하고, 단지 짧은 시간 동안만 재 속에 있어야 합니다." 그래서 노인은 노래를 부르면서 재 속에 누웠다. 그들이 재로 그의 몸을 덮었다. 그런데도 노인은 전혀 데지 않았다.

노인이 말하였다. "기가 막힙니다. 당신들은 참으로 강력한 마법을 가지고 있소. 나는 그 모두를 알고 싶소. 그러니 이번에는 당신들이 눕고 내가 재로 덮어주겠소."

그러자 토끼들이 모두 재 안으로 뛰어들어 누웠고 노인은 그들을 온통 재로 덮었다. 그때 한 마리가 뛰어나오더니 노인에게 이렇게 말하였다. "제발, 나는 빼주세요. 나는 임신 중인데, 곧 분만할 것 같습니다." 그러자 노인이 이렇게 대답하였다. "좋소. 당신은 가시오. 그래야 앞으로도 토끼의 씨가 마르지 않고 계속 이어질 테니까. 그렇지만 이 나머지 토끼들은 잘 구워서 맛있는 음식으로 삼아야겠구려."

그는 불 속에 더 많은 장작을 집어넣었다. 마침내 토끼들이 다 요리되었다. 그는 버드나무의 가지를 꺾어 그 위에 토끼 고기를 올려놓고 식혔다. 그러자 토끼들의 몸에서 기름이 흘러나와 버드나무의 가지에 스며들었다. 오늘날에도 붉은 버드나무의 가지를 불 위에 올려놓으면 나무껍질에서 기름이 나오는데, 그 이유는 바로 이 때문이다. 그리고 요즈음 토끼들의 등에 있는 자국은 그때 유일하게 살아남은 토끼가 불에 등을 덴 자국인 것이다.[44]

어느 날 코요테의 모습을 한 트릭스터(trickster, 속임수나 장난으로 질서를 흐트러뜨리는 신화적 존재/역주)가 들소 한 마리를 죽였다. 그의 오른팔이 칼로 들소의 가죽을 벗기고 있는데, 갑자기 왼팔이 그 들소를 낚아채었다. 오른팔이 "그것을 나에게 다시 돌려다오" 하고 외치면서 잡아채자, 왼팔이 "이것은 내 것이다"라면서 다시 빼앗았다. 오른팔이 칼로 찌르며 왼팔을 쫓아내었다. 그러나 왼팔은 다시 들소를 잡아채었고, 싸움은 점점 격렬해졌다. 마침내 왼팔이 온통 칼로 베어진 채 피가 뚝뚝 떨어지자, 트릭스터는 울면서 외쳤다. "이런, 내가 왜 이런 짓을 했지? 내가 왜 이러도록 놓아둔 거야? 너무 고통스러워!"[45]

또 다른 어떤 날이었다. 그는 고라니의 간으로 자신의 질을 만들고, 고라니의 콩팥으로 자신의 가슴을 만들었으며, 아주 딱 달라붙는 여자 옷을 입고 스스로를 매우 예쁜 여자로 변형시켰다. 그리고 여우와 성교를 하여 임신하였으며, 어치(까마귓가의 새/역주), 심지어는 서캐와도 성교를 하였다. 그러고는 어떤 마을로 들어가 추장의 아들과 결혼한 다음, 네 명의 잘생긴 아들을 낳았다.[46]

그는 어느 날 정처 없이 걷다가 누군가 이렇게 외치는 소리를 들었다. "나를 씹는 사람은 똥을 쌀 것이다. 그는 똥을 쌀 것이다." 트릭스터는 "음, 이 사람은 왜 이렇게 말하는 것일까?" 하고 중얼거렸다. 그는 목소리가 나는 방향으로 가서 그 소리를 다시 들어보았다. 둘러보니 덤불 위에 하나의 알뿌리가 보였다. "나는 이것을 씹어도 똥을 싸지 않을 것이다. 그건 분명해"라고 또 중얼거렸다. 그러더니 그것을 입에 넣고 씹고는 삼켜버렸다. 그리고 가던 길을 계속 갔다.

트릭스터는 말하였다. "그렇게 말이 많던 알뿌리는 어디 있는 거야? 도대체 그러한 것이 어떻게 나에게 조금이라도 영향을 미칠 수 있다는 말인가? 배변을 보고 싶을 때 나는 그대로 배변을 볼 뿐이지." 그렇게 말하고 있는 동안에 갑자기 방귀가 나오기 시작하였다. 그러자 이렇게 생각하였다. "음, 이게 바로 그 의미로군. 그렇지만 내가 똥을 싸게 될 것이라고 말하였음에도, 나는 방귀만 좀 뀌었을 뿐이다. 방귀는 좀 뀌었지만 여전히 나는 위대한 사람임에 틀림없다." 다시 방귀가 나왔다. 이번에는 좀더 센 방귀였다. "아! 내가 어리석었구나! 그들이 나를 바보라고 부르는 이유가 바로 이 때문이로구나!" 또 방귀가 나왔고 이번에는 더 큰소리였다. 직장이 따끔따끔 쓰릴 정도였다. 그러더니 방귀의 힘에 의해서 몸이 앞쪽으로 날아가버렸다. 그는 반항이라도 하듯이, "방귀가 나를 좀 밀어 던졌지만, 나는 결코 배변을 보지는 않을 것이다"라고 다짐하였다. 계속해서 방귀가 나왔다. 이번에는 몸의 뒷부분이 위로 치솟았다가 떨어지는 바람에 무릎과 손을 땅에 부딪쳤다. 그는 외쳤다. "그래, 계속 해보아라. 다시 해보라구!" 이번에는 온몸이 하늘로 치솟았다가 떨어졌다. 그래서 위가 땅에 정면으로 부딪쳤다. 그는 문제의 심각성을 파악하고는 통나무를 잡았다. 그랬더니 통나무와 함께 하늘로 치솟았다. 땅으로 떨어질 때 그 나무에 눌리는 바람에 거의 죽을 뻔하였다. 이번에는 미루나무를 잡았다. 그랬더니 두 발이 하늘로 치솟아 올라갔다가 떨어졌다. 그래서 등을 다쳤다. 그 나무는 다시 뿌리까지 통째로 올라갔다. 그가 커다란 참나무를 잡자, 두 발이 또 하늘로 끌려 올라갔다. 트릭스터는 마을로 달려갔다. 그러고는 그 마을에 있는 집만이 아니라 사람과 개 그리고 그 밖의 모든 것을 자신의 몸 위에 올려놓았다. 그러나 다시 방귀가 폭발하면서 그 모든 것을 사방으로 날려버렸다. 사람들은 공중에서 떨어지면서 성이 난 채 서로에게 고함을 질렀고 개들도 막 울부짖었다. 트릭스터는 이 모든 광경을 보고 단지 웃을 뿐이었다. 그때 뱃속이 견딜 수 없을 정도로 쓰라렸다. 드디어 똥이 나오기 시작하였다. 처음에는 조금 나오더니 점차 많아지기 시작하였다. 너무 많아지자 그것을 피하기 위하여 나무 위로 올라가기 시작하였다. 마침내 꼭대기에 이르렀다. 그때 갑자기 몸이 미끄러지면서 밑으로 떨어졌다. 그는 결국 자신의 오물로 온몸이 뒤덮인 채 밑바닥에서 간신히 올라왔다.⁴⁷⁾

창조주 신 개념——농경 문명에 기초한 고등 종교와 신화에서 등장하는——에 익숙한 사람들이라면 누구나, 지금까지 우리가 살펴본 이 인물이 인간과 모든 동물의 창조주라는 것을 듣게 되면 놀랄 것이다.

그에 관한 또 다른 이야기가 있다. 물론 이것은 그의 기이한 모험에 관한 여러 이야기들 가운데 하나에 불과하다. 이 이야기에서 그는 남쪽에서 출발하여 북쪽으로 여행하며, 마침내 블랙풋족이 사는 지역으로 간다. 여행 도중에 그는 새와 동물들을 만들었다. 그리고 산과 평원과 목재와 잡목림 등을 만들고, 여기저기 강들도 만들어놓았다. 강 상류에는 폭포를 만들고, 땅에는 여기저기 붉은색을 칠하였다. 오늘날 우리가 보고 있는 세상은 이렇게 해서 생겨난 것이다. 그는 평원을 풀로 덮어 동물의 먹을거리로 제공하였다. 땅에 나무를 심고, 그 땅에서 온갖 종류의 동물들이 살도록 하였다. 그는 큰 머리와 뿔을 가진 큰뿔양을 만들어 평원에서 뛰어놀도록 하였다. 그런데 그 동물은 평원에서 잘 다니지 못하였다. 그래서 그 동물의 뿔을 잡고 산속에다 풀어놓았다. 그랬더니 그 양은 바위 사이를 뛰어다니더니 무시무시한 곳으로도 쉽게 올라갔다. 트릭스터는 이렇게 말하였다. "이곳이 너에게 맞는 장소이다. 바위와 산이 있는 이곳이 너에게 딱 맞는구나." 산에 있는 동안에는 진흙으로 영양을 만들고 그 동물이 적응하는 모습을 보기 위하여 풀어놓았다. 그런데 영양은 너무 빨리 달리는 바람에 바위에 부딪치면서 자주 다쳤다. 그래서 그는 영양을 평원으로 끌고 내려와서 그곳에 풀어놓았다. 그랬더니 그곳에서는 아주 잘 달렸다. 트릭스터는 "이곳이 바로 너에게 맞는 장소로구나"라고 말하였다.

어느 날 트릭스터는 여자와 아이를 만들 것을 결심하였다. 먼저 그는 진흙으로 인간의 형상을 만들었다. 그리고 이렇게 말하였다. "너희는 사람이 될 것이다." 그러고는 덮개로 그들의 형상을 덮고 가버렸다. 다음날 아침에 와서 덮개를 치워보니 그 진흙 형상이 조금 변해 있었다. 그 다음날 와서 보니 더 변해 있었고, 그 다음다음 날에는 더 많이 변해 있었다. 네번째 날 아침에는 덮개를 완전히 치우고 그 형상을 쳐다보았다. 그리고 그 두 형상에게 일어나서 걸으라고 명령하였다. 그랬더니 일어나서 걸었다. 그들은 자신들을 만든 트릭스터와 함께 강가로 갔다. 거기서 트릭스터는 자신의 이름이 "노인(Old Man)"이라고 말해주었다.

강가에 서 있을 때 여자가 노인에게 물었다. "우리는 영원히 사는 것입니까? 아니면 거기에는 끝이 있나요?" 노인이 이렇게 답해주었다. "나는 그 문제에 대해서 생각해본 적이 없다. 이제 결정해야만 한다. 내가 이 들소의 마른 똥을 강물 속으로 던질 것이다. 만일 이 똥이 물에 뜬다면 사람들은 일단 죽지만 나흘 뒤에 다시 살아날 것이다. 단지 나흘 동안만 죽어 있는 것이다. 그런데 만일 그것이 가라앉는다면 사람의 목숨에는 끝이 있을 것이다." 그러고는 마른 똥 조각을 강으로 던졌다. 그것은 물에 떴다. 그러자 여자가 돌아서서 돌을 집더니 이렇게 말하였다. "안 됩니다. 이 돌은 그 마른 똥과 같지 않습니다. 제가 이 돌을 강으로 던질 것입니다. 만일 이것이 뜬다면 우리는 영원히 살 것이고, 만일 가라앉는다면 우리는 죽어야만 합니다. 우리가 죽는다면 우리는 서로를 그리워하고 슬퍼할 것입니다." 여자가 돌을 강으로 던졌다. 그랬더니 그대로 가라앉고 말았다. 노인이 말하였다. "거봐! 이것은 네가 선택한 것이야! 앞으로 너희들은 그렇게 될 것이다."

최초의 사람은 가난하였고 벌거벗은 채 살았으며 살아가는 방법을 알지 못하였다. 그래서 노인은 그들에게 뿌리와 장과를 보여주고 그것들을 먹는 방법을 가르쳐주었다. 그리고 일년 중 어떤 달에 어떤 나무의 껍질을 벗겨서 먹으면 좋은지도 가르쳐주었다. 또 동물은 그들의 식량이 된다고 말해주었다. 그리고 모든 종류의 새들을 만든 뒤 사람들에게 그것들을 먹을 수 있다고 가르쳐주었다. 어떤 식물에 대해서는 이렇게 가르쳐주었다. "이 식물의 뿌리는 일년 중 어떤 달에 먹으면 어떤 질병에 좋을 것이다." 그래서 그들은 모든 약초의 효능을 알게 되었다.

노인은 사냥 도구를 만드는 방법과 들소를 잡는 방법도 가르쳐주었다. 그리고 고기를 날것으로 먹는 것이 건강에 좋지 않기 때문에 요리하여 먹는 방법도 가르쳐주었다. 먼저 부드러우면서도 마르고 썩은 나무를 구해서 불쏘시개를 만들게 하고, 딱딱한 나뭇조각에 화살촉으로 구멍을 뚫게 하였다. 그리고 막대기로 불을 일으키는 방법을 가르쳐서 동물의 고기를 요리하여 먹는 방법을 일러주었다.

트릭스터는 사람들에게 이렇게 말하였다. "자, 이제 지쳤으면 잠을 자러 가도 좋다. 가서 기력을 회복하거라. 꿈에 어떤 것이 나타나 너희를 도울 것이다. 꿈속에 나타나는 동물들이 무슨 일을 시키든 간에 그대로 따라야만 한다. 그들의 지도를 받아라. 도움이 필요하면 홀로 여행하면서 큰소리로 도움을 요청하라. 그러면 너희의 기도는 응답을 받을 것이다. 독수리나 들소 혹은 곰이 도와줄 것이다. 너희의 기도에 동물이 어떠한 대답을 주든, 무조건 그것에 따르도록 하여라." 이것이 최초의 사람들이 꿈의 힘에 의하여 세상을 살아간 방식이었다.[48]

여행을 마친 트릭스터가 이 세상을 떠나갈 때였다. 그는 돌솥과 돌접시에 음식을 담은 뒤 이렇게 말하였다. "자, 나는 이제 지상에서 마지막 식사를 할 것이다." 그러고는 바위에 앉았는데, 그 자국은 아직도 남아 있다. 엉덩이 자국과 고환 자국 그리고 솥과 접시가 놓여 있던 자국이 오늘날까지도 그대로 남아 있는 것이다. 그 바위는 미주리강과 미시시피강이 만나는 곳에서 멀리 떨어져 있지 않다. 그는 마침내 이 세상을 떠났다. 대양으로 먼저 갔다가 다시 하늘로 올라갔다. 지금은 네 세계 가운데 가장 밑에 있는 땅속의 세계를 관장하면서 그곳에서 살고 있다. 방광

이 두번째 세계를, 거북이 세번째 세계를 관장하고 있으며, 우리가 지금 살고 있는 세계는 토끼가 관장하고 있다.[49]

이처럼 모호하면서도 기이한 매력을 지닌 트릭스터 상은 구석기 세계의 주요한 신화적 특성으로 보인다. 바보이면서도 잔인하며 음란한 성향을 지닌 이 사기꾼은 무질서 원리의 압축판이지만, 그럼에도 그는 인간 세계에 문화를 가져온 자이다. 그는 다양한 동물과 인간의 모습으로 위장하고 나타난다. 북아메리카 대평원의 인디언들에게 그는 코요테로 나타난다. 북쪽과 동쪽의 삼림 지대 부족들에게는 "위대한 토끼(Great Hare)", "토끼의 주(Master Rabbit)"로 나타나는데, 그의 행동 가운데 어떤 것들은 북아메리카의 니그로에 의하여 아프리카의 토끼 트릭스터——"형제 토끼"에 관한 민담에서 알려진——이야기로 흡수되었다. 북서 해안의 부족들은 그를 갈까마귀로 알고 있다. 큰어치는 그의 또 다른 형태이다. 유럽에서는 여우 레이너드로 알려져 있다. 그러나 보다 심각한 차원에서 그는 악마로 나타나기도 한다.

기독교화된 시베리아 야쿠트족에게는 다음과 같은 이야기가 전해진다.

사탄은 그리스도의 형이었지만 사악하였다. 반면 그리스도는 선하였다. 하느님이 이 지구를 창조하고 싶었을 때 사탄에게 이렇게 말하였다. "너는 어떤 일이라도 할 수 있다고 자랑하며 나보다 위대하다고 말한다. 그러니 바다 밑으로 들어가서 약간의 모래를 가져오도록 하여라." 사탄은 바다 밑으로 뛰어들었다. 그러나 그가 수면 위로 올라왔을 때는 이미 물이 그의 손에 있던 모래를 쓸어 가고 말았다. 그는 다시 뛰어들었지만 이번에도 성공하지 못하였다. 네번째 시도에서는 스스로 제비로 변신하여 부리 속에 약간의 진흙을 담아 오는 데 성공하였다. 그리스도는 그 약간의 흙을 축성(祝聖)하였다. 그러자 그것이 대지가 되었다. 이렇게 창조된 대지는 멋있고 평탄하였다. 그러나 사탄은 자신의 세계를 창조할 음모를 꾸미면서 자기의 목구멍 속에 그 진흙의 일부를 감추고 있었다. 그리스도는 그의 간계를 눈치 채고 그의 목덜미를 쳤다. 그랬더니 진흙이 그의 입에서 튀어나와 산이 되었다. 그렇지만 원래 있었던 모든 것은 판처럼 평평한 상태를 그대로 유지

하였다.[50]

유럽의 사육제에서는 이 인물상이 광대, 익살꾼, 악마, 풀치넬라(Pulcinellas, 서양의 매우 인기 있는 꼭두각시 연형/역주), 꼬마 도깨비 등 매우 다양한 형태로 잔존하고 있다. 이들은 푸에블로 인디언의 의례에서 등장하는 광대와 똑같은 역할을 하며, 축제에 뒤죽박죽인 성격을 부여한다. 품격 있는 사람의 입장에서 보면, 이러한 인물상은 금기에 개의치 않고 경계선을 부수뜨리는, 혼돈과 무질서의 힘과 원리를 표상한다. 그러나 삶의 에너지를 궁극적으로 솟아오르게 하는 보다 깊은 존재의 영역에서 볼 때, 이 원리는 경멸의 대상이 될 수 없다. 융 박사가 「트릭스터 상의 심리학에 대하여(On the Psychology of the Trickster Figure)」[51]라는 논문에서 상기시켰듯이, 중세 전성기에는 이 '혼돈의 주'의 찌푸린 얼굴을 놀라운 방식으로 반영하는, 약간은 생소한 교회 관련 관습이 있었다. 그것은 페스툼 아시노룸(festum asinorum, 중세의 민중 축제로서, 가짜 주교나 교황을 뽑는 등, 성직자를 풍자하는 내용이 담겨 있다/역주)인데, 니체가 『차라투스트라는 이렇게 말했다(Thus Spake Zarathustra)』의 「바보 축제」 장에서 패러디한 적이 있다. 이 변덕스러운 축제에서 영광스럽게 여겨지는 일은 성 가족의 이집트로의 피난이었다. 그리고 보베(Beauvais) 성당에서는 마리아 역할을 맡은 소녀가 나귀와 함께 제단으로 올라가며, 그녀는 복음서 쪽(the Gospel side, 복음서를 읽는 곳으로, 교회의 제단을 향해서 왼쪽이다/역주)에 자리를 잡고 앉는다. 이어지는 미사의 각 종결 부분에서는 회중 전체가 나귀 소리를 내었다. 11세기의 한 사본에 따르면, "사제는 미사가 끝날 때 이테 미사 에스트(Ite missa est, '가시오, 미사가 끝났습니다')라는 말 대신에 나귀 소리를 세 번 내었고, 회중은 데오 그라티아스(Deo gratias, '하느님께 감사')라는 말 대신에 나귀 소리를 세 번 내었다."[52]

융 박사에 따르면, "트릭스터는 집합적인 그림자 상징, 모든 사람 안에 있는 저열한 성격적 특성의 핵심이다."[53] 그러나 그러한 견해는 후대의 역사에 등장한 우리의 "구속된(bounded)" 사유 양식에 근거하여 나온 것

샤머니즘 313

이다. 이 인물상이 처음 등장한 구석기 시대에, 그는 모든 위대한 선물을 인류에게 선사하는 영웅의 원형이었다. 불을 가져오고 인류를 가르친 스승이 바로 그였던 것이다.

바이칼호 지역에 사는 부리야트족은 대정령 솜볼-부르칸에 대해서 이야기한다. 그는 바다 위를 거닐다가 열두 마리의 새끼와 함께 헤엄치고 있는 물새를 만났다. 그는 이렇게 말하였다 "물새야! 바다 밑으로 뛰어들어 흙을 좀 가져다다오! 너의 부리에는 검은 흙을, 발에는 붉은 흙을 묻혀서 가져다다오!" 새는 바다 속으로 뛰어들어 흙을 가져왔다. 솜볼-부르칸은, 붉은 진흙은 물 위에 먼저 뿌리고 그 위에 다시 검은 흙을 뿌렸다. 새에게 고맙다고 하면서 그는 이렇게 말하였다. "너는 물속으로 뛰어드는 놀이를 하면서 영원히 살아가게 될 것이다."[54]

이것은 기독교화된 야쿠트족에서 나타나는 "흙을 가져오려고 물속으로 뛰어드는 자"의 주제보다 더 원시적이다. 신과 악마의 대립에 근거한 윤리적 이원론에서 벗어나 있는 이 이야기 속에는 원초적인 순수성을 지닌 창조적 힘이 등장한다. 그러나 예니세이강 주변에 살고 있는 오스티아크족은 창조자를 더욱 단순하게 샤먼으로 묘사한다. 그들의 이야기에 따르면, 대샤먼 도흐는 한 떼의 백조, 아비, 물새 등과 함께 바다 위를 맴돌고 있었다. 그들은 내려가서 휴식을 취할 만한 장소를 찾지 못하고 있었던 것이다. 그때 대샤먼 도흐가 물속으로 뛰어든 새들 가운데 하나에게 바다 밑으로 들어가서 한 줌의 흙을 가져올 것을 부탁하였다. 그 새는 두 번이나 시도한 끝에 겨우 한 줌의 흙을 가져올 수 있었다. 대샤먼 도흐는 이 흙으로 바다 위에 섬을 만들 수 있었다.[55]

북아메리카의 수렵 부족에서는 구석기 시대의 영웅-트릭스터가 바로 이와 같은 땅의 창조자로 나타나고 있다. 큰 홍수가 났을 때 이 수수께끼 같은 인물은 동물로 가득 찬 뗏목을 타고 있었다. 그는 그들에게 약간의 흙을 가져오라고 부탁하였다. 처음에는 그 가운데 세 마리가 흙을 구하기 위하여 물속으로 뛰어들었으나 구하지도 못하고 완전히 탈진해서 돌아왔다. 그 다음에는 매우 힘도 세고 헤엄도 잘치는 동물——아비, 사향뒤쥐 혹은 거북——이 물속으로 뛰어들었다. 오랜 시간(어떤 판본에서는 몇 일)이 지난 뒤에 그 동물은 수면 위로 떠올랐지만, 이미 죽어 있었다. 그러나 그의 발톱에는 한 움큼의 흙이 쥐어져 있었다. 그때 "노인", 코요테, 갈까마귀 혹은 "위대한 토끼"——트릭스터는 어떠한 인물로도 등장한다——는 주문을 외우면서 그 한 줌의 진흙을 수면 위에 놓았다. 그 조그마한 진흙 덩어리는 막 자라나더니 나흘 만에 지금과 같은 지구의 크기로 되었다. 그러자 동물들이 해안가로 뛰어들었으며 모든 것이 새로워지기 시작하였다.[56]

이와 같은 인물을 신이라고 부르거나 초자연적 존재로 생각하는 것은 적절하지 않을 것이다. 그는 하나의 슈퍼-샤먼이다. 샤머니즘이 분포되어 있는 곳이라면 어디에서나 그 지역의 신화와 전설 속에서 이와 유사한 인물을 발견할 수 있다. 시베리아와 유럽만이 아니라 오세아니아와 아프리카에서도 발견된다. 폴리네시아에서는 마우이가 트릭스터이다. 그가 지니고 있는 여러 가지 특성에 대해서는 이미 언급한 바 있다.* "형제 토끼"는 아프리카 형식의 트릭스터를 보여주었는데, 그는 거기서 아난시(Anansi), 즉 거미로 나타나기도 한다. 그리스에서는 그가 불을 가져오는 자인 프로메테우스로 나타날 뿐만 아니라, 모습을 바꾸는 자이자 사자(死者)의 나라로 이끄는 안내자인 헤르메스(메르쿠리우스)로 나타난다. 게르만 신화에서는 불의 특성을 지닌 장난꾸러기 로키(Loki)로 나타난다. 로키는 '신들의 황혼(the Twilight of the Gods)', 곧 라그나뢰크(Ragnarök, 세계의 멸망)의 시간에 지옥의 우두머리로 등장할 것이다.

코요테로 등장하고 있는 이 트릭스터-영웅을 살펴보자. 어느 날 밤, 코요테는 산꼭대기에서 남쪽을 쳐다보고 있었다. 그때 멀리서 불빛 같은 것이 보였다. 처음에는 그것이 무엇인지 몰랐으나 점을 쳐서 불빛임을 알았다. 그는 이 놀라운 선물을 인류에게 가져다주려고 결심하고서 몇몇 동료들을 불러모았다. 달리기를 잘하는 여우와 늑대와 영양이 그의 주위에 모였다. 이들은 오랜 여행 끝에 마침내 '불의 사람들'의 집에 도착하였다. 그리고 집 앞에서 이렇게 말하였다. "우리는 당신들과 춤추고, 놀

---

* 221–226쪽 참조.

고, 노름을 하기 위해서 왔소." 그러자 집주인들은 예우를 갖추면서 춤마당을 준비하였으며 그날 밤 잔치가 벌어졌다.

코요테는 역청이 많이 섞인 소나무 대팻밥으로 머리 장식을 만들고 거기에 삼나무 껍질로 만든 술을 땅에 닿을 정도로 길게 치렁치렁 매달았다. '불의 사람들'이 먼저 춤을 추었으나 불이 매우 약하였다. 그 다음에는 코요테와 그의 동료들이 불꽃 가까이에서 춤을 추면서 불이 약하여 앞이 잘 안 보인다고 투덜대었다. 그러자 '불의 사람들'이 불을 좀더 키웠다. 그렇지만 코요테가 네 번씩이나 불평을 토로하자 그들은 마침내 불꽃이 높게 타오르게 하였다. 그때 코요테의 동료들은 매우 뜨거운 척하면서 땀을 식히려고 바깥으로 나갔으며, 그러고는 달릴 자세를 취하였다. 안에는 코요테만 남아 있었다. 그는 머리 장식에 불이 붙을 때까지 거칠게 춤을 추었으며, 갑자기 무섭다는 듯이 그들에게 불을 꺼달라고 부탁하였다. 그러자 그들은 코요테에게 그렇게 불 가까이에서 춤을 추지 말라고 주의를 주었다. 그러나 그는 문 가까이 오자 머리 장식에 달린 긴 술 부분으로 불을 확 가르고는 도망치기 시작하였다. '불의 사람들'이 추격해오자, 그는 불붙은 장식을 영양에게 던졌다. 영양은 그것을 가지고 달리다가 다음 주자에게 던졌다. 이렇게 불은 릴레이를 하는 식으로 계속 전달되었다. '불의 사람들'은 그 동물들을 끝까지 추격하여 하나씩 죽였다. 이제 유일하게 살아남은 동물은 코요테뿐이었다. 그들이 코요테까지 바짝 추격하자 그는 나무 뒤로 달려간 뒤 그 나무에게 불을 전달하였다. 그때 이후로 사람들은 나무숲에서 막대기를 사용하여 불을 꺼내어 쓸 수 있게 된 것이다.[57]

이 위대한 사건에 대한 이야기는 브리티시 콜럼비아의 톰슨강 인디언으로부터 나온 것이다. 거기에서 약 3,000마일 떨어진 조지아와 알라바마의 크릭 인디언들도 이와 똑같은 트릭스터 토끼의 모험 이야기를 가지고 있다. 여기에서도 춤과 불타는 모자 그리고 동물 릴레이와 같은 내용이 그대로 등장하고 있다.[58] 톰슨 강에서 북쪽으로 상당히 떨어진 칠코틴 족의 경우에는 이와 동일한 영웅이 갈까마귀이다. 하지만 여기서도 불-모자와 춤 그리고 동물 릴레이가 그대로 나타나고 있다.[59]

그러나 브리티시 콜럼비아에서 가장 멀리 떨어진, 로키 산맥의 북극 경사 지역에 살고 있으며 원시적인 아타파스칸 부족의 하나인 카스카족의 경우에는 그 신화가 상당히 변형되어 나타나고 있다.

이 지역 사람들에 따르면, 아득한 옛날에는 곰만이 불을 소유하고 있었다. 곰은 원할 때는 언제든지 불꽃을 일으킬 수 있는 불-돌을 가지고 있었다. 그렇지만 사람들에게는 불이 없었다. 욕심이 많은 곰은 그 불-돌을 자신의 혁대에 묶어놓은 채 아무에게도 주려고 하지 않았다.

어느 날 그 곰은 자신의 집에서 불을 켜놓은 채 조용히 누워 있었다. 그때 작은 새 한 마리가 그 집 앞으로 왔다. 곰이 퉁명스럽게 말하였다. "왜 왔느냐?"

그러자 작은 새가 대답하였다. "저는 지금 얼어 죽을 지경입니다. 몸을 녹이기 위해서 왔습니다."

곰이 말하였다. "좋다, 들어와라. 그 대신 몸을 녹이면서 내 몸에 있는 이들을 잡아다오!"

그 손님은 흔쾌히 동의하였다. 그러고는 곰의 몸을 이리저리 날아다니면서 이를 잡기 시작하였다. 그리고 불-돌을 곰의 혁대에 묶어놓은 끈을 틈틈이 쪼기 시작하였다. 마침내 그 끈이 다 끊어지자 그 새는 그 돌을 낚아채어 날아가버렸다.

그때 다른 동물들은 밖에 있었다. 그들은 불을 훔치기 위해서 한 줄로 서서 대기하고 있었던 것이다. 곰은 새를 추격하기 시작하였다. 곰이 새를 잡는 순간, 그 돌은 이미 다음 동물에게 전해진 상태였다. 곰이 그 돌을 가지고 달리는 동물을 잡았을 때는 이미 다른 동물에게 전달되어 있었다. 이러한 상황이 계속되었다. 마지막으로 그 돌은 여우에게 전해졌다. 여우는 그 돌을 가지고 높은 산으로 재빨리 올라갔다. 그때 곰은 너무 지쳤기 때문에 더 이상 달릴 수가 없었다. 여우는 산꼭대기에서 그 돌을 깬 다음, 각 부족에게 한 조각씩 나누어주었다. 이렇게 해서 전세계의 모든 부족이 불을 얻게 된 것이다. 그리고 불이 바위이든 산속이든, 모든 곳에 있게 된 것도 이 때문이다.[60]

안다만족——벵골만의 일련의 섬에 거주하고 있는 매우 원시적인 피그미 네그리토에 속하는 인종——의 신화들을 보면 이와 동일한 전설이 매우 다르게 해석되고 있다. 그중에서 가장 널리 퍼져 있는 것을 하나 보면, 불을 훔친 자가 물총새로 나온다. 여기서는 그 지역의 신들 가운데 가장 강력하고 중요한 신 빌리쿠(Biliku)가 불을 소유하고 있다. 그는 북동 계절풍(몬순)의 힘을 인격화한 존재로서, 변덕스러우며——어떤 때에는 사악한 모습으로, 어떤 때에는 자비로운 모습으로——여성적인 성격을 지니고 있다. 땅도 그가 만들었다고 한다. 그들의 조상은 그녀가 잠자고 있다고 알려진 시간에 불을 훔치기로 작정하였고, 어느 날 밤 물총새가 그녀의 집으로 몰래 날아들어 불을 훔쳤다. 그러나 불을 가지고 급히 나가는 순간 그녀가 잠에서 깨었다. 그녀가 조개껍질을 던지는 바람에 그의 날개와 꼬리는 잘려나갔다. 그래서 그는 바다로 뛰어들어 베트-라-쿠두라고 하는 곳으로 헤엄쳐 갔다. 그곳에서 그 불을 다른 동물에게 건네주었고, 불을 받은 그 동물은 다시 청동 날개를 가진 비둘기에게 건넸으며, 비둘기는 나머지 모든 동물에게 불을 나누어주었다. 그러나 이 과정에서 사고를 당한 물총새는 사람이 되었고, 화가 난 빌리쿠는 그 사건이 벌어진 이후에 땅에서 하늘 어딘가로 거처를 옮겨 살고 있다.[61]

젊은 니체는 『비극의 탄생(The Birth of Tragedy)』에서 성서적 타락 신화를, 영웅적이고 비극적인 그리스 신화의 전형이라고 스스로 규정한 프로메테우스 신화와 대조시켰다. 그는 보다 높은 힘에 대한 불복종, 뱀의 허위 진술, 유혹, 탐욕, 색욕——요컨대 그가 "여성적 감정"이라고 부른 것의 총체——개념으로 가득한 타락 신화 전체를 단지 경멸적이고 또 경멸받을 만한 인간적 가치의 해석으로 보았다. 이와 달리 그리스 티탄들의 대담하고 불경스러운 행위——질투심 많은 신들에 대항하여 그 자신의 문화적·영적 위업을 달성하는 남성의 용기를 표상하는——속에서는 본질적으로 남성적인 가치를 보았다.

니체의 시대 이래로, 우리는 불을 훔치는 모티프가 인도-유럽의 신화에서만 나타나는 것이 아니며 타락의 관념도 성서적인 것만은 아니라는 사실을 알게 되었다. 그러나 이 두 가지 모티프가 서구 세계의 신화적 전승의 두 극을 형성하고 있다는 것만은 아직도 사실이다. 그리스의 티탄은 자기의 힘에 의지하는 샤머니즘의 트릭스터 이미지가 승화된 것으로서, 모험의 말미에 가서 자주 실패한다. 그렇지만 제우스에게 완고하게 저항하는 그의 태도는 그리스 작가들에게 비난이나 조롱의 대상이 되지 않는다. 오히려 그는 우주 자연을 다스리는 힘들에 대해서 인간이 맺고 있는 관계의 비극적 패턴으로 간주될 뿐이다. 이와 대조적으로 사제적 경건성에 기초한 성서는 신과 인간 사이의 긴장을 똑같이 인정하면서도 신의 편에 서서 인간의 의지만이 아니라 뱀의 의지도 꺾어버린다.

프로메테우스는 인류를 위하여 자신이 한 일을 분명히 알고 있으며, 신을 맞대놓고 그 사실을 외쳤다. 그가 가르쳐주기 전에 인간은 아무런 기술도 알지 못하였다. 그래서 개미처럼 굴을 파고 어두운 땅속에서 살았다. 그가 별이 뜨고 지는 것을 알려주기 전에 인류는 어떠한 날력도 가지고 있지 못하였다. 프로메테우스는 숫자, 문자, 농사, 우마의 이용, 야금술, 의약, 점복 등에 대하여 가르쳐주었으며, 심지어는 제우스에게 희생 제물을 바치는 방법까지도 가르쳐주었다. 아이스킬로스(Aeschylus)의 대담한 작품인 『묶인 프로메테우스(Prometheus Bound)』에서, 우리는 그 위대한 티탄의 반항적 도전의 목소리를 듣는다.

> 한마디로 나는 모든 신을 증오한다.
> 내가 결코 괴롭히지 않았는데도 나를 괴롭히는 신을.
>
> 내가 주피터로부터 미소를 얻어내기 위하여
> 내 영혼에 소녀 같은 부드러움을 펼쳐놓을 것이라고 생각하지 말라.
> 나는 내가 가장 증오하는 적을 괴롭힐 것이다,
> 여자와 같은 부드러운 손으로.[62]

그러나 우리는 이와 대조되는 욥의 겸허하면서 당당한 경건성도 찬탄한다. 그는 자신에게 부당하게 대한, 그렇지만 세계를 창조한 그 놀라운 힘에 직면하였을 때, 자신의 머리에 재를 뒤집어썼다. 그리고 자신의 신

앞에서 이렇게 고백하였다. "당신께서 어떤 분이시라는 것을 소문으로 겨우 들었는데, 이제 저는 이 눈으로 당신을 뵈었습니다. 그리하여 제 말이 잘못되었음을 깨닫고 티끌과 잿더미에 앉아 뉘우칩니다."[63]

이 두 전통은 서구만이 아니라 모든 문명의 유산 속에 혼재되어 있으며, 인간의 영적 긴장의 두 극을 대표한다. 사제 전통과 주술사 전통이 바로 그 두 극이다. 전자는 인간의 비판과 도전을 넘어선 자리에서 우주——태양과 달과 바다, 레비아탄, 거대한 짐승, 그리고 산과 같은——를 창조한 힘에 대한 사제적 표상이다. 여기서는 경외의 태도가 인간의 바람직한 자세로 규정된다. 후자는 자기 충족적인 주술사가 지닌 비타협적 태도를 표상한다. 그는 샤먼의 거대한 힘을 가지고 있으며, 신의 분노에 개의치 않는 바벨탑의 건설자이다. 그리고 자신이 신들보다 더 오래되었고 위대하고 강하다는 것을 알고 있다. 이 전통에서는 신들의 창조자가 인간이다. 또 우주를 창조한 힘은 인간 자신 안에서 작용하는 의지일 따름이며, 이러한 의지만이 인간 안에서 우주의 왕국과 힘과 영광의 의식을 실현하였다고 본다.

프로메테우스가 희생 제물을 바치면서 제우스를 속였다가 그로부터 보복을 당한다는 이야기가 기억날 것이다. 그 티탄은 희생제의용 황소를 잡은 다음, 살점은 위(胃) 속에 넣고 뼈는 맛있게 보이도록 비계 속에 넣어 포장하였다. 그러고는 신들의 왕에게 둘 가운데 하나를 선택하라고 하였다. 물론 제우스는 맛있어 보이는 비계 덩어리를 선택하였다. 포장된 선물을 열고 그 속에서 뼈를 발견한 그는 순간적으로 분노의 신으로 돌변하였다. 그는 터무니없게도 자신이 인간에게 선사하였던 소중한 선물인 불을 다시 빼앗아버렸다. 그러자 인류의 구세주 프로메테우스는 그 불을 다시 훔치기로 결심하였다. 어떤 판본에서는 불과 야금술의 신이자 젊름발이였던 헤파이스토스의 작업장에서 훔쳤다고도 하고, 다른 판본에서는 올림포스산 정상에 있는 제우스의 화덕에서 훔쳤다고도 한다. 프로메테우스는 그곳에서 속이 텅 빈 나무에 불을 붙인 다음, 꺼지지 않도록 계속 흔들면서 가지고 왔다. 또 다른 판본에 따르면, 그가 태양에서 불을 붙인 뒤 가지고 왔다고 한다.[64] 어떻든 간에 제우스는 가혹한 복수를 단

행하였다. 그는 헤파이스토스로 하여금 카프카스산 정상에 기둥을 세우고 거기에 프로메테우스를 못 박게 하고, 독수리를 보내어 그의 간을 쪼아 먹도록 하였다. 낮에 쪼아 먹힌 간은 밤이 되면 다시 자라기 때문에 고통은 계속되었다. 그러나 그 처벌은 곧 끝날 것이다. 프로메테우스가 알고 있듯이, 언젠가 사슬은 저절로 풀리고 제우스의 세계-시대는 해체될 것이라는 예언이 있기 때문이다.

이 예언은 에다에 나오는 '신들의 황혼'의 예언과 동일한데, 거기서는 로키가 헬(북유럽 신화에 등장하는 죽음의 나라의 여신/역주)의 난폭한 무리를 공격한다.

> 그때 거대한 폭풍이 일어날 것이다. 늑대가 태양을 삼키게 되고 인간에게 엄청난 재앙이 다가올 것이다. 또 다른 늑대가 나타나 달을 잡아챌 것이다. 그 늑대는 엄청난 파괴 행위를 일삼을 것이고 하늘의 별들은 사라질 것이다. 폭풍이 다시 불어닥칠 것이고, 온 땅이 흔들리면서 바위들이 굴러 떨어지고 나무들은 다 뽑혀나갈 것이다. 그리고 모든 족쇄와 굴레가 부수어질 것이다.…… 펜리스-늑대가 입을 크게 벌리고 나타날 것이다. 그의 아래턱은 땅에 닿고 위턱은 하늘에 닿을 것이며, 공간이 남아 있으면 입을 더 벌릴 것이다. 그의 눈과 코에서는 불이 쏟아질 것이다. '미드가르드 뱀(the Midgard Serpent)'(노르웨이의 신화에서, 미드가르드는 인간이 사는 중간 땅을 말하는 것이다/역주)은 온 사방으로 독을 뿜어내면서 늑대의 옆에 서 있을 것이다.…… 그리고 이그드라실 물푸레나무가 흔들릴 것이다. 천상과 지상에 있는 것들 가운데 두려움에 떨지 않는 것은 아무것도 없을 것이다.[65]

신석기적 삶의 방식이 구석기적 삶의 방식에 승리하면서 학틴과 신 그리고 그들의 사제가 샤먼을 제압하였다. 그런데 이러한 시대는 이제 끝난 것 같다. 농경 사회에서 산업 사회로 바뀐 오늘날에는 농경인의 경건──달력의 의지(意志) 그리고 비와 태양의 신 앞에서 겸허하게 엎드렸던──이 아니라 실험실의 주술──신이 앉아 있던 곳으로 로켓을 발사하는──이 미래의 축복을 약속하고 있기 때문이다.

"그것이 정말 가능한가! 숲 속의 늙은 이 성인은 신이 죽었다는 소식을 아직 듣지 못하였던 것이다!"[66]

　니체의 말은 지금 우리 안에서 풀려나고 있는 프로메테우스적인 티탄의 첫번째 선언이었다. 그것은 다음 시대를 위한 선언인 것이다. 제우스의 명령에 따라 사슬을 묶던 사제들은 이제 두려움에 떨 것이다. 그 고리가 저절로 풀려나고 있기 때문이다.

제7장 동물의 주

1. 들소 춤의 전설

몬타나 주 블랙풋족의 삶은 거대한 들소떼의 출몰과 긴밀하게 관련되어 있었다. 한꺼번에 많은 들소를 잡는 최상의 방법 가운데 하나는 그 동물들을 낭떠러지로 유인하여 그 아래로 떨어지게 하는 것이었다. 이와 똑같은 방법이 위대한 동굴의 시대인 기원전 3만-1만 년경 유럽의 들소 평원에서도 사용되었다. 그 동굴 벽화들에는 가면을 쓴 샤먼이 춤을 추면서 들소를 유인하는 장면이 나온다. 이 그림을 본 사람이라면 조지 버드 그린넬(George Bird Grinnell)——1870년대 초 "서부 황야"에서 실제로 행해지던 들소 사냥과 들소 몰이에 직접 참여한 경험이 있는——이 묘사한 들소 사냥과 들소 몰이의 시공간적 범위에 대하여 놀라지 않을 수 없을 것이다. 이 무렵 유럽의 학계는 오래전(단지 기원전 1500년)에 사라진 아리아족의 과거를 재구성하려고 하고 있었으며, 바그너는 일련의 『니벨룽겐의 반지』를 구상하고 있었다.

들소를 피스쿤(들소를 잡는 함정)으로 몰기 전날 밤, 인-이스-킴(들소 바위)을 소유하고 있는 주술사는 자신의 담배 쌈을 펼쳐놓고 사냥의 성공을 위하여 태양에게 기도하였다. 다음날 아침이 되자, 그는 들소를 유인하는 역할을 수행하기 위해서 일찍 일어났다. 아내들에게는 자신이 돌아올 때까지 집을 떠나거나 집 밖을 보아서는 안 되고, 향기로운 풀을 계속 태우면서 자신의 성공과 안전을 위하여 태양에게 기도해줄 것을 부탁하였다. 그는 먹지도 마시지도 않고 평원으로 나갔다. 마을 사람들은 그를 따라나섰으며, V자 형의 바위 숲 뒤에 몸을 숨겼다. 주술사는 들소의 머리로 만든 두건을 쓰고 들소의 가죽으로 만든 옷을 입은 뒤 들소들이 모여 있는 곳으로 출발하였다. 들소떼에 가까이 접근하자 그들의 시선을 끌 때까지 이리저리 몸을 움직였다. 마침내 들소떼가 그를 보자 그는 바위 숲의 입구로 서서히 걸어갔다. 여느 때처럼 들소들이 따라왔고, 그는 속도를 내었다. 들소들이 더 빨리 따라오자 그도 속도를 더 내었다. 마침내 들소들이 바위 숲 입구를 지나 그 안으로 완전히 들어오자, 들소들이 지나간 바위 숲 뒤에 숨어 있던 사람들이 일시에 일어섰다. 그리고 소리를 지르면서 무릎 덮개를 일제히 흔들었다. 제일 뒤에 처져 있던 들소는 이 광경을 보고 무서워서 자신들의 동료들이 있는 곳으로 뛰어갔다. 그러자 곧 들소떼 전체가 전속력으로 절벽 쪽으로 달려갔다. 사실 그 바위 더미는 들소들을 절벽으로 유도하는 장치였고, 그 절벽 밑에는 울타리가 쳐져 있었다. 거기로 달려간 들소들은 대부분 뒤에서 달려오는 무리에 의해서 떼밀려 떨어졌고, 그 무리의 맨 뒤에 있던 들소들도 아무 영문도 모른 채 그 절벽 밑으로 뛰어들었다. 대부분의 들소는 떨어지자마자 죽었으며, 다리나 등만 부러지는 경우도 있었다. 심지어는 전혀 다치지 않은 들소도 있었다. 그러나 살아남은 들소들도 울타리 때문에 도망칠 수 없었고, 결국 인디언의 화살에 의해서 곧바로 목숨을 잃었다.

들소를 이 절벽 밑으로 몰아넣는 또 다른 방법이 있었다고 한다. 들소의 호기심을 유발하는 데 능숙한 사람이 아무런 위장도 하지 않고 들소떼 앞으로 간다. 그는 그 앞에서 숨었다가 나타났다가 하면서 계속 주변을 돌며 곡예를 부린다. 그러면 들소떼는 그를 따라오게 되는데, 그때 그들을 절벽으로 유인하는 것은 쉬운 일이다."

블랙풋족의 이야기는 계속된다. 옛날 옛적, 어떤 이유 때문인지 사냥꾼들은 동물들을 절벽 밑으로 유인할 수 없게 되었다. 그래서 사람들이 굶어 죽게 되었다. 낭떠러지로 몰린 동물들은 그 끝에 거의 도달하자 밑으로 떨어지지 않고 좌우를 살피는 것이었다. 그리고 경사면을 따라 내려가더니 마침내 그 계곡을 안전하게 건너는 것이었다. 그래서 사람들은 배고프게 되었고 상황은 점차 악화되고 있었다.

어느 날 이른 아침, 젊은 여자 하나가 물을 길러 나갔다. 그녀는 평원에서 풀을 뜯고 있는 한 떼의 들소를 발견하였는데, 낭떠러지가 바로 밑에 있었다. 그녀는 이렇게 소리쳤다. "오! 그대들이 그 밑으로 뛰어내린다면, 나는 그대들의 동료 가운데 하나와 결혼할 것이다."

물론 그녀는 심각하게 생각하고 이 말을 한 것이 아니라 그냥 재미로 한 것이었다. 따라서 실제로 들소들이 낭떠러지로 와서 그 밑으로 뛰어내리는 것을 보았을 때 그녀는 놀라지 않을 수 없었다. 그때 커다란 황소 한 마리가 단숨에 울타리를 부수고 그녀에게 다가왔다. 그러고는 "이리 오시오!" 하고 외치면서 그녀의 팔을 잡았다.

크게 놀란 그녀는 팔을 뿌리치면서 "오! 안 됩니다!" 하고 외쳤다.

"당신은 들소들이 뛰어 내린다면 우리들 가운데 하나와 결혼하겠다고 말하지 않았소. 자! 보시오! 울타리에는 이미 들소들이 넘쳐나고 있지 않소!" 그는 더 이상 실랑이를 벌이지 않고 그녀를 데리고 절벽을 올라갔다. 그리고 그들은 평원을 향해서 떠나갔다.

그 덕분에 마을 사람들은 울타리에 잡힌 들소들을 잡아먹을 수 있게 되었다. 그렇지만 그 젊은 여자 생각이 났다. 특히 그 여자의 친척들은 더욱 슬퍼하였다. 마침내 그녀의 아버지가 활과 화살통을 들고 일어섰다. 그리고 "나는 나의 딸을 찾으러 갈 것이오"라고 외쳤다. 마침내 그는 절벽을 오른 뒤, 평원을 가로질렀다.

그는 오랫동안 걸었다. 그러던 어느 날 들소의 못에 이르렀다. 그곳은 들소들이 물을 먹고 눕고 뒹굴고 하는 곳이었다. 그는 피곤하기도 하고 앞으로 해야 할 일을 생각하면서 그 못가에 앉았다. 그때 까치 한 마리가 그의 옆으로 날아와 앉았다.

그 사람이 말하였다. "하! 너는 참 잘생긴 새로구나! 나를 좀 도와다오! 내 딸을 찾아다오! 하늘을 날아다니다가 그녀를 찾거든 '너의 아버지가 못 근처에서 너를 기다리고 있다'고 전해주렴!"

까치는 들소떼가 있는 곳으로 즉시 날아갔다. 들소들에 에워싸여 있는 젊은 여자를 발견하자, 까치는 그녀 가까이 날아가 앉았다. 그리고 그녀 쪽을 보면서 땅을 쪼기 시작하였다. 그러고는 더 가까이 다가가 "당신의 아버지가 못 옆에서 당신을 기다리고 있소!" 하고 말하였다.

그녀는 두려운 듯이 "쉬! 쉬!" 하였다. 그러고는 둘레를 살펴보았다. 황소 남편이 옆에서 잠자고 있었기 때문이다. 그리고 이렇게 말하였다. "큰소리로 말하지 마세요. 돌아가서 아버지에게 기다리고 계시라고 전해 주세요."

그때 황소가 잠에서 깨어났다. 그리고 자신의 아내에게 "물을 좀 떠다 주시오"라고 말하였다.

그녀는 기뻐하였다. 그래서 남편의 머리에서 뿔을 뽑아가지고 못으로 갔다. 그리고 이렇게 말하였다. "아버지! 왜 오셨어요? 그들이 당신을 죽일 거예요."

그러자 아버지가 대답하였다. "너를 구하러 왔다. 이리 오너라! 빨리 서둘러 함께 떠나자!"

그녀가 말하였다. "안 되요, 안 되요, 지금은 안 됩니다. 그들이 우리를 쫓아와 죽일 거예요. 남편이 잠들 때까지 기다려야 해요. 그가 다시 잠들면 제가 몰래 도망쳐 나올게요."

그녀는 뿔에 물을 가득 채워 돌아갔다. 남편이 물을 꿀꺽 들이마셨다. 그러더니 "하! 이 근처에 사람이 하나 있구나"라고 말하였다.

그녀가 대답하였다. "아니에요, 아니에요, 여기에는 아무도 없어요." 그러나 그녀의 가슴은 두근거렸다.

그 황소는 물을 조금 더 마시더니 일어나서 크게 울부짖었다. 이 얼마나 무시무시한 소리인가! 다른 황소들도 모두 일어나 짧은 꼬리들을 흔들면서 머리를 위로 쳐들고 다시 크게 울부짖었다. 그러고는 앞발로 먼지를 일으키면서 사방으로 뛰기 시작하였다. 못에 도달한 황소떼는 딸을 찾아온 그 불쌍한 사람과 마주치게 되었다. 황소들은 발굽으로 그를 짓밟고 뿔로 받고 다시 짓밟았다. 그의 몸은 산산이 짓이겨져 뼛조각 하나 찾아볼 수 없게 되었다. "오, 아버지! 오, 아버지!" 하면서 딸은 통곡하였다.
 그때 황소가 이렇게 말하였다. "아하! 당신은 아버지 때문에 슬퍼하고 있군요. 그렇지만 우리의 기분이 어떤지 당신도 알고 있지 않소! 당신도 알다시피 우리의 아버지와 어머니 그리고 친척들이 바위 울타리 안으로 걸려 넘어져 당신들의 손으로 얼마나 많이 살해당하였소. 그렇지만 나는 당신을 동정하오. 그래서 당신에게 단 한번의 기회를 주겠소. 만일 당신의 아버지를 다시 살릴 수 있다면, 그때는 당신의 아버지와 함께 마을로 돌아가도 좋소."
 그녀는 까치에게 다가갔다. 그리고 말하였다. "나를 불쌍히 여겨다오. 나를 제발 도와다오. 저 짓이겨진 진흙 바닥으로 가서 내 아버지의 조그마한 살점이라도 찾아다오. 그리고 그것을 나에게 가져다주렴."
 까치는 잽싸게 못으로 날아갔다. 그러고는 날카로운 부리로 진흙을 파헤치면서 샅샅이 뒤졌다. 마침내 흰색의 어떤 것을 발견하였다. 그는 그것을 덮고 있는 흙을 일일이 쪼아내고 부리로 힘겹게 끌어내었다. 그리고 그 등뼈 조각을 가지고 그녀에게 돌아왔다.
 그녀는 아버지의 뼛조각을 땅에 놓고 자신의 옷으로 덮었다. 그리고 어떤 노래를 불렀다. 옷을 치우니 그곳에 아버지의 시신이 놓여 있었다. 그녀는 다시 옷으로 아버지의 몸을 덮고 또 노래를 불렀다. 옷을 다시 치우니 아버지가 숨을 쉬고 있었다. 그러고는 벌떡 일어났다. 그 광경을 본 황소들은 놀랐다. 까치는 너무 기뻐서 여기저기 날아다니며 수다스럽게 소리를 질러댔다.
 황소 남편은 자신의 동료들에게 이렇게 말하였다. "우리는 오늘 이상한 광경을 보았다. 우리가 산산이 짓밟아 죽인 자가 다시 살아났다. 그의 성스러운 힘은 놀랍다."
 그 황소는 젊은 여자에게 돌아서서 이렇게 말하였다. "이제 당신과 당신의 아버지는 떠나가도 좋소. 그전에 우리의 춤과 노래를 가르쳐주겠소. 당신들은 그 배운 것을 절대 잊어서는 안 되오."
 이 춤과 노래는 식용으로 살해된 들소들을 다시 살아나게 만드는 주술적 수단이었다. 마치 들소에 의해서 죽은 사람을 살아나게 하는 것처럼 말이다.

거기 있던 모든 황소들이 춤을 추기 시작하였다. 거대한 짐승의 춤에 걸맞게 노래는 느리고 장중하였으며, 몸동작도 육중하고 신중하였다. 춤이 끝나자 그 황소가 이렇게 말하였다. "이제 당신들의 고향으로 돌아가시오. 그렇지만 오늘 본 것을 잊지 마시오. 그리고 이 춤과 노래를 당신의 고향 사람들에게 가르쳐주시오. 이 의례의 성스러운 대상은 황소 머리와 들소 가죽이오. 따라서 이 춤을 출 때에는 누구나 이 황소 머리와 들소 가죽을 입어야만 하오."

아버지와 딸은 마을로 돌아왔다. 부족 사람들은 그들을 환영하고 회의를 소집하였다. 딸의 아버지는 그동안 일어난 일을 자세히 설명하였다. 이 회의에서 젊은이들이 선발되었고, 딸의 아버지가 그들에게 황소의 춤과 노래를 전수하였다.

이것이 바로 이-쿤-우-카-치(모든 친구들)라고 불리는 블랙풋족 인디언의 남성 결사 조직이 처음 나타나게 된 경위이다. 이 조직의 역할은 의례 생활을 관리하고 공동체의 안전을 수호하는 것이었다.[2] 철도가 대평원을 관통하면서 들소들이 사라지고 나이든 사냥꾼들이 농업과 여타의 노동 분야로 진출하기 전까지, 이 조직은 오랫동안 강력한 힘을 발휘하였다.

2. 구석기 신화

남부 프랑스에는 트루아 프레르(Trois Frères)로 알려진 거대한 사원-동굴이 있다. 그 안에는 들소 춤을 추고 있는 사람을 묘사한 그림이 있다. 그는 앞의 전설에 등장하는 제의용 복장을 그대로 입고 있다. 그리고 들소를 절벽으로 유인하는 능력을 지닌 샤먼의 역할을 분명하게 보여주고 있다. 여기서 우리는 이 전설의 고대성, 적어도 이 주제의 고대성에 대한 단서──그 이상의 매우 강력한 암시라고 말하고 싶다──를 찾을 수 있다. 그 근처에 있는 튜크 도두베르(Tuc d'Audoubert) 동굴에서도 두 마리의 들소와 들소 춤을 추는 사람의 발자국이 묘사된 암각화가 발견되었다. 이 암각화에서는 황소가 암소 위에 올라타고 있으며, 춤추고 있는 사람은 들소를 모방하여 발바닥 전체가 아니라 발꿈치로 춤을 추고 있다.

앞에서 말하였던 것처럼, 페르세포네와 데메테르는 돼지로 간주되었고, 괴물 뱀의 신부인 페르세포네 역시 뱀이었다. 이 전설에서 황소의 아내로 등장하는 젊은 여자 역시 암소라는 것은 확실하다. 그러므로 앞의 예들과 마찬가지로 이 젊은 여자와 황소도 신적 부부의 초기 표상으로 볼 수 있다.

〈그림 6〉 트루아 프레르 성소에 있는 그림.

로셀의 베누스로 알려진 유명한 구석기 여신상도 이 맥락에서 생각해 볼 수 있다. 이 여신은 프랑스 남부에 있는 한 동굴의 바위벽에 새겨져 있는데, 사냥 의례에서 중심적 역할을 하였던 것으로 보인다. 석기 시대 초기의 예술에서 전형적으로 나타나는 여신들처럼 이 여신의 엉덩이와 가슴도 매우 크다. 그녀는 오른손으로 들소의 뿔을 잡고 어깨 높이까지 들고 있다. 왼손은 튀어나온 배 위에 올려놓고 있다. 그녀의 몸에 황토의 흔적이 많이 남아 있는 것으로 보아, 한때 그녀는 붉은색으로 칠해져 있었던 것 같다. 그 동굴에 흩어져 있는 깨진 바위 조각들에도 상당수의 인물이 새겨져 있다. 어떤 두 여인상은 아직 확인되지 않은 물건을 오른

손으로 들고 있다. 네번째로 발견된 여인상은 다른 사람의 얼굴과 어깨를 깔고 앉아 있는데, 이는 아이를 출산하고 있는 모습——그것을 발견한 라란(G. Lalanne) 박사가 말하였듯이——을 연상시킨다.³⁾ 부드러운 모습의 남성상도 발견되었다. 그의 머리와 팔은 떨어져나갔지만, 창을 던지고 있는 자세를 하고 있다. 마지막으로 여성의 생식기 모습을 새긴 석판과 석재들만이 아니라, 하이에나와 말의 형상을 새긴 바위 조각들도 발견되었다. 프랑스 동굴 예술 분야와 관련하여 세계적인 전문가 가운데 한 사람인 아베 브뢰이(Abbé Breuil)에 따르면, 사냥 신화의 부산물인 이들 작품의 연대는 인류사의 초기 단계인 오리나시안 문화기와 페리고디안 문화기까지 거슬러 올라간다. 학계에서는 이 시기를 기원전 3만 년경으로 보고 있다. 우리는 그녀의 손에 있는 들소 뿔의 의미를 알지 못한다. 그러나 그것은 들소의 뿔이 확실하며, 그 성소는 사냥 의례와 관련된 인간과 동물의 계약——우리가 살펴본 전설 속에서 잘 정형화되어 있는 그러한 관계——장소였음에 틀림없다. 기원전 3만 년경 남부 프랑스에서 발견된 이 암각화들이 기원후 1870년 서부 황야의 들소 평원에서 채집된 전설의 한 예증이라고 주장할 수는 없지만, 이 둘 사이에 상당한 정도의 모티프가 공유되어 있는 것은 주목할 만하다.

더구나 구석기 시대의 동굴 벽에서는 의례 참여자들의 손바닥 자국이 많이 발견되었는데, 앞에서 살펴본 평원의 인디언들의 경우처럼 손가락이 없는 경우가 많았다.

크로족 인디언이 샛별(금성)에게 바치는 기도문에는 이러한 말이 나온다. "위대한 여자 노인의 손자여, 당신에게 나의 손가락을 바칩니다. 그 대신 좋은 어떤 것을 주세요…… 나는 가난합니다. 나에게 훌륭한 말을 주세요. 나는 나의 적을 쳐부수고 싶고, 참한 여자와 결혼하고 싶습니다. 나는 나 자신의 천막을 원합니다."⁴⁾ 이 기도문을 채록한 로이(Lowie) 교수는 이렇게 말하고 있다. "크로족을 방문한 동안(1907-1916), 나는 왼쪽 손이 멀쩡하게 남아 있는 노인을 본 적이 거의 없다."⁵⁾

동물의 주 331

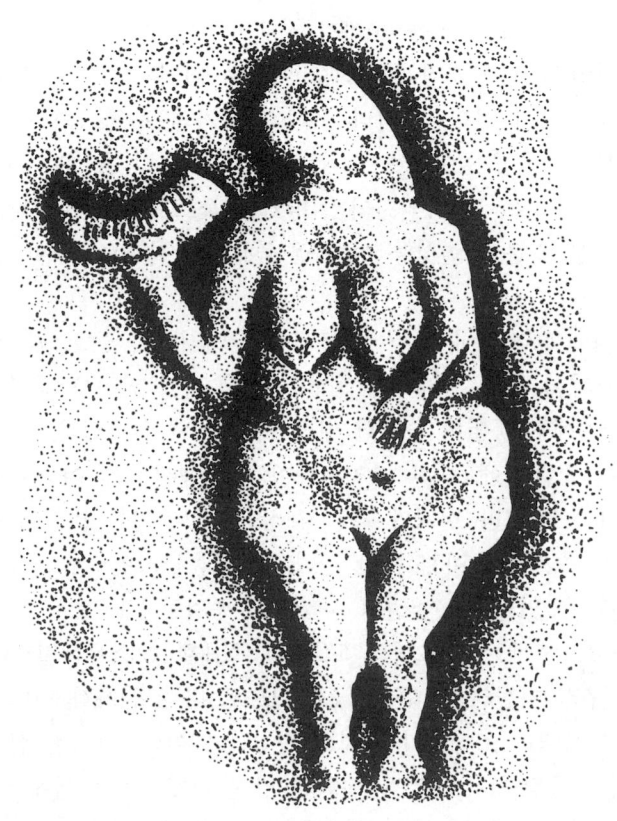

〈그림 7〉 로셀의 베누스.

불구가 된 이 손들은 샤먼의 손이 아니라 "정직한 사냥꾼들"의 손이다. 샤먼의 몸은 파괴될 수 없고, 그들이 바치는 위대한 제물은 육신의 제물이 아니라 정신의 제물이기 때문이다. 우리는 지금 기록이 남아 있는 인류 사회 최초의 대중적인 의례와 신화를 찾아가는 도상에 있다. 이러한 신화와 의례들은 처녀 희생제의의 시대보다 훨씬 더 오래되었으며, 공간적 측면에서도 그에 못지않게 광범위하게 분포하고 있다. 우리는 이미 샤먼 전통의 광범위한 분포——아메리카의 남쪽 끝에서 북쪽 끝, 티에라 델 푸에고에서 에니세이강, 오스트레일리아에서 허드슨만까지 이르는——

를 살펴보았다. 이제 우리는 구석기 시대의 성소에서 행해지던 사냥 의례의 일반적인 형태를 가장 희미하고 어두운 과거의 우물에까지 파고 들어가서 살펴보아야 한다. 그러나 우리가 과거의 우물 속으로 파고들수록 그 단서들은 점점 줄어들며 그 분포 지역은 널리 흩어져 있음을 보게 된다. 그러나 우리는 인류 역사의 여명기에 들소 춤과 같은 의례가 존재하였을 가능성 혹은 개연성을 이 유물들에서 암시적으로나마 찾아볼 수 있다.

그러나 항해를 시작하기 전에, 블랙풋족 인디언의 들소 춤 전설이 구석기 수렵인의 신화적 분위기에 던져주는 몇 가지 단서를 잠시 살펴보도록 하자. 여기에는 특별히 중요한 일곱 가지의 단서가 있다.

1. 옥수수의 기원에 대한 오지브웨이 전설에서처럼 여기서도 행위는 신화적 시대가 아니라 현재와 같은 세상 속에서 일어난다. 우리는 새와 짐승의 말과 주술에 속아서는 안 된다. 오늘날의 샤먼도 그러한 말과 주술을 사용할 수 있다. 이 전설에 등장하는 주인공들도 모두 샤먼의 능력을 가지고 있다. 제1부 제2장의 5절에서 소개한 오스트레일리아의 신화와 의례는 우리 자신의 시대와는 근본적으로 다른 신화적 시대를 언급하고 있다. 그 시대는 조상들이 세계를 형성한 때이다. 그러한 신화들은 아메리카에서도 등장한다. 그러나 신화의 발전 단계라는 관점에서 보면, 그 신화들은 샤먼의 능력을 갖춘 남자와 여자, 동물과 새의 개인적인 모험 이야기들보다는 더 후기의 산물로 보인다. 샤머니즘과 관련된 신화적 시대와 영역은 지금 여기(here and now)이다. 샤먼의 주술을 소유하고 있는 인간, 동물, 나무, 바위는 다른 존재들에게는 두껍게 덮여 있는 꿈과 같은 실재(dreamlike reality)의 세계로 직접 접근할 수 있다.

이와 같은 신화 시대에 위대한 신화적 사건은, 의미 있게 연결된 변형의 연쇄 반응 체계를 통하여 죽음과 재생산 과정을 작동하게 하고 아울러 삶의 운명을 시간 속에 고정하였던 그 자리를 점유한다. 이러한 신화 시대에 기인하는 신화와 의례는 샤먼이 지배하던 수렵 사회보다는 오히려 농경민의 세계 체계(the world system of the planters)에 속한다. 수렵 사회에서 그러한 신화가 발견되면, 그것은 농경 사회와의 문화 접변에 의한 것으로 추정될 것이다. 오스트레일리아의 경우에는 이웃하고 있는 멜라네시아로부터 그 영향을 받았다. 이와 마찬가지로 북아메리카 인디언의 경우에는 중앙아메리카의 고등 문명과 중국의 신석기 및 후기 신석기(기원전 2500년경부터 시작되는) 문명으로부터 집중적인 영향을 받았다. 중국 문명의 영향은 황하의 남쪽에서 인도네시아로, 그리고 거기에서 다시 서쪽으로는 마다가스카르, 동쪽으로는 브라질까지 미쳤을 뿐만 아니라,* 아무르강의 북쪽에서 동북시베리아까지 미쳤다. 그리고 후대에 이 시베리아 지대로부터 북아메리카로의 이주가 시작되었던 것이다.[6] 그러므로 우리는 이러한 아메리카 신화들 속에서, 지극히 복잡하면서도 순수하게 구석기적이지만은 않은 전승을 다루고 있는 것이다. 그러나 방금 살펴보았듯이, 거기에는 오리냐시안 문화기의 동굴 시기까지 거슬러 올라가는 하나의 중요한 흐름을 보여주는 단서들이 많이 존재하고 있다.

2. 이 전설에서 구세주 영웅의 역할을 한 중심 배역은 까치이다. 그의 매개 역할이 없었다면 아무것도 이루어질 수 없었을 것이다. 우리는 까치의 역할 속에서 샤먼-트릭스터의 변형(쿠빌간)을 쉽게 읽어낼 수 있다. 샤먼의 사회적 기능은 자연의 베일 너머에 있는 힘과 인간 사이의 통역자 혹은 중개자로서 봉사하는 것이기 때문이다. 이것이야말로 이 이야기 속에 등장하는 까치의 기능인 것이다.

3. 이 이야기 속에서 죽은 사람이 다시 살아나게 된 것은 뼛조각을 발견할 수 있었기 때문이다. 그것을 발견하지 못하였더라면 아무것도 성취될 수 없었을 것이다. 그는 아마도 얼마 동안 고통스러운 정령으로 떠돌다가 다른 형태로 다시 태어날 수 있었을 것이다. 아마도 들소나 새 혹은 그 밖의 어떤 다른 존재로 태어났을 것이다. 그러나 뼛조각이 있었기 때문에 그는 과거의 모습 그대로 다시 태어날 수 있었던 것이다.

여기서 뼛조각은 사냥꾼의 사고방식을 보여주는 한 징표라고 할 수 있다. 농경민의 경우에는 씨가 이 역할을 한다. 뼈는 해체되지 않으며, 그 밖의 다른 어떤 존재로 태어나지 않는다. 뼈는 파괴되지 않는 토대이다.

---

* 498-501쪽 참조.

이 토대로부터 과거에 거기에 있었던 동일한 개인이 주술적으로 재생한다. 똑같은 사람이 다시 들어오는 것이다. 이것이 중요한 점이다. 여기서 불멸성은 집단이나 인종이나 종의 속성이 아니라 개인의 속성으로 간주된다. 농경민의 사고는 집단적 의식에 근거하고 있다. 이에 비하여 수렵인의 사고방식은 개인 안에 존재하는 불멸 의식에 근거하고 있다. 이러한 개인 차원의 불멸 의식은 사실 모든 신비 전통에서 나타나고 있다. 이러한 개인 단위의 불멸 의식을 합리화하고 정의하는 것이 존재론의 주요 과제 가운데 하나였다. 이 두 가지 사고방식은 상호 보완적이면서도 서로 대립하고 있다. 고등 종교 전통에서는 이 두 가지 사고방식이 인간의 운명과 정의(righteousness)에 대한 근본적으로 대립하는 관점을 산출하였다.

히브리인의 예배를 예로 들어보자. 거기에서는 대지에 의존하는 고대 근동 문명의 신화와 의례가 강력한 집단 의식을 지닌 부족 차원에서 수용되었다. 따라서 거기서는 집단의 운명에 개인이 참여하는 것이 매우 강조되었다. 예를 들면, 어떤 공적 예배가 타당성을 인정받기 위해서는 13세가 넘는 성인 남자 열 명 이상이 참석해야 할 정도이다. 그리고 거기에서는 모든 의례 체계가 그 부족의 성스러운 역사를 지향하고 있다. 인도의 요가에서는 정반대의 현상이 나타나고 있다. 북쪽의 방대한 스텝 지역의 샤머니즘이 이 지역에 강력한 영향력을 행사하였기 때문이다. 여기에서, 존재의 신비에 대한 궁극적 영역을 완전히 체험하기 위한 가장 적합한 장소로 간주되는 곳은 철저히 고립된 히말라야 산맥의 정상이다.

4. 이 전설에 등장하는 사냥감들은 절벽 밑으로 떨어지는 것을 거부하고 그 위에서만 왔다갔다 한다. 그들은 위대한 황소의 지도 하에 그렇게 하고 있는 것이다. 그런데 그 위대한 황소는 사냥 신화에서 매우 중요한 역할을 하는 하나의 존재 유형, 즉 동물 원형(animal archetype) 혹은 동물의 주(animal master)이다. 그는 아파치족 학틴의 머리 주위를 시계 방향으로 빙빙 도는 최초의 새와 비교할 수 있다. 모든 동물을 파생시키는 최초의 네발짐승과도 비교할 수 있다. 또 철학적——흔히 생각하는 것만큼 원시적 사고에서 멀리 떨어져 있지 않은——용어로 말하자면, 그 위

대한 황소는 종(種)의 이데아를 표상한다고 할 수 있다. 그는 여타의 들소들보다는 한 차원 높은 곳에 있는 존재이다. 그는 무시간적이고 파괴될 수 없는 존재이다. 이에 비하여 다른 들소들은 시간과 공간의 법칙에 종속된 존재로서, 단순한 그림자들(우리 자신들처럼)에 불과하다. 그들은 절벽 밑으로 떨어져 죽었지만 그만은 전혀 다치지 않았다. 그는 본질의 영역——여기에서 그 종에 속하는 다른 모든 들소들이 나온다——에 속하는 원리의 현현이다.

인간과 달리 동물의 종은 생득적 방출 기제가 비교적 정형화되어 있기 때문에 변화 속에 있는 영원의 신비를 잘 표상해왔다. 모든 동물 종은 그 자체의 집단 영혼을 가지고 있다. 따라서 아무리 많은 동물들이 총에 맞아 개별적으로 죽는다고 하더라도, 그 종에 속하는 다른 동물들이 계속해서 새끼를 낳으므로 그 종은 영구히 동일한 상태로 남아 있게 된다. 보수적 기독교인들이 그렇게 지키려고 용감하게 싸운——결국 지고 말았지만——성서적 개념이 있다. 그것은 플라톤-아리스토텔레스적 개념이기도 한 "종의 불변성" 개념이다. 이 개념에는 어떤 최고 정신 혹은 원격 조종자의 무시간적 의지와 계획에 대한 유사-철학적 의미, 그리고 주마 등처럼 변화하는 세계를 유지하는 데 대한 혹은 그 안에 존재하는 고정된 법칙과 본질의 영역에 대한 유사-철학적 함의가 포함되어 있다. 그런데 이 개념은 구석기 시대로 거슬러 올라가는 오랜 역사를 가지고 있다. 그 개념은 모든 원시 사유 속에서 매우 중요한 위치를 차지하고 있기 때문이다.

5. 들소들이 절벽 위로 갔을 때 뛰어내리는 행동을 한 것은 그들의 주인(동물의 주)의 의지에 따른 것으로 보인다. 따라서 그들의 육신은, 자연의 주술적 질서에 따라 그들에게 부여된 그 주인의 자발적 선물로 간주되어야 한다. 이것이 블랙풋족 인디언에게 주는 그 전설의 일차적 교훈이다. 들소를 살해하는 것은 자연의 길에 대립하는 것이 아니다. 이와 반대로, 자연의 길에 따라 생명은 생명을 먹는다. 따라서 자신의 육체를 사람들의 식량으로 내어주는 동물은 자발적인 희생양인 것이다.

6. 그러나 죽이는 데는 옳은 방법과 잘못된 방법이 있다. 그 소녀는

다시 찾은 뼛조각을 가지고 주술로써 자신의 아버지를 회생시켰다. 그리고 황소는 소녀의 주술이 분명히 죽은 사람을 다시 살릴 만큼 강하다는 것을 보자, 들소들이 추는 주술적 춤과 제의적 노래를 그들에게 가르쳐 주었다. 이러한 춤과 노래는 죽었던 들소들을 다시 살릴 수 있는 그러한 주술이었던 것이다. 주술이 있는 곳에는 죽음이 없다. 사람들이 동물 의례를 적절하게 수행할 경우에는 동물과 사냥꾼 사이에 놀라운 주술적 조화가 일어난다. 사람들이 사냥을 하기 전에 들소 춤을 적절하게 추면, 살해당하는 들소들은 그들의 본질이나 생명이 아니라 단지 육체만을 내어 주게 되는 것이다. 따라서 그들은 다시 살게 된다. 그리고 다음 계절에 다시 돌아오는 것이다.

그러므로 사냥 자체는 원색적인 세속적 행위가 아니라 하나의 성스러운 희생제의이다. 들소 자신들로부터 배운 춤과 노래는 들소 몰이나 살해 행위만큼이나 사냥 기술의 한 부분이다. 농업이 지배하는 열대지방——여기서는 인간의 운명과 식물 세계의 모델이 동일시됨으로써 죽음과 부패 그리고 열매로 이어지는 변형의 의례가 나왔다——에서 본 것 같은 인신 공희는 사냥꾼 사회에서는 보이지 않는다. 만일 발견된다면 그것은 다른 지역의 강력한 영향에 의한 것이다(포니족의 의례가 한 예이다). 사냥꾼을 위한 고유한 희생 제물은 동물 자신이다. 동물은 그 자신의 죽음과 귀환을 통하여 우연으로 점철된 그림자-세계 속에서 작동하는 영원한 실체와 본질을 드러낸다. 그러므로 우리는 춤추는 들소의 노래——그러한 거대한 동물에 걸맞게, 느리고 장중하며 신중한——속에서 『바가바드 기타(*Bhagavad Gītā*)』의 위대한 주제로 나아가는 구석기 시대의 서곡을 들을 수 있다. 우주의 꿈을 꾸는 우주적 존재인 비슈누의 신화 노래는 이렇다. "단지 육체만이 종말을 가지고 있다. 그런데 이 육체 속에는 영원하고 소멸될 수 없고 파악불가능한 자기(Self)가 존재하고 있다." 그리스의 현인 피타고라스는 이렇게 말하였다. "만물은 변화하지만 결코 소멸하지는 않는다. 영혼이 이리저리 돌아다닐 뿐이다. 영혼은 자기가 좋아하는 것이면 그것이 무엇이든 그 속으로 들어간다. 그것은 동물의 몸속에서 나와 인간의 몸속으로 들어가고, 우리의 몸속에서 나와 동물의 몸속으로 들어가지만, 결코 소멸하지 않는다."[8]

이것을 카리보우 에스키모 이그주가르주크의 말과 비교해보라. 그는 동물의 수호여신 핑가(Pinga)——식량이 떨어지면 강력한 샤먼들이 그의 나라를 방문한다——에 대하여 이렇게 말하고 있다. "그는 동물의 영혼을 돌보고 있으며, 너무 많은 동물이 죽는 것을 보고 싶어하지 않는다. 어떤 것도 사라지지 않는다. 카리보우인이 죽으면 그의 피와 내장을 반드시 덮어야 한다. 우리는 생명이 무한하다는 것을 안다. 단지 우리가 죽은 다음에 어떤 형태로 다시 나타나는지를 알지 못할 뿐이다."[9]

7. 마지막으로 주목해야 할 것은 블랙풋족의 사회조직 자체가 총동지회(All Comrades Society)의 위계 구조에 근거하고 있다는 점이다. 그런데 이 조직은 그 젊은 소녀와 아버지의 모험이 끝난 뒤에 결성된 것으로 보인다. 이 부족을 방문하였던 그린넬은 당시에 알려진 이 위계 구조의 단위 명칭들을 아래와 같이 제시하였다.

작은 새 15세에서 20세 사이의 남자 아이들.
비둘기 전쟁에 여러 번 참여한 적이 있는 남자들.
모기 계속해서 전쟁에 참여하는 남자들.
용감한 자 믿을 만한 전사들.
매우 미친 개 40세가량의 남자들.
새까만 짐꾼 (기록되지 않음.)
개 ; 꼬리 노인들 : 두 집단이 있는데, 같은 옷을 입고 함께 춤춘다.
뿔 ; 피 독특한 비밀 의식을 거행하는 집단들.
군인 (기록되지 않음.)
황소 황소 머리와 가죽을 입고 있는 집단.[10]

앞서 살펴보았듯이, 사제 도시국가의 위대한 창조적 시기에는 천상에서 이루어지는 별들의 순환적 춤과의 동일시 놀이에서 하나의 사회 조직이 파생되었다. 거기에서는 역법 체계에 근거한 대우주 차원의 천상적 질서 개념이 신화를 만들어 내었는데, 그 신화에 따라 국가라는 "중우주(mesocosm)"가 구성되었다. 열대지방에서는 식물의 세계가 인류의 주식과 삶의 신비의 주요 모델을 제공하였고, 신화 시대의 첫 희생자와 동일시된 젊은 소년과 소녀가 집단을 조직하는 제의 구조의 토대와 핵심 에피소드를 제공하였다. 그런데 이 블랙풋족의 경우에는 동일시 놀이가 동물, 특히 인간의 주식이 되는 동물과의 관계 속에서 나타났다. 그 놀이는 두 세계 사이에 존재한다고 여겨지며, 의례 속에서 실현되고 재현되는 상호 이해의 놀이였다. 동물과 그들의 동료인 인간의 복지는 의례의 적절한 수행에 달려 있었다. 이 놀이는 토템 관념의 토대를 제공하였는데, 19세기 후반에는 인류학자들이 이 관념에 엄청난 관심을 가졌다. 이 시기에는 신화와 의례에 등장하는 모든 동물은 토템의 흔적으로 해석되었다. 그렇지만 실제로 토테미즘은 보다 큰 원리——"동물의 주"와 "동물의 수호자" 혹은 인간의 수호자 속에서 잘 나타나고 있는——의 한 측면이자 변형일 뿐이다.

 토테미즘 사회에서는 씨족이나 집단의 조상이 반인반수(半人半獸)의 존재로 간주되며, 그 조상과 동일한 이름을 가진 동물의 종은 바로 그 조상의 후손으로 간주된다. 따라서 씨족원들은 자신들의 사촌인 그 동물을 죽이거나 먹을 수 없으며, 같은 씨족 안에서는 결혼도 금지된다. 상당수의 북아메리카 인디언 부족과 대부분의 오스트레일리아 부족은 토테미즘 사회에 속한다. 따라서 토템 관념의 기원은 아주 먼 과거로까지 거슬러 올라간다고 볼 수 있다. 그러나 토테미즘은 인간의 사냥 세계와 그들의 이웃이자 동료인 동물과의 관계를 전부 다 설명하지는 못한다. 동물은 토템 조상의 공동 후손일 뿐만 아니라 위대한 샤먼이자 위대한 교사이기 때문이다. 동물은 사냥꾼의 세계를 안과 밖에서 에워싸고 있다. 그리고 이동할 수 있는——새처럼 날아다니든, 네발짐승처럼 뛰어다니든, 뱀처럼 기어다니든——동물이라면 그 어느 것이든 간에 어떤 신비를 전달할 수 있는 메신저가 될 수 있다. 즉 동물은 인간에게 어떤 경고나 도움을 주기 위해서 나타난 샤먼이나 수호자의 변형일 것이다.

3. 돌아온 피의 의례

우리는 지금 아주 깊은 과거의 우물 속으로 들어가려고 한다. 인류가 식물의 왕국이 지니고 있는 운명의 원리를 깨닫기 전에는 죽음이 없는 동물떼의 신비와 인류의 정신을 지배한 사냥의 법칙이 있을 뿐이었다. 이러한 과거의 우물에 가장 빛나는 통찰력을 제공한 사람 가운데 하나가 바로 프로베니우스였다. 그는 자신의 아프리카 여행담에서 이렇게 쓰고 있다.

1905년 카사이와 루에보(벨기에령 콩고) 사이에 있는 정글 지대에서 나는 이 사냥 부족 출신 몇 사람을 만났다. 이 부족은 고원 지대에서 밀려나 콩고의 정글로 이주하고 있는 중이었으며, 아프리카 문헌에서는 "피그미족"으로 알려져 있다. 세 명의 남자와 한 명의 여자로 이루어진 이 무리는 한 주 동안 우리 탐험대와 동행하였다. 어느 날이었다. 밤은 다가오고 있었고 야영지에서 식량을 보충해야만 하는 상황이었다. 그동안 우리는 서로 친하게 되었다. 그래서 나는 세 사람의 남자에게 영양을 한 마리 잡아달라고 부탁하였다. 사냥꾼들에게는 그 일이 쉬울 것이라고 생각하였기 때문이다. 그러나 그들은 놀란 얼굴로 나를 쳐다보더니, 마침내 한 사람이 나에게 대답하였다. 그 대수롭지 않은 일은 흔쾌히 해줄 수 있지만, 오늘은 안 된다는 것이었다. 아직 준비가 안 되었기 때문이라는 것이다. 우리는 서로 오랫동안 이 문제를 가지고 의견을 주고받다가 마침내 결론을 내렸다. 사냥을 하기 전에 먼저 사냥꾼들이 다음날 아침에 사냥 준비를 하기로 합의한 것이다. 우리는 일단 헤어졌다. 그들은 주변을 살피기 시작하더니 마침내 근처에 있는 언덕 위에 자리를 잡았다.

나는 이 사람들이 준비하는 과정을 매우 보고 싶었다. 그래서 해가 뜨기 전에 일어나 그들이 전날 밤에 마련한 장소 근처의 작은 덤불 속에 잠복하였다. 아직 날이 밝지 않았는데, 그들이 왔다. 그런데 남자들만 온 것이 아니라 여자도 함께 왔다. 남자들이 땅에 쪼그리고 앉더니 거기에 있던 잡초나 나무 같은 것을 모두 뽑아버렸다. 그러고나서 그 땅을 평평하게 만들었다. 남자들 가운데 한 명은 손가락으로 모래 위에 무엇인가를 그리고 있었고, 그동안 두 남자와 여자는 어떤 주문과 기도를 읊었다. 그후 얼마간의 침묵이 흘렀다. 그들은 무엇인가를 기다리는 듯하였다. 마침내 해가 떴다. 그러자 한 남자가 활과 화살을 가지고 자신들이 평평하게 만든 그 장소 위로 뛰어들었다. 약간의 시간이 흐르자 햇빛이 그 그림에 비쳤다. 그 순간 번개처럼 어떤 일이 일어났다. 여자는 태양을 잡으려는 듯 양손을 들어 올리고 어떤 알 수 없는 소리를 질렀으며, 남자는 화살로 모래 위의 그림을 쏘았다. 여자는 다시 큰소리를 질렀다. 그러자 남자들은 무기를 가지고 숲 속으로 뛰어갔다. 여자는 몇 분 동안 계속 서 있다가 야영지로 돌아갔다. 그녀가 간 뒤 나는 숨어 있던 곳에서 나와 그곳으로 가보았다. 그 모래 위에는 약 4피트 길이의 영양이 그려져 있었다. 그리고 화살이 그의 목에 꽂혀 있었다.

    나는 사진을 찍기 위해서 그곳에 다시 가고 싶었다. 그런데 내 야영지 근처에 있던 그 여자가 나의 길을 막고 나섰다. 그리고 그런 계획 자체를 포기하라고 애원하였다. 여행은 계속되었다. 그날 오후 그 사냥꾼들이 아름다운 수사슴 한 마리를 가지고 왔다. 목에 화살을 맞은 사슴이었다. 그 작은 사람들은 우리에게 그 사냥감을 전해주었다. 그리고 그 동물의 몸에서 뽑은 털 한 묶음과 피로 가득한 호리병박을 가지고 그 언덕으로 다시 올라갔다. 이틀 뒤에 우리는 다시 만났다. 그날 밤 나는 야자수를 마시면서 그 세 사람 가운데 가장 믿음직해 보이는 사람에게 그 문제에 대하여 물어보았다. 그는 셋 가운데 가장 나이가 많은 사람이었다. 그는 단지 이렇게 말해줄 뿐이었다. 그와 그의 동료들이 언덕으로 다시 돌아갔던 이유는 자신들이 그린 사슴 그림 위에 털과 피를 바르기 위해서라는 것이었다. 그리고 그 사슴 그림 위에 꽂힌 화살을 뽑고, 그 그림을 지웠다는 것이었다. 그러한 행위의 의미에 대해서 묻자 아무것도 대답해주지 않았다. 단지 그들이 이런 행위를 하지 않았다면 사슴의 "피"는 파괴되고 말았을 것이라고 하였다. 그리고 태양이 뜨는 시각에 맞추어 그 그림을 지워야만 하였다는 것이다.

    그는 자신이 나에게 한 말을 여자에게 말해서는 절대로 안 된다고 부탁하였다. 정말로 그는 자신이 한 말의 결과에 대해서 매우 걱정하는 것처럼 보였다. 다음날 아침 우리의 피그미 일행은 작별 인사 한마디 없이 떠나갔다. 이는 이 일행의 지도자가 제안한 것임에 틀림없다.[1]

    콩고의 정글 지대에서이든 허드슨만의 툰드라에서이든 근본적으로 동일하게 나타나는 이 이데올로기의 의미와 고대성과 지속성을 이해하기 위해서는 카리보우 에스키모 이그주가르주크의 다음과 같은 말을 상기하면 된다. "순록을 살해한 다음에는 반드시 그 피와 내장을 덮어주어야만 한다. 우리는 생명의 무한성을 알기 때문이다."

프로베니우스는 이렇게 덧붙이고 있다. "피를 흘리게 한 다음, 피의 복수를 받지 않기 위해서는 강력한 주술이 요청된다."[12]

한 가지 더 지적해보자. 피그미 의식의 중요한 점은 그 의식이 새벽에 행해져야만 한다는 것이다. 햇살이 모래 위의 사슴 그림에 비치는 순간 화살이 그곳으로 날아갔다. 태양은 모든 사냥 신화에서 위대한 사냥꾼이다. 태양은 사자이다. 그의 포효로 인하여 무리가 깨어나고, 그가 사슴의 목을 급습할 때 사슴은 죽는다. 태양은 위대한 독수리이다. 그가 돌진하면 양은 사로잡힌다. 태양은 찬란한 구(球)이다. 새벽의 햇살은 밤하늘의 별 무리를 흩어지게 만든다. 이러한 원시적 사냥 신화의 증거는 양 발톱으로 사슴을 채고 있는 태양 독수리의 모티프——고대 수메르의 예술에서 나타나고 있는 최초의 모티프 가운데 하나——에서만이 아니라, 뒤로 고개를 돌린 사슴의 목을 물어뜯고 있는 사자의 모티프——구석기 예술에서 아주 많이 나타나는——에서도 나타난다.

이 교훈을 비유적으로 이야기하면 이렇다. 태양은 사냥꾼이고 햇빛은 화살이다. 사슴은 별 무리의 하나이다. 그러므로 내일 밤에 별이 다시 뜨듯이 사슴도 내일 다시 올 것이다. 사냥꾼은 그 동물을 개인적이고 자의적인 동기에서 죽인 것이 아니라, 위대한 정령의 지침에 따라 살해한 것이다. 이러한 면에서 볼 때 "사라진 것은 아무것도 없다."

제8장 구석기 시대의 동굴

1. 위대한 사냥꾼 샤먼

프랑스 남부의 아름다운 도르도뉴(Dordogne) 지방에 널려 있는 구석기 수렵인들의 광대한 지하 사원을 방문해보라. 그러면 거기서 우리는 어떤 감동적인 경험을 하게 될 것이다. 인류 역사의 가장 최근 시기에 만들어진 고속도로 위로 안락한 차를 타고 달리는 우리가 빙하시대의 마지막 1,000년 동안 인간의 삶에 일어난 일을 이해할 수 있을까? 활과 화살도 없던 당시의 힘센 사람들은 날카로운 막대기와 얇은 돌 조각으로 사향소, 순록, 털이 난 코뿔소, 그리고 극지방의 툰드라 시기 동안 이 지역으로 밀려와 배회하던 코끼리를 잡고 있었다. 그 우화적인 과거와 현재의 온화한 인간은 너무나 대조적이다. 따라서 우리가 아무리 상상력을 동원한다고 하더라도 이 지구상에서 실제로 그러한 인간들이 존재하였다고 생각하기는 어렵다. 파리에서 남쪽으로 향하다가 샤르트르 성당 앞에서 잠시 멈추어본 사람들이 있을 것이다. 그 성당 입구에 있는 조각들과 12-13세기 스테인드글라스의 강렬한 빛은 아득한 중세의 도상학(iconography)을 현재화시킨다. 또 아비뇽, 오란주, 님, 그리고 아를 같은, 론(Rhone)강 주변의 도시들을 구경해본 사람도 있을 것이다. 거기에서는 전적으로 다른 양식으로——가장 내구성이 강한 벽돌을 사용하여——지어진 사원, 수로, 원형경기장이 중세 성당보다 훨씬 오래된 유럽 문명의 시기를 증언하고 있다. 그것이 바로 2,000년 전의 로마 문명이다. 당시에는 오비디우스가 자신의 신화적 세계사인 『변신(Metamorphoses)』을 쓰고 있었으며, 로마의 한 백성이었던 그리스도가 베들레헴에서 태어났다. 이교도 전승에 따르면, 그리스도가 태어난 동굴은 매년 희생 제물이 되었다가 다시 부활하는 아도니스의 신화적 출생과 관련되어 있다. 그러나 비교적 최근의 과거에 속하는 이러한 곳들에 대한 경험——관광이나 문학작품이나 고고학적 자료를 통한——은 성스러운 도르도뉴 동굴 속에서 우리의 지성과 감정에 일격을 가하는 저 거대하고 실제적인 충격과는 도대체 비교가 되지 않는다.

"구석기 시대의 시스틴 성당"이라고 불리는 거대한 라스코 동굴의 성소에서는 신성이 인간의 형상(신인동형론〔神人同形論〕)——샤르트르 성당이나 바티칸에서처럼——으로 경험된 것이 아니라 동물의 형상(신수동형론〔神獸同形論〕)으로 경험되었다. 위쪽의 둥근 천장에는 날뛰고 있는 황소 그림들이 있고, 거친 벽에는 동물 형상이 많이 그려져 있다. 그래서 이 동굴에 들어오면 마치 무리를 지어 다니는 동물들의 사냥터에 온 것 같은 느낌이 든다. 시냇가에서 헤엄치고 있는 한 무리의 수사슴, 살이 포동포동 찌고 털이 많이 난 한 무리의 조랑말, 새끼를 배어 생명력으로 넘치고 있는 암컷 조랑말들, 그리고 유럽에서는 이미 수천 년 전에 멸종한 들소와 같은 동물들이 그려져 있다. 이 장엄한 동물 무리 가운데에는 기이한 생김새를 하고 있으면서도 우리의 시선을 사로잡는 하나의 형상이 있다. 그것은 구석기 시대일지라도 이 지상에서는 존재할 수 없었던 것처럼 보이는 동물이다. 직선으로 된 두 개의 뿔이 이마에서 앞쪽으로 뻗어 있는데, 마치 곤충의 더듬이나 한 쌍의 반데릴라(banderilla, 투우에서 소의 목을 찌르는 창/역주)처럼 생겼다. 그리고 임신 중에 있다는 것을 보여주는 배는 땅에 닿을 정도로 많이 나와 있다. 이것은 마법사-동물(wizard-beast)로서, 이 동굴 전체의 놀라운 형상들 가운데 가장 특이한 것이다."

구석기 시대의 동굴 345

〈그림 8〉 라스코 동굴의 마법사-동물.

거기에는 이 석기 시대 성당의 사냥 주술이 가지고 있는 신비를 더욱 더 잘 암시하고 있는 기이한 그림이 또 하나 있다. 동굴 바닥 밑으로 깊이 파여 들어간 곳에 자연적으로 생긴 토굴들이 있는데, 접근하기 가장 어렵고 무시무시한 이 토굴의 바닥에 바로 그 그림이 그려져 있다. 이 그림에 등장하는 거대한 수컷 들소는 창에 찔린 상태인데, 창이 항문을 뚫고 들어가 생식기 쪽으로 나와 있다. 그 상태로 어떤 굴복한 사람 앞에 서 있다. 이 사람(조야하게 그려진 유일한 그림인 동시에 이 동굴에 등장하는 유일한 인간 형상이다)은 샤먼의 황홀 상태에 빠져 있다. 그는 새의 모습을 한 가면을 쓰고 있으며, 그의 성기는 들소 쪽을 향하여 발기 상태에 있다. 그리고 그의 발밑에는 던지는 막대기가 놓여 있고, 뒤쪽에는 새 형상의 손잡이가 달린 지팡이가 땅에 꽂혀 있다. 그리고 이 샤먼의 뒤에는 걸어가면서 배설하고 있는 듯한 커다란 코뿔소가 있다.[2]

이 그림에 대한 해석을 둘러싸고 학자들 사이에 많은 논란이 있었다. 대부분의 학자들은 이 그림이 사냥하는 과정에서 일어난 사고의 한 장면을 묘사한 것이라고 주장하였다. 아베 브뢰이(Abbé Breuil)만큼 권위가 있는 한 학자가 이러한 의견을 지지하였다. 그의 추정에 따르면, 코뿔소가 이 불행한 사고를 일으킨 주범이다.[3] 그러나 나는 다르게 생각한다. 이 동굴에서는 그림들이 주술적 성격을 가지고 있고 따라서 자신들이 바라는 상황을 그린다고 본다면, 이러한 불행한 사고 장면을 성소 중의 성소인 토굴 속에 그렸을 리가 없기 때문이다. 그 사람은 새의 가면을 쓰고

〈그림 9〉 라스코 동굴의 토굴 속에 있는 그림.

있고 손은 인간의 손이 아니라 새의 손이다. 앞에서 보았듯이, 새의 복장을 하고 새처럼 변신하는 것은 오늘날까지도 시베리아와 북아메리카에 걸쳐 광범위하게 나타나고 있는 샤머니즘 전통의 한 특성이다. 더구나 우리는 폴리네시아의 마우이와 괴물 뱀장어 이야기에서도 주술사의 남근이 지니고 있는 어떤 힘에 대하여 배운 적이 있다. 그리고 오스트레일리아에서는 "뾰족한 뼈(pointing bone)"라고 알려진, 치명적인 위험성을 지닌 남근 주술 의례가 아직도 행해지고 있다. 게자 로하임(Géza Róheim)은 그 의례의 변종에 대해서 이렇게 쓰고 있다.

오스트레일리아에서는 흑주술이나 적대적 주술이 대체로 남근과 관련되어 있다.…… 만일 어떤 사람의 "뼈가 뽑힌다면" 꿈에서 그것이 미리 나타날 것이다. 먼저 그는 마당 가운데 홈이 파인 곳을 보게 되고, 그 속에 있던 두세 사람이 그를 향하여 걸어오는 것을 보게 된다. 가까이 온 그들은 자신들의 몸에서 뼈를 하나 뽑는다. 그 뼈는 직장과 음낭 사이에 있는 살 속에서 뽑힌다. 주술사는 실제로 희생자의 몸에서 뼈를 뽑기 전에 먼저 그를 잠에 빠져들도록 한다. 자신의 성기나 음낭에서 채취한 정액이나 체액을 공중에 뿌리는 방식으로 잠들게 만드는 것이다. 그 뼈를 사용하는 사람은 그것을 자신의 성기 밑에, 마치 제2의 성기가 그곳에 달려 있는 것처럼, 그것을 달고 다닌다.

구석기 시대의 동굴 347

〈그림 10〉 의식용 가면 : 날카로운 막대기로 되어 있는 뿔. 스펜서와 길렌의 책에서 따옴.

핀두피족은 흑주술 일반을 에라티(erati)라고 부르며, 이러한 특수한 유형의 주술에 대해서는 "악을 행한다"는 의미를 지닌 쿠주르-푼가니라고 부른다. 여러 명의 남자가 양손에 줄이나 뾰족한 뼈를 들고, 등을 구부린 상태로 뒤쪽에서——음낭 바로 옆에 있는 주술적 뼈를 지나치면서——찌른다. 희생자는 잠이 들어 있고, 그 뼈는 그의 직장 속에 그대로 꽂힌다.

로하임 박사는 계속해서 말하고 있다. "여자들도 그들이 만든 상상의 남근을 가지고 악한 주술을 행한다. 루리차 여인들은 음모를 잘라서 긴 줄을 만든다. 그리고 캥거루 뼈를 가지고 자신들의 질을 찔러 피를 낸다. 그렇게 하면 그 줄은 희생자의 심장을 관통하는 뱀이 된다"[4] 핀두피족의 여인들은 또 하나의 예를 보여준다. "그들은 음모를 잘라서 줄을 만든다. 그리고 그것을 계속해서 다른 여자에게 전달한다. 마침내 여자 주술사가 그것을 전달받을 때까지 그렇게 한다. 그 줄(툴투자나니)을 전해 받은 여자 주술사는 먼저 그 줄을 가지고 춤을 춘다. 그런 다음에는 그것을

〈그림 11〉 날카로운 막대기로 된 뿔로 장식을 한 오스트레일리아 사람들. 스펜서와 길렌의 책에서 따옴.

삼킨다. 그녀의 위 속에서 그 줄은 한 마리의 뱀으로 변신한다. 그러면 그녀는 그 뱀을 토하여 물속에 놓아준다. 뱀은 물속에서 점점 자라다가 마침내 와나푸 푼투("큰 용")가 된다. 그 용은 다시 변신하여 공중에서 여러 여자들을 태우고 다니는 길다란 구름이 된다. 그 구름은 다시 한 마리의 뱀이 되어, 잠자고 있는 여자의 영혼을 사로잡는다."[5]

이 예들은 라스코 동굴에 보이는 샤먼의 발기한 성기만이 아니라, 샤먼의 동물 친구일 가능성이 많은 코뿔소의 배설 행위가 가지고 있는 상징적 맥락을 이해하는 데 매우 큰 도움이 된다. 더구나 들소의 항문을 관통하여 생식기 쪽으로 나온 창은 그 사이에 있는 내장을 쏟아내게 되는데, 신체의 이 부분은 오스트레일리아인들의 "뾰족한 뼈"가 관통하는 부분과 같다. 마지막으로 주목해야 할 사실은, 이 거대한 동굴에 있는 기묘한 마법사 샤먼의 신기한 뿔은 오스트레일리아 원주민들이 남성 춤 의례를 거행할 때 머리에 쓰고 있는 뿔 모양의 뾰족한 막대기와 그 형태가 같다는 것이다.[6]

1940년 라스코 동굴이 발견되기 몇 년 전 아프리카에 있던 프로베니우스는 그 동굴에서 발견된 것과 비교될 수 있는 세 개의 후기 구석기 시대 벽화를 발견하였다. 첫번째 그림은 사하라-아틀라스 산맥의 크사르 아마르에 있는 바위벽에서 발견되었는데, 그 그림에서는 한 사람이 들소 앞에서 팔을 들고 있다. 두번째 그림은 리비아의 남서부에 있는 페잔에서 발견되었는데, 거기에서는 부부 한 쌍이 황소 앞에서 춤을 추고 있다 (거기에는 춤추고 있는 다른 두 부부의 모습도 보이는데, 이것은 좀더 후대의 양식에 속한다). 누비아 사막에서 발굴된 세번째 그림에서는 세 사람이 큰 숫양 앞에서 팔을 들고 있다. 프로베니우스는 이렇게 말한다. "이러한 종류에 속하는 거의 모든 그림에서 동물의 표상은 매우 세심하게 그려지는 반면 인간의 형상은 대충 그려지고 있는데, 이 점에 주목해야 한다." 이러한 지적은 프로베니우스가 본 그림들에만 해당하는 것이 아니라 라스코 동굴의 그림들에도 그대로 적용된다. 프로베니우스는 또 이렇게 말하고 있다. "나는 이 그림들이 어떤 의식을 묘사하고 있는 것이라고는 결코 생각하지 않는다. 왜냐하면 코끼리와 기린 앞에서 이와 유사한 예배 자세를 취하고 있는 그림이 많이 보이기 때문이다. 루에보 피그미 의례*와 일반적인 암벽화에서처럼, 이러한 그림들이 보여주고 있는 것은 동물의 성화(consecration) 장면이다. 그리고 이러한 성화는 동물과 인간의 어떤 실제적인 대면에 의해서가 아니라 마음속에 있는 어떤 개념의 묘사를 통해서 이루어졌다."[7]

피그미 의례의 증거, 북아프리카의 구석기 시대 벽화, 자발적 희생의 개념, 동물의 주, 돌아온 피의 의례, 뾰족한 뼈의 주술, 그리고 거칠게 그려진 인간 형상 위에 있는 샤먼적 힘의 징표를 종합해보면, 라스코 동굴 벽화의 기능이 무엇이었는지 그리고 왜 이 그림들이 성소 중의 성소에 있는지를 대체적으로 이해할 수 있다.

더구나 라스코 동굴의 벽에 그려진 새의 머리를 한 인간과 무엇인가를 찾고 있는 신기한 동물이, 구석기 시대에 샤먼이 존재하였고 또 중요성을 지니고 있었다는 사실을 증명하는 유일한 것은 아니다. 라스코 동굴

---

* 339-340쪽 참조.

자체에 이미 제3의 형상이 있는데, 브뢰이는 이것을 아프리카의 주술사와 비교하였다.[8] 사실 이와 비슷한 형상이 여러 동굴의 벽화에 묘사된 동물의 무리에서 쉰다섯 개나 발견되었다. 이를 통해서 우리는 인류사의 아득한 과거에 이미 마법사와 샤먼과 주술사의 기술(the arts)이 잘 확립되어 있었음을 확인할 수 있다. 사실 그림 자체가 이러한 기술의 보조물이었으며, 심지어는 그림이야말로 중심적인 성사(聖事)였다고 할 수 있다. 그림은 사냥 주술과 관련되어 있었음이 확실하기 때문이다. 그리고 이미 논의하였던 것처럼,* 그 꿈과 같은 신비적 참여——피아제의 용어를 사용하자면, "미분화(indissociation)"——의 원리에서는 벽에 그린 그림이 무시간적 원리, 본질, 본체적 이미지(noumenal image) 혹은 무리의 관념을 성소에 끌어들이고, 의례는 그것을 사건화한다.

그림 속에 등장하는 많은 동물들은 다트 화살에 몸 한쪽이 찔리거나 혹은 부메랑이나 곤봉에 맞은 것처럼 보인다. 부드러운 벽에 그려진 동물들은 사람들이 세게 던진 투창에 맞아 실제로 벽에 구멍이 뚫려 있다.[9] 여기서 생각나는 것은 민간 주술에서 사용되는 밀랍 인형이다. 증오하는 사람을 죽이기 위한 이 주술에서는, 인형에다가 이름을 새긴 다음 바늘로 찌르거나 불로 녹이기 때문이다.

또한 대부분의 동굴 속에 있는 동물의 그림들은 다른 동물 위에 겹쳐 그려지는데, 이는 미적 효과를 전혀 고려하지 않은 것이다. 확실히 그 그림들은 우리가 생각하는 예술이 아니라 주술을 목적으로 하고 있었다. 그리고 현재 우리가 알 수 없는 어떤 이유들 때문에 그 그림들은 특정 동굴 그리고 그 동굴의 특정 부분에서만 효과를 발휘하는 것으로 간주되었다. 그 그림들은 수백 세기 동안 매년 같은 장소에서 다시 그려져왔던 것이다. 그리고 예외없이 그 장소들은 자연적으로 생긴 동굴의 입구에서는 아주 멀리 떨어져 있다. 어둡고 종잡을 수 없고 음산한 통로와 방 안쪽 어딘가에 있다. 그러므로 그곳에 도달하기 위해서는 동굴 자체의 신비에서 나오는 어떤 강력한 힘을 경험해야만 한다. 어떤 미로들은 땅속

---

* 101-109쪽 참조.

으로 반 마일 이상 들어간다. 사람들의 눈을 현혹하거나 사실상 장님으로 만드는 길도 있고, 갑자기 밑으로 푹 꺼지는 위험한 길도 많다. 그것들이 지닌 절대적이고 우주적인 어둠, 침묵, 측정할 수 없는 내적 범위, 그리고 정상적이고 깨어 있는 인간 의식의 관심과 모든 요구로부터 떨어져 있는 그 무시간적 거리는 오늘날에도 느껴진다. 동굴 안내자가 들고 있는 램프의 불빛이 꺼지는 순간 그러한 느낌이 와락 밀려온다. 모든 감각이 순식간에 사라진다. 수천 년의 시간적 거리가 일시에 사라진다. 그리고 사색의 차원을 넘어서 있는 신비를 인정하게 되면서 마음이 고요해진다. 이 상태에서는 어떠한 논평도 요구되지 않는다. 전에 경험한 적이 결코 없지만 항상 알고 있었던 것 같은(두려움이 동반된) 어떤 느낌이 온다. 그 순간 놀라움과 시각적 충격 그리고 결코 잊을 수 없는 인상이 다가온다.

제1차 세계대전이 발발하기 몇일 전 발견된, 여러 통로와 방으로 이루어진 이 위대한 체계 속으로 들어가보자. 이 동굴은 피레네 산맥의 몽테스키외-아방테(Montesquieu-Avantes, 프랑스 남부의 아리게〔Ariège〕주에 위치)에 있는, 앙리 베구앵(Henri Bégouën) 백작과 그의 세 아들의 사유지에서 발견되었다. 발견 지점은 그 사유지의 지하 60피트 밑이다. 백작은 이 미로를 발견한 세 아들을 기념하여 그 동굴에 "트루아 프레르(Trois Frères, 세 형제)"라는 이름을 붙였다. 그 동굴 안에 있는 통로, 움푹 파인 곳, 올라온 곳, 그리고 넓은 방들에서 400-500개 정도의 암벽화와 암각화가 발견되었는데, 아직도 이 그림들 가운데 상당수의 복사본이 출판되지 못하였다. 그러나 브뢰이는 매년 이 그림들을 추적하고 해독하고 분류하고 사진 찍는 작업을 끈기 있게 수행하였다. 그 결과 이 동굴의 그림 전시관은 후기 구석기 시대의 제의적 경험과 신화적 전승을 이해하는 데 가장 풍부한 단서——지금까지 발굴된 것 가운데——를 제공하는 유일한 보고(寶庫)가 되었다. 그것과 인접해 있는 튀크 도두베르(Tuc d'Audoubert) 동굴의 일부가 붕괴된 탓에 이 동굴의 통로도 일부 막혀 있다. 들소의 춤을 묘사하고 있는 튀크 도두베르 동굴의 성소에 대해서는 앞에서 이미 언급하였다.* 백작과 그의 아들들은 트루아 프레르라는

'앨리스의 이상한 나라'를 발견하기 불과 2년 전에 이 동굴을 발견한 것이다. 1마일 정도의 미로로 되어 있고 적어도 2만 년 동안 사용된 이 두 동굴은 세계에서 가장 중요한——가장 크지는 않을 지라도——주술과 종교의 중심지 가운데 하나였음에 틀림없다.

1914년 7월 20일, 백작과 그의 세 아들은 2년 전에 발견한 동굴을 방문하기 위하여 들판을 가로지르고 있었다. 그들은 더위를 피하려고 나무 그늘을 찾았다. 그때 길을 지나다가 그들의 애처로운 모습을 지켜본 한 농부가 그들에게 바람 구멍(trou souffleur)으로 가라고 일러주었다. 그곳에서는 가장 뜨거운 날에도 땅속에서 시원한 바람이 불어온다는 것이었다. 그들은 그곳에 동굴이 있겠거니 하면서 그가 알려준 대로 길을 갔다. 그리고 수풀 뒤에서 마침내 "바람 구멍"을 발견하였다. 그들은 그 입구를 확장하고 아들 가운데 한 명이, 다른 모험을 위해서 준비해두었던 밧줄을 몸에 묶은 뒤 그 구멍 밑으로 내려갔다. 그는 밑으로 계속 내려갔다. 60피트 정도의 밧줄이 빨려 들어가고나서야 그는 멈추었다. 그는 밧줄과 별도로 한 뭉치의 실타래를 가지고 들어갔는데, 마치 미노타우로스의 미로에 들어간 테세우스의 이야기처럼, 실을 풀면서 앞으로 나아가기 위한 것이었다. 그리고 1만 년 이상 동안 아무도 들어가보지 못한 그 통로를 비출 램프도 가지고 있었다. 그가 굴속으로 들어간 지 1시간이 지났다. 그를 기다리던 아버지와 두 아들은 온몸에 진땀이 났다. 그때 갑자기 밧줄의 반대편에서 끌어당기라는 신호가 왔다. 그들은 흥분한 채 그를 힘껏 끌어올렸다. 밖으로 나온 그 아들은 "이건 완전히 새로운 동굴이다! 이 속에 수백 개의 그림이 있다!" 하고 외쳤다. 그러나 한 달도 채 안 되어 전쟁이 일어났다. 그 때문에 1918년이 되어서야 그 동굴에 대한 완전한 탐사가 이루어지게 되었고, 아베 브뢰이가 초대받아 비로소 학문적 연구를 시작할 수 있었다.[10]

1926년 여름, 그 동굴을 방문하였던 헤르베르트 퀸(Herbert Kühn) 박사는 당시의 상황을 이렇게 기록하고 있다.

---

* 328-329쪽 참조.

구석기 시대의 동굴 353

　그 동굴 바닥은 습기가 많고 질척질척하였다. 때문에 그 바위 길에서 미끄러지지 않도록 조심해야만 하였다. 그 동굴은 올라가다가 내려갔고, 다시 매우 좁은 통로가 이어졌다. 10야드 정도나 되는 그 통로를 통과하기 위해서는 사지를 땅에 붙이고 기어야만 하였다. 그러다가 다시 커다란 방들과 더 좁은 통로들이 나타났다. 어떤 큰 방에는 검은색과 붉은색 점들이 수없이 박혀 있었다.
　거기에 있는 종유석은 얼마나 장엄하던가! 천장에서 떨어지는 부드러운 물방울 소리만 들릴 뿐, 아무 소리도 들리지 않고 아무것도 움직이지 않았다.…… 그 침묵이 우리를 섬뜩하게 만들었다.…… 그 크고 긴 방을 지나자 매우 좁은 통로가 나타났다. 우리는 램프를 땅에 대고 구멍 안쪽으로 밀어 넣었다. 루이스(백작의 장남)가 앞장서고 그 뒤를 반 기펜 교수(네덜란드 그로닝겐 대학)가 따랐다. 그리고 그 뒤로는 리타(퀸 박사의 부인)와 내가 따랐다. 그 굴의 폭은 내 어깨 넓이에 불과하였으며 높지도 않았다. 앞선 사람이 신음 소리를 내는 것이 다 들리고 그들의 램프가 매우 천천히 움직이는 것이 보였다. 우리는 양팔을 몸에 바짝 붙이고 마치 뱀처럼 요동치면서 앞으로 나아갔다. 그 통로의 높이가 1피트도 안 되기 때문에 얼굴을 땅에 붙이고 나아가야만 하였다. 나는 마치 관 속을 통과하는 기분이었다. 도대체 머리를 들 수도 없고 숨도 제대로 쉴 수 없는 상황이었다. 그러다가 마침내 굴 천장이 좀 높아지기 시작하였다. 덕분에 겨우 앉아서 휴식을 취할 수 있었다. 그러나 이것도 잠시였다. 그 길은 다시 좁아지기 시작하였다. 그래서 우리는 한 야드 한 야드씩 앞으로 나아갔고 그렇게 40야드를 전진하였다. 그동안 아무도 말하지 않았다. 램프만 조금씩 움직이고 우리는 단지 그것을 따라 앞으로 갔을 뿐이다. 심장은 쿵쿵거리고 숨을 쉬기도 힘들었다. 머리가 천장에 닿은 채로 움직이는 것은 정말 괴롭고 힘든 일이었다. 나는 몇 번씩 머리를 천장에 부딪쳤다. 이 상황은 영원히 끝나지 않을 것인가? 그때 갑자기 끝이 보였다. 모두가 숨을 쉴 수 있었다. 그것은 일종의 구원이었다.
　우리가 그때 서 있던 공간은 엄청나게 컸다. 램프의 불빛으로 천장과 벽을 따라 비추어보니 장엄한 방이 모습을 드러내었다. 위에서 아래까지 벽 전체가 암각화로 덮여 있었는데, 모두 돌 도구를 사용하여 새긴 것이었다. 당시 프랑스 남부에 살았던 매머드, 코뿔소, 들소, 야생마, 곰, 야생 나귀, 순록, 울버린(족제비과의 동물/역주), 사향소 같은 동물의 행렬이 암각화를 수놓고 있었다. 그것들보다 작은 올빼미, 토끼, 물고기 등도 보였다. 사냥감을 향해서 날아가고 있는 다트 화살도 여기저기 눈에 띄었다. 곰 그림이 특히 우리의 시선을 끌었다. 공격을 받은 그 곰의 몸에는 구멍이 뚫려 있고, 입에서는 피가 뿜어지고 있었기 때문이다. 진실로 이것은 사냥화이며, 사냥 주술을 묘사한 그림이다.[11]

브뢰이는 이 중요한 성소에서 아름다운 탁본을 만들고 사진들을 찍어 출간하였다.[12] 그 그림들은 힘차고 생명력이 넘친다. 퀸 교수가 지적한 것처럼, 이 양식은 최고 수준의 인상파 스케치와 비교할 만한 것이었다. 그 그림들은 고대 이집트나 메소포타미아 사제 정치의 산물인 숨막히는 작품들──시기적으로는 이것들이 우리에게 더 가깝지만──보다 우리에게 더 가깝게 느껴진다(물론 이것이 이 예술의 발견을 그렇게 획기적인 것으로 만든 주요 특성의 하나이다).

트루아 프레르의 이 경이로운 동굴 속에 있는 동물들은 그려진 것이 아니라 벽에 새겨진 것이다. 역동적인 영원한 생명 속에 있는 동물 왕국의 순간적인 동작과 도약과 섬광이 수천 년 동안 보존될 수 있었던 것은 바로 그 때문이다. 그런데 그중에서 가장 눈에 띄는 것이 있다. 동굴의 제일 끝 쪽, 바닥에서 15피트 정도 높은 곳에서 날카로운 눈으로 방문객을 사로잡는 어떤 형상이 있다. 그것이 유명한 "트루아 프레르의 마법사"이다. 그는 거기에 있는 수많은 동물 위에 군림하고 있는 것처럼 보인다. 그런데 이 암각화는 춤을 추고 있는 그의 옆모습을 묘사한 것이다. 브뢰이가 암시하였듯이, 그는 마치 케이크워크(cakewalk, 원래 흑인의 경기로, 남녀 한 쌍이 벌이는 걸음걸이 경기이다/역주)에 참여하여 걷는 것 같다. 그러나 뿔 달린 얼굴은 방 안쪽을 향하고 있다. 쫑긋 솟은 귀는 수사슴의 귀이고, 둥근 눈은 올빼미의 눈을 연상시킨다. 앞가슴까지 내려온 두터운 수염은 사람의 수염이며, 춤 동작을 취하고 있는 다리는 사람의 다리이다. 이 유령과 같은 존재는 늑대나 야생마의 북실북실한 꼬리를 가지고 있으며, 꼬리 뒤쪽으로 툭 튀어나온 생식기는 고양이과 동물──아마도 사자──의 그것이다. 손은 곰의 발처럼 생겼다. 이 동물의 키는 2.5피트이며 몸통의 길이는 15인치이다. 퀸 교수는 이 동물에 대해서 "무시무시하고 소름끼치는 형상"이라는 표현을 사용하였다.[13] 더구나 이 동물만 색칠(검은색)이 되어 있기 때문에 나머지 동물들보다 훨씬 눈에 잘 뜨인다.

그런데 이 사람——만일 사람이라면——은 도대체 누구인가? 도대체 무엇이길래, 결코 잊혀질 수 없는 자신의 이미지를 우리에게 각인시키고 있는 것일까?

〈그림 12〉 트루아 프레르의 마법사.

베구앵 백작과 브뢰이는 처음에는 그것을 마법사라고 생각하였다. 그러나 브뢰이는 입장을 바꾸었다. 지금 그는 그것이 사냥꾼의 무리와 사냥감의 증식을 관장하는 신 혹은 정령이라고 믿고 있다.[14] 퀸 교수는 예술가-주술사 자신의 상징이라고 생각하였다.[15] 이와 달리 인류학적으로 훈련된 눈을 가진 펜실베이니아 대학의 칼리턴 쿤(Carleton S. Coon) 교수는 이렇게 말하였다. "이것은 사슴 사냥 준비를 하고 있는 사람에 지나지 않는다. 아마도 사냥을 하고 있는 장면일지도 모른다. 그것도 아니라면 그는 살찐 사슴을 잡기 위하여 사슴을 주재하는 숲의 정령을 불러내고 있는 중일 것이다." 쿤 교수는 이렇게 결론을 내리고 있다. "이 그림을 그린 예술가에게 드러난 모티프가 무엇이든 간에, 그는 어떤 창조적 욕구를 느꼈고 그 자신을 표현하고 싶었기 때문에 이러한 행위를 한 것이다. 동굴 벽에 들소를 그리든 은행의 본관에 벽화를 그리든 간에, 모든 예술가가 그렇게 하듯이 말이다."[16]

자신의 창조적 욕구를 보여주기 위하여 40-50야드나 되는 좁은 굴을 배를 대고 기어가는 사람, 그에 대한 낭만적 가설을 지지하는 어떤 과학적 방법들이 있을 것이다. 그렇지 않다면 쿤 교수가 그러한 제안을 하였을 리가 없다. 그러나 나는 이 방과 동굴 전체를 사냥 주술의 중심지로 보는 보다 단순한 추론을 선호한다. 그리고 그 주술사는 분명 몹시 숙련된(실제로는 안 그렇다고 하더라도 그러한 평판을 지니고 있는) 고위급 주술사일 것이다. 또 이 동굴에서 행한 것이 어떤 것이든 간에, 교황 미사를 집전하는 로마 교황의 자기 표현 욕구와는 아무런 관계가 없었을 것이다.

브뢰이의 두 가지 추측 가운데 어떤 것이 맞을까? 이것은 매우 결정하기 어려운 문제이다. 현대인이 생각하는 것과는 달리, 당시에는 그 둘 가운데 어느 하나를 선택하는 것이 그렇게 중요하지 않았을 수도 있다. 만일 트루아 프레르의 사냥 성소에 있는 그 생생하고 잊을 수 없는 동물의 주가 하나의 신이라면, 그는 분명히 마법사의 신이다. 그리고 그가 마법사라면 그는 신의 옷을 입은 마법사이다. 현대 야만인들의 의례에서 잘 나타나듯이, 어떤 사람이 성스러운 옷을 입고 있을 때 그는 신적 존재 자체의 현현이 된다. 그는 터부이다. 그는 신적 힘의 도관(導管)이다. 그는 단지 신을 표상하는 것이 아니라 신 자신이다. 그는 하나의 표상이 아니라 신의 현현(*manifestation*)이다.

그림도 역시 하나의 현현이다. 따라서 가장 그럴듯한 해석은 브뢰이가 두번째로 선택한 해석이다. 즉 "트루아 프레르의 마법사"라고 불리는 존재는 실제로 신이고, 동시에 신의 현현이다. 그는 또한 의례를 행하고 있는 샤먼 속에서 육화되기도 한다. 그러나 여기서는 우리를 위하여 이 경이로운 도상(icon) 속에서 영원히 육화되어 있는 것이다.

우리의 연구에 가장 중요한 거대한 동굴들의 첫번째 특성은 이 깊고 미로 같은 동굴들이 주거지가 아니라 성소라는 사실이다. 이는 아란다 부족의 남성용 춤마당과 그 기능이 비슷하다. 이 두 장소가 유사한 목적을 위하여 사용되었음을 보여주는 증거가 있다. 하나는 소년들의 성년 의례를 위하여 사용되고 다른 하나는 사냥감의 주술적 증식을 위하여 사용되었다는 것이 바로 그 증거이다. 우리에게 알려진 원시 부족들만이 아니라 고대 세계의 모든 사당과 의식이 그것의 기원 신화를 가지고 있듯이, 이 구석기 성소들도 각자의 기원 신화를 가지고 있다. 깊은 동굴 속에 있는 이 수수께끼 같은 형상들은 그 자체의 침묵 속에서 이 장엄한 사당에 내재하는 주술적 효험의 궁극적 근원에 관한 신화를 지니고 있는 것이다.

이와 달리, 사람들의 주거지는 깊지 않은 동굴이나 바위턱 밑 혹은 널리 트인 초원 지대 등에 분포되어 있었다. 오두막집과 같은 주거 형태들이 그림 속에 많이 나타나며, 바위턱 밑에서는 구석기인의 생활을 보여주는 유물이 많이 발견되었다. 사실 오늘날까지도 도르도뉴의 아름다운 계곡에는, 구석기 시대의 것과 같은 바위턱 밑에서 살고 있는 사람들이 있다. 이 거대한 바위턱들은 빙하시대에 강의 강력한 침식작용에서 살아남은 것들이다. 지금은 그 길이가 줄어들고 수위도 낮아졌지만, 그 같은 강들에 의해서 제방과 높은 절벽——그 안쪽으로 바위턱을 형성하면서——사이에 아름다운 초지가 형성되었다. 오늘날 그 튀어나온 절벽에는 프랑스식 가옥이 푸근하게 안겨 있는데, 그곳에 도달하기 위해서는 조금만 올라가면 된다. 이 현대식 가옥이 서 있는 땅 바로 밑에서는 갈리아-로마 시대——베르킨게토릭스(카이사르가 정복한 갈리아 지방의 족장/역주)와 율리우스 카이사르의 시대에서 시작하는——의 유물을 담고 있는 지층이 발견된다. 그 밑으로는 그보다 이른 갈리아 문화의 유물이 발견되고, 그보다 더 밑으로는 신석기 시대(기원전 2500-1000년경)의 유물이 발견된다. 그리고 마침내 구석기 유적이 아질리안기, 마그달레니안기, 솔루트레안기, 오리나시안기, 무스테리안기의 순서로 발견된다. 하나의 단면을 통하여 약 5만 년에 걸친 인류의 삶이 드러나고 있는 것이다. 가장 꼭대기 층에서는 망가진 자전거 체인이 발견되고 맨 밑층에서는 2인치 정도 되는 동굴 곰의 이빨이 발견된다. 그런데 이러한 지층의 단면을 보여주고 있는 관리인 자신이 이 절벽의 단단한 바위를 뒷벽으로 활용한 집에 살고 있다. 그는 이러한 벽을 가진 가옥이 얼마나 효용성이 있는가를 말해줄 것이다. 이러한 집은 여름에는 시원하고 겨울에는 따뜻하다. 그리고 거대한 암석은 집을 보호하는 데 큰 도움이 된다. 집 앞으로는 사랑스러운 강까지 이어지는 평화로운 초지가 뻗어 있다. 이곳은 수천 년 동안 아이들을 기르는 데 아주 좋은 장소였을 것이다. 그러나 구석기인들은 그곳에서 경작을 하는 대신 식량을 얻기 위하여 사냥에 나섰으며, 그곳에서 자전거나 차를 타는 대신 걷거나 뛰어다녔다. 또 그들은 어떤 생활을 하였을까? 그들은 아이들을 키웠고, 아내들은 옷을 만들었다. 물론 천이 아니라 가죽으로 말이다. 부싯돌을 만들기 위한 남성들의 작업터가 있었으며, 동굴 안의 비밀스러운 곳에는 남자들만의 집회 장소가 있었다. 이처럼 그들의 삶은 요즈음 사람들이 사는 것과 그렇게 다르지 않았다. 그렇게 5만 년이 흐른 것이다.

2. '우리들의 여인' 매머드

구석기 시대의 동굴 벽화에는 동물의 모습이 지배적으로 나타나지만, 같은 시기의 조각품들에서는 여성의 모습이 중심적인 것으로 등장한다. 동물 그림에서 아주 드물게 나타나는 남성상들은 대체로 가면을 쓰고 있다. 그렇지 않으면 그것이 신화적 존재나 주술적 동작임을 암시하기 위하여 나름대로 변형되어 있다. 이와 달리 뼈나 돌이나 상아에 새겨진 여성상들은 벌거벗은 상태로 그냥 서 있다. 그 여성들은 대체로 뚱뚱하며, 특히 풍만한 엉덩이와 음부의 삼각형 그리고 젖을 먹이고 있는 가슴이 극적으로——물론 상징적 의도를 가지고——강조되어 있다. 벽화에 등장하는 남성상들과 달리, 여성상들은 결코 가면을 쓰고 있지 않으며 동물을 암시하기 위하여 변형되어 있지도 않다. 지금까지 발굴된 130개의 여성상 가운데 단지 두 개만이 샤먼과 비슷한 복장을 하고 있다. 다른 여성상들은 그냥 벗은 채로 있다. 이 작고 대담한 "베누스들"을 구석기 시대의 성애 작품(erotica)으로 해석한 학자들도 있다.[17] 그러나 여러 개의 여성상이 성소에서 발견된 것으로 보아, 이것들은 분명히 숭배의 대상이었다. 이 여성상들은 모두 발이 없다. 발 부분이 땅속에 묻혀 있기 때문이다. 몇몇 여성상들은 실제로 그것들이 본래 있던 그 자리에서 발견되었다. 그러므로 이보다 훨씬 후대에 속하는 근동의 초기 농경 사회에서처럼, 구석기 시대에는 여성의 몸이 신적 힘의 원천으로 경험되었으며, 그것의 신비를 기리기 위한 의례 체계가 확립되었다고 할 수 있다.

그러면 이 의례들은 여성 의례인가 남성 의례인가, 아니면 둘 다인가? 이 의례들은 동굴의 의례를 보완하고 있는가, 아니면 그것과는 양립 불가능한 것인가? 그것도 아니라면 동굴 의례로부터 단지 분리되어 있는 것인가? 이 의례들은 동굴 의례와 똑같은 구석기 지역과 지층에서 나온 것인가, 아니면 전적으로 새로운 어떤 체계를 나타내고 있는 것인가?

오리나시안기의 여성상 조각 기술이 열대지방의 목각 및 상아 조각 기술에서 근본적인 영향을 받은 것이라고 주장한 최초의 학자는 레오 프로베니우스이다. 이 주장은 열대림 지역과 온난한 스텝 및 사막 지역의 근본적 차이를 전제하고 있다. 그에 따르면, 열대지방에서는 목재가 풍부하고 목각 기술이 오늘날도 번성하고 있는 데 비하여, 스텝 및 사막 지역에서는 주요 재료가 돌이고 그 표면에 선을 긋거나 새기는 기술이 일반적인 기술이다.[18] 맹힌(Menghin) 교수도 자신의 저서『석기 시대의 세계사(World History of the Stone Age)』에서 이러한 여성상들과 열대 농경민 사이의 관계를 암시하고 있다.[19] 그의 견해에 따르면, 이 여성상들은 근동 지역의 후기 농경 문명에서 현저하게 나타나고 그 밖의 지역에서도 위대한 어머니(Magna Mater)나 어머니 대지(Mother Earth)로 숭배되는 동일한 어머니-여신이다. 만일 이러한 견해들이 타당하다면, 농경 세계의 그러한 신화 체계──처녀 희생에 대한 탐구에서 보았던──는 원 신석기나 기초 신석기 시대보다 더 오래전에 시작되었다고 할 수 있다. 그리고 이러한 오리나시안기의 여성상들은 우리가 이미 들었고 다시 듣게 될 위대한 여신들을 위한 합창 교향곡의 서곡이라고 할 수 있다.

그러나 이 동일한 근본적 관념에 대하여 또 다른 접근을 하는 학자들도 있는데, 이들은 농경민의 종족적 이데올로기에 호소하지 않는다. 어머니는 콩고에서만이 아니라 예니세이강의 제방에서도 어머니가 아닌가? 프란츠 한치아르(Franz Hančar)가 자신의 논문 「유라시아 후기 구석기 시대 베누스 상의 문제에 대하여(On the Problem of the Venus Statuettes in the Eurasian Upper Paleolithic)」[20]에서 지적하였듯이, 시베리아의 사슴 사냥꾼들──오스티아크족, 야쿠트족, 골디족 등──은 오늘날까지도 낙엽송 재목과 미루나무로 인간상을 만들고 있는데, 그 목각 인형들은 인류의 기원과 조상을 상징하고 있으며 항상 여성의 모습을 하고 있다. 사람들은 사냥하러 떠날 때에 자기 집을 그 조각상에게 부탁한다. 사냥에서 돌아오면 빻은 귀리와 사냥한 고기의 좋은 부분을 바치면서 기도한다. "우리를 건강하게 해주십시오! 우리가 많은 사냥감을 잡을 수 있도록 해주십시오!" 한카르 박사는 이렇게 말하고 있다. "이러한 관념의 심리학적 배경은 여성, 특히 임신 기간 중의 여성을 강력한 주술적 힘의 원천으로 보는 감정과 인식에서 나온 것이다."[21] 그는 계속해서 이렇게 말한다. "사상사의 관점에서 볼 때, 이러한 후기 구석기 시대의 베누스상은 여성 안에서 지상적 물질──그 자체는 형태가 없지만 모든 형태를 감싸고 있는──에 대한 불멸성의 상징만이 아니라 생명의 시작과 지속의 육화를 보는, 끈질긴 제의적 관념에 대한 최초의 가시적 표현이다."[22]

인류 역사의 가장 이른 시기에 여성의 주술적 힘이 우주 자체만큼이나 경이적인 것이었다는 것은 분명하다. 이러한 이유로 인하여 여성에게 거대한 힘이 부여되었고, 그러한 여성의 힘을 부수고 통제하고 자신의 목적에 맞게 이용하려는 것이 남성의 주요 관심 가운데 하나였다. 원시 수렵 사회에서 그들 자신의 시대보다 훨씬 오래된 원시 시대의 전설이 많이 나타나고 있다는 것은 매우 주목할 만한 일이다. 그 전설들 속에서는 여성이 주술적 힘의 유일한 소유자로 등장한다. 예를 들면, 티에라 델 푸에고의 오나족의 경우에는 그러한 관념이 남성 비밀결사인 "하인(Hain, 오두막집)"의 기원 전설에 중요한 것으로 등장하고 있다. 루카스 브리지스(Lucas Bridges) 씨가 그 전설을 다음과 같이 요약하였다.

그때에는 숲 전체가 항상 푸르렀다. 그리고 케르흐프르흐(잉꼬)가 자신의 가슴 색깔인 붉은색으로 가을 잎을 색칠하기 전이었다. 거인 크워니페와 챠슈킬세시도 나무 꼭대기까지 머리를 쳐들고 숲을 돌아다니기 전이었다. 당시에는 크렌(태양)과 크레흐(달)가 부부로서 함께 땅 위를 걸어다녔다. 잠자고 있는 큰 산들은 모두 인간이었다. 이 아득한 옛날에는 오나-땅의 여자들만 마술을 알고 있었다. 이 여자들은 자신들만의 특별한 오두막집을 가지고 있었는데, 어떤 남자도 그 집에 들어갈 수 없었다. 사춘기에 접어든 소녀들은 이 집에서 주술을 배웠고, 자신들을 기분 나쁘게 만드는 모든 사람에게 질병과 죽음을 선사할 수 있는 방법을 배웠다. 따라서 남자들은 비굴함과 두려움에 휩싸인 채 굴종의 삶을 살아야만 하였다. 남자들은 활과 화살을 사용하여 자신의 집단에 식량을 제공할 수 있었으나, 이렇게 한탄하였다. 마술과 질병에 속수무책인 이러한 무기들이 도대체 무슨 소용이 있는가? 여자들의 이러한 횡포는 점점 심화되었다. 그런데 어느 순간, 남자들에게는 새로운 생각이 떠올랐다. 죽은 마녀는 살아 있는 마녀보다는 덜 위험하다는 생각이었다. 그래서 남자들은 모든 여자들을 죽일 음모를 꾸몄다. 마침내 대학살이 일어났고 인간의 모습을 한 여자들은 아무도 살아날 수 없었다.
이제 막 마술을 배우는 젊은 여자들도 전부 살해되었다. 그래서 남자들의 아내가 될 만한 사람이 아무도 없었다. 따라서 남자들은 아주 어린 여자 아이들이 클 때까지 기다려야만 하였다. 그런데 큰 문제가 생겼다. 자신들이 막 쟁취한 지배권을 어떻게 계속 유지할 것인가의 문제였다. 언젠가 이 여자 아이들이 자라면 그들끼리 음모를 꾸며 과거의 지배권을 탈환하려고 할 것이 아닌가? 이러한 사태를 미연에 방지하기 위하여 남자들은 그들 자신만의 비밀결사를 조직하였다. 그러고는 여자들이 과거에 사악한 음모를 꾸며 자신들을 해쳤던 장소, 여성들의 오두막집을 영구히 봉쇄하기로 작정하였다. 그래서 어떤 여자도 "하인" 근처로 접근하는 것이 금지되었다. 만일 접근하면 죽음의 대가를 치러야만 하였다. 이러한 조치가 여자들에게 제대로 먹혀들게 하기 위해서 남자들은 새로운 종류의 오나 악마론(Ona demonology)을 발명해내었다. 여기에 등장하는 이상한 존재들──그들 자신의 상상력에서 나오기도 하고 민간전승이나 전설에서 나오기도 한──은 그 오두막집의 구성원들, 즉 남자에 의하여 인격화됨으로써 가시적 형태를 취하게 되고, 여자들을 위협하여 "하인"에서 쫓아내는 역할을 한다. 이 존재들은 여자를 증오하고 남자에게는 친절한 것으로 간주되었다. 심지어는 이 오두막집의 회의가 길어질 경우에는 남자들에게 신비한 음식을 갖다준다고 여겨졌다. 그러나 이 존재들은 종종 성질이 급하였다. "하인"으로부터 들려오는 외침과 비명 때문에 야영지의 여자들은 그들의 조급함을 알게 되었다. 흥분된 분위기 아래에서 진행된 회의를 마치고 집으로 돌아오는 남자들의 긁힌 얼굴과 코피 때문에 그 존재들의 성급함이 드러났을 수도 있다.

"하인"과 관련된 초자연적 존재 가운데 가장 무시무시한 것은 뿔이 달린 남자와 그의 사나운 두 누이였다.…… 뿔이 달린 사람의 이름은 할라하치시였으며, 좀더 일반적으로는 하차이로 불리었다. 그는 이끼가 낀 바위에서 나왔으며 그 바위처럼 회색빛을 띠고 있었다. 흰색을 띠고 있는 그의 누이 할렌은 하얀 뭉게구름에서 나왔다. 그녀는 붉은 진흙에서 나온 자신의 자매 타누와 함께 잔혹한 것으로 유명하였다.

"하인"의 네번째 괴물은 쇼트였다. 그는 앞의 세 괴물보다 오두막집의 비밀 회의에 더 자주 참여하였으며, 하차이처럼 회색 바위에서 나왔다. 그의 옷이라고는 얼굴과 머리 전체를 에워싼, 하얀 양피지 같은 가죽이 전부였다. 눈과 입 부분은 구멍을 내어 드러나 있었지만, 머리 전체와 목 뒷부분은 그 가죽으로 꽉 달라붙어 있었다. 쇼트는 한 명이 아니라 여러 명이었으며, 사람들의 눈에 동시에 나타나기도 하였다. 각자 분장할 때 사용하는 색깔과 패턴에도 큰 차이가 있었다. 한쪽 팔과 반대편 다리가 붉은색이나 흰색으로 되어 있으면 그 부분들에 다른 색깔의 점이나 줄무늬(혹은 점과 줄무늬 모두)를 그린다. 새 새끼의 몸에서 뽑은 회색 솜털을 그들의 몸에 붙이면 이끼 덮인 유령과 비슷해진다. 하차이와 할펜 그리고 타누와 달리 그들은 "하인"에서 멀리 떨어진 곳에 산다. 땔나무나 장과를 구하러 숲으로 가다가 여자들과 마주치기도 한다. 그와 마주친 여자들은 집으로 빨리 도망쳐서 긴급한 소식을 알린다. 쇼트는 여자들에게 매우 위험한 존재이며, 여자를 죽이기 좋아한다고 알려져 있기 때문이다. 그가 여자들의 야영지 근처에 나타나자, 여자들은 자신들의 집 문을 단단히 잠그고 아이들과 함께 땅에 바짝 엎드렸다. 그리고 눈에 뜨이지 않도록 옷으로 그들의 머리를 가렸다.

이 네 명 외에도 "하인"에는 또 다른 존재들이 있었다. 그들 가운데 어떤 것들은 한 세대 동안은 나타나지 않았다. 예를 들면, 너도밤나무의 껍질로 옷을 입은 크만타흐가 있는데, 그는 자신의 어머니 쿠알친크(낙엽수인 너도밤나무)로부터 나와 다시 그곳으로 돌아간다고 한다. 또 다른 존재로는 크테르넨이 있다. 그는 키가 작고 어렸으며, 쇼트의 아들로 알려져 있다. 그의 몸은 현란한 색깔로 칠해져 있으며 새의 솜털로 덮여 있다. 그 오두막집에 있는 인물들 가운데 여자에게 친절한 자는 오직 그밖에 없다. 따라서 그가 지나가면 여자들이 그 앞에 모습을 드러내기도 한다.

하인의 정식 회원이기도 하였던 브리지 씨는 이렇게 말하고 있다. "나는 이 이상한 모습을 한 존재들이 사라져가는 종교의 유물일 것이라고 생각하곤 하였다. 그러나 지금은 그렇게 생각하지 않는다. 인디언들에 의해서 인격화된 이 존재들이 어떠한 형태로든 실제로 땅 위를 걸어다녔다고 암시해줄 만한 전설은 어디에도 없기 때문이다."[23]

야흐간족(혹은 야마나족)——오나족의 남쪽에 위치한 이웃 부족이지만, 그 성격이 매우 다르다. 이들은 키가 작으며, 들판에서 야생 라마를 사냥하기보다는 위험한 해안을 따라 고기잡이와 물개잡이에 주력하였다——에서도 과거에는 여자들이 마술과 잔꾀를 가지고 사회를 지배하였다는 전설이 있다. 브리지 씨는 이 부족에 대해서 이렇게 말하고 있다. "그들의 이야기에 따르면, 남자들이 지배권을 장악한 것은 그렇게 오래되지 않았다. 그리고 그러한 주도권의 교체도 합의에 의해서 이루어진 것으로 보인다. 이 부족의 신화에 근거하여 판단해보면, 거기에서는 오나족에서 일어났던 것과 같은 여성 대학살의 흔적이 전혀 없다. 우슈아이아에서 멀지 않은 곳에는 토착인들의 대규모 집회가 열렸던 큰 마을이 있었음을 보여주는 증거들이 많이 남아 있다. 야흐간-땅(Yahgan-land)에서 멀리 떨어진 곳으로부터 카누들이 도래하였을 때 집회가 열렸는데, 그 이전이나 그 이후에는 그러한 집회를 결코 볼 수 없었다. 야흐간족의 남자들이 권력을 장악한 것은 바로 그 결정적인 집회에서였다." 브리지 씨의 결론은 이렇다. "힘을 사용하거나 강제적 방법을 통하여 여자들로부터 지도력을 빼앗는 이러한 전설은 전세계적으로 널리 나타나는, 조금도 무시할 수 없는 현상이다."[24]

스펜서와 길렌이 지적한 것처럼,[25] 오스트레일리아 원주민들의 경우에도 "성스러운 대상 및 의식과 관련되어 있던 과거 여성들의 지위는 오늘날의 상황과 상당히 달랐다." 예를 들면, 아란다 부족의 가장 중요한 성소의 하나인 에밀리 갭(Emily Gap)에는 암각화가 하나 있는데, 거기에서는 신화 시대의 알트제링가 여성들이 의식용 화장품으로 자신들을 장식하면서 무엇인가를 응시하고 있는 반면, 남성들은 동물 증식을 위한 의례(인티치우마)*——오늘날 여성에게는 전적으로 금지되어 있는——를 행하고 있다. "그 그림들 가운데 하나는 필을 벽에 기대고 위를 응시하고 있는 여자를 묘사하고 있는 것으로 보인다."[26] 오스트레일리아의 신화적 전승과 의례 생활에서 여성의 역할이 지금보다 훨씬 컸던 시대의 증거들을 제시하고 있는 또 다른 관찰자들이 있다. 예를 들면, 브룸의 웜스(E. F. Worms) 신부는 망굴라구라("여자의 섬")로 알려진 율레강 상류의 한 사막 지역에서 발견된 일련의 암각화에 대하여 묘사한 적이 있다. 거기에 있는 것은 모두 여자를 나타내고 있다. 여자의 외음부로부터 세 개의 선이 나오고 있는데, 이는 어떤 종류의 주술적 유출을 표상하고 있는 것 같고, 그것들 위에는 곡선으로 된 무지개 뱀이 그려져 있다.[27]

우리는 이러한 전설들에서 나타나고 있는 어떤 중요한 사건들이 과거에 실제로 광범위한 지역에 걸쳐 일어났을 것이라고 생각하기 쉽다. 문화사 학파(the culture-historical school)——슈미트 신부의 열두 권으로 된 기념비적 저서 『신 관념의 기원(The Origin of the Idea of God)』[28]으로 대

---

* 110-111쪽과 130-133쪽 참조.

표되는──의 견해에 따르면, 이러한 종류의 역사적 가설을 충분히 정당화할 수 있는 증거가 실제적으로 존재한다. 슈미트 신부와 그의 동료들은 원시 사회를 세 가지 기본 유형 혹은 단계로 구별하는 것이 필요하다고 보았다. 첫번째 유형 혹은 단계는 민족학에서 말하는 가장 단순한 사회로서, 여기에는 바위가 많은 티에라 델 푸에고 섬의 최남단 해협과 후미에 있는 작은 키의 야흐간족(또는 야마나족), 파타고니아와 중부 캘리포니아에 널리 흩어져 있는 매우 원시적인 여러 부족들, 캐나다 북부의 카리보우 에스키모, 콩고와 안다만 제도의 피그미족, 남동오스트레일리아의 쿠르나이족 등이 속한다. 이처럼 낮은 수준의 수렵, 어로, 채집 생활을 하고 있는 사람들의 민족학적 환경에서는 어떤 강력한 가부장적 혹은 모권적 특성이 나타나지 않는다. 오히려 이러한 사회에서는 양성 사이의 본질적 평등이 강조되며, 남성과 여성은 어떤 특권을 주장하지 않으면서 각자의 고유한 과제를 수행할 뿐이다. 성년식은 소년이나 남성에게만 한정되거나 남성 의례와 여성 의례로 분리되지 않고, 남성과 여성에게 거의 똑같이 행해진다. 그리고 이들의 성년식에서는 육체에 어떤 변형을 가하거나 신비적 비밀을 전달하지도 않는다. 성년식은 소년들을 위하여 마련된 집중적인 교육 과정일 따름이며, 그들을 좋은 아버지와 어머니로 만드는 것에 목적을 두고 있다. 이러한 가르침의 과정에서는 각 부족이나 집단의 이익이 장애물로 등장하지 않는다. 그러한 집단에서는 아직 부족 차원의 감정이 별로 발달하지 않았기 때문이다. 여기서는 전형적인 사회적 단위가 부모와 아이들로 구성된, 스무 명에서 쉰 명 정도의 집단이다. 이러한 사회의 주요 관심사는, 낮 동안에 먹을 충분한 음식을 준비하고 어두워진 뒤에 함께 할 즐거운 놀이를 생각하면서, 구성원들이 함께 조화롭게 살 수 있도록 하는 데 있을 뿐이다.

이 문화사 학파가 제시한 원시 사회의 두번째 유형 혹은 단계는 규모가 크고 토테미즘적 성격을 지닌 수렵 사회이다. 이러한 사회에서는 씨족 조직과 연령 집단 그리고 부족의 제의와 신화 전통이 정교하게 발전되어 있다. 이러한 사회는 오스트레일리아의 사막 지대만이 아니라 북아메리카의 평원 지대와 남아메리카의 팜파스(pampas, 특히 아르헨티나의 나무 없는 대초원/역주)에서 널리 발견된다. 앞에서 본 것처럼, 이들의 성년 의례는 비밀리에 행해지고 여성은 배제된다. 육체적 손상과 시련은 거의 믿을 수 없을 만큼 극단적인 방식으로 행해지고, 이러한 손상과 시련은 할례 행위에서 절정에 달한다. 더구나 이러한 사회에서는 상징적으로 분화된 공동체의 종교적·정치적 영역에서 남성의 역할과 권위가 상당히 강조된다. 소년들의 할례는 종종 소녀들에 대한 어떤 행위(인위적이거나 제의적 차원에서 처녀성 빼앗기, 질의 확장, 소음순의 제거, 부분적이거나 전면적인 음핵 절제 등)와 비견되기도 하지만, 그러한 경우에도 두 의례는 서로 분리되어 진행된다. 그리고 여자들은 자신들의 의례를 통해서는 남성들 위에 군림할 수 있는 어떠한 사회적 특권도 획득하지 못한다. 이처럼 몹시 조직화된 수렵 사회에서는 남자의 특권이 강화되고 여성의 영향력——만일 조금이라고 존재한다면——은 가정 안에 국한되는, 일방적 관계가 분명히 존재하고 있다.

슈미트 신부와 그의 동료들에 따르면, 이러한 두번째 유형의 성년식은 첫번째 유형의 성년식에서 나온 것이다. 물론 두번째 유형에서는 남성에게 우월성이 부여되는 동시에 의례의 성적 측면, 특히 할례가 강조된다는 차이가 있다. 그러나 열대 원예농업 지대에서는 이 두 유형과는 매우 다른 발달 경로가 추적되고 있다. 거기에서는 수렵인의 것과는 거의 전적으로 대립하는 세번째 유형의 사회조직이 발전하였다. 이 지역들에서는 주술-종교적이고 사회적인 특권을 향유하는 것이 남성이 아니고 여성이다. 그리고 채집 사회에서 경작 사회로의 전이를 가능하게 한 것도 여성이다.[29] 첫번째 유형의 단순 사회에서는 남성 일반이 사냥꾼이고 여성은 뿌리, 장과, 다양한 종류의 땅벌레, 개구리, 도마뱀, 곤충, 그리고 여타의 맛있는 식량을 채집하는 일을 담당하였다. 두번째 유형의 사회는 덩치가 큰 사냥감이 많은 곳에서 발전하였으며, 그러한 곳에서는 억센 힘을 필요로 하는 사냥 기술이 요청되었다. 이와 달리 세번째 유형의 사회는 주요한 식량 자원이 식물인 곳에서 등장하였다. 여기서는 여성이 우월한 지위를 갖게 되었다. 여성은 단지 아이를 출산하는 것만이 아니라 식량의 주된 생산자였기 때문이다. 야채와 채소를 채집하는 것만이 아니라 재배하는 것이 가능하다는 것을 깨달은 여성들은 땅을 소중하게 여기기 시작하였고, 마침내 땅의 소유자가 된 것이다. 그러므로 그들은 경제적·사회적 힘과 위신을 얻었을 뿐만 아니라, 거기서는 모권제 사회가 출현하였던 것이다.

이러한 세번째 유형의 사회 속에 사는 남성들은 잉여 인간에 지나지 않았다. 어떤 학자들이 주장하는 것처럼,[30] 만일 그들이 임신과 출산 과정에서 남성들이 하는 역할을 알지 못하였다면, 그들의 열등감은 더욱 깊은 나락으로 빠져들었을 것이다. 더구나 남성들이 자신들의 이러한 처지에 대한 반발로 온갖 상상력을 동원하여 자신들만의 비밀 집회소와 결사를 만들었다면, 그것의 일차적 목표는 여성들에 대한 항거에 있었음에 틀림없다! 슈미트 신부에 따르면, 이러한 비밀 집회소에서 행해지는 의식은 수렵 부족의 입문 의례와 근본적으로 다르다. 그리고 그 의식의 심리적 기능과 역사도 다르다. 수렵 사회의 그것과 달리 이러한 비밀결사에서는 후보자를 일정한 기준에 따라 선발하기 때문에 그 결사에 들어갈 수 있는 사람이 제한되어 있다. 더구나 그러한 결사는 특정 부족의 경계를 넘어 낯선 부족원 가운데에서도 후보자를 찾는 경향이 있었다. 따라서 서아프리카와 멜라네시아에서는 어떤 비밀결사의 헌장이 매우 다양한 부족들 사이에서 널리 발견되고 있다. 이미 언급한 것처럼,* 이러한 남성 비밀결사에서는 머리 사냥과 관련된 해골 숭배가 특히 강조되곤 하였다. 거기에서는 식인 의식과 남색(男色)이 일반적으로 행해지고, 상징적으로 만들어진 북과 가면이 많이 사용되었다. 역설적이게도(그러나 비논리적인 것은 아니다) 이러한 비밀결사에서 가장 두드러지게 나타나는 신들은 대체로 여신들이며, 심지어는 지고의 존재 자체가 위대한 어머니(Great Mother)로 간주되고 있다. 그리고 앞에서 살펴본 것처럼, 이러한 여신의 신화와 제의 전승에서는 달의 이미지가 등장하고 있다.

중부 오스트레일리아의 것과 같은 사냥꾼 사회의 극단적인 입문 의식——이 책의 제1부에서 간략히 살펴본——을 고려하면서, 슈미트 신부

---

* 205쪽 참조.

는 멜라네시아와 뉴기니의 원예 문화가 오스트레일리아의 수렵 지역에 미친 부차적 영향에 주목하고 있다. 이와 관련하여 그는 티에라 델 푸에고 섬의 야흐간족과 오나족 사회에서 등장하는 반여성적 익살을 지닌 "하인" 결사를, 남아메리카 열대지방의 경작 문화에서 파생하여 파타고니아를 거쳐 들어온 하나의 낯선 제도로 설명하고 있다.

그는 티에라 델 푸에고 섬의 원시 수렵 부족을 논하면서 다음과 같이 말하고 있다.

그들의 성년식은 소년과 소녀들을 유능한 인간과 부모와 부족원으로 만드는 것——그것의 가르침과 범례는 영원의 세계에서 휴식하고 있는 강력하고 선한 지고 존재에 근거하고 있다——을 목적으로 하고 있었지만, 남성들의 축제는 야비하고 비도덕적인 목적을 지향하고 있었을 뿐만 아니라, 그러한 목적을 저열하고 비도덕적인 방법으로 추구하였다. 그 축제의 목적은 과거의 단순 사회에 본래적으로 존재하였던 양성의 동등한 권리와 양성 간의 상호 신뢰에 근거한 조화의 상태——경제적 조건에 의해서 지탱되었던——를 파괴하고, 여성에 대한 모욕과 정복을 통하여 남성의 잔인한 지배권을 확립하는 데 있었다. 이때 사용된 수단은 할로윈 축제 때에 행해지는 익살극과 같았다. 그러한 놀이를 하는 자들 스스로 그것을 신뢰하지 않았을 뿐만 아니라 그것은 처음부터 끝까지 거짓과 사기였던 것이다. 그로 인한 부정적 결과는 양성의 사회적 균형의 파괴만이 아니라 그러한 수단을 통해서 그러한 목적을 추구한 남성들 자체의 저열화와 이기주의화의 초래였다.

남자들은 자신들의 이러한 행위가 정당한 것임을 신화를 통해서 입증하고자 하였다. 이러한 일을 먼저 시작한 것은 여자들이었기 때문에 자신들의 이러한 비밀결사에 근거한 행위의 정당성을 신화 속에서 개진하고자 하였던 것이다. 그러나 이러한 변명은 전혀 근거가 없는 것이었다. 왜냐하면 그들의 신화에 등장하는 것처럼 여성이 지배권을 행사하는 모권제를 출현시킬 수 있는 농경 사회가 그들의 공동체에서는 결코 존재한 적이 없었기 때문이다. 그러한 이야기 전체는 어떤 다른 지역에서 유입되었음에 틀림없다. 즉 원예 농업에 근거한 모권제 사회에서 남성들이 반발한 결과 그들만의 비밀결사가 조직되었는데, 그러한 것들이 남성들의 축제와 함께 티에라 델 푸에고 섬으로 들어오게 된 것이다.[31]

아마 독자들도 눈치를 채었겠지만, 오나족 남성들이 자신들의 분노에 근거하여 비밀결사 조직의 정당성을 옹호하는 이야기는, 가부장적인 히브리인들에 의하여 쓰여진 「창세기」에 등장하는, 아담의 변명과 놀랄 정도로 유사하다. 「창세기」에서 아담은 자신이 죄를 지었다면 그것은 여자가 먼저 죄를 지었기 때문이라고 변명하였다. 화가 난 이스라엘의 주——철저하게 남성적으로 묘사된——는 아담의 이러한 변명을 어느 정도 인정한 것처럼 보인다. 그는 즉시 모든 여성을 남성에게 종속시켰기 때문이다. 이스라엘의 주는 이렇게 선포하였다. "너는 아기를 낳을 때 몹시 고생하리라. 고생하지 않고는 아기를 낳지 못하리라. 남편을 마음대로 주무르고 싶겠지만, 도리어 남편의 손아귀에 들리라."[32]

이것은 기이한 신화적 관념이다. 그런데 더욱 기이한 것은 이러한 관념이 2,000여 년 동안 서구 세계에서 거의 절대적으로 신뢰할 만한 이야기——우주 창조 이후 2주일쯤에 일어난 사건에 대한——로 통용되었다는 사실이다. 이는 의식적으로 고안되고 위장된 신화와 신화의 변종들이 인간의 신념 구조와 문명의 역사에 미치는 영향과 관련하여 매우 흥미로운 문제를 제기한다. 우리는 이미 샤머니즘에서 속임수의 역할에 대하여 언급한 바 있다. "위대한 노인"의 의지로 선전된 대부분의 것이 사실은 많은 노인들의 유산에 불과하며, 그 주요한 관념마저도 신을 경외하는 것이라기보다는 여자들을 부엌에 가두어 그들의 생활을 단순화시키는 것에 불과하였던 것이다.

남성과 여성 사이의 그러한 지속적인 전쟁 중에서 어떤 화려한 싸움들은 신화 속으로 이전되고 또 신화에 의하여 그 투쟁이 강화되기도 하였다. 오리냐시안기 말엽에 유럽의 무대에서 여성상이 완전히 종적을 감추게 된 데에는 이러한 맥락이 가로놓여 있는 것이다. 앞에서 본 것처럼, 남성들의 사원-동굴 벽화——오리냐시안기에 발전하다가 마그달레니안기의 경이로운 행복한-사냥-터(happy-hunting-ground) 환상에서 절정에 달한——에서는 동물의 그림이 지배적으로 나타나고 인간 형상은 샤먼의 복장을 한 남성이었던 반면, 오리냐시안기의 여성상 숭배에서는 중심적인 형상이 벌거벗은 여성이고 특히 생식기 부분이 강조되어 있었기 때문이다. 이러한 혁명은 어떤 새로운 인종의 침략에 의한 것인가? 슈미트가 이야기한 "남성 결사"의 선교 운동에 의한 침략의 결과인가? 아니면 그것은 사회적 조건의 자연스러운 변화에 따라 권력과 위신이 자연스럽게 남자들에게 이전된 결과인가?

오리나시안기의 유럽과 바이칼호 근처의 거대한 초원 지대는 습하고 몹시 추웠다. 당시에는 제4빙기(뷔름[Würm] 빙기)의 거대한 빙원이 물러나고 있었지만 아직 오슬로의 위도(북위 60도)까지는 점하고 있었다. 그 지역은 북극 툰드라 지대에 속하였으며, 거기에서 먹이를 구하던 동물들로는 사향소, 털이 많은 코뿔소, 사슴, 그리고 털이 많은 매머드가 있었다. 그리고 북극 여우, 토끼, 울버린, 뇌조(雷鳥) 등도 살았다.[33] 그러나 빙하가 더 물러나면서——아직 춥기는 하였지만——기후가 건조해지고, 초원 지대의 조건이 툰드라를 압도하기 시작하였다. 이러한 변화 때문에 앞에서 언급한 동물들 외에도 아메리카 들소, 야생 소, 초원 지대의 말, 영양, 야생 나귀떼가 대규모로 출현하였다. 고산지대의 샤무아(영양의 일종/역주), 아이벡스(야생 염소의 일종/역주), 아르갈리 양(야생 양의 일종/역주)도 사냥꾼들에게 도전하였다.[34] 그 결과 인간의 삶의 양식과 조건은 크게 변하였다. 매머드가 활동하던 초기에는 사냥의 거점이 널리 흩어져 있었던 것으로 보이지만, 비교적 고정된 장소에 있었다. 그리고 공동체의 거주지 안에서는 여성의 힘과 가치가 일정한 영역을 차지하고 있었다. 그러나 이 시기의 후반기에는 삶의 양식이 보다 지속적으로 먹이를 찾아 배회하는 새로운 유목 생활로 변화하기 시작하였다. 이로 인하여 여성의 역할은 대체로 짐을 싸고 나르고 푸는 일로 축소되었던 반면, 남자들은 우월 의식을 증대시킬 수 있었다. 앉아서 하는 일보다는 근육을 움직이는 일이 사회적으로 더 요구될수록 이러한 현상은 가속화되었다. 우리가 지금 살펴보고 있는 광대한 수렵 지대의 서쪽 영역에서는 이러한 보다 유동적인 수렵 양식이 남자들의 사원-동굴 벽화 예술과 함께 발전하였다. 그러나 동쪽 지역, 보다 추운 러시아와 시베리아의 남부에서는 매머드가 아직 존재하고 있었고, 그와 더불어 작은 여성상인 "우리들의 여인 매머드(Our Lady of the Mammoth)"가 아주 후대까지 존재하게 되었다. 후기 구석기 시대에 이 두 지역의 역사적 발전은 이처럼 대조를 보이고 있는데, 이는 동양과 서양의 문화적 차이만이 아니라 깊은 심리학적 차이의 첫번째 층에 해당한다고 볼 수 있을 것이다.

우리는 앞에서 로셀의 베누스 상을 살펴보았다. 그리고 블랙풋족의 들소 춤 전설이 후기 오리나시안 문화 전통의 선구자이고, 그 베누스 상은 그 문화의 한 전형이라고 생각하였다. 그녀의 시기에는 주된 사냥감이 매머드에서 들소로 대체되었다. 그러나 그녀를 조각한 부족들의 경우에는 주술적 역할을 하는 벌거벗은 여성상이 아직 옷을 입은 샤먼으로 대체되지 않았다. 앞에서 보았듯이, 프랑스 남부에 있는 로셀의 성소에서는 여성의 신체 기관 상징이 많이 발견되었을 뿐만 아니라, 세 가지의 다른 형상(그중 하나는 분명히 출산을 하고 있는 모습이다)도 발견되었다. 더구나 바위 동굴은 거주할 수 있는 은신처였다. 이와 관련된 의례도 거대한 동굴의 깊은 곳에서 행해지는 사원-동굴 의례가 아니었다. 그리고 그곳에 있는 대부분의 형상들은 복원이 불가능할 정도로 심하게 훼손되어 있는데, 이는 그들의 힘을 분쇄하기 위한 어떤 실제적 공격이 있었음을 추정하게 한다. 구석기인의 거주지에 있던 주술적 대상들에 대해서도 그러한 공격이 있었음을 보여주는 사례들이 발견되었다. 따라서 이러한 추정은 결코 공상적인 것이 아니다. 그러나 온건한 문화적 변형에 의해서이든 그러한 폭력——오나의 전설에서 암시하듯이, 여성들의 주술 시대를 붕괴시킨 대량 학살과 같은——에 의해서이든, 구석기 수렵인의 그 광활한 영역——스페인 북부의 칸타브리안 언덕에서 남동시베리아의 바이칼호에 이르는——의 서쪽 극에서는 호모 사피엔스에 속하는 최초의 인간이 질 중심의 주술에서 남근 중심의 주술로, 그리고 본질적으로 식물 지향적인 신화에서 철저히 동물 지향적인 신화로 나아가는 변화를 보였던 것이다.

여성 입상들은 현재까지 발견된 "조각상" 가운데 가장 오래된 기원을 가지고 있으며, 호모 사피엔스가 숭배하였던 최초의 대상이었다. 그것이 발견된 지층 밑에서는 그보다 선행하는 인류, 호모 네안데르탈인의 삶의 장이 나타난다. 네안데르탈인은 다리와 팔이 짧고 가슴이 불룩하게 나온 짐승같이 생겼다. 또 목이 짧고 턱이 없으며 찌푸린 얼굴을 하고 있다. 그리고 아치 모양으로 생긴 넓은 코와 툭 튀어나온 주둥이를 가지고 있으며, 무릎을 구부린 채 발 가장자리로 걷는다.[35] 이와 대조적으로 여성 입상들은 호모 사피엔스임이 분명하며, 오늘날에도 우리는 폴리네시아, 모스크바, 팀북투(사하라 사막 남쪽 끝 부분에 있는 도시로 현재는 말리 공화국에 속함/역주), 혹은 뉴욕에서 그녀들을 만나볼 수 있을 것이다.

빌렌도르프(오스트리아의 저지에 있는)의 유명한 베누스 상은 키가 작고 뚱뚱한 모습을 하고 있다. 그녀의 키는 4와 8분의 3인치 정도이다. 그녀는 리본처럼 생긴 가르다란 팔을 자신의 풍만한 가슴 위에 얹어놓은 채, 불쌍할 정도로 짧은 발로 서 있다. 이 베누스 상만큼이나 유명하면서도 우아하고 매우 개성 있게 새겨진 여성 입상이 멘톤(모나코에서 서쪽으로 5마일 정도 떨어진 지중해 해변) 근처의 그로테 드 그리말디에서 발견되었다. 그녀의 모습은 아키펭코나 브랑쿠시 같은 현대 예술가의 작품을 연상시킨다. 한편 상아로 만든 작고 기이한 여성 입상이 오트가론의 레스퓌그에서 출토되었다. 키가 5와 4분의 3인치밖에 안 되는 이 여성상은 더욱 대담한 개성을 보여주고 있는데, 어깨는 말쑥하게 경사져 있지만 가슴은 사타구니에 닿을 정도로 거대하다. 그로테 드 그리말디에서 발굴된 두번째 여성 입상 역시 "현대적" 양식으로 조각되어 있다. 그녀는 뚱뚱하면서도 임신 상태에 있다. 그러나 앞에서 언급하였듯이, 모든 입상들이 풍만한 모습으로 되어 있는 것은 아니다. 어떤 입상들은 단지 여성성의 상징이 긁은 듯이 새겨져 있는 부서진 상아 조각에 불과하다.

1930년 드네프르(러시아의 서부 지역/역주) 지방의 엘리세비치라고 하는 곳에서 중요한 발견이 있었다. 그곳은 브리얀스크와 므글린 사이를 흐르는 데스나강의 오른쪽 제방에 위치하고 있는데, 그곳에서 원형으로 배열되어 있는 매머드의 두개골들이 발견된 것이다. 또 그 주위에서는 주거지를 암시하는 기하학적 패턴, 물고기 모습, 상징적 기호 등이 새겨진 엄니들도 많이 발견되었다. 그리고 마지막으로 베누스 입상이 발견되었는데, 그 입상의 길이는 머리가 잘려나갔음에도 6인치 정도나 되었다.[36] "우리들의 여인 매머드"가 실제로 제자리에서 발견된 것이다.

구석기 시대의 동굴 373

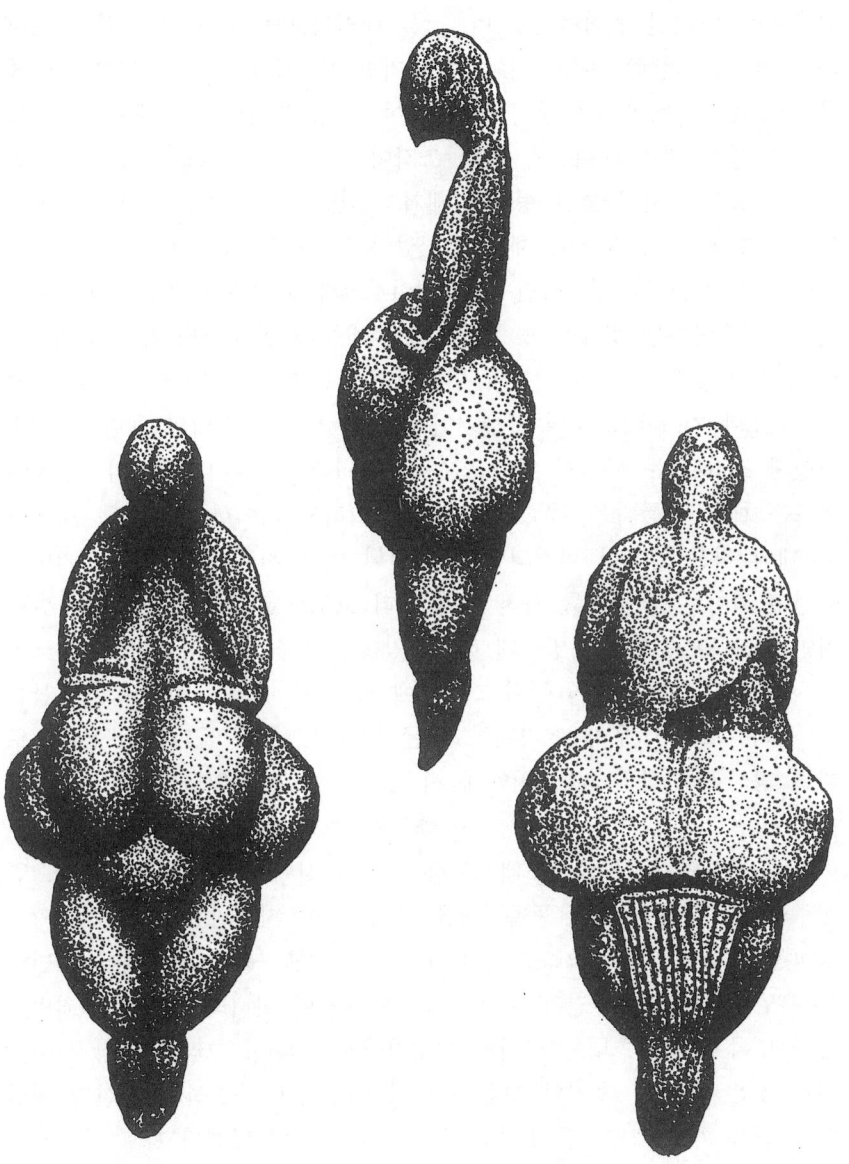

〈그림 13〉 레스퓌그의 베누스.

그 부근에 티모프카라고 하는 장소가 있는데, 이곳은 브리얀스크에서 남쪽으로 2.5마일 떨어져 있으며, 강을 내려다보는 높은 단구 위에 위치하고 있다. 거기에는 여섯 개의 큰 주거지, 네 개의 창고, 그리고 부싯돌을 만드는 두 개의 작업장이 함께 모여 있다. 그런데 그곳에서 남근 모양으로 생긴 새끼 매머드의 엄니 조각이 발견되었다. 그 엄니에는 기하학적 문양으로 된 물고기 형상이 새겨져 있었고, 또 다른 엄니 조각에는 편릉형(偏菱形)의 문양이 새겨져 있었다.[37] 여전히 데스나강의 오른쪽이지만, 더 남쪽으로 내려가면——브리얀스크와 키예프의 중간 쯤에 위치한——메친이라는 곳에서 또 다른 매우 방대한 발굴 작업이 있었다. 이때 발견된 것은 모두 매머드의 엄니이거나 그것으로 만들어진 것들이었다. 미로와 지그재그 무늬가 새겨진 약간의 팔찌와 하나의 매머드 엄니, 거칠게 조각된 두 마리의 앉아 있는 동물, 1과 2분의 1인치에서 4인치에 이르는 매우 아름다운 여섯 마리의 새, 그리고 기이한 양식으로 조각된 열 개의 작은 입상이 발견되었다. 그런데 이 마지막 입상들은 벌거벗은 여성(브뢰이), 긴 부리를 가진 새의 머리(고로드코프), 남근(이곳의 발견자인 볼코프) 등으로 다양하게 해석되었다.

흑해와 카스피해 북쪽의 뢰스 평원에 있는 이 매머드 사냥터의 유물들을 보라. 그러면 우리는 위대한 동굴 벽화의 사냥꾼들과는 근본적으로 다른 양식과 신화를 지닌 지역에 서 있음을 느끼지 않을 수 없다. 지금까지 발견된 자료들을 가지고 추정해보면, 보다 동양적인 분위기를 지닌 이러한 문화의 중심지는 드네프르강과 돈강 사이에 있었던 것 같다. 인상주의적인 냄새가 나는 동굴 예술과 달리, 이 지역의 예술은 기하학적 양식을 지니고 있다. 그리고 중심적 인물은 사원-동굴의 신비를 대변하는 옷입은 샤먼——인간인 동시에 동물인——이 아니라 완전히 벌거벗은 풍만한 여성이다. 그녀는 화덕의 수호자이기도 하다. 그리고 가장 주목할 만한 것은, 신석기 후기와 고등 문명의 여명기에 등장하는 여신과 밀접한 관련을 가진 모티프들이 그녀의 주위에서 많이 발견되고 있다는 점이다. 구불구불한 길(미로를 가리키는), 새(아프로디테 사원의 비둘기장에 있는), 물고기(아프로디테 사원의 물고기 연못에 있는), 앉아 있는 동물,

남근 등이 그렇다. 더구나 매머드의 해골에 새겨져 있는 형상을 보면, 야생의 여인이자 여사냥꾼인 아르테미스 그리고 가정의 보호자이자 행운의 여신인 락슈미가 생각난다. 인도에서 코끼리의 략슈미(가자-락슈미〔gāja-Lakṣmī〕)로 현현한 그녀는 연꽃의 둥근 꽃부리에 앉아 있고 두 마리의 코끼리가 그녀를 호위하고 있다. 이 코끼리들은 자신들의 콧속에 있는 물이나 그녀의 머리 위에 있는 물단지의 물을 그녀에게 쏟아 붓고 있다.

또 이곳에서 발견된, 매머드 엄니로 조각된 여섯 마리의 아름다운 새 가운데 한 마리의 뒷날개에서 만(卍) 자 무늬가 발견되었다. 앞에서도 이 만 자 무늬에 대하여 언급한 바 있지만,* 이것은 지금까지 발견된 것 가운데 가장 오래된 것이다. 더구나 이 무늬는 단지 거칠게 새겨진 것이 아니라 미로를 암시하는 것처럼 매우 정교하다. 그리고 이 무늬는 시계 반대 방향으로 되어 있다. 이곳을 발견하기 오래전에, 폰 덴 슈타이넨은 만 자 무늬가 날아가고 있는 새의 모양을 묘사하려는 시도에서 나온 것이라고 추정하였다. 그에 따르면, 그 무늬는 특히 뱀의 적인 황새의 모습을 염두에 둔 것이며, 따라서 빛과 따뜻함의 원리를 표상하는 승리의 양식이다.[38] 고로드코프는 이 관념을 메친에서 발굴된 유물과 관련시키면서, 만 자, 마름모꼴, 지그재그 무늬, 그리고 구불구불한 길과 같은 기하학적 모티프 속에는 "새(특히 황새), 새둥지, 뱀"의 신화적 조합이 나타난다고 주장하였다.[39]

뒤에 다시 언급하겠지만, 이와 동일한 모티프들이 훨씬 후대에 속하는 사마라 양식(기원전 4500-3500년경)의 도기에서도 나타난다. 사마라 양식은 신석기 중기 문명의 주요 지역들 가운데 하나인 우크라이나 남쪽과 흑해 바로 건너편에서 번성하였다.

1932년 한 집터의 사원에서 여성상들이 발견되었는데, 그것들은 정확하게 세 개였다. 이것은 단지 우연에 불과한 일인가? 이러한 중요한 발견이 있었던 곳은 보로네시에서 남쪽으로 약 20마일 떨어진, 돈강 오른쪽 언덕의 코스치옌키였다. 이 집터에서는 산산이 부서진 파편들 외에도

---

* 167-168쪽 참조.

매머드의 엄니 그리고 석회석과 이회토(泥灰土)로 만든 일곱 개의 잘 보존된 여성 입상이 발견되었다. 여성상을 새긴 하나의 돌 장식판, 여성 성기를 묘사한 몇 개의 메달, 그리고 이회토로 만든 약간의 작은 동물상들이 출토된 것이다. 이 집터의 성소에 해당하는 벽감에서는 세 가지의 여성 입상이 발견되었다. 첫번째 것은 매머드 엄니로 만든 상인데, 보존 상태가 좋지 않고 얼굴 부분도 잘려 나갔지만, 어깨에서 가슴 부분까지 큰 목걸이가 걸려 있던 흔적이 남아 있다. 두번째 것은 석회암으로 만든 미완성 형태의 커다란 여성 입상(러시아에서 발견된 것 가운데 가장 큰 것으로 알려져 있는데, 대략적으로 작성된 러시아의 보고서⁴⁰⁾에서는 그것의 정확한 크기가 나타나 있지 않다. 퀸은 그것의 키를 약 1피트 정도로 추정하였다)⁴¹⁾인데, 의도적으로 깨어 그중 네 조각을 벽감 속에 던져놓은 것이다. 세번째 것은 매머드의 엄니 혹은 뼈로 만든 것으로, 볼품이 없고 머리가 둥글게 생겼다. 벽감은 주거지의 북동쪽 모서리에 위치하고 있으며, 화덕에서는 6피트 정도 떨어져 있다. 둥근 모양으로 생긴 이 벽감의 직경은 약 2피트, 높이는 1피트 8인치, 깊이는 약 5피트이며, 그 안에는 이 세 개의 수수께끼 같은 작은 조상(彫像)만이 있었다.⁴²⁾

그러나 이 모든 곳 가운데 가장 매혹적이고 감질나게 하는 유적지는 바이칼호 부근의 말타에 있다. 이곳은 비엘라야 강변에 있는 이르쿠츠크에서 북서쪽으로 55마일 정도 떨어진 곳에 위치하고 있다. 바로 이곳이 오늘날 샤머니즘의 중심지임을 우리는 기억하고 있다. 샤먼의 신비스러운 입문식이 행해지는 동안 샤먼을 돌보는 동물의 어머니(animal mother)에 대해서 알려준 곳도 바로 이곳이다. 또한 이곳은 콜럼버스 이전 북아메리카 예술의 상당 부분과 몇몇 인종들——블랙풋족 인디언과 오지브웨이족 인디언으로 대표되는 알곤퀸족을 포함하여——의 모태가 된 곳이기도 하다. 소련의 한 인류학 학파는 예니세이강 유역의 보굴족과 오스티아크족을 아메리카노이드(Americanoid)로 분류하였다.⁴³⁾ 브루클린 예술과학연구소의 원시 및 선사 예술 담당 큐레이터였던 허버트 스핀든(Herbert Spinden) 박사는 이곳이 바로 중석기-신석기 문화의 중심지라고 주장하였다. 그는 "아메리칸 인디언 문화 복합(American Indian Culture Complex,

기원전 2500-2000년경)"⁴⁴⁾이라는 용어를 만들어냈는데, 이 문화 복합의 주요 특성은 오하이오 계곡에서 최근 발견된 아데나족(전성기는 기원전 800년에서 기원후 700년경)의 무덤 유물에서 가장 잘 드러나는 것으로 보인다.⁴⁵⁾ 그리고 뉴욕주의 레드 레이크(Red Lake)에 있는, 그 문화 복합에 속하는 최초 유물의 연대는 탄소 연대 측정법에 의하여 기원전 2450± 260년으로 추정되었다.⁴⁶⁾ 그러므로 지금 우리는 고대적 문화 연속체의 중심지에 서 있는 것이 분명하다. 이 문화 연속체는 뒤로는 로셀의 바위 동굴로 달리고, 앞으로는 19세기 블랙풋족의 들소 춤으로 달리고 있다. 그리고 다시 퉁구스족, 부리야트족, 오스티아크족, 보굴족, 타르타르족, 심지어는 랩족과 핀족에 이르는 현대 샤머니즘으로 향하고 있다.

말타에서는 매머드 엄니로 만든 20여 개의 여성 조상들도 발견되었다. 그것들의 크기는 1과 4분의 1인치에서 5와 4분의 1인치에 이르기까지 다양하다. 그중 하나는 동굴-사자(cave-lion)의 가죽으로 만든 옷을 입고 있으며, 나머지는 모두 벌거벗은 상태로 있다. 인도와 근동에서는 여신들이 타고 다니는 동물이 대체로 사자이다. 이집트에서는 세크메트가 암사자였고, 히타이트족과 요루바족――현재 나이지리아에 살고 있는――의 예술 작품들에서는 여신이 모두 자신의 아이를 돌보면서 사자 위에 앉아 있다.

또 말타에서는 열네 개의 동물 매장지가 발견되었다. 그중 여섯 개는 북극 여우의 무덤(여기서 레이너드와 코요테가 생각나지 않는가?)이었고, 또 여섯 개는 사슴의 무덤이었다. 그런데 사슴의 경우에는 모두 뒷다리와 궁둥이뼈가 없었으며 뿔도 없었다(아마 샤먼의 옷으로 사용하기 위해서 매장 전에 가죽을 벗겼던 것 같다). 한 곳에는 큰 새의 머리와 목뼈가 묻혀 있었고, 나머지 한 곳에는 매머드의 발이 나왔다. 또 날아가고 있는 여섯 마리 새와 헤엄치고 있는 한 마리 새가 매머드 엄니로 조각되어 있었다. 이 새들은 모두 거위나 오리의 상징이었다. 상아로 만든 물고기도 발견되었는데, 등에 나선형 미로 문양이 있다. 샤먼의 지팡이를 암시하는 상아로 만든 관장(官杖)도 있었다. 마지막으로 가장 주목할 만한 것은 곱사등이인 네 살짜리 어린아이의 뼈였는데, 거기에는 매머드 엄니로 만든 많은 장식품이 함께 있었다.

그 아이의 작은 뼈는 웅크린 자세 혹은 태아 자세를 취하고 있었는데, 머리는 왼쪽, 즉 동쪽을 향하고 있었다. 동쪽은 태양이 뜨는 곳이고 태양의 재생을 의미하는 방향이었다. 무덤 위에는 매머드의 엄니가 있었고 무덤 안에는 화려한 매장 의식이 행해졌음을 보여주는 흔적들이 많이 남아 있었다. 무덤 속에는 붉은색을 칠한 것들——북아메리카 아데나 문화 복합에서뿐만 아니라 구석기 유적에서도 흔히 발견되는——이 많이 있었으며, 그 아이의 머리는 매머드 엄니로 만든 정교한 왕관 혹은 머리띠로 둘러싸여 있었다. 그 아이는 또한 매머드 엄니로 만든 팔찌를 차고 있었고 멋진 목걸이도 걸치고 있었다. 그 목걸이는 상아로 만든 팔각형 구슬 여섯 개와 평범한 구슬 백이십 개로 엮어져 있었으며, 새처럼 생긴 장식이 달려 있었다. 또한 날아가는 새처럼 생긴 두번째의 장식과 두 개의 메달이 무덤에 놓여 있었다. 하나의 메달은 죔쇠로 사용된 것 같았다. 그것보다 조금 더 큰 다른 메달의 한쪽 면에는 코브라처럼 요동치는 세 마리의 뱀이 새겨져 있고, 다른 면에는 소용돌이치는 'S' 자 무늬 세 개와 일곱 번의 회전을 보여주는 나선형 문양이 새겨져 있었다. 이것은 예술사에서 최초로 나타나는 나선형 무늬이다.

우리는 지금 분명히 구석기 지대에 있다. 여기서는 뱀과 미로와 재생과 같은 주제들이 이미 상징적 배합을 이루고 있으며, 태양 새나 샤먼의 비행(飛行) 이미지들과 연계되어 있다. 또한 여기서는 여신이 가정의 보호자, 남성을 재생시키는 어머니, 그리고 야생적인 것과 식량 공급의 여인이라는 자신의 고전적 역할을 그대로 하고 있다. 농경 사회에서 그녀가 들판과 수확의 후원자이듯, 여기서는 사냥의 후원자이다. 우리는 경작인이 북쪽의 수렵 지대——하는 일이 힘들지만, 그 대신 성과는 큰 지역——로 이동하여 간 것(프로베니우스나 맹힌의 견해)인지, 아니면 그와 정반대로 북방 수렵인의 어떤 상징들이 나중에 남쪽으로 전파된 것인지 아직 확실하게 말할 수 없다. 그러나 바이칼호에서 피레네 산맥까지 매머드 사냥꾼의 신화——벌거벗은 여신이 최고의 이미지로 등장하는——가 강력한 연속성을 지니고 확립되어 있었음은 분명하다.

더구나 "바다표범의 늙은 여인"에 대한 에스키모의 신화를 보면, 매머드 엄니로 만든 새의 샤먼적 이미지와 이 여신의 성격 사이에 어떤 관련이 있음을 알 수 있다.

우리는 최초의 에스키모들이 어디에서 왔으며 언제 북극 주위의 거주지로 이동하였는지에 대해서는 알지 못한다. 그러나 바이칼호 지역의 문화에 의하여 강하게 채색된 북동시베리아의 어떤 지역이 이들의 고향이었을 것으로 보이며, 빨라도 기원전 300년경 이전에는 도달할 수 없었던 것 같다. 베링 해협과 알래스카에 살던 에스키모의 푸눅 시대(500-1500년경)의 유물인 해마 엄니 조각──여기에서는 벌거벗은 여성상과 세련된 기하학 문양이 현저한 특성으로 드러나며, 에스키모의 샤머니즘과 그들의 돌 램프, 뼈작살, 가죽 재단, 반 지하의 집에서도 역시 그러한 특성이 나타나고 있다──을 보면, 구석기 수렵인의 예술과 신화의 직접적 유산이 어떠한 것이었는지 드러난다.

바다표범의 늙은 여인(The old woman of the seals, 아르나르쿠아그사크)은 자신의 처소에 있는 램프 앞에 앉아 있다. 그 램프 밑에는 떨어지는 기름을 받는 그릇이 있다. 그녀는 핑가, 세드나, 그리고 "음식 접시(네리비크)"로도 알려져 있으며, 램프나 처소의 깊은 곳에서 주식 동물을 꺼내어 사람들에게 선사한다. 물고기, 바다표범, 해마, 고래가 주식 동물이다. 그러나 더러운 기생충이 그녀의 머리 주위에서 계속 귀찮게 하기 시작하면, 그녀는 화가 나게 되고 선물 주는 것을 멈추게 된다. 기생충을 나타내는 말은 아그들레루트인데, 그것은 낙태 혹은 사산아를 의미하기도 한다. 에스키모들이 낙태 행위를 하면 핑가가 성을 낸다고 한다. 이그주가르주크가 말한 것처럼, "그녀는 동물의 영혼을 돌보며, 그들이 너무 많이 죽는 것을 원하지 않는다.…… 순록이 죽은 다음에는 반드시 그 피와 내장을 덮어야만 한다." 적절한 사냥 의례를 통하여 생명으로 다시 복귀하지 못한 바다표범이나 순록은 조산아와 별반 다름없는 늙은 여인 자신의 "낙태", 즉 "사산아"이다. 그러므로 사람들은 아그들레루트들이 그녀를 공격하기 시작하면 식량이 제대로 공급되지 않으리라는 것을 금방 눈치 채게 된다. 따라서 이때는 아주 유능한 샤먼이 늙은 여인,

곧 "음식 접시"의 고통을 제거하기 위해서 망아 상태로 들어가고, 그 상태에서 그녀의 처소로 떠나는 매우 위험한 여행을 스스로 떠맡게 된다.

샤먼은 먼저 행복한 사자(死者)들의 땅, 아르시스수트("풍요하게 사는 사람들의 땅")를 통과해야만 한다. 다음에는 심연을 통과해야 하는데, 그 속에는 항상 돌고 있는, 얼음처럼 미끄러운 바퀴가 있다. 그 다음에는 끓고 있는 거대한 솥을 통과해야 한다. 그 속에는 위험한 바다표범들이 우글거리고 있다. 그곳을 통과하면 늙은 여인의 처소에 도착하게 된다. 그러나 무시무시한 짐승들과 굶주린 개들 그리고 사납게 짖고 있는 바다표범들이 그곳을 지키고 있다. 그가 이 관문도 통과하여 마침내 집 자체(the house itself)에 들어가게 되면, 다시 면도날처럼 좁은 다리가 기다리고 있다. 그는 이 다리를 통해서 심연을 건너가야만 한다.⁴⁷⁾

그 샤먼이 어떤 방법을 사용하여 그녀를 성공적으로 진정시켰는지는 알 수 없다. 그러나 그녀는 기생충과 분노에서 해방되었다. 이제 샤먼은 돌아오게 되고 바다표범들도 다시 돌아오게 된다.

서머셋 몸(Somerset Maugham)의 소설 『면도날(*The Razor's Edge*)』은 그 제목을 힌두교의 『카타 우파니샤드(*Katha Upanishad*)』의 한 구절에서 따왔다. 그 우파니샤드에서는 죽음으로부터의 해방을 권장하고 있지만, 동시에 그 길의 위험성과 험난함을 경고하고 있다.

> 일어나라! 깨어라!
> 고귀한 선물을 향하여 나아가 그것을 잡아라.
> 날카로운 면도날은 건너기 어렵다.
> 그것은 어려운 길이다. 현자들은 그렇게 말한다!⁴⁸⁾

이 소설의 제목은 면도날 위의 심연을 건너는 에스키모 샤먼의 영적 경험의 전체적 맥락을 잘 드러내고 있다.

우리는 여기서 크레티앙 드 트루아의 12세기 궁중 소설 『수레 탄 기사(*Le Chevalier de la charrette*)』에 등장하는 용감한 랑슬로 경을 생각해볼 수 있다. 그는 자신의 연인이자 여왕인 귀네비어를 죽음의 땅에서

구하기 위하여 "칼의 다리(Sword Bridge)"를 건넌다. 크레티앵은 이렇게 말한다. "누가 진리에 대해서 나에게 묻는다면, 나는 대답할 것이다. 그처럼 나쁜 다리는 없고 그처럼 나쁜 마룻바닥은 없다. 그것은 차가운 시내 위에 견고하게 걸쳐 있는 번쩍이는 칼이며, 두개의 창을 합쳐 놓은 길이를 가지고 있다. 더구나 그 다리 밑을 흐르고 있는 물은 악마의 시내처럼 사악하게 흐르고 있다. 그것은 미친 듯이 빠르고, 검게 부어오르며, 사납고 무시무시하다. 또 그 물은 너무 위험하고 밑이 없을 정도로 깊기 때문에 그 속으로 떨어진 사람은 마치 사해에 빠진 것처럼 완전히 사라질 것이다." 이 다리의 끝에는 두 마리의 사자 혹은 표범이 커다란 바위에 묶여 있다. 물과 다리와 사자는 보기만 하여도 무시무시하기 때문에 그 앞에 서 있는 사람은 누구나 두려움에 떨 것이다.[49]

우리는 기원전 2000년경으로 거슬러 올라가는 인도의 사제 도시국가 시대의 문화 복합에서 발견된 최초의 유적 가운데 요가 자세를 취하고 있는 상이 있었음을 언급한 바 있다.* 그 시기의 유물 가운데에는 나뭇가지 사이에 있는 여신의 환영(幻影)을 보여주는 것도 있다. 이보다 훨씬 후대에 속하는 인도 불교의 예술품 속에서 이 두 가지 주제, 즉 "요가의 길"과 "여신"이 나타나고 있다. 산치 탑의 정문(기원후 200년경)에서 이 두 주제는 각각 "불법의 태양-바퀴"와 "코끼리의 여신(가자 락슈미)"으로 재현되고 있다.

그러나 우리는 또 다른 심연에 도달하였는데, 이 심연은 우리로 하여금 가장 긴 고고학적 측연선(測鉛線)도 넘어서도록 유인하고 있다. 인류의 첫날 첫새벽에 이미 수많은 유명한 조정 관료들——그녀의 뱀과 비둘기 그리고 백조 ; 사자와 물고기 연못 그리고 면도날(이것을 통해서 그녀의 샤먼 애인이 그녀의 분노를 완화시키고 그녀가 다시 주식을 보내도록 하였다) ; 무덤-자궁 속에서 견진성사 복장을 하고 있는 작은 어린아이가 있는데, 그는 재생을 준비하고 있으며 어머니-자궁으로부터 올라오는 꺼지지 않는 솔 인빅투스(Sol invictus)의 태양-날(일요일)을 주시하고 있

---

* 267쪽 참조.

다——을 거느리고 그 자신을 드러낸 여신은 아직도 우리에게 이렇게 말할 수 있기 때문이다. "아무도 나의 베일을 벗긴 적이 없다."

3. 곰의 주

일본의 북쪽에 위치한 섬들——홋카이도, 사할린, 쿠릴 열도——에 사는 아이누족은 한때는 본토인 혼슈의 북부 지방에 살기도 하였다. 그런데 이 아이누족은 인류학에 매우 매력적인 문제를 던져준다. 그들의 체형은 일본인과 비슷하고, 가장 가까운 백인들의 거주지와는 5,000마일 정도 떨어져——그 중간 지역에 몽골인들이 살고 있다——살고 있지만 그들의 피부는 희고 카프카스인의 눈을 가지고 있으며 몸에는 털이 많기 때문이다. 그들은 지구상에서 가장 털이 많이 난 종족으로 알려져 있지만, 러시아의 무지크(농부)들만큼 그렇게 많지는 않다. 사실 덥수룩한 턱수염, 넓은 코, 숱이 많은 눈썹, 그리고 생기 있는 눈을 가진 이 종족의 힘세고 자부심 강한 노인들은 『전쟁과 평화』의 저자(톨스토이/역주) 혹은 어린이들이 생각하는 산타클로스의 모습과 매우 비슷하다. 반면 대부분이 샤먼인 아이누족의 여인들은 자신들의 자연스러운 매력을 검은 회색이 도는 청색의 콧수염으로 덧칠하고 있다. 그리고 이들은 13세가 되면 결혼을 위하여 위쪽 입술에 문신을 한다. 크뢰버 교수는 아이누족의 인구를 약 1만 6,000명으로 추산하고 있으며, 이 종족을 "일반화된 카프카스인 혹은 표준에서 벗어난 몽골로이드의 한 유형"으로 분류하고 있다. 이러한 표현을 하나의 분류 체계로 사용할 수 있다면 말이다.[50] 그러나 하돈(A. C. Haddon)은 보다 강한 확신을 가지고 이렇게 말한다. "그들은 머리카락이 희고 짧고 물결 모양으로 되어 있는 어떤 고대의 인종 집단이 동쪽으로 진출하여 남긴 유물임에 틀림없다. 아시아의 다른 지역에는 그와 유사한 종족을 전혀 찾아볼 수 없다."[51] 그들의 언어는 매우 독특하여 어떤 계통으로도 분류되지 못하고 있다. 비록 일본 고대어의 하나가 이와 동일한 계보에 속하는 방언임에는 틀림없지만 말이다. 더구나 이들의 신화와 의례 형식은 일본의 신도(神道)와 매우 밀접한 관련을 가지고 있다.

아이누족은 유목과 어로와 수렵에 종사하는 구석기 시베리아인이지만, 동시에 신석기 농경인이기도 하다. 그런데 그들은 인간의 세계가 신들의 세계보다 더 아름답기 때문에 신들은 인간 세계를 방문하기 좋아한다는 놀라운 관념을 가지고 있다. 신들은 항상 위장된 모습으로 인간 세계를 방문한다. 따라서 동물, 새, 곤충, 물고기는 모두 인간 세계를 방문하는 신들의 위장된 형태이다. 곰은 인간 세계를 방문하는 산신이고 올빼미는 마을신이며 돌고래는 바다의 신이다. 나무들 역시 지상에 있는 신들이다. 심지어는 인간이 사용하는 연장들도 적절하게 만들어지기만 한다면 신이 될 수 있다. 예를 들면, 칼과 무기는 신이 될 수 있다. 수호신으로 그것들을 착용하면 힘을 얻을 수 있다. 그러나 이 모든 것들 가운데 가장 중요한 방문객 신은 곰이다.[52]

아이누족은 산에서 검은 새끼 곰을 잡으면 승리의 노래를 부르면서 마을로 데리고 온다. 그러면 한 여자가 그 곰에게 젖을 주고 자신의 아이들과 함께 뛰놀게 하면서 정성스럽게 키운다. 그러다가 아이들을 할퀴거나 해칠 수 있을 정도로 곰이 크게 되면, 튼튼한 나무 우리 속에 가두고 물고기나 기장죽을 먹이로 주면서 2년 동안 보살핀다. 그러다가 9월 어느 날이 되면 곰의 몸에서 신을 해방시켜 자신의 고향으로 돌려보낸다. 이 희생의 축제는 이요만데라고 불리며, "보낸다"는 뜻을 지니고 있다. 여기에는 어떤 잔인함과 가학의 행위가 동반되지만, 축제의 전반적인 분위기는 즐거운 송별 잔치와 비슷하며 이러한 대접을 받는 곰은 매우 행복할 것──아이누족을 처음 방문한 사람은 이를 보고 놀라겠지만──이라고 한다.

축제를 주관하는 사람이 마을 사람들에게 이렇게 외친다. "나, 아무개(예를 들면, 가와무라 모노쿠테)는 산에서 온 작고 귀여운 신을 희생 제물로 바치려고 합니다. 여러 어르신들과 동료들이여, 이 잔치에 오십시오! 이 '송별'의 즐거움을 함께 즐깁시다! 오십시오! 모두 오십시오!"

손님들이 도착한다. 그러면 나무를 깎아 기도-막대기(이나오, "전령관"

을 뜻함)를 많이 만드는데, 어떤 것들은 길이가 2피트에서 5피트에 이른다. 그리고 가정을 수호하고 있는 불의 여신 푸지(Fuji, "할머니" 혹은 "여인 조상〔ancestress〕")가 임재하고 있는 화덕 옆에 이 막대기들을 꽂아놓고 경의를 표한다. 그 다음에는 곰을 살해할 바깥 마당으로 이것들을 옮기고 그 마당에 다시 꽂는다. 그런 다음 "질식용 기둥"을 뜻하는 오크-눔바-니라고 알려진 길고 두꺼운 두 개의 기둥을 그 옆에 눕혀놓는다. 남자 어른들이 곰우리로 다가가면 여자들과 아이들은 노래와 춤을 추면서 따라간다. 그리고 마을 사람 전체가 곰우리를 원형으로 에워싸고 앉는다. 한 사람이 곰우리에 가까이 다가가서 그 작은 방문객 신에게 앞으로 무슨 일이 일어날 것인가를 말해준다.

"오, 신이시여! 당신은 우리의 사냥을 위하여 이 세상으로 보내졌습니다. 신들의 세계로 돌아가면 우리에 대하여 잘 말해주시고 우리가 얼마나 친절한 사람들이었던가를 말해주십시오. 그리고 다시 우리에게 돌아오시오. 그러면 우리는 당신이 다시 희생제의의 명예를 얻을 수 있도록 할 것입니다."

밧줄로 묶인 곰이 우리에서 끌려 나와 사람들 앞으로 걸어간다. 그러면 사람들은 끝이 무딘 대나무 화살("새끼 곰 화살"을 뜻하는 "헤페레-아이"라고 불린다)을 쏘는데, 그 화살에는 검고 하얀 기하학 무늬가 새겨져 있다. 곰이 화가 날 때까지 사람들은 계속해서 놀린다. 그러고는 곰을 어떤 장식을 한 나무에 묶는다. 힘센 두 젊은이가 곰을 꽉 붙잡고, 또 한 사람이 입을 벌려 긴 막대기를 끼워 넣는다. 또 두 사람이 앞다리와 뒷다리를 각각 붙잡는다. 그 상태에서 두 사람이 곰의 목구멍 아래쪽과 목덜미에 "질식용 막대기"를 부착한다. 그때 명사수가 나와 피 한 방울도 땅에 떨어지지 않도록 하면서 곰의 심장에 화살을 날린다. 그 순간 목의 앞뒤에 있던 두 기둥이 압착되면서 그 작은 곰은 죽음에 이른다.

곰의 머리는 가죽을 벗기지 않고 그대로 잘라서 집으로 가져온다. 그런 다음 동쪽 창문가에 기도-막대기 그리고 귀중한 선물들과 함께 놓는다. 이는 그 곰을 송별 의식에 참여시키기 위한 것이다. 육질이 좋은 살점 하나를 그 주둥이 밑에 놓는데, 거기에는 이미 마른 생선, 기장으로 만든 경단, 한 잔의 술, 그리고 한 사발의 스튜 요리가 마련되어 있다. 그러고나면 의식의 주관자가 나와서 다음과 같은 또 한번의 연설을 한다.

"오, 작은 새끼 곰이여, 우리가 그대에게 이 기도-막대기와 경단과 마른 생선을 선물로 주었으니, 이것들을 가지고 그대의 부모에게 돌아가라. 도중에 머뭇거리지 말고 그대의 부모에게 곧바로 가라. 그렇지 않으면 악마들이 그 선물들을 강탈할 것이다. 그리고 부모님께 도착하면 이렇게 말하라. '나는 오랫동안 아이누족의 부모님 밑에서 잘 자랐습니다. 그들은 모든 고통과 재앙에서 나를 보호해주었습니다. 나는 이제 컸기 때문에 돌아온 것입니다. 나는 이 기도-막대기들과 떡과 마른 생선을 가지고 왔습니다. 이것들을 기쁜 마음으로 받아 주십시오!' 작은 곰이여, 그대가 이렇게 전하면 그대의 부모는 매우 기뻐할 것이다."

잔치가 벌어지고 사람들은 춤을 춘다. 이때 그 새끼 곰을 키웠던 여자는 울다가 웃고, 또 울기를 반복한다. 그전에 새끼 곰들을 키웠던 나이든 여자들도 그 옆에서 함께 울고 웃는다. 이들은 이별의 복합적 감정을 잘 알고 있기 때문이다. 사람들은 기도-막대기를 더 만들어 곰의 머리 위에 놓고, 그 곰고기로 만든 스튜 요리를 그 앞에 놓는다. 잔치가 끝날 시간이 되면, 축제의 주관자가 "그 작은 신은 돌아갔습니다. 자, 이리 와서 함께 제사를 지냅시다"라고 외친다. 그가 사발을 들고 그것에 경의를 표한 다음, 사람들에게 그 안에 있는 고기를 조금씩 나누어준다. 그 곰의 다른 부위들도 분배된다. 그러면 사람들은 그 고기들을 함께 먹는다. 심지어 어떤 사람들은 힘을 얻기 위해서 그 곰의 피를 마시며 옷에 바르기도 한다.

그리고 곰의 머리에서 가죽을 벗겨낸 다음, 남아 있는 머리 부분을 커-오만데-니("송별의 기둥")라고 불리는 기둥의 끝 부분에 올려놓는다. 그리고 이 기둥을 옛날부터 내려온 해골 기둥(기둥 위에 올려놓았던 머리의 살 부분이 다 썩어 없어지고 해골만 남아 있으므로/역주)들 사이에 놓는다. 이 작은 신의 고기를 모두 먹어 없앨 때까지 축제는 며칠 동안 계속된다.[53]

사냥꾼이 산에서 야생 곰을 잡으면 그것에 경의를 표하고 집으로 가져온다. 그러나 이때 그는 집 문을 통해서가 아니라 "신의 창문"을 통해서 들어온다. 그러한 창문은 "신의 출입구"로 알려져 있다. 집 가운데 있는 불을 수호하는 늙은 불의 여신은 조금 떨어진 보이지 않는 곳에서 그 손님을 환영한다고 한다. 그 신과 여신은 불 옆에서 밤새도록 이야기를 나눈다. 그동안 사람들은 그들의 대화를 북돋우기 위하여 노래를 하고 악기를 연주한다. 다음날에는 그 곰을 맛있게 요리하여 함께 먹는다. 그리고 상석에 놓여 있는 곰의 머리 앞에 여러 가지 선물을 바친다. 그러면 선물을 받은 그 신은 제의의 무대에서 퇴장하여 산에 있는 자신의 집으로 돌아간다.[54]

집의 "조상이자 보호자"인 불의 여신 푸지는 매머드 사냥꾼의 거주지에서 발견된 여신 입상들을 상기시킨다. 이 여신들도 분명히 화덕의 보호자였기 때문이다. 아이누족의 가정집에는 북동쪽 모서리에 성스러운 장소——가보를 모셔놓는 곳 뒤쪽으로——가 하나씩 있다. 그곳에는 특별한 기도-막대기가 놓여 있는데, 그것의 끝 부분에는 입을 상징하는 홈이 파여 있다. 이 막대기는 "집의 수호 조상"이라는 뜻을 지닌 치체이 코로 이난(chisei koro inan)으로 알려져 있으며, 불의 남편으로 간주되기도 한다.[55] 세 개의 깨어진 여성 입상이 발견된 코첸키 지역의 벽감도 집의 북동쪽 모서리에 있었음을 상기하자.*

더구나 일본의 아름답고 성스러운 후지산은 휴화산이고 그 이름이 다양하게——"부의 산", "비교할 수 없는", "무적의"——해석되고 있지만, 분명히 아이누의 기원을 가지고 있고 불의 여신을 가리키고 있다.[56] 그러므로 화덕의 여신과 인간 세계를 방문한 곰-신은 제의 현장의 대화에서 서로 공유할 수 있는 기억을 가지고 있었음에 틀림없다. 또한 브리티시 콜럼비아에서 전해진 이야기, 즉 카스카 인디언의 이야기에 등장하는, 곰으로부터 불-돌을 훔친 새를 이 대목에서 상기할 필요가 있다.**

구석기인의 곰 의례의 흔적이 북극 주변을 따라 광범위하게 발견되었

---

* 376쪽 참조.
** 316-317쪽 참조.

다. 핀란드와 북러시아에서 시작하여 시베리아와 알래스카를 거쳐 래브라도와 허드슨만에 이르기까지 발견된 것이다. 핀족과 랩족, 오스티아크족과 보굴족, 아무르강 주변의 오로치족, 길랴크족과 골디족, 그리고 캄차카의 부족들, 아메리카 북서 해안의 부족들인 눗카족, 틀링깃족, 콰키우틀족 등과 아메리카 북동 해안의 알곤퀸족이 대표적이다.[57] 제2부에서 다루었던, 수단에서 아마존에 이르는 광활한 열대 농경 지대에 상응하는 것이 여기에서도 발견되는데, 북극 주변에 광범위하게 분포하는 수렵 연속체(northern circumpolar hunting continuum)가 바로 그것이다. 열대의 농경 지대에서 원 신석기 시대의 새벽, 즉 기원전 7500년경으로 거슬러 올라가는 시간의 깊이가 드러나듯이, 여기서도 시간의 깊이가 드러난다. 그런데 여기서는 그 시간의 깊이가 훨씬 더 깊다. 알프스의 고지대인 세인트 갈렌 주변에서 그리고 다시 독일의 뉘른베르크에서 북서쪽으로 약 30마일 떨어진 벨덴 근처에서 일련의 동굴이 발견되었는데, 동굴 안에는 곰의 해골들이 의식에 따라 배열되어 있다. 그 동굴들의 연대는 네안데르탈인의 시대——얼마나 믿기 어려운가!——로 추정된다.

  1856년, 짐승 같으면서도 사람 같은 이상한 뼈 조각이 뒤셀도르프에서 멀지 않은 네안더(Neander) 계곡의 석회암 채석장에서 발견되었다. 그 뒤로, 지금의 인류보다 더 거칠고 무거운 인류가 선행하였고 그 인류는 빙기의 시작 전까지 약 10만 년 동안 생존하였을 것이라는 주장이 널리 인정되었다. 한스 바이네르트(Hans Weinert) 교수에 따르면, 네안데르탈인의 시기는 마지막 간빙기(리스-뷔름[Riss-Würm] 간빙기)인 약 20만 년 전에 시작되어 뷔름 빙기에 속하는 약 7만 5,000년 전쯤에 끝난다.[58] 한편 헨리 페어필드 오스본(Henry Fairfield Osborn) 교수는 네안데르탈인의 멸종 시기를 이보다 훨씬 뒤인 기원전 2만 5000년에서 2만 년 사이의 어떤 시점으로 잡고 있는데, 이 시기는 뷔름 빙기가 끝나는 때이다.[59] 어떻든 빙기 말년에 그 종이 사라졌다는 것은 확실하고, 그때 대서양에서 태평양에 이르는 광범위한 지역에서, 최초의 인류 호모 사피엔스——우리가 지금까지 그들의 여신 및 동굴 의례를 살펴온——가 네안데르탈인을 대체한 것이다.

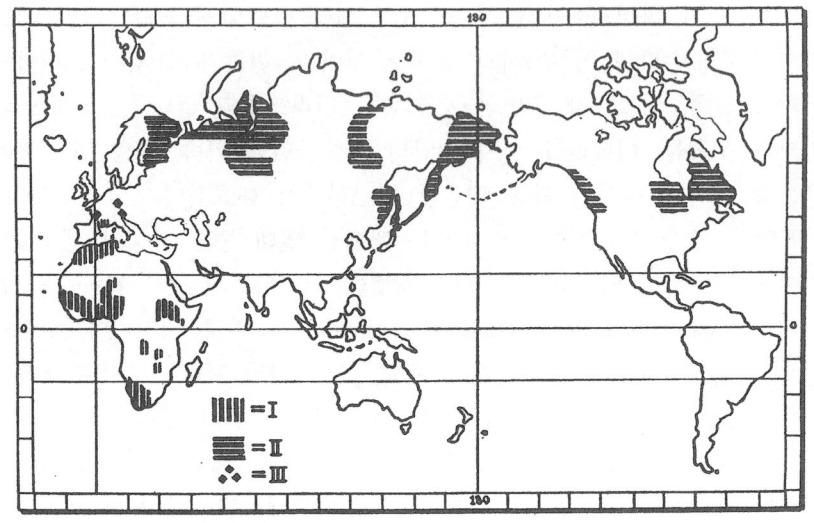

〈그림 14〉 곰 의례. I. 구석기인과 아프리카인의 사자 및 흑표범 의례. II. 북극 지역의 곰 의례. III. 구석기 시대의 곰 의례 성소. 프로베니우스의 것을 따옴.

에밀 배흘러(Emil Bächler)는 1903년에서 1927년 사이에 알프스 고원 지대에서 세 개의 동굴을 발견하였다. 첫번째 동굴 빌트키르히는 1903년에서 1908년 사이에 발견되었고, 두번째 동굴 드라헨로흐는 1917년에서 1922년 사이에 발견되었으며, 마지막 동굴 빌데르만리스로흐는 1923년에서 1927년 사이에 발견되었다. 첫번째와 세번째 동굴은 해발 7,000피트 높이에 있었고, 두번째 동굴은 해발 8,000피트 높이에 있었다. 뷔름 빙기 동안에는 아무도 이 동굴들에 들어갈 수 없었다. 그러므로 그곳에 있는 유물들은 늦어도 간빙기(리스-뷔름), 즉 기원전 7만 5000년경 이후에 속하는 것은 아닐 것이다.

그러면 어떤 것들이 발견되었을까?

그곳에서 발견된 것은 숯, 무스테리안기 양식 이전의 부싯돌, 판석(板石)으로 깐 바닥, 작업대, 그리고 작업장이었다. 곰 의례를 위한 제단도 발견되었는데, 이것은 지금까지 발견된 것 가운데 가장 오래된 제단이다.

드라헨로흐 동굴과 빌데르만리스로흐 동굴에서는 돌벽으로 된 32인치 높이의 저장용 광이 발견되었는데, 그 안에는 많은 동굴-곰의 두개골이 가지런히 놓여 있었다. 이 두개골 가운데 어떤 것들 주위에는 작은 돌들이 배열되어 있었고, 다른 두개골들은 석판 위에 놓여 있었다. 조심스럽게 배치되어 있는 한 두개골의 주둥이 밑에는 동굴 곰의 긴 뼈(같은 곰의 뼈임에 틀림없다)가 놓여 있었고, 어떤 해골의 눈동자는 긴뼈로 찔린 상태였다.[60]

독일의 벨덴 근처에 있는 페테르슈윌레 동굴은 1916년에서 1922년 사이에 콘라트 회르만(Konrad Hörmann)이 발견한 것인데, 그 동굴 벽에는 옷장처럼 생긴 벽감이 설치되어 있었다. 그 안에는 동굴-곰의 해골 다섯 개와 긴 다리뼈가 있었다.[61]

동굴 곰은 매우 크지만 그렇게 위험한 동물은 아니다. 우선 그것들은 육식동물이 아니라 초식동물이었다. 둘째로 그 곰들은 모든 다른 곰들처럼 겨울이 오면 잠을 자야만 하였다. 빙기 동안은 겨울이 길었다. 그래서 곰들은 잠을 자기 위하여 동굴로 들어갔고, 그곳에 있는 동안은 쉽게 잡혀 죽을 수 있었다. 곰들이 들어가 자고 있는 동굴 앞에 살고 있는 부족들은 일종의 살아 있는 냉장고를 갖고 있는 셈이었다.*

자, 이제 마지막으로 이 엄청난 과거의 깊이 속에 존재하는 수많은 인간의 무덤들을 탐방해보도록 하자. 제단들과 마찬가지로 이 무덤들은 지금까지 발견된 것 가운데 가장 오래된 것들이다.

남부 프랑스의 도르도뉴에 있는 라 페라시(La Ferrassie) 동굴에서 네안데르탈인의 유해가 발견되었다. 두 유해는 어른의 것이고 두 유해는 아이의 것이었는데, 모두 의식에 따라 매장되었다. 어른의 유해 가운데 하나는 여자로 추정되는데, 그녀는 바닥 안쪽으로 파인 구덩이 속에 웅크린 자세로 매장되어 있었다. 두 발은 몸 쪽으로 붙이고 두 손은 가슴에 포개어놓은 상태였다. 다른 어른 역시 다리를 구부리고 있었는데, 구덩이 속이 아니라 바닥에 누워 있었다. 그러나 그의 머리와 어깨는 석판

---

* 인류의 기원에 대하여 인간 스스로 탐구해온 것들을 생생하게 개관하면서, 아울러 이러한 탐구 분위기에 대하여 흥미 있는 논의를 전개한 헤르베르트 벤트(Herbert Wendt)의 책을 보라. *In Search of Adam*(Boston : Houghton Mifflin Company, 1956), 501쪽 이하.

으로 보호되고 있었다. 반듯하게 누워 있는 두 아이는 얕은 무덤 속에 있었다. 그 옆에는 들소의 뼈와 재로 가득한 구덩이가 있었는데, 그것들은 제물로 추정된다.[62]

또 도르도뉴에 있는 르 무스티에르(Le Moustier)에서도 16세의 젊은이의 유해가 발견되었다. 그는 산뜻한 부싯돌 조각이 모여 있는 더미 위에서 오른팔로 팔베개를 하고 자고 있었다. 그의 주위에는 새까맣게 타고 갈라진 야생 소의 뼈가 있었으며, 손 옆에는 매우 세련된 초기 무스테리안기 혹은 후기 아슐기의 손도끼가 놓여 있었다.[63]

도르도뉴에 있는 라 샤펠로생(La Chapelle-aus-Saints)에서 다시 한번 50세에서 55세 정도 되는 한 사람의 유해가 발견되었다. 그는 자연스럽게 파인 조그마한 구덩이에 놓여 있었고, 머리와 발은 각각 동쪽과 서쪽을 향하고 있었다. 그 옆에는 수많은 조개, 약간의 무스테리안기 부싯돌, 그리고 털이 많은 코뿔소와 말과 순록과 들소의 뼈가 놓여 있었다.[64]

당시에도 사냥터에서 죽은 동물과 사람들에게 어떤 형태로나마 죽음의 신비에 대해서 답을 제공해야만 하였다. 그때 발견된 대답은 아득한 옛날부터 위안을 찾는 사람들에게 안락함을 주어온 다음과 같은 답이었다. "죽는 것은 아무것도 없다. 죽음과 출생은 베일을 통과하는 하나의 문턱에 불과하다."

5세의 아이에게는 이와 똑같은 관념이 자연 발생적으로 나타난다. 그 나이에 속하는 스위스의 한 작은 소년이 이렇게 물었다. "사람이 늙으면 아기로 다시 돌아가나요?"

자신의 숙부가 죽었다는 소식을 들은 또 다른 아이가 물었다. "삼촌은 다시 자랄 건가요?"

4살짜리 아이는 이렇게 질문하였다. "아저씨가 죽으면 다시 자라나요?"

또 다른 아이는 이런 말을 하였다. "그래 나는 죽게 될 거야. 너도 죽고 엄마도 결국 죽을 거야. 그렇지만 우리 모두는 다시 돌아올 거야."[65]

아득한 무스테리안-네안데르탈인 시기에 이러한 근본적 관념이 어떠한 신화적 구조 속으로 병합되어 들어갔는지는 알 수 없다. 그러나 라 샤펠로생에서 발견된 유해가 해가 뜨고 지는 방향을 따라 안치되었던 것을 볼 때, 어떤 종류의 태양 상징주의가 이미 발전하고 있었음을 알 수 있다. 그리고 희생된 동물들은 죽음의 세계로 가는 길이 매우 힘들었음을 암시한다. 그렇지 않으면 떠나가는 아이누 곰에게 주었던 것처럼, 그것들은 단순한 선물이었을 수도 있다.

아이누족의 경우에는 가장이 장례식을 주관한다. 가장은 시신을 향해서 이렇게 말한다. "당신은 지금 신이다. 당신은 이 세계를 동경하지 말고 조상들이 살고 있는 신들의 세계로 당장 가야만 한다. 그들은 당신이 가져온 선물에 감사할 것이다. 지금 즉시 가라! 뒤를 보려고 멈추지 말라." 장례식의 주관자는 떠나는 자의 발에 각반 한 쌍을 올려놓고, 손에는 벙어리 장갑 한 켤레를 쥐어준다. 그러고는 말한다. "길을 잃지 않도록 조심하라. 늙은 불의 여신이 당신을 안내할 것이다. 나는 이미 그녀에게 그 일을 부탁해놓았다. 그녀에게 의지하라. 그리고 조심스럽게 너의 길을 가라. 안녕히!"

떠나가는 자의 영혼과 산 자들을 위해서 풍성한 음식이 준비된다. 사람들이 관을 들고 출발하려고 할 때 주관자가 다시 떠나가는 영혼에게 이렇게 말한다. "우리는 떠나가는 당신을 돕기 위해서 좋은 지팡이를 준비하였다. 손잡이를 꽉 쥐고 발걸음을 조심하면서 안전하게 가라. 지팡이를 따라 발걸음을 옮겨라. 너의 조상에게 줄 선물로서 마실 것과 먹을 것을 충분히 준비해두었다. 오른쪽이나 왼쪽을 기웃거리지 말고 곧바로 가라. 이 선물들을 가지고 빨리 가서 조상들을 기쁘게 해드려라. 너의 형제와 자매 그리고 이 세상에 있는 다른 친척들을 기억하려고 하지 마라. 너의 길만을 가고 여기 있는 사람을 그리워하지 마라. 우리는 늙은 불의 여신이 배푸는 가호 아래 모두 안전하게 잘 있다. 네가 남은 자들을 그리워하면 그들이 웃을 것이다. 이러한 사실을 이해해야 한다. 너는 그렇게 어리석은 방식으로 행동을 해서는 안 된다."

관은 문을 통해서 나가는 것이 아니라 집의 한 부분을 부수고 그곳을 통해서 나간다. 그리고 유족들이 돌아오기 전에 다시 고쳐놓는다. 그러면 죽은 자의 영혼은 다시 집으로 들어오는 방법을 알지 못하게 된다. 죽은 자가 집의 여주인이라면 집 전체를 불태운다. 죽은 자가 여자라면, 보석,

귀걸이, 부엌칼, 단지, 냄비, 국자, 베틀과 같은 것들을 무덤에 함께 넣는다. 죽은 자가 남자일 경우에는 칼, 활, 화살통을 넣는다. 매장 혹은 "던져 넣기(오수라)"가 끝나면 유족들은 뒤쪽으로 걸으면서 무덤을 떠난다. 죽은 자의 유령에게 잡히지 않기 위해서이다. 그들은 망자의 유령으로부터 자신들을 방어하기 위하여 손에 무기를 들고 있다. 남자들은 칼, 여자들은 막대기를 휴대한다.[66]

현대 일본의 아이누족을 통하여 유라시아 대륙 반대편에 있는 일련의 선사 유적——기원전 20만 년에서 50만 년 사이에 해당하는——을 해석하는 데 대해서는 그 타당성에 의문이 제기될 수 있다. 양자의 공간과 시간은 공통의 전통을 가질 가능성이 없어 보이기 때문이다. 더구나 네안데르탈인은 지구상에서 완전히 종적을 감추었고, 아이누가 그들의 후손이라고 제안한 사람은 아직 아무도 없기 때문이다. 길랴크족, 골디족, 캄차카의 부족들, 오스티아크족, 보굴족, 아무르강의 오로치족, 랩족 혹은 핀족의 경우도 마찬가지이다. 이 주제에 대하여 쓴 사람은 모두 놀라움을 표현한다. 그러나 사실은 그대로 남아 있다. 헤르베르트 퀸은 상당한 통찰력을 가지고 이 문제를 다룬 책에서 다음과 같이 쓰고 있다.

> 외부의 시선에서 가장 쉽게 벗어날 수 있는 은밀한 동굴들은 의례의 장소로 적합하다. 따라서 발굴자들은 자신들이 희생제의의 증거——사냥 의례를 위하여 사용된 동굴-곰의 저장소——를 발견하였음을 금방 깨달았다.
>
> 맹힌은 전기 구석기 시대의 희생제의를 다룬 논문에서 그러한 생각을 받아들였다.[67] 그는 전기 구석기 시대의 희생제의의 증거를 동아시아의 수렵인, 아이누족, 그리고 길랴크족의 것과 비교하였는데, 이들 사회에서는 희생제의가 아직도 과거와 동일한 형태로 행해지고 있다. 배흘러는 카프카스의 체브수르족에서 그와 유사한 것을 찾아내었다. 민족학적 측면에서는 그러한 동굴의 발견으로 인하여 가흐스(A. Gahs)의 연구가 본격적으로 시작될 수 있었다. 가흐스는 자신의 저서[68] 속에서 순록 부족의 두개골 봉헌에 대하여 집중적으로 연구하였고, 그 문제와 관련한 방대한 비교 자료도 수집하였으며, 할로웰(Hallowell)[69] 및 우노 홀름베르크(Uno Holmberg)[70]의 곰 의례 연구와의 관련성마저 확립하였다.

이 저서들은 모두 북반구의 현대 수렵인들에게서 나온 방대한 자료를 활용하고 있다. 간빙기의 관습과 삶의 조건이 지구의 변경 지대에서는 오늘날까지 유지되었다. 이 지역 사람들은 오늘날까지도 가장 단순한 사냥꾼과 채집가로 살아가고 있다. 여기서는 경제적 패턴이 거의 변화되지 않았고 사고방식도 기본적으로 변하지 않았다. 초기의 사냥꾼과 현재의 사냥꾼 사이에 수천 년, 수십만 년의 간격이 놓여 있음에도, 사람들의 내면은 동일하게 남아 있다. 오늘날에도 과거와 똑같은 제물을 바치고 있다. 곰의 머리는 아직도 가죽을 벗긴 다음 성스러운 봉헌 장소에 보관된다. 그 두개골들은 지금도 석판으로 덮어 봉안한다. 봉헌 장소에서는 아직도 특별한 의식이 행해진다. 심지어 오늘날에도 과거와 마찬가지로 경추(목뼈) 두 개를 해골에 부착한 채 보관하기도 한다. 그리고 이러한 사회들에서는 곰의 커다란 어금니를 빻는 경우가 종종 있는데, 이러한 행위는 조츠(Zotz)가 실레지아의 빙기 고원 지대에 있는 일련의 동굴을 발굴하는 과정에서도 나타났다.[71]

유럽의 간빙기에 나타난 것처럼, 현대의 아시아 수렵인들도 곰의 이빨을 갈고 두 개의 경추를 해골에 부착시키는 것과 같은 행동을 한다. 이처럼 세부적 차원에서 나타나는 유사성은 그 지속성이 수만 년 동안 단절되지 않았음을 증명한다.[72]

레오 프로베니우스는 구석기 시대와 현대 수렵인의 연속성을 인정하면서 다음과 같은 관찰을 덧붙이고 있다.

베구앵 백작과 카스테레(N. Casteret)는 오트가론의 몽테스팡(Montespan) 근처에서 동굴 하나를 발견하였다. 그 동굴의 맨 끝에 커다란 방이 있었는데, 거기에는 진흙으로 빚은 어떤 동물의 형상이 있었다. 그 형상은 세부적인 면에는 관심이 없이 대충 만들어졌지만, 앞발을 앞쪽으로 뻗은 채 웅크린 모습을 하고 있었다. 더구나 그 동물의 머리가 없다는 것이 특이하였다. 전체적으로 보면, 아이가 눈사람을 만든 것처럼 서툴게 빚어졌다. 예를 들면, 튀크 도두베르(Tuc d'Audoubert) 동굴에 있는 두 마리의 들소 형상——이것들 역시 진흙으로 빚어졌다——에 나타난 것 같은 우아함이라고는 전혀 찾아볼 수 없었다. 이 작품이 아무리 조악하게 빚어졌다고는 하지만, 그 사실만으로는 이 동물의 머리 부분이 없는 것을 설명할 수 없다. 머리 부분이 떨어져나갔을 리는 없다. 머리와 연결되는 목 부분의 표면이 부드럽고 약간 경사져 있으며, 이 부분과 신체의 다른 부분이 동시대에 만들어진 것으로 보이기 때문이다. 더구나 이 목 부분의 한 가운데에는 식도나 기도처럼 구멍이 하나 뚫려 있다. 막대기의 한쪽 끝 부분에 어떤 무거운 것을 매달고 그 반대편 부분을 이 구멍 속에 꽂아놓았던 것 같다. 이 동물의 전체적인 모습과 네 다리의 모습 그리고 두 어깨 사이에 튼튼하면서 둥근 모습으로 높게 돌출된 부분으로 판단하건대, 이 형상은 곰이었음에 틀림없다. 더구나 이 동물의 쭉 뻗은 앞발 사이에는 곰의 두개골이 놓여 있었다.

　이처럼 몹시 중요한 발견에 대하여, 그들은 첫번째 보고서(1923)[73]에서 다음과 같이 기록하고 있다. 이것은 후기 구석기 시대(마그달레니안기 벽화 시대) 곰 의례의 증거이다. 어떤 조건 아래에서 살해된 곰의 머리가 실제로 이 진흙 몸통에 연결된 것이 분명하며, 두 발 사이에서 발견된 두개골은 그러한 관습의 증거이다. 마지막으로 그 거친 형상 자체는 하나의 특별한 결론을 드러낸다. 즉 그 진흙 작품은 새로 벗겨낸 곰 가죽——머리는 아직 달려 있는 채로——을 덮을 수 있도록 몸통 역할을 하였던 것이다."[74]

　더구나 서아프리카 황금해안의 볼타강 지역에서 프로베니우스의 동료인 후거쇼프(Hugershof) 박사는 툴라의 바마나족이 이와 똑같은 관습을 지니고 있음을 발견하였다. 그러나 거기에서는 그 진흙 형상을 덮는 것으로 곰 가죽이 아니라 표범 가죽을 사용하였다.[75] 프랑스령 수단에서 활동하던 프로베니우스 자신도 바푸라베의 쿨루발리족 사이에서 그와 유사한 것을 발견하였다. 그곳에서는 "사자나 표범이 사람을 잡아먹을 경우, 정글 의례를 준비하고 그 동물을 죽인다. 우선 숲 속에 "쿨리코라 냐마"라고 하는 장소를 마련하는데, 그것은 가시덩굴로 된 둥근 울타리로 에워싸여 있다. 그 가운데에는 진흙으로 만든 사냥감의 형상을 놓는데, 머리 부분이 없다. 그리고 살해한 사자나 표범의 가죽을 벗긴다. 이때 이 동물의 머리는 두개골을 그대로 둔 채 잘라낸다. 그 다음에는 벗겨낸 가죽으로 그 진흙 몸통에 옷을 입힌다. 그러면 모든 전사들이 그 울타리 주위로 모이고 그 동물을 죽인 사람이 춤을 추면서 그 가운데 있는 동물의 형상으로 다가간다. 그동안 그 동물의 나머지 부분들을 땅에 묻는다."[76]

서부 모로코에서는 표범이 살해되면 즉시 사냥꾼이 뒤쪽에서 그 죽은 짐승의 등 위에 올라타고 눈을 감은 채 그 위를 기어간다. 그러고는 그 짐승이 더 이상 앞을 볼 수 없도록 가능한 한 빨리 덮개로 그 짐승의 눈을 가린다. 사악한 눈의 위험을 방지하기 위해서이다.[7] 드라헨로흐 동굴의 성스러운 구덩이에서 두 눈이 긴뼈로 찔려 있는 상태로 발견된 동굴-곰에 대한 단서를 여기서 찾을 수 있다.

4. 두 세계의 신화

이제 거대한 하나의 연속체가 드러났다. 그것은 시간적으로는 적어도 기원전 20만 년 전 리스-뷔름 간빙기에 시작된 것이다. 이 연속체는 독일과 스위스의 고산지대에 있는 네안데르탈인 동굴에서 최초의 형태로 드러났고, 수천 년 뒤에는 남부 프랑스의 호모사피엔스 동굴에서 나타났다. 그것의 공간적 범위는, 북동쪽으로는 북극 주변의 원시 사냥꾼과 채집인의 영역으로 뻗쳐 있고 남쪽으로는 아프리카로 뻗쳐 있다. 북극 주변에서는 곰의 주 의례가 오늘날까지 행해지고 있으며, 아프리카 지역에서는 거대한 고양이과 동물——사자, 표범, 흑표범 등——이 곰의 역할을 대신하고 있다. 우리의 주제를 고고학적으로 탐구하는 제4부에서는 다음과 같은 물음을 던질 것이다. 실제로는 아프리카의 의례 형식이 네안데르탈인의 곰 의례보다 먼저 있었던 것이 아닌가? 따라서 의례에 등장하는 동물의 역할은 곰에서 사자로가 아니라 사자에서 곰으로 전이된 것이 아닌가? 앞에서 언급한 란드-나마(land-náma)의 원칙*에 따라서 말이다. 그러나 당분간 우리의 관심은 다음 몇 가지에 한정될 것이다. (1) '동물의 주' 의례의 문화적 지대를 가장 거시적인 관점에서 밝혀내는 것, (2) 처녀 희생을 행하는 후기의 신화적 지대와 그것을 비교하는 것, (3) 보다 신빙성 있는 자료를 보여주는 기초 신석기와 신석기 중기의 선사 유

---

* 230-231쪽 참조.

적——여기에서 사제 도시국가의 위대한 문명이 나온——으로부터 원시적인(혹은 상대적으로 원시적인) 맥락을 구분해내는 것이 그것이다.

　1a. 풍부한 증거를 지니고 있는 사냥 신화는 제3간빙기의 중부 유럽을 중심으로 하여 동쪽으로는 래브라도, 남쪽으로 로데시아로 뻗어 있다(388쪽 지도 참조). 이들 지역에서 발견되는 신화들은 서로 간에 상당한 일관성을 보여주고 있다. 따라서 우리는 이를 전파의 관점에서 볼 수 있고, 또 보아야만 한다. 이 신화의 근본적 특징들이 최초의 단계에서는 어떠하였는지 그 내용을 확실히 말할 수는 없다. 아이누족의 곰 희생제의 및 장례식과 같은 현존하는 의례 속에는 최초의 구석기 시베리아인의 전통만이 아니라 이보다 훨씬 후기에 속하는 중국-몽골 신석기 및 일본 신석기 문화의 영향, 심지어는 최근 러시아의 영향도 들어 있을 것이다. 그럼에도 이 다양한 전통들 속에서는 이 거대한 연속체의 다른 지역들에서 쉽게 찾아볼 수 있는 일정한 사유와 의례의 패턴이 나타나고 있다. 이러한 전통들은 이 연속체의 영역 속에 존재하는 일반적인 정신 자세——자신의 힘이 미치는 영역 안에서 등장하는 모든 문화의 피륙에 색깔을 칠하는——를 드러내는 예로 활용될 수 있다.

　이 영역에서 나타나는 주요 관념에 따르면, 죽음과 같은 것은 존재하지 않는다. 단지 불멸의 개인이 베일을 반복해서 통과할 뿐이라고 믿는다. 이러한 관념은 카리보우 에스키모 샤먼 이그주가르주크의 말 속에 잘 나타나 있다. "생명은 끝이 없다. 죽음 이후에 우리가 다시 어떠한 형태로 나타날지를 알지 못할 뿐이다." 이 관념은 곰 희생제의와 장례식에서 행해지는 아이누족의 기도문에서도 분명하게 드러난다. 그들은 곰에게 이렇게 기도한다. "귀엽고 작은 신이여······ 제발 우리에게 다시 돌아오소서. 그러면 우리가 당신에게 희생제의의 영광을 다시 드리겠소." 죽은 사람에게는 이렇게 말한다. "(지팡이) 손잡이를 꼭 잡고 발밑을 조심하면서 안전하게 걸어가시오." 도르도뉴의 라 페라시, 르 무스티에르, 그리고 라 샤펠로생 동굴에서 발견된 곰과 희생 동물들은 네안데르탈인 시기의 것과 유사하다. 당시에 그러한 유형의 매장이 일반적이었는지 아니면 특수한 것이었는지는 알 수 없지만, 적어도 이 경우들에서는 죽음 이후의 삶이 분명히 상정되고 있었다. 르 무스티에르 무덤에 있는 훌륭한 손도끼는 저 세상의 신과 조상에게 선사할 선물이었는가? 우리는 잘 모른다. 그리고 죽은 자는 자기 마음대로 되돌아올 것인가 아니면 조상들과 함께 머물러 있을 것인가? 이것 역시 잘 모르겠다. 그러나 거기에 또 다른 세계가 있었음은 분명하다.

이와는 다른 주제들이 이러한 유물들 속에서 또 나타나고 있다. 라 샤펠로생에 있는 유해가 동—서 방향을 취하고 있는 것은 태양과의 관련성을 보여준다. 이보다 훨씬 후대에 속하는 말타의 무덤에서 발견된 네 살 짜리 곱사등이도 이러한 방향을 취하고 있다. 말타의 아이뿐만 아니라 라 페라시에서 발견된 두 어른의 유해도 웅크리고 있는 자세를 취하고 있는데, 이는 재생을 위한 태아의 자세를 암시한다. 물론 그러한 자세는 죽은 혼령이 돌아오는——산 자를 두렵게 하기 위해서——것을 막기 위한 시도라고 볼 수도 있다. 보다 원시적인 오스트레일리아 중부 아란다 부족의 것*만이 아니라 아이누족의 매장 의례에서도 죽은 자에 대한 원시적 공포가 생생하게 나타나고 있다. 이러한 태도는 앞에서 살펴본 수단의 원시 농경인**의 태도와는 날카로운 대조를 이룬다. 죽은 흑표범의 사악한 눈빛에서 나오는 힘을 막기 위한 북아프리카 사냥꾼의 의례, 그리고 죽은 곰의 눈 속으로 긴 뼈를 찔러 넣는 구석기인의 행위는 이상하게 보이기도 하지만, 이는 살해된 동물이 지닐 수 있는, 복수심에 찬 주술에 대한 두려움이 아득한 옛날에도 있었음을 암시한다. 마지막으로 지적할 수 있는 사항은 사냥감이 바뀜에 따라 의례의 주역도 바뀐다는 사실이다. 최초의 '동물의 주'는 동굴 곰이었고, 그것이 아프리카에서는 사자와 표범 혹은 흑표범으로 나타났지만, 후기로 가면 매머드가 그것을 대체하고, 그 다음에는 들소가 주역으로 등장한 것으로 보인다.

일상적으로 부딪치는 죽음의 문제 그리고 생존하기 위해서는 피를 흘려야 하는 상황, 이러한 문제와 상황에 대한 진지한 관심은 당시의 인간들에게 불안감을 조성하였으며, 이는 어떠한 방식으로든 해결되어야만

---

* 152–154쪽 참조.
** 154–156쪽 참조.

하였다. 이에 대한 대답은 복수에 대한 방어 체계의 확립과 죽음의 중요성을 무력화시키는 방식에서 찾아졌다. 더구나 당시에는 죽음이 끝이 아니며 출생 역시 시작이 아니라는 어린아이의 그 원초적이고 자연 발생적인 관념이 널리 퍼져 있었다.

"엄마, 나를 어디서 발견했어?"

"엄마, 나는 어디서 왔지?"[78]

이것들이 "유전된 관념"이라고 장담할 수는 없지만, 일반적이고 자연 발생적인 관념이며 신화의 원재료임에는 틀림없다. 더구나 앞서 보았듯이 그것들은 분명한 체계에 의하여 조직되어 있다. 이러한 관념 체계에 의해서, 원시 수렵 사회는 20만 년 동안이나 피의 복수에 대한 두려움을 완화시키고 마음속에서 죽음의 문제를 극복할 수 있었던 것이다. 매우 어려운 삶을 살아가는 사람들에게 이러한 신화와 의례가 궁극적으로 기여한 내용을 가장 잘 요약하고 있는 것이 있다. 그것은 우리의 오랜 친구인 북알래스카의 나자그네크의 감정――라스무쎈 박사가 소개한――속에 잘 표현되어 있다. "우주의 영혼(이누아)은 보이지 않으며, 그 목소리만 들릴 뿐이다. 우리가 알고 있는 것은 그것이 여자와 같은 부드러운 목소리를 가지고 있다는 사실뿐이다. '그 목소리는 너무나 부드럽고 온화해서 어린아이들도 두려워하지 않는다.' 그것은 이렇게 말한다. '우주를 두려워하지 말라(silla ersinarsinivdluge).'"[79]

1b. 그러나 사냥 신화의 영역에 속하는 제2의 힘이 샤머니즘의 현상학 안에서 출현한다. 이 힘은 "단순한 신경증, 자기-최면, 혹은 정신분열" 등으로 쉽게 매도될 수 없다. 그것이 사실이라고 하더라도, 그러한 평가는 "신경증, 정신분열, 그리고 자기-최면"의 이미지가 지닌 보편성을 설명할 수 없기 때문이다. 앞에서 충분히 보았듯이, 샤머니즘의 현상학은 이차적인 의미에서만 지역적으로 조건지어진다. 원시 세계의 신화와 의례의 형성에서 주도적 역할을 해온 것은 분명히 샤먼이기 때문에 우리 주제의 근원적 문제는 역사적이거나 민족학적인 것이 아니라 심리학적이고 생물학적인 것이다. 이는 다시 근본적 관념(elementary ideas)과 종족적 관념(ethnic ideas) 사이의 관계 문제를 제기한다. 그러나 앞에서 보았

듯이, 이 문제는 아직 해결되지 않았고 우리 주제 전체의 핵심 사항으로 남아 있다. 이 문제에 대해서는 결론 부분에서 다룰 것이다.

2. 구석기 사냥 신화의 어린아이 같은 정신과는 대조되는, 새로운 깊이를 지닌 깨달음이 농경 문화의 섬뜩한 신화와 의례 속에서 성취된다. 이 새로운 문화적 연속체는 수단에서 시작하여 동쪽으로 동아프리카와 아라비아, 인도, 인도차이나, 그리고 오세아니아를 거쳐 브라질에 이르는 열대지방의 광활한 띠를 형성하고 있다. 여기서 죽음은 불멸의 개인이 다시 한번 통과하는 즐거운 문──이미 여러 번 통과하였고 다시 그것을 통해서 돌아오게 될──이 아니다. 출생과 죽음 사이의 단순한 관계가 아니라 성과 살해 사이의 근본적인 상호성이 생생하게 드러난다. 여기서는 이러한 대립쌍(성과 살해)의 출현에 선행하는 하나의 신화적 시대가 전제되어 있다. 그 시대에는 출생이나 죽음이 존재하지 않았다. 그것은 본질적으로 무시간적인 존재의 꿈과 같은 상태였다. 그런데 이러한 시대를 끝내는 신화적 사건이 발생하였고, 축제──제2부에서 검토한 것과 같은 의례──를 통해서 이 사건이 재생된다.

이것과 사냥 신화의 차이는 아무리 강조해도 지나치지 않다. 그러나 우리는 이러한 후기 신화들이 초기 신화에 이미 내재해 있던 관념의 심화와 확장 그리고 체계화를 표현하고 있는 것은 아닌지 물음을 던질 수 있다. 후기 신화는 초기 신화와 "반대되는" 것인가, 아니면 그것의 "더 성숙한" 표현인가? 두 신화의 근본적 관념이 너무나 다르기 때문에 우리는 어떤 공통의 심리학적 토대에 대해서는 말할 수 없는 것인가?

내 생각에는 그 대답이 너무 명료하다. 즉 동일한 관념들이 새롭게 방향을 바꾸고 새롭게 조직되었으며, 이는 결국 새로우면서도 장엄한──약간 소름끼치기는 하지만──영적 성장의 위기로 이어진 것이다. 우리는 이 지점에서 이미 언급한 바 있는 슈미트 신부의 말*을 진지하게 경청해야 한다. 그에 따르면, 사냥의 세계에서는 남성적 심리가 지배하고 농경의 세계에서는 여성적 심리가 지배한다. 전자의 세계에서는 여성적

---

* 364-368쪽 참조.

원리가 비교적 침묵을 지키며, 남성적 덕목과 함께 어떤 유치한 순수성이 우세하게 드러난다. 마녀와 마굴(魔窟)에 대한 광적 관심(다시 유치해지는)이 나타나는 흑주술의 경우는 예외이지만 말이다. 이와 달리 후자의 세계에서는 여성의 경험이 지닌 전적인 신비가 드러나며, 이것은 처녀의 신비 속에서 비극적이면서도 희극적인 방식으로 구체화된다.

프로베니우스는 한 아비시니아의 여인의 말을 다음과 같이 인용하고 있다.[80]

남자가 어떻게 여자의 삶을 이해할 수 있겠는가? 여자의 삶은 남자의 삶과는 전혀 다르다. 신이 그렇게 만들었다. 남자의 삶은 할례를 받을 때부터 늙을 때까지 똑같다. 그는 여자를 처음 만났을 때나 그 뒤나 똑같다. 그러나 여자의 경우에는 첫사랑을 경계로 그녀의 삶이 나누어진다. 그녀는 그날부터 다른 사람이 된다. 남자는 첫사랑 이전이나 이후나 똑같다. 여자는 첫사랑의 날부터 다른 사람이 된다. 그것은 평생 그렇게 계속된다. 남자는 여자와 하룻밤을 보내고 떠나버린다. 그의 삶과 몸은 항상 같다. 그러나 여자는 임신한다. 어머니는 아이가 없는 여자와는 다른 사람이다. 그녀는 밤의 자국을 아홉 달 동안이나 자신의 몸속에서 유지한다. 무엇인가가 그녀의 몸속에서 자란다. 다시는 그녀에게서 떠나가지 않을 무엇인가가 그녀의 삶 속으로 들어온 것이다. 그녀는 어머니이다. 자식이 죽을지라도 그녀는 어머니이고 어머니로 남아 있다. 그녀의 모든 자식이 죽을지라도 말이다. 그녀는 아이를 자신의 가슴 밑에 두었다. 그 아이는 다시는 거기서 나가지 못한다. 아이가 죽었을 때조차 그렇다. 남자들은 이러한 것을 이해하지 못한다. 그들은 아무 것도 모른다. 남자는 사랑 이전과 이후, 어머니가 되기 이전과 이후의 차이를 알지 못한다. 그는 아무것도 알 수 없다. 단지 여자만이 그것을 알고 그것에 대하여 말할 수 있다. 남편들이 하라고 시키는 것에 우리가 귀를 기울이지 않으려고 하는 것은 바로 그 때문이다. 여자는 한 가지만 할 수 있다. 그녀는 자신을 존중할 수 있다. 그녀는 스스로를 온화하게 유지할 수 있다. 그녀는 항상 자신의 본성대로 있어야만 한다. 여자는 항상 처녀이고 항상 어머니이다. 사랑을 하기 전에는 항상 처녀이고, 사랑을 한 이후에는 항상 어머니이다. 이것을 기준으로, 당신은 어떤 여자가 좋은 여자인가 아닌가를 알 수 있다.

신화의 변형을 초래한 자극은 동물과 식물 그리고 신들의 천상 왕국에 관한 교훈이나 샤먼의 심오한 망아 경험에서만이 아니라 남성과 여성의 상호 작용 및 상호 간의 영적 풍요화에서도 찾을 수 있다. 제4부에서 선사시대 신화의 주요 블록——이 지구상에 인류가 처음 출현한 때부터 신화의 기록이 시작되는 문자 시대의 새벽에 이르기까지——을 개관하면서, 우리는 이러한 남성과 여성의 대화가 지닌 힘을 유념하도록 노력할 것이다. 신화 자료의 대부분이 남성을 통하여 전해졌다고 하는 사실은 우리의 주제가 지닌 기이함인 동시에 하나의 어려움이기 때문이다. 의례의 주관자, 성인과 예언자, 그리고 우리와 같은 현대의 신화학자들도 대부분 남성이다. 그러나 그 그림에는 항상 여성적 측면이 있었던 것이 분명하다. 상징은 두 극에 의해서 경험되고 해석되었지만, 동시에 두 극 사이의 적대적 협력(antagonistic cooperation)이라는 힘에 의해서 형성되어 왔다. 그러므로 여성이 무대에서 사라져버린 것처럼 보일 경우——예를 들면, 창조의 첫날에 관한 가부장적 아란다 부족과 히브리인의 이미지의 경우처럼*——에도 우리는 항상 그녀가 거기에 존재하고 있음을 깨닫고, 커튼 뒤에 있는 그녀에게서 나오는 잔물결을 주시해야 한다.

3. 역사의 새벽은 근동의 초기 사제 도시국가에서 시작되었다고 보는 것이 지금은 거의 정설로 되어 있다. 이 초기 중심지로부터 고등 문명의 위대한 증후군이 다른 지역으로 확산된 과정은 분명하게 밝혀져 있다. 따라서 이제 우리는 "다양한 나라와 다양한 하늘 밑에 있는 인간 심성의 유사한 구조에 유사한 원인이 작용한 결과"——프레이저의 말을 인용한 것이다——의 증거로 간주되었던 것의 대부분이 실제로는 확산 및 전파의 증거였음을 알게 되었다. 더구나 이전에는 원시적인 것으로 간주된 많은 문화 형식들이 실제로는 퇴보한 것들이다. 즉 그것들은 퇴보한 신석기, 퇴보한 청동기, 심지어는 퇴보한 철기 문화의 형식들인 것이다.

예를 들면, 지금 이 지상에 존재하는 가장 원시적인 부족의 하나인 안다만 제도의 피그모이드 네그리토(pygmoid Negritos)를 단지 원시인으로

---

* 130-135쪽 참조.

만 연구할 수는 없다. 왜냐하면 그들의 부엌에서 수천 년 동안 쌓여온 패총에서만이 아니라 그들의 신화와 풍속에서도 3000-4000년 전의 동남아시아 본토에서 유래하는 중요한 문화적 영향의 증거가 무척 많이 나오기 때문이다. 이로 인하여 그들은 도기와 돼지만이 아니라 새로운 요리 방식과 흡연 기술을 획득하게 된 것이다.[81] 이 밖에도 그들은 몹시 아름다운 종류의 활을 가지고 있는데, 이것은 결코 원시적인 무기가 아니라 중석기 시대의 것이다. 즉 식량 재배 기술이 시작되는 중요한 시기의 산물인 것이다.

민족학적 측면과 고고학적 측면에서 우리의 연구가 직면한 가장 중요하면서도 미묘하고 어려운 문제는, 중석기, 원-신석기, 구석기 말기 같은 과도기——다양한 이름을 가졌으면서도 모호하게 정의된——와 신세계 형성기의 아메리카, 그리고 민족학적 연구의 전 분야에서 구석기와 신석기의 힘이 미치는 상대적 영향력의 크기이다. 우리가 제4부에서 특히 주목할 것은 바로 이러한 문제이다.

제4부 신화의 고고학

제9장 구석기 시대의 신화적 문턱

1. 플레시안트로푸스의 시대(기원전 60만 년 전후)

헤르베르트 벤트(Herbert Wendt)가 말한 "아담의 탐색", 곧 인류의 고향을 찾기 위한 오랜 동안의 연구[1] 덕에 아프리카가 부각되었다. 최근에는 이 분야에서 획기적인 연구 결과가 나왔다. 인류의 계통수(系統樹)를 구성하는 방식에는 세 가지 유형의 이론이 있다. 많은 전문가들은 인류가 고등 영장류의 단계에서 곧장 진화해왔다고 믿고 있다. 이런 관점을 견지하는 사람들은 하나의(mono) 계통(pyletikos : "종족")을 주장한다고 해서 "단선진화론자(monophyletists)"라고 불린다. 이와 달리 여러(poly) 계통(phylletikoi)의 존재를 주장하는 "복선진화론자"들이 있다. 두번째 입장에 속하는 이들의 주장에 따르면, 인류는 독자적으로 발전한 다양한 혈통이 섞이면서 형성되었다. 세번째 주장은 최근(1925년경)[2]에 제기된 것으로, 이른바 "인간화 지대(hominization zone)"의 가능성을 지지한다. 이 입장은 아직 그리스어 호칭을 얻지는 못한 것 같다. 인간화 지대란 비교적 비슷한 성질을 가진, 지구 표면상의 꽤 넓은 영역을 가리키는데, 이 지대에서는 서로 가까운 관계에 있는 상당히 큰 규모의 무리(제3기 고등 영장류의 몇몇 종)가 살았다. 이들은 일련의 유전적 변화를 동시에 겪으면서 사람과 비슷한 다양한 형태를 지니게 되었다고 한다.[3] 현대 유전학의 성과 그리고 최근 남부와 동부 아프리카에서 발견된 사람과 비슷한 초기 동물의 놀라운 다양성——피그미족(Plesianthropus)에서 거인 족(Paranthropus robustus)에 이르기까지 각기 다른 키를 가진——은 이 세 번째 관점을 뒷받침하는 듯하다. 또한 우리의 첫번째 사촌으로서 받아들여야 하는 영장류는 아프리카의 고등 원숭이(higher apes)인 고릴라와 침팬지이다. 동남아시아의 오랑우탄과 긴팔원숭이는 인간화 지대에서 더 멀리 떨어져 있다.[4]

침팬지의 행동에 대하여 현 시점에서 주목할 만한 가치가 있다고 생각되는 두 가지 재미있는 연구 결과가 있다. 이 연구 결과는 볼프강 쾨흘러(Wolfgang Köhler)의 저서 『원숭이의 정신(*The Mentality of Apes*)』에 실려 있다.

쾨흘러는 침팬지 한 마리를 기르고 있었는데, 그 침팬지로부터 놀라운 사실을 발견하였다. 침팬지는 자신에게 전혀 쓸모없는 물건에 놀라울 정도의 애착을 가지고 있었기 때문이다. 그 동물은 하복부와 허벅지 사이의 살집 속에 여러 날 동안 그 물건을 넣어 다녔기 때문이다. 또 첸고라는 이름의 침팬지 암컷이 있었는데, 그 침팬지는 바닷물에 씻겨 윤이 나는 둥근 돌에 애착을 가지고 있었다. 쾨흘러는 이렇게 말하였다. "어떤 이유로도 그 녀석에게서 돌을 빼앗을 수는 없었다. 밤만 되면 녀석은 그것을 가지고 자신의 보금자리로 갔다."[5]

쾨흘러의 두번째 관찰은 그들의 사회적 본성에 관한 것이다. 첸고와 그랜드라는 또 다른 침팬지는 탁발승처럼 둥글게 원을 그리며 도는 놀이를 하였다. 이 놀이는 다른 침팬지들의 주의를 끌었다. 쾨흘러 박사는 이렇게 쓰고 있다.

> 둘이 함께 하는 놀이는 언제나 "팽이돌리기(spinning-top)" 놀이로 바꾸곤 하였다. 이 놀이는 우호적이고 평화로운 삶의 즐거움(*joie de vivre*)을 표현하는 듯하였다. 그들이 빨리 교대하거나 첸고가 둥글게 돌면서 팔을 수평으로 내밀거나 할 때면, 인간의 춤과 놀라울 정도로 닮아 보였다. 1916년

한 해 동안 첸고와 치카가 가장 좋아한 것은 이 "돌리기" 놀이였다. 그들은 교대하면서 앞으로 나가는 동작을 하는가 하면, 자신들의 몸을 빙빙 돌리거나 놀이터 전체를 천천히 돌곤 하였다.

침팬지 무리 전부가 모여서 보다 정교한 동작-패턴(motion-patterns)을 보여주는 경우도 있었다. 예를 들면, 두 마리가 기둥 주위에서 씨름을 하다가 그 둘레를 원을 그리며 돌기 시작한다. 그러면 나머지 무리들이 한두 마리씩 모여들어 모두 함께 기둥 주위를 질서 있게 돈다. 시간이 지나면 그들의 움직임은 변화한다. 그들은 더 이상 천천히 걷지 않고 빠르게 걷기 시작한다. 이때 한쪽 발에 무게를 실으며 다른 발은 가볍게 떼는 경향이 있다. 그들은 거칠기는 하지만 나름대로의 리듬을 형성하고, 서로서로 "장단을 맞추곤" 한다……

쾨흘러는 다음과 같이 결론짓고 있다. "침팬지들 사이에서 원시 부족의 춤을 강하게 연상시키는 어떤 일이 자발적으로 일어난다는 사실은 매우 놀라운 것이다."[6]

이 두 가지 연구 결과는 우리가 다루는 주제의 역사에서 하나의 영적 국면을 잘 보여준다. 우리는 최초 사회의 의례 활동을 그려내기 위하여 그보다 더 밑으로 들어갈 필요는 없다. 거기에는 이미 "사로잡힘(seizure)"* 이라고 명명한 심리학적 위기가 보이고 있고, 공공 의례와 춤의 기초가 되는 집단적인 율동의 즐거움도 눈에 뜨이고 있기 때문이다. 게다가 기둥에 대한 놀랄 정도의 세부적 묘사에도 주목해야 한다. 이 기둥은 고등 신화에서 세계를 통합하고 지탱하는 우주의 나무, 세계의 산, 세계의 축(axis mundi)으로 해석되거나, 사회 질서와 개인의 명상을 위한 성소로 해석되어왔기 때문이다. 마지막으로 거기에서는 놀이에 대한 놀라운 감각이 발견되는데, 이것 없이는 무엇인가를 "믿게 만드는" 어떠한 신화적 놀이나 의례적 놀이도 불가능하다. 이 놀라운 놀이에서는 새로운 에너지를 불러일으키는 어떤 매혹적인 자극이 엿보인다. 이 자극은 실리를 위한 것이 아니라 자유롭게 패턴화된 행위, 다시 말해서 예술적인 행동으

---

* 37쪽 참조.

로 무리를 결합시킨다. 어떤 실제적인 예술 작품이 처음으로 발견된 것은 작은 여자 입상이 갑자기 나타난 오리나시안기보다 빠르지 않다. 그러므로 이 연구 결과는 주목할 만한 가치가 있다.

아주 최근에 과학계를 뒤흔들었던, 아프리카에서 출토된 유물들은 기원전 60만 년 경에 시작되는 플라이스토세 혹은 빙하기의 것으로 추정된다. 1956년에 펜실베이니아 대학에서 열린 제5회 국제 인류민족학대회(the Fifth International Congress of Anthropological and Ethnological Sciences)에서 남아프리카 요하네스버그 위트워터스랜드 대학의 레이몬드 다트(Raymond Dart) 박사는 슬라이드를 통해서 석기 시대 이전의 도구들을 보여주었다. 거기에는 톱과 칼로 사용하기 위하여 반으로 쪼갠 큰 영양의 아래턱, 두개골이 붙어 있는 가젤의 뿔(아마도 무언가 파내는 도구로 쓰였음을 암시하는 마모의 흔적이 남아 있다), 그리고 치아가 닳은 원인(猿人)의 많은 구개가 포함되어 있었다(이 지역의 일부 원주민들은 오늘날에도 긁는 도구로 인간의 구개를 사용한다). 이 가운데 썩 놀라운 것은 어떤 형태의 곤봉에 맞아 부서진 비비와 원인(猿人, ape-man)의 두개골이었다. 그 부서진 조각들의 모양으로 볼 때, 이 두개골은 끝 부분이 두 개의 혹이나 돌기로 되어 있는 어떤 도구로 맞은 것이 분명하다. 다트 교수와 동료 연구자들은 두개골에 움푹 패인 두 자국은 가젤의 다리뼈 끝에 있는 혹에 의한 것이라고 확신하였다. 하지만 원숭이들은 무기를 사용하지 않는다. 그러므로 범인은 인간이거나, 인간이 아니라면 적어도 원인(原人, proto-man)의 일종이었다는 것이다.

기원전 60만 년경의 것으로 추정되는 동물의 유해는 주로 영양, 말, 가젤, 하이에나, 그리고 빨리 달리는 초원의 동물이다. 당시에 사냥 기술은 상당히 발달하였음에 틀림없다. 사냥꾼들이 동물을 죽이고 머리와 꼬리를 제거하였음을 입증하는 많은 유물들이 다트 교수에 의해서 발견되었다. 그에 따르면, 꼬리는 사냥감을 추적할 때 신호로 사용되었을 가능성이 있다. 아마도 그랬을 것이다. 하지만 머리는 왜 제거하였을까? 머리와 꼬리를 그대로 둔 채 온몸의 가죽을 벗긴 다음, 그것을 피의 복수라는, 그 위험을 막기 위하여 주술적 의례에서 사용한 것은 아닐까? 우물

바닥으로부터 어떤 울림이 들려오고 있지 않은가?

2. 피테칸트로푸스의 시대(기원전 40만 년 전후)

불을 사용한 최초의 증거는 남아프리카에서 발견된 것이 아니라 북경에서 37마일 정도 떨어진, 지금은 유명해진 주구점(周口店) 동굴 안에서 발견되었다. 1921년에서 1939년에 사이에 행해진 일련의 발굴을 통하여 약 900cc 정도의 뇌 용량을 가진 원인(猿人)——오늘날의 인간(대략 1,400-1,500cc)과 가장 뛰어난 머리를 가진 원숭이(600cc) 사이에 있는——의 서식지에서 돌 도구, 금이 간 두개골, 쪼개진 뼈, 화덕과 같은 인상적인 것들이 발견되었다. 몇몇 두개골이 갈라져 있는 모양을 보면 누군가가 그것에 구멍을 뚫어 뇌를 꺼낸 것으로 보인다. 게다가 동굴에는 한 명 혹은 여러 명의 거주자가 먹은 것으로 보이는 수천 개의 동물 유골과 더불어, 칼로 사용하였음에 틀림없는 조잡한 도끼나 커다란 박편들이 남아 있었다.

추운 동굴에서 불을 이용하여 사람을 잡아먹던 비도덕적 식인종인 시난트로푸스 페키넨시스, 즉 북경원인(또는 우리가 부르는 것처럼, 위대한 프로메테우스)은 저 유명한 자바의 피테칸트로푸스 에렉투스——"직립원인(피테칸트로푸스)" 혹은 자바원인이나 트리닐원인으로 알려진——와 동시대에 속한다(1891년 자바원인의 유골이 발견되었을 때, 해켈과 19세기 진화론의 선지자들은 이것이야말로 다윈의 "잃어버린 고리"라고 흥분하였다). 중국에서 발견된 이 유물의 주목할 만한 특성은 동굴 안에 있는 불의 흔적이었다. 이 시기에는 세계 곳곳에서 많은 원인(原人)의 유골이 발견되었지만, 불을 사용한 흔적은 오직 주구점에서만 나왔기 때문이다.

지질학적으로 볼 때 이 시기는 중기 플라이스토세의 어느 부분에 해당할 것이다. 구체적으로는 제2빙기(민델 빙기)와 제2간빙기(민델-리스 빙기) 사이, 그러니까 대략 기원전 50만 년에서 20만 년 사이에 해당할 것이다. 인류의 이 발달 단계에서 등장하는 주요 유물 가운데 첫번째 것은 자바에 있는 피테칸트로푸스와 그의 동류들의 것이다. 여기에는 1930년대에 랄프 폰 쾨니히스발트(Ralph von Koenigswald)가 발굴하여 피테칸트로푸스 로부스투스라고 이름 붙인 크고 거친 두개골이 포함된다. 또 그가 자바에서 발굴하여 메간트로푸스 팔레오자바니쿠스라고 이름 붙인 커다란 아래턱도 포함된다. 이와 마찬가지로 이 시기의 것으로 분류되는 것에는 동아프리카에서 출토된 두개골이 있는데, 이는 아프리칸트로푸스라고 명명되었다. 물론 모든 학생들이 친숙하게 느끼는 유럽 구석기 초기의 고전적 유물들도 있다. 가장 유명한 것으로는 하이델베르크인이 있는데, 1907년에 하이델베르크인의 강력한 턱이 제1간빙기(귄츠-민델 간빙기)층에서 발견되었다. 그 시기에는 곰, 사자, 살쾡이, 늑대, 아메리카들소, 멧돼지, 말, 넓은 얼굴의 고라니, 에트루리아의 코뿔소, 그리고 직선의 상아를 가진 코끼리들이 인간과 함께 들과 숲을 누비고 있었다. 또한 이 시기에 속하는 세 가지의 유물이 발견되었다. 1935년에 댐스킹에서 출토된 흥미로운 스완즈컴인의 두개골(제2간빙기의 것으로 보임), 1947년에 프랑스에서 발견된 퐁테셰바드인의 두개골(제3간빙기 초기의 것으로 보임), 1933년에 독일 슈타인하임의 동굴에서 발견된 젊은 여자의 두개골(제3간빙기의 것으로 보임)이 그것들이다. 하지만 이 세 가지의 유골은 동양에서 발견된 것들보다 현대인에게 훨씬 가까운 것으로 보였기 때문에 상당한 논란을 야기시켰다. 어떤 사람들은, 이처럼 발달된 형태의 두개골이라면, 발견 당시에 추정하였던 시기보다 훨씬 후대에 속할 것이라고 주장한다. 또 어떤 사람들은 두 혈통이 별개로 진화하였다고 주장한다. 하나는 플라이스토세에 동남아시아와 극동아시아의 척박한 기후에서 진화하였고, 다른 하나는 북아프리카와 유럽의 보다 온화한 지역에서 진화하였다는 것이다. 이 논쟁은 아직도 해결되지 않은 상태로 남아 있다.

하지만 인류가 제2간빙기(민델-리스 간빙기)의 중반에 아프리카에서 시작하여 북쪽으로는 유럽으로, 동쪽으로는 동남아시아로(엘부르즈-히말라야 산맥의 남쪽에 있는) 뻗어나갔으며, 거기에서 다시 북쪽으로 방향을 바꾸어 극동 해안까지 뻗어나갔다고 하는 사실은 너무나 분명하다. 빌헬름 슈미트(Wilhelm Schmidt)는 이 이주의 흐름이 아메리카 대륙까지 이어졌을 가능성을 제시하였다. 그의 설명에 따르면, 빙하기 동안 바다의 높이가 지금보다 훨씬 낮아졌고, 그 결과 프랑스만큼 넓은 육교가 시베리아와 알래스카 사이에 생겨났으며, 그래서 말과 가축, 코끼리와 낙타 같은 초식동물들이 그곳을 통하여 아메리카 대륙으로 건너갔다는 것이다. 동물들이 이런 식으로 건너갔다면 그들의 사냥꾼이라고 왜 건너지 않았겠는가? 북극의 얼음물이 육교 때문에 갇혀 있는 상태에서 남쪽의 난류가 해안을 따라 방해받지 않고 흘렀다면, 동북아시아와 아메리카 서북부의 날씨는 오늘날보다 훨씬 따뜻하였음에 틀림없다. 슈미트는 지질학자 크리케베르크(W. Krickeberg)의 글을 인용하여 이 효과에 대해서 말하고 있다. "오늘날에는 황폐한 사막의 특성을 드러내고 있는 이 지역이 당시에는 풍부한 숲과 스텝의 식물로 가득 차 있었다. 우리는 이 사실을 알고 있다. 왜냐하면 빙하기 후반부에 아메리카 대륙으로 이주하던 아시아 동물들——이 가설에 따르면, 이 대열에 인간도 포함되어 있었다——가운데 북극 동물은 매우 적었기 때문이다. 이주자의 대다수는 북부의 산림과 초원에서 온 동물들이었다. 무엇보다도 매머드 그리고 동시대에 살았던 인간도 이런 식으로 북부 아메리카의 영역에 들어왔음이 틀림없다."7)

아메리카에서 발견된 구석기인에 관한 증거 가운데 제3간빙기(리스-뷔름 간빙기) 이전의 것으로 추정되는 것은 아직 아무것도 없다. 하지만 지난 몇 년 동안 이루어진 새로운 발견들은 이 연대를 조금씩 앞으로 당기고 있다. 1925년, 알레시 허들리치카(Aleš Hrdlička)는 신세계에 인간이 도착한 시기가 기원전 1000년이라고 주장하였다. 그러나 지금 우리는 테라 델 푸에고에 인간이 살기 시작한 연대를 기원전 6688±450년으로 보고 있다. 1926년에 뉴멕시코에서는 구석기 시대의 것으로 보이는 투창의 끝 부분이 멸종된 아메리카 들소와 함께 발견되었다. 이 투창은 기원전 1만 년 이전의 것으로 추정된다. 이보다 이른 형태의 투창 끝 부분 두 개(산디아 투창[Sandia Flute]과 클로비스 투창[Clovis Flute])가 매머드의 유골과 함께 발견되었는데, 이것들은 늦어도 기원전 1만 5000년경의 것으로 추정된다. 신중한 입장을 보이는 학자들도 이제 그 시기를 기원전 3만 5000년까지 끌어올리고 있다.⁸⁾ 심지어 어떤 사람들은 "앞으로 몇 년 뒤에는 '플라이스토세의 종말' 훨씬 이전에 이 대륙에서 인간이 현존하였음을 보여줄 수 있을 것"이라고 예언하기조차 한다.⁹⁾

물론 이 모든 것은 기원전 40만 년경에 해당하는 북경원인의 시기와는 아직도 그 거리가 엄청나게 멀다. 나는 이 간극이 메워질 것이라고 주장하지는 않는다. 다만 여기서 우리의 관심을 끄는 것은, 슈미트도 제안하고 있는 것처럼, 동남아시아와 오스트로-멜라네시아 지역에서 등장한 구석기 문화가 신세계의 해안에까지 그 영향을 미칠 수 있는 통로가 열렸다는 사실이다. 이 주제를 탐구하는 많은 신중한 학자들은 동남아시아 지역의 어떤 민족들과 아메리카의 가장 원시적인 민족들이 문화적으로뿐만 아니라 인종적으로도 연속성을 지니고 있음을 보여주는 여러 증거들을 제시해왔다. 예를 들면, 아르헨티나의 인류학자인 호세 임벨로니(José Imbelloni)는 테라 델 푸에고의 야흐간족과 알라칼루프족의 타스마노이드 (타스마니아인 같은) 혈통, 아마존 숲의 마토 인디언 가운데 멜라네시아 혈통, 북아메리카와 남아메리카의 유목 수렵인들 사이의 반-오스트랄로이드 혈통을 지적하였다.¹⁰⁾ 해럴드 글래드윈(Harold S. Gladwin)은 남부 캘리포니아에서 텍사스만 연안에 이르는 길에서 그리고 에쿠아도르와 브라질에서도 오스트랄로이드의 두개골이 발견되었다고 쓰고 있다.¹¹⁾ 그리고 폴 리베(Paul Rivet)조차도 오스트랄로이드가 남극 대륙의 얼음길을 따라 테라 델 푸에고로 이주하였을 가능성에 대해서 말하고 있다.¹²⁾ 여기서 주목하여야 할 점이 있다. 만일 초기 구석기 시대의 동남아시아와 테라 델 푸에고 지역 사이에 어떤 연속성이 있다고 한다면, 그것은 가장 단순한 문화적 차원에서조차 순수한 병행 발전의 가능성이 없었음을 의미한다.

증거상으로는, 확실히 무거운 이마를 가진 탓에 불편하게 여겨지는 우리의 프로메테우스가 경제적 물질주의자의 가장 완전한 모델인 것처럼 보인다(뇌 용량을 고려할 때 충분히 그럴 수 있다). 왜냐하면 그가 존재하였던 30만 년 동안에 만들어진 예술 작품의 흔적이 전혀 발견되지 않았기 때문이다. 그는 호모 파베르, 즉 뛰어난 도구 사용자였다. 그는 결코 쉽지 않은 돌 깎기 기술을 발전시켰다. 처음에는 조잡한 석기를 사용하다가 나중에는 아주 정교한 손도끼를 사용하게 되었다. 그러한 기술의 발전 과정은 그의 조악하고 잔혹하기까지 한 습성에도 불구하고 그가 결코 완전한 야인은 아니었음을 보여준다. 아프리카는 여전히 인류 문화의 가장 중심에 있었다. 이곳에서 믿을 수 없을 만큼 풍부한 구석기 도구들이 발견되었다. 실제로 어떤 발굴(예를 들면, 탕가니카 북쪽 올두바이 조지에서 리키가 행한 발굴의 경우)에서는 최초의 인류가 사용한 자갈에서 네안데르탈인 시기의 가장 완성도 높은 정교한 도끼에 이르기까지 모든 단계의 손도끼 진화 과정이 완벽하게 나타나고 있다.[13] 그리고 프랑스 남부에서 보게 되는 시간의 우물의 깊이가 아무리 깊다고 하더라도, 그것은 올두바이의 경우와는 비교가 안 된다. 여기서 입증된 과거 선사시대의 깊이보다 한층 더 놀라운 것은 동아프리카 구석기의 것과 아주 똑같은 모양의 도끼가 지구상에 널리 퍼져 있다는 사실이다. 칼리턴 쿤(Carleton S. Coom) 박사는 다음과 같이 말하였다. "인간이 이 도구를 만들었던 25만 년 동안 그 양식은 거의 변하지 않았다. 하지만 어떤 변화가 생기고 있었음을 어디에서나 찾을 수 있다.…… 이것은 오늘날 오스트레일리아인들과 부시맨이 그런 것처럼, 50만 년 전에 살았던 인류도 자신들의 선조에게서 배운 기술을 아주 섬세한 부분에 이르기까지 후손들에게 가르칠 수 있었음을 뜻한다. 그런 가르침은 언어의 사용과 견실한 훈련, 둘 다를 요구한다. 그리고 똑같은 양식의 손도끼가 넓은 지역에 걸쳐 사용되었다는 것은 인접해 있는 집단의 구성원들이 일정한 간격으로 함께 만나 이런 물건을 사용하는 데 필요한 행동을 함께 하였음을 의미한다. 요컨대 손도끼를 사용하는 사람들이 동일한 양식의 생산물을 만들어내었을 때 인간 사회는 이미 하나의 현실로 나타난 것이다."[14]

이 모든 것은 원시 세계에서 문화 전파의 힘과 그 범위가 얼마나 컸는지를 증명하고도 남음이 있다.

더욱 특기할 만한 것은, 이 시기에 만들어진 손도끼 가운데 가장 잘 만들어진 것들은 길이가 2피트 정도나 된다는 사실이다. 이러한 도끼들은 실제로 사용하기에 매우 불편하다. 이것들은 틀림없이 어떤 의례적인 기능을 가지고 있었을 것이다. 쿤 교수에 따르면, 이것들은 실용적인 도구가 아니라 제의적 도구나 무기에 버금가는 성스러운 물건이다. 그는 이렇게 말한다. "채집한 음식으로 한꺼번에 많은 사람을 먹여 살리기에 충분하였던 후대의 시기에 이르러 이 도끼들이 주기적으로 사용되었을 것이며, 그러한 의식이 행해질 때면 연장자는 엄청나게 무거운 이 도구들을 사용하여 고기를 자르고 모여든 사람들에게 나누어주었을 것이다." 그러한 의식이 끝나면 성스러운 이 도구들을, 마술적인 힘이 부여된 오스트레일리아인들의 츄룽가(tjurungas)처럼, 성소 어딘가에 보관하였을 것이다.[15]

3. 네안데르탈인의 시대(기원전 20만-7만 5000/2만 5000년경)

안다만 제도는 미얀마의 남단에서 벵골만 쪽으로 약 250마일 정도 떨어져 있다. 이곳에 거주하는 피그미 네그리토들은 아라비아와 중국 그리고 인도의 배들이 일부러 피하여 다닐 정도로 야만적인 종족으로 알려져 있다. 이 해안에서 난파된 사람들은 살해되고 난자를 당한 채 불에 태워졌으며, 그들에게 잡아먹혔다는 기록도 있다. 그 섬이 가진 자원이라고는 돼지, 사향고양이, 몇 종류의 박쥐와 쥐, 뾰족뒤쥐, 번식력이 좋은 큰 도마뱀(물속에서 헤엄치고 땅 위를 걸으며 나무에 오를 수 있기 때문에 신화의 영역에서는 짐승의 모양을 한 신, 곧 "세 세계의 주[master of the three worlds]"에 대한 탁월한 원형으로 등장하지만, 쓰임새는 별로 없다) 같은 거의 가치가 없는 것들뿐이었다. 따라서 이 섬의 사람들은 기원전 2만 년경의 문화적 수준을 20세기까지 거의 그대로 유지하며 살아왔다.

이 섬의 각 집단은 남자, 여자, 어린이를 포함하여 약 마흔 명에서 쉰 명으로 구성되어 있다. 깨끗하게 청소되어 있는 타원형의 춤마당 둘레에는 이들이 사는 여덟 채 혹은 열 채 가량의 초가집이 앞이 트인 채 아직도 있다. 이 춤마당의 한쪽 모퉁이에는 발로 쳐서 소리를 내는 통나무가 있고, 하루의 일과가 다 끝난 밤이면 여자들은 이곳에 앉아 허벅지를 두드리며 노래하고 남자들은 빙글빙글 원을 그리며 춤을 춘다.

이 사회에 대한 래드클리프 브라운(Radcliffe-Brown) 박사의 논문은 현대 인류학적 연구의 고전이다. 박사는 자신의 논문에서 이렇게 말하였다. "남부 부족들의 춤을 보면, 무용수들은 오른발과 왼발을 교대로 사용해서 춤을 춘다. 오른발로 춤출 때, 처음에 오른발로 살짝 뛰어오른 다음 왼발을 들었다가 뒤로 살짝 빼며 내려놓고, 그 다음 오른발로 한번 더 뛰어오른다. 이 세 동작을 노래의 두 박자에 맞추어 하는데, 오른발의 힘이 빠질 때까지 이것을 반복한다. 그후 무용수는 발을 바꾸어 왼발로 뛰고 오른발을 뒤로 빼며 다시 왼발로 뛰어오른다."[16] 쾨흘러가 관찰한 원숭이의 춤동작과 래드클리프 브라운의 논문에 나타난 안다만 제도 사람들의 춤동작을 따라해보라. 그러면 이 동작 속에는, 최초의 힘들었던 40만 년을 지나는 동안, 인류의 "평화로운 삶의 즐거움"을 표현하는 데 이바지하였을 무엇인가가 들어 있다고 보는 것이 그리 억측이 아님을 알게 될 것이다.

안다만 제도에는 어떤 형태의 정부 조직도 없다. 공동체의 일은 연장자들이 맡아서 한다. 하지만 작은 집단들에서는 온화한 성격과 사냥 기술 그리고 친절과 관용으로 친구들의 존경을 얻은 한 젊은이가 일반적으로 무리를 인도한다. 또한 초자연적 힘을 부여받아 영향력을 행사하는 사람들도 있다. 래드클리프 브라운에 따르면, 이 초자연적 힘은 죽었다가 살아나거나 정글에서 정령을 만나거나 꿈을 꾸거나 하는 과정을 통하여 영과 소통을 함으로써 획득되는 것이다. 신화는 특히 이 초자연적 힘을 얻은 사람들을 다루고 있다.

이 살아 있는 안다만 제도의 박물관은 가장 원초적인 단계의 인간 삶의 질서를 다시 한번 잘 드러내고 있다. 그것은 연장자가 가진 지혜의 힘, 사회적인 경향의 사람들이 가진 재치와 체면과 능력, 그리고 "예민한 감성의 소유자"가 지닌 깊은 내적 체험과 같은 것들이다. 여기에 그런 사회에서 7세 미만에 해당하는 상당한 수의 아이들이 불가피하게 가지게 되는 "세상에 대한 관념"을 더해보라. 그러면 신화적 만화경의 성좌를 구성하는, 힘의 중심들에 대한 기초적인 도해를 얻게 될 것이다. 물론 이 구조화하는 힘들은 상황에 따라 강조점이 달라지고 그것들의 증폭 범위는 커다란 차이를 보이기도 한다. 그렇지만 신화적 만화경은 이 네 가지의 불가피하면서도 영존하는 창조적 힘의 중심들에 의하여 규정되는 것이다. 더구나 안다만 제도에서는 남자나 여자 어느 한 쪽이 과도하게 강조되는 경우가 없기 때문에, 어느 편의 활동력도 공동의 자산이 된다. 또한 그들의 신화나 민담에서는 부정적인 것이나 복수에 찬 것이거나 악의적인 것이 거의 없다. 물론 폭풍과 같은 자연 자체의 사악한 힘이나 갑작스러운 죽음, 질병의 경험, 그리고 여타의 "신의 행위" 같은 것에서 나온 것은 예외이지만 말이다.

이 키 작은 사람들의 신화에 나오는 주인공은 북서쪽의 몬순인 빌리쿠이다. 그는 종종 거미로 묘사된다. 그의 성격은 몬순 자체처럼 남을 잘 속이고 변덕스러우며, 인간에게 유익하면서도 동시에 해로운 측면을 지니고 있다. 빌리쿠는 대개 여성으로 간주되는데, 우리는 여기서 "영원의 여성(das Ewig-Weiblich)"에 대한 언급만이 아니라 유아가 지닌 "어머니 인상(mother imprint)"이 투영되었음을 눈치 채지 않을 수 없다. 현대인의 심리 작용에 관한 연구에 따르면, 그런 투영은 너무나도 자연스럽고 사실상 불가피한 것이다. 이와 똑같은 심리적 기본 법칙이 안다만 제도의 사람들에게 적용되어서는 안 된다는 법이라도 있는가? 빌리쿠보다 좀 더 온순한 남서 몬순 타라이는 빌리쿠의 남편으로 묘사된다. 이 둘 사이에서 태어난 아이들이 해와 달 그리고 새들이다. 그리고 해는 달의 아내이고 별은 그들의 자식이다. 달은 때로 돼지로 변하기도 한다.

여기서는 신화가 체계화되어 있지 않다. 그래서 하나의 사건에 대하여 여러 이야기가 나올 수 있다. 예를 들면, 남성의 형태이든 여성의 형태이든 빌리쿠는 세상을 만들었고, 토모라는 이름을 지닌 최초의 사람을 만들었다. 토모는 지금의 안다만 사람들처럼 검지만, 그들보다 키가 더 크며 수염이 나 있다. 빌리쿠는 그 최초의 사람에게 살아나가는 방법과 무엇을 먹을 것인지에 대하여 가르쳐주었다. 그후 토모는 게 처녀(Lady Crab)를 아내로 맞이하였다. 빌리쿠가 토모에게 생활하는 법을 가르친 뒤에 게 처녀를 창조하였다는 설이 있는가 하면, 토모가 자신의 집 근처에서 수영하는 게 처녀를 보고 그녀를 불러 아내로 삼았다는 설도 있다. 또 다른 설에 따르면, 이미 임신한 상태의 게 처녀가 해안으로 와서 여러 명의 아이를 낳았는데, 그들이 현재 종족의 선조가 되었다고 한다. 어떤 이야기에는 토모의 아내가 비둘기 처녀이고, 또 다른 곳에서는 달이 아내로 나타나고 있다. 뒤에서 다시 보겠지만, 달은 해의 남편이기도 하다. 토모 자신은 해로 등장하기도 한다. 하지만 독자들은 앞에서 언급한 안다만 신화에서 불을 훔친 물총새 이야기*를 기억할 것이다. 그 이야기에서 빌리쿠는 불을 가져온 물총새가 날개를 잃게 만들었으며, 그 결과 물총새는 첫번째 인간이 되었다.

큰도마뱀 님(Sir Monitor Lizard) 역시 첫번째 인간이다. 그리고 그의 아내는 사향고양이이다. 결혼 직전에 입문식을 마친 그는 돼지를 잡기 위하여 정글로 갔다. 그런데 그는 디프테로카르푸스(Dipterocarpus) 나무에 올라갔다가 그만 생식기가 나무에 걸려버렸다. 곤경에 처한 그를 본 사향고양이 처녀가 구해주었고, 그후 둘은 결혼하여 안다만 사람들의 선조가 되었다.[17]

고대 근동 고등 문명에서 죽음과 부활의 신인 탐무즈-아도니스──예루살렘 사원에서 여인들이 그의 죽음을 애도하였다(「에스겔」 8 : 14)──는 이집트의 오시리스에 해당하는데, 어느 날 사냥을 나갔다가 멧돼지에게 사타구니를 들이받혀 성 불구자가 되었다. 죽어서 하계로 내려간 그는 그곳으로 내려온 여신 이슈타르-아프로디테(그녀의 동물은 실제로는 사향고양이가 아니라 사자이다)의 도움을 받아 부활하였다. 이 두 이야기의 유사성을 어떻게 설명해야 할까? 그 대답은 부엌의 쓰레기 더미에서 발견된다. 1952년에 리디오 시프리아니(Lidio Cipriani)는 안다만 제도에서 거대한 쓰레기 더미를 발굴하였는데, 그것은 대략 5,000-6,000년 동

---

* 317쪽 참조.

안 쌓여 있었음에 틀림없다. (1) 꼭대기에서 약 6인치 내려간 곳에서 유럽산 수입품 병의 부서진 조각, 라이플총의 탄환, 철 조각 등, (2) 그보다 몇 피트 더 내려간 곳에서는 담배 파이프로 사용되었던 게 다리, 돼지 뼈, 도자기 조각, 그리고 보존 상태가 좋은 대합 껍질이 발견되었다. (3) 그런데 바닥에서 3피트 범위 안에서는 파이프용 게 다리, 돼지 뼈, 도자기 등이 전혀 발견되지 않고 매우 석회질화된 대합조개 껍질——불에 직접 노출되었음을 보여주는——만이 발견되었다. 따라서 그는 이렇게 결론을 내렸다. "안다만 제도의 사람들은 이곳에 정착하였을 때, 도기를 알지 못하였다. 그래서 초기에는 불이나 뜨거운 재 속에 음식을 넣어 구워 먹었지만, 도기가 유입된 뒤에는 단지에 넣어 끓여 먹었다.…… 최초의 안다만 도기는 진흙으로 빚어 불에 구운 것으로, 상당히 잘 만들어졌다. 그런데 위의 지층으로 올라갈수록 도기는 퇴화한다.…… 수스 안다마넨시스(안다만 돼지)의 뼈는 도기보다 후대에 나타나며, 꼭대기 층으로 올라갈수록 이 뼈들이 점점 많아진다. 따라서 고대 안다만 사람들은 도기 제조와 돼지 사냥법을 모두 알지 못하였다고 결론지을 수밖에 없다. 도기와 길들인 돼지는 동일한 종족에 의하여 도입되었을 것이다."[18] 여기서 다시 한번 확산과 퇴화의 과정이 나타나고 있다. 베누스와 아도니스, 이슈타르와 탐무즈라는 위대한 신석기 신화가 란드-나마(land-náma)* 원칙에 의하여 사향고양이 처녀와 큰도마뱀 님 신화로 변화되는 것과 더불어 신석기 문화의 퇴보가 일어난 것이다.

　안다만 제도의 이야기들에서 가장 많이 등장하는 동물들은 어떠한 사회적 가치도 지니고 있지 않다. 그 동물들은 숲 속의 작은 이웃일 뿐이다. 빌리쿠가 땅 위에 살던 신화 시대에는 그들이 인간 조상들의 동료였지만, 불의 발견으로 인간과 분리되었다. 인간은 밤에 불을 피워 동물로부터 자신을 보호하였기 때문에 이 이야기는 설득력이 있다. 동물들의 몸에 있는 무늬 가운데 어떤 것은 처음에 불에 데인 고통의 흔적들이다.

　이런 종류의 작은 동물에 관한 유쾌한 이야기는 세계의 모든 수렵 및

---

* 230-231쪽 참조.

채집 사회에서 찾아볼 수 있다. 사실, 아이들조차도 이런 이야기들을 자연스럽게 지어낸다. 그러므로 이러한 범주의 이야기는 아주 오래된 것이라고 가정하여도 좋다. 하지만 각 지역의 사람들이 자신들에게 친숙한 짐승과 새들에 관해서 지어낸 이야기의 구조는 엄청나게 다양하다. 우리가 앞에서 인용하였던, 사향고양이 처녀가 큰도마뱀 님을 구한 경우를 깊이 천착해보자. 그러면 이런 종류의 동물 이야기가 구석기 시대의 것이기는 하지만, 그 이야기의 구조에 담긴 문화적 영향은 이들 집단에게서 기대할 법한 것보다 훨씬 고도의 질서를 가진 문화적 중심으로부터 유래하였을 수도 있다는 점을 기억해야 할 것이다.

 안다만 사람들은 자신들의 식용 동물들이 원래는 사람이었다고 생각하고 있다. 즉 전복된 카누와 카누의 주인은 거북이 되었고, 사향고양이는 조상 가운데 어떤 사람을 돼지로 변화시켰으며, 어떤 돼지들은 바다에 뛰어들어 두공(인도양의 포유동물/역주)이 되었다. 살해되어 먹히는 동물들은 숲 속의 동물들과는 다른 심리적 의미를 이 섬의 사람들에게 주었음이 분명하다. 이 대목에서 생각나는 것은 앞에서 언급하였던, "살해된 것은 무엇이든지 아버지가 된다"는 로하임의 말이다. 안다만 사람의 성인식은 이 식용 동물의 힘으로부터 후보자들을 보호하는 것과 대체로 관련되어 있다. 젊은 소녀와 소년들은 정해진 기간 동안 이 동물을 먹어서는 안 된다. 일정한 기간이 지나고 제의적 보호 장치가 마련된 뒤에야 첫 식사를 할 수 있다. 소녀의 성인식은 첫 월경과 함께 시작되며, 제의를 통하여 보호를 받으면서 움막에 앉아 사흘을 보내야 한다. 보호를 필요로 하는 또 다른 위기들은 출생과 결혼 그리고 죽음과 같은 경우이다. 이 모든 경우에 당사자들은 의례적 춤과 의례적 울음 그리고 신화의 음송뿐만 아니라 다양한 형태의 제의적 장식——붉은 칠, 흰 진흙, 칼자국, 식물섬유 장식, 조가비 등——을 통해서 그 순간에 내재해 있는 힘들로부터 벗어나고자 한다.

 여기서 우리는 신화와 제의의 힘 및 기능에 관한 중요한 고찰을 하게 된다. 심리적 위기를 맞이하게 되면 사람들은 그 위험에 맞서 그것을 극복하기 위하여 개인과 집단의 삶의 에너지를 주술로써 불러낸다. 이러한 위기는 삶의 다양한 고비에서 모든 사람이 불가피하게 만나게 되는 경우도 있고 아주 예외적으로 발생하는 경우도 있다. 혹은 아주 소수의 사람들만이 직면하는 위기도 있다. 살인을 저지른 사람은 몸치장을 한 뒤 의례를 통해서 보호받아야 한다. 숲 속이나 꿈속에서 혹은 죽음 앞에서 유령을 만난 사람은 신화의 도움을 받아야 한다. 래드클리프 브라운 교수에 따르면, 안다만 사람들을 위협하는 주된 원천은 정령이다. 즉 죽은 자의 영혼과 자연의 배후에 숨어 있는 힘들이다. 이러한 위험에서 벗어나게 해주는 중요한 장치는 집단의 의례이다.[19] 그는 이렇게 쓰고 있다. "안다만 사람들의 신화와 전설은 그들의 의례와 의식이 지닌 것과 동일한 기능을 지니고 있다.[20] 이러한 것들을 통해서 개인은 자신에게 행사되는 사회의 도덕적 힘을 느끼게 된다."[21] 하지만 한 사회의 도덕적 힘을 표현하는 이 모든 풍속, 제의, 신화, 의례의 궁극적 기원은 무엇인가? 학자들은 여기서 의견을 달리한다. 마지막 장에서 이 문제에 대한 나 자신의 생각을 밝힐 것이다.

안다만 사람들은 구석기 문화가 처음 전파된 열대와 아열대지방에서 식량을 채집하고 작은 동물들을 사냥하며 살아가는 초기 반유목인의 사회적 상황을 잘 보여주고 있다. 하지만 기원전 20만 년경, 우리의 강인한 친구 네안데르탈인이 엘부르즈-히말라야 산맥 북쪽의 더욱 추운 지방으로 들어갔을 때, 새로운 상황이 전개되기 시작하였다. 그들은 추위를 견디기 위하여 불을 사용하고 동물 가죽으로 옷을 만들어 입음으로써 북쪽 땅의 혹독함에 맞서 살아남을 수 있었으며, 그곳의 풍부한 고기를 차지할 수 있었다. 이들의 뇌 용량도 상당히 증가하였다. 피테칸트로푸스의 뇌 용량은 약 900-1,200cc였지만, 네안데르탈인은 1,250-1,725cc에 이르게 되었다. 이처럼 네안데르탈인 가운데에는 1,400-1,500cc 정도 되는 오늘날의 보통 사람들보다도 더 큰 뇌를 가진 경우가 있었던 것이다. 그들은 더 이상 저능한 원인(猿人)이 아니라 우리 자신보다 조금 더 차원 높은 정신을 가진, 비상하게 강인한 인간의 모습을 보여주고 있다. 이들은 인류 역사의 여명기에 자신들이 지닌 모든 기지와 용기를 발휘하여 환경에 맞서 싸웠던 것이다.

이들 네안데르탈인이 어떤 사냥 기술을 사용하였는지는 알 수 없다. 그런데 그들이 사용한 무기와 사냥감 사이에는 상당한 불균형이 있다. 당시에는 아직 활과 화살이 발명되지 않았지만, 부메랑과 던지는 막대기는 분명히 사용되었다. 그들은 나무를 깎아서 뾰족하게 만든 창과 투석기 그리고 부메랑을 가지고 사냥을 하였으며, 주 대상은 매머드, 코뿔소, 야생마, 아메리카 들소, 야생 고양이, 순록, 사슴, 갈색 곰과 동굴 곰이었다. 그들은 얼굴이 맞닿을 만큼 아주 가까이 사냥감을 추격하였다. 이런 환경에서는 당연히 남자들의 용기와 체력이 상당히 유리한 요인으로 작용할 수밖에 없었을 것이다.

하지만 여성의 주술적인 힘 역시 그 나름의 역할을 하고 있었음을 인정해야 할 것이다. 프로베니우스의 보고서가 보여주는 것처럼, 아프리카 피그미족의 제의에서 팔을 들어 올려 해를 향해서 울부짖는 여성의 역할은 매우 중요하다. 오늘날까지도 북극 근처의 사냥꾼들 가운데에는 여자 샤먼의 수가 더 많으며, 그들이 더 높게 평가된다는 것도 잘 알려진 사실이다. 루스 언더힐(Ruth Underhill)이 지적하였듯이, 출산과 월경의 신비는 힘의 자연적(*natural*) 현현이다. 여성 자신과 여성이 속한 집단을 보호하기 위한 격리 의례는 이러한 신비로운 위험에 대한 감각과 관념에 기초한 것이다. 반면 소년과 남성의 의례는 사회적(*social*) 성격을 지니고 있다. 소년과 남성의 의례는 신학의 체계 안에서 합리화된다. 그렇지만 출산과 월경이 갖는 자연적 신비는 죽음 자체처럼 생생하기 때문에, 오늘날까지도 종교적 경외의 주요한 원천으로 남아 있다.[22]

네안데르탈인이 아메리카 대륙으로 처음 이주한 시기를 기원전 3만 5,000년경으로 보는 것이 옳다면, 이는 그들 시대의 끝자락이었을 것이다. 네안데르탈인과 동시대를 산 남쪽의 인류는 소위 솔로 자바인(호모 솔로엔시스)과 남아프리카의 로데시아인(호모 로데시엔시스)이었다. 응간동인이라고도 알려진 자바인은 초기 자바인과 피테칸트로푸스 에렉투스 그리고 현대 오스트레일리아 원주민 사이의 중간 단계로 추정되고 있다.[23] 반면 로데시아인(호모 로데시엔시스)은 발생학적으로 현대 니그로 아프리카의 어떤 종과도 연결될 수 없다. 몽골인이나 카프카스인처럼, 이

들은 인간의 진화 역사에서 매우 늦은 시기에 출현하였다.[24]

우리는 이미 네안데르탈인의 무덤과 곰의 성소에서 인간의 종교적 사고와 관련하여 최초의 명백한 고고학적 증거를 본 적이 있다. 그 논의를 마무리하기 위하여, 이제 여기에 크라피나와 에링스도르프에서 발견된 네안데르탈인의 많은 두개골이 식인 의례의 증거를 보여준다는 사실을 덧붙여보자. 그 두개골들은 흥미로운 방법으로 절개되어 있었다. 네안데르탈인과 동시대에 속하는 솔로 자바인(응간동인)의 두개골 역시 모두 쪼개져 있었다. 현대 보르네오의 야만인들이 뇌를 핥아먹을 목적으로 두개골을 쪼개는 방식과 솔로인 및 네안데르탈인의 방식——두개골은 그 내용물을 담는 그릇으로 편리하게 이용되었다——은 아주 똑같다.[25]

내친김에 덧붙이면, 문화적 패턴은 그것을 사용한 최초의 인종이 사라지더라도 계속해서 잔존할 수 있다. 이는 참으로 주목할 만한 사실이다.

우리는 초기의 머리 사냥꾼들이 어떤 의례를 행하였는지 알지 못한다. 하지만 그 의례의 정신은 곰 머리 숭배에 비견될 수 있는데, 이는 나음과 같은 예를 통해서 뒷받침될 수 있을 것 같다. 로마에서 남동쪽으로 80마일 떨어진 바닷가의 산 펠리케 키르케오(San Felice Circeo) 부근에 있는 구아타리(Guattari) 동굴——다섯 개의 방이 달린——에서 최근에 네안데르탈인의 두개골 하나가 발견되었는데, 그것은 희생 제물이 된 곰의 두개골과 같은 방식으로 처리되어 있었다. 즉 몸에서 머리를 떼어낸 뒤, 뇌수를 빼내기 위하여 두개골에 구멍을 뚫었다. 그리고 희생된 동물들의 나머지 부분은 동굴 근처의 저장소에 보관되었고, 동굴 바닥에 놓인 두개골 둘레에는 돌이 놓여 있었다.

거기에서 이러한 기도 소리가 들리는 듯하다. "오, 위대한 신이여! 고귀한 신이여, 당신을 경배하나이다. 당신을 그대의 아버지, 어머니께 돌려보냅니다. 그들에게 가서 우리를 위하여 잘 말해주시기를, 우리가 얼마나 친절한가를 말해주시기를. 부디 다시 오시어 희생의 영광을 드릴 수 있게 하소서."

더욱 흥미로운 것은, 키르케오 산의 정상에는 키르케(Circe)에게 바친 로마 사원의 폐허가 서 있다는 사실이다. 여마법사 키르케는 오디세우스의 부하들을 돼지로 변형시켰을 뿐만 아니라 위대한 항해자 오디세우스를 죽은 이들의 땅으로 들어가는 동굴 입구로 끌어들였다. 그곳의 갑(岬) 이름 자체가 이러한 믿음을 보여주고 있다. 사람들은 높고 아름다우며 바다로 둘러싸여 있는, 살아 있는 듯한 이 갑을 키르케의 섬으로 기억하고 있기 때문이다.

4. 크로마뇽인의 시대(기원전 3만-1만 년경)

오리나시안 시기의 연대는 새로 개발된 C-14 연대 측정법을 받아들이는지의 여부에 따라 엄청나게 달라진다. 아베 브뢰이(Abbé Breuil)는 이 연대 측정법이 "불합리한 결과"와 "터무니없이 짧은" 연대를 초래한다는 이유로 그 측정 방식을 거부한다. 그는 이렇게 말한다. "우리는 이 기술의 한계를 알게 될 때까지 더 기다려야 할 것이다. 이 기술은 1만 5,000년이나 2만 년보다 더 오래된 것에 대해서는 정확성이 떨어지는 것으로 보인다."[26] 헤르베르트 퀸은 기원전 6만 년을 주장하고,[27] 브뢰이는 기원전 4만 년을 주장하는 반면, 칼리턴 쿤은 새로운 증거를 받아들여 기원전 2만 년을 주장한다.[28] 뷔름 빙기가 기원전 3만 5000년경에 전성기였고 오리나시안 문화가 그 뒤를 따른 것이 거의 확실하다는 사실을 고려하면, 이 시기는 기원전 3만 년경으로 보는 것이 합당할 것이다.

바이네르트(Weinert)가 말하듯이 한 시대의 전형을 그 시대의 "서명(signature)"이라고 한다면, 이 시대의 "서명"은 크로마뇽인이다. 그는 직립으로 보행하였으며, 키가 크고 뇌 용량도 1,590cc에서 약 1,880cc에까지 이른다. 따라서 현대인의 평균 뇌 용량보다 큰 자들도 있었던 것이다.[29] 이 밖에도 여러 인종적 특징이 나타난다. 이들 가운데 일부(샹슬라드인, 콩브카펠인)는 현대 에스키모인을 닮았고, 또 다른 일부(그리말디인)는 이탈리아 인의 모습을 닮았다. 아프리카 대륙의 크로마뇽인 유골은 동쪽 해안을 따라 희망봉에 이르기까지 널리 발견되는데, 이들은 부시맨을 닮았다.[30]

대 수렵 시대의 절정에 해당하는 후기 구석기 시대의 문화는 크게 오리나시안기, 솔루트레안기, 마그달레니안기, 그리고 카프사기의 넷으로 나뉜다.

오리나시안기

이 시기는 구석기 시대의 작은 여성 입상과 최초의 암각화 및 암벽화 양식이 무르익은 때이다. 벽화는 직선적이고 조금은 딱딱하지만, 절대 조잡하지는 않다. 거기에서는 고대인의 긴장이 엿보인다. 뼈와 상아, 돌로 만든 작은 입상들은 대담한 양식을 보여주고 있으며, 그중 어떤 것들은 더할 나위 없이 우아하고 놀랄 정도로 "현대적"이다.

동굴의 벽에서는 동굴 곰의 발톱 자국이 많이 발견되었으며, 암각화와 암벽화는 그 근처에서 주로 발견되었다. 그러므로 '곰의 주'가 이 동물 예술의 첫번째 스승이고, 그가 건드린 곳이 동물 주술을 행하기에 알맞은 장소였다고 할 수 있다. 벽에는 형판(型板)으로 찍거나 색을 넣은 인간의 손바닥 자국도 보이는데, 손가락이 잘린 경우가 많다. 이것은 북아메리카의 들소 평원에서 등장하는 것 같은 손가락 희생제의를 암시한다. 이러한 손바닥 도장은 아마도 곰의 발바닥 도장을 모방하여 벽에 찍은 것 같다.

동굴은 동물 주술과 인간의 제의를 위한 공간이다. 동굴은 지하 세계 자체이며, 지하 세계 무리의 영역이다. 지상의 존재들은 그곳에서 나오며 다시 그곳으로 돌아간다. 동굴은 밤과 어둠과 밤하늘의 영역이자 그 실체이다. 동굴의 동물들은 태양에 의해서 살해되었다가 다시 살아나는 별에 비유된다. 동물의 주와 샤먼에 관한 신화, 매장 의례를 통한 다른 세계로의 여행, 인간의 통과의례, 재생, 그리고 가면을 쓰고 추는 춤은 이 빛나는 시대의 예배에 영감을 주었다.

나아가 작은 여성 입상은 여신 신화의 존재를 암시한다. 이 여신 신화는 손가락을 절단하는 남성의 춤 의례를 보완할 수도 있고 그와는 전혀 성질이 다른 것일 수도 있다. 여신은 동굴과의 관련보다는 구석기 문화가 최초로 전파된 열대지방과 더 밀접한 관련을 가지고 있다. 열대지역에서는 경작인의 신화가 이미 출현하였거나, 적어도 그 단초는 마련되었음에 틀림없다.

동굴 예술을 보여주는 고전적 지역은 프랑스 남서부와 북부 스페인이지만, 작은 입상은 피레네에서 바이칼호에 걸쳐 발견된다. 이 시기가 끝나기 전에 사냥감을 찾아——대체로 바이칼호 지역에서부터——아메리카 대륙으로 향하는 이주가 진행되었던 것이 거의 확실하다.

솔루트레안기

솔루트레안기는 춥고 건조한 시기이다. 이 시기의 거주지는 동굴과 바위에서 초원으로 바뀌었으며, 원래 툰드라 지대였던 이 초원 지역은 이제 풀을 뜯는 가축과 유목 수렵인의 광대한 지역으로 되었다. 그리고 이 시기에는 도르도뉴에서 미시시피강에 이르는 전 지역에서 매머드 사냥이 절정에 달하였다.

서유럽에서는 이제 더 이상 여신상은 찾아볼 수 없게 되었다. 하지만 동부 유럽과 바이칼호 지역의 넓은 뢰스 지대(북미, 유럽, 아시아 지역의 황토/역주)의 사냥터에서는 여전히 많이 발견된다. 더구나 모라비아의 프레드모스트, 우크라이나의 메진, 시베리아 내륙의 말타에서 발견된 작은 여성 입상들——이것들을 오리나시안기의 것으로 보는 학자들도 있다——은 서로 매우 비슷하다.[31] 이 시기에 이르면 사냥터가 엄청나게 증대하게 되며 사람들은 그곳을 자유롭게 오갔다.

브륀과 브릭스 그리고 프레드모스트 지방의 잘 보존된 일련의 유물들 속에서 새로운 인종의 유해가 발견되었는데, 이들은 동쪽에서 출발하여 헝가리와 다뉴브강 유역을 거쳐 도르도뉴 지방까지 압박해 들어간 것이 분명하다. 이 새로운 이주자들은 아름다운 창끝을 만드는 특별한 재능을 가지고 있었다. 하지만 그들의 뇌 용량이 1,350cc까지 떨어진 것으로 보아 정신 수준(niveau)에서 어떤 퇴화가 있었던 것으로 추정된다. 매머드의 상아에 새긴 동물의 형상, 작은 여신 입상, 그리고 기하학적 도안들의 독특한 명쾌함은 이 인종과 관련된 많은 장소의 특징이다. 브륀 지방에서 나온 해골 가운데 하나는 자패(紫貝) 껍질과 구멍을 낸 돌 원반, 코뿔소나 매머드의 갈비뼈, 그리고 매머드의 이빨로 만든 장식물로 화려하게 치장되어 있다(남성으로 보이는, 심하게 손상된 입상 역시 이 무덤에서 발견되었는데, 거기에 있는 많은 물건들은 붉게 채색되어 있었다).[32] 이 인종은 아주 활기찬 수렵 유목민이었음에 틀림없으며, 솔루트레안 시기에도 여신 숭배를 계속한 것으로 보인다.

이 시기의 전형적 특성을 보여주는 중부 프랑스의 사온(Saône) 근처에 있는 솔뤼트레에서 커다란 야영지가 발견되었다. 이 야영지의 북쪽은 험준한 능선으로 둘러싸이고 남쪽은 햇빛에 노출되어 있었다. 그곳에는 엄청나게 큰 화덕이 있었으며, 동물의 유해도 많이 발견되었다. 야생 소와 말, 털이 많은 매머드, 순록과 수사슴, 갈색 곰, 오소리, 토끼, 늑대, 하이에나, 여우가 많았다. 또한 자칼도 보이고 있는데, 그 형태나 특성으로 보아 아메리카의 코요테와 거의 같았다.

밤에 화롯가에서 나누던 그 시대의 동물 이야기들 속에서 이 짐승들은 모두 빈번하게 등장하였다. 이 가운데 어떤 동물들은 수렵인의 민담만이 아니라 오늘날 아이들의 놀이방 이야기나 꿈에서 하고 있는 역할을 이미 하고 있었을 것이다.

마그달레니안기

또 다른 춥고 습한 시기가 다가왔다. 그러자 유럽에서는 풀이 많은 스텝 지대가 소나무 숲으로 대체되었다. 그와 함께 말굽을 가진 동물들은 큰 무리를 지어 북아시아로 이동하였고, 사냥꾼들도 대거 그들을 따라 이동하였다. 남부 프랑스와 북부 스페인의 동굴 사원들에서는 마그달레니안기와 오리냐시안기 사이의 연속성이 너무나 확고하게 나타나고 있어서, 솔루트레안기는 마치 그 사이에 슬쩍 끼어든 것처럼 보일 정도이다.

벽화에 등장하는 동물들은 이제 우아한 선과 다채로운 색으로 묘사되고 있으며, 거기에는 화가의 힘찬 기백이 풍기고 있다. 그 화가들의 손은 완벽하게 숙련되어 있었으며, 동물들을 바라보는 그들의 시선은 이제 알 길이 없다. 이 동굴의 예술은 주술이었다. 그림 속의 동물들은 시간의 세계가 아니라 영원의 세계에 속해 있지만, 시간 속의 동물보다 더 생생한 모습을 보여주고 있다. 그들은 영원히 살아 있는 근원 속에 있기 때문이다. 알타미라 동굴의 거대한 황소들——마치 살아 있는 것처럼 숨을 쉬고 있는——은 천장에 그려져 있는데, 이는 황소의 본성을 잘 보여준다. 황소는 별이기 때문이다. 이 대목에서 생각하는 것이 바로 프로베니우스가 소개한 콩고 피그미족의 신화이다. 그 신화에서는 떠오르는 해의 광선이 하늘의 별무리를 죽인다.* 거기에서 사냥꾼은 해, 창은 광선, 들판의 동물은 하늘의 별무리이며, 사냥 행위 자체는 시간 속에서 영원한 형상을 드러내는 천상의 모험이다. 그리고 동굴 속의 의례는 실체의 변화를 유발하는 성사(聖事)이다.

여기서 이들 천상의 무리는 밤하늘의 원초적 심연 속에 있다. 이런 종류의 꿈의 논리, 곧 신화의 놀이——여기서는 A가 B이고 B가 C이다——에 따르면, 이 동굴은 밤의 무시간적 혼돈이며, 그 그림들은 시간 속에 존재하는 지상의 무리의 원형이자 플라톤의 이데아이다. 물론 이 그림들은 사람들과 함께 동물의 주, 자발적인 죽음, 그리고 성스러운 사냥의 역할을 한다.

마그달레니안기는 튀크 도두베르 동굴의 아메리카 들소 암컷과 수컷, 트루아 프레르 동굴의 춤추는 샤먼, 라스코 동굴의 샤먼의 무아경과 아메리카 들소의 희생제의, 그리고 몽테스팡 동굴의 곰 희생제의의 시대이다. 이 시기에는 대 수렵의 신화가 활짝 꽃피었다.

숲의 확장과 더불어 붉은 사슴, 숲 속의 말, 고라니, 담황색 사슴 같은 새로운 동물이 나타나기 시작하였고, 위대한 평원의 시절이 끝나가고 있었다. 사냥꾼들은 강과 바다를 향해서 나아가고, 고래와 바다표범을 잡기 위하여 뼈작살을 만들었다. 흥미로운 것은 크로마뇽인 사냥꾼들의 키가 현저히 줄었다는 사실이다. 과거에 6피트에서 6피트 4인치이던 그들의

---

* 339-341쪽.

표준 신장은 5피트 1인치에서 5피트 3인치로 줄어들었다. 뇌의 크기도 오늘날 우리들과 같은 1,500cc로 줄었다.[33]

　무덤에서는 주목할 만한 흥미로운 모티프가 많이 발견되었다. 앵(Ain, 프랑스 동부에 위치한 주/역주)의 레 오토(Les Hôteaux) 동굴에서는 마그달레니안기의 도구들로 덮여 있는 해골이 발견되었는데, 황토로 칠해진 그 해골은 반드시 누운 자세였지만 허벅지 뼈는 거꾸로 되어 있었다. 샤랑트(Charente)의 플라카르 동굴에서는 몸체에서 분리된 일곱 개의 두개골이 매장되어 있었다. 그리고 구멍이 많이 뚫린 달팽이 껍질로 둘러싸인 한 여자의 두개골과 그릇으로 사용된 두 개의 두개골이 발견되었다. 랑드(Landes)의 소르드(Sorde)에 있는 뒤뤼티 동굴에서는 하나의 목걸이와 사자 이빨 및 곰 이빨로 된 허리 장식을 두른 해골이 출토되었다. 샹슬라드(Chancelade)에서는 앞에서 말한 에스키모를 닮은 해골이 발견되었는데, 그의 다리는 상대적으로 짧고 키는 4피트 7인치가 안 되었으며, 몇 가지의 마그달레니안기 도구들로 덮여 있었다. 그리고 손과 발의 관절이 구부러진 것으로 보아 포대 속에 싸여 있었음에 틀림없다. 마지막으로 본(Bonn) 근처의 오베르카셀에서 두 개의 해골이 발견되었는데, 1야드 정도 서로 떨어져 있었다. 하나는 20세가량의 여자이고 다른 하나는 40~50대가량의 남자이다. 크기는 각각 5피트 2인치와 5피트 3인치이다. 이들은 현무암으로 된 널판으로 덮여 있었는데, 해골과 그 주위에 있는 돌은 붉은색 물질로 완전히 칠해져 있었다. 거기에서는 작은 뼈를 정교하게 깎아 만든 말머리, 그리고 담비를 닮은 작은 동물의 머리를 멋지게 새겨 넣은 화려한 골각기도 출토되었다.

　우리는 여기에서 존경과 희생제의의 정신 이외에도 죽은 자의 유령이 살아 있는 자들로부터 떠나 있기를 바라는 소망을 읽을 수 있다. 허벅지를 거꾸로 배치한다거나, 두개골을 분리한다거나, 사체를 웅크린 자세로 만들어 붕대로 감는다거나, 무거운 현무암 널판을 놓는 것은 바로 이러한 바람의 표현이다. 여기서 곰과 사자의 이빨은 흥미를 끈다. 앞에서 보았듯이, 북부 지역의 곰 의례와 아프리카의 사자-팬더 의례에서 이 두 동물은 동일한 형식을 지니고 있기 때문이다.* 다른 동물들의 눈은 옆얼굴에 달려 있지만, 이 두 동물의 눈은 사람의 경우처럼 앞쪽에 달려 있다. 트루아 프레르 동굴의 샤먼은 관찰자의 얼굴을 정면으로 노려본다. 사하라-아틀라스 이북에 위치한 북아프리카에서도 사자는 역시 관찰자를 정면으로 응시하고 있는데, 프랑스 동굴의 춤추는 샤먼의 모습을 한 이 동물은 떠오르는 태양의 첫 광선에 공격을 당하는 모습을 보이고 있다. 게다가 춤추는 그 샤먼처럼, 사자는 거대한 들판에서 풀을 뜯고 있는 무리의 지배자로 그려져 있다.[34] 그러므로 여기서는 곰과 사자를 동물의 주와 샤먼만이 아니라 태양, 태양의 눈, 살육하는 눈, 악의 눈과 결부시키는 신화적 연합이 암시되고 있다. 이것은 수천 년 동안 구석기 수렵인의 주술에 잠재되어 있던 지배적인 신화적 방정식이었음에 틀림없다.

5. 카프사-세석기 양식(기원전 3만/1만-4000년 경)

종족의 이동, 새로운 기술, 신화적 지향, 그리고 생생한 예술 형식이 혼란스럽게 출현하면서 새로운 시대가 열리고 있었다. 활과 화살, 사냥개가 등장하였다. 그리고 사냥하고 투쟁하는 궁수(弓手), 의례를 행하는 모습, 춤추는 사람, 희생제의와 같은 생생한 장면을 그린 암벽화 예술이 출현하였다. 동굴의 그림이 사냥 동물에 초점을 둔 데 반하여, 여기서는 놀라울 정도로 생생한 드럼 연주자의 스타일——무대를 구성하고 움직임을 연출하는 감각과 함께 발달한——을 지닌 역동적인 춤꾼의 모습이 발견된다. 또한 동굴 예술이 신화 영역의 주술적이고 무시간적인 분위기, 영원 속의 행복한 사냥터, 그리고 그 속에 있는 원형적 샤먼의 움직임을 표현하는 데 반하여, 여기에서는 지상의 삶의 분위기와 생활공동체의 의례 활동이 강조되고 있다.

또한 여자들이 눈에 띄게 나타난다는 점도 주목해야 한다. 그 여자들은 풍만한 엉덩이와 다리 그리고 날씬한 몸매를 가지고 있으며, 우아한 자세를 취하고 있다.

---

* 392-395쪽.

〈그림 15〉 카프사기의 사냥 장면, 카스티용.

〈그림 16〉 세 명의 여인, 카스티용.

그 장면들은 집단의 일치된 동작에서 나오는 리듬으로 활기에 넘치고 있다. 이제는 샤먼이 아니라 집단이 성스러운 힘의 운반자이다.

이 새로운 양식의 중심지는 북부 아프리카의 풀이 많은 사냥 지역이다. 지금 그곳에는 사막만 있을 뿐이다. 당시의 가장 대표적인 곳은 튀니지에 있는 카프사(Capsa, 가프사〔Gafsa〕)였다. 이 새로운 양식은 그곳에서 서쪽으로 그리고 다시 북쪽을 돌아 스페인으로 전파되었다고 생각해 볼 수 있다. 유럽에서 이 시기의 유물이 발견된 지역은 스페인의 동부이다. 하지만 그 영역은 북부 아프리카 전체를 가로질러 나일강, 요르단, 메소포타미아, 인도, 그리고 실론까지 확대된다. 이 시기의 독특한 물품은 작은 부싯돌인데, 주로 사다리꼴이나 직사각형 혹은 삼각형 같은 기하학적 문양을 하고 있다. 일반적으로 세석기라고 알려진 그 부싯돌은 모로코에서 인도의 빈디야 고원 그리고 남아프리카에서 북부 유럽에 이르기까지 분포되어 있다. 도구나 무기가 이처럼 넓은 지역으로 확산된 것에 비하여, 예술 작품이 발견된 주요 장소는 동부 스페인을 제외하면 사하라 지역으로 제한된다. 사막화되기 이전의 사하라는 사냥감이 풍부한 하나의 거대한 공원이자 목초지였다. 암벽화에는 수많은 코끼리와 기린, 코뿔소와 달리는 타조, 원숭이, 들소, 양과 가젤, 자칼이나 나귀의 머리를 한 거인, 그리고 태양의 공격을 받고 있는 벼랑 위의 사자가 그려져 있다. 그리고 거대한 황소나 숫양——양 뿔 사이에 태양-원반 표시가 있는——앞에서 양팔을 들고 숭배 행위를 하며 서 있는 인간의 모습도 보인다.[35]

우리는 실제로 이 문화의 초기 역사에 대하여 아무것도 모른다. 그 문화가 과거 속으로 얼마나 멀리 뻗어 있는지조차 알지 못한다. 하지만 전기 카프사기로 알려진 이 시기 최초의 문화는 적어도 오리냐시안기까지 거슬러 올라간다. 그러나 스페인을 관통하고 거기에서 다시 북부 유럽으로 확산된 것은 기원전 1만 년경에 이르러서였다. 우리는 그 시기를 최후의 카프사기, 타르데노이시안기, 아질리안기, 세석기 시대, 중석기 시대, 원-신석기 혹은 구석기 말기라고 다양하게 부른다. 그러나 이름 때문에 혼동하지는 말자!

〈그림 17〉 다트 화살을 든 남자, 카스티용.

북부 아프리카 카프사인들의 키는 평균 5피트에서 5.5피트로, 크지도 않고 작지도 않다. 이들의 머리통은 길쭉하며 이마는 쑥 들어가 있다. 그들은 부메랑과 곤봉 그리고 활로 사냥을 하고 정교한 작살을 던져 고기를 잡았으며, 열매와 뿌리를 채집하고 달팽이와 조개로 훌륭한 물건들을 만들었다. 그리고 타조의 알껍데기로 만든 원반 모양의 목걸이, 깃털, 팔찌, 그리고 조개껍질에 구멍을 뚫어 만든 허리띠를 착용하였다. 남자들은 생식기를 감추는——여성이 지배권을 행사하는 적도 지역의 많은 순수한 남자들처럼——대신 거기에 장식을 한 반면, 여자들은 길고 멋진 치마를 입었다. 카르멜산 동굴의 나투피안인들은 이러한 카프사 문화양식을 가진 민족으로서, 우리가 원-신석기 시대로 설정하고 있는* 기원전 6000년경에 출현하였다. 더구나 기원전 4000년대에는 사하라 지역의 점진적 사막화와 풍부하던 사냥감의 감소로 인하여 카프사와 그들의 회화 예술은 남하하게 되었다. 남부 로데시아의 다양한 양식에서 그들의 영향력을 찾아볼 수 있다. 바수토랜드에 사는 부시맨의 평화로운 사냥 장면, 저 유명하고 신비로운 다마라랜드의 "하얀 처녀"(실제로는 남자이며, "왕", 곧

---

* 162-164쪽.

신-왕이다), 그리고 성스러운 국왕 살해와 달-왕의 부활을 기리는 루사페 지역의 흥미로운 벽화가 그러한 예에 속한다.

이렇게 해서 우리는 다시 한번 희생제의, 신석기의 여명, 그리고 괴물 뱀과 처녀의 신비라는 문제로 돌아온 것이다.

〈그림 18〉 "하얀 처녀", 로데시아.

제10장 신석기 시대의 신화적 문턱

1. 최초 경작인의 거대한 뱀(기원전 7500년경?)

어느 옛날, 한 젊은 여자가 숲 속으로 들어갔다. 뱀이 그녀를 보고는 "이리 와서 나와 함께 삽시다!" 하고 청혼하였다. 그녀는 "누가 당신을 남편으로 받아들이겠습니까? 당신은 뱀이지 않소. 당신하고는 결혼하지 않겠습니다"라고 하면서 청혼을 뿌리쳤다. 그러자 뱀은 다시 말하였다. "내 몸은 뱀이지만 나는 사람의 말을 하고 있지 않소. 자, 나하고 삽시다!" 그녀는 결국 그와 결혼하였으며, 얼마 안 있어 아들과 딸을 낳았다. 아이들이 태어나자 뱀은 그녀에게 이렇게 말하였다. "자, 이제는 당신의 집으로 돌아가시오. 내가 이 아이들을 돌볼 것이오."

뱀은 아이들을 길렀으며, 그들은 무럭무럭 자라났다. 어느 날, 뱀이 아이들에게 말하였다. "물고기를 좀 잡아 오너라!" 아이들은 아버지의 명령에 따라 물고기를 잡아서 가져왔다. "이 물고기들을 요리하거라!" 하고 뱀이 다시 시켰다. 그러자 아이들은 "태양이 아직 뜨지 않았습니다" 하고 대답하였다. 얼마 뒤 태양이 뜨자 햇빛을 받은 물고기들이 따뜻해졌다. 아이들은 그 물고기들이 아직 날것인 상태였지만, 입가에 핏자국을 남기면서 그대로 먹었다.

뱀이 말하였다. "너희들은 둘 다 정령이다. 음식을 날것으로 먹기 때문이다. 너희들은 아마 아버지인 나도 먹게 될지 모른다. 자, 이제 내가 시키는 대로 하거라. 너(여자 아이/역주)는 여기 그대로 머물러 있고, 너(남자 아이/역주)는 내 배 속으로 들어오너라!" 소년은 두려움에 떨면서 "제가 어떻게 그러한 일을 하겠습니까?" 하고 대답하였다. 그러자 뱀은 다시 "들어 오라!" 하고 명령하였다. 소년은 마침내 뱀의 배꼽 속으로 들어갔다. 뱀이 다시 그에게 말하였다. "지금 네가 있는 그곳에서 불을 집은 다음 너의 누이에게 갖다주어라. 밖으로 나온 다음에는 코코넛, 얌, 타로, 바나나 등을 모아라!" 소년은 시키는 대로 뱀의 배 속에서 불을 집어들고는 다시 몸 밖으로 나왔다.

소년과 소녀는 뿌리와 열매들을 모았다. 그러고는 소년이 가져온 불붙이는 나무로 불을 붙여 물고기를 요리하였다. 그들이 익힌 음식을 먹고 나자 뱀이 물었다. "익혀서 먹는 것이 좋으냐 날것으로 먹는 것이 좋으냐?" 소년과 소녀는 "익혀서 먹는 것이 좋습니다. 날것으로 먹는 것은 좋지 않습니다"라고 대답하였다.[1]

이 전설은 원초적 이주가 있었던 열대의 호형(弧形) 지역——아프리카에서 시작하여 동쪽(엘부르즈-히말라야 산맥 남쪽)으로 동남아시아와 인도네시아를 거쳐 멜라네시아에 이르는——어느 곳에서나 발견될 수 있는 경작인 세계의 전설이다. 그러나 이 전설이 실제로 발견된 곳은 이 광활한 열대 호형 지역의 동쪽 끝에 고립되어 있는 원시 군락이다. 뉴기니의 북부 해안에서 약간 떨어진 애드머럴티 제도(Admiralty Islands)가 바로 그곳이다.

불행히도 동남아시아의 구석기 시대를 밝혀줄 고고학은 아직까지 초보 단계에 머물러 있다. 지금까지 알려진 단편적 지식에 따르면, 이 지역에서 발견된 석기 도구는 아프리카의 것보다도 더 뒤쳐져 있다. 더구나 로베르트 하이네 겔데른(Robert Heine-Geldern) 교수는 이렇게 말한다. "이 지역의 구석기 시대는 최근까지 지속된 것 같다. 구석기 문화는 이 지역의 대부분, 특히 서부 인도네시아에서는 기원전 2천년 대까지 지속된 것이 분명하며, 심지어는 그보다 더 후대까지 지속된 지역들도 있다."[2]

이처럼 몹시 흥미로운 지역에서 채집되는 신화들은 대체로 아주 오래된 것들이다. 그러나 큰도마뱀 님(Sir Monitor Lizard)과 사향고양이 처녀(Lady Civet Cat)——탐무즈와 이슈타르의 역할을 하는——에 얽힌 안다만 제도의 전설에서처럼, 고등 문화 지역의 요소들이 가장 원시적인 전통에 의하여 흡수되는 경우도 있다. 이와 정반대로 이 사회들에서는 가장 놀라운 보수주의도 발견된다. 현대 보르네오 섬에서 행해지고 있는 머리 사냥은 솔로인(응간동인)의 두개골 유물이 보여주듯이 기원전 20만 년경 전부터 행해져온 것이다. 그러면 원시 파푸아인에게서 발견되는 뱀과 처녀 이야기는 고등 문화에서 나타나는 타락 이야기의 퇴행적 형태인가 아니면 원시적 형태 그 자체인가? 이러한 신화적 주제가 어디에서 먼저 나온 것인지 어떻게 알 수 있는가?

이처럼 광범위하게 알려진 뱀과 처녀에 관한 신화적 주제는 원초적 이주가 있었던 열대의 호형 지역 어디에선가 처음 나타난 것이 거의 분명하다. 구석기 시대의 도구들에서 보이는 것처럼,* 이 호형 지역을 따라 매우 광범위하고 급속한 문화 전파가 있었음을 보여주는 증거는 많다. 그러나 이 지역은 (1) 아프리카에서 인도에 이르는 지역과 (2) 인도 북부의 중앙으로부터 동남아시아를 거쳐 인도네시아와 멜라네시아에 이르는 지역으로 다시 구별해야만 한다. 전자의 지역에서는 보다 초기의 조잡한 "조약돌 석기"만이 아니라 매우 발전한 구석기 시대의 손도끼도 상당히 많이 발견되었다. 그러나 후자의 지역에서는 상대적으로 더 조잡한 유형의 찍개만이 발견되었다. 더구나 전자의 지역에서는, 후자 지역으로까지 확산되지는 않은 세석기-카프사(microlithic-Capsian) 문화가 전파되어 있었다. 그러므로 (1) 지역은 (2) 지역보다 더 오래되었을 뿐만 아니라 구석기 시대가 끝날 때까지는 문화적 우월성을 지니고 있었다.

어느 지역에서 먼저 곡물 경작이 시작되었는지는 아직 아무도 모른다. 멩힌은 남아시아의 열대지방이라고 제안하였고,[3] 하이네 겔데른은 멩힌의 견해가 신빙성이 없다고 하면서도 자신의 의견을 제시하지는 않았다.[4] 아

---

* 413-414쪽 참조.

마도 유일한 대안은 (1) 지역의 서쪽 어느 곳일 것이다. 그곳이 바로, 곡물 경작이 처음 시작되고 그러한 경작 관념과 관련되어 있는 뱀과 처녀 신화가 등장한 지역일 것이다.

우리는 앞 장에서 이미 "인간화 지대"에 관한 생물학적 이론을 언급한 적이 있는데, 그 이론에 따르면, 그 지역은 상당히 광활하며 상대적으로 유사한 특성들을 보여주고 있다. 그리고 그 지역에 살고 있는 대규모의 사람들은 서로 간에 밀접한 관련을 가지고 있었고, 거의 동시에 일련의 유전학적 변이를 경험하였으며, 마침내 상당히 다양한 인류를 출현시켰다.* 나는 지금 우리의 신화와 경작 기술의 연관성을 고려하면서 양자의 기원에 관한 비교 이론을 제안하고 싶다. (1) 지역의 양쪽 끝은 서로 간에 사유와 기술을 효과적으로 전달할 수 있었던 것이 분명하다. 지금의 기준에 따르면 그 소통은 매우 느린 것——수 초 대신 수 세기를 요하는——이지만, 당시의 기준으로 보면 매우 효과적인 전달 체계를 가지고 있었다. 그러므로 이 광범위한 지역은 하나의 연속체로 볼 수 있다. 거기서는 상당히 균일한 삶이 영위되었고, 따라서 어떤 인상들을 상당히 균일한 심리 상태 속에서 받아들일 수 있었다. 거기에는 앞에서 언급한 교수의 딸과 마녀 이야기**에서 나타나는 것과 동일한 "사로잡힘"의 심리 상태가 존재한 것이다. 요컨대 이 지역 전체는 상대적으로 통일적인 성격을 지니고 있었으며, 거기에서 서로 밀접한 관련을 맺고 거주하고 있던 대규모의 인구(상대적으로 최근의 인류에 가까운 호모 사피엔스에 속하는)는 거의 비슷한 인상에 의해서 동시적으로 영향을 받았다. 따라서 서로 비슷한 종류의 심리학적 "사로잡힘" 상태가 만연하였으며, 이는 제의화된 절차 및 그와 연관된 신화 속에 침전되었다. 우리는 그러한 지대를 "신화발생 지대(mythogenetic zone)"라고 부른다. 그러한 지대를 찾아내고, 그 지대를 후기의 발달 지역만이 아니라 "확산 지대(zones of diffusion)"와 분명히 구별하는 것은 우리의 과제가 될 것이다.

이 신화의 경우에는, (1) 지역의 어느 곳에서 식용 식물의 뿌리를 캐

---

* 405-406쪽 참조.
** 36-38쪽 참조.

던 여자들에게서 어느 날 갑자기 식물 재배의 관념이 생겨났는지는 알 수 없다. 그리고 그러한 관념이 경제적 관점에서 나온 것인지, 어떤 "사로잡힘"의 감정 및 그와 관련된 제의 활동에서 나온 것인지도 알 수 없다. 그렇지만 경작의 기능과 이 신화의 기능이 서로 관련되어 있으며, 이 신화가 경작인들 사이에서 널리 존재한다는 것만은 확실하다. 그리고 그러한 현상이 한 지역에 국한된 것이 아니라 광활한 지역에서 동시적이면서 자발적으로 나타난 것만은 확실하다. 마지막으로 지적해야 할 것은 그러한 신화와 의례 그리고 그와 연관된 경작 기술이 그렇게 길지 않은 시간, 즉 1,000년이 되지 않아 그 호형 지역 전체로 확산되었다는 사실이다. 그러므로 우리는 그 연대를 기원전 7500년경으로 추정할 수 있다.

그러나 이보다 더 이른 시기에 여신 신화가 이미 번성하고 있었다. 오리나시안기의 작은 입상에서 스스로를 드러낸 여신들은 선사시대 최초의 호모 사피엔스와 실제로 같은 시기에 속한다. 따라서 뱀과 처녀의 신화는 그 자신보다 이전에 존재한 어떤 신화적 토대에서 나온 것으로 간주되어야 한다. 앞에서 언급한 것처럼, 말타에서 출토된 곰사등이 어린이의 무덤에서는 스무 개의 작은 여성 입상이 발견되었다. 그리고 함께 발견된 상아 장식판의 한 면에는 나선형 문양이 있고 다른 면에는 코브라처럼 생긴 세 마리의 뱀 문양이 있었다. 상아로 만든 물고기의 표면에도 나선형 문양이 새겨져 있었다. 그 어린이는 태아처럼 웅크린 모양을 한 채 동쪽을 향하고 있었다. 그 무덤에서는 상아로 만든 새의 형상도 발견되었다.

지금까지도 살고 있는 몹시 원시적인 파푸아족, 즉 뉴 브리튼(남태평양 비스마르크 제도에 있는 섬 가운데 가장 큰 섬/역주)의 바이닝인들은 이렇게 말하고 있다. 옛날에 태양이 모든 존재를 부른 다음 영원히 살고 싶은 자는 말하라고 하였다. 불행히도 그때 인간은 그 소환에 불응하였다. 그래서 돌과 뱀은 영원히 살 수 있게 된 반면, 인간은 죽을 수밖에 없는 존재가 되었다. 그들에 따르면, 그때 인간이 태양의 명령에 복종하였더라면, 오늘날 인간은 뱀처럼 주기적으로 허물을 벗고 영생할 수 있었을 것이다.[5]

한 면에는 죽음의 미로 다른 한 면에는 영생의 뱀을 묘사하고 있는 구석기 시대의 장식판, 한 면에 미로를 새긴 물고기, 샤먼의 황홀경에서처럼 죽음 속에서 영혼의 비상을 암시하는 새, 떠오르는 태양을 향한 채 태아 자세를 취한 작은 해골. 이러한 것들은 모두 제의의 절차에 따라 매장된 많은 동물과 스무 개의 작은 여신 입상이 들어 있는 하나의 무덤에서 나왔다.* 이러한 상징들은 후기 구석기 시대에 발전한 신화의 존재를 증언하고 있는데, 그 시기에는 이미 영적 재생의 여신이 그보다 훨씬 후대에 속하는 신석기 시대의 이슈타르-아프로디테 숭배의 상징들——새, 물고기, 뱀, 미로——과 관련되어 있다.

여기서 다시 한번, 항상 그렇듯이 신화를 통해서, 변화 속의 영원이라는 문제에 직면하게 된다. 제임스 조이스(James Joyce)는 이 문제를 "항상 동일하지만 계속 변화하는 것"이라고 불렀다. 이러한 특정한 맥락 속에 있는 영원한 현존은 분명히 여성적이다. 그녀의 삶의 경험이 그렇고, 또 남성이 흡수해야 할 하나의 인상——세계로부터 보내오는 메시지——으로서의 그녀의 특성이 그렇다. 인류 최초의 종교의식의 증거를 보여주는 네안데르탈인의 무덤과 곰 성소는 죽음의 인상을 극복하려는 하나의 시도이다. 그러나 여성의 신비는 죽음의 신비에 못지않다. 분만과 어머니의 유방에서 나오는 젖 그리고 생리 주기——달의 주기와 일치하는——는 신비 그 자체이다. 여성의 몸이 지닌 창조적 주술은 경이로움 그 자체이다. 그러므로 의례를 행하는 남성들(성인식 후보자, 부족의 고위 성직자, 샤먼 등)은 항상 주술적 복장을 하고 있지만, 여성들의 몸에는 가장 강력한 주술이 내재해 있다. 따라서 구석기 시대의 작은 입상이든 신석기 시대의 것이든, 여성의 일차적 현현은 모두 벌거벗은 여신이다.

여성은 외적 세계로부터 이 세상 속으로 생명이 흘러 들어오는 주술적 출입구이다. 따라서 생명이 빠져나가는 죽음의 문과는 자연히 대립될 수밖에 없다. 여기에는 어떠한 신학도 함축되어 있지 않다. 단지 우주의 한 측면 앞에서 놀란 정신의 신비와 경이, 그리고 그러한 경이 속에 내재한

---

* 375-378쪽 참조.

어떤 힘들과 관계를 맺으려는 의지만이 보일 뿐이다. 여기서 블랙풋족의 들소 유인자가 자신의 두 아내에게 부과한 사항을 기억해보자. 그는 자신이 들소를 유인하는 동안 그녀들이 하루 종일 집안에 머물면서 기도할 것을 명하였다. 여기서 "기도"라고 하는 말은 현대인의 번역어에 불과하다. 보다 적절한 표현은 "주술을 행하는 것"이다. 앞에서 보았듯이, 사냥 행위에서 남성의 역할은 여성의 주술에 의하여 도움을 받아야만 하기 때문이다. 그러나 대 수렵 지역에서는 상황이 다르다. 거기서는 위신과 능숙한 솜씨, 그리고 용기 있는 에고의 확립에 의하여 지지를 받는 불굴의 남성적 심리학이 지배한다. 따라서 거기서는 여성적 원리가 남성에 의해서 지각되고 행사되는 여러 목적에 단지 보조적인 역할만을 할 수 있다. 여신과 그녀의 살아 있는 동반자인 여성은 남성의 고된 과제에 주술적 도움을 줄 수는 있었지만, 존재의 본성에 관한 남성의 지배적 관념에 관여할 수는 없었다. 수렵 세계의 신화 혹은 그 세계의 정신 속에서는 근본적 주제가 항상 어떤 것의 성취와 달성이다. 즉 영생, 주술적 힘, 지상에서의 신의 왕국, 깨달음, 부(富), 마음씨 고운 여성, 혹은 이와 유사한 성질을 지닌 그 어떠한 것의 성취가 중심 주제이다. 지배적 원리는 교환의 원리(do ut des)이다. "내가 주니 당신도 나에게 주시오. 오, 신이여, 내가 당신에게 이것을 드립니다. 그러니 당신도 나에게 어떤 좋은 것을 주십시오. 이 생에서든 다음 생에서든."

한편 식물 중심의 열대지방에서는 여성적 측면이 단지 보조적인 것에 그치는 것이 아니라, 그 지역의 문화와 신화의 지배적인 패턴——그 자체의 경험 양식으로부터——도 확립할 수 있다. 뱀과 처녀의 신화에서 부각되는 것은 바로 이 여성적 힘이다. 그 신화에서 등장하는 기본적 요소는 다음과 같다. (1) 출생 및 생리의 신비와 관련되어 있으며, 결혼할 준비가 되어 있는 젊은 여성(님프). 이 신비(그러므로 자궁 자체)는 달의 힘과 동일시된다. (2) 열매를 맺는 남성의 정자. 이것은 땅과 하늘에 있는 물과 동일시되고, 남근 모양의 뱀 이미지를 가지고 있으며, 여자를 변화시킨다. (3) 변화, 변형, 죽음, 그리고 새로운 출생으로서 삶의 경험. 죽음 및 부활과 달이 기울고 차는 데 대한 유비, 물의 분해 및 씨가 열매를 맺는 것 그리고 달을 삼켰다가 다시 내어놓는 그림자의 유비, 그로 인하여 죽음의 껍질로부터 벗어나는 달, 더구나 이러한 식물 및 달의 주기와 세대의 가고 옴——정신에 내재한 어떤 영적인 우울함과 황홀 경험의 유사성만이 아니라——의 유사성. 이러한 유비들은 보다 사려 깊은 사람들에게 어떤 매혹과 영감의 원천을 제공하였음에 틀림없다. 당시에는 오늘날보다 그러한 사람들이 전체 인구에서 차지하는 비율이 더 컸을 것이다.

이러한 신화의 확산, 그리고 (1) 지역의 신화발생 지대로부터 나온 괴물 뱀과 처녀의 신비의 제의적 구현은 시간이 지나면서 (2) 지역으로 확산되었을 것이다. 그 다음에는 (1) 지역으로부터 북서쪽으로 지중해 지역으로만이 아니라 동쪽의 환태평양 지역으로 흘러간 것이 확실하다. 그러므로 이 장의 서두에서 소개한 이상한 신화, 즉 자신의 뱀 남편이 아이들에게 불을 주는 젊은 처녀의 신화는 지중해 세계에서 페르세포네와 이브의 전설을 낳은 전통과 동일한 기원을 가지고 있는 것이 거의 확실하다.

그러나 거기에는 놀라운 사실이 있다. 아직도 원-신석기 단계에 있는, 비교적 원시적인 애드머럴티 제도의 이야기에서는 여성적 타락 신화와 남성적인 불 훔치기 신화 사이의 대립——니체가 많이 생각하였던——이 해소되어 있다. 그러한 대립은 두 주제를 포함하는 하나의 단일한 이미지 속에서 용해되어 있다.

원시 신화들과 낯선 세계의 신화들이, 우리 자신의 전통 속에서 한때 유연하였던 이미지들——시간의 흐름 속에서 미라처럼 박제화된——을 새롭게 읽을 수 있도록 해주는 것은 바로 그러한 강조점의 전이를 통해서이다.

2. 근동 문명의 탄생(기원전 7500-2500년경)

앞에서 살펴본 "신화발생 지대"의 개념은 신들의 이러한 자연사의 윤곽을 분명하게 보여줄 것이다.

단계 1은 플레시안트로푸스(Plesiantropus) 단계이다. 이 시기 동안 신화와 의례가 발생하였다면 그 장소는 의심의 여지없이 확실하다. 고생물학자들이 "인간화 지대"라고 간주하는 곳이 지구상의 어떤 지역——놀기를 별로 좋아하지 않고 보다 성숙하고 보다 심각한 경제 지향적 동료들로부터 한발 벗어나, 자연이 제공한 놀이 대신 스스로 발명한 놀이를 시작한, 우리의 종이 거주한 지역——이든 간에, 우리는 그 지역을 일차적인 "신화발생 지대"로 간주할 것이다.

플레시안트로푸스의 두뇌는 관념을 유발시키는 능력을 별로 가지고 있지 않다. 낭만적 추정 이외에 그들의 그러한 능력을 보여주는 증거는 거의 없다. 그러나 그 시기의 피그모이드와 거대한 호미니드는 외적 환경에서 오는 신호 자극에 대해서——모든 동물들이 하듯이——만이 아니라 그들 자신의 신체와 사회적 상황에서 주어지는 신호 자극에 대해서도 분명히 반응하였다. 또한 쾰러(Köhler)의 침팬지들처럼, 그들은 새로운 상황과 놀이와 조직을 발명하는 것을 좋아하였던 것이 분명하다. 그러한 놀이들은 아직 의례는 아니다. 그러나 만일 플레시안트로푸스의 두뇌가 동작 패턴만이 아니라 사유 패턴을 가지고 놀 수 있었다면, 이 단계에서는 "사로잡힘"의 마당이 마련되었을 것이다. 개인적 "사로잡힘"——정신적 수준에서는 반짝거리는 둥그런 돌에 사로잡힌 침팬지의 "사로잡힘"*에 비교될 수 있는——은 이미 샤머니즘의 정신으로 나아가는 지표였을 것이고, 집단적 "사로잡힘"——다시 정신적 수준에서는 탁발승 춤이나 기둥 주위에서 추던 자신들의 춤에 대한 침팬지의 매료**에 비교될 수 있는——은 대중적 제의와 같은 어떤 것을 산출하였을 것이다. 그러한 것이 소통될 수 있었다면 그 놀이는 하나의 전통이 되었을 것이다. 그리고 그 전통의 지속은 그것이 지닌 호소력, 삶의 에너지를 환기시키고 조직화하는 힘에 달려 있었을 것이다. 요컨대 플레시안트로푸스가 동작 패턴 이외에도 사유 패턴(제의적 놀이를 따라가는 신화적 연합)을 발명할 수 있었다면, 우리가 다루는 주제의 첫 장은 이미 시작된 것이다.

---

* 406쪽 참조.
** 406-407쪽 참조.

그러나 그와 같은 것에 대한 유일한 구체적 증거는 동물의 해골에서 머리와 꼬리 부분을 분리해놓았다는 이상한 사실이 전부이다. 다트(Dart) 교수가 관찰하고 기록해놓은 것에서 이러한 증거가 발견된다. 이러한 증거에 근거하여 우리는 다음과 같은 가설을 잠정적으로 제시할 수 있을 것이다. "죽음을 넘어서는 삶과 집으로 향하는 즐거운 여행" 놀이를 동반한 동물 희생제의는 이미 자신의 거대한 여정을 시작하였다. 그러한 놀이의 심리학적 힘은 로하임(Róheim)의 공식 속에 잘 요약되어 있다. "살해되는 것은 무엇이든지 아버지가 된다." 이 공식에 따르면, 식용 동물에 대한 숭배는 수렵 공동체에서는 불가피하다. 거주자들이 동물이 아니라 실제로 호미니드라면 말이다. 플레시안트로푸스가 인간의 한 종류였다는 것은 맨주먹이나 이빨 대신에 곤봉――말하자면 하나의 도구――으로 먹잇감을 때려잡았다는 사실에 의해서 증명되는 것 같다.

단계 2는 피테칸트로푸스 단계(기원전 40만 년경)이다. 이 시기에는 "인간화 지대"(동남아프리카)에서 두 방면으로 문화 전파가 이루어졌다. (1) 북쪽으로는 유럽(하이델베르크 인)으로, (2) 동쪽으로는 열대의 호형 지역을 따라 자바(피테칸트로푸스)로 그리고 다시 북쪽으로 태평양 해안을 따라 북경(시난트로푸스)으로 전파되었다. 따라서 지역 (1)과 지역 (2)의 동물-머리를 숭배하는 원시 신화는 "확산 지대"의 산물이었을 것이다.

그러나 두 가지의 새로운 현상이 나타나고 있는데, 이는 두 가지의 새로운 "신화발생 지대"의 출현을 가리키는 것 같다. 첫번째 현상은 열대 호형 지역의 서쪽 영역(아프리카에서 서인도까지)과 유럽에서 우아한 손도끼가 출현한 것이고, 두번째는 북경인의 무시무시한 동굴에서 불이 출현한 것이다. 웨클러(J. E. Weckler) 교수에 따르면, 초기 빙하시대의 대부분 동안 열대 호형 지역의 동쪽 끝 부분이 사막과 빙하에 의해서 단절되었으며, 그 결과 인류 진화의 두 지대가 서로 분리되었다.[6] 앞에서 본 것처럼,* 서쪽 지역에서는 석기가 대칭 형식의 균형미를 보여주고 있으며, 그중 어떤 것들은 제의용 도구였음을 암시할 만큼 크고 우아한 모습을 지녔다. 이와 달리 동쪽에서는 석기가 상대적으로 원시적인 상태에 머물러 있었다. 그러나 이 지역에서는 불을 발견하고 사용하였다. 후대의 신화와 제의에서 천둥의 관념(토르의 망치, 제우스의 천둥, 인드라의 천둥 같은)과 연결되는 손도끼의 신화와 제의적 전승은 서쪽에서 시작된 반면, 불과 관련된 신화와 제의적 실천은 동쪽에서——태양이 그쪽에서 떠오르듯이——나온 것으로 보인다. 그 초기 신화들이 무엇이었는지는 알 수 없다. 그러나 후기의 신화에서 천둥이 대체로 남신과 연결되고 동쪽의 불이 여신의 선물 혹은 여신의 몸 자체와 연결되고 있는 것은 매우 흥미롭다. 우리는 이미 아이누족에서 등장하는 화덕의 여신에 대하여 언급하였으며, 그 여신의 아이누 이름인 푸지(Fuji)가 성스러운 화산 후지산(Fujiyama)의 이름으로 나타나고 있다는 것도 살펴보았다. 하와이에서는 여신 펠레가 위험하면서도 사랑스러운 화산 킬라우에아의 여신이며, 그곳에서는 나이든 추장들이 불꽃 속에서 기품 있는 놀이를 하며 영원히 거주하고 있다. 멜라네시아의 말레쿨라에서는 죽은 자가 여신의 안내를 받으면서 화산으로 여행한다. 일본에서는 태양이 여신이고 달이 남신이다. 독일의 경우에도 태양이 여성(die Sonne)이고 달이 남성(der Mond)이다. 이와 달리 라인강 건너편의 프랑스에서는 태양이 남성(le soleil)이고 달이 여성(la lune)이다.

사실 라인강 동쪽에는 하나의 거대한 신화적 영역이 있다. 거기에서는 각각 달과 태양인 오누이의 신화가 전해지고 있다. 간단하게 말하자면, 이 이야기는 밤마다 알지 못하는 애인의 방문을 받는 젊은 여자에 관한 것이다. 어느 날 그녀는 그 방문객이 누구인가를 알아내기로 결심하고는 숯으로 자신의 손을 검게 물들였다. 그 방문객이 다시 왔을 때 포옹하면서 그의 등에 손자국을 남겼다. 아침이 되자 그녀는 자신의 손자국이 오빠의 등에 찍혀 있음을 발견하였다. 그 순간 그녀는 공포에 휩싸이면서 곧바로 달아났다. 그녀는 태양이고 그녀의 오빠는 달이다. 그 뒤로 그는 자신의 누이를 계속 쫓아다녔다. 그의 등에는 검은 손자국이 지금도 보

---

* 437쪽 참조.

이며, 그가 그녀를 잡을 때 일식 현상이 생기는 것이다. 이 신화는 북아시아만이 아니라 북아메리카 인디언들에게도 알려져 있는데, 참으로 오래된 것 같다.

기원전 40만 년경의 두 개의 가설적인 신화발생 지대에서 이렇게 대조되는 여성적 불과 남성적 천둥의 기원을 찾으려는 시도는 아마도 우스운 짓이 될 것이다. 그러나 거기에는 어떤 종류의 양극성이 분명하게 보이고 있다. 따라서 동양과 서양이라고 하는 두 문화 세계(오늘날 어떤 사람들이 생각하는 것보다 더 큰 차이를 내포하고 있는)의 가장 깊은 층에서는 아직 천둥의 신과 불의 여신의 대화가 이루어지지 않았다고 말할 수 있지 않을까?

단계 3은 네안데르탈인의 단계(기원전 20만-7만 5000/2만 5000년경)로서, 중부 유럽에서는 이 시기에 신화와 의례가 확립되었음을 보여주는 최초의 신뢰할 만한 증거가 발견되었다. 부장품을 지닌 무덤과 높은 산 정상에서 발견된 곰 성소가 그 증거들이다. 웨클러 교수에 따르면, 호모 네안데르탈렌시스는 오리엔트 지역에서 출현하였으며 서쪽으로 툰드라 지역을 횡단하여 유럽으로 들어갔다. 그리고 거기서 처음으로 불을 사용하였다고 한다.[7] 이미 기원전 40만 년경에 불을 사용한 시난트로푸스가 식인종이었다는 사실을 기억할 것이다. 네안데르탈인도 마찬가지이다. 앞에서 언급하였듯이, 크라피나와 에링스도르프에서 절개된 두개골이 발견되었기 때문이다.* 그러나 자바에서도 네안데르탈인과 동시대에 속하는 솔로인(응간동인)의 유적지에서 그렇게 절개된 두개골이 많이 발견되었다. 이 두개골들은 오늘날 보르네오의 식인종들이 행하는 방식과 똑같은 방식으로 절개되어 있었다.** 그러므로 네안데르탈인과 솔로인은 초기 형태의 머리 사냥과 관련된 어떤 형태의 식인 제의를 행하였을 것이다. 만일 그렇다면, 그 제의는 플레시안트로푸스 시기까지 거슬러 올라가야만 할 것이다. 그들은 동물만이 아니라 사람을 살해하고 머리를 베었기

---

* 422쪽 참조.
** 같은 곳 참조.

때문이다. 따라서 이 무시무시한 의례는 인류 최초의 종교적 의례로 볼 수 있을 것이다.

그러나 최초의 불의 사용과 관련하여 이상한 문제가 하나 등장한다. 시난트로푸스의 가족원들은 기원전 40만 년경, 네안데르탈인의 경우에는 기원전 20만 년경에 이미 화덕 주위에 둘러앉아 있었지만, 짐승처럼 건장한 이 사람들은 신선한 고기와 뇌——인간의 것이든 동물의 것이든 간에——를 완전히 날것으로 먹었기 때문이다. 고기를 구워 먹는 기술이 발명된 것은 이들보다 훨씬 발전한 샤원 동굴 시대(기원전 3만-1만 년경)가 되어서이다.

그러면 화덕은 왜 있었던 것일까?

그것은 동굴을 따뜻하게 하기 위해서 사용되었을 것이라는 의견이 제시되어왔다.[8] 사실 화덕의 실제적 목적은 오직 거기에 있었던 것처럼 보인다. 그렇다고 하더라도 숲이나 평원 혹은 화산에서 갑자기 생겨난 불을 시난트로푸스가 어떠한 계기에 의해서 그러한 목적으로 사용하는 방법을 알게 되었는지는 아직도 의문으로 남아 있다.

이에 대한 하나의 대답은 아이누족의 산악 곰 의례에서 찾아볼 수 있을 것이다. 그 의례에서는 곰이 의식 절차에 따라 대접을 받으면서 긴 밤 동안 화덕의 여신과 대화를 나누는데, 이때 불은 단순한 열 공급 장치가 아니라 신성이 실제로 임하는 장소이다. 최초의 화덕들 역시 성감(聖龕)이었을 것이다. 거기에서 불은 성스러운 이미지나 원시적 주물(呪物)의 형식으로서 그 자체로 보존되었기 때문이다. 그러한 살아 있는 신성의 임재가 지닌 실용적 가치는 시간이 한참 흐른 뒤에 발견되었을 것이다.

전세계적으로 보면 오늘날까지도 화덕의 불은 세속적 제도로서만이 아니라 성스러운 제도로서 남아 있다. 이 사실을 고려하면 그 대답의 타당성은 더욱 높아진다. 많은 지역에서, 결혼식을 거행할 때 새로 탄생하는 부부의 집에 있는 화덕의 불을 붙이는 것이 중요한 의식으로 남아 있다. 그리고 가족 의례는 그 불꽃을 보존하는 것에 역점을 두고 있다. 불꽃을 영속적으로 보존하고 봉헌의 등불을 바치는 행위는 거의 모든 고등 종교의 의례에서 나타나고 있다. 여사제가 수반되는 로마의 성화(聖火)는 요리나 열 공급을 위한 불이 아니었다. 그리고 신-왕을 제단에 올려놓고 살해할 때에도 성화를 켰다가 끄는 절차가 있었음을 우리는 이미 알고 있다.

화덕, 산악에 있는 곰의 성소, 부장품, 동물 희생, 그리고 종종 식인 의식을 동반하는 매장 의례 등, 네안데르탈인 시기의 이러한 것들은 구석기 중기의 광활한 지역——알프스 산맥에서 북극에 이르며, 동쪽으로는 일본, 남쪽으로는 인도네시아에 이르는——에 살았던 사람들의 종교적 삶을 이해하는 데 주요한 단서를 제공한다. 그러나 이 광활한 지역 가운데 신화발생 지대와 확산 지대가 어디에 있었는지는 아직 알 수 없다. 비록 지금까지 발견된 것 가운데 최초의 준거점은 중부 유럽의 산악 정상에 있는 곰-두개골 성소이지만 말이다.

마지막으로 언급할 것은, 아프리카에서이든 서유럽에서이든 동남아시아에서이든, 이 긴 기간 동안 다른 신화발생 지대가 존재하였는가 그리고 여타의 제의적 조짐이 출현하였는가 하는 문제이다. 이에 대해서는 아직 증거로 삼을 만한 그 어떠한 것도 발견되지 않았다. 그러나 그 다음 시기에 갑자기 출현하는 여성 입상 숭배와 사원 동굴은 보다 이르고 어두운 이 시기에 형성되고 있었음에 틀림없다. 단지 증거를 남기지 않았을 뿐이다. 조각의 주재료가 나무이고 제의용 가면의 소재가 나뭇잎과 나무껍질과 깃털인 곳에서는 어떠한 유물로 남을 수 없기 때문이다. 그러므로 그 광활한 적도 지대의 어떤 부분은, 대 수렵 시대의 전성기에 후기 구석기 지역에서 만개된 형태로 갑자기 출현하는, 보다 초기의 제의를 낳은 신화발생 지대였을 것이다.

단계 4(기원전 3만-1만 년경)는 벌거벗은 여신의 신화와 사원-동굴의 신화를 보여주고 있다.

이 두 문화 복합 가운데 벌거벗은 여신 신화의 유물이 가장 풍부하게 발견된 곳은 우크라이나이다. 물론 서쪽으로는 피레네 산맥, 동쪽으로는 바이칼호 지역까지 그 유물이 광범위하게 발견되었지만 말이다. 그러므로 우크라이나는 신화발생 지대로 잠정적으로 명명될 수 있을 것이다. 그 문화 복합의 근본 요소 가운데 상당수가 기원전 5000년경 그 지역의 바로 남쪽, 흑해 북쪽의 신석기 여신 숭배에서 다시 나타났다. 이 사실을 고려하면, 그 지역이 신화발생 지역이었을 가능성은 더욱 분명해진다.

이 두 지역의 여신-숭배와 아이누족의 여신-숭배의 관계는 매우 멀어 보인다. 그들은 서로 다른 신화발생 지대에서 나온 것으로 보이기 때문이다. 그럼에도 확산 지역에서는 두 신화가 분명히 만났을 것이며, 서로 혼합되었을 가능성이 있다. 물론 이 두 가지는 모두 앞에서 논의한 "영원한 현존"의 인상, 즉 여성을 표상한다.

이 중요한 시대의 두번째 신화, 즉 사원-동굴의 신화는 북부 스페인과 남부 프랑스──이른바 프랑코-칸타브리안 지대──를 확실히 주요 무대로 하고 있다. 그 의례는 남쪽 지역에서 발전한 남성들의 춤마당에서 행해진 가면 제의의 한 국지적 형태로 시작되었을 가능성이 있지만, 그럼에도 그것은 여기서 그 지역을 최초의 신화발생 지대로 명백히 간주할 수 있을 만큼 강력한 힘을 지닌 특성과 제의적 색깔을 성취하였다. 더구나 그것은 미로와 같은 영혼의 방에 대한 상징을 참으로 놀라울 정도로 증폭시켰는데, 모든 고등 종교와 대부분의 원시 종교는 거기에서 교훈을 받아들였다.

이 동굴들은 자연과 정신 사이에 얼마나 놀라운 일치를 보여주고 있는가! 이러한 이미지들을 이끌어낸 것은 얼마나 놀라운 환기(evocation)인가! 문자 그대로의 동굴은 인간의 마음이라고 하는 또 하나의 동굴 속에 숨어 있던 잠재적 에너지를 신호 자극의 방식으로 환기시킨 것이 분명하다. 그렇게 해서 인류의 역사 속에서 사원이 처음으로 등장하게 된 것이다. 사당(shrine)과 사원(temple)은 전혀 다른 것이다. 사당은 주술을 위한 조그마한 장소, 혹은 신성과의 대화를 위한 조그마한 공간에 불과하다. 이와 달리 사원은 신화의 집을 지상의 공간에 투사시킨 것이다. 지금까지의 역사학과 고고학의 성과에 따르면, 이 구석기 사원-동굴들은 이러한 것을 최초로 실현한 것이다. 그리고 인간의 마음속에는 초일상적 이미지를 받아들일 준비가 되어 있고, 그의 마음과 손은 그러한 이미지들을 창조할 수 있는 능력이 있음을 최초로 보여준 것이다. 그러므로 여기서 자연은 무(void)의 사실적·현실적 현현(presentation)을 위한 촉매 역할을 하였다. 그리고 시간과 공간 감각이 사라졌을 때 선견자(seer)는 환상적 여행을 시작하였다.

이미지의 주조와 신화적 영역의 창조는 별개의 것이다. 이 동굴들은 매우 복잡하게 되어 있음에도, 안과 밖의 방들이 점증하는 힘을 지니면서 하나의 통일성을 보여주고 있다. 이 사실은 주목할 만한 것으로 보인다. 라스코 동굴의 구성을 예로 들어보자. 그 동굴은 위 동굴과 아래 동굴로 되어 있는데, 위 동굴에는 행복한 사냥터와 막대기 모양의 뿔이 달린 이상한 마법사 동물이 그려져 있다. 그 아래의 토굴에는 샤먼과 '황소의 주'가 그려져 있는데, 그들의 주술적 조화 여부에 그 위의 행복한 사냥의 운명이 전적으로 달려 있다. 또 트루아 프레르 동굴에 있는 접근하기 어려운 긴 통로를 생각해보라. 그 통로는 동물의 그림으로 가득한 큰 방으로 연결되는데, 그곳에 있는 형상들 가운데 색채가 강조된 것은 오직 춤추고 있는 샤먼뿐이다. 이 샤먼의 그림에서 우리는 완전히 새로운 어떤 것을 극적으로 대면하게 된다. 그것은 힘의 증대를 나타내기 위한 예술적 기법의 변화이다. 마지막으로 튀크 도두베르 동굴을 생각해보자. 그곳을 방문한 사람은 처음에는 아름답게 채색된 방들을 통과하게 되며 얼마 뒤에는 매우 작은 통로——그 동굴을 발견한 소년들은 그것을 "고양이 굴"이라고 불렀으며, 그 좁은 통로를 통과하려던 그들의 아버지 베구앵 백작은 그 통로에 꽉 끼어 셔츠와 바지를 버려야만 하였다——를 힘들게 기어올라야 한다. 그러고나면 마침내 한 쌍의 신성한 아메리카 들소가 있는 성소에 도달하게 되는데, 그 동물들은 그림이 아니라 얕은 돋을새김으로 되어 있으며 2차원이 아니라 3차원으로 조각되어 있다. 여기서 다시 한번 우리는 이전에 알려지지 않은 방식으로 예술의 가능성이 실험되고 있음을 보게 된다. 그것은 고양된 영적 힘을 전달하기 위한 하나의 시도였다. 라스코 토굴 속에 샤먼을 배치한 것, 트루아 프레르 동굴에서 춤추는 샤먼이 특히 강조되어 묘사된 것, 그리고 튀크 도두베르 동굴의 아메리카 들소가 유연하게 조각된 것은 모두 이 동굴 예술가들의 미적 감수성의 정도를 훌륭하게 대변하고 있다. 이 예술가들은 동물을 불러내는 단순한 원시적 주술사보다 더 위대한 사람들이었다. 그들은 사람의 마음을 불러내는 신비가였다.

그러므로 신화발생 지대인 프랑코-칸타브리안 동굴에서 신화적 영역 자체가 인류 역사에서 처음으로 예술로 표현된 것이라고 자신 있게 말할 수 있다. 그 이후의 모든 성당과 사원——단순한 만남의 집이 아니라 신의 주술적 영역이 인간의 마음속에 드러나는 곳——은 이 동굴에서 기원한 것이다. 그리고 여기서 우리는 처음으로 어떤 풍요로운 남성적 정신이 작용하는 조짐을 보게 된다. 그러한 정신은 단테의 『신곡(*La Divina Commedia*)』과 동양의 모든 주술적 사원——여기서는 마음이 땅으로부터 벗어나 처음에는 별들이 있는 하늘로 올라갔다가 마침내 초월의 세계로 비상한다——에서 꽃을 피우게 되었다. 우리는 이 동굴 속의 땅에 있지만, 꿈의 날개를 타고 이미 땅을 떠난 것이다. 이러한 놀라운 비행은 니사의 그레고리(Gregory of Nyssa)의 이미지, 곧 "비둘기의 날개" 이미지 속에서 성령의 근원적 상징으로 매우 아름답게 묘사되어 있다. 성령에 의하여 "스스로를 영광에서 영광으로 변화시키는" 우리의 본성은 어떠한 경계나 시간적 제약 없이 무한을 향해서 움직인다. "타락하지 않는 아름다움을 열렬히 추구하면서 신을 향하여 돌아선 영혼은 계속해서 새로워지는 초월에 대한 욕망에 따라 움직인다. 그리고 이 욕망은 결코 채워지지 않는다. 아직 나타나지 않은 세계로 들어가기 위하여 비둘기가 자신이 지금 있는 곳으로부터 벗어나 과거로 끊임없이 나아가는 것은 바로 그 때문이다."[9] 비둘기는 자신의 그림자 속으로 날아 들어가려고 하며, 그림자는 계속 물러서지만 거기에 계속 존재한다. 비둘기가 그 속을 통과하는——지금 그리고 영원히——그림자는 "신적인 것의 본질 혹은 존재의 파악 불가능성 자체"인 것이다.

단계 5는 카프사 단계로 대표된다. 모로코에서 실론으로, 남아프리카에서 북유럽으로 광범위하게 확산된 세석기는 이 새로운 영향력의 범위를 잘 보여주고 있다. 그러나 이 창조적 힘을 발생시킨 중심지는 그 시기 예술 작품의 분포에 의하여 잘 드러나는데, 북아프리카와 동부 스페인이 그 중심지이다. 비록 확산의 메아리가 울리는 과정에서 그 예술 작품들이 남쪽으로는 희망봉, 동쪽으로는 위대한 신화시적 변형의 시기의 모태로 곧 전화되었던 지역으로까지 전파되었지만 말이다. 앞에서 언급한 것처럼, 카프사 예술은 마그달레니안기 예술과 명확하게 대조된다. 구석기 전통은 북쪽에서 남쪽으로 이동하면서 주술적 영역을 투사하는 일을 버렸다. 그 대신 신화적으로 영감을 받은 공동체의 지상 무대를 여자들의 가십이나 민족학과 거의 비슷한 수준에서 제시하고 있다. 우리는 여기서 인류의 육체적 발달과 영적 발달——그렇게 오랫동안 잊혀졌던 시기의——의 내부보다는 외부를 보고 있다.

그러면 여기서 우리는 북쪽에서 남쪽으로 문화적 영향력이 흘러 들어갔다고 주장할 수 있는가? 나는 그렇다고 생각한다. 그렇지만 나는 앞에서 간단히 살펴본 단계 4에서는 남쪽에서 북쪽으로 문화적 영향력이 흘러 들어간 증거가 있다고 본다. 지중해를 가운데 두고 서로 반대편에 있던 바로 이 두 지역——당시에는 항해 기술이 아직 없었지만, 비교적 좁은 지브롤터 해협을 사이에 둔 이 지역에서는 서로를 풍요하게 만들었을 가능성이 존재한다——에서 구석기 시대의 사유와 행위 가운데 가장 인상적인 두 가지 고상한 것이 나왔다는 것은 확실히 주목할 만한 사실이기 때문이다.

어떻든 북아프리카는 암각화에 나타난 카프사 의례의 잠정적인 신화발생 지대로 간주될 수 있다. 거기에 나타난 많은 그림들을 증거로 하여 판단한다면, 중심 신화는 콩고 피그미족의 의례에서 우리가 이미 보았던 바로 그것이다.* 태양 광선을 맞은 가젤 영양의 그림과 손을 든 여인의 주술적 외침은 기원전 10세기에 가장 선진적이었던 사고가 기원후 20세기에까지 남긴 그 흔적인 것이다.

그러나 이 예술에는 인류의 역사에서 가장 중요한 거대한 변형의 순간이 엿보이고 있다. 거기에서는 신석기 시대의 가축으로 등장하는 소나

---

* 339-341쪽 참조.

양과 같은 동물의 그림을 찾아볼 수 있기 때문이다. 실제로 이보다 약간 뒤늦게 등장한 이 북아프리카의 암벽화——동일한 지역에서 발견된—— 에서는 그 동물들이 길들여진 모습으로 나타나고 있다. 더구나 카프사기의 오래된 몇몇 암각화들에서는 천체의 상징이 나타나고 있다. 예를 들면, 사하라-아틀라스 지구의 에벨 베스 세바에서 발견된 암각화에는 양의 머리 위에 태양 원반이 놓여 있는데,[10] 이는 양으로 표상된 이집트의 태양-신 암문을 상기시킨다.

가장 거시적인 견지에서 보면, 구석기 말기, 중석기, 원-신석기에 걸쳐 있는 카프사기의 절정은 하나의 시점, 즉 기원전 약 1만 년과 관련시켜 볼 수 있다. 헨리 프랑크포르트(Henri Frankfort)는 이 시기의 특성을 다음과 같이 선언하고 있다. "대서양의 폭풍우가 북쪽으로 물러나고 있던 만년설을 아직 따라가지 못하고, 초지가 아프리카의 대서양 쪽 해안으로부터 페르시아 산맥에 이르기까지 펼쳐져 있었다. 그리고 이 연속체에서는 햄어와 셈어를 사용하는 사람들의 조상들이 동물의 무리와 함께 배회하고 있었다."[11]

그러한 동물들의 무리를 먼저 따라간 것은 사냥꾼들이었을 것이다. 북아메리카 평원의 아메리카 들소의 경우처럼 말이다. 그 동물들을 사육해야겠다는 생각이 처음으로 떠오르게 된 데는 어떤 계기가 있었을 것이다. 우리는 이렇게 추정해볼 수 있다. 한 무리의 사냥꾼들이 어떤 동물의 무리가 모여 있는 곳에 가까이 자리 잡고 얼마간 지속적으로 머물렀을 것이다. 그들은 마치 그 떼가 식품 저장고라도 되는 듯이 그 무리 가까이에 오랫동안 머물러 있으면서 다른 집단이 그 동물을 밀렵하는 것을 막았다. 그리고 날마다 몇 마리씩만을 죽였다. 그러다가 그 무리를 우리 속에 가두면 어떨까 하는 생각이 어떤 총명한 사람——혹은 몇몇 사람——의 머릿속에 떠올랐다. 그 아이디어는 들불처럼 그 연속체의 한끝에서 다른 끝까지 급속히 퍼져나갔다. 마치 열대 호형 지역에서 식물 재배의 관념이 퍼져나간 것처럼 말이다.

신석기 시대가 프랑크포르트 박사가 기술한 수렵 지대의 연속체("아프리카의 대서양 해안에서 페르시아 산맥에 이르는")와 원초적 이주가 있었던 열대 호형 지역(남아프리카와 동아프리카에서 시작하여 아라비아, 팔레스타인, 메소포타미아, 그리고 이란을 거쳐 인도와 동남아시아에 이르는)*의 교차 지점에서 시작되었다는 것은 매우 중요한 의미를 지니는 것으로 보인다. 이 지역은 제임스 헨리 브리스테드(James Henry Breasted) 교수가 "비옥한 초생달 지역"이라고 부른 바로 그곳이다. 길들이기의 관념이 이 두 지역의 어느 하나에서 다른 쪽으로 전파되었다고 보는 것은 아주 타당하다. 그것은 수렵인 쪽에서 경작인 쪽으로 전파되었을 수도 있고, 그 반대 방향이었을 수도 있다. 어떻든 신석기 시대——그와 함께 문명의 시대——가 근동, 정확하게는 반(半)원시적이고 원-신석기적인 식물 재배 기술과 동물 사육 기술이 만난 곳에서 시작되었다는 것은 결코 우연이 아니다.

단계 6은 근동에서 문명이 탄생한 시기이다. 우리는 그 내용을 이 책의 제2부 제1장에서 개관하였다. 여기서 신화발생 지역은 비옥한 초생달 지역과 그에 접한 산악 지역이다. 즉 나일강에서부터 해안을 따라 시리아에 이르고, 거기서 다시 페르시아만으로 내려가는 지역이다. 거시적으로 보면 이 문명의 발전 단계는 다시 4기로 나누어진다.

1. 원-신석기(기원전 7500-5500년경). 나투피안인의 단계에 해당하는 이 시기는 카프사기보다 한 단계 발전한 것으로 볼 수 있으며, 수렵으로 얻은 식량에 곡물 수확——몹시 유망하고도 중요한 기여——을 덧붙였다. 앞에서 지적하였듯이, 수확 이전에 파종이 선행하고 있었는지 혹은 도살된 동물이 이미 길들어져 있었는지는 알 수 없다. 그러나 나투피안인이 동물 사육을 하지 않고 있었더라도, 그들은 돼지, 염소, 양, 황소처럼, 나중에 모든 고등 문화의 기본 가축이 되는 동물들을 도살하고 있었다. 그리고 파종을 하지 않고 있었더라도 그들은 이미 다양한 야생 곡물이나 원시 곡물을 수확하고 있었다. 이미 말한 것처럼, 그러한 유물이 처음 발견된 장소는 팔레스타인의 카르멜산 동굴이다. 그렇지만 그 뒤로

---

* 410-411쪽과 436쪽 참조.

이와 유사한 것들이 이집트의 헬완에서 베이루트와 야브루드, 그리고 서쪽으로는 이라크의 쿠르드스탄에서까지 발견되었다.

2. 기초 신석기(기원전 5500-4500년경). 이 시기에는 이미 곡물 농업과 가축 사육에 근거한 농가 경제의 토대가 확고하게 자리 잡았으며, 새로운 촌락 거주 양식도 이미 핵심 지대로부터 확산되기 시작하였다. 주요 작물은 밀과 보리였으며, 사육 동물은 돼지, 염소, 양, 황소였다. 개는 이미 카프사기에 사냥의 동반자로서 참여하였다. 도기와 직조 그리고 목공과 가옥 건축이 새로운 기술로 등장하였다. 그때 갑자기, 매우 갑자기, 도기 제조의 영역에서 새롭고 위대한 도약의 증거가 발견된다. 이는 다음 단계에 나타나는 매우 세련되고 아름다운 채색 도기의 등장을 의미한다.

3. 신석기 중기(기원전 4500-3500년경). 이 시기에 우아한 기하학적 문양을 지닌 할라프와 사마라 그리고 오베이드 양식의 도기들이 나타난다. 제2부 제1장에서 보았듯이, 이와 같은 기하학적 문양은 당시 세계에서는 완전히 새로운 것이었다. 이는 심리학적 문제를 제기한다. 정주 생활양식의 출현과 때를 맞추어 추상적인 기하학적 문양이 등장한 것은 왜일까? 이에 대한 나의 대답은 이렇다. 초기의 수렵 사회에서는 성별 및 연령별 분업을 제외하면 사회적 기능의 분화가 전혀 없었다. 그러한 사회에서는 모든 개인이 문화적 전승을 다 배워야 하였으며, 따라서 공동체를 구성하는 개인들은 실제적으로 동등한 지위를 지녔다. 이와 달리 규모가 더 크고 분화가 더 이루어진 신석기 중기의 공동체에서는 전문화의 경향이 이미 나타나고 있었으며, 다음 시기가 되면 그러한 경향은 절정에 달하게 된다. 원시 사회에서는 성인(成人)됨은 전인(全人)이 되는 것을 의미하였다. 이와 대조적으로 후대의 분화된 사회에서는 성인이 되기 위해서는 무엇보다도 먼저 어떤 특정한 기술을 획득하고, 그리고 그 결과 자신(보다 큰 전체의 한 부분으로서만 존재하는)과 타인들(전적으로 다른 훈련을 거치고 다른 힘과 이상을 가지고 있으면서 사회 구조의 나머지 필요한 부분을 채우는) 사이에서 생겨나는 긴장——사회학적 긴장만이 아니라 심리학적 긴장——을 버티고 극복할 수 있는 능력을 획득해야 한다는 것을 의미하였다. 신석기 중기에 기하학적 구성을 지닌 예

술 형식——그 안에 여러 다양한 요소들이 함께 모여 전체적 균형을 이루는——이 갑자기 출현한 것은 그러한 심리학적 문제가 등장하기 시작하였음을 보여주는 것 같다.

이 시기의 도기 양식에서는 다양한 상징이 나타나고 있다는 사실도 앞에서 언급한 바 있다. 아나톨리아(지금의 터키)의 토로스(황소) 산맥 바로 남쪽에 있는, 북서 지역의 할라프 양식에서는, 작은 여신 입상, 진흙으로 만든 비둘기, 암소, 혹 달린 황소, 양, 염소, 돼지 등의 형상과 함께 황소 머리 형식이 나타나고 있다. 오리냐시안기에 상당히 많은 구석기 시대의 작은 여신 입상이 출현한 곳은 흑해 건너편의 이 비옥한 지대 북쪽에 있는 우크라이나이다. 따라서 거기에는 분명한 관련이 있었을 것이다.

더구나 우리는 할라프 도기에서 강조된 상징이 사마라 양식에서 강조된 것과 같지 않음을 이미 보았다. 사마라 양식의 주요 분포 지역은 남쪽과 동쪽으로 더 내려가서 이란 지역에까지 이르고 있다. 여기서 도출할 수 있는 결론은 수많은 신화적 체계들이 새로운 신화발생 지대의 소용돌이 속에 빨려 들어갔다는 것이다. 이 결론은 후대의 문자 시대의 증거에 의하여 더 강화되는데, 최초의 문자 자료는 처음에는 수메르, 그후에는 그 지역과 이웃하고 있는 이집트에서 나타나고 있다. 여기에서 받게 되는 인상은, 새롭게 출현한 직업적 사제들에 의하여 여러 신화적 요소들이 조정되고 종합되고 습합된, 신화의 잡동사니가 등장하였다는 것이다. 정글 지대의 뱀과 스텝 지역의 황소가 함께 수집되었는데, 이와 다른 상황이 가능하였겠는가? 그러한 요소들은 곧 용해되고 재합성되어 황소의 뿔이 달린 뱀, 물고기의 꼬리를 한 황소, 사자의 머리를 가진 독수리처럼 기이하고 괴물 같은 형태를 출현시켰던 것이다. 이러한 기이한 형상들은 그 뒤로 몹시 정교하고 새로운 신화 세계의 전형적인 유령으로 등장하게 되었다.

4. 사제 도시국가의 시기(기원전 3500-2500년). 이후에 등장한 모든 고등 문명의 기초적인 문화적 특질(문자, 바퀴, 달력, 수학, 왕권, 사제직, 조세 체계, 부기 등)이 이 시기에 갑자기 나타났다. 그리고 이때부터 선사시대는 종언을 고하고 문자 시대의 여명이 동트기 시작하였다. 이제는

단지 사원 지대만이 아니라 도시 전체가 우주적 질서의 지상적 모방으로 간주된다. 반면에 몹시 분화되고 복잡한 조직——사제, 병사, 상인, 농민 계층을 포함하는——을 지닌 사회는 종교적 영역만이 아니라 세속적 영역까지도 모두 천문학적 영감에 기초한 수학적 개념에 따라 다스려진다. 이 수학적 개념은 우주(대우주), 사회(중우주), 개인(소우주)*을 완벽한 조화 속에서 통일하는 일종의 주술적 공명에 근거하고 있다. 여기에는 지상의 일, 천상의 일, 그리고 개인의 일 사이에 자연적 일치가 상정되고 있다. 그리고 여기서의 놀이는 들소의 춤이나 변화되는 씨앗과 같은 놀이가 아니라 일곱 영역——수성, 금성, 화성, 목성, 토성, 달, 태양——의 향연이다. 수학 체계 속에서 이러한 것들은 우주적 법칙을 전달하는 천사의 역할을 하고 있다. 거기에는 하나의 법칙, 하나의 왕, 하나의 국가, 하나의 우주만이 존재한다. 그 작은 도시국가의 벽 너머에는 어둠이 있을 뿐이다. 그 대신 성벽 안에는 영원 전부터 인간을 위하여 마련된 질서가 있다. 그 질서는 왕의 축에 의하여 지탱되는데, 그 왕은 성인(聖人)의 태도로 달을 모방하면서, 자신의 마음속에서 모든 일탈적 충동을 정화하고 그 자신이 실체적으로 변화된다. 그러한 주술적 법칙 속에서는 A가 B이다. 따라서 그러한 법칙에 따라 왕은 달이 되고, 왕비는 태양이 된다. 왕이 죽을 때에 그를 따르고 그가 부활할 때에 다시 그의 신부가 되는 처녀 사제는 금성이다. 국가의 주요 각료 네 명——재무장관, 국방장관, 국무장관, 법무장관——은 각각 수성, 화성, 목성, 토성의 힘이 육화된 것이다. 왕은 보름달이 뜨면 자신을 드러내는데, 이때 자신의 찬란한 광채로부터 세상을 보호하기 위하여 베일을 입는다. 이러한 왕과 그의 주위에 앉아 있는 신하들은 지상에 나타난 천체들이다.

얼마나 놀라운 놀이인가!

그와 접해 있는 다른 지역에서는 왕은 태양, 그의 왕비는 달, 처녀 사제는 목성으로 나타나는 수도 있다. 그리고 놀이의 규칙이 다를 수도 있다. 그러나 그 각각의 규칙이 무엇이든, 이 광기어린 꿈이 어디에서 행해

---

* 173-176쪽 참조.

지든, 우주의 반영으로 간주되는 지역 국가의 중우주는 사실은 인간 자신의 심층에 있는 어떤 것의 반영이다. 거대한 동굴 속의 그림들이 인간의 마음으로부터 끌려나온 것이듯, 여기서는 우주 공간 자체──밤의 미로와 그 신비스러운 길을 요리조리 헤쳐나가는 모험가들, 즉 행성들과 달──에 의하여 환기된 것이다.

더구나 이 새롭고 규모가 더 큰 운명의 놀이에 대한 상징주의에는 괴물 뱀장어나 '동물의 주'와 같은 초기의 주제들이 모두 포섭되어 있다. 여기서는 원시적 세계가 산출한 그 어떠한 것보다도 훨씬 더 세련되고 다차원적인 상징적 놀이──다양한 심리 에너지를 환기시키고 명령하는 데 질적으로 다양하고 더 강력한──가 산출된 것이다.

천상의 안내를 받던 저 아득한 시대에는 행성들의 무시무시한 신비가 신적 왕들에 의하여 지상에서 재연되었다. 왕이 죽으면 그 향연에서 배역을 맡았던 모든 사람도 함께 죽음의 밤바다로 떠났던 것이다. 이 시기에 신화가 의미하였던 것을 우리에게 가장 놀라운 방식으로 보여주는 것은, 달-신 난나의 성스러운 수메르 도시 우르의 공동묘지에 있는 "왕릉"이다. 그 무덤들을 발견한 레너드 울리 경(Sir Leonard Woolley)이 지적하듯이, 거기에는 두 종류의 무덤이 있다. 하나는 평민들의 무덤이고 다른 하나는 왕들의 무덤이다. 어떤 학자들이 암시한 것처럼, 왕릉은 왕의 무덤이 아니라 그들의 대리자인 사제들의 무덤일 수도 있다. 죽음의 순간이 왔을 때 왕의 역할을 대신하였던 사제들의 무덤 말이다. 왕의 무덤 근처에 몰려 있기는 하지만 개인적 무덤들 가운데 오래된 것이 성스러움을 보여주는 데 반하여, 새로운 무덤들은 왕의 무덤 속으로 침입하여 들어온 것이라는 지적도 있다. 사람들의 기억이 소멸해가면서, 후대에는 그곳이 성스러운 무덤이었다는 희미한 전통만이 남는 것처럼 말이다.[12]

발굴된 무덤 가운데 첫번째 것은 도굴꾼들이 약탈하는 바람에 지금은 거의 어떠한 유물도 남아 있지 않다. 그러나 가장 대담한 상상력을 지닌 자도 생각해낼 수 없었던 그 어떤 것이 드러났다. 레너드 울리 경은 이 극적인 발견 과정을 이렇게 묘사하고 있다.

우리는 얕고 비탈진 도랑에서 다섯 구의 시체를 발견하였다. 그들은 나란히 누워 있었다. 시신들의 허리에는 동검들이 있었고 그 주위에 점토로 만든 잔이 한두 개 놓여 있었다. 그 밖에는 무덤에서 흔히 발견되는 어떠한 부장품도 없었다. 그 시신들 밑에는 멍석이 깔려 있었다. 우리는 그 밑으로 계속 파 내려가보았다. 그랬더니 거기에는 또 다른 무리의 시신, 열 명의 여자가 두 줄로 조심스럽게 배열되어 있었다. 이 여자들은 금, 청금석, 홍옥수로 만든 머리 장식을 하고 있었으며, 목에는 정교한 구슬 목걸이가 달려 있었다. 그렇지만 여기에서도 부장품은 발견되지 않았다. 단지 그 시신의 대열 끝에서 아주 훌륭한 하프의 파편들이 발견되었다. 나무로 된 부분은 썩었지만, 하프의 장식품은 그대로 보존되어 있었다. 조금만 노력하면 그 원형을 복원할 수 있을 정도였다. 나무로 된 틀은 금으로 덮여 있었으며 줄을 고정시키기 위하여 그곳에 못——대가리 부분이 금으로 된——이 박혀 있었다. 소리판의 가장자리는 붉은 돌, 청금석, 하얀 조가비로 모자이크 처리가 되어 있었고, 그 앞쪽으로는 청금석 눈과 턱수염을 지닌 화려한 황금 황소 머리가 튀어나와 있었다. 하프의 파편들 건너편에서는 황금 왕관을 쓴 하프 연주자의 뼈가 발견되었다.

이때 토굴이 발견되었다. 거기에는 여자들의 시신이 있었고, 그 굴 안으로 내려가는 경사면에는 남자의 시신 다섯 구가 놓여 있었다. 굴 안으로 더 들어가자 더 많은 뼈가 나왔다. 그런데 이 뼈들은 사람의 것이 아니었다. 따라서 처음에는 놀랐지만 곧 그것이 의미하는 바를 분명히 알게 되었다. 굴속으로 통하는 조그만 길에서 나무로 만든 마차가 발견되었기 때문이다.…… 마차 앞에는 두 나귀의 부서진 뼈가 있었으며, 나귀의 머리 옆에는 마부의 시신이 놓여 있었다. 뼛조각들 위에는 이중 고리들이 있었는데, 이것들은 고삐를 매단 말뚝에 원래 붙어 있던 것들이다. 그 고리들에는 아름답고 사실적으로 묘사된 당나귀 모양의 황금 "마스코트"가 달려 있었다.

마차 바로 옆에는 상감 세공을 한 놀이판, 각종 연장과 무기,…… 그리고 여러 구의 시신이 놓여 있었다. 그리고 청금석과 조가비로 모자이크 장식을 한 커다란 나무 상자도 발견되었다. 부서진 그 상자 안에는 아무것도 없었지만, 원래는 옷과 같은 것들이 들어 있다가 시간이 흐르면서 썩어 없어진 것 같았다. 그 상자 뒤에는 더 많은 봉헌물이 있었다.…… 그것들과 나무 상자의 잔해를 치워보니, 나무 상자의 길이는 약 6피트이고 높이는 3피트였다. 그 상자 밑에서는 불에 구운 벽돌이 발견되었다. 그 벽돌들은 땅에 떨어져 있었지만, 한쪽 끝에 있는 어떤 벽돌들은 제자리에 그대로 있으면서 둥근 석실 천장을 이루고 있었다. 우리가 처음에 내린 자연스러운 결론에 따르면, 이곳은 하나의 무덤으로서 그 봉헌물들은 모두 이 무덤에 속한 것이었다. 그러나 더 조사해보니, 이 무덤은 약탈당한 것이었다. 천장은 썩어서 무너져내린 것이 아니라 외부의 침입 때문에 붕괴된 것이었다. 나무 상자가 천장의 구멍 위에 있었던 것은 그것을 의도적으로 숨기기 위해서였을 것이다. 석실 밖의 주변을 파보니 또 다른 굴이 있었고, 그 높이는 6피트나 되었다. 그 굴의 진입로 바닥에는 여섯 명의 군인이 두 열로 나란히 누워 있었다. 그들 옆에는 구리로 만든 창들이 놓여 있었고, 부서진 두개골 위에는 구리 투구가 박살난 채 놓여 있었다. 그 진입로를 지나 안으로 들어가니 세 마리의 황소가 끄는, 나무로 된 사륜마차 두 대가 있었다. 그중 한 마차는 보존 상태가 너무나 완벽하여 그 차체를 그대로 들어 올릴 수 있을 정도였다. 마차에는 아무런 무늬가 없었지만, 고삐는 청금석과 은구슬로 장식되어 있었고, 거기에 달린 은고리들은 황소 마스코트로 덮여 있었다. 마부는 황소의 머리에 누워 있었고, 운전자들은 마차 안에 누워 있었다…….

석실 벽 끝에는 시신 아홉 구가 벽에 기대어 있었는데, 모두 여자였다. 그 여자들은 청금석과 홍옥수 구슬로 만든 축제의 두건을 쓰고 있었으며, 그 두건에는 너도밤나무의 잎처럼 생긴 황금 장식, 커다란 초승달처럼 생긴 금 귀걸이, 은으로 만든 "빗"——손바닥처럼 생겼는데, 그 세 손가락 끝에 달린 꽃잎들은 청금석, 금, 조개로 상감 세공이 되어 있다——그리고 청금석과 금으로 된 목걸이가 달려 있었다. 그들은 머리를 벽에 기댄 채 석실 바닥에 앉아 있었다. 그 여자들과 마차 사이에는 다른 시신들로 꽉 차 있었으며, 석실의 측면을 따라 둥근 문으로 이어지는 통로에는 단검을 가진 군인들, 그리고 여자들이 줄지어 있었다…….

석실 벽에 기대고 있는 "시녀들"의 시신에서는 나무로 만든 하프의 잔해, 그러니까 구리로 된 황소 머리와 소리판에 붙어 있는 조가비 장식이 발견되었다. 그 굴의 벽에 있는 시신들 사이에서도 두번째 하프가 발견되었는데, 거기에 황금으로 장식된 황소의 머리와 눈, 턱수염, 그리고 뿔은 매우 경탄할 만하였다. 그리고 조개에 새긴 일련의 문양도 역시 놀라웠는데, 그중에 네 가지 장면은 동물이 인간의 역할을 하고 있는 그로테스크한 분위기를 보여주고 있었다…….

약탈자들이 남긴 흔적으로 볼 때, 그 안에는 무덤 주인공의 시신만이 아니라 보조자 역할을 하는 사람들의 시신도 있었음에 틀림없다. 원통 인장에 새겨진 글을 신뢰한다면, 그 주인공의 이름은 아-바르-기였을 것이다. 거기에서는 두개의 모형 배도 발견되었다. 구리로 된 배는 완전히 부패하여 복원이 불가능하였지만, 은으로 만들어진 배는 놀라울 정도로 보존 상태가 좋았다. 배의 길이는 2피트 정도 되었으며, 선미와 선수가 높았고, 다섯 명이 탈 수 있도록 되어 있었다. 배 복판에는 승객 보호용 천막을 지탱하는 아치 모양의 지지물이 설치되어 있고, 노 젓는 사람의 자리에는 아직도 잎사귀 모양의 노가 남아 있었다. 이와 동일한 유형의 배가 오늘날에도 우르에서 50마일 정도 떨어진 유프라테스강 하류의 습지에서 이용되고 있다. 이는 동양 보수주의의 한 증언이라고 할 수 있다.

왕의 묘실은 이 굴의 끝 부분에 마련되어 있었다. 그 묘실 뒤에서 계속 발굴 작업을 하던 우리는 또 다른 석실을 발견하였는데, 그것은 왕의 묘실과 일정한 관련을 맺고 동시에 만들어졌거나 그보다 뒤에 만들어진 것 같았다. 왕의 묘실처럼 둥근 아치 모양의 벽돌 천장을 갖춘 이 석실은 왕비의 무덤이었다. 이 석실의 위 공간에 있는 마차와 여러 봉헌물은 모두 그녀에게 부속된 것이었다. 그 석실 지붕의 굴대가 무너지면서 쌓인 흑더미 속에서는 정교한 청금석 원통 인장이 발견되었는데, 이를 통해서 그녀의 이름이 슈브-아드임을 알 수 있었다. 이처럼 묘실의 천장은 무너졌지만, 다행스럽게도 이는 약탈자의 행패 때문이 아니라 위에 있는 흙의 무게 때문이었다. 그래서 무덤 자체는 손상되지 않았다.

그 무덤의 한쪽 끝에 있는 나무 관의 잔해 위에 왕비의 시신이 놓여 있었다. 그녀는 손에 황금 잔을 쥐고 있었다. 상반신은 금, 은, 청금석, 홍옥수, 마노, 옥수로 된 수많은 구슬들로 뒤덮여 있었는데, 그 구슬들로 이루어진 여러 줄이 깃에서부터 허리까지 치렁치렁 매달려 있는 바람에 그 자체가 하나의 외투가 되었다. 하반신은 청금석, 홍옥수, 금 구슬로 이루어진 관(管) 모양의 커다란 테로 덮여 있었다. 오른팔에는 세 개의 긴 황금 장식 핀──청금석이 박힌──과 세 개의 물고기 형상을 지닌 호부(護符)가 달려 있었다. 이 호부들 가운데 두 개는 금으로 되어 있고 하나는 청금석으로 되어 있었다. 네번째의 호부 역시 금으로 되어 있었지만, 앉아 있는 두 마리의 가젤 영양의 모습을 하고 있었다.

부서진 두개골을 덮고 있는 왕비의 두건은 시녀들이 쓰고 있던 것보다 더 정교하였다. 그것의 밑 부분은 머리카락 둘레를 따라 둥글게 장식한 커다란 황금 리본으로 되어 있었다. 그런데 그것은 실제의 머리카락이 아니라 거의 그로테스크한 크기로 덧대어놓은 가발이었다.…… 왕비의 시신 옆에는 신기한 종류의 두번째 두건이 놓여 있었다. 그것은 부드러운 흰 가죽 조각으로 만든 것이 분명하였다. 그런데 그 리본 안쪽으로는 수천 개의 미세한 청금석이 깨알같이 박혀 있고, 이 푸른색 바탕에는 황금으로 정교하게 주조된 동물, 수사슴, 가젤 영양, 황소, 염소 등이 일렬로 배열되어 있었다. 그리고 그 동물들 사이에는 세 개의 열매가 달린 석류 다발이 있고, 또 황금으로 된 줄기와 열매 혹은 꼬투리가 달린 나뭇가지들도 있었다. 그 중간중간에는 황금 장미도 있었다. 그 리본의 하단부에는 비비 꼬인 황금 줄로 된 종려나무 열매가 달려 있었다.

왕비의 관 옆에는 쪼그려 앉은 두 시녀의 시신이 있었는데, 한 사람은 관의 머리 부분에, 다른 한 사람은 발 부분에 있었다. 그리고 묘실 주위에는 온갖 종류의 봉헌물이 흩뿌려져 있었다. 금 사발, 은그릇과 구리 그릇, 돌 사발, 음식을 담는 진흙 항아리, 은으로 된 암소 머리, 봉헌물을 올려놓는 두 개의 은 탁자, 은 촛대, 그리고 아마 화장품으로 사용되었을 것으로 보이는, 푸른 염료를 담고 있는 수없이 많은 커다란 조가비…….[13]

이처럼 정말 놀라운 발견을 한 레너드 경은 이 생생한 보고서의 말미에서 이렇게 쓰고 있다. "한 사람의 왕이 죽었을 때에 궁중에 속한 모든 사람은 무덤까지 따라간 것이 분명하다. 왕의 경우에는 적어도 세 사람이 무덤 안으로 들어갔고, 예순두 명이 죽음의 굴까지 수행하여 함께 죽었으며, 왕비의 경우에는 총 스물다섯 명 정도로 만족하였던 것이 확실하다."[14]

그러한 무덤들이 더 많이 발견되었는데, 그중 어떤 것들은 아-바르-기 왕과 슈브-아드 왕비의 무덤보다 더 규모가 컸다. 왕과 그의 신하들이 먼저 묻히고 왕비와 그녀의 시녀들이 그 위에 묻혔다. 이는 달이 지면 금성이 그 뒤를 따르는 것과 같다. 가장 큰 무덤에서는 예순여덟 명의 여자가 발견되었다. "이들은 마룻바닥 전체에 일정한 간격으로 배열되어 있었는데, 모두 발을 약간 구부리고 손은 얼굴 가까이로 끌어올린 채 모로 누워 있었다. 이들은 너무 가까이 붙어 있었기 때문에 아래 줄에 있는 사람의 머리가 위 줄에 있는 사람의 발에 닿았다."[15] 이 가운데 스물 여덟 명은 금 리본을 하고 있었고, 나머지는 한 사람을 제외하고는 모두 똑같은 형태의 은 리본을 하고 있었다. 그 여자들은 모두 붉은 망토를 입고 있었으며, 소매 끝동에는 구슬이 달려 있고 벨트에는 조개로 만든 고리들이 달려 있었다. 그리고 그들은 초승달 모양의 커다란 귀걸이를 하고 있었고, 푸른색과 금색으로 된 많은 목걸이를 차고 있었다. 네 명은 하프 연주자였는데, 이들 옆에는 구리 가마솥이 놓여 있었다. 울리는 이 솥을 이들의 죽음의 방식과 관련시키고 있다. 그는 이 솥에 들어 있는 어떤 음료수가 이 많은 사람들을 그 날개 달린 문을 통해서 저 세상으로 데려다주는 역할을 하였다고 생각한다.

그는 이렇게 쓰고 있다.

이 사람들은 황소가 살해되듯이 처참하게 죽은 노예들이 분명 아니었다. 그들은 자신들의 관복을 입고 품위를 유지하면서 의례에 자발적으로 참여하였던 것이다. 그들의 믿음 속에서는 그 의례가 하나의 세상에서 다른 세상으로 이행해가는 하나의 과정이었다. 따라서 그들은 자신들이 지상의 신에게 봉사하다가 다른 세상에서 그 동일한 신에게 봉사하게 될 것이라고 믿었다.…… 이러한 인신 공희는 오로지 왕실의 장례식에서만 행해졌고, 아무리 부자라고 하더라도 평민의 무덤에서는 그와 같은 흔적이 전혀 발견되지 않는다. 심지어는 이집트 무덤에서 자주 발견되는 토용(土俑)과 같은 인간 대체물도 여기서는 전혀 발견되지 않았다. 훨씬 후대의 수메르 왕들은 살아생전에 신격화되고 죽은 다음에는 신들로 추대되었다. 우르의 선사시대 왕들은 장례식에서 그들의 백성과 분명히 구별되었는데, 그들 역시 초인간적인 지상의 신으로 간주되었기 때문이다. 역사가들이 수메르의 연대기를 기록하면서 "홍수 뒤에는 왕권이 다시 신들로부터 내려왔다"고 썼던 것은 바로 이러한 것을 의미한다. 만일 왕이 신이었다면 그는 사람처럼 죽지 않고 변화되었을 것이다. 그러므로 신하들이 주인을 따라가 계속해서 보필하려고 하였던 것은 시련이 아니라 특권이었을 것이다.[16]

그는 이렇게 결론짓고 있다. "희생된 사람들은 산 채로 그 굴속으로 내려간 것이 분명하다. 그리고 흙이 무너지면서 그들 위를 덮쳤을 때 그들은 이미 죽어 있었거나 최소한 무의식 상태에 있었던 것이 확실하다.…… 시신이 질서 있게 배열되어 있었던 것으로 보아, 그들이 무의식 상태로 누워 있을 때 누군가 그 안으로 들어와 마지막으로 배열 작업을 한 것으로 보인다.…… 그 희생자들이 그곳으로 걸어 들어와 어떤 종류의 약——아편이나 해시시와 같은 것이 제공되었을 것이다——을 먹은 뒤 질서 있게 누웠다고 보는 것이 가장 가능성이 높다. 그 약이 잠을 유발하였든 죽음을 가져왔든, 약효가 나타난 뒤에 그들의 몸에 대한 마지막 배열이 이루어지고 흙이 무너져내렸던 것이다."[17]

그러면 금 리본이나 은 리본도 없는 그 젊은 여인은 어떻게 된 것인가? 사실 그녀는 은 리본을 몸에 지니고 있었다. 그녀의 허리뼈 부분에서 그것이 발견되었다. "그녀는 그것을 단단한 코일로 싼 다음 주머니에 넣고 있었음에 틀림없다."[18] 그녀는 그 의식에 늦게 도착한 것이 분명하기 때문에 리본을 머리에 꽂을 시간이 없었던 것이다.

여기서 우리는 살아 있는 처녀와 함께 묻힌 비참한 실루크 왕 이야기의 원형을 발견하게 된다. 그 왕과 처녀의 뼈는 황소가죽으로 덮여 있었다. 이 사람들에게 꿈의 노래를 불러준 것은 우주의 수학, 그리고 달의 주기와 같은 만물의 운명에 대한 상징인 달-황소였다. 거기에는 다음과 같은 주술적 동일시가 있다. 황소와 암소(튀크 도두베르 동굴) :: 괴물뱀과 처녀(데마 의례) :: 달과 금성(저녁별과 아침별은 각각 밤-잠-죽음과 새벽-재생의 전령이다) :: 심연의 비옥한 물과 많은 열매를 맺는 씨 :: 왕과 왕비.

메소포타미아의 원통 인장들에는 이 여명의 시대의 초기 신화들에 대한 기본 모티프가 금언의 형식으로 많이 나타나 있다. 그런데 거기에는 하나의 형상이 자주 눈에 뜨이고 있다. 그것은 양털로 덮인 황소 다리를 가지고 있는 침상 위에 한 남자와 여자가 사지를 펼치고 누워 있는 모습이다. 그들의 발밑에서는 사제가 어떤 의식을 집전하고 있다. 헨리 프랑크포르트 박사는 이렇게 지적하고 있다. "이 장면은 신과 여신의 제의적 결혼임에 틀림없다."¹⁹⁾ 사제 도시국가 시대(메소포타미아의 후기 시대에는 그렇지 않았지만)에는 신과 여신이 왕과 왕비로 육화하였다. 앞에서 보았듯이, 그 왕릉에 있는 여왕의 묘실에서는 "은으로 만든 암소의 머리"가 발견되었다. 그리고 약탈된 왕의 묘실에서는 하프가 발견되었다. 그 하프들의 끝 부분은 청금석 수염을 지닌 아름다운 황금 황소 머리로 장식되어 있었다. 이 신화적 황소(초일상적 이미지)로부터 신화의 음악과 이러한 운명의 제의가 나온 것이다. 그 왕들(기원전 2500년경인 이 시기에는 사제들이 죽는 왕의 역할을 대신하고 있었을지도 모른다)이 어떠한 방식으로 죽었는지는 알 수 없다. 그러나 수브-아드가 죽은 방식은 분명하다. "나무로 만든 관 위에 누워 있는 그녀의 손 가까이에는 금잔이 놓여 있었기 때문이다."²⁰⁾ 그 왕비의 시녀들은 왕의 신하들이 묻힌 위층에 매장되어 있었지만, 그녀 자신의 무덤은 아-바르-기의 무덤이 있는 지면으로 내려와 그 옆에 놓이게 되었다.

이 광기 어린 의례에서 재연되고 있는 것은 계속해서 죽었다가 부활하는 신의 신화이다. 그는 "심연의 충실한 아들" 혹은 "떠오르는 심연의 아들"인 다무지-압수 혹은 탐무즈(아도니스)이고, 그녀는 천상의 여왕, 신의 딸, 아침별과 저녁별의 여신, 신들의 노예-소녀 무희이다. 그녀는 자신이 아침별일 때에는 영원한-처녀이고, 저녁별일 때에는 "신적 매춘부"이다. 후대에 그녀는 이슈타르, 아프로디테, 그리고 베누스라는 이름을 지니게 된다. "'위대한 천상 세계'로부터 '위대한 지하 세계'로 자신의 마음을 돌린 그녀는 천상과 지상을 버리고 지하 세계로 내려갔다." 자신의 오빠이자 남편인 자를 돌아올 수 없는 땅으로부터 구하기 위해서였다.

우연하게도 우르 무덤 시대의 출토품에서 그녀에 관한 한 토막의 전설이 발견되었다. 또 금 리본과 은 리본을 단 여자들이 달-황소로 장식된 하프──여자 하프 연주자들의 팔뼈에서 아직도 발견되는──연주에 맞추어 부른 노래도 남아 있다.

      그대는 가서, 그를 즐겁게 해주어야 합니다.
      오, 용감한 자, 하늘의 별이여, 그를 맞으러 가시오.

다무(Damu)에게 가서, 그를 편안하게 해주어야 합니다.
　그를 즐겁게 해주어야 합니다.
목동 우르-남무(Ur-Nammu)에게 가서,
　그를 즐겁게 해주어야 합니다.

둥기(Dungi)에게 가서,
　그를 즐겁게 해주어야 합니다.
목동 부르-신(Bur-Sin)에게 가서,
　그를 즐겁게 해주어야 합니다.

남자 기밀-신(Gimil-Sin)에게 가서,
　그를 즐겁게 해주어야 합니다.
목동 이비-신(Ibi-Sin)에게 가서,
　그를 즐겁게 해주어야 합니다.[21]

뒤쪽에 나오는 다섯 명의 이름은 우르 제3왕조(기원전 2150-2050년경)*의 마지막 왕들을 순서대로 적은 것으로, 고대 세계 전체의 세계관을 잘 표현해주고 있다. 여기서는 왕의 실재, 즉 왕의 참된 본질이, 여느 개인의 경우처럼 개인의 성격이 아니라 원형으로서 그의 성격 속에 존재한다. 그는 훌륭한 목자이고 암소의 보호자이다. 백성들은 그의 양떼이다. 그는 정원을 걷는 정원사이고, 들판에 생명을 부여하는 신들의 농부이다. 또 그는 도시의 건설자이고 문화를 가져온 자이며 예술의 스승이기도 하다. 그는 천상의 목장과 달과 태양의 주인이다. 다섯 왕──우르-남무, 둥기, 부르-신, 기밀-신, 이비-신──은 모두 영원히 살고 영원히 죽는 신 다무이다. 이와 마찬가지로 왕비는 벌거벗은 여신 이난나이다. 아주 먼 옛날부터 그녀는 우리에게 알려져왔다.

---

* 이 왕조의 연대에 대해서는 학자들마다 의견이 다르다. 위의 연대는 크래머(S. N. Kramer)의 *Sumerian Mythology*(Memoirs of the American Philosophical Society, Vol. XXI, 1994), 19쪽에 근거한 것이다. 헨리 프랑크포르트는 그 왕조의 말년을 기원전 2025년으로 규정하고 있다(*The Birth of Civilization in the Near East*[London : Williams and Norgate, 1951], 77쪽). 울리가 주장하는 연대는 기원전 2278-2170년이다(*The Sumerians* [1928], 22쪽).

그녀는 "위대한 천상"으로부터 "위대한 지하"로 자신의 마음을 돌렸고,
여신은 "위대한 천상"으로부터 "위대한 지하"로 자신의 마음을 돌렸고,
이난나는 "위대한 천상"으로부터 "위대한 지하"로 자신의 마음을 돌렸다.

나의 연인은 하늘을 버리고 땅을 버리고,
지하 세계로 내려갔고
이난나는 하늘을 버리고 땅을 버리고,
지하 세계로 내려갔고,
지배권을 버리고, 귀부인의 신분을 버리고,
그녀는 지하 세계로 내려갔다.

일곱 개의 신적 칙령을 자신의 옆구리에 차고,
소박한 왕관 슈구라(shugurra)를 머리에 쓰고,
얼굴에 광채를 발하면서,
그녀는 청금석 막대기를 손에 쥐었다.

조그만 청금석들을 목에 매달고,
불꽃이 튀는 돌들을 가슴에 달고,
금반지를 손에 끼고,
가슴에 가슴받이를 달았다.

몸에 온갖 귀부인의 옷을 걸치고,
얼굴에 기름을 바르고,
이난나는 지하 세계로 내려갔다.[22]

이렇게 우리의 귀중한 이야기는 시작된다. 여신은 지하 세계로 걸어 들어가는데, 그 세계는 그녀 자신의 어두운 측면에 해당하는 자매-여신 에레슈키갈(Ereshkigal)에 의해서 다스려진다. 그녀가 첫번째 문으로 간다.

이난나가 청금석으로 된 지하 세계의 궁전에 도착하였다.
그녀는 지하 세계의 문 앞에서 간교하게 행동하고,

지하 세계의 궁전에서 간교하게 말하였다.
"문을 열어라, 문을 열어라, 문지기여.
문을 열어라, 문을 열어라, 네티여, 내가 홀로 들어간다."

지하 세계의 수문장 네티가 순결한 이난나에게 대답한다.
"바라건대, 그대는 누구십니까?"

"나는 태양이 떠오른 곳, 천상의 여왕이다."

"만일 그대가 태양이 뜨는 곳, 천상의 여왕이라면,
왜 그대는 한번 오면 돌아갈 수 없는 땅으로 왔습니까?
왜 그대의 마음은 어떠한 여행객도 돌아가지 못하는 이 길로 향하게 되었습니까?"

순결한 이난나가 대답한다.
"나의 언니 에레슈키갈,
그리고 그녀의 남편 구갈란나 왕이 살해되었다.
나는 이들의 장례식에 참석하러 왔다."

지하 세계의 수문장 네티가 순결한 이난나에게 대답한다.
"잠시 기다리시오, 이난나여, 저의 여왕님께 전하겠습니다."

그가 갔다가 다시 돌아온다. 지하 세계의 수문장 네티가 순결한 이난나에게 말한다.
"들어 오시오, 이난나여."

그러고는 다음 대화가 시작되었다.

그녀가 첫번째 문에 이르자
그녀의 머리에 썼던 "소박한 왕관" 슈구라를 빼앗겼다.
"이게, 무슨 짓이오?"
"오, 이난나여, 지하 세계의 규칙이 상당히 바뀌었습니다.

오, 이난나여, 지하 세계의 의례에 대해서 묻지 마십시오."

그녀가 두번째 문에 이르자
청금석 막대기를 압수당하였다.
"이게, 무슨 짓이오?"
"오, 이난나여, 지하 세계의 규칙이 상당히 바뀌었습니다.
오, 이난나여, 지하 세계의 의례에 대해서 묻지 마십시오."

그녀가 세번째 문에 이르자
그녀의 목에 걸려 있던 조그만 청금석을 압수당하였다.
"이게, 무슨 짓이오?"
"오, 이난나여, 지하 세계의 규칙이 상당히 바뀌었습니다.
오, 이난나여, 지하 세계의 의례에 대해서 묻지 마십시오."

그녀가 네번째 문에 이르자
그녀의 가슴에 있던 불꽃 튀는 돌들을 압수당하였다.
"이게, 무슨 짓이오?"
"오, 이난나여, 지하 세계의 규칙이 상당히 바뀌었습니다.
오, 이난나여, 지하 세계의 의례에 대해서 묻지 마십시오."

그녀가 다섯번째 문에 이르자
그녀의 손에 끼고 있던 황금 반지를 압수당하였다.
"이게, 무슨 짓이오?"
"오, 이난나여, 지하 세계의 규칙이 상당히 바뀌었습니다.
오, 이난나여, 지하 세계의 의례에 대해서 묻지 마십시오."

그녀가 일곱번째 문에 이르자
그녀가 입었던 모든 옷이 벗겨졌다.
"이게, 무슨 짓이오?"
"오, 이난나여, 지하 세계의 규칙이 상당히 바뀌었습니다.
오, 이난나여, 지하 세계의 의례에 대해서 묻지 마십시오."

이렇게 하여 그녀는 벌거벗은 채 자신의 언니 에레슈키갈과 지하 세계의 일곱 재판관 아눈나키(Anunnaki) 앞에 섰다.

> 순결한 에레슈키갈은 자신의 옥좌에 앉았고,
> 일곱 명의 재판관 아눈나키는 그녀 앞에서 판결문을 선포하였다.
> 그들은 죽음의 눈으로 그녀를 응시하였고,
> 그들이 행한 말은 그녀의 정신에 고문을 가하였다.
> 창백해진 그녀는 시신으로 변하였고,
> 그 시신은 말뚝에 매달렸다.[23]

그러나 우리가 전세계의 신화 전통에서 배웠듯이, 죽음은 결코 끝이 아니다. 사흘 동안 어두운 상태에 있는 달-신의 교훈을 기억해야 한다. 이난나의 시신은 말뚝에 그대로 매달려 있었다.

> 사흘 낮과 사흘 밤이 지나사,
> 매우 이로운 바람을 불러일으키고
> 그녀의 말을 지지해주는
> 그녀의 전령 닌슈부르(Ninshubur)가
> 그녀를 위하여 천상 세계에 불만을 가득 채우고,
> 집회소에서 그녀를 위하여 외쳤으며,
> 그녀를 찾아 신들의 집으로 돌진하였다.
> 거지처럼 단 한 벌의 옷을 입고,
> 엔릴(Enlil)의 집, 에쿠르(Ekur)로 그는 발걸음을 옮겼다.

"신들의 주 전령" 파프수칼(Papsukkal) 혹은 "날개의 신" 일라브라트(Ilabrat)로도 알려진 닌슈부르는 그 여신이 떠나기 전에 그녀로부터 다음과 같은 명령을 받았다. 만일 그녀가 돌아오지 않으면 "엔릴(공기-신) 앞에서 울고 난나(달-신) 앞에서 울어라. 그래도 반응이 없으면 지혜의 주(뱀) 엔키 앞에서 울면서 부탁하여라. 생명의 양식과 생명수를 알고 있는 그는 분명히 나에게 생명을 줄 것이다."

사원의 문 밑에 있는 머릿돌 속에서 발견된, 점토로 만든 전령 닌슈부르의 상은 날개가 없으며 오른손에는 지팡이를 쥐고 있다.[24] 그는 헤르메스(메르쿠리우스)의 원형이다. 헤르메스는 올림피아 신들의 전령이자 영혼을 저승으로 안내하는 자이다. 그는 또한 영혼을 다시 태어나게 하므로 새로운 삶과 새로운 생명의 수여자로 간주되기도 한다. 독자들은 헤르메스의 지팡이가 두 마리의 뱀이 서로 감겨 있는 지팡이라는 사실을 기억할 것이다. 그러나 이 뱀들의 의미는 지금 우리가 여기서 논하고 있는 제의와 신화의 의미와 아주 똑같다. 즉 그것은 괴물 뱀과 뱀의 형상을 한 벌거벗은 여신의 신적인——세계를 갱신하는——결합을 가리키고 있다.

헨리 프랑크포르트 박사는 헤르메스 지팡이의 상징이 가리키는 것을 확인하고 싶어서 영국 자연사박물관(British Museum of Natural History)에 문의한 적이 있다. 당시 동물관 부관장이었던 파커(H. W. Parker) 씨는 이렇게 대답하였다. "수컷이 암컷의 목뒤를 물고 서로 얼마간 결합하는 것이 일반적입니다.…… 살무사의 경우에는 두 몸이 완전히 결합한다고 합니다." 그러자 프랑크포르트 박사는 이렇게 말하였다. "이 대답은 헤르메스의 지팡이가 왜 우리의 신의 상징이 되어야만 하는가에 대한 가장 만족스러운 설명이다. 우리의 신은 자연이 지닌 발생력의 인격화로 특징지어지기 때문이다."[25]

뱀 지팡이——아름다우면서도 무시무시하며 잠이 오게 하면서도 깨우기도 하는——의 그리스 운반자 헤르메스는 수금의 발명자이자 불-막대기로 불을 만드는 기술의 발명자이기도 하다. 더구나 그는 고대 세계의 트릭스터 신의 원형이기도 하다. 독자들은 우르의 무덤에서 황소 소리를 내는 수금 그리고 그리스의 주신제에서 "보이지 않는 어떤 곳으로부터 울려 나오는 황소-소리"(아이스킬로스, 단편 57)를 기억할 것이다. 또한 아프리카의 불-막대기인 젊은 소년과 소녀 그리고 그들의 놀라운 의례를 기억할 것이다.* 물론 스스로 여자로 둔갑하여 임신하게 된 코요테-트릭

---

* 196쪽 참조.

스터도 생각날 것이다. 지팡이의 상징에서 알 수 있듯이, 헤르메스 역시 양성구유이다.

헤르메스의 원형이자 전령인 닌슈부르는 먼저 엔릴 앞에서, 그 다음에는 우르시의 달-신 난나 앞에서 울면서 청원하였다. 그렇지만 아무 소용이 없었다. 그러자 그는 "심연의 주" 엔키에게로 갔다. 엔키는 그의 청원을 듣자 이렇게 소리쳤다.

"내 딸을 이렇게 만든 것이 무엇인가! 심히 괴롭구나.
이난나를 이렇게 만든 것이 무엇인가! 심히 괴롭구나.
모든 땅의 여왕을 이렇게 만든 것이 무엇인가! 심히 괴롭구나.
천상의 무희를 이렇게 만든 것이 무엇인가! 심히 괴롭구나."

그는 먼지를 가져다가 성별이 없는 두 천사를 만들었다. 한 천사에게는 생명의 양식을 주고 다른 천사에게는 생명수를 주었다. 그러고는 이렇게 명령을 내렸다.

"말뚝에 매달려 있는 시신에게 무시무시한 불빛을 비추고,
거기에 생명의 양식을 예순 번, 생명수를 예순 번 뿌려라.
이난나여 일어나라."

두 천사는 말뚝에 달려 있는 시신에게 무시무시한 불빛을 비추고,
생명의 양식을 예순 번, 생명수를 예순 번 뿌렸다.
그러자 이난나가 일어났다.

이난나가 지하 세계에서 위로 올라오자,
아눈나키들은 도망갔다.
그러자 지하 세계에 속한 자는 모두 지하 세계로 평화롭게 내려갔다.
이난나가 지하 세계에서 위로 올라오자,
죽은 자들이 그녀 앞으로 앞다투어 달려왔다.
이난나가 지하 세계에서 위로 올라오자,

갈대와 같은 작은 악마들과
서판의 철필과 같은 큰 악마들이
그녀 쪽으로 걸어온다…….[26]

이 작품의 결론은 유실되었다. 그러나 그 내용이 주는 이미지는 아주 분명하다. 이 작품의 주제는 이후 오랜 세월을 거치면서 여러 번 방향이 바뀌었다. 가령, 무덤에 있던 막달라 마리아를 생각해보자. 그녀는 무덤 밖에서 울고 있다가 그 안을 보기 위하여 몸을 구부렸다. 그런데 예수가 있던 자리에는 흰 천사 둘만이 있었다. 한 천사는 머리가 있던 곳에, 다른 천사는 발이 있던 곳에 있었다. 두 천사는 이렇게 말하였다. "왜 울고 있느냐?" 그녀는 이렇게 대답하였다. "누군가가 제 주님을 꺼내 갔습니다. 어디에다 모셨는지 모르겠습니다." 이렇게 말하면서 그녀가 몸을 돌리는 순간 그곳에 예수가 있었다. 그러나 그녀는 예수를 알아보지 못하였다. 그가 그녀에게 말하였다. "왜 울고 있느냐? 누구를 찾고 있느냐?" 마리아는 그가 동산지기인 줄 알고 이렇게 말하였다. "여보세요. 당신이 그분을 옮겨 갔거든 어디에다 모셨는지 알려주세요. 내가 모셔 가겠습니다." 그때 예수가 "마리아야!" 하고 부르니 그녀가 돌아서서 히브리말로 "스승님이여!" 하고 말하였다. 그러자 예수는 이렇게 말하였다. "내가 아직 아버지께 올라가지 않았으니 나를 붙잡지 말고 어서 내 형제들을 찾아가거라. 그리고 '나는 내 아버지이며 너희의 아버지, 곧 내 하느님이며 너희의 하느님이신 분께 올라간다'고 전하여라." 그때 막달라 마리아는 제자들에게 가서 이렇게 말하였다. "내가 주님을 보았다."[27]

3. 대 확산

호이징가(Huizinga)는 문화에서 놀이가 어떠한 요소를 차지하고 있는가를 자신의 책인 『호모 루덴스(Homo Ludens)』에서 밝혔다. 많은 것을 시사하고 있는 그 책에 따르면, "의무"를 뜻하는 네덜란드어 "Plicht"와 독일어 "Pflicht"는 영어 "play"와 어원적으로 관련되어 있으며, 모두 공통 어근에서 나왔다.[28] 영어 "pledge"도 이 맥락을 가지고 있으며, "서약하다, 약혼하다"("to plight troth", "a plighted bride"에서처럼)를 의미하는 동사 "plight"도 마찬가지라고 한다. 여기서 또 호이징가가 제시하고 있는 일본어의 "연극 언어" 혹은 "존칭 어법"(아소바세-코도바)을 생각해볼 수 있을 것이다. 이 어법에서는 "당신은 도쿄에 도착한다"고 말하지 않고 "당신은 도착을 연기한다"고 말하며, "당신의 아버지가 죽었다고 들었다"고 말하는 대신 "당신의 아버지가 죽음을 연기하고 있다고 들었다"고 말한다.[29] 호이징가는 이렇게 단언한다. "그와 같은 놀이-개념은 심각함보다 높은 차원의 질서에 속한다. 심각함은 놀이를 배제하려고 하지만, 놀이는 심각함도 포함할 수 있다."[30]

우르의 왕릉에서는 인류의 역사에서 처음으로 귀족 사회의 놀이 능력과 놀이 정신——놀이에서 서약을 하고 그 서약을 놀이로 만드는 것——이 잘 드러나고 있다. 세계가 야만에서 문명으로 발전할 수 있었던 것은 이러한 특별한 놀이에 대한 그들의 매우 놀라운 용기에 의해서이다. 그러한 연기에서는 믿음의 문제가 단지 부차적인 계기와 효과를 지닌다. 여기서 근본 원리가 되는 것은 가면, 춤, 연희, 그리고 그것의 형태를 통하여 새로운 생명력을 불러일으키는 동작 패턴이다. 거기서는 하나의 이미지, 즉 초일상적 이미지가 지각된다. 그것의 범위는 의식주와 성의 요구를 초월하며, 여가 시간을 위한 즐거운 취미도 초월한다. 그러한 게임 속으로 들어가 그 그림 속에서 자신의 역할을 연기하기 위해서는 용기가 필요하다. 자, 보라! 삶의 변형, 전에는 상상할 수도 없었던 어떤 것의 생성, 그리고 그와 더불어 인간과 그들의 신들에 대하여 지니게 되는 새로운 지평을! 문명은 활기찬 귀족 사회의 기능으로서 태어났다. 그것은 몹시 큰 노력이 요구되는 신적 연극에 대한 수메르인의 놀라운 능력이 있었기에 가능하였다. 아주 최근까지도 이러한 신적 연극은 세계 각지에서 계속 행해져왔다.

레너드 울리 경이 이미 보여준 것처럼, 어떤 이집트 무덤에서 자신의 직무를 수행하고 있는 시종의 형상은 한때 나일강의 신하들이 왕을 따라 죽었음을 암시하고 있다. 고대 중국의 왕릉에서도 세라믹 초상이 발견되었다. 사실 중국에서는 왕릉에서 인신 공희 관습이 기원후 12세기까지 지속되었다. 일본에서는 자발적인 "따라 죽기"(신주〔臣從〕)의 관습을 보여주는 인상적인 사건이 실제로 일어났다. 1912년에 세계의 주목을 끈 사건이 바로 그것이다. 당시 아서항(Port Arthur)의 영웅이었던 노기 장군은 메이지 천황의 장례식이 행해지는 바로 그 시간에 자결하였으며, 그의 부인도 남편을 따라 자결하였다.

"따라 죽기" 의례가 명예로운 사회적·종교적 실천이었다는 증거는 많이 있다. 그것은 야만에서 문명으로 획기적 전환을 이룬 근동의 도시에서만 나타난 것이 아니라, 그 새로운 운명의 놀이를 가지고 있던 최초의 담지자들이 광범위하고 급속한 정복 사업을 통하여 정착한 곳에서는 어디에서나 나타난 현상이었다. 그러한 영향의 확산은 다음과 같은 네 가지 방향에서 쉽게 찾아볼 수 있다.

남서쪽으로의 확산

이 고등 문화 복합이 이른 시기에 수단 지역으로 확산되었다는 것에 대해서는 이미 살펴보았다. 그보다 더 남쪽, 짐바브웨의 거대한 석조 사원 잔해가 있는 지역——로데시아 남부의 마타벨레란드에 있는——에서는 1810년까지 국왕 살해 의례가 행해진 것 같다. 거기에서는 4년마다 사제들이 별의 움직임과 신탁에 의존하여 판결을 내렸는데, 그것은 예외 없이 "왕에 대한 죽음"의 선포였다. 그 관습에 따르면, 왕의 첫번째 아내——왕의 통치를 알리는 성스러운 첫번째 불을 켤 때 그를 도왔던——는 황소의 발-힘줄로 만든 끈으로 왕의 목을 졸라 죽여야 한다. 그날 밤은 새로운 달이 뜨는 밤이어야만 한다. 사제들은 왕의 시체를 산 정상에 있는 오두막으로 가져가 거기에 있는 단 위에 놓는다. 그 단 밑에는 커다란 가죽 부대가 걸려 있다. 첫째 날에는 왕의 내장을 제거하여 그 부대 속으로 던져 넣는다. 둘째 날에는 그렇게 하여 텅 빈 왕의 몸속에 약초와 잎사귀들을 가득 집어넣고 다시 꿰맨다. 셋째 날에는 두개골을 뒤쪽에서 절개하고 그 내용물을 꺼내어 부대 속에 넣는다. 넷째 날에는 시신을 웅크린 자세로 만들어 끈으로 묶고, 손가락과 발가락이 밖으로 나오게 하여 몸을 다시 천으로 감싼다. 그러고는 이마에 흰 점이 있는 새까만 황소의 신선한 가죽으로 시신 전체를 감싼다. 한 사제가 1년 동안 매일 밤 그 황소가죽을 벗기고 미라를 안마한다. 그는 시신의 손톱과 발톱만이 아니라 액체와 구더기가 다 빠져 부대 속으로 떨어지도록 안마를 한다. 이렇게 하여 1년이 지나, 새로운 달이 다시 한번 뜨는 날 밤, 왕이 총애하던 아내(그의 목을 졸라 죽였던 여자가 아니라 또 다른 여자)는 자신의 옷을 하나씩 벗어야만 한다. 그리고 벌거벗은 채로 목이 졸려 죽게 된다. 그러면 그녀의 시신은 산의 동족 비탈에 있는 동굴로 옮겨지고, 왕의 시신은 서쪽 동굴로 옮겨진다. 이렇게 하여 왕의 시신은 동굴에 감금되고 죽은 왕비의 시신도 옷이 입혀져 동굴에 감금된다. 그러나 가장 정교한 의례는 산꼭대기에 있는 시신 안치소로부터 가죽 부대를 산비탈의 성스러운 동굴로 옮길 때 행해진다. 이때 세 사람이 희생 제물로 살해되며 그 가죽 부대는 동굴 속에서 봉인된다. 그리고 그 동굴의 방과 바깥 세계는 속이 빈 갈대로 연결된다. 어느 날, 왕의 영혼이 벌레, 갑충, 도마뱀, 뱀, 또는 작은 용의 형태로 이 자루에서 빠져나갈 때까지 사제 한 사람이 이 갈대를 계속 응시한다. 그러고나서 갈대를 제거하고 그 구멍을 막으며, 매년 새로운 제물을 다시 바친다."[31]

프로베니우스는 이렇게 쓰고 있다. "아프리카의 역사적 문화 운동을 소개하는 모든 지도는 나일강에서 잠베시강에 이르는 광활한 평원 지대를 가장 많이 언급하고 있다. 이는 북쪽에서 남쪽으로 달리면서 에리트레아 해안에 근접해 있는 지역이다. 이 띠 지대의 북쪽과 남쪽 끝은 다시 대륙을 횡단하여 서쪽으로 뻗어가는데, 북쪽의 경우에는 세네갈에까지 이른다(194쪽의 지도를 보라). 이 두 횡단면은 서로 차이를 보이지만, 양 지역 사이의 내적 일치와 통일성에 비하면 그 차이는 양적 측면이나 중요성에서 훨씬 적다."[32]

그는 또 다른 곳에서 이렇게 쓰고 있다.

에리트레아 영역의 남쪽 핵심부에 속하는 동남아프리카에서 나타난 신화와 의례의 파편들을 보면, 수메르인과 인도 드라비다인의 삶 그리고 신들에 대한 전승을 빼닮은——하나의 달걀이 다른 달걀을 닮듯이——이미지가 저절로 구성된다. 거기서는 달-신이 위대한 황소로 나타나고, 그의 아내는 금성으로 등장한다. 여신은 자신의 배우자를 위하여 목숨을 바친다. 그리고 이 여신은 아침별로 등장할 때에는 전쟁의 여신이고, 저녁별로 나타날 때에는 부정한 사랑의 여신이며, 그 밖의 경우에는 보편적 어머니이다. 이 세 지역(아프리카, 드라비다 인도, 수메르) 모두에서 별들로 덮인 천상의 드라마는 모든 삶의 모델이자 운명이다. 그리고 그것이 지상에 그대로 투사되었을 때, 최초의 국가 형태 혹은 개념이 등장하였다. 즉 성스럽고 우주적이고 사제적인 이미지를 가진 국가 말이다. 이러한 것들을 고려할 때, 인도양의 해안 지대를 포함하는 '거대한 에리트레아 문화 지대'가 고대에 존재하였다고 가정하는 것이 너무 대담한 시도인가?[33]

이 거대한 에리트레아 지역은 신화발생 지대인 비옥한 초승달 지역의 신화가 첫번째로 확산된 지역으로 볼 수 있다. 나일강 계곡에서 기원전 4500년경의 것으로 추정되는 기초 신석기 문화층이 발견되었고, 기원전 4000년에 해당하는 신석기 중기의 것도 발견되었다. 더구나 신석기 문화의 일부가 기원전 4000년경에 북로데시아까지 도달하였다는 신뢰할 만한 C-14 연대 측정 증거도 있다.[34] 반면 수단의 나파타 지역에서는 청동기 시대와 철기 시대의 기술이 각각 기원전 750-744년경과 397-362년경에 정착하였다.[35]
기초 신석기 문화층이 발견된 이집트의 주요 유적지는 나일강을 경계로 좌우에 위치하고 있다. 강의 왼쪽으로는 삼각주 지역에 있는 메림데와 거기에서 남쪽으로 약간 떨어진 파윰이 있고, 오른쪽으로는 강을 거슬러 약 200마일 올라간 타사에 있다. 거기에서 출토된 유물들은 약간씩 다르기는 하지만, 문화의 수준은 거의 비슷하다. 그 유물들의 주요 특징은 거친 흑색 도기, 뛰어난 바구니 세공품, 리넨을 주조하기 위한 방추, 화장판, 동쪽을 향해서(메림데) 웅크린 자세(타사)나 잠자는 자세로 매장되어 있는 시신, 타조껍질로 만든 구슬(파윰), 멧돼지의 엄니와 작은 돌도끼로 만든 호부(護符)(메림데), 사일로(곡식이나 마초 등을 저장하는 탑 모양의 건축물/역주)에 저장된 밀, 돼지, 소, 양, 염소와 같은 가축이다. C-14 연대 측정법에 의하면, 파윰 출토의 유물은 기원전 4440-4100년경의 것들이다.

사막화의 진전에 따라 메림데와 파윰은 이 시기 말에 사라졌지만, 타사에서는 신석기 중기의 문화양식, 이른바 바다리아(Badarian) 양식을 지닌 새로운 인종이 출현하였다. 나일강 계곡에서는 이보다 뛰어난 것을 결코 찾아볼 수 없을 정도로 솜씨 있게 구워 제작한 아름다운 적갈색 도기, 점토와 상아로 만든 여성 입상(이집트 최초의 것), 도기로 만든 모형 배, 그리고 구리는 이 문화의 수준을 보여주는 단초들이다. 사냥에서 부메랑을 사용한 이 바다리아인은 프로베니우스가 말하는 광활한 에리트레아 지역의 인종적 특성을 보여주고 있다. 소와 양은 마치 신격화된 것처럼 의식에 따라 종종 매장되었다. 그리고 인간의 유해는 해가 뜨는 동쪽이 아니라 해가 지는 서쪽을 향하고 있었다. 거기에서는 돼지 뼈가 전혀 발견되지 않았는데, 이는 돼지고기를 기피하는 전통의 출현을 암시하는 것 같다. 멸시의 대상이 되는 이방인이나 사회적으로 열등한 집단 혹은 지하 세계의 신화에다가 돼지를 연결시키는 것은 그러한 기피 현상을 잘 보여주는 예들이다. 그렇지만 그러한 것은 오늘날과 같은 선모충 예방법의 차원에서 등장한 것으로 볼 수는 없다. 앞에서 보았듯이, 삼각주에 위치한 메림데에서는 멧돼지의 이빨이 일종의 주물이었던 데 비하여, 나일강 상류에 거주한 바다리아인의 성스러운 동물은 황소와 숫양이었다.

바다리아 양식 위층에서는 신석기 중기의 두번째 층에 해당하는 암라티아(Amratian) 양식이 발견된다. 거기에서는 다섯 가지의 새로운 도기 양식이 등장한다. 그 도기들의 형식과 기하학적 무늬에서는 메소포타미아 도기에서 보는 것과 같은 우아함이나 형식미나 수학적 규칙성이 나타나지 않는다. 그렇지만 매우 흥미롭게도 북아프리카와 동스페인의 카프사 예술 양식에서는 확실히 벗어나 있다. 더구나 거기에 나타난 인간의 형상들을 보면 복식이 변화하지 않았음을 알 수 있다. 남자들은 남근을 집어넣고 다니는 씌우개 이외에는 전혀 옷을 걸치지 않았으며, 풀로 만든 신발을 신고 다녔고 머리에 깃털을 꽂고 있을 뿐이었다. 여자들은 아마포로 만든 앞치마를 걸치고 다녔으며, 삭발을 하고 가발을 쓰는 경우가 많았다. 체형은 카프사인과 거의 비슷하였다. 키는 5피트 3인치에 약간 호리호리한 체격이었고, 두개골은 작고 길었으며, 이목구비가 작고 머리카락은 직모였다. 몸에는 문신을 하고 있었다. 점토와 상아로 만든 다양한 형상, 구리로 만든 조그마한 연장들, 파피루스 다발로 만든 배들, 다양한 형태의 화살촉, 그리고 돌로 만든 우아한 모양의 칼날들이 대표적인 출토품이었다. 시나이에서 공작석(孔雀石)을, 누비아에서 금을, 시리아에서 침엽수를, 그리고 아르메니아와 에게해 지방에서 흑요석을 수입한 것을 볼 때, 당시에 무역이 매우 활발하였음을 알 수 있다. 한편 무덤에서는 여자들과 노예의 모습을 한 작은 조상만이 아니라 주인과 함께 묻힌 개(사자 나라의 안내자였을 것이다)의 유해가 발견되었다.[36]

그런데 삼각주 지역에서는 갑자기 새로운 것이 나타나고 있다. 쐐기문자, 달력, 태양-신 호루스와 부활한 신 오시리스, 그리고 다양한 깃발——자신들의 놈(nome, 고대 이집트의 행정구역/역주)을 표시하거나 고래잡이배 혹은 고기잡이배임을 알리는——을 휘날리면서 크레타와 시리아와 팔레스타인으로 항해하는 무역 함대들이 등장하고 있는 것이다! 왕조 시대 이전과 왕조 시대 이집트의 예술과 삶의 양식에서는 서남아시아의 신화발생 지대의 것과는 완전히 다른 우아함이 나타나고 있다. 더구나 이집트에서는 새로운 예술이 새로운 방식으로 삶에 적용되고 있다. 이집트는 토양의 비옥함을 구름이 아니라 나일강에 의존하고 있으며, 사방이 에워싸여 있는 일종의 거대한 오아시스이다. 따라서 도시와 도시, 제국과 제국의 전쟁으로 점철된 수천 년의 역사를 지닌 서남아시아와 달리 비교적 쉽게 왕국이 통일되고 오래 유지될 수 있었다. 이집트의 신화는 이러한 지리적 조건을 반영하고 있다. 이처럼 이집트의 양식은 메소포타미아 양식과는 완전히 대조적이었지만, 외부로부터 관념의 유입이 전혀 없었던 것은 아니다. 그렇지만 외래 문화의 유입은 자의적으로 이루어진 것이 아니라 선택적으로 이루어졌다. 수메르에서는 기원전 3200년경에 바퀴가 등장하였지만, 이집트에서는 그보다 1,400년 늦게 나타났다. 나일강이 최상의 운송 수단을 제공하였기 때문이다. 바퀴 자체가 파라오의 문화에 가치 있는 것으로 등장하게 된 것은 말이 끄는 가볍고 기동성 있는 전차가 발명되면서부터이다. 문자와 달력 그리고 그것들과 관련된 다양한 기술이 이집트에 도입된 것은 기원전 2800년경인 데 비하여 바퀴가 도입된 것은 기원전 1800년경이었던 것이다.

이집트 왕조의 기본 신화는 훌륭한 왕 오시리스의 죽음과 부활에 관한 신화이다. 그는 땅-신 겝과 하늘-여신 누트 사이에서 태어났다. 그는 자신의 누이이자 아내이기도 한 여신 이시스와 함께 성스러운 날에 태어났는데, 그 날은 360일로 이루어진 이집트 달력의 1년과 그 다음에 돌아오는 새해 사이에 존재하는 여분의 5일에 속한다.* 오시리스와 그의 누이는 최초로 밀과 보리를 심었으며, 과일을 채집하고 포도를 경작한 자들이다. 그들이 등장하기 이전에는 모든 인류가 서로를 잡아먹는 야만적 식인 생활을 하였다. 그러나 오시리스의 사악한 동생 세트——그의 누이이자 아내는 네프티스이다——는 형의 덕망과 명성을 몹시 시기하였다. 그래서 그는 비밀리에 오시리스의 몸의 치수를 재고 아름다운 석관을 만들었다. 어느 날 왕궁에서 즐거운 잔치가 벌어지고 있었다. 그때 그는 그 관을 들고 왔다. 그러고는 그 관에 가장 잘 맞는 사람에게 그것을 선물로 주겠다는 농담을 하였다. 모든 사람이 시도하였지만, 그 누구의 몸에도 맞지 않았다. 신데렐라의 유리구두처럼 딱 한 사람, 오시리스의 몸만이 그 관에 꼭 맞았다. 오시리스가 그 관 안으로 들어가자마자, 세트와 함께 음모를 꾸민 일흔두 명이 즉시 달려들어 관에 못을 박았다. 그러고는 납땜을 해버렸다. 그들이 그 관을 나일강에 던지자 그 관은 바다를 향해서 떠내려갔다.

비탄에 빠진 이시스는 자신의 머리를 밀고 상복으로 갈아입었다. 그리고 나일강을 오르내리며 죽은 오시리스를 찾아다녔다. 그 관은 물결을 따라 페니키아 해안까지 떠밀려 왔다가 그곳에 있는 비블로스 해변에 좌초하였다. 위성류(渭城柳)가 그 주위에서 빨리 자라면서 자신의 줄기로

---

* 174쪽 참조.

이 귀중한 물건을 에워싸기 시작하였다. 그 나무는 너무나 아름다운 향기를 내뿜었다. 그 지역에 살고 있던 멜콰르트 왕과 아스타르테 왕비——이들도 물론 신적 왕과 왕비로서, 사실은 공통 신화인 다무지와 이난나, 탐무즈와 이슈타르, 아도니스와 아프로디테, 오시리스와 이시스의 지역적 표상이다——에게까지 그 향기가 퍼졌다. 왕과 왕비는 그 나무의 향기에 감탄하여 그 나무를 베어 자신들이 사는 궁전의 기둥으로 삼았다.

한편 사랑하는 사람을 잃고 비탄에 빠져 있던 이시스는 온 세상을 정처 없이 돌아다니다가——잃어버린 페르세포네를 찾아 나선 데메테르처럼*——마침내 비블로스에 이르렀다. 그곳에서 이시스는 그 놀라운 나무에 대한 이야기를 듣게 되었다. 그녀는 그 도시의 어떤 우물가에 이르러서는 허름한 옷차림으로 위장하고——데메테르가 그랬던 것처럼——슬픔의 노래를 불렀다. 그동안 아무에게도 말을 하지 않았다. 어느 날 왕비의 시녀들이 우물가로 다가오자 그녀는 그들에게 다정하게 인사를 하였다. 시녀들의 머리를 땋아주면서 그녀는 자신의 놀라운 향기를 뿜어내었다. 시녀들이 돌아왔을 때 아스테르 왕비는 그녀들의 머리에서 흘러나오는 향기를 맡았다. 왕비는 시녀들을 보내어 그 낯선 여자를 데려오도록 명하였다. 그러고는 그녀를 유모로 삼았다.

그 위대한 여신은 아이에게 젖을 주는 대신 그녀의 손가락을 빨게 하였다. 밤에는 아이가 지닌 인간적인 모든 것을 불태워 없애기 위하여 그 아이를 불 가운데에 두고, 자신은 참새로 변하여 슬프게 짖어대면서 그 기둥 주위를 날아 다녔다. 어느 날 아이의 어머니인 아스타르테 왕비가 이 장면을 우연이 목격하게 되었다. 자신의 아이가 화염에 둘러싸인 채 죽어가는 장면을 엿본 그녀는 비명을 질렀다. 이때 자신의 본래 모습을 드러낸 이시스는 왕비에게 기둥을 달라고 청하였다. 그러고는 그 석관을 떼어낸 뒤 그 위에 대고 큰소리로 울부짖었다. 그 순간 아이가 죽었다. 슬픔에 빠진 두 여인은 오시리스의 관을 배에 실었다. 이시스는 홀로 그 배를 타고 바다 가운데로 나아갔다. 그녀는 배 안에서 관을 열고 오빠의

---

* 211-213쪽 참조.

얼굴에 입맞추면서 흐느꼈다.
 그 신화는 계속된다. 이 축복받은 배는 마침내 나일강 삼각주의 늪지대에 도착한다. 그런데 보름달이 뜬 어느 날 밤, 세트가 멧돼지 사냥을 하다가 그 관을 발견하게 된다. 그는 즉시 관 속에서 그 시신을 꺼내어 열네 조각으로 찢은 다음 산산이 날려버렸다. 이시스는 다시 한번 어려운 과제를 안게 되었다. 그러나 이번에는 그녀를 돕는 자들이 있었다. 매의 얼굴을 한 어린 아들 호루스, 여동생 네프티스의 어린 아들 아누비스──자칼의 머리를 하고 있는──그리고 사악한 오빠 세트의 여동생이자 아내인 네프티스 자신이 도왔던 것이다.
 두 사내아이 가운데 나이가 더 많은 아누비스를 임신한 것은 오시리스가 네프티스를 이시스로 착각하였던 어떤 어두운 밤이었다고 한다. 따라서 세트의 사악함은 그 고귀한 문화영웅의 공적 덕목이나 평판에서 기인한 것이 아니라, 가족 안의 이러한 실수 때문에 생겨난 것이라고 주장하는 사람들도 있다. 이와 달리, 더 어리지만 친아들인 호루스는 보다 다행스러운 상황에서 임신되었다. 이시스가 배 안에서 그녀의 죽은 오빠 위에 누워 있을 때 임신되었다는 이야기도 있고, 새의 모습을 하고 왕궁의 기둥 주위를 날아다닐 때 임신되었다는 주장도 있다.
 사랑하는 사람을 잃고 찾아 헤매는 이 네 명의 신──두 명은 어머니이고 나머지 두 명은 그녀들의 각 아들인──은 다섯번째의 신과 합류하게 된다. 그는 달-신 토트(그는 따오기 머리를 한 필경사로 나타나는가 하면 비비의 모습으로 나타나기도 한다)이다. 마침내 이 다섯 신은 열네 조각으로 흩어져 있던 오시리스의 신체를 다 찾았다. 그런데 오시리스의 성기만은 찾을 수 없었다. 물고기가 그것을 삼켰기 때문이다. 그들은 그 조각들을 잘 맞춘 다음 아마포로 단단하게 쌌다. 그러고는 그 시신 위에서 의례──그후 이집트 왕들의 장례식에서 계속 행해지게 되는──를 행하고 이시스가 자신의 날개로 바람을 일으켰다. 그 바람이 오시리스를 다시 살렸다. 이렇게 하여 부활한 오시리스는 죽은 자의 통치자가 되어 지금 지하 세계에 있는 '두 진리의 방'에서 마흔두 명의 배석판사──이집트의 각 주요 지방에서 온──의 보좌를 받으면서 근엄하게 앉아 있다. 거기서 그는 죽은 자의 영혼을 심판한다. 죽은 자들은 그 앞에서 모든 것을 고백해야 한다. 그들의 심장의 무게를 깃털의 무게와 비교한 뒤, 그 결과에 따라 축복이나 처벌을 내린다.[37]

이 신화는 다무지-압수와 이난나의 신화에서 나온 것이 분명하다. 그러나 여기에서 등장하는 상징적 동물——적어도 위대한 모험을 다루는 이 이야기에서는——은 우르의 왕릉에서 나온 메소포타미아 신화와 의례의 경우처럼 달-황소가 아니라, 그리스의 페르세포네 의례와 멜라네시아의 하이누웰레 의례에서와 같은 돼지이다. 앞에서 보았듯이, 세트는 보름달 밤에 멧돼지 사냥을 하다가 오시리스의 시신을 발견하고는 그것을 산산조각 내었다. 또한 오비디우스에 따르면, 베누스-아프로디테(고대 그리스판 이시스와 이난나)를 사랑한 아도니스는 사냥을 하다가 멧돼지에 받혀 죽는다.[38] 프리기아 지방의 한 전설에 따르면 계속해서 죽었다가 부활하는 신 아티스는 멧돼지의 엄니에 받혀 죽었다고 하며, 또 다른 판본에 따르면 그 자신이 돼지였다.[39] 그러므로 우리는 여기서 동일한 본질적 신화에 대한 두 시기 혹은 두 지역의 이야기를 듣게 되는 것이다. 하나는 심연의 힘을 황소와 관련시키고 있고, 다른 하나는 그것을 멧돼지와 관련시키고 있을 뿐이다.

북서 지역으로의 확산

『오디세이아(Odyssey)』에는 이렇게 나와 있다. "포도주처럼 검붉은 바다 가운데는 크레타라는 나라가 있다. 바다로 둘러싸인 그 나라는 풍요하고 아름답다. 사람들도 많고 아흔 개나 되는 도시가 있다. 거기에 사는 사람들 모두가 같은 언어를 사용하고 있는 것은 아니지만, 말이 서로 섞여 있는 경우가 많다. 그 나라에는 아카이아인과 따뜻한 마음을 지닌 크레타인, 시돈인, 휘날리는 깃 장식을 한 도리아인, 그리고 잘 생긴 펠라스기인이 살고 있다. 이 도시들 가운데에는 강력한 도시 크노소스도 있는데, 미노스 왕이 다스리고 있다. 그는 아홉 살 때 통치를 하기 시작하였으며, 위대한 제우스와 대화하였다고 한다······."[40]

베드리히 호로즈니(Bedřich Hrozný) 교수에 따르면, 고대 크레타 왕국의 수도인 크노소스에서는 왕의 "재위 기간이 9년"이고 호메로스가 미노스 왕과 관련하여 아홉 살을 언급한 것은 바로 이것을 반영한 것이라고 한다.⁴¹⁾ 프레이저(Frazer)는 『황금가지(*The Golden Bough*)』의 「신성 왕의 살해」 편에서 미노스 왕의 통치 기간이 8년이었다고 말하고 있다. 그리고 미노타우로스의 먹이로 일곱 명의 젊은 남자와 일곱 명의 젊은 여자를 매년 크노소스로 보냈다는 아테네의 전설은 왕의 힘을 주기적으로 갱신하는 크레타의 의식과 어떤 관련을 가지고 있을 것이라고 암시하였다. 그는 미노스 왕에 대해서 이렇게 언급하고 있다. "매 주기가 끝날 때마다 왕은 한 계절 동안 이다(Ida)산 위에 있는 신탁의 동굴에 머물면서 신적 아버지 제우스와 만난다. 거기서 그는 제우스에게 그동안의 통치 과정을 보고하고 앞으로의 통치에 관하여 가르침을 받는다." 그는 계속해서 이렇게 이야기하고 있다. "그 전통에서는, 8년이 지나면 왕의 성스러운 힘은 신성(the godhead)과 결합하여 갱신될 필요가 있다. 만일 그러한 갱신을 거치지 않으면 그의 왕권은 박탈된다."⁴²⁾

8년이든 9년이든, 이러한 크레타 전통은 정기적인 국왕 살해의 실제적 증거이거나 약간 수정된 증거이다. 그러므로 서양 휴머니즘 전통의 맹아기에 등장하는 이 후기 아테네의 전설, 즉 미노타우로스에 승리하는 테세우스의 이야기는 누비아의 사제들——하늘에 쓰여 있는 신의 계시에 따르기 위해서 인간을 질식시키는 역할을 하는——에게 승리하는 파르리 마스와 살리 공주에 관한 유럽적 원형으로 볼 수 있을 것이다.

황소와 벌거벗은 여신의 모티프를 지닌 할라프 도기, 몰타 십자가, 양날 도끼, 벌집처럼 집중되어 있는 무덤 양식이 시리아 지역에서 크레타로 확산되는 과정, 그리고 미로와 거석 문화로 대표되는 크레타의 모티프가 다시 서쪽으로 지브롤터 해협을 지나 아일랜드로 확산되는 과정은 이미 언급한 바 있다. 이와 다른 두번째의 확산 경로는 육로를 취하고 있다. 대체로 보면, 하나는 다뉴브강의 계곡, 다른 하나는 드네스트르(Dniester)강의 계곡을 따라 올라가고 있다. 전자는 중부 유럽의 핵심, 즉 남부 독일과 스위스 그리고 남부 프랑스로 이어지고, 후자는 비스툴라

(Vistula)와 발틱해로 이어지고 있다. 이는 기원전 4000년대에 이미 티그리스-유프라테스 지대로부터 카프카스를 거쳐 흑해의 북쪽 연안 지대로, 그리고 에게해로부터 발칸반도로 향하는 문화의 흐름이 있었기 때문에 가능하였다.

 미래에 매우 중요한 영향을 미치는 제2의 신화발생 지대가 비옥한 초승달 지대의 핵심부 바로 북서쪽에서 이제 발전하고 있는 것이다. 이 지역에 살고 있는 중석기 수렵인들은 활력이 넘쳤으며, 위대한 남쪽 지역으로부터 여러 관념과 새로운 기술을 받아들이고 있었다. 제3부에서 살펴본 아파치 인디언처럼 말이다.* 약탈과 공격의 힘을 증대시키는 동시에 야만성을 유지한 그들은 곧 일차적 지대에 있는 농경 촌락과 상업 도시를 심각하게 위협하는 주요 요인으로 등장하였다. 그들의 삶의 양식은 정착민의 것이 아니라 유목민의 것이었고, 농업이 아니라 목축이 그들의 방식이었다. 그들은 아직 전투용 말을 길들이지는 못하였지만, 황소가 끄는 마차를 타고 충분히 이동할 수 있었고, 그것으로 잠자는 마을을 정복할 수 있었다. 그들은 또한 그들보다 더 뒤쳐진 구석기 단계의 사촌들을 북극의 황무지로 몰아낼 수 있었다. 그리고 머나먼 동쪽에 위치한 중국으로까지 이동하여 갈 수 있었다. 흑해의 북쪽에 있는 이 호형 지대──불가리아, 루마니아, 우크라이나──를 그들의 모태라고 할 수 있겠는데, 이 지역은 다뉴브강, 드네스트르강, 드네프르강, 그리고 돈강의 하류에 해당한다. 그러나 그들이 미친 영향력은 북극에서 열대지방까지, 아일랜드에서 남지나해까지 매우 광범위하다.

 화려한 장식을 갖춘 왕릉(쿠르간, 배로, 투물리 등으로 다양하게 알려진), 여기저기 붉은 황토가 뿌려진 채 웅크린 자세를 취하고 있는 해골이 들어 있는 작은 무덤들, 의식에 따라 매장된 황소들, 노끈과 지그재그와 삼각형 그리고 점무늬가 새겨져 있는 도기들, 고리 모양이나 나선형이 그려져 있는 또 다른 형태의 도기들, 구리로 만든 연장들과 구슬과 나선형 귀걸이 그리고 뼈와 구리로 만든 망치 머리 모양의 장식 핀 등,

---

* 271-272쪽 참조.

이러한 유물들은 이 족속들이 카프카스 지역의 본거지를 떠나 흑해의 북쪽 연안을 따라 이동한 다음, 한 무리는 남쪽으로 루마니아와 불가리아 그리고 발칸반도로 이동하였고, 다른 무리는 북쪽으로 발트해와 남부 스칸디나비아와 북프랑스 그리고 영국 제도로 이동하였음을 보여준다.[43] 기원전 2500-1500년경의 이러한 확산 과정은 거석으로 된 크레타의 "거대 무덤(giant graves)"이 해상 경로를 통하여 서쪽으로 프랑스, 스페인, 포르투칼, 남스칸디나비아, 덴마크, 북독일, 그리고 영국 제도로 확산된 시기와 거의 같다.

한편 점차적으로 성장한 농경민은 마치 느린 파도처럼 다뉴브강을 거슬러 올라가면서 유럽의 대부분을 정복하여 들어갔다. 그들의 다양한 도기 표면에는 구불구불한 길과 나선형 그리고 서로 연결된 나선형 문양이 부드럽게 채색되어 다시 나타나고 있다. 스위스의 호수 지역에 살던 사람들은 인간의 두개골만이 아니라 멧돼지의 엄니를 호부로 지니고 있었다. 이들은 호수 가에 말뚝을 박아 지은 집에서 살았으며, 그 가장자리에 에머밀(사료 작물의 일종/역주)과 밀, 기장과 아마를 재배하였다.

에게해 지역에서는 이 시기가 청동기 문명이 번성하는 위대한 시기였다. 당시 강력한 도시 트로이(히살리크 2세)는 가장 선진적인 무역 중심지의 하나였고, 키클라데스 제도와 크레타의 선박들은 해상 무역을 지배하고 있었다. 주석이 발견된 곳에는 항상 광산촌이 건설되었고, 이 광산촌은 무역 중심지들――비록 멀리 떨어져 있더라도――과 지속적으로 교역을 하였다. 그러한 광산업이 발전한 두 주요 지역은 지금의 루마니아에 해당하는 트랜실바니아와 영국의 남서부에 있던 콘월이었다. 더구나 아일랜드에서는 금이 매우 풍부하고 품질이 좋았기 때문에 문화적 통합을 유지하는 데 기여하였다. 한편 발트해에서 산출된 귀중한 호박(琥珀)은 느리지만 꾸준하게 중부 유럽을 거쳐 남쪽으로 아드리아해까지 유통되었다.

아일랜드의 뉴 그레인지(New Grange)에 있는 왕릉은 이 시기의 전형적인 기념물이자 북서쪽으로의 문화 전파를 보여주는 표시로 볼 수 있다. 이 왕릉은 보인(Boyne)강 주변의 광활한 지역――드로게다에서 약 5마일 북쪽에 있는──에 있는 무덤들 가운데 가장 크다. 이 지역은 브루나 보인네(Brugh na Boinne, "보인의 왕궁")로 알려져 있고, 전통적으로는 오엔구스 안 브로가(Oengus an Brogha, "왕궁의 오엔구스") 혹은 오엔구스 막 인 다그다(Oengus mac in Dagda, "선한 신의 아들 오엔구스")라고 불리는 신비한 인물과 관련되어 있다. 뉴 그레인지에 있는 이 왕릉은 현재 높이가 약 42피트이고 직경은 거의 300피트에 이르는데, 처음에는 틀림없이 더 컸을 것이다. 원래 이 거대한 왕릉의 표면은 석영 조각으로 덮여 있어서 햇빛에 반사되면 몇 마일 떨어진 곳에서도 볼 수 있었다. 더구나 폭이 약 4피트이고 길이가 6-10피트인 100개 정도의 석판이 끊어지지 않은 원형으로 이 건축물의 테두리를 이루고 있는데, 이 석판들의 표면에는 지그재그, 마름모, 원과 오늬무늬, 나선형 및 서로 연결된 나선형 무늬가 있다. 또 거대한 석판 지붕과 벽으로 된 15피트 정도의 통로가 그 무덤의 남동쪽 방면을 관통하고 있다. 이 통로의 입구에는 매우 아름답게 새겨진 석판이 있으며, 통로 끝에는 십자형으로 된 묘실이 있다. 이 묘실에는 왕의 유해가 있는데, 아마도 항아리에 담겨 있었던 것 같다.

그러나 기원후 861년에 스칸디나비아의 해적들이 이 무덤 속의 유물과 그 밖의 운반 가능한 모든 것들을 약탈해갔다. 지금까지 남아 있는 것은 등골을 오싹오싹하게 만드는 62피트 길이의 통로 그리고 길이가 각각 21피트이고 깊이가 18피트인 좌우의 묘실뿐이다.[44] 그런데 이 묘실의 천장과 벽에는 미로처럼 생긴 이상한 나선형 무늬가 있다. 재미있는 사실은, 돌로 된 마루 바닥에 한 사람이 무릎을 꿇고 앉을 수 있도록 두 개의 무릎받침대(sockets)──지금은 다 닳아버린──가 만들어져 있다는 것이다. 더욱 흥미로운 것은, 8년에 한번씩(적어도 이 지방의 구전 전승에 따르면 그렇다) 동이 트는 시각에 샛별이 떠올라 마루 바닥에 있는 그 두 개의 무릎 받침대를 정확하게 비추게끔 이 건축물이 만들어져 있다는 사실이다. 이 이야기는 사실일 수도 있고 그렇지 않을 수도 있다. 그러나 프레이저가 크레타 왕의 통치 기간으로 본 것과 여기서의 8년이 일치하는 것을 보고 나는 충격을 받았다. 여기서 독자는 이러한 나의 생각을 받아들일 수도 있고 거부할 수도 있다. 혹은 그 사실을 증명하기 위해서 아일랜드로 갈 수도 있다.

아일랜드의 이 무덤들은 요정족과 관련되어 있다. 그들은 옛날에는 강력한 투아사 데 다난, 즉 "여신 다누의 부족"이었다.[45] 그런데 이 여신 부족은 대전투에서 밀레시아인들(아일랜드인의 전설적 조상인데, 그리스도의 탄생 약 1,000년 전에 근동 지방에서 배를 타고 스페인을 거쳐 이곳에 도착하였다고 한다)에 패한 뒤 지표면을 떠나 마법사 언덕인 시드(sid, "shee"라고 읽기도 한다)로 갔으며, 그곳에서 지복의 상태에서 지금까지 늙지 않고 요정족으로서 살고 있다. 그들은 땅속 깊은 곳에 무시간적 거주지를 스스로 만들었는데, 그곳은 금과 보석으로 찬란히 빛나고 있다고 한다.[46]

그들의 어머니인 다누 역시 많은 이름을 가진 우리의 여신이다. 그녀가 바로 유복한 여신 아누이며, 케리에 있는 두 언덕은 그녀의 이름을 따서 "아누의 언덕"이라고 불린다. 그러나 그녀는 사람을 잡아먹은 야만적인 여인으로도 알려져 있다.[47] 지식과 시와 기술의 여신인 브리기트는 이 위대한 "신들의 어머니"의 또 다른 측면이다. 그녀에게는 똑같은 이름―의술과 야금업에 관련된―을 지닌 두 자매가 있다. 그녀에 대한 숭배는 성인 브리기트에 대한 아일랜드인의 봉헌을 통해서 계속되고 있다. 킬다레에 있는 그녀의 사당에서는 열아홉 명의 수녀가 매일 교대로 성스러운 불을 보호하고 있으며, 스무번째 되는 날에는 그녀 자신이 불을 보호한다. 이 분야의 전문가 가운데 한 사람인 매컬럭(J. A. MacCulloch) 박사는 이렇게 말하고 있다. "이와 유사한 성스러운 불이 다른 수도원들에도 있다. 이는 불의 여신에 대한 오래된 제사를 의미하며, 그 수녀들은 베스타의 여사제들과 같은 처녀 여사제들의 후계자이다. 브리기트는……켈트인들이 신들보다는 여신들을 숭배하던 시기에 등장하였음에 틀림없다. 그리고 그 시기에는 의술과 농경 그리고 영감 같은 지식이 남자의 것이기보다는 여자들의 것이었다. 그 여신은 여성 사제를 거느리고 있었으며, 금기의 대상이 된 킬다레의 사당이 암시하는 것처럼 당시 남자들은 그 제사에서 배제되어 있었을 것이다."[48]

시드의 요정 이야기에 등장하는 또 다른 유명한 인물로는 요정의 여왕 아이네가 있다. 리메릭의 크노카이니에 있는 그녀의 옥좌에서는 지금도 과거의 의례를 계승하여 세례요한 축일 전날에 풍부한 수확을 기원하기 위한 제의가 행해진다. 이 지역의 전설에 따르면, 그녀는 한때 데스몬드 백작에게 사로잡힌 요정-신부였다고 한다. 또 전쟁의 여신들인 모리간, 네만, 마차, 바드브 같은 요정들이 있는가 하면, 심술궂은 노파, 요정 여주인, 그리고 여울에서 몸을 씻고 있는 여자 요정들도 있다. 베 짜는 일을 돕는 '하얀 여자'도 등장한다. 골 지방의 고대 켈트인들은 사냥에서 동물을 잡으면 항상 한 여신을 위하여 축제를 열고 희생제의를 드린다. 그 여신은 로마의 디아나와 같은 존재이며, 수행원들과 함께 숲 속을 이리저리 뛰어다니는 "분노하는 무리"의 지도자로 간주되었다. 위대한 이교도의 시대가 끝나자 그녀는 마녀들의 잔치의 영도자가 되었다. 작은 청동 조상(彫像)에서는 이 켈트의 여신들이 "자신들의 상징"인 멧돼지를 타고 등장한다. 매컬럭에 따르면, "초기에는 이 숲 속의 동물 자체가 신이었고, 여신은 이 동물이 신인동형론의 형태를 취하여 나타난 존재일 뿐이었다."[49]

코노트(Connaught)의 한 농촌 마을에서 아직까지 전해오는 민담에 따르면, 고대의 영웅 오이신(Oisin)——상상의 거인 핀 맥쿨의 아들의 하나——은 녹 안 아르(Knock an Ar)에 있는 자신의 성과 궁궐에서 돼지 머리를 한 초자연적 여인에 의해서 오랫동안 괴롭힘을 당하였다고 한다. 그녀는 항상 그를 따라 다녔으며, 그는 그녀를 매우 싫어하였다. 당시에는 위대한 전사들이 구릉과 산으로 사냥하러 다니는 것이 관례였다. 그럴 경우에는 사냥에서 잡은 짐승들을 집으로 운반하기 위하여 항상 대여섯 명의 강한 병사들을 데리고 다닌다. 어느 날 오이신은 자신의 병사들과 사냥개를 데리고 사냥에 나섰다. 그날 따라 매우 멀리 나가 많은 사냥감을 잡았다. 그런데 너무 오래 사냥하는 바람에 병사들은 완전히 지치고 허기지고 말았다. 그래서 그들은 사냥감을 나를 수 없다고 하면서 세 마리의 개를 데리고 집으로 돌아가버렸다. 이제 오이신 혼자 사냥감을 날라야만 하였다. 그런데 돼지 머리를 한 여인이 사냥 내내 오이신을 가까이 따라다니고 있었다. 그녀는 '젊은이의 땅'을 다스리는 왕의 딸이었고, 사실은 그녀 자신이 '젊은이'의 왕비였다. 병사들이 다 떠나버렸을 때 그녀가 오이신 앞에 나타났다.

오이신이 말하였다. "애써서 잡은 이 모든 사냥감을 그대로 두고 가야만 하다니, 가슴이 매우 아프구나!"

그때 그녀가 대꾸하였다. "이 사냥감들을 묶어주십시오. 그러면 일부는 제가 대신 지겠습니다."

오이신은 한 묶음의 사냥감을 그녀의 등에 메어주고, 나머지는 스스로 짊어졌다. 그날 밤은 날씨가 무덥고 짐이 매우 무거웠다. 얼마쯤 간 다음 오이신이 "좀 쉬었다 갑시다!" 하고 말하였다. 두 사람은 짐을 내려놓고 길가에 있는 큰 바위에 기대어 쉬었다. 그때 그녀는 매우 더워서 숨을 크게 내쉬고 몸을 식히기 위하여 옷을 벗었다. 오이신은 무심코 그녀를 쳐다보았다. 그런데 그녀의 몸매는 매우 아름답고 가슴은 희었다.

그가 말하였다. "오! 이렇게 아름다운 당신이 돼지 머리를 하고 있다니! 매우 가슴 아프오! 내 평생 이렇게 아름다운 여자를 본 적이 없소!"

그녀가 대답하였다. "저의 아버지는 '젊은이의 나라'의 왕이고 저는 그 왕국과 세상에서 가장 아름다운 여자였습니다. 그런데 어느 날 아버지가 드루이드의 마법을 걸어 저의 얼굴을 돼지 머리로 만들어놓았습니다. 어느 날 '젊은이의 땅'의 드루이드 사제가 왔습니다. 그는 핀 맥쿨의 아들 가운데 하나가 저와 결혼한다면 원래의 얼굴을 되찾을 수 있다고 말해주었습니다. 그 이야기를 듣자마자 저는 에린(아일랜드의 옛 명칭/역주)까지 와서 당신의 아버지를 보았고, 그의 아들 가운데 당신을 선택하였습니다. 그리고 당신이 저와 결혼하여 저를 마법에서 해방시켜줄 수 있는지 알아보려고 지금까지 당신을 따라다닌 것입니다."

오이신이 대답하였다. "만일 당신이 정말 마법에 걸려 있고, 나와 결혼함으로써 그 마법에서 풀려날 수 있다면, 당신을 이 상태로 더 이상 방치할 수 없소."

그들은 즉시 그 자리에서 결혼하였다. 사냥감을 메고 집으로 가는 일은 전혀 신경 쓰지도 않았다. 그 순간 돼지 머리는 사라지고 왕의 딸은 과거의 모습과 아름다움을 되찾았다.

'젊은이'의 여왕이 오이신에게 말하였다. "저는 여기서 오래 머물 수 없습니다. 만일 당신이 '젊은이의 땅'으로 함께 가지 않는다면, 우리는 여기서 헤어져야만 합니다."

오이신이 대답하였다. "당신이 가는 곳이라면 그 어디라도 따라갈 것이오."

오이신은 아버지와 아들을 보기 위하여 녹 안 아르로 되돌아가는 대신 그녀를 따라갔다. 그들은 그녀 아버지의 성이 있는 곳에 도착할 때까지 한번도 쉬지 않았다. 그들이 도착하자 대대적인 잔치가 벌어졌다. 왕은 자신의 딸을 완전히 잃어버렸다고 생각하고 포기하였다가 다시 딸을 만났기 때문에 환영 잔치를 베푼 것이다. 그 나라에서는 그해에 왕을 다시 뽑게 되어 있었다. 그곳에서는 7년에 한 번씩 왕을 새로 뽑는 관습이 있기 때문이었다. 지정된 날이 되자 그 나라의 모든 위대한 남자들과 전사 그리고 왕 자신도 성 앞에 모였다. 그곳에서부터 달리기 시합을 하여 언덕 위에 있는 의자에 먼저 앉는 자가 새로운 왕이 되는 것이었다. 그들 가운데 어떤 사람이 제일 먼저 목표 지점의 중간 정도 되는 곳을 달리고 있었다. 그런데 오이신은 이미 그 의자에 앉아 있었다. 그 뒤부터는 아무도 감히 오이신의 왕권에 도전하기 위하여 달리기 시합을 시도한 사람이 없었다. 그리하여 오이신은 '젊은이의 나라'의 왕으로서 오랫동안 행복하게 살았다.[50]

남동쪽으로의 확산

인도 고고학은 20세기의 첫 20년 동안 새로운 단계에 돌입하였다. 이 시기에, 베다 아리아인이 도래하기 이전의 고대 도시 유적이 인더스 계곡의 세 지역에서 극적으로 발견되었기 때문이다. 모헨조다로, 찬후다로, 하라파가 그 도시들이다. 앞의 두 도시가 인더스 계곡의 하류에 위치하고 있는 반면, 하라파는 훨씬 북쪽의 펀자브 지방에 있다. 이 도시들의 연대는 기원전 2500-1200/1000년이다. 그러나 인도에서 발견된 이보다 더 오래된 초기의 층들은 기원전 4000년경까지 거슬러 올라가는 신석기 문화를 암시하고 있다. 위의 도시 문명들 안에서 사육된 대표적인 동물은 혹과 긴 뿔이 달린 인도 황소, 짧은 뿔이 달린 황소, 돼지, 들소, 개, 말, 양, 그리고 코끼리이다. 그리고 당시에는 실을 잣고 천을 짜는 일이 행해졌으며, 금, 은, 동, 주석, 납과 같은 금속이 사용되었다. 금속 연장 옆에서는 돌도끼와 곤봉만이 아니라 규질암 조각으로 만든 칼도 발견되었는데, 이는 이 문화 지대의 가장 최근 층에서도 신석기 시대의 영향이 완전히 사라지지 않았음을 보여준다.

이러한 인도의 고대 문화는 4단계로 쉽게 구별된다.

1. 하라파 이전의 단순한 촌락 문화 단계(기원전 4000년대 후반기로 추정됨). 채색 토기 양식을 보면, 이 문화는 메소포타미아의 신화발생 지대로부터 이란을 거쳐 들어온 것 같다. 그러나 당시에 신석기 중기의 사제 도시국가 단계에 있던 메소포타미아 문명*과 비교하면 그 수준이 훨씬 뒤처져 있다. 건축의 발달 수준도 매우 낮고 금속도 거의 알려지지 않거나 사용되지 않았다. 도기, 규질암, 조가비로 만든 것이 주로 생산되었다. 그리고 삼각형, 지그재그, 구불구불한 길, 체크무늬, 마름모꼴, 그리고 양날 도끼와 같은 익숙한 모티프가 등장하고 있다. 뿐만 아니라 일련의 조야한 여성 조상(彫像)이 등장하고 있는데, 이 조상들은 황소의 상과 관련되어 있기도 하고 인신 공희의 증거와 관련되어 있기도 하다.

2. 이른바 하라파 단계. 모헨조다로, 찬후다로, 하라파와 같은 위대한 도시들로 대표되는 문화 단계(기원전 2500-1200/1000년경). 이 문화는 완전히 정형화된 형태로 갑자기 예고 없이 나타나고 있다. 거기에는 서쪽의 초기 고등 문화 중심지로부터 분명한 영감을 받고 있음을 보여주는 증거들이 많지만, 그와 동시에 그 자체로 상당한 발전 수준을 지닌 인도의 토착 전통의 흔적도 분명하게 나타나고 있다. 노먼 브라운(W. Norman Brown) 교수가 암시하였듯이,[51] 인도의 토착 문명 중심지(신화발생 지대의 하나로 볼 수 있는)는 남쪽 지방이나 갠지스-줌나 지역의 어딘가로

---

* 167-176쪽 참조.

보인다. 그곳에서는 당시 서쪽 지역에서는 전혀 알려지지 않은 인도 고유의 특성들이 분명히 나타나고 있다. 이 시기의 원통형 인장 두 개에서는 낮은 옥좌에 앉아 요가 명상을 하고 있는 인물들이 보이고 있다. 그 가운데 한 인물의 양옆에는 두 명의 헌신자가 무릎을 꿇고 있고 두 마리의 뱀이 위로 치솟는 모습을 하고 있다. 그리고 다른 인물은 네 마리의 야생 짐승――물소, 코뿔소, 코끼리, 호랑이――에 둘러 싸여 있는데, 그의 옥좌 밑에는 두 마리의 가젤 영양이 휴식을 취하고 있다. 바로 이러한 구성이 후기 힌두교와 불교 예술의 시바 신 및 부처의 모습과 관련되어 있음은 잘 알려져 있다. 이미 요가가 고양된 의식 상태의 개념과 관련되어 널리 행해지고 있었던 것이다. 이러한 의식 상태는 숭배의 대상이 되었을 뿐만 아니라, 그리스 후기 전통에서 등장하는 오르페우스의 음악과 마찬가지로 동물의 세계를 진압하고 매혹시킬 수 있는 능력을 지니고 있었다. 여기서 숭배자 혹은 보호자의 자세를 취하고 있는 뱀은 후기 인도 전통에서 매우 중요한 역할을 하는 뱀-악마(나가[nāga])의 모티프가 이미 출현하였음을 보여주고 있는데, 이 모티프는 심연의 괴물-뱀이라는 원시적 주제에서 나온 것이 틀림없다. 우리는 '우주 뱀' 위에서 휴식을 취하고 있는 비슈누 신에 대하여 언급한 적이 있는데, 그 뱀 자체는 '우주 바다' 위에 떠 있다.* 인도에서는 우주를 지탱하는 에너지와 실체, 따라서 개인을 지탱하는 에너지와 실체도 뱀의 형상으로 그려지고 있다. 그런데 요기(yogi)는 이러한 힘을 자신 안에서(자신의 영적·육체적 상태를 통제하여) 그리고 세계 안에서(자연 현상을 주술적으로 통제하여) 정복한 자이다.

  동물들 사이에 앉아 있는 요기는 머리에 이상한 두건을 쓰고 있다. 그것은 높은 왕관과 두 개의 거대한 뿔이다. 하인리히 치머(Heinrich Zimmer)가 지적한 것처럼,[52] 그것은 초기 불교 예술에서 가장 중요한 상징 가운데 하나인 "삼보"(부처, 가르침, 승가)와 놀라울 정도로 닮아 있다. 그런데 여기서는 그것이 삼지창의 모습으로 나타나고 있다. 힌두 신 시바도

---

* 267쪽 참조.

삼지창을 가지고 다니며, 그리스 신화에 등장하는 바다의 신 포세이돈(넵투누스)의 속성에도 이와 동일한 상징이 있다.

이 시기의 또 다른 중요한 축소형 예술품은 돌로 만든 남자 춤꾼의 나체 흉상이다. 그 높이는 3과 4분의 3인치이다. 그의 자세는 남인도에서 나온, 청동으로 만든 후대의 춤추는 시바를 연상시킨다. 이 춤꾼의 성기는 분명히 발기 상태에 있다. 이는 명상의 신일 뿐만 아니라 남근의 신이기도 한 시바의 특성과 일치한다. 또 다른 춤꾼의 상이 발견되었다. 그것은 4와 4분의 1인치의 키를 지닌 아름답게 주조된 구리 여성상이었다. 이는 기원전 2000년대에 이미 신전 춤이 등장하였음을 알려준다. 사실 인도에서는 아주 최근까지도 신전 춤이 중요한 제의 예술의 하나였다.

그러나 여기서 우리는 다시 익숙한 것을 만나게 된다. 하늘과 땅을 버리고 지하 세계로 내려간 이난나가 신들의 노예-소녀였음을 우리는 앞에서 보지 않았던가? 하라파 문화의 원통형 인장에서는 지금 막 살펴본 신처럼 머리에 세 개의 뿔 장식을 한 여신의 환영(幻影)이 나타나고 있다. 그녀 앞에는 사람 얼굴을 한 이상한 종류의 키메라와 함께 어떤 사람이 봉헌 자세를 취하고 있으며, 돼지 꼬리를 한 일곱 명의 존재가 전면에 일렬로 늘어서 있다. 이와 동일한 장소에서 발견된 세라믹 여성 입상들은 근동의 여신 숭배가 이곳으로 확산되었음을 보여준다. 그곳에서는 이러한 형상들 말고도 수많은 성적 상징물이 발견되었다. 옥수수 모양을 하고 있거나 발기한 모습을 하고 있는 남근석은 남성의 성기를 가리키고 있으며, 가운데가 텅 빈 둥근 돌은 여성의 성기를 나타내고 있다. 그러한 원시적 형상(링감과 요니로 알려진)은 인도의 사원과 들판 그리고 가정 제단에서 아직도 가장 일반적으로 숭배되고 있는 대상이다. 신석기 전통의 유물인 이러한 것들은 통계적으로 볼 때 그 어떠한 성스러운 이미지들보다도 많으며, 특히 시바와 그의 배우자인 데비 여신과 관련된 것이 가장 많다.

이러한 증거들의 의미를 요약하자면 이렇다. 기원전 3000년대의 인도는 메소포타미아의 신화발생 지대로부터 강력한 영향을 받았는데, 그 문화는 사제 도시국가 단계에 있던 신석기 중기의 것으로, 이란을 거쳐서 들어왔다. 그런데 당시 인도 문화는 강력한 힘을 지닌 또 다른 신화발생 지대의 영향을 받았는데, 그 지대에 대해서는 아직 확실한 고고학적 증거가 발견되지 않고 있다.

이처럼 갑자기 등장한 인도 고유의 신화발생 지대의 대표적인 요소들로는, 원 신석기 단계의 열대지방 경작인의 괴물 뱀에서 나온 뱀, 샤먼에게서 나타나는 엑스터시 기술과 경험을 고차적으로 변형시킨 요기, 여신(지중해 지역의 여신과 어떤 면에서 어느 정도로 다르게 지각되고 다르게 발전하였는지는 알 수 없지만), 그리고 세상을 창조하는 동시에 해체하는 신적 결합의 원초적 상징으로서 성적 결합을 표현하는 추상적 상징(서로 결합되어 있는 링감과 요니)이 있다.

외부에서 들어온 것이 분명한 요소와 관념들로는, 문자, 원통형 인장 제조 기술, 다채로운 색상을 지닌 도기, 바퀴 달린 탈것, 야금업, 곡물 농경, 목축, 도시 관념, 그리고 사제 도시국가가 있다. 또한 후기 인도의 의무(다르마) 관념과 윤회(삼사라) 관념, 신들의 도시로 덮여 있는 우주산, 고통으로 가득한 지하 세계와 축복으로 가득한 천상 세계, 태양 왕조와 달 왕조, 그리고 성스러운 국왕 살해는 메소포타미아에서 유입된 것이 거의 확실하다. 링감과 요니의 수인동형론적 표현인 성스러운 황소와 암소도 마찬가지이다. 그러나 이 모든 것들에는 어떤 특이한 굴절 현상이 나타나고 있는데, 이는 인도 토착 문화의 영향으로 보인다. 초기에는 그렇지 않지만, 후기 카프사(중석기) 시기에는 그러한 영향력이 가시적 증거로 등장한다. 더구나 출토된 상당수의 인장에서는 오늘날까지도 인도에서 성스러운 것으로 간주되는 어떤 나무들과 식물들의 형상이 나타나고 있다. 마지막으로 어떤 황소들은 유니콘처럼 보인다.

3. 기원전 2000년대 중반부터는 완전히 새로운 시대가 시작된다. 베다 아리아인(이들은 호메로스 시대의 그리스인과 먼 사촌뻘이 되며, 그들과 거의 동시에 발칸반도에 들어왔다. 이 두 족속은 쿠르간과 황토 무덤을 지닌 족속의 직계 후손으로 보인다)이 인도로 들어왔기 때문이다. 아리아인의 도래로 인하여 인더스 계곡의 고등 문명은 파괴되고 새로운 시대가 시작되었다. 이때부터 유목민의 남성 신들은 땅에 근거한 도시국가의

여신들을 얼마 동안 지배하였으며, 영원히 지배하는 것처럼 보이기도 하였다. 이러한 베다의 영웅 시대는 기원전 1500-500년경에 해당하는데, 이 1,000년의 시대를 증명하는 고고학적 자료는 하나도 없다. 초기 그리스인들처럼 초기 인도-아리아인은 석재로 건축을 하지 않았으며, 자신들의 전통을 문자로 남기지 않았기 때문이다. 그들의 성스러운 책들(베다, 브라흐마나, 우파니샤드)과 두 개의 위대한 서사시(『마하바라타』와 『라마야나』)는 구두로 전승되다가 기원전 3세기가 되어서야 비로소 기록되었다. 따라서 특별히 기억할 가치가 없는 것으로 간주된 모든 것은 전해지지 않았던 것이다.

4. 기원전 500년에서 기원후 500년 사이. 이 시기에는 아리아인의 베다 전통과 그들의 도래 이전에 존재한 이른바 드라비다인의 하라파 전통이 점차로 서로 결합되어 근대 힌두교와 중세 불교의 위대한 구조가 창출되었다. 이때부터 인도는 후대의 동양 전체에 영향을 미치는 원초적인 신화발생 지대가 되었다. 당시 인도는 철학적으로 조명된 신화와 신화적으로 조명된 철학을 북쪽과 동쪽으로는 티베트, 몽골, 중국, 한국, 일본으로 전파하였고, 남쪽과 동쪽으로는 실론, 미얀마, 캄보디아, 태국, 그리고 인도네시아로 전파하였다. 심지어 서쪽으로는 알렉산드로스 제국에까지──비록 그 영향력은 상대적으로 적었지만──전파하였다. 이 시기의 주요한 인물로는 부처인 고타마(기원전 563-483년), 실론과 마케도니아 그리고 알렉산드로스 치하의 이집트로 포교사를 파송하였다는 불교도 황제 아쇼카(기원전 274-237년경), 힌두교의 『바가바드 기타(*Bhagavad Gītā*)』를 지은 익명의 저자, 자신의 재위 기간에 불법을 중국으로 전파한 불교도 황제 카니슈카(78-123년경), 형이상학 역사상 최고 절정에 달하는 역설의 논리인 "공" 사상을 제창한 불교 철학자 나가르주나(200년경), 인도의 마우리아와 안드라 그리고 굽타 시기에 찬란한 예술을 빚어낸 수많은 익명의 기술자들, 중세 인도의 푸라나 전통과 탄트라 전통을 발전시킨 무명의 사제들과 시인들이 있다. 이 모든 사람들을 통하여 두 위대한 신화발생 지대──사제 도시국가와 뱀의 힘을 깨달은 요가──의 혼합 전승이 존재의 조화라고 하는 인류의 가장 찬란한 비전을 창출하였던 것이다.

북동쪽으로의 확산

1. 기초 신석기. 기초 신석기 문화의 요소들이 극동에 도달하였을 때 크레타, 이집트, 메소포타미아에서는 이미 청동기 시대가 꽃피고 있었다. 이 극동 지역의 가장 오래된 층에서 발견된 토기는 유약을 바르지 않아 거칠며, 손으로 둘둘 감는 방식으로 만들어졌고, 불에 굽기 전에 붙어 있던 진흙 덩어리나 그 조각으로 장식되었다. 이들의 거주지는 수로를 따라 말뚝을 박아 지은 경우가 많았으며(스위스의 호숫가에 말뚝을 박아 지은 집을 상기시킨다), 기본 식량은 기장(이 또한 스위스의 호숫가를 상기시킨다)이었다. 그리고 이 단계에서는 소나 양 혹은 염소의 사육 흔적이 전혀 없으며, 개와 돼지만이 유일한 가축이었다. 심지어는 나중에 소를 가축화시켰을 때에도 돼지는 가장 대표적인 가축으로 남았다. 따라서 오스발트 멩힌(Oswald Menghin)은 서중국이 돼지 사육의 최초 중심지라고 주장하였다. 그에 따르면, 돼지 사육은 두 방향으로 확산되었다. 하나는 중국에서 남동쪽으로 인도차이나, 인도네시아, 멜라네시아, 그리고 인도차이나에서 다시 서쪽으로 향하여 인도로 확산되었고, 다른 하나는 곧바로 서쪽으로 향하여 유럽, 근동, 아프리카로 전파되었다.[53]

그러나 아주 초기에 해당하는 근동의 원 신석기와 기초 신석기 층*에서도 돼지가 출현하고 있다. 따라서 앞에서 언급한 돼지의 중국 기원설과 서양에서 초기부터 돼지가 등장하고 있다는 사실을 어떻게 조화롭게 해석할 것인가는 매우 어려운 문제로 남아 있다. 하이네 겔데른은 돼지 사육을 근동의 기초 신석기와 관련시키는 반면, 옌젠은 돼지를 열대지방 최초의 경작 문화와 관련시키고 있다. 그럼에도 여기서 확실한 사실이 몇 가지 있다. 먼저 돼지는 기초 신석기 지대의 모든 곳에서 나타나는 반면, 양과 염소와 소는 수 세기가 지난 뒤에 비로소 이 광활한 지대의 북동부 지역에서 등장한다. 또 아티스 신화, 아도니스-탐무즈 신화, 오시리스 신화, 오디세우스와 키르케의 전설, 그리고 아일랜드의 요정-전승에

---

* 162-165쪽 참조.

서만이 아니라 페르세포네와 데메테르 의례에서도 돼지와 멧돼지는 후대에 소 사육 지대에서 등장하는 주제들과 아주 초기부터 관련을 맺고 있음을 암시하고 있다. 또 중국과 동남아시아에서는 소 사육이 시작된 뒤에도 돼지가 중요한 가축으로 남아 있었다. 그리고 오세아니아 전역의 의례와 신화에서 돼지는 가장 중요한 역할을 하고 있다.

하이네 겔데른 교수는——상당히 체계화된 증거 자료를 가지고——극동의 이 기초 신석기 문화 복합(이 문화의 발상 지역은 아직 분명하게 확정되지 못하였지만, 이 장의 제1절에서 암시한 것처럼 아시아와 아프리카가 만나는 근동 지역을 발상지로 가정해볼 수는 있을 것이다)이 중국과 일본을 거쳐 태평양에 도달하고, 거기서 다시 남쪽으로 대만, 필리핀, 셀레베즈, 몰루카를 거쳐 뉴기니와 멜라네시아에 이르렀으며, 마지막으로 원시 오스트레일리아와 안다만 사람들*에게까지 그 영향을 미쳤다고 생각하였다. 그들이 이용한 배는 노를 걸어두는 장치도 없는 널빤지 형태의 배였고, 돌로 갈아 만든 그들의 독특한 도끼는 알이나 원통 모양으로 생겼으며 매우 거칠었다.[54] 이 지역에서는 여성 샤먼이나 심지어 여성 통치자를 지닌 초기 모권제적 사회 조직의 흔적이 널리 발견되고 있으며, 이 극동의 기초 신석기 문화 복합과 거의 확실하게 관련된 신화와 제의의 모티프 속에는 희생 제물이 된 여성과 불의 여신이 등장하고 있다. 이와 관련하여 칼 비숍(Carl W. Bishop) 교수는 이렇게 지적하였다. "신석기 시대의 극동 지역 사회는 결정적으로 여성적 특성을 지니고 있었던 것으로 보인다."[55]

그러나 극동 지역의 원 신석기와 기초 신석기 문화를 완전히 파악하는 일은 어렵다. 첫째는 문제의 지역에 대한 고고학적 자료의 빈곤 때문이다. 둘째는 최근에 중국의 서쪽 지역에서 기초 신석기 직후에 해당하는 강력한 신석기 중기의 문화 중심지——대체로 동남유럽 다뉴브-드네스트르 지대로부터 문화적 영향을 받은——가 발견되었기 때문이다.

2. 신석기 중기. 극동 지역 전체에서 가장 중요한 고고학적 유적지는

---

* 417-418쪽 참조.

호남성 북동부에 위치한 안양(安陽)이다. (주구점[周口店]을 발견하기도 한)* 스웨덴의 지질학자 안데르손(J. G. Andersson)은 그곳에서 중국의 신석기 중기와 사제 도시국가의 최초 층을 대변하는 세 개의 연속된 도기층을 발견하였다. 그것들은 앙소(仰韶) 문화(기원전 2200-1900년경)의 채색 도기 층, 용산(龍山) 문화(기원전 1900-1523년경)의 흑색 도기 층, 상(商) 문화(기원전 1523-1027년)의 백색 도기와 청동 제기(祭器) 층이다.[56]

앙소 문화에서는 돼지와 소 그리고 개를 사육하였으며, 특히 돼지를 주요 가축으로 삼았다. 주요 곡물은 기장과 원시 밀이었다. 동남유럽의 다뉴브-드네스트르 지대로부터 흘러 들어온 다른 요소들로는 채색 도기에 나타난 매우 다양한 모티프(양날 도끼, 나선형과 만 자, 구불구불한 길 무늬와 다각형, 동심원과 체크무늬, 물결 모양, 각진 지그재그 무늬, 그리고 줄무늬 등),[57] 슬레이트로 만든 창끝과 화살촉, 강가와 호숫가를 따라 말뚝으로 지은 집, 뼈로 만든 화살촉과 송곳 등이 있다. 돌을 자르는 특별한 기술과 그 기술로 만든 사각형 도끼(square-cut ax)도 발견되었는데, 이 도끼는 이후 더 확산되어 말레이반도, 인도네시아, 멜라네시아의 대부분, 그리고 다소 변형된 형태이기는 하지만 폴리네시아 전역에서도 발견되었다. 스텝 지역의 이 야만적인 청동기 문화의 한 부분이었던 머리 사냥 관습은 사각형 도끼를 따라 인도네시아와 오세아니아까지 전파되었다. 그렇지만 북부 지역에 있는 앙소 문화 지대로는 확산되지 않은 것 같다.[58] 앙소 문화를 감숙(甘肅), 섬서(陝西), 산서(山西), 하남(河南)(산동[山東] 지역까지는 이르지 못함) 지역으로 이끈 이 동일한 삶의 두번째 국면은 남쪽을 돌아 말레이반도로 향하였다. 하이네 겔데른은 "이 가지가 인도 내륙으로 뻗어나가기 전에 서중국을 거쳤음에 틀림없다"[59]고 말한다. 그는 계속해서 이렇게 말한다. "후기 신석기 시대에 서쪽에서 동아시아로 들어온 이 족속과 문화의 물결은 분명히 거대한 힘을 가지고 있었다. 이 집단은 자신의 민족적·문화적 구조를 전체적으로 변화시켰고, 중국 문화와 중국 제국만이 아니라 인도 내륙과 인도네시아

---

* 409쪽 참조.

문화의 토대를 놓았으며, 마침내는 마다가스카르와 뉴질랜드 그리고 동폴리네시아에까지 진출하였고, 아마도 아메리카 대륙까지 진출한 것 같다. 상대적으로 작은 규모의 이 집단들은 대륙과 바다를 건너 수천 년 동안 지속될 영향력을 충분히 행사할 수 있었던 것이다."[60]

이 책의 제2부에서 다룬 광활한 확산 지대에 영향을 미친 것이 바로 이 앙소-오스트로네시아 문화의 물결이다. 머리 사냥, 돼지, 말뚝으로 지은 집, 거석, 그리고 그러한 것들과 연관된 동물 희생제의가 모두 서쪽에서 이 물결을 타고 온 것이다. 동남아시아에서는 도작 문화와 물소를 포함하는 이차적인 신석기 문화를 흡수하였다. 이라와디강, 살윈강, 메-남강, 메-콩강 같은 거대한 수로가 있는 지역에서는 독특한 보트와 노걸이 장치가 없는 카누가 발전하였는데, 이러한 해상 수단을 통해서 그 문화의 요소들이 서쪽으로는 마다가스카르까지 그리고 동쪽으로는 이스터 섬과 그 너머까지 확산되었다. 세람 식인종의 기본 의례 그리고 솔로몬 제도와 브라질의 팬파이프는 이러한 문화의 물결에 의하여 수용된 것이 거의 확실하다. 이 문화의 물결은 인도네시아의 바닷길에서는 인상적인 적응을 보여주었다. 특히 자바 섬에서는 이 찬란한 시대의 독특한 사각형 도끼가 상당히 변모된 형태로 무수히 발견되었는데, 거기에는 제의용으로 만들어진 매우 화려한 도끼——하이네 겔데른이 인도네시아 신석기 석기 기술의 결정판이라고 말한——도 많았다. 이 지역의 문화적 수준은 상당히 높았으며, 인구도 비교적 밀집되어 있었고, 무역도 매우 활발하였다. 이 특별한 문화 중심지의 흔적은 마다가스카르에서 이스터 섬, 그리고 뉴질랜드에서 일본에 이르기까지 광활한 곳에서 쉽게 발견될 수 있다.

더구나 이 중요한 선사시대 문화 운동의 연대를 중국 앙소 문화층(기원전 2200-1900년경)의 증거에 의하여 판단한다면, 그 전성기는 기원전 2000년대의 초기임에 틀림없다. 그러한 연대는 페루 해안의 후아카 프리에타*에서 발견된 저 인상적인 호리병박이 태평양을 건너왔음을 충분히 설명한다. 더 넓은 지역에서 나타나는 일치점을 보기 위해서는, 광활한

---

* 237-238쪽 참조.

지역에 걸쳐 영향력을 행사한 이 극동 문화의 원천이 되는 흑해 지역의 강력한 문화 중심지가 자신의 물결을 동쪽의 하남으로만이 아니라 서쪽의 유럽으로도 확산시키고 있었음을 기억하기만 하면 된다. 앞에서 언급하였듯이, 그 문화의 영향력은 기원전 2500-1500년에 이미 발트해와 발칸반도에서 나타나고 있었다. 동부 스웨덴의 고대 거주지 유적에서 돼지 뼈가 발견되었다. 고든 차일드(V. Gordon Childe)는 그것이 신석기 중기(신석기 전성기)의 문화층에 속하며 제2신석기(혹은 제3신석기) 문화의 시작, 즉 "수렵과 어로에 종사하는 토착인에 의한 돼지 사육의 시작"[61]이라고 말하였다.

그러면 고대 그리스 아카디아인의 팬파이프와 멜라네시아 및 브라질의 팬파이프를 그 동일하고 거대한 둥근 물결의 반대편에서 나타난 것들로 보아도 되는가? 이 팬파이프가 그러한 확산 과정을 보여주는 유일한 증거는 물론 아니다. 우리는 이미 페르세포네와 하이누웰레가 우리에게 가르쳐준 교훈을 알고 있지 않은가? 고고학과 신화학에서 등장하는 이 모든 상응 현상들――연대도 서로 잘 부합하고 수수께끼로 남아 있었을 것들을 명료하게 드러내는――을 단순한 우연의 산물로 간주해야만 하는가? 이러한 병행 현상을 순전히 심리학적으로만 해석하는 것은 문제가 있다. 거기에는 다음과 같은 분명한 역사적 연관 관계――비록 그 중간이 드문드문 비어 있기는 하지만――가 보이고 있기 때문이다. 기원전 2500-1500년경에 유럽에 들어간 고분 시대 사람들, 기원전 2200-1900년경의 중국 앙소 문화층, 해상로를 정복한 자바에서의 이와 병행하는 문화적 발달, 그리고 기원전 1016±300년경 후아카 프리에타에서 이를 드러내고 웃는 호리병박들은 낯선 농경민이 태평양을 건너 신세계로 건너 갔음을 잘 보여주는 예들이다.

그러면 신석기 중기의 기본적 특성으로 등장하여 이러저러한 방식으로 전세계로 확산된 동물 희생제의――돼지, 양, 염소, 황소――의 의미는 무엇인가? 멜라네시아에 속하는 피지와 솔로몬 제도 사이에 있는 바누아투의 말레쿨라 섬에서는 성스러운 돼지를 희생물로 바치는 매우 복잡한 남성 의례가 행해지고 있다. 그런데 이 의례가 행해지는 장소는 선사시대 아일랜드의 거석 성소와 유사하다. 존 레어드(John Layard)는 많은 그림을 넣어 집필한 자신의 저서 『말레쿨라의 석기 시대 사람들(Stone Men of Malekula)』[62]에서 그러한 관련성을 입증할 만한 충분한 증거들을 제시하였다. 하이네 겔데른이 잘 보여준 것처럼, 거석 문화 복합은 여러 번에 걸친 파도를 타고 늦게 이 지역으로 들어왔다. 거기에서는 거대한 돌들이 맹약 의식, 동물 희생(하이네 겔데른에 따르면, 원래는 황소였지만 변경 지역에서는 돼지로 대체되었다), 명예롭게 죽은 자를 위한 기념물, 머리 사냥에서의 사람 포획 등과 관련되어 있다.[63]

레어드에 따르면, 말레쿨라인들은 돼지 희생과 관련된 자신들의 거석 전통이 다섯 명의 문화-수여자로 이루어진 어떤 신비한 가족에서 기원한 것으로 믿고 있다. 이 가족 구성원들은 서로 형제간이고 매부리코를 한 "백인"이다. 그리고 그들의 우두머리는 만물의 창조자이자 수여자이다. 레어드는 이렇게 쓰고 있다. "그는 항상 카누를 타고 항해하고 있는 자로 묘사되며, 그를 알고 있는 거의 모든 지역의 사람들은 그가 카누를 타고 지평선을 넘어 어떤 미지의 장소로 가버렸다고 생각한다. 그리고 천상의 그는 항상 빛과 관련되어 있으며, 태양 및 달과도 여러 방식으로 연관되어 있다."[64] 그러나 그는 흙과 단단하지 않은 돌무더기로 덮인 석실 안에서 앉은 채로 묻혔다고도 한다. 레어드가 지적하듯이, "다른 말로 하자면, 유럽에서 방이 있는 무덤이라고 부르는 곳에 그는 묻힌 것이다." 또 그와 그의 아내의 몸은 썩지 않는 것으로 간주된다. 그래서 이 문화-수여자와 그의 아내의 몸은 어떤 축제가 열릴 때마다 제의적으로 닦여지는데, 이는 인류의 존속을 기원하기 위한 행위이다.[65]

이처럼 몹시 흥미로우면서도 이론적으로 도전적인 문제를 제기하는 말레쿨라 거석 문화 복합은 마키로 알려진 제의에서 그 특성이 가장 분명하게 드러난다. 이 의례는 15년 내지 30년 동안 지속되며, 끝나자마자 다시 시작된다. 이 의례는 종족의 다산과 풍요를 주술적으로 증대시키는 것을 목적으로 하기 때문에 공동체의 복지에 기여한다. 다른 한편, 이 의례는 개인들의 명성 및 야심과도 관련되어 있어 매우 경쟁적 성격을 띠고 있다. 이 마을 사람들은 수많은 돼지를 기르고 이를 희생 제물로 바치는 이 의례를 통해서 이 세상과 다음 세상에서 자신의 지위를 높이기 위하여 경쟁한다.

우리는 마키인의 신화의 주요 요소들에 대하여 이미 다룬 바 있다.* 앞에서 본 것처럼, 말레쿨라인이 죽으면 그는 사자의 나라로 여행을 시작한다. 이때 저승 세계로 통하는 동굴 입구를 지키고 있는 여성 수호자는 그가 지나가야 하는 길에 미로를 그린다. 그가 다가오면 그 미로의 절반을 지운다. 저승길을 통과하기 위해서는 그 지워진 미로를 복원시키는 방법을 알아야만 한다. 그리고 그는 수호자가 먹을 식량으로 그 자신 대신에 돼지를 제공해야만 한다. 물론 이때의 돼지는 평범한 것이어서는 안 된다. 그 자신이 몸소 키운 돼지라야 하고 제의적으로 성화된 것만 가능하다. 마키인의 제의에서는 돼지의 소중한 송곳니가 성장하는 단계에 맞추어 그것을 성화시키는 일을 한다. 이러한 의식을 치르는 과정에서 수백 마리의 돼지가 희생되었음에 틀림없다. 제물로 바쳐지는 그 동물은 저승으로 가는 항해자의 제의적 지위만이 아니라 삶의 노력 전체를 나타낸다.

제의가 시작되면 우선 수퇘지의 위 송곳니를 의식의 절차에 따라 제거한다. 아래 송곳니가 아무런 장애없이 자라도록 하기 위한 조치이다. 그러면 아래 송곳니들은 바깥쪽으로 자라다가 다시 안쪽으로 휘면서 아래턱을 관통하게 되고 마침내 둥그런 반지 모양을 형성하게 된다. 송곳니가 이러한 모습을 갖추기 위해서는 최소한 7년이 걸리는데, 각 성장 단계의 송곳니의 모습은 돼지 소유자의 영적·경제적 가치의 증대를 보여준다. 그러나 한 바퀴를 돈 송곳니가 최고의 성취를 뜻하는 것은 아니다. 두 바퀴를 돈 송곳니도 적지 않고, 운이 좋으면 나선형으로 세 바퀴나 돈 송곳니를 얻을 수도 있다. 그렇지만 이때 돼지에게 가해지는 고통은 너무나 크다. 따라서 그러한 과정을 거치는 돼지는 거의 살이 없다. 미식가의 관점에서 보면 정말 먹을 것이 하나도 없는 형편없는 돼지에 불과

---

* 88-90쪽 참조.

하다. 그렇지만 정신의 영역에서는 미식가의 관점을 받아들여서는 안 된다. 이 찬란한 돼지들은 물리적 음식이 아니라 영적 음식이기 때문이다. 그 돼지들은 달을 상징하며, 이 백열의 달은 바다를 항해하는 조상 "백인"——이 제의의 창시자이기도 한——자체와 동일시된다. 레야드는 그것들이 지닌 힘을 이렇게 설명하고 있다. "송곳니의 근본적인 의미는 그것들이 나선형을 형성한다는 데 있는 것이 아니라 그것들이 휘어지면서 초승달 모양을 만들어낸다는 단순한 사실에 있다. 휘어진 송곳니는 차고 이지러지는 달을 상징한다. 그리고 점차 자라나는 달과 점차 이지러지는 달은 모두 그 희생된 동물의 윗입술과 아랫입술에서 드러나고 있다.…… 돼지의 검은 몸은 죽음의 시기에 이른 그 보이지 않는 '새로운' 혹은 '검은' 달에 상응한다."[66]

여기서 돼지는 지하 세계의 수호여신에 의하여 삼켜지는 존재이며, 죽음의 순간에 처해 있는 달이다. 그러나 그들의 송곳니는 죽음의 무대에서 차고 이지러지는 삶의 지속성을 가리키고 있다. 그러므로 그 송곳니들은 농경 세계의 신화, 즉 뱀과 처녀의 신화를 다루면서 우리가 이미 언급하였던 신비를 나름대로의 방식으로 드러내고 있는 것이다. 상징적 측면에서 보면 돼지를 희생 제물로 바치는 것은 처녀를 희생 제물로 바치는 것과 동일하다. 그러나 그 돼지는 수컷이다. 더구나 그것은 남성적 관심의 영역, 동물의 세계, 사냥의 세계, 그리고 가축의 세계에서 나온 것이다. 이와 달리 씨는 희생 제물로 등장하지도 않고 삼켜지지도 않는다. 그런데 돼지고기는 금기의 대상이며 경멸의 대상이 되기도 한다. 이 사회의 주식은 여성이 경작하는 얌이며, 그 밖에 빵나무 열매, 조개, 물고기, 거북 알, 참새우, 뱀장어, 큰박쥐, 그리고 여타의 야생 사냥감이 포함된다. 그러므로 신체적 관점에서 보면 이 모든 것들은 여성들에 의해서 충분히 잘 관리될 수 있다. 이러한 환경은 슈미트 신부가 원시 경작 사회에서 여성이 자연적으로 우월성을 지닐 수밖에 없다고 서술한 바로 그러한 환경이다. 그러나 돼지와 마키 그리고 남자들의 오두막집 의례에 근거한 남성적인, 신화적이고 "영적인" 힘이 여성의 힘에 대한 대항 세력으로 등장하게 된다. 이 지역의 주요 신은 문을 지키면서 돼지를 삼키는 여성 신이다. 그러나 그녀는 의례 때문에 속임을 당한다. 그녀가 돼지를 삼킴으로써 남자는 거기서 벗어나기 때문이다. 그녀는 검은 돼지를 삼키지만 빛나는 송곳니는 남아서 남성의 불멸의 신호로 의식의 집의 지붕 들보에 걸리게 된다. 더구나 여성은 영혼이 없는 것으로 간주되기 때문에 이러한 영적 놀이에 깊이 관여할 수 없다. 여자들의 지위는 남편의 지위에 따라 결정된다. 남자들이 비밀 집회소에서 희생제의를 통하여 신비적 사다리를 올라감으로써 획득하는 지위를 그대로 공유할 뿐이다. 그 제의 자체는 남성의 일이다. 그 의례를 통해서 여성의 역할과 중요성은 조직적으로 감소하게 되며 그 결과 여성은 희생 제물로 등장할 수도 없게 된다. 살해되는 것은 씨가 아니라 돼지이다. 인신 공희를 행할 때에도 처녀는 더 이상 제물로 등장하지 않으며 남자 어른이나 소년이 희생물이 된다.

　마키 의식의 첫 단계에서 중심적 위치를 차지하는 것은 돌멘(dolmen)이다. 그것은 일종의 돌 탁자로서, 똑바로 세운 돌에 의해서 지탱되는 거대한 돌판이다. 이 돌멘은 세 가지 것을 상징하고 있다. 첫째는 돌무덤이고, 둘째는 죽은 자가 저승으로 갈 때 거치는 동굴이며, 셋째는 살아 있는 자를 재생시키는 자궁이다. 이 상징적 구조물 앞에는 나무로 만든 형상이 세워져 있는데, 그것은 옛날에 이 의례를 통과한 모든 남성 조상을 나타낸다. 그리고 그것은 돌멘 위에 덮여 있는 이엉 지붕의 박공 기둥 역할도 한다. 이 지붕의 대들보 끝 부분에는 신화적인 매의 형상이 조각되어 있으며, 이 의례에는 매의 정신이 가득 차 있다. 이 제의 구조물의 어떤 부분도 제거시키지 않기 때문에 마당은 썩고 있는 옛날의 유물들로 뒤덮여 있다.

　돌멘 앞에서 행해지는 중요한 의례는 자신의 힘에 대한 지위를 높이고 싶어하는 어떤 사람이 의식에 따라 등장하면서 시작된다. 그는 저 세상으로 통하는 동굴 입구를 향하여 나아가는 영혼의 모습을 그대로 재연한다. 이때 그의 외삼촌들이 그의 길을 가로막는다. 그가 죽을 때 여성 수호령이 그의 길을 막는 것처럼 말이다. 이때 그는 그들에게 수많은 돼지를 제물로 바친다. 그렇게 하면 그의 영적 계정의 점수는 올라가게 되며,

죽음에 이르러 그 자신이 가장 아끼는 돼지와 함께 묻힐 때 그 계정은 폐쇄될 것이다.

제물의 가치는 송곳니에 의해서 평가되며, 그 가치에 따라 그 사람의 지위가 결정된다. 돼지를 가지고 있지 않은 사람은 사자의 나라에 들어갈 수도 없고 다시 태어날 수도 없다. 심지어는 결혼도 할 수 없다. 더구나 제의 과정에서는 하루에 500마리나 되는 돼지가 제물로 바쳐지기 때문에 자신의 영원한 영혼의 구원에 진지한 관심을 가지고 있는 사람은 누구나 자신의 돼지를 키우고 교역하고 평가하는 영적 일에 몰두해야만 한다. 말레쿨라에서는 돼지가 화폐 역할을 한다. 돼지의 상대적 가치가 아주 명확하게 고정되어 있고 잘 알려져 있기 때문이다. 이는 금이 멜라네시아의 돼지보다 더 실용적 가치가 없음에도 불구하고 고등 문화에서 화폐 역할을 하는 것과 마찬가지이다. 고등 문화에서는 금이 태양과 신화적으로 관련되어 있기 때문에 모든 화폐 가치의 기준이 된다. 금은 시간이 지나도 부식하거나 변색되지 않는다. 금으로 만든 왕관은 그것을 쓰고 있는 자의 영적 권위만이 아니라 세속적 힘을 상징한다. 구름을 쫓는 멜라네시아인들에게는 돼지 송곳니 장식이 바로 그러한 금관에 해당한다. 금관을 가지고 있는 자, 심지어는 금으로 만든 담뱃갑을 가지고 있는 자가 자신은 재생의 과실을 얻었다고 생각하듯이, 자기 집의 들보에 돼지 송곳니로 된 화려한 고리들을 전시하고 있는 멜라네시아 마키-인들도 그렇게 생각한다.

원주민들에 따르면, 이러한 돼지 희생제의는 인신 공희의 대체물이다. 그러나 오늘날에도 거대한 목표를 가지고 최고의 왕관을 추구하는 사람들은 세 바퀴를 돈 훌륭한 송곳니를 가진 돼지와 함께 젊은 아이를 희생제물로 바치고 있다. 그들은 그렇게 함으로써 천상이나 지상에서 커다란 뜻을 품고 있는 자에게나 가능할 것 같은 커다란 가치를 달성하려고 한다. 그때 제물이 되는 것은 대체로 사생아이다. 그 아이는 희생제의의 목적을 위해서만 길러지며 최고의 애정을 받으면서 건강하게 자란다. 그러나 그 아이의 미래 운명은 철저하게 비밀에 부쳐진다. 의식이 시작되면 그 소년과 세 번 회전한 귀한 송곳니를 지닌 돼지가 똑같은 색이 칠해진 채 돌멘 앞으로 불려 나온다. 그때 "갑자기 그 소년 뒤에서 춤을 추던 사람들이 그를 잡는다. 그러고는 매의 형상이 조각된 대들보 끝의 밧줄로 푸른 색으로 칠해진 그의 목을 매단다. 밧줄을 잡아당기자 그의 몸이 허공으로 치솟았다. 그때 그 희생 제물의 주인이 곤봉으로 그의 머리를 내리친다. 그 아이를 땅으로 내린 다음 세 바퀴 돈 송곳니를 부수어 죽어가는 그의 몸 위에 놓는다." 그러고는 나무로 조상의 형상을 만든 자들에게 그 아이의 고기를 먹으라고 내어준다. 이렇게 하여 희생제의를 마친 사람은 "지하 세계의 주"라는 의미를 지닌 말-타나스라는 명칭을 얻게 된다. 원주민들은 이렇게 말한다. "그는 초지상적인 것과 소통하고, 자신이 원하는 것을 할 수 있으며, 할 수 없는 것도 할 수 있다. 그리고 그는 아무도 미워하지 않게 된다."[67] 아이를 희생물로 바친 뒤, 그 새로운 '지하 세계의 주'는 돌판 위에서 30일 동안 머문다. 이때는 오직 암만을 먹는다. 그의 손과 발은 가장 비싼 조가비 장식들로 뒤덮여 있으며, 팔꿈치와 팔목 사이에는 돼지 송곳니로 만든 팔찌가 달려 있다. 이제 그는 죽음도 공격할 수 없는 불멸의 사람이다.

 이것으로 우리는 우르 왕릉의 희생제의만이 아니라 고대 세계의 전역에 등장한 "희생제의에 대한 광기(fury for sacrifice)"의 최종적 단서를 얻게 되었다. 주술적 힘은 희생제의의 강도에 따라 결정된다. 물론 최고의 희생제의는 자기 자신을 제물로 바치는 것이다. 그러나 자기 자신의 가치마저도 살아 있는 동안 그 자신이 성취한 희생제의와 자신의 장례식에서 후손이 행하는 희생제의의 강도에 의해서 결정된다. 자기 자신을 제외하면, 제물 가운데 가장 강력한 힘을 갖는 것은 또 다른 인간 존재이다. 자신의 아들, 노예, 그리고 전쟁 포로 등이 여기에 속한다. 그 다음으로 가치 있는 것은 자기 자신이 정성스럽게 키운 동물이다. 그 동물은 언제나 신과 신화적으로 관련되어 있는 종이다. 앞에서 언급한 북아프리카의 카프사 암각화에는 두 뿔 사이에 태양이 있는 양이, 우르의 성스러운 하프에는 달-황소가, 그리고 신석기 중기의 할라프 양식의 도기에는 황소 머리가 그려져 있었다. 여기에 크레타의 황소 반지에 있는 미노타우로스의 의례를 덧붙일 수 있다. 그러한 이미지는 크레타에서부터 거석 문화 복합과 함께 스페인으로 확산되었으며, 그곳에서는 오늘날까지도 초승달 뿔을 지닌 용감한 달-황소가 활력에 넘치는 투우사의 태양 칼날에 의하여 살해되고 있다. 칸타브리안 구릉과 피레네 산맥 주변의 깊은 사원 동굴에서 구석기 황소가 샤먼의 태양에너지에 의해서 살해되듯이 말이다. 이 연속체의 반대편 끝에서는 이와 동일한 상징이, 달 돼지(lunar boar)의 희생을 내용으로 하는 거석 문화 의례에서 등장하고 있는 셈이다.

제물이 되는 동물은 신적 힘을 지니고 있고, 제물을 바치는 자는 희생 제의를 통해서 이 힘과 하나가 된다. 그러니까, 제물을 바치는 자는 희생의 계단으로 올라가는 것이다. 마키 의식은 그러한 계단들로 이루어진 거대한 사다리이다.

마지막 희생제의를 끝낸 지원자는 공중을 나는 매와 동일시된다. 이 매는 거석 위의 지붕 들보에 새겨진 신화적 새이다. 이 의식을 주관하는 노인은 막 죽은 돼지의 힘-이름을 얻게 되는데, 그것은 그 자신의 새로운 생명의 이름이다. 그는 "마치 매가 나는 듯이 팔을 뻗쳐 날갯짓을 하면서 공중으로 뛰어오른다." "이 의식이 절정에 달하면, 희생 제물을 바치는 자가 직접 돌로 된 단 위에 올라가 매의 모양을 하면서 팔을 뻗치고 별들에 관한 노래를 부르는" 경우도 있다. 그러한 지위를 획득한 사람은 "매"를 의미하는 나-므발(Na-mbal)이라는 용어를 자신의 이름으로 사용할 수 있다. 이 밖에도 고귀한 이름으로 사용되는 것으로는 "태양의 얼굴", "구름 잡기", "천정에서", "높은 곳에 있는 성스러운 땅", "천상의 주" 등이 있다.[68] 더구나 앞에서 본 것처럼, 북방 샤머니즘의 특성이기도 한 위를 향한 이 열망이 여기서는 거대한 돌멘과 돌기둥 자체의 상징으로 나타나고 있다. 마키 의식의 두번째 단계에서 일정한 역할을 하는 어떤 단들은 나무 꼭대기에 닿을 정도로 높다.[69]

이 두번째 단계에서 제물을 바치는 장소는 돌멘 뒤에 높이 올라와 있는 돌 단이다. 이 돌 단 위에서 돼지를 바치고 새로운 불을 켜고 새로운 이름을 얻는다. 이 높은 돌 단과 희생제의의 불이 신화적으로 가리키고 있는 것은 그 주변에 있는 암브림 섬의 거대한 화산이다. 이 화산은 살아 있는 죽은 자(the living dead)의 행복한 나라로 간주된다. 그 불 속에 사는 것은 축복으로 여겨지며, 그 불에 의해서 삼켜지는 것도 사람들은 전혀 두려워하지 않는다.

이 행복한 나라로 가는 죽은 자의 항해를 묘사하는 다양한 이미지가 있다. 한 이야기에 따르면, 동굴 속으로 들어가는 영혼은 수호령 레-헤브-헤브에 의하여 즉각적으로 제지를 받는다. 그러면 그 영혼은 돼지를 수호령의 먹이로 내어준다. 일단 출입구를 통과한 항해자는 동굴 끝을 통과하여 마침내 해안가로 올라온다. 그는 해안가를 쭉 따라가다가 바위가 많은 곳에 도달한다. 잘 알려진 그곳에서 그는 사공을 부르기 위하여 불을 켠다. 그러면 사공이 "바나나 껍질"이라고 불리는 유령 배를 타고 온다. 이 배는 바나나 나무로 만든 작은 보트이다. 영혼은 그 배를 타고 "불의 근원"이라고 불리는 거대한 화산으로 간다. 그 섬에서는 유령들이 밤마다 춤을 추고 낮에는 잠을 잔다. 그러나 또 다른 이야기에 따르면, 화산 불이 번져 길 전체를 덮고 있기 때문에 그 불을 진정시키기 위하여 사람들이 돼지를 무덤에 바친다. 그들은 "그 수호령이 불 가운데 똑바로 서 있다가 우리를 잡아먹기 위해서 달려온다. 그러나 그는 돼지를 먹는 것으로 만족한다"고 말한다.[70]

앞에서 우리는 프로베니우스를 통하여 아비시니아 여인의 이야기를 들은 적이 있다. 그 고귀한 여인은 남성의 경험과 이해 양식의 철저한 빈곤을 지적하면서 제물과 변형에 대한 여성의 심오한 경험을 표현하였다. 그녀는 이렇게 말하였다. "남자의 삶과 몸은 항상 같다.…… 그는 아무것도 모른다." 이러한 여성의 고백은 지금 우리가 살펴본 이 신화와 의례의 분위기와는 사뭇 다르다. 사실 이 지역의 사람들은 희생 제물이 된 처녀에 관한 경작인의 신화를 북방 샤머니즘에서 나온 힘을 통하여 남성적으로 변형시켜 이해하고 있는 것이다.

이 신석기 중기의 탐욕적인 희생제의를 출현시킨 신화발생 지대는 흑해 지역이다. 그 신화는 남쪽으로 아나톨리아 해안과 토로스 산맥으로 전파되었다. 그리고 거기서 벌거벗은 여신과 관련된 황소 상이 기원전 4500년경에 할라프 양식의 채색 도기에 처음 나타난다. 그후에는 남성적 에고와 그의 불안 심리가 더 강조되면서 그 신화는 다뉴브강, 드네프르강, 드네스트르강 계곡 하류의 야만적 스텝 지역으로 들어갔다. 앞에서 보았듯이, 기원전 3000년경에는 사각형 도끼의 주조자들이 세계를 재형성하기 위하여 그곳을 떠나갔다.

3. 사제 도시국가. 사마천(司馬遷, 기원전 145-86/74년경)의 『사기(史記)』에 따르면, 중국의 전설적 인물인 "황제(黃帝)"는 정확한 천체 관측에 관심이 있었다. 이 가공의 인물이 통치하였던 시기는 앙소의 채색 도기 문화보다 1,000년 앞선 것으로 추정된다. 그렇지만 그는 후대 중국인들의 상상력에 의하여 등장한 인물일 뿐이다. 그러나 그가 천문학에 관심을 가졌다고 하는 것은 아주 초기부터 내려오는 '천상 제국'에 대한 중국 문화의 기본적 관심을 보여준다. "황제는 희화(犧和)에게 태양, 상의(常儀)에게 달, 유구(臾區)에게 별들을 관찰하도록 명하였다."[7]

중국에서는 빛과 더위와 마름의 원천인 태양이 우주의 남성적·적극적 힘인 양을 표상하고, 습기와 그늘과 차가움을 다스리는 달이 부정적·여성적 힘인 음을 나타낸다. 이 둘은 상호 작용을 하면서 만물의 질서, 감각, 방향 혹은 길(도[道])을 만들어낸다. 이 도는 기하학적으로 표상되며, 다음 그림처럼 흑과 백, 음과 양이 섞여 계속 순환하는 원의 모습을 하고 있다.

태양과 달 밑에 다섯 개의 행성이 있으며, 그것들은 각기 하나의 원소와 관련되어 있다. 수성은 북쪽의 원소(물), 금성은 서쪽의 원소(쇠), 화성은 남쪽의 원소(불), 목성은 동쪽의 원소(나무), 마지막으로 토성은 중앙에 있는 원소(흙)의 행성이다. 인도에서도 5원소에 관한 교리가 있는데, 이는 부처(기원전 563-483년)도 연구하였을 정도로 오랜 전통을 지니고 있다. 인도의 전통에 따르면, 이 교리를 처음 가르친 사람은 기원전

8세기경에 살았다고 하는 현자 카필라이다. 인도에서는 5원소가 다섯 가지 감각과 관련되어 있다. 즉 에테르는 청각, 공기는 촉각, 불은 시각, 물은 미각, 흙은 후각과 관련되어 있는 것이다. 그러나 서양에서는 부처와 동시대의 사상가인 엠페도클레스(기원전 500-430년경) 이래, 4원소——불(뜨겁고 마른), 공기(뜨겁고 습기가 있는), 물(차갑고 습기가 있는), 흙(차갑고 마른)——이론만이 전해져왔다. 이러한 이론들은 체계는 다르지만 같은 뿌리에서 나온 것이다.

그러면 이 뿌리의 출발점까지는 얼마나 거슬러 올라가야 하는가?

이에 대한 하나의 단서는 우르의 왕릉에서 발견된 하프이다. 하프 소리에 맞추어 왕과 그의 신하들은 죽었으며, 그 하프의 모양도 어떤 것을 암시하고 있기 때문이다. 하프의 제조 방식을 보면, 그 화음은 달-황소의 화음이고, 울림통은 황소의 몸이다. 그리고 황금으로 된 황소 머리 위에는 천상의 원리인 청금석 구슬이 배열되어 있다. 중국 5음 음계의 음들도 다섯 원소와 다섯 행성의 조화와 연관되어 있다.

기원전 2세기의 중국의 한 음악 책에는 다음과 같은 내용이 나온다.

궁음(宮音, C)이 어지러울 때에는 그 소리가 사나운데, 이는 임금이 교만하기 때문이다.
상음(商音, D)이 어지러울 때에는 그 소리가 벗어나는데, 이는 신하가 부패하였기 때문이다.
각음(角音, E)이 어지러울 때에는 그 소리가 걱정스러운데, 이는 백성이 원망하기 때문이다.
치음(徵音, G)이 어지러울 때에는 그 소리가 구슬픈데, 이는 노역이 과중하기 때문이다.
우음(羽音, A)이 어지러울 때에는 그 소리가 위급한데, 이는 재정이 궁핍하기 때문이다.

이렇듯 다섯 가지가 모두 어지러울 때에는 위험하게 된다. 서로 다투고 학대하기 때문인데, 이를 뻔뻔스러움(慢)이라고 한다. 이렇게 되면 며칠 안 가서 나라가 망하게 될 것이다…….

혼란의 시기에는 예가 정도에서 벗어나게 되고 악은 음탕하게 된다. 슬픈 음악에는 위엄이 없게 되고 즐거운 음악에는 차분함이 없게 된다.…… 대립의 기운이 조성되면 추잡한 음악이 나타나게 되고, 화합의 기운이 보이면 조화로운 음악이 등장한다.…… 이처럼 음악의 힘으로 다섯 가지 사회적 의무가 올바르게 확립되고, 사람들의 눈과 귀가 밝게 되고, 마음이 균형을 얻게 되고, 좋지 않은 습관이 고쳐지고, 풍습이 향상되고, 나라가 완전한 평화를 얻게 된다.[72]

유교 경전의 하나인 『중용(中庸)』에 따르면, 5음 음계와 관련된 다섯 가지 사회적 의무는 "하늘 아래에서 매우 중요한 다섯 가지 활동"이다. 그것이 바로 "임금과 신하, 아버지와 아들, 남편과 아내, 형과 동생, 친구와 친구 사이의 의무이다. 이것들은 하늘 아래에서 강력한 효과를 가져오는 다섯 의무이다."[73]

기원전 2세기의 또 다른 문헌에서는 이런 내용이 나온다. "인간의 마음은 천지의 음에 맞추어 하늘과 땅의 모든 울림을 표현한다. 궁음이 울릴 때에 여러 악기가 그 음에 맞추어 울리듯이 말이다. 하늘과 땅과 인간 사이의 조화는 물리적인 일치나 직접적 행동에 의해서 이루어지는 것이 아니다. 이 셋이 동일한 음으로 조율되어 일제히 울릴 때에 그 조화가 실현된다.…… 우주에는 어떠한 우연도 없고 홀로 독립하여 존재하는 것도 없다. 모든 것이 서로 영향을 주고받으면서 서로 조화되는 관계에 있다."[74]

이러한 가르침은 피타고라스(기원전 582-507년경)의 견해와 아주 일치한다. 우리는 인간의 본성과 "세계의 조화와 회전"의 근원적 일치에 관한 플라톤의 말속에서 피타고라스의 가르침이 메아리치고 있음을 앞에서 살펴보았다. 인도의 음악적 조화의 개념도 이와 똑같다. 거기에서는 "이 우주는 소리의 결과일 뿐이다"[75]라고 말한다.

중국에서 하늘을 가리키는 용어는 천(天)과 상제(上帝)이다. 천은 "위에 있는 것"을 가리키는 비인격적 의미의 술어인 반면, 상제는 인격적 의미를 지니고 있으며 "주(主)"로 번역된다. 오경(五經)의 주석가 가운데 한 사람은 이렇게 말한다. "세계 전체를 덮고 있다는 관점이 강조될 때에는 하늘[天]이라고 부르고, 주재자의 관점이 중시될 때에는 주[帝]라고 부른다."[76]

지상의 주이자 통치자인 중국——세계의 "중심에 있는 나라"로 간주된다——황제는 하늘의 승인을 받거나 명령을 받았을 때 왕좌에 오른다. 그는 지상적 화음의 주음(主音)이며 그것이 잘 조화되면 제국은 번성한다. 상상 속의 선사시대에 속하는 "황제" 시대에는 백성들이 자신들의 감정을 완벽하게 조절할 수 있었고 하늘과 땅 사이에 완전한 조화가 이루어졌기 때문에, 그 왕국이 지상낙원이었다고 한다. 백성들은 이슬을 조금 마시기만 하여도 배가 불렀기 때문에 음식을 먹을 필요가 없었다. 네 가지 종류의 상서로운 동물인 일각수(一角獸), 용, 거북, 불사조——따뜻한 피를 가진 네발짐승, 비늘을 가진 동물, 연체동물, 새의 주를 각기 대표하는——가 출현하여 궁전의 정원에 보금자리를 차렸다. 더구나 황제는 지혜를 발휘하여 백성들의 삶을 윤택하게 하였다. 그는 점복 기술과 수학을 가르쳤고, 달력을 제정하였으며, 대나무 악기를 발명하였다. 그리고 화폐와 배와 탈것의 사용 방법을 가르쳤으며, 진흙과 금속과 나무로 물품을 만드는 방법도 가르쳤다. 그는 상제를 불러 모시는 의례를 제정하고 최초의 사원과 궁전을 세웠으며, 약초의 성분을 연구하고 그 사용법을 가르쳐주었다. 황제는 111세의 나이로 죽었지만, 그 나라는 약 4,000년 동안이나 존속될 수 있는 기반이 이미 마련되었다.

천명이 어떤 황제에게서 멀어지면 곧바로 불길한 조짐이 나타나고 그 천자는 쫓겨나게 된다. 기원후 233년 어느 날 일식 현상이 나타났다. 그 때 명제(明帝, 227-239년)가 한 다음의 말속에는 깊고 실제적인 불안감이 나타나고 있었다.

우리는 이렇게 들었다. 만일 군주가 자신의 직무를 태만히 한다면 신이 재앙과 불길한 조짐을 보낼 것이다. 이는 군주로 하여금 자신의 의무를 깨닫도록 하기 위한 신의 견책이다. 일식과 월식은 제국의 통치가 올바르게 시행되지 않고 있음을 보여주는 분명한 경고이다. 우리가 조상들의 영광스러운 전통을 계승하지 못하고 왕조의 성립 이래 계속된 위대한 문명 사업을 제대로 수행하지 못하고 있음을 위로부터 경고하고 있는 것이다. 임박한 재앙을 피하기 위해서는 개인적 차원의 반성과 참회가 절실하게 요청된다. 신과 인간 사이의 관계는 아버지와 아들 사이의 관계와 같다. 아들이 고기 접시를 가지고 온다고 해서, 아들을 벌하려던 아버지가 그만둘 것인가? 그렇지 않다. 그러므로 지금 이 시점에서 일관(日官)을 시켜 희생제의를 행하도록 하는 것은 바람직하지 못하다. 그보다는 각 지역의 행정관들과 고위 관료들이 각자의 마음을 바르게 사용하도록 해야 할 것이다. 우리의 결점을 보완할 수 있는 어떤 방안을 생각해낸 사람이 있다면 즉시 그 방안을 왕실에 알리도록 하라.[77]

이러한 사제 도시국가 개념이 중국에 도래한 것은 용산 문화의 흑색 도기 시대(기원전 1900-1523년경)이다. 인도의 하라파 문명 양식*을 형성한 깃도 이 사제 도시국가 개념인데, 이것은 모두 북이란과 남투르키스탄의 중심지(테페 히사르, 투랑 테페, 샤 테페, 나마즈가흐 테페, 아나우 등)[78]에서 온 것으로 보인다. 이 중국 문화층의 특징인 성곽 도시는 강력한 토벽으로 둘러싸인 정사각형의 도시이며 그 규모가 엄청나게 크다. 그 이전에는 소와 돼지와 개만을 가축으로 키웠으나, 이때부터는 양과 말도 사육하기 시작하였다. 출토된 도기 조각은 문자의 사용을 알려주고 있으나, 아직 그 문자는 해독되지 못하였다.

그 다음의 문화층, 상(商) 왕조(기원전 1523-1027년경)의 백색 도기층을 보여주는 증거는 더욱 풍부하다. 이 시기에 후대 중국 왕조들의 기본적인 사회정치적 구조의 기반이 마련되었음을 알 수 있다. 청동 연장과 청동 무기, 멍에를 멘 말이 끄는 전차, 몹시 발전한 문자 체계, 묘실이 달린 무덤과 인신 공희, 박공과 주랑이 달린 인상적인 건축 양식, 발전된 석재 조각 기술, 신탁을 위하여 사용된 뼈, 왕실 경기로서 사냥에 대한 열정 등을 통하여 이 문명이 우아하고 몹시 발전하였음을 알 수 있다. 이 문명은 그보다 1,500년 전에 메소포타미아의 우르, 키시, 라가시, 우루크, 그리고 니푸르에서 이미 전개된 문명을 본질적으로 따르고 있다.

---

* 492-495쪽 참조.

그러나 흥미로우면서도 중요한 하나의 특성은 이 시기에 등장하는 예술 양식이다. 그 주제들은 대부분 서양에서 직접적으로 파생된 것(예를 들면, 서로 얽혀 있는 뱀, 인간 형상을 가운데 두고 서로 대립하고 있는 짐승, 그리고 짐승을 정복하고 있는 영웅)이지만, 양식 자체와 주제 구성 방식은 독특하다. 뿐만 아니라 환태평양——구세계이든 신세계이든 간에——예술을 특징짓는 어떤 기본 양식이 여기서 처음으로 출현하고 있다. 그중 첫번째 특성은 유사한 형상들을 수직으로 쌓아 올려 배열하는 토템 기둥의 원리이다. 두번째 장치는 몸을 반으로 토막내어 펼쳐진 책처럼 만드는 방식이다. 세번째는 각이 진 나선형이나 물굽이 장식을 특별한 방식으로 만드는 것이다. 더구나 상 왕조의 유물들에 나타나는 얼굴 형상과 몸의 자세는 그 어디서 나타날지라도 금방 알아볼 수 있을 정도로 뚜렷한 개성을 지니고 있다.

하이네 겔데른 교수는 극동 문화가 환태평양 지대에 미친 다양한 영향을 추적하고 있다. 그는 오랜 기간에 걸쳐 극동 문화가 아메리카 대륙에 미친 영향들 가운데 특히 다음과 같은 주요 모티프들을 제시하고 있다. 기원전 8세기에 오(吳) 및 월(越)과 같은 중국의 해안 국가들이 그 시기에 중앙안데스 산맥에 있던 샤빈 문화(이 시기에 아메리카에서는 처음으로 금 세공과 직조 기술이 등장한다)에 미친 예술적 모티프, 기원후 1세기에 등장하는 북부 중앙안데스 산맥의 살리나 문화에 미친 기원전 7-6세기 중국 예술의 모티프, 기원후 200-1000년 사이에 존재한 중앙아메리카의 타진 문화에 미친 기원전 7-4세기 중국 예술의 모티프, 중앙아메리카의 울루아 양식(200-1000년경)에 반영된 주 왕조 후기(기원전 5-3세기)의 청동 및 비취 예술이 그 대표적인 것들이다. 기원전 333년 이후 중국과 아메리카 사이의 문화접촉은 단절되었다. 이 시기에 남동쪽에 있던 해양 국가 월이 무너지고 동북부 인도차이나에 있던 동손족이 해상 무역을 장악하게 된다. 그래서 그들의 영향력이 파나마에서 칠레 그리고 아르헨티나에까지 미치게 되는데, 특히 야금업과 금속 장식 기술에 큰 영향을 미쳤다. 한(漢) 왕조(기원전 202-기원후 220년)가 등장하면서 중국이 다시 해상 무역을 장악하고, 기원후 50년 이후에는 통킹과 북부 안남을 정복한다. 이로써 동손족이 주도하는 환태평양 교역은 종말을 고한 것 같다. 마지막으로 한 왕조가 무너지면서 해상 무역의 주도권은 힌두화된 동남아시아 국가들로 넘어갔다. 특히 7세기에서 10세기까지는 캄보디아가 강국으로 존재하였는데, 이들과 아메리카의 접촉은 1219년에 앙코르 왕국의 자야바르만 7세가 죽을 때까지 지속된 것으로 보인다.[79]

그러므로 고대 멕시코의 황금 시대에 태양 도시 툴라에 살았던 최고 사제 겸 군주였던 케찰코아틀——이 이름은 "깃털 달린 뱀"과 "찬란한 쌍둥이"[80]를 의미하며, 그의 얼굴은 두 개이고 흰 수염이 달려 있다——이 콜럼버스 시대 이전의 아메리카 원주민들에게 예술을 가르쳐준 교사이고 달력의 제정자이며 옥수수를 전해준 자라는 사실은 놀랍지 않다. 전설에 따르면, 그의 어머니 치말만은 처녀였다. 어느 날 만물의 아버지 신이 시트랄라토나크——"아침"을 의미하는——의 모습으로 세 자매에게 나타났는데, 그 자매 가운데 하나가 그녀였다. 이때 다른 두 여자는 무서워 쓰러졌지만 치말만은 그렇지 않았다. 이때 신이 그녀에게 숨을 불어넣자 그녀는 임신을 하였다. 그러나 그녀는 출산 과정에서 죽었고 지금은 하늘에 있다. 거기서 그녀는 찰치후이틀리("귀중한 희생의 돌")라는 명예로운 이름을 지니고 존경받으면서 살고 있다.

그녀의 아들인 케찰코아틀은 '최고 천상의 주의 아들'이자 '일곱 동굴의 주의 아들'로 알려져 있다. 그는 날 때부터 말을 할 수 있었고 모든 것을 아는 지식과 지혜를 가졌다. 사제-왕으로서 인생 후반을 보낸 그는 매우 순수한 성격을 가지고 있었다. 따라서 그 왕국은 그의 통치 기간 내내 찬란한 번영을 구가하였다. 그의 사원-궁전은 네 개의 훌륭한 방으로 이루어져 있었다. 동쪽을 향하고 있는 방은 금으로 되어 있어서 황금색으로 빛났고, 서쪽을 향하고 있는 방은 옥과 비치로 되어 있어서 푸른색으로 빛났고, 남쪽을 향하고 있는 방은 진주와 조가비로 되어 있어서 하얗게 빛났고, 북쪽을 향하고 있는 방은 혈석으로 되어 있어서 붉게 빛났다. 이 네 방은 이 세계의 네 방향의 상징이었으며, 그 세계 위에는 햇빛이 지배하고 있었다. 이 궁궐은 툴라시를 관통하며 흐르고 있는 거대한 강 위에 설치되어 있었다. 매일 밤 자정이 되면 왕은 목욕하러 그 강으로 내려갔다. 그가 목욕하는 장소는 "채색된 단지에서" 혹은 "귀중한 물속에서"라고 불리었다. 그러나 이때 운명의 시간이 다가오고 있었다. 그는 자신의 악한 동생 테스카틀리포카와의 투쟁에서 패하게 되어 있었던 것이다. 자신의 운명의 리듬을 알고 있는 케찰코아틀은 그곳을 떠나려고 하지 않았다.

때문에 테스카틀리포카는 자신의 수행원들에게 이렇게 말하였다. "그에게 이성을 흐리게 하는 음료수를 준 다음, 거울 속에서 자신의 얼굴을 보게끔 만들자. 그러면 그는 확실히 패할 것이다." 그러고는 케찰코아틀의 시종들에게 말하였다. "내가 왕 자신의 살갗을 보여주기 위해서 왔다고 너희들의 임금에게 가서 전하라!"

시종들로부터 테스카틀리포카의 전갈을 받은 그 늙은 왕은 "그가 나의 살갗을 보고 무엇이라고 말하더냐? 가서 물어보아라!" 하고 명령하였다. 얼마 뒤 어떤 사람이 들어오자 그는 "당신이 나에게 보여준다는 내 살갗이 도대체 어떻다는 것이냐?" 하고 물었다.

테스카틀리포카가 이렇게 대답하였다. "나의 주여, 나의 사제여, 이제 당신의 살갗을 보십시오. 당신 자신을 아십시오. 다른 사람이 당신을 보듯이 그렇게 당신 자신을 한번 보십시오!" 그러면서 거울을 건네주었다. 거울 속에서 자신의 얼굴을 본 케찰코아틀은 순간적으로 놀라서 소리쳤다. "어떻게 내 백성들이 조금도 두려워하지도 않고 지금까지 나를 보아왔단 말인가? 내 앞에서 그들을 피신시켜라. 흉물스러운 살갗, 늙고 주름진 얼굴, 그리고 사람들을 메스껍게 만드는 모습을 한 자가 어떻게 사람들과 함께 있을 수 있겠는가? 나는 더 이상 사람들 앞에 나타나지 않을 것이며, 사람들을 두렵게 하지 않을 것이다."

마실 음료수를 주자 그 왕은 아프다고 하면서 거절하였다. 손가락 끝으로라도 맛을 보라고 다시 권유하자 마침내 맛을 보고 말았다. 그 즉시 그 음료수의 주술에 압도되었다. 그는 사발을 들더니 다 마시고 완전히 취해버렸다. 그는 노노알코산에 사는 자신의 누이 케찰페클라틀을 불러

오라고 명령하였다. 그녀가 오자 그에게도 그 사발을 건네었다. 그녀 역시 완전히 취하고 말았다. 이성을 완전히 상실한 그 남매는 그날 밤 기도도 하지 않고 목욕도 하지 않은 채 함께 마루바닥에 쓰러져 그대로 잠들고 말았다. 아침이 되어 깨어난 케찰코아틀은 부끄러움으로 몸을 떨면서 이렇게 말하였다. "그만 죄를 짓고 말았구나. 이제 내 이름의 오점을 지울 방도가 없다. 이제 백성들을 다스릴 자격이 없다. 땅속 깊은 곳에 내 거처를 마련해야겠다. 땅속에 빛나는 보석들을 묻도록 하자. 밤마다 목욕하였던 '귀중한 물' 속으로 찬란한 금과 돌들을 던져버려야겠다."

그는 마침내 자신이 결심한 그 모든 것을 실천에 옮겼다. 그러고는 지하의 무덤 속에서 나흘 동안 머물다가 다시 나왔다. 눈물을 흘리면서 그는 자신의 백성들에게 자신이 '붉은 땅', '어두운 땅', '불의 땅'으로 갈 시간이 되었다고 말하였다.

케찰코아틀은 자신의 거주지를 불태우고, 보물을 산속에 묻고, 자신의 초콜릿 나무를 메스키트(북미산 콩과 식물의 일종/역주) 나무로 변형시키고, 다채로운 색깔을 지닌 새들을 날려보냈다. 그리고 큰 슬픔에 젖은 채 드디어 왕궁을 떠났다. 그는 길을 가다가 어떤 곳에서 잠시 쉬면서 '태양의 도시' 툴라를 쳐다보았다. 쏟아져 나오는 그의 눈물은 바위를 타고 흘러내렸다. 그가 앉았던 곳에는 몸 자국과 손바닥 자국이 남았다. 계속 길을 가다가 그는 한 무리의 점쟁이를 만나게 되었다. 그들은 길을 가로막으며 은, 목재, 옷 만드는 기술, 그리고 그림 그리는 방법을 가르쳐달라고 졸랐다. 그것들을 가르쳐주기 전까지는 보내줄 수 없다고 협박도 하였다. 그는 결국 그 기술들을 가르쳐주고 그곳을 통과하였다. 그와 함께 산을 통과하던 종자들——난쟁이와 곱사등이들——은 추위 때문에 얼어 죽었다. 또 어떤 곳에서는 그의 검은 적대자 테스카틀리포카를 만났다. 그와 공놀이를 하였는데, 그만 패하고 말았다. 또 길을 가다가 커다란 포초틀 나무를 보자 화살로 쏘았다. 그런데 그 화살도 포초틀 나무였기 때문에 그가 쏜 화살이 그 나무에 붙어버렸다. 그러더니 두 나무는 십자가처럼 변하였다. 그는 계속 길을 가면서 많은 흔적과 장소-이름을 남겼으며, 마침내 하늘과 땅과 바다가 함께 만나는 곳에 도착하였다.

한 이야기에 따르면, 그는 뱀들로 만들어진 뗏목을 타고 항해하였다. 그러나 다른 이야기도 있다. 그것에 따르면, 살아남은 그의 시종들이 화장용 장작더미를 만들었다. 그리고 그가 그 속으로 몸을 던졌다. 그의 몸이 타는 동안 영혼은 그곳을 빠져 나왔으며 나흘이 지난 뒤에 금성으로 떠올랐다. 그러나 그의 귀환에 대해서는 모든 사람들이 한결같이 믿고 있었다. 언젠가 그는 잘생긴 종자 한 명과 함께 돌아와 자신의 통치권을 회복할 것이다. 비록 테스카틀리포카가 그를 정복하였지만, 툴라의 파괴를 결정하였던 이 불변의 법칙은 다시 그것의 회복을 이와 같은 방식으로 실현시킬 것이다.

케찰코아틀은 죽지 않았다. 어떤 조상(彫像)에는 붕대에 감긴 채 누워 있는 그의 모습이 보인다. 그것은 그의 부재 상태 혹은 "잠자기 위하여 잠시 누워 있을 뿐이며, 마침내 그 부재의 꿈에서 깨어나 그 나라를 다시 통치할 것"[81]을 의미한다. 그는 지하에서 사자의 주, 믹틀란의 주를 위하여 대저택을 지었으나 스스로 그곳에 거하지는 않는다. 그 대신 태양이 밤에 머무는 금의 나라에서 지낸다. 물론 그곳도 지하에 있다. 어떤 동굴들은 그곳과 연결되어 있는데, 그 가운데 하나가 차풀테페의 남쪽에 있는 "풍요의 거소" 친칼코 동굴이다. 그 동굴의 어두침침한 복도를 따라가다보면 태양의 거주지인 그 행복한 나라에 도달할 수 있다. 케찰코아틀은 아직도 그곳을 다스리고 있다. 더구나 그 나라는 그가 처음 나온 곳이기도 하다…….

이 모든 이야기는 구세계 문화-영웅 신화의 일상적 이미지와 많은 점에서 너무나도 유사하다. 즉 일단 사라졌다가, 행복하고 무시간적인 지하세계의 주로서 살고, 그 다음에는 오시리스처럼 다시 부활하는 이야기와 너무 비슷하기 때문에 전혀 놀랍지 않다. 이 이야기에서 놀라운 것은 케찰코아틀이 실제로 돌아오는 방식이다. 사제와 점성가들은 그가 어떤 주기를 그리면서 나타날 것인지를 알지 못하였다. 그러나 그 주기 안에 있는 해[年]의 이름이 케찰코아틀 자신에 의하여 옛날부터 예언되었다. 그 암호는 "한 리드(One Reed, 케 아카틀[Ce Acatl])"이다. 그것은 멕시코 달력에서는 52년마다 한 번씩 돌아오는 1년 동안의 기간이다. 그런데 코르테스가 잘생긴 부하들 및 자신의 깃발인 십자군기를 가지고 도착한 때가 바로 "한 리드"에 해당하는 해였다.[82] 이렇게 하여 죽었다가 부활하는 신은 지구를 한 바퀴 돈 것이다.

결론 : 신화의 기능

1. 국지적 이미지와 보편적 길

기차가 베나레스에 거의 도착하였을 때 흰 수염이 달린 한 힌두교 순례자가 말하였다. "중요한 것은 예배의 대상이 아니라 예배의 깊이와 성실성이다." 그러나 힘들고 오랜 여행을 한 그는 자신의 영적 수도 베나레스에서 시바에게 예배를 드리기 위하여 기차에서 내렸다.

인도인의 사유는 모든 제의 전통의 두 측면을 간파하고 있다. 이 책의 첫 부분에서 논의한 아돌프 바스티안(Adolph Bastian)의 "근본적 관념"과 "종족적 관념"이 그것이다. 바스티안의 이론에 따르면, 근본적 관념들은 각 지방의 특수한 조건에 따라 형성된 종족적 관념——근본적 관념을 실체화하는 수단인——으로부터 벗어나 순수한 상태로 직접 발견되지는 않는다. 그러한 근본적 관념들은 인간 자신의 이미지처럼 인생의 파노라마 안에서 아주 다양하게 굴절된 형태로서만 알려진다. 그러므로 우리는 신화나 의례를 인간 본성 안에 있는 영구적이거나 보편적인 것을 가리키는 단서로 간주할 수도 있고(이 경우에는 심리학적 측면이나 형이상학적 측면이 강조될 것이다), 각 지방, 즉 관련된 종족의 풍토, 역사, 그리고 사회학의 함수로 간주할 수도 있다(이 경우에는 우리의 연구 방법은 종족학이나 역사학의 성격을 띨 것이다). 신화와 의례의 이 두 측면을 가리키는 인도 용어는 각각 마르가(mārga)와 데이시(deśī)이다. 마르가는 보편적인 것을 발견하는 "길"을 의미하며, 데이시는 어떤 제의의 종파적·역사적 측면——특정한 종족과 민족과 문명을 형성하는——즉 그것의 "지역적, 국지적, 종족적" 차원을 가리킨다.

나는 이 두 인도 용어를 바스티안의 용어와 연결시키려고 한다. 이 인도 용어들은 바스티안의 통찰력을 강화시켜줄 뿐만 아니라 어떤 신화적 이미지의 두 측면이 지닌 심리적 힘을 서양의 용어들보다 더 잘 드러내 주기 때문이다. 하나의 "길"로서 기능할 때, 신화와 제의는 개인의 변화를 초래한다. 개인을 지역적·역사적 조건에서 해방시켜서 말로 표현할 수 없는 어떤 종류의 경험으로 인도하는 것이다. 이와 달리 "종족적 관념"으로 기능할 때에는 신화적 이미지가 개인을 역사적으로 조건지어진 그 종족의 정서와 활동과 신념의 체계에 연결시킴으로써, 그를 사회학적 유기체의 한 구성원으로 만든다. 이러한 이율배반은 우리의 연구 주제에서 가장 기본적인 사실이다. 이 점을 인식하지 못하면 모든 연구는 불필요한 논의에 이르게 될 뿐만 아니라 신화적 상징의 힘 자체에 대하여 여러 가지 오해를 하게 된다. 신화적 상징은 표현 불가능한 세계를 구체적이고 국지적인 상징을 통하여 경험하려는 시도이다. 따라서 거기에는 국지적인 상징 형태의 힘과 호소력이 확장되는 동시에 경험자의 정신이 그 것들을 초월하게 되는 어떤 역설이 가로놓여 있다. 신화가 지닌 독특한 도전적 힘은 바로 이러한 이중의 목적을 달성하는 그 자체의 시도 속에 있다. 이 사실을 이해하지 못하면 신화학의 전체적 논점과 신비를 놓치게 된다.

그러므로, 하나의 신만을 숭배하는 사회에서도 숭배자들의 종교 경험이 매우 다르게 나타날 수 있음을 인정해야 한다. 매우 피상적인 사회학적 관점에서 보면 그들은 동일한 종교를 신봉하고 있을 뿐이다. 사회학적으로는 그 구성원들이 하나의 신 혹은 여러 신들에 의하여 하나로 묶여 있다. 그러나 심리학적으로 보면 그 사회의 구성원들은 서로 다른 평면 위에 존재하고 있다.

폴 라딘(Paul Radin)은 이렇게 말하였다. "다코타 인디언들은 여덟 신을 섬기고 있다. 그런데 그곳의 사제와 사색가들은 그 신들을 한 신의 여러 측면으로 간주한다."⁽¹⁾

문화 간의 교류가 활발한 현대 사회에서 지역적인 장벽을 뛰어넘는 지성을 소유한 자들은 낯선 형식의 경험과 깨달음 속에서도 공통의 의미를 찾아낼 수 있다. 이와 마찬가지로 대부분의 성직자와 사회학자가 서로 다른 여덟 신들로 간주하는 것을, 비교신화학자와 심리학자는 동일한 한 신의 여러 양상으로 간주할 수 있다.

19세기의 성인이자 현자인 라마크리슈나(Ramakrishna)는 모든 종교의 궁극적 통일성을 주장하면서 이러한 심리학적 지향——종족적 지향과는 대립하는——을 강조하였다.

그는 이렇게 말하였다. "어머니는 자식들의 소화 능력에 맞게 음식을 준비한다. 다섯 자식이 딸린 어머니에게 생선 하나가 있다고 가정해보자. 그녀는 필래프(쌀에 고기와 야채를 섞어 기름에 볶은 다음 수프로 쪄서 향료를 가미한 요리/역주)나 칼리아(kalia) 같은 한 종류의 요리만 하여 자식에게 주지는 않는다. 다섯 아이의 소화력이 똑같지는 않기 때문이다. 그녀는 어떤 아이를 위해서는 간소한 스튜를 준비한다. 하지만 그녀는 아이들 모두를 똑같이 사랑한다.…… 그대는 진리가 무엇인지 아는가?" 그리고 그는 자신의 질문에 다음과 같이 스스로 답변하였다.

신은 구도자와 시대와 지역에 따라 각기 다른 종교들을 만들었다. 모든 교의는 신에게 다가가는 서로 다른 길이다. 그렇지만 그중 어떤 길도 신 자체는 아니다. 우리는 그 길 가운데 어느 하나라도 헌신적으로 따르기만 한다면, 신과 합일할 수 있다. 그대는 카멜레온에 관한 이야기를 들어본 적이 있을 것이다. 한 사람이 숲에 들어가서 나무 위에 있는 카멜레온을 보았다. 그는 "붉은 도마뱀을 보았다"고 친구에게 말하였다. 그러고는 도마뱀이 붉은색이라고 확신하였다. 다른 한 사람도 숲 속에 들어가 도마뱀을 보고난 뒤, "초록색 도마뱀을 보았다"고 말하였다. 그러고는 도마뱀이 초록색이라고 확신하였다. 그러나 그 나무 밑에 살던 사람은 이렇게 말하였다. "그대들 말이 모두 맞다. 하지만 사실을 말하자면, 그 도마뱀은 어떤 때는 붉은색이고,

어떤 때는 초록색이며, 어떤 때는 노란색이고, 또 어떤 때는 전혀 아무 색깔도 없다."[2]

모든 비교신화학자는 다음과 같은 사실을 알고 있다. 정통주의가 신에 관한 언어를 지배하면 나라가 분열된다. 그 경우에는 의례와 숭배의 상징이 지닌 국지적·역사적·윤리적 측면, 즉 데이시가 지나치게 심각하게 취급된다. 거기에서는 카멜레온의 몸이 붉은색이 아니고 오직 초록색이라고 주장된다. 반면, 신비주의자들의 경우에는 그들의 데이시가 무엇이든 간에, 그들의 말은 심오한 차원에서 서로 만난다. 여기서는 시바, 알라, 부처, 그리스도의 이름이 역사적인 힘을 잃는다. 그것들은 시간과 속세에서 제약받는 능력과 한계를 초월하려는 사람이면 누구나 걸어야 하는 하나의 길(마르가)을 가리키는 여러 이름으로 간주될 뿐이기 때문이다.

이 책의 제2부에서 제4부에 걸쳐 있는 내용이 바로 이러한 신화적 형태들의 역사와 분포 상태에 대한 역사적·민족학적 관점의 개괄이었다. 이제는 이러한 신화적 상징을 경험하고 활용하는 인간의 심리학적 차원을 개관할 것이다. 그런데 이러한 심리학적 분류 체계를 제시하기 위해서는 인도의 전통에서 도움을 받을 필요가 있다. 인도의 요가 전통 속에서는 수천 년 동안 신화에 대한 심리학적 접근이 지배해왔고 아주 많은 수의 토착 제의와 외래 제의가 공존해왔기 때문이다. 더구나 거기서는 심리학적 관점에 입각하여 신화와 제의를 비교문화적·비종파적·종합주의적으로 분석하는 전통이 발달하였으며, 그 결과 매우 명쾌하고 잘 정의된 비교 해석의 체계가 산출되었다. 따라서 우리는 하나의 단일한 통일적 신화학(a unitary mythological science)의 서론적 스케치를 위하여 그 가운데에서 가장 단순한 분류 체계를 선택할 것이다.

2. 사랑, 권력, 그리고 덕의 속박

고전적인 인도철학은 이 세상에서 추구해야 하는 목표들과 이 목표들로부터의 절대적 해방을 구별한다. 이 세상에서 성취하기 위하여 노력하는 목표들은 더도 덜도 아닌 세 가지이다. 사랑과 쾌락(카마〔kāma〕), 권력과 성공(아르트하〔artha〕), 그리고 법적인 질서와 도덕적 덕행(다르마〔dharma〕)이 바로 그것들이다.

첫번째 목표인 카마는 프로이트(Freud)가 모든 삶과 사고의 기본이 되는 관심 혹은 목적이라고 간주하였던 것에 해당한다. 수많은 정신분석학의 연구 결과가 말해주듯이, 이 충동에 의하여 동기가 부여된 사람——환자이든 의사이든——은 모든 것에서 섹스를 보고 섹스 안에서 모든 것을 본다. 그러한 심리를 가진 사람에게는 세계 그 자체와 마찬가지로 신화의 상징도 오로지 섹스만을 의미한다. 그에게는 음식, 주거지, 섹스, 자녀 양육만이 의미 있는 것으로 다가온다. 따라서 그에게는 모든 신화와 제의——정신분석이라는 의식(儀式) 자체도 포함해서——가 단순히 이러한 생물학적 관심 체계의 조화로운 실현을 위한 수단에 불과하다.

세속적 목표의 두번째 범주인 아르트하는 "권력과 성공"에 대한 욕구이다. 이것은 프리드리히 니체(Friedrich Nietzsche)의 철학과 알프레드 아들러(Alfred Adler)의 후기 심리학"에서 모든 삶과 사고의 근본적 충동 및 관심으로 간주한 욕구에 해당한다. 상당한 양의 임상적 연구 결과에 따르면, 이 충동에 철저하게 지배되는 사람은 정복하고 파괴하고 낭비하기를 좋아하며, 모든 것을 자신의 소유로 삼으려고 한다. 그러한 심리 상태의 소유자는 신화와 신들과 제의에서 자아 확장과 종족의 확장을 위한 초자연적 수단만을 찾으려고 한다.

성적인 관심과 공격적인 관심이라는 이 두 가지 관심 체계는 인간의 일차적인 생물학적 충동의 총합이라고 할 수 있다. 그러한 관심들은 주입될 필요가 없다. 그것들은 태어날 때부터 주어져 있으며, 모든 경험과 반응의 동물적 기초를 제공한다.

우리는 이 책의 초반부에서 다음과 같은 사실을 이미 발견하였다. 대부분의 동물 종은 사전에 경험한 적이 없는 특정 자극에 대하여 생득적 방출 기제(IRMs)를 통해서 즉각적으로 적절히 반응한다. 그러한 경우에 반응하는 주체, 즉 "인지하는(knowing)" 주체는 개별 동물이 아니라 그 동물이 속하여 있는 종(種)이다. 반면, 어떤 동물 종의 경우에는 개별적 경험("각인〔imprint〕")이 신호 자극을 제공하고, 그것에 영향을 받은 IRM이 사후적으로 반응한다. 인류의 경우에는 대부분의 반응이 각인에 의해서 확립된 신호 자극에 대한 것이다. 그런데 그런 각인들의 대부분이 인류에게는 불변하는 것으로 남아 있다. 따라서 인류 전체가 그것들에 반응하는 어떤 일련의 근본적 각인 혹은 '기억 심상(engram)'의 이름들을 제시할 수 있다. 바꾸어 말하면, 인간의 중추신경계에 태어날 때부터 존재하는 어떤 기본적인 생물학적 충동들이 있으며, 이것들은 대체로 인류에게 불변하는——생득적이지는 않더라도——신호 자극에 의하여 방출된다. 그러므로 우리는 문화를 초월하는 어떤 불변의 체계가 실질적으로 존재하며, 그러한 수준에서는 역사적·사회적 차별성이 전혀 식별될 수 없다고 말할 수 있다.

이제 우리는 이 두 기본적 관심 체계, 카마와 아르트하, 즉 쾌락과 권력이 반드시 조화로운 관계가 아니라 때때로 갈등 관계에 놓인다는 점도 유념해야 한다. 예를 들면, 큰가시고기로 알려진 작은 물고기는 번식기 이외의 기간 동안에는 매우 효과적인 보호색 무늬를 띠고 있지만, 교미할 준비가 되면 완전히 변한다. 틴베르헨(Tinbergen) 교수는 다음과 같이 설명한다. "이 고기는 햇빛에 노출되는 등 부분은 어두운 색, 그늘진 배 부분은 밝은 색을 유지함으로써 적으로부터 자신을 은폐한다. 그리고 몸체의 옆부분에는 수직 줄무늬를 나타내어 자신의 형체를 철저하게 숨긴다. 그러나 짧은 구애 기간 동안에는 등 부분이 화려한 푸른색 계통의 백색으로 변하고 배 부분은 진홍색이 된다. 이렇게 하여 은폐 효과를 가져오는 색깔 구도가 사라지고 그와 동시에 수직 무늬도 없어진다. 이제 이 고기는 눈에 잘 뜨이는 존재로 되는데, 이는 암컷의 관심을 끌기 위한 적응 전략이다. 더구나 수컷은 암컷의 더 많은 관심을 끌기 위하여 이리저리 쏘다님으로써 사실상 도피 기능을 상실하게 된다. 암컷과 수컷의 교미를 돕는 이러한 적응 수단들은 결국 수컷이 가마우지와 왜가리 같은 포식 동물에게 매우 쉽게 공격당하게 만드는 역할을 하는 셈이다."[4]

틴베르헨은 이렇게 결론짓는다. "이 사례는 임의로 추출한 표본에 불과하다. 여러 '관심들' 사이의 갈등은 동물의 적응 과정에서 기본적으로 나타나는 현상이다. 모든 동물은 서로 다른 요구들을 절충하는 방법으로 그 갈등을 해결한다."

인간의 세계에서도 절충과 타협이 있다. 다르마의 목적이라고 할 수 있는 사회적 규범과 모레스(mores)가 도입되기 이전에도, 인간의 심리 안에는 균형과 조화라는 기본 문제가 존재한다. 이 문제는 해결되어야 하고 거듭 반복해서 해결되어야만 한다. 큰가시고기와는 달리 별도의 번식기가 없는 인간은 섹스와 권력이라는 두 세계의 가치와 선물에 항상 주의를 기울여야만 하기 때문이다.

다르마는 자신의 의무를 알고 그것을 지키려는 의지이다. 그런데 그것은 생득적인 것이 아니라 교육을 통해서 젊은이에게 주입되는 목표이다. 르네상스 시대 이후의 서구 세계는 교육의 진정한 목적이 이 세계에 관한 정보의 전달에 있다고 믿었다. 그러나 과거에는 이것이 교육의 목적이 아니었다. 동양(러시아도 포함해서)에서는 지금도 그러한 것을 교육의 목적으로 삼고 있지 않다. 원시 및 고대 세계와 동양 세계에서는 교육의 목적을 우주의 본성을 깨닫는 지성의 계발에 두지 않았다. 거기서는 오히려 경험을 공유하는 공동체의 창조에 교육 목적을 두었다. 즉 성장하는 젊은이들이 지역 공동체의 주요 관심사에 정서적으로 참여하도록 만드는 것을 교육의 목적으로 삼았다. 이러한 교육 목표는 앞으로도 수 세기 동안 분명히 지속될 것이다. 사회화되지 않은 어린아이의 생각과 감정은 자기중심적이기는 하지만, 사회적으로 위험하지는 않다. 그러나 젊은이의 원초적 충동이 사회화되지 않은 채로 있으면, 그것들은 필연적으로 집단의 조화를 위협하는 요인이 된다. 그러므로 모든 신화와 제의의 최고 기능은 각 개인을 그 사회의 집단에 정서적으로 그리고 지적으로 참여시키는 것이었다. 이러한 기능은 앞으로도 계속될 것임에 틀림없다. 앞에서 보았듯이, 이러한 교육 목적은 엄숙한 분위기에서 강렬하게 공유되는 경험을 만들어냄으로써 가장 잘 달성된다. 어린 시절의 공상과 자연 발생적인 신념 체계 전체는 이러한 강렬한 경험을 통하여 공동체의 기능 시스템과 맞물리면서 융합된다. 유아기의 자아는 세계와 자신을 구별하지 못하며 의무감이 없기 때문에 자신이 속한 공동체의 관습을 무시하면서 이리저리 날뛴다(자기 집단의 정치적 지리를 아직 배우지 못한 그린란드 에스키모의 강아지들처럼).* 그런데 이러한 유아기의 자아는 죽음과 부활의 제의를 경험함으로써 사회와의 재결합을 위하여 스스로 해체된다. 소년의 자아는 죽고 사회적으로 바람직한 성인(成人)으로 부활하는 것이다. 이러한 과정을 거친 자는 이제 신체적으로나 정신적으로나 호모 사피엔스의 일반 모델이 아니라 특정한 사회에서 특정한 방법으로 자신의 역할을 담당하는 한 인간이 되는 것이다.

이처럼 쾌락, 권력, 그리고 도덕법칙에 각각 해당하는 카마, 아르트하, 다르마──여기서 자연적 인간의 원초적 관심 체계인 쾌락과 권력의 두 가지 충동은 지역 집단의 모레스에 의해서 통제된다──는 모든 신화 체계 속에서 보통 사람들──완고하고 의지가 강하고 성실한 사냥꾼과 그의 아내 및 가족──에게 어떤 메시지를 던지는 힘의 장을 이루고 있다. 따라서 교육적인 목적이 포함된 법 체계(다르마)는 다른 두 힘(카마와 아르트하)보다 더 큰 중요성과 권위를 지녀야만 한다. 그것은 흠잡을 데 없는 어떤 차원 높은 힘의 의지이자 본성으로 제시된다. 그 힘은 해당 집단의 발달 수준에 따라, "조상"의 의지와 마법, 전능한 신의 의지, 우주의 수학적 질서, 이상적 인간성의 자연적인 도리, 또는 본래적 인간의 도덕적 본성 속에 존재하는 불변의 명령 등으로 표현된다. 그런데 이런 여러 표현에 일관되게 나타나는 요점은, 사회적으로 제시된 이 세번째 원리가 자연적으로 주어진 두 원리를 다스려야 하며, 그러한 세번째 원리를 대변하는 사회적 구성원이 다른 구성원들에 대해서 지배권을 가져야 한다는 것이다. 도덕적 법칙에 대한 사랑과 두려움과 예속 의식, 그것을 성취하였을 때의 자긍심, 그리고 법 그 자체와의 동일시 의식은 다양한 의례──그 사회의 다르마를 구성원들에게 각인시키는──를 통해서 고양된다. 그러므로 외부로부터만이 아니라 내면으로부터 전면적인 공격을 받은 개인은 그러한 공동체의 규범을 어쩔 수 없이 수용하게 된다.

---

* 52쪽 참조.

그렇지 않으면 그는 미치게 된다.
 그러나 우리는 현재를 근거로 해서 과거를 판단해서는 안 된다. 구석기 유목민 사회의 집단은 비교적 소규모였고, 다르마의 요구도 상대적으로 단순하였다. 게다가 당시 유목민의 역할은 약 60만 년 동안 지속된 수렵 사회에서 진화하고 발전해온 남녀의 신체적 능력과 비례하였다. 그러나 기원전 6000년경 농경 사회가 등장하면서, 고도로 분화되고 보다 대규모의 사회적 단위(사오백 명에 달하는)에 근거한 정착 생활이 급속하게 확산되기 시작하였다. 이로 인하여 이제는 불평등과 협력을 본질로 하는 다르마의 강요만이 아니라 그것의 합리화라는 문제가 첨예하게 대두되었다. 불평등과 협력을 본질로 하는 우주의 질서가 어떤 직관적인 천재의 솜씨에 의해서 다르마의 모델로 채택되고 인류가 천체의 질서를 배운 것은 바로 그때였다. 고대의 모든 사회 체제에서는 인간과 우주를 통합하고 조정하는 자연의 조화에 관한 신화가 다양한 사회적 질서를 출현시켰다. 그리하여 서로 적대적인 세 가지 관심 체계인 카마, 아르트하, 다르마의 상호 작용에서 비롯하는 거대한 폭력성이 네번째 원리의 작동에 의하여 순화되고 미화되고 매우 풍요로워졌다. 그 네번째 원리는 세계의 신비 앞에서 느끼는 인간의 경외심이었다.
 이제 우리가 관심을 기울여야 할 것은 이 네번째 원리이다. 이 원리를 철저하게 실천한 극단적인 예는 동양에서만 발견되는 것이 사실이다. 그렇지만 이 원리의 힘은 신화가 존재하는 모든 곳에 깃들어 있고 또 언제나 깃들여왔다는 것도 사실이다. 더구나 오늘날에는 신화의 차원이 다시 드러날 수 있는 유일한 분야가 과학 분야 자체인 것이 분명하다.

3. 속박으로부터의 해방

 사제 도시국가 시대에 우주의 질서를 발견한 사람들은 그 앞에서 느낀 자신들의 경외심을 무언극을 통하여 표현할 수밖에 없었다. 그 무언극은 그들이 천상의 법칙이라고 생각한 법칙에 근거하였다. 그런데 그 법칙은 카마, 아르트하, 다르마의 영역에 보다 우월한 새로운 원리의 힘을 작동시켰다. 이보다 이른 시기에 속하는 구석기 시대와 중석기 시대의 채집인과 수렵인과 원시 경작인도 동물계와 식물계의 놀라움을 가까이 지켜보고 느끼면서, 그러한 경외심을 들소의 춤과 씨앗의 희생이라는 무언극 속에서 표현하였다. 반쯤 미친 듯한 그런 게임과 연극을 통하여 인간 사회의 질서가 잡혔는데, 그 질서 속에서는 서로 모순되는 원초적이고 사회적인 충동이 해결되었다. 그러한 욕구들의 갈등을 해결하는 보다 차원 높은 네번째 원리는 그 세 원리 가운데 하나에서 나온 것이거나 그것들의 결합에서 파생된 것이 결코 아니다. 그것은 실제로 더 우월하고 독자적인 상위의 원리이다. 우리는 쾰러의 침팬지들의 둥근 춤에서 그러한 예를 이미 보았다. 아름다운 리듬 속에서 느끼는 초연한 기쁨과 자아 상실의 그 원리는 요즈음에는 미적인 원리로 명명되는 경향이 있지만, 약간 느슨한 의미로 사용한다면 영적 원리나 신비적 원리 또는 종교적 원리로 부를 수도 있다. 이러한 원리에서는 (선과 악, 참과 거짓의 잣대로) 평가하려는 사회적 충동뿐만 아니라 즐기고 지배하려는(그와 반대되는 혐오와 공포도 함께) 생물학적 충동도 즉각적으로 사라진다. 거기에서는 자아의 상실과 자아의 고양이 동일하게 느껴지는 어떤 순수한 황홀의 경험이 나타난다. 그러한 충격은 "말로 형용할 수 없다." 그것은 다른 어떤 것에 비추어서 설명될 수 없기 때문이다. 이때 우리의 마음은 우리 자신을 얽어매는 신경망에서 생겨나는, 즐기고 싶고 이기고 싶고 예의범절을 지키고 싶은 온갖 걱정으로부터——잠시 동안, 하루 동안, 어쩌면 영원히——벗어나게 된다. 이렇게 하여 자아가 해체되면, 신경망에는 오로지 생명, 어디에나 존재하는 영원한 생명만이 남게 된다. 중국과 일본의 선사들은 이 상태를 "무심(無心)"의 경지라고 불렀다. 이에 해당하는 인도의 전통적인 용어에는 "해방"을 뜻하는 목샤(mokṣa), "깨달음"을 뜻하는 보디(bodhi), 그리고 "욕망의 바람을 초월한 경지"를 뜻하는 니르바나(nirvāṇa)가 있다. 조이스는 "심미적 즐거움의 밝고 고요한 균형 상태"에 대하여 말하는데, 그 상태에서는 심미적 이미지의 선명한 광휘가 파악된다. 그리고 이때 마음은 이미지의 총체성과 조화에 의하여 사로잡히고 매혹당한다. "셀리는 그 신비스러운 순간의 정신을 꺼지는 석탄의 불에 아름답게 비유하였다"고 그는 말하였다.

예술에 대한 충동――일치를 통해서 미의 질서를 모방하려는 충동――은 고대 사회 조직의 장엄한 토대를 이룬다. 앞에서 살펴본 것처럼, 사회 구성원 전부가 그런 예술의 질서에 사로잡힐 수 있었다. 그 속에서는 모든 것을 포기하면서도 고양된 삶을 얻을 수 있는 역설이 존재하였다. 그러나 그러한 무언극에 참가하였던 모든 사람이 그 경이로움을 심미적 관점에서 체험하였다고 생각할 수는 없다. 대다수는 그것의 가치를 오로지 주술적인 것에서 찾았음에 틀림없다. 즉 그들의 세 가지 원초적 욕구의 열매를 산출하는 힘 말이다. 그렇지만 초연하게 그 경이로움을 느낄 수 있는 사람이 전혀 없었다고 생각해서도 안 된다. 만일 그렇다면, 사회적 형식 그 자체를 낳은 환희의 감정은 도대체 어디에서 나왔다는 말인가? 두 에스키모 샤먼, 이그주가르주크와 나자그네크의 말을 들어보면, 원시인들이 우주의 신비에서 휴식을 취하였으며 우리가 지혜라고 부르는 지식을 가지고 있었음을 알 수 있다. 그들의 과학 지식과 기술 수준은 시대적 한계를 지니고 있었지만, 그들의 지혜와 깨달음 그리고 우주의 신비와 힘에 대한 그들의 감각과 경험은 영원한 가치가 있다.

우리는 완고한 마음(tough-minded)의 "정직한 사냥꾼들"과 그들이 두려워하면서도 없어서는 안 되는 부드러운 마음(tender-minded)의 샤먼들을 분리하는 깊은 심리학적 간격을 지적한 바 있다. 이제 우리는 신화와 제의가 오랜 역사의 흐름 속에서 이 두 유형의 인간에게 정반대의 의미와 가치와 효과를 가지고 있었음을 주목해야 한다. 대다수의 사람들에게 종교는 일차적으로 카마, 아르트하, 다르마의 질서에서 나오는 효용에 근거한 것이었다. 제의는 음식과 자손의 풍요화, 적을 제압하는 강한 힘의 증대, 그리고 개인을 사회 질서에 결합시키는 마술적인 수단으로 이바지해왔다. 다시 말해서, 그것은 그들을 데이시, 즉 국지적·종족적 맥락에 참여시키는 수단으로 봉사해왔고, 그 보상으로 카마, 아르트하, 다르마의 이익이 죽음 이후에까지 연장되는 것을 보장하는 역할을 해왔다. 손가락마다나 돼지, 아들이나 딸, 심지어 자기 자신을 바치는 행위는 일종의 신비로운 물물 교환 시스템에서 의미를 지니는 것으로 보인다. 그리고 경찰에게 들키지 않은 작은 죄에 의해서도 마음속이 부식되는——쥐가 갉아먹듯이——것으로 간주되었다. 그러나 신전의 경내나 춤마당 또는 어떤 성스러운 장소에서는, 이 모든 것을 하찮은 난센스로 보이게 할 어떤 초월적 신비감이 단편적으로나마 체험될 수도 있었을 것이다. 그리고 그러한 체험에 의하여 아주 짧은 순간이나마 삶의 네번째 목적에 대한 관심을 가지게 되었을 수도 있다.

샤먼이 걷는 '고통의 길'은 네번째 목적에 일생을 바친 최초의 알려진 사례이다. 샤먼들은 신화를 마르가, 즉 심리학적 변형에 이르는 길로서 진지하게 이용한다. 여기서 주목할 만한 사실이 있다. 그것은 이런 최초의 원시적 수준에서도 샤먼들이 영적인 죽음과 부활을 통하여 개인적 경험의 지평을 확장시키고 깨달음의 깊이를 심화시켰다는 분명한 증거가 발견된다는 사실이다. 샤먼들은 국지적인 환상의 체계에서 어느 정도 벗어나 있기 때문에 정신 그 자체의 신비와 접촉한다. 따라서 영혼과 그 세계에 관한 지혜를 얻게 된다. 그러므로 그는 과거에 안주하여 창조성을 상실한 사회를 새로운 깨달음의 영역과 깊이로 인도하는 필수적인 기능을 수행한다.

이처럼 두 유형의 정신은 상호 보완적이다. 타성에 젖어 있고 반동적인 완고한 마음의 소유자는 자기가 속한 지역적·세속적 조건에 애착을 가지는 반면, 살아 있는 진보의 충동이라고 할 수 있는 부드러운 마음의 소유자는 시간을 초월한 보편적인 것을 지향한다. 이 두 유형의 인간은 아주 옛날부터 서로 대화를 해왔다. 그 결과 좁은 지평에서 더 큰 지평으로, 단순한 조직에서 더 복잡한 조직으로, 그리고 소박한 예술 작품에서 보다 화려한 양식의 예술 작품으로의 실제적 진보가 있었던 것이다.

이 점이 일단 인정된다면 그 다음 이야기는 저절로 입증될 것이다. 한편으로는 카마, 아르트하, 다르마의 목적에 공헌하고 다른 한편으로는 에고와 연결된 이런 강박관념들로부터의 해방 수단으로 공헌하는, 그러한 신화의 이중적 기능은 이제 명백해졌다. 그리고 후자의 기능에서 신화가 예술로서 기능하고 있다는 점은 도저히 부정할 수 없다. 예술가의 정신

이외의 다른 원천에서 과연 신화가 생겨날 수 있을까? 구석기 시대의 사원-동굴이 그에 대한 답을 준다.

  신화는――따라서 문명은――시적·초일상적 이미지이다. 모든 시가 그러한 것처럼, 신화는 깊은 차원에서 상상된 것이지만 다양한 수준에서 해석될 수 있다. 아주 피상적인 정신의 소유자는 신화에서 국지적인 배경을 보지만, 가장 심오한 정신의 소유자는 거기서 무의 세계로 통하는 입구를 본다. 그 중간에 종족적 관념으로부터 근본적 관념에 이르는, 국지적 존재로부터 보편적 존재에 이르는 모든 단계의 길이 놓여 있다. 여기서 보편적 존재란, 사람들이 알면서도 알기를 두려워하는, 모든 인간 그 자체이다. 왜냐 하면 남성적 경험 양식과 여성적 경험 양식으로 양극화되어 있고, 유아기에서 성인기를 거쳐 노년기에 이르고, 완고한 마음과 부드러운 마음을 지니고 있고, 세계와 끊임없이 대화하고 있는, 그러한 인간 정신이야말로 궁극적으로 신화발생 지대이기 때문이다. 인간 정신은 모든 신들의 창조자이자 파괴자이며 신들의 노예이자 그 주인인 것이다.

주

머리말 : 신과 영웅의 자연사를 향하여

1) Thomas Mann, *Joseph and His Brothers*, Vol. I, *The Tales of Jacob*(New York : Alfred A. Knopf, 1936), p. 3.
2) Thomas Mann, "Freud and the Future", *Life and Letters Today*, Vol. 15, No. 5(Autumn 1936), p. 89.
3) Udāna 6.4.66-69 ; Eugene Wasson Burlingame, *Buddhist Parables*(New Haven : Yale University Press, 1922), pp. 75-76.
4) A. Meillet and Marcel Cohen, *Les Langues du monde*(Paris : H. Champion, 1952), p. xxiii 참조.
5) Sir William Jones, "Third Anniversary Discourse"(February 2, 1786), *Works*, Lord Teignmouth(편)(London, 1807), Vol. III, p. 34.
6) Franz Bopp, *Über das Conjugationssystem der Sanskritsprache in Vergleichung mit jenem der griechischen, latinischen, persischen und germanischen Sprache*(Frankfurt am Main, 1816).
7) Arthur Schopenhauer, Parerga II, par. 185, *Werke*, Vol. VI, p. 427.
8) Leo Frobenius, "Die Masken und Geheimbunde Afrikas", *Abhandlungen der Koniglichen Leop.-Caro. Deutschen Akademid der Naturforscher*, Bd. LXXIV, Nr. 1(Halle, 1898).
9) St. Thomas Aquinas, *Summa contra Gentiles*, Ch. v.
10) Wilhelm Wundt, *Völkerpsychologie*(Leipzig : W. Engelmann, 5 vols., 1900-1909 ; 10 vols., 1911-1920) ; *Probleme der Völkerpsychologie*(2nd ed. ; Stuttgart : Alfred Kroner Verlag, 1921), pp. 1-37.
11) Jean Martin Charcot, *Nouvelle iconographie de la Salpêtrière*(1888-1895) ; *Leçons du mardi à la Salpêtrière*(1889-1890).
12) Carl G. Jung, *Wandlungen und Symbole der Libido*. 이 책은 처음에는 *Jahrbuch für*

psychoanalytische und psychopathologische Forschungen(Leipzig, III-IV, 1912)에 두 부분으로 나뉘어 실렸다가, 같은 해에 Deuticke Verlag, Leipzig and Vienna 출판사에서 한 권으로 묶여 재출간되었다. 영어판으로는 Beatric M. Hinkle 박사가 번역한 *Psychology of the Unconsciousness*(New York : Moffat Yard and Company, 1916)와 R. F. C. Hull이 1952년도 개정판인 제4판에서 번역한 *Symbols of Transformation*(New York : Pantheon Books, The Bollingen Series XX, 1956)이 있다.

13) Sigmund Freud, *Totem und Tabu*. 이 책은 처음에는 *Imago*(Bd. 1-2, 1912-1913)에 두 부분으로 나뉘어 실렸다가, 1913년에 H. Heller und Compagnie, Leipzig에서 재출간되었다 ; *Gesammelte Schriften*, Vol. X(Vienna, Psychoanalystischer Verlag) ; 영어판으로는 A. A. Brill 박사가 번역한 *Totem and Tabu*(New York : New Republic, 1931)가 있고, James Strachey가 번역한 *Totem and Tabu*(New York : W. W. Norton and Company, 1952)가 있다.

14) Mann, "Freud and the Future", p. 87.
15) 같은 책, p. 89.

제1부 신화의 심리학

서론 : 가면의 교훈

1) Mann, "Freud and the Future."
2) Leo Frobenius, *Paideuma, Umrisse einer Kultur- und Seelenlehre*, 3 Aufl.(Frankfurt, 1928), pp. 143-145.
3) J. Huizinga, *Homo Ludens*, R. F. C. Hull(역)(London : Routledge and Kegan Paul, 1949), p. 5.
4) 같은 책, p. 22
5) 같은 책, p. 23.
6) 같은 책, p. 25.
7) Heinrich Zimmer, *Philosophies of India*, Joseph Campbell(편)(New York : Pantheon Books, The Bollingen Series XXVI, 1951).
8) Swami Nikhilananda(역), *The Gospel of Sri Ramakrishna*(New York : Ramakrishna-Vivekananda Center, 1942), p. 396.
9) 같은 책, 같은 곳.
10) 같은 책, pp. 778-779.
11) Huizinga, 앞의 책, pp. 34-35.
12) Clement of Alexandria, *Exhortation to the Greeks*, p. 61 P에서 인용.
13) *Kena Upaniṣad* 1.3.
14) Immanuel Kant, *Prolegomena zu einer jeden künftigen Metaphysik, die als Wissenschaft wird auftreten können*, paragraph 58.

제1장 유전된 이미지의 수수께끼

1) C. G. Jung, *Psychologische Typen*(Zurich : Rascher Verlag, 1921), p. 598.
2) Adolf Bastian, *Das Beständige in den Menschenrassen und die Spielweite ihrer Veränderlichkeit*(Berlin : Dietrich Reimer, 1868), p. 88.
3) A. R. Radcliffe-Brown, *The Andanman Islanders*(제2쇄 ; London : Cambridge University Press, 1933), pp. 233-234.
4) N. Tinbergen, *The Study of Instinct*(London : Oxford University Press, 1951), pp. 7-8.
5) 같은 책, p. 150.
6) Ludwig Bolk, *Das Problem der Menschwerdung*(Jena : Gustav Fischer, 1926), pp. 32-33.
7) Konrad Lorenz, "Psychologie und Stammesgeschichte", in *Die Evolution der Organismen*, Gerhard Heberer(편)(제2판 ; Stuttgart : Gustav Fischer Verlag, 1954), p. 161 ; Herbert Wendt, *In Search of Adam*(Boston : Houghton Mifflin Company, 1955), p. 144에서 인용.
8) A. E. Housman, *The Name and Nature of Poetry*(London : Cambridge University Press, and New York : The Macmillan Company, 1933), pp. 45-46.
9) 같은 책, p. 34.
10) 같은 책, p. 35와 p. 37.
11) Tinbergen, 앞의 책, p. 44.
12) Adolf Portmann, "Die Bedeutung der Bilder in der lebendigen Energiewandlung", *Eranos-Jahrbuch 1952*(Zurich : Rhein-Verlag, 1953), pp. 333-334.
13) Tinbergen, 앞의 책, p. 197.
14) Géza Róheim, *Psychoanalysis and Anthropology*(New York : International Universities Press, 1950), pp. 403-404.
15) E. Kaila, "Die Reaktionen des Säuglings auf das menschliche Gesicht", *Annales Universitatis Aboensis*, Turku, Vol. 17(1932)
16) R. A. Spitz and K. M. Wolf, "The Smiling Response", *Genetic Psychology Monographs*, Vol. 34(1946).
17) Adolf Portmann, "Das Problem der Urbilder in biologischer Sicht", *Eranos-Jahrbuch 1949*(Zurich : Rhein-Verlag, 1950), p. 426.
18) Konrad Lorenz, "Die angeborenen Formen möglicher Erfahrung", *Zeitschrift der Tierpsychologie*, Bd. 5(1943), pp. 235-409.
19) Ralph Linton, *The Study of Man*(New York and London : D. Appleton-Century Company, 1936), p. 108.

제2장 경험의 각인

1) James Joyce, *A Portrait of the Artist as a Young Man*(London : Jonathan Cape, 1916), p. 252.
2) *Timaeus* 90D.
3) Nicholas of Cusa, *De Visione Dei*, Emma Gurney Salter(역)(London and Toronto : J. M. Dent and Sons ; New York : E. P. Dutton and Company, 1928), pp. 25-27.
4) *Kena Upaniṣad* 1.3.

5) H. Ostermann, *The Alaskan Eskimos, as Described in the Posthumous Notes of Dr. Knud Rassmussen. Report of the Fifth Thule Expedition 1921-24*, Vol. X, No. 3(Copenhagen : Nordisk Forlag, 1952), pp. 97-99.
6) C. G. Jung의 *Seelenprobleme der Gegenwart*(Zurichh : Rascher Verlag, 1931), p. 67에서 인용.
7) Apuleius, *The Golden Ass*, W. Adlington이 번역한 Book XI.
8) Adolf Portmann, "Die Erde als Heimat des Lebens", *EranosJahrbuch 1953*(Zurich : Rhein-Verlag, 1954), pp. 473-494.
9) Géza Róheim, "Dream Analysis and Field Work in Anthropology", *Psychoanalysis and the Social Sciences*(New York : International Universities Press, 1947), Vol. I, p. 90.
10) Ovid, *Metamorphoses* III, 173 이하.
11) Heinrich Zimmer, *The King and the Corpse*, Joseph Campbell(편)(New York : Pantheon Books, The Bollingen Series XI, 1948), pp. 311-312.
12) Ovid, *Metamorphoses* III, Frank Justus Miller(역)(Cambridige, Mass. : Harvard University Press, Loeb Classical Library), pp. 188-193.
13) Hans Weinert, "Der fossile Mensch", *Anthropology Today*(Chicago : University of Chicago Press, 1953), p. 108.
14) Henry Fairfield Osborn, *Men of the Old Stone Age*(제3판 ; New York : Charles Scribner's Sons, 1918), pp. 214-222과 pp. 513-514 ; 또 Carleton S. Coon, *The Story of Man*(New York : Alfred A. Knopf, 1954), pp. 67-69.
15) Jean Piaget, *The Child's Conception of the World*(Nww York : Harcourt, Brace and Company, 1929), p. 231.
16) 같은 책, pp. 245-246.
17) 같은 책, p. 233.
18) Melanie Klein, "Early Stages of the Oedipus Complex", *International Journal of Psycho-analysis*, Vol. ix(1928) ; 또 *The Psycho-analysis of Children*(London : Hogarth Press, 1932), pp. 179-209.
19) W. E. Jackson Knight, "Maze Symbolism and the Trojan Game", *Antiquity* VI(December 1932), pp. 445-458 ; p. 450의 주 3).
20) 같은 책, p. 446.
21) 같은 책, p. 450의 주 3.
22) Virgil, *Aeneid* VI, 255-263.
23) John Layard, "Der Mythos der Totenfahrt auf Malekula", *Eranos-Jahrbuch 1937*(Zurich : Rhein-Verlag, 1938), pp. 274-275.
24) Morris Edward Opler, *Myths and Tales of the Jicarlla Apache Indians*, Memoirs of the American Folklore Society, Vol. XXXI(1938), p. 18.
25) 같은 책, p. 153과 p. 184.
26) Sigmund Freud, *Neue Folge der Vorlesungen zur Einführung in die Psychoanalyse* (Vienna : Internationaler Psychoanalytischer Verlag, 1933), p. 33 이하.
27) Radcliffe-Brown, 앞의 책, p. 194.
28) Opler, 앞의 책, p. 67.
29) 같은 책, pp. 67-68.
30) Bronislaw Maliowski, *Sex and Repression in Savage Society*(London : Routledge and

Kegan Paul, 1927), pp. 142-143.
31) Géza Róheim, "The Oedipus Complex, Magic and Culture", *Psychoanalysis and the Social Sciences*(New York : International Universities Press, 1950), Vol. II, pp. 173-228.
32) Géza Róheim, *War, Crime, and the Covenant. Journal of Clinical Psychopathology*, Monograph Series No. 1(Monticello, N. Y. : Medical Journal Press, 1945), p. 61.
33) 같은 책, p. 57.
34) *Hamlet* I.v.96-105.
35) Piaget, 앞의 책, pp. 92-96.
36) 같은 책, pp. 97-98.
37) *A Catechism of Christian Doctrine*, Order of the Third Plenary Council of Baltimore에 따라 초안이 작성되고 권장된 것. Kinkead's Baltimore Series of Catechisms, No. 3(New York : Benziger Brothers, 1885), Question 888.
38) *The Gospel of Sri Ramakrishna*, p. 206.
39) Piaget, 앞의 책, p. 241.
40) *Der Hl, Gertrude der Grossen Gesandter der göttlichen Liebe, nach der Ausgabe der Benediktiner von Solesmes übersetzt von Johannes Weissbrodt*(제12판 ; Freiburg ; Verlag Herder, 1954) Book I, Ch. 21, p. 116.
41) *Br̥hadāraṇyaka Upaniṣad* 4.3.21.
42) D. T. Suzuki, *Mysticism : Christian and Buddhist*(New York : Harper and Brothers, 1957), p. 180.
43) E. H. Whinfield(역), *The Rubáiyát of Omar Khayyám*, verse 400.
44) Piaget, 앞의 책, p. 256.
45) 같은 책, pp. 366-367.
46) 같은 책, pp. 361-362.
47) *Kiddushin* 71a.
48) *Soferim* iv.
49) 「요한복음」 1 : 1-4.
50) 「창세기」 1 : 3.
51) Piaget, 앞의 책, p. 72.
52) 같은 책, p. 64.
53) 같은 책, p. 72.
54) 같은 책, p. 368.
55) Baldwin Spencer and F. J. Gillen, *The Native Tribes of Central Australia*(London : Macmillan and Company, 1899), pp. 215-216 ; 또 Géza Róheim, *Psychoanalysis and Anthropology*, p. 76.
56) Spencer and Gillen, 앞의 책, pp. 218-230.
57) E. F. Worms, "Northwest Australian Prehistoric Rock Carvings and Cave Paintings", *V th Session of the International Congress of Anthropological Sciences*(Philadelphia, 1956) ; 또 *Anthropos*, Vol. L(1955), pp. 546-566 참조.
58) Spencer and Gillen, 앞의 책, pp. 244-246.
59) 같은 책, p. 246의 주 1.
60) 같은 책, pp. 246-249.
61) Géza Róheim, *The Eternal Oness of the Dream*(New York : International Universities

Press, 1945), p. 74.
62) 같은 책, p. 75.
63) 같은 책, pp. 74-75.
64) 같은 책, p. 73.
65) *Nonni Dionysiaca* 6.121 ; *Orphei Hymmi* 39.7 ; 39.253 ; O. Kern, *Orphicorum framenta* 34, 35, 54 ; Clement of Alexandria, *Exhortation to the Greeks*, ii, p. 15 P.
66) 예를 들면, Jane Ellen Harrison, Themis : *A STudy of the Social Origins of Greek Religion*(London : Gambridge University Press, 1927).
67) Spencer and Gillen, 앞의 책, p. 257.
68) Géza Róheim, *The Eternal Oness of the Dream*, p. 164.
69) 같은 책, p. 165.
70) Robert H. Lowie, *Primitive Religion*(New York : Boni and Liveright, 1924), p. 211.
71) Géza Róheim, *The Eternal Oness of the Dream*, p. 174.
72) 같은 책, p. 177.
73) 「창세기」 2 : 21-24.
74) *Symposium* 189D 이하. *The Dialogues of Plato*, Benjamin Jowett(역)(New York : Random House, 1937).
75) John C. Ferguson, *Chinese Mythology, The Mythology of All Races*, Vol. VIII(Boston : Marshall Jones Company, 1928), p. 111.
76) *Bṛhadāraṇyaka Upaniṣad* 1.4.1-5.
77) T. G. H. Strehlow, *Aranda Traditions*(Melbourne : Melbourne University Press, 1947), pp. 7-8. 축약본.
78) Snorri Sturluson, *The Prose Edda*, "Gylfaginning", Arthur Gilchrist Brodeur(역)(New York : American-Scandinavian Foundation, 1929), pp. 17-18.
79) 같은 책, VIII, p. 21.
80) *Ṛg Veda* X. 90.
81) Stephen Herbert Langdon, *Semitic Mythology. The Mythology of All Races*, Vol. V (Boston : Marshall Jones Company, 1931) pp. 277-325.
82) Ernst Bentz, "Theologie und Wandlung des Menschen bei Friedrich Wilhelm Joseph Schelling", *Eranos-Jahrbuch 1954*(Zurich : Rhein-Verlag, 1955), p. 316과 p. 338 참조.
83) Spencer and Gillen, 앞의 책, p. 360과 p. 373.
84) Géza Róheim, *Psychoanalysis and Anthropology*, pp. 77-78.
85) Spencer and Gillen, 앞의 책, p. 364.
86) 같은 책, p. 365.
87) 같은 책, pp. 363-367. 이 책의 p. 350에 삽입된 것을 약간 수정한 것임.
88) Henrik Ibsen, *Peer Gynt*, 마지막 두 줄, William Archer(역).
89) A. Capus, "Contes, Chants et Proverbes des Basumbua dans l'Afrique Orientale", *Zeitschrift für afrikanische und oceanische Sprachen*(Berlin, 1897), Vol. III, pp. 363-364.
90) Abraham Fornander and Thomas G. Thrum, *Fornander Collection of Hawaiian Antiquities and Folk-lore. Memoirs of the Bernice Pauahi Bishop Museum*, Vol. V, Part III(Honolulu, 1919), p. 574.
91) Martha W. Beckwith(편), *Kepelino's Traditions of Hawaii*(Honolulu : Bernice Pauahi Bishop Museum, Bulletin 95, 1932), p. 52.

92) Martha W. Beckwith, *Hawaiian Mythology*(New Haven : Yale University Press, 1940), p. 157.
93) Fornander and Thrum, 앞의 책, pp. 572-576.
94) Sturluson, 앞의 책, "Gylfaginning", XLI.
95) 같은 책, "Gylfaginning", XXXVI.
96) 같은 책, "Skaldskaparmal", XXXIII.
97) 같은 책, "Gylfaginning", XVI.
98) *Poetic Edda*, "Hovamol", 139, Henry Adams Bellows(역)(New York : American-Scandinavian Foundation, 1923), p. 60.
99) C. G. Jung, *Modern Man in Search of a Soul*(New York : Harcourt, Brace and Company, 1936), pp. 125-126.
100) 같은 책, p. 129.
101) 같은 책, pp. 129-130.
102) 같은 책, p. 123.
103) Leo Frobenius, *Monumenta Africana. Erlebte Erdteile*, Bd. VI(Frankfurt am Main : Frankfurter Sociatäts-Druckerei, 1929), pp. 435-466.
104) 같은 책, p. 439.
105) Spencer and Gillen, 앞의 책, pp. 497-511.
106) Frobenius, *Monumenta Africana*, pp. 457-460.
107) John Layard, *Stone Men of Malekula*(London : Chatto and Windus, 1942), pp. 530-531.

제2부 원시 농경인의 신화

제3장 고등 문명의 문화 영역

1) D. A. E. Garrod and D. M. A. Bate, *The Stone Age of Mount Carmel*(London : Oxford University Press, 1937).
2) Leo Frobenius, *Ausfahrt. Erlebte Erdteile*, Bd. I(Frankfurt am Main, 1925), pp. 155-428 ; 그리고 Adolf Jensen, *Das religiöse Weltbild einer frühen Kultur*(Stuttgart : August Schröder Verlag, 1949).
3) Meillet and Cohen, 앞의 책, pp. 649-673.
4) V. Gordon Childe, *New Light on the Most Ancient East*(New York : D. Appleton Century Company, 1934) ; Henry Frankfort, *The Birth of Civilization in the Near East*(London : Williams and Norgate, Ltd., 1951) ; Robert J. Braidwood, *The Near East and the Foundation of Civilization*(Eugene, Ore. : University of Oregon Press, 1952) ; Robert J. and Linda Braidwood, "The Earlist Village Communities of Southwestern Asia", *Cahiers d'histoire mondiale*, Vol. I, No. 2(Paris, October, 1953), pp. 278-310 ; E. A. Speiser, "The Beginnings of Civilization in Mesopotamia", *Journal of American Oriental Society*, Supplement No. 4, 1939 ; Robert W. Ehrich(편), *Relative Chronologies in Old World Archaeology*(Chicago : University of Chicago Press, 1954).

5) M. E. L. Mallowan and J. Cruickshank Rose, "Excavations at Tall Arpachiyah", *Iraq*, II.1, 1935.
6) Robert Heine-Geldern, "Teh Origin of Ancient Civilizations and Toynbee's Thesis", *Diogenes*, No. 13(University of Chicago Press, Spring 1956), pp. 90-99.
7) *Timaeus* 90.C-D, Francis Macdonald Cornford(역), in *Plato's Cosmology*(New York and London : Humanities Press, 1952), p. 354.

제4장 희생된 왕의 영토

1) Leo Frobenius, *Märchen aus Kordofan. Atlantis*, Vol. IV(Jena : Eugen Diederichs, 1923), pp. 9-17.
2) Diodorus Siculus, *Bibliotheca historica* III.5-6.
3) Frobenius, *Märchen aus Kordofan.* p. 19.
4) John Payne, *The Book of the Thousand Nights and One Night*(London : 1882-1884), Vol. IX, pp. 261-392의 내용을 인용한 Joseph Campbell, "Editor's Introduction", *The Protable Arabian Nights*(New York : The Viking Press, 1952), p. 22 참조.
5) Jeremiah Curtin, *Myths and Folklore of Ireland*(Boston : Little, Brown and Company, 1890).
6) Standish H. O'Grady, *Silva Gadelica*(London : Williams and Norgate, 1892).
7) Joseph Campbell, "Folkloristic Commentary", *Grimm's Fairy Tales*(New York : Pantheon Books, 1944), p. 833. 이 내용은 Johannes Bolte and Georg Polivka, *Anmerkungen zu den Kinderund Hausmärchen der Brüder Grimm*(Leipzig, 1912-1932), Vol. IV, pp. 443-444에서 인용한 것임.
8) 'Ali Abū-l Hasan ul-Mas'ūdī, *Marūjudh-Dhahab(Les Praries d'or)*, C. Barbier de Marynard and Pavet de Courteille(편), 9 vols.(Paris : Imprimerie Impériale, 1861-1877), Vol. 4, pp. 89-90.
9) Frobenius, *Märchen aus Kordofan*, p. 22.
10) 같은 책, pp. 20-21.
11) Sir William James Frazer, *The Golden Bough*(단권판 ; New York : The Macmillan Company, 1922), p. 267.
12) Frobenius, *Monumenta Africana*, pp. 318-322.
13) Duarte Barbosa, *Description of the Coass of East Africa and Malabar in the Beginning of the Sixteenth Century*(London : The Hakluyt Society, 1866), p. 172 ; Frazer, 앞의 책, pp. 274-275에서 인용.
14) Leo Frobenius, *Schicksalskunde im Sinne des Kulturwerdens*(Leipzig : R. Voigtlanders Verlag, 1932), p. 127.
15) Leo Frobenius, *Monumenta Terrarum : Der Geist über den Erdteilen. Erlebte Erdteile*, Bd. VII(Frankfurt am Main : Forschungsinstitut für Kulturmorphologie, 1929), pp. 392-394은 무엇보다도 E. Pechuël-Lösche, *Volkskunde von Loango*(Stuttgart : Strecker und Schröder, 1907), pp. 155-192를 인용하였고, 이 책은 다시 O. Dapper, *Beschreibung von Afrika*(1668)와 Abbot Proyart의 것(1776)을 인용하였다.

주 543

제5장 사랑-죽음 의례

1) Paul Wirz, *Die Marind-anim von Hollandisch Süd-Neu-Guinea*(Hamburg : L. Friedrichsen and Company, Vol. I, 1922, Vo. II, 1925).
2) 같은 책, Vol. II, pp. 40-44.
3) Jensen, 앞의 책, pp. 34-38.
4) 같은 책, p. 39.
5) 같은 책, pp. 168-170.
6) Adolf E. Jensen, "Die mythische Weltbetrachtung der alten Pflanzer-Volker", *Eranos-Jahrbuch 1949*(Zurich : Rhein-Verlag, 1950), pp. 440-447.
7) Frazer, 앞의 책, p. 386.
8) *Homeri Hymnus in Cererem* 2 ; 또 Ovid, *Metamorphoses* V.385 이하.
9) Frazer, 앞의 책, p. 470.
10) Jane Ellen Harrison, *Prolegomena to the Study of Greek Religion*(제3판 ; London : Cambridge University Press, 1922).
11) Scholiast to Lucian, *Dial. Meretr.* II.1, Jane Ellen Harrison(역), 앞의 책(초판, 1903), p. 122.
12) Hippolytus, *Philosoph.* 5, 8.
13) Walter Otto, "Der Sin der eleusinchen Mysterien", *Eranos-Jahrbuch 1939*(Zurich : Rhein-Verlag, 1940), pp. 99-106.
14) *Ephemeris archaiologikē, 1883, Archaiologikē hetaireis en Athēnais*(Athens : Carl Beck, 1884), p. 81.
15) Frazer, 앞의 책, pp. 479 이하.
16) Ovid, *Metamorphoses*, IV.665 이하.
17) Carl Kerényi, "Kore", C. G. Jung and Carl Kerényi, *Essays on a Science of Mythology* (New York : Pantheons Books, The Bollingen Series XXII, 1949), p. 181.
18) Jesen, *Das religiöse Weltbild einer frühen Kultur*, pp. 66-77.
19) Edward Winslow Gifford, *Tongan Myths and Tales*(Honolulu : Bernice Pauahi Bishop Museum Bulletin 8, 1924), p. 181.
20) J. F. Stimson, *The Legends of Maui and Tahaki*(Honolulu : Bernice Pauahi Bishop Museum Bulletin 127, 1934), pp. 28-35. 이 이야기는 투아모투스인의 노래에서 나왔으며, Stimson의 텍스트에서 발췌하여 이야기 양식으로 만든 것이다.
21) 같은 책, p. 3.
22) 예를 들면, Captains James Cook and James King, *A Voyage to the Pacific Ocean* (London : G. Nicol and T. Cadell, 1784), Vol. II, Ch. X.
23) Gifford, 앞의 책, p. 183.
24) William Wyatt Gill, *Myths and Songs from the South Pacific*(London : Henry S. King and Company, 1876), pp. 77-79.
25) Ananda K. Coomaraswamy, *The Ṛg-Veda as Land-náma-bók*(London : Luzac and Company, 1935).
26) Thomas Thrum, *More Hawaiian Folk Tales*(Chicago : A. C. McClurg and Company, 1923), pp. 235-241.
27) W. J. Thomson, *Te pito te Henua, or Easter Island*(Washington, D. C. : Smithsonian

Report, 1889), pp. 518-519. Werner Wolff, *Island of Death*(New York : J. J. Augustin, 1948), p. 179에서 인용.
28) Millet and Cohen, 앞의 책, p. 649.
29) 같은 책, pp. 663-664와 p. 671.
30) A. V. Kidder, "Looking Backward", *Proceedings of the American Philosophical Society*, LXXXIII, No. 4(1940), pp. 527-537. Clyde Kluckhohn in Anthropology Today, p. 512n 에서 인용.
31) Leo Frobenius, *Geographische Kulturkunde*(Leipzig : Friedrich Brandstetter, 1904), p. 450.
32) A. L. Kroeber, *Anthropology*(초판 ; New York : Harcourt, Brace and Company, 1923), p. 491 참조.
33) 같은 책, 그림 36(Spinden's diagrammatic of native American culture)과 p. 352(크뢰버 자신의 추측) 참조.
34) Frederick Johnson, "Radiocarbon Dating", *Memoirs of the Society for American Archaeology*, No. 8(Salt Lake City, 1951), pp. 10-18.
35) Carleton S. Coon, 앞의 책, p. 149, 그리고 Harry L. Shapiro, "Les Iles Marquises : Prehistory of Polynesia", *Natural History*, May, 1958, p. 265 참조.
36) Gordon R. Willey, "Archaeological Theories and Interpretation : New World", *Anthropology Today*, pp. 220-221.
37) Wendell C. Bennett, "New World Culture History : South America", *Anthropology Today*, pp. 220-221.
38) Julian H. Steward, "South American Cultures : An Interpretative Summary", *Handbook of South American Indians*(Washington, D. C. : Bureau of American Ethnology, Bulletin 143, Vol. V, 1949), p. 749.
39) 같은 책, p. 769.
40) Carl O. Sauer, "Cultivated Plants in South and Central America", *Handbook of South American Indians*, Vol. VI(1950), p. 506.
41) 같은 책, pp. 533-538.
42) 같은 책, pp. 533-538.
43) 같은 책, p. 497.
44) 같은 책, p. 527.
45) 같은 책, p. 494. 그러나 Paul C. Mangelsdorf, "New Evidence on the Origin and Ancestry of Maize", *American Antiquity*, XIX, No. 4(1954)도 보라.
46) Sauer, 앞의 책, pp. 499-500, 502-503, 510, 513,.
47) Paul Rivet, "Early Contacts between Polynesia and America", *Diogenes*, No. 16(Winter 1956), p. 82.
48) 같은 책, pp. 78-87.
49) Kroeber, 앞의 책, pp. 226-227.
50) Robert Heine-Geldern and Gordon F. Eckholm, "Significant Parallels in the Symbolic Arts of Southern Asia and Middle America", *Selected Papers of the XXIXth International Congress of Americanists*, Vol. I, The Civilization of Ancient America(Chicago : University of Chicago Press, 1951) ; Robert Heine-Geldern, "The Origin of Ancient Civilizations and Toynbee's Thesis"에서 인용 ; Charles Wolcott Brooks, "Reports of Japanese Vessels Wrecked

in the North Pacific from the Earliest Records to the Present Time", *Proceedings of the California Academy of Sciences*, Vol. 6(1875).
51) Gordon F. Eckholm, "A Possible Focus of Asiatic Influence in the Late Classical Cultures of Mesoamerica", *Memoirs of the Society of American Archaeology*, Vol. XVIII, No. 3, Part 2(January 1953), pp. 72-89 참조.
52) 예를 들면, *Anthropology Today*에 실린 논문들인 Wendell C. Benett("New World Culture History : Middle America")와 Alex D. Krieger("New World Culture History : Anglo-Amerca") 그리고 Gordon R. Willey("Archaeological Theories and Interpretation : New World")를 비교해보라. Miguel Covarrubias, *The Eagle, the Jaguar, and the Serpent* (New York : Alfred A. Knopf, 1954), pp. 73-89에 있는 도표와 논의도 도움이 될 것이다. Philip Ainsworth Means, *Ancient Civilizations of the Andes*(New York and London : Charles Scribner's Sons, 1931) ; P. Alden Mason, *The Ancient Civilizations of Peru* (London : Penguin Books, 1957) ; Sylvanus Griswold Morley, *The Ancient Maya*(Stanford : Stanford University Press, 1946) ; G. C. Vaillant, *The Aztecs of Mexico*(Penguin Books, 1950) ; Miguel Covarrubias, *Indian Art of Mexico and Central America*(New York : Alfred A. Knopf, 1957) ; 그리고 Gordon R. Willey and Philip Phillips, *Method and Theory in American Archaeology*(Chicago : University of Chicago Press, 1958)도 도움이 될 것이다. 올멕 문화 복합에 대한 최근의 연구와 C-14 연대 측정법에 대해서는 Philip Drucker, Robert F. Heizer, and Robert J. Squier, *Excavations at La Venta Tabasco, 1955*(Washington : Bureau of American Ethnology, Bulletin 170, 1959)를 보라.
53) Eckholm, 앞의 인용문.
54) Willey, 앞의 책, p. 37.
55) Mentor L. Williams 편, *Schoolcraft's Indian Legends*(East Lansing, Mich. : Michigan State University Press, 1956), pp. 58-60.
56) Theodor Koch-Grünberg, *Zwei Jahren unter den Indianern : Reisen in Nordwest-Brasilien 1903-1905*(Berlin : Ernst Wasmuch A. G. 1910), pp. 292-293.
57) Frazer, 앞의 책, pp. 589-591.
58) E. de Jonghe, "Histoyre du Méchique, Manuscrit français inédit du XVIe siècle", *Journal de la Société des Américanistes de Paris*, Nouvelle Série, Tome II, No. 1(1905), pp. 28-29 ; Jesen, *Das religiöse Weltbild einer frühen Kultur*, p. 119에서 인용함.

제3부 원시 사냥꾼의 신화

제6장 샤머니즘

1) Robert H. Lowie, *Primitive Religion*(Black and Gold Library ; New York : Boni and Liveright, 1924), p. 7. Copyright : (R) 1951 by Robert H. Lowie.
2) Ruth Benedict, *Pattern of Culture*(Boston : Houghton Mifflin Company, 1934), pp. 59-60.
3) Alex D. Krieger, 앞의 책, *Anthropology Today*, p. 251.
4) Opler, 앞의 책, p. 1.

5) *Vajracchedika* 32.
6) *The Tempest* IV.156-158.
7) Opler, 앞의 책, pp. 1-18을 압축적으로 요약한 것이다.
8) 같은 책, p. 17.
9) Rāmāyaṇa 1.45, 7.1.
10) Opler, 앞의 책, p. 26.
11) 「요한복음」 12 : 24.
12) Natalie Curtis, *The Indian's Book*(New York : Harper and Brothers, 1907), pp. 38-39.
13) Knud Rasmussen, *Across Arctic America*(New York and London : G. P. Putnam's Sons, 1927), pp. 82-84. Copyright G. P. Putnam's Sons, Inc. Reprinted by permission of the publisher.
14) 같은 책, pp. 84-85.
15) 같은 책, pp. 85-86
16) E. Lucas Bridges, *The Uttermost Part of the Earth*(New York : E. P. Dutton and Company ; London : Hodder and Stoughton, 1948), p. 262.
17) 같은 책, pp. 284-286.
18) 같은 책, p. 264.
19) 같은 책, p. 232와 pp. 302-304.
20) 같은 책, p. 290.
21) 같은 책, p. 261.
22) G. V. Ksenofontv, *Legendy i rasskazy o shamanach u. yakutov, buryat i tungusov. Izdanie vtoroe.* S predisloviem S. A. Tokareva (Moscow : Izdatel'stvo Bezbozhnik, 1930) ; translated (into German) Adolf Friedrich and Georg Buddrussdl 이 독일어로 번역함, *Schamanengeschichten aus Siberien*(Munich : Otto Wilhelm Barth-Verlag, 1955), pp. 211-212.
23) Mircea Eliade, *Le Chamanisme et le techniques archaïques de l'extase*(Paris : Payot, 1951).
24) William James, *Pragmatism*(New York : Longmans, Green and Company, 1907), p. 12.
25) Paul Radin, *Primitive Man as Philosophers*(New York and London : D. Appelton and Company, 1927).
26) Elide, 앞의 책, p. 40.
27) Spencer and Gillen, 앞의 책, pp. 523-525.
28) Géza Róheim, *Social Anthropology* (New York : Boni and Liveright, 1926), pp. 350-351.
29) Géza Róheim, *The Eternal Ones of the Dream,* p. 191.
30) Ksenofontv, 앞의 책, pp. 213-214.
31) Uno Holmbert(Harva), Finno-Ugric, Siberian Mythology, The Mythology of All Races, Vol. IV(Boston : Marshall Jones Company, 1927), p. 499.
32) B. Munkácsi, Vogul Népköltési Gyüjtemény, Vol. III(Budapest, 1893), p. 7. Géza Róheim, Hungarian and Vogul Muythology(Locust Valley, N. Y. : Monographs of the American Ethnological Society, J. J. Augustin, 1954), p. 22에서 인용.
33) Munkácsi, 앞의 책, Vol. II, Part 1, 1910-1921, p. 066. Géza Róheim, 앞의 책, p. 30 에서 인용.
34) Ksenofontv, 앞의 책, pp. 179-181.
35) 같은 책, pp. 181-183.

36) Jensen, *Das religiöse Weltbild einer frühen Kultur*, p. 131.
37) Ksenofontv, 앞의 책, pp. 160-161.
38) 같은 책, p. 163.
39) 같은 책, p. 163
40) 같은 책, p. 161
41) 같은 책, p. 133
42) 같은 책, pp. 146-147.
43) George Bird Grinnell, *Blackfoot Lodge Tales*(New York : Charles Scribner's Sons, 1892), pp. 153-156에서 발췌하여 인용.
44) 같은 책, pp. 155-156.
45) Paul Radin, *The Trickster*(New York : Philosophical Library, 1956), p. 8을 따름.
46) 같은 책, pp. 22-23.
47) 같은 책, pp. 25-27.
48) Grinnell, 앞의 책, pp. 137-142을 따름.
49) Radin, *The Trickster*, p. 53을 따름.
50) V. L. Serosevskii, *Yakuty*(Petrograd, 1896), p. 653.
51) Jung, "On the Psychology of the Trickster Figure", in Radin, *The Trickster*, pp. 197-199.
52) Charles Du Fresne Du Cange, *Glossarium Mediae et Infimae Latinitatis*(1733), s. v. *festum asinorum*.
53) Jung, 앞의 책, p. 209.
54) "Skazaniya buryat, zapisanniyia raznymi sobiratelyami", *Zapiški Vostocno-Sibirskago Otdela Russkago Geografičeskago Obsčestva*, I.2(Irkutsk, 1890), pp. 65-66.
55) V. I. Anucin, "Ocerk samanstva u yeniseyskich ostyakov", *Sbornk Muzeya po Antropologii I Ethnografi pri Akademii Nauk*, II.2(Petrograd, 1914), p. 14.
56) 예를 들면, George Bird Grinnell, *Blackfeet Indian Stories*(New York : Charles Scribner's Sons, 1917), pp. 145-146을 보라. 포괄적인 참고 문헌으로는 Stith Thompson, *Tales of the North American Indians*(Cambridge, Mass. ; Harvard University Prress, 1929), p. 279, note 30, "Earth Diver" 참조.
57) James A. Teit, "Thompson Tales", in *Folk-tales of Salishan and Sahaptin Tribes*, Franz Boas(편), p. 2를 따랐다 ; *Memoirs of the American Folk-lore Society*, Vol. XI(1917) ; James G. Frazer, *Myths of the Origin of Fire*(London : Macmillan and Company, 1930), pp. 173-174에서 인용.
58) John R. Swanton, *Myths and Tales of the Southeastern Indians*(Washington, D. C. : Bureau of American Ethnology, Bulletin 88, 1929), p. 46 ; Frazer, *Myths of the Origin of Fire*, p. 147에서 인용.
59) Livingston Farrand, "Traditions of the Chilcotin Indians", *The Jessup North Pacific Expedition*(New York : Memoir of the American Museum of Natural History, 1900), Vol. II, Part I, p. 3 ; Frazer, *Myths of the Origin of Fire*, pp. 182-183에서 인용.
60) James A. Teit, "Kaska Tales", *Journal of American Folk-lore*, Vol. XXX(1917), p. 443 에서 발췌하여 인용.
61) Radicliffe-Brown, 앞의 책, pp. 202-203.
62) Aeschylus, *Prometheus Bound*, 937 이하, John Stuart Blackie(역).
63) 「욥기」 42 : 5-6.

64) *Hygini Astronomica* 2.15 and *Scholium Vergilius Eclogae* 6.42를 인용하고 있는 Carl Kerenyi, *The Gods of the Greeks*(London and New York : Thames and Hudson, 1951), pp. 215-216을 보라.
65) Sturluson, 앞의 책, "Gylfaginning", LI, pp. 78-79.
66) Nietzsche, *Thus Spake Zarathustra*, Prologue 2.

제7장 동물의 주

1) Grinnell, *Blackfoot Lodge Tales*, pp. 229-230.
2) 같은 책, pp. 104-107과 pp. 220-224를 따랐다.
3) Dr. G. Lalanne, "Bas-reliefs à représentations humaines", *L'Anthropologie*(1911), pp. 257-260 ; "Bas-reliefs à figurations humaines de l'abri sous rodhe de Laussel(Dordogne)", 같은 책(1912), pp. 129-148 ; Dr. G. Lalanne, and chanoine J. Bouyssonie, "Le Gisement paléolithique de Laussel", 같은 책, Tome L(1950).
4) Lowie, 앞의 책, p. 67.
5) 같은 책, p. 4.
6) Herbert J. Spinden, "First Peopling of America as a Chronological Problem", *Early Man*, George Grant MacCurdy(편)(Philadelphia, New York and London : F. B. Lippincott Company, 1937), pp. 105-114.
7) *Bhagavad Gītā* 2 : 17-18.
8) Ovid, *Metamorphoses*, XV, 165-168.
9) Rasmussen, 앞의 책, p. 80.
10) Grinnell, *Blackfoot Lodge Tales*, pp. 221-222.
11) Leo Frobenius, *Das unbekannte Afrika*(Munich : Oskar Beck, 1923), pp. 34-35.
12) Leo Frobenius, *Atlantis*, Vol. I, *Volksmärchen der Kabylen*(Jena : Dugen Diederich, 1921), pp. 14-15.

제8장 구석기 시대의 동굴

1) Abbé H. Breuil, *Four Hundred Centuries of Cave Art*(Montignac, Dordogne : Centre d'etudes et de documentation préhistorique, 연대 미상), 그림 86과 그림 89 그리고 p. 118.
2) 같은 책, 그림 114와 그림 115 그리고 pp. 134-137.
3) 같은 책, pp. 135-137.
4) Géza Róheim, *Magic and Schizophrenia*, Warner Muensterberger가 유작으로서 편집함 (New york : International Universities Press, 1955), pp. 36-37. 더 많은 사례와 논의를 위해서는 Géza Róheim, "The Pointing Bone", *Journal of the Royal Anthropological Institute*, Vol. LIV(1925), p. 90을 보라.
5) Géza Róheim, *Psychoanalysis and Anthropology*, p. 131.
6) Spencer and Gillen, 앞의 책, p. 287, 그림 47 ; p. 295, 그림 52 ; pp. 332-333, 그림 66 과 그림 67 ; p. 518, 그림 102.
7) Leo Frobenius, *Kulturgeschichte Afrikas*(Zurich : Phaidon-Verlag, 1933), pp. 131-132.

8) Breuil, 앞의 책, pp. 146-147.
9) 같은 책, p. 236.
10) 이 발굴 이야기는 1926년에 Herbert Kühn 박사가 그 동굴을 방문하였을 때 Bégouën 백작으로부터 들은 것에 근거한 것이다. Herbert Kühn, *Auf den Spuren des Eiszeitmenschen*, F. A. Brockhaus, Wiesbaden, Germany, 1953, pp. 88-90.
11) 같은 책, pp. 91-94, 축약.
12) Breuil, 앞의 책, pp. 152-175.
13) Kühn, 앞의 책, p. 96.
14) Breuil, 앞의 책, p. 176.
15) Kühn, 앞의 책, pp. 94-95.
16) Coon, 앞의 책, p. 103.
17) Moritz Hoernes and Oswald Menghin, *Urgeschichte der bildenden Kunst in Europa* (Vienna : Anton Schroll and Company, 1925), pp. 116-117 ; Georges H. Luquet, *L'Art et la réligion des hommes fossiles* (Paris : Masson et Compagnie, 1926), p. 126.
18) Frobenius, *Das unbekannte Afrika*, pp. 27-28.
19) Oswald Menghin, *Weltgeschichte der Steinzeit* (Vienna : A. Schroll and Company, 1931), p. 148.
20) Franz Hancar, "Zum Problem der VEnusstatuetten im eurasiatischen Jungpaläolithikum", *Praehistorische Zeitschrift*, XXXXXXI Band(1939-1940), 1/2 Heft, pp. 85-156.
21) 같은 책, p. 151.
22) 같은 책, p. 152.
23) Bridges, 앞의 책, pp. 412-414.
24) 같은 책, p. 166.
25) Spencer and Gillen, 앞의 책, p. 426.
26) 같은 책, 같은 쪽.
27) E. F. Worms, "Prehistoric Rock Carvings and Cave Paintings in Northwestern Australia", *Fifth International Congress of Anthropological and Ethnological Sciences* (Philadelphia, 1956)에서 발표한 논문.
28) W. Schmidt, *Der Urspurng der Gottesidee*, 12 vols. (Munster in Westfalia ; Aschendorff, 1912-1955).
29) 같은 책, "The Position of Women with Regard to Property in Primitive Society", *American Anthropologist*, Vol. 37(1935), pp. 244-256.
30) 예를 들면, Bronislaw Malinowski, *The Sexual Life of Savages* (단권판 ; New York : Eugenics Publishing Company, 1929), pp. 179-186.
31) Schmidt, *Der Ursprung der Gottesidee*, Vol. II, "Die Religionen der Urvölker Amerikas", pp. 995-996.
32) 「창세기」 3 : 16.
33) Osborn, 앞의 책, pp. 284-287.
34) 같은 책, pp. 364-370.
35) Coon, 앞의 책, pp. 34-35 참조.
36) Hančar, 앞의 책, p. 106.
37) 같은 책, pp. 135-137.
38) C. von den Steinen, "Prähistorische Zeichen und Ornamente", *Bastian-Festschrift* (Berlin, 1896). Hančar, 앞의 책, p. 130에서 인용.

39) V. A. Gorodcov, *Archeologija*, 1923, Kamennyie Period, p. 281 ; Hančar, 앞의 책, p. 130에서 인용.
40) P. P. Jefimenko, *Soobščeniya Gosudarstvennok Akademii Istorii Material'noi Kul'turi* (Leningrad Moscow, 1931), 11-12, p. 60.
41) *Ipek*(*Jahrbuch für prähistorische und ethnographische Kunst*) (Leipzig, 1931), p. 65.
42) Hančar, 앞의 책, p. 94 ; 또한 Herbert Kühn, "Das Problem der Urmonotheismus", *Akademie der Wissenschaften und der Literatur in Mainz, Abhandlungen der Geistes- und Sozialwissenschaftlichen Klasse*, 1950, Nr. 22, pp. 1665-1666.
43) N. N. Cheboksarov and T. A. Trofimova, "Anthropologicheskoe inzushemie Mansi", Kratie soobščenia II, M. K. 9, F. 이 글은 Field and E. Prostov가 "Results of Soviet Investigations in Siberia", *American Anthropologist*, Vol. 44(1942), p. 403에서 보고한 것이다.
44) Spinden, 앞의 책, 지도, p. 108.
45) William S. Webb and Charles E. Snow, *The Adena People*(Lexington, Ky. : Department of Anthropology and Archaeology, University of Kentucky, *Reports in Anthropology and Archaeology*, Vol. VI, 1945) ; 그리고 William S. Webb and Raymond S. Baby, *The Adena People, No. 2*(Columbus, O. : Ohio University Press, 1957).
46) W. A. Ritchie, *Recent Discoveries Suggesting an Early Woodland burial Cult in the Northeast*(Albany, N. Y. : New York State Museum and Sciences Service, Circular 40, 1955).
47) Henry (Hinrich Johannes) Rink, *Tales and Traditions of the Eskimo*(Edinburgh and London : William Blackwood and Sons, 1875), pp. 39-40.
48) *Katha Upaniṣad* 3 : 14.
49) Chrêtien de Troyes, *Le Chevalier de la charrette*(Wendelin Foerster's[편] ; Halle : Max Niemeyer, 1899), pp. 107 이하, 11.302 이하.
50) Kroeber, 앞의 책, p. 51.
51) A. C. Haddon, *The Races of Man*(London : Cambridge University Press, 1924), p. 95.
52) Kyosuki Kindaiti, *Ainu Life and Legends*(Tokyo : Tourist Library 36, 1941), p. 50.
53) J. Bachelor, "Ainus", *Encyclopaedia of Religion and Ethics*, James Hastings(편)(New York : Charles Scribner's Sons, 1928), Vol. I, pp. 249-250 그리고 Kindaiti, 앞의 책, pp. 52-54.
54) Kindaiti, 앞의 논문, pp. 51-52.
55) Bachelor, 앞의 논문, p. 245.
56) 같은 글, p. 239.
57) Frobenius, *Kulturgeschichte Afrikas*, 지도, p. 88.
58) Weinert, 앞의 책, p. 108.
59) Osborn, 앞의 책, pp. 257-258.
60) Emil Bächler, *Das alpine Paläolithikum der Schweiz*(Basel, 1940).
61) Konrad Hormann, *Die Petershöhle bei Velden in Mittelfranken*(Abhandlungen der Naturhistorischen Gesellschaft zu Nürnberg, 1923).
62) Osborn, 앞의 책, p. 221과 pp. 513-514.
63) 같은 책, p. 222.
64) 같은 책, p. 223.

65) Piaget, 앞의 책, p. 367.
66) Kindaiti, 앞의 책, pp.41-47.
67) Oswald Menghin, "Der Nachweis des Opfers im Altpaläolithikum", *Wiener Prähistorischer Zeitschrift*, 1926, pp. 14 이하.
68) A. Gahs, "Kopf-, Schädel- und Langknochenopfer bei Rentiervölkern", *Festschrift : Publication d'hommage offerte au P. W. Schmidt*(Vienna : Mechitharisten-Congregations-Buchdruckerei, 1928), pp. 231 이하.
69) A. J. Hallowell, "Bear Ceremonialism in the Northern Hemisphere", *American Anthropologist*, 1926. p. 87 이하.
70) Uno Holmberg, "Über die Jagdriten der nördlichen Völker Asiens und Europas", *Journal de la Société Finno-Ougrienne*, Vol. 41(Helsinki, 1925-1926), pp. 1-53.
71) Lothar Friedrich Zotz, *Die schlesischen Höhlen und ihre eiszeitlichen Bewohner*(Breslau, 1937) ; *Die Altsteinzeit in Neederschlesien*(Leipzig, 1939). 아울러 Wilhelm Koppers, "Künstlicher Zahnschliff am Bären im Altpaläolithikum und bei den Ainu auf Sachalin", *Quartär*, 1938. p. 97 이하 참조.
72) Kühn, "Das Problem des Urmonotheismus", pp. 1646-1647.
73) Comte Bégouën, "Les modelages d'argile de la caverne de Montespan", *Comptes rendus des séances de l'Académie des Inscriptions et Belles Lettres*, 31 août and 26 octobre, 1923, 14p., pp. 349-350과 p. 401. 이 유물의 사진은 Abbé Breuil의 앞의 책, p. 237에서 볼 수 있다.
74) Frobenius, *Kulturgeschichte Afrikas*, pp. 83-85.
75) 같은 책, p. 83.
76) 같은 책, p. 81.
77) 같은 책, p. 81.
78) Piaget, 앞의 책, pp. 361-362.
79) Ostermann, 앞의 책, p. 128.
80) Leo Frobenius, *Der Kopf als Schicksal*(Munich, 1924), p. 88 ; Carl Kerenyi, "Kore", 앞의 책, pp. 141-142에서 인용.
81) Libido Cipriani, "Excavations in the Andamanese Kitchen Middens", *Acts of IVth International Congress of Anthropological and Ethnological Sciences*(Vienna, 1952), Vol. II, pp. 250-253 참조.

제4부 신화의 고고학

제9장 구석기 시대의 신화적 문턱

1) Wendt, 앞의 책.
2) E. von Eickstedt, "Gedanken über Entwicklung und Gliederung der Menschheit", *Mitteilungen der Anthropologischen Gesellschaft in Wien*, IV, pp. 231-254.
3) Pierre Teilhard de Chardin, "The Idea of Fossil Man", *Anthropology Today*, pp. 97-98.

4) Hans Weinert, "Der fossile Mensch", *Anthropology Today*, p. 102.
5) Wolfgang Köhler, *The Mentality of Apes*(제2판 ; New York : Humanities Press, 1927), p. 95.
6) 같은 책, pp. 314-315.
7) W. Krickeberg, *Buschan's Illustrierter Völkkunde*(제2판 : Stuttgart : Strecker und Schröder, 1922), p. 57에 실린 글 ; Schmidt, 앞의 책, Vol. VI(1935), pp. 28-31에서 인용.
8) Steward, *Handbook*, Vol. V, p. 748 ; 또한 W. F. Libby, *Radiocarbon Dating*(Chicago : University of Chicago Press, 1952), Sample No. C-485.
9) Krieger, *Anthropology Today*, p. 240.
10) Jose Imbelloni, "The Peopling of America", *Acta America*, I, 3(1943), pp. 321-322.
11) Harold S. Gladwin, *Men out of Asia*(New York : McGraw-Hill Book Company, 1947), pp. 65-74.
12) Paul Rivet, *Les Origines de l'homme americain*(Montreal : Editions de l'Arbre, 1943), pp. 74-88.
13) L. S. B. Leaky, *Olduvai Gorge : A Report on the Evolution of the Hand-axe Culture in Beds I-IV*(London : Cambridge University Press Press, 1951).
14) Coon, 앞의 책, pp. 55-56.
15) 같은 책, p. 57.
16) Radicliffe-Brown, 앞의 책, p. 129.
17) 같은 책, p. 193.
18) Cipriani, 앞의 책, pp. 251-252.
19) Radicliffe-Brown, 앞의 책, p. 307.
20) 같은 책, p. 405.
21) 같은 책, p. 327.
22) Ruth Underhill, "Withdrawal as a MEans of Dealing with the Supernatural", *Fifth International Congress of Anthropological and Ethnological Sciences*(Philadelphia, 1956)에서 발표한 논문.
23) Weinert, 앞의 책, p. 115.
24) 같은 책, p. 117.
25) G. H. R. von Koenigswald, "A Review of the Stratigraphy of Java and Its Relations to Early Man", *Early Man*, p. 31.
26) Breuil, 앞의 책, pp. 32-33.
27) Herbert Kühn, *Die Felsbilder Europas*(Stuttgart, 1952), p. 12.
28) Carleton S. Coon은 *Natural History : The Magazine of the American Museum of Natural History*, Vol. LXVI, No. 7(September 1957), p. 341에 실린 Glyn Daniel의 논문 Lascaux and Carnac을 검토하고 있다.
29) Osborn, 앞의 책, p. 490.
30) Weinert, 앞의 책, pp. 117-119.
31) Hančar, 앞의 책, p. 132.
32) Osborn, 앞의 책, pp. 333-338.
33) 같은 책, p. 382.
34) Frobenius, *Kulturgeschichte Afrikas*, pp. 66-70.
35) 같은 책, Plates 1-26.

제10장 신석기 시대의 신화적 문턱

1) J. Meier, "Mythen und Sagen der Admiralitäts-insulaner", *Anthropos*, Vol. II(1907), p. 654.
2) Robert Heine-Geldern, "Urheimat und früheste Wanderungen der Austronesier", *Anthropos*, Vol. XXVII(1932), p. 556.
3) Menghin, *Weltgeschichte der Steinzeit*, p. 604.
4) Heine-Geldern, "Urheimat und früheste Wanderungen der Austronesier", p. 607.
5) P. Bley, "Sagen der Baininger auf Neupommern." Anthrpos, Vol. IX(1914), p. 198.
6) J. E. Weckler, "The Relationships between Neanderthal Man and Homo Sapiens", *American Anthropologist*, Vol. 56, No. 6(December 1954), pp. 1003-1025.
7) 같은 책, 같은 쪽.
8) Coon, 앞의 책, pp. 60-63.
9) *Two Rediscovered Works of Ancient Christian Literature : Gregory of Nyssa and Macarius*(Leiden : Brill, 1954), XLIV, 1033 D-1036 A ; Jean Daniélou, "La Colombe et la tenebre dans la mystique byzantine ancienne", *Eranos-Jahrbuch 1954*, p. 417.
10) Frobenius, *Kulturgeschichte Afrikas*, Plate 19.
11) Henry Frankfort, "A Note on the Lady of Birth", *Journal of Near Eastern Studies*, Vol. III, No. 3(July 1944), p. 200.
12) Sir Charles Leonard Woolley, *Ur of the Chaldees*(London : Ernest Benn Ltd., 1929), pp. 33-34.
13) 같은 책, pp. 46-56, 축약.
14) 같은 책, p. 57.
15) 같은 책, p. 58.
16) 같은 책, pp. 64-65.
17) 같은 책, pp. 59-60.
18) 같은 책, p. 63.
19) Henry Frankfort, "Gods and Myths on Sargonid Seals", *Iraq*, Vol. I, No.1(1934), p. 8.
20) Woolley, 앞의 책, p. 52.
21) H. de Genouillac, *Textes religieux sumeriens du Louvre*(Paris : Paul Geuther, 1930), text no. 5374, 191행 이하. Langdon, 앞의 책, p. 345의 번역본을 축약하여 인용함.
22) Kramer, 앞의 책, pp. 88-89를 축약.
23) 같은 책, pp. 91-93을 축약.
24) Langdon, 앞의 책, pp. 176-177.
25) Fankfort, *Iraq* I, 1, 앞의 책, p. 12.
26) Kramer, 앞의 책, pp. 90-95를 축약.
27) 「요한복음」 20 : 11-18.
28) Huizinga, 앞의 책, p. 39.
29) 같은 책, pp. 34-35.
30) 같은 책, p. 45.
31) Leo Frobenius, *Erythräa : Lande und Zeiten des heiligen Königsmordes*(Berlin-Zurich : Atlantis-Verlag, 1931), pp. 133-136.
32) Frobenius, *Das unbekannte Afrika*, p. 132.
33) Frobenius, *Erythräa*, pp. 329-330.

34) J. D. Clark(편), *Proceedings of the Third Ran-African Congress on Prehistory*(1955) (London : Chatto and Windus, 1957), p. 428.
35) G. A. Wainwright, Basil Davidson의 "Aspects of African Growth before A. D. 1500", *Diogenes 23*(Fall 1958), p. 88에서 인용.
36) Childe, 앞의 책, pp. 52-84를 보라.
37) 수많은 판본이 존재한다. 나는 주로 프레이저가 요약한 플루타르크의 판본을 따랐다. Frazer, *The Golden Bough*, pp. 362-367.
38) Ovid, *Metamorphoses*, X, 708 이하.
39) Frazer, *The Golden Bough*, p. 471.
40) *Odyssey* XIX, 172-178. S. H. Butcher and Andrew Lang의 번역(London : Macmillan and Company, 1879)을 따름.
41) Bedřich Hrozný, *Ancient History of Western Asia, India, and Crete*(New York : Philosophical Library, 1953), p. 198의 주 1.
42) Frazer, *The Golden Bough*, p. 280.
43) Marija Gimbutas, "Culture Change in Europe at the Start of the Second Millennium B. C.", *Fifth International Congress of Anthropological and Ethnological Sciences*(Philadelphia, 1956).
44) R. A. S. Macalister, *Newgrange, County Meath*(Dublin : Government Publications, 공식 편람, 연대 미상).
45) J. A. MacCulloch, *The Religion of the Ancient Celts*(Edinburgh : T. and T. Clark, 1911), p. 63.
46) P. W. Joyce, *A Social History of Ireland*(London : Longmans, Green and Company ; Dublin : M. H. Gill and Son, Ltd., 1913), Vol. I, pp. 252-252.
47) MacCulloch, 앞의 책, p. 67.
48) 같은 책, p. 69.
49) 같은 책, p. 42.
50) Curtin, 앞의 책, pp. 327-332를 따랐다.
51) W. Norman Brown, "The Beginnings of Civilization in India", *Supplement to the Journal of the American Oriental Society*, No. 4(December 1939), p. 44.
52) Heinrich Zimmer, *The Art of Indian Asia*, Joseph Campbell이 편집하고 완성하였다 (New York : Pantheon Books, The Bollingen Series XXXIX, 1955), Vol. I, p. 27.
53) Menghin, 앞의 책, p. 319와 pp. 322-324.
54) Heine-Geldern, "Urheimat und früheste Wanderungen der Austronesier", p. 608에서 인용함.
55) Carl W. Bishop, "The Beginnings of Civilization in Eastern Asia", *Supplement to the Journal of the American Oriental Society*, No. 4(December 1939), p. 49.
56) Li Chi, *The Beginnings of Chinese Civilization*(Seattle : University of Washington Press, 1957), p. 14 ; 그리고 Heine-Geldern "The Origin of Ancient Civilization", pp. 89-90에서 인용 ; 또한 Walter A. Fairservis, Jr., *The Origins of Oriental Civilization*(New York : The New American Library, Mentor Books, 1959), pp. 82-141을 보라. 특히 중국 왕조들의 연대 수정 문제를 논하고 있는 p. 140의 주를 보라.
57) G. D. Wu, *Prehistory Pottery in China*(London : Kegan Paul, Trench, Trubner and Company, 1938), 그림 V-LII ; 그리고 Hrozný, 앞의 책, 그림 5 및 그림 8과 비교하라.

58) Heine-Geldern, "Urheimat und früheste Wanderungen der Austronesier", pp. 598-602에서 인용.
59) 같은 책, p. 598.
60) 같은 책, p. 599.
61) *Anthropology Today*, p. 209에 실린 Childe의 글.
62) Layard, *Stone Men of Malekula*.
63) Robert Heine-Geldern, "Die Megalithen Südostasiens und ihre Bedeutung für die Klärung der Megalithenfrage in Europa und Polynesien", *Anthropos*, Vol. XXIII(1928), p. 303.
64) Layard, *Stone Men of Malekula*.
65) 같은 책, p. 210.
66) John Layard, "The Making of Man in Malekula", *Eranos-Jahrbuch 1948*(Zurich : Rhein-Verlag, 1949), p. 235.
67) Layard, *Stone Men of Malekula*, pp. 620-621의 주 6.
68) 같은 책, pp. 733-734.
69) 같은 책, p. 734.
70) Layard, "Der Mythos der Totenfahrt auf Malekula", pp. 253-261에서 인용.
71) Ssu-ma Ch'ien, *Historical Records*(『사기〔史記〕』), 제7장.
72) *Notes on Music*(Yo Chi)-『예기〔禮記〕』에 삽입되어 있는 한 장. Maurice Courant, "Essai sur la musique classique des Chinois", *Encyclopédie de la musique et dictionnaire du Conservatoire*(Paris, 1924), Vol. I, p. 206과 Alain Daniélou, *Introduction to the Musical Scales*(London : The India Society, 1943), pp. 16-17에서 인용.
73) *Doctrine of the Mean*(『중용〔中庸〕』), XX, 8, Ezra Pound가 번역한 *The Unwobling Pivot*(New York : New Directions, 1951)을 따랐다.
74) *Records of Rites*(『예기』), A. Preau, "Lie Tseu", *Le Voile d'Isis*, Nos. 152-153(1932), pp. 554-555 그리고 Alain Danielou, 앞의 책, pp. 6-7에서 인용.
75) *Vākya Pādukā* 1.124.
76) Lu Shih, 오경(五經)에 대한 주석서, Daisetz Teitaro Suzuki, *A Brief History of Early Chinese Philosophy*(제2판 : London, Probsthain and Company, 1914), p. 175에서 인용.
77) H. A. Giles, *Confucianism and Its Rivals*(London : Williams and Norgate, 1915), p. 180.
78) Heine-Geldern, "The Origin of Ancient Civilizations", pp. 82-83과 p. 89에서 인용.
79) 같은 책, pp. 93-94.
80) Daniel G. Brinton, *American Hero-Myths*(Philadelphia : H. C. Watts and Company, 1882), pp. 65-67.
81) Torquemada, *Monarquia Indiana*, Lib. VI, Cap. XXIV, 같은 책, p. 134에서 인용.
82) Brinton, 앞의 책, pp. 9-136 그리고 Bernardino de Sahagun, *Historia General de las Cosas de Nueva Espana*(Mexico, 1829), Lib. III, Cap, xii-xiv를 축약.

결론 : 신화의 기능

1) Paul Radin, *Primitive Man as Philosopher*, p. 241.
2) *The Gospel of Sri Ramakrishna*, p. 559.
3) Alfred Adler, *Understanding Human Nature*(Garden City, N. Y. : Garden City Publishing

Company, 1932) ; *Menschenkenntnis*(Leipzig : S. Hirzel, 1927).
4) Tinbergen, 앞의 책, pp. 153-154.
5) 같은 책, p. 154.

1969년 판의 「책을 내면서」에 삽입된 주

1) G. H. Curtis, "Clock for the Ages : Potassium Argon", *National Geographic Magazine*, Vol. 120, No. 4(1961), pp. 590-592.
2) L. S. B. Leaky, "The Astonishing Discovery of 'Nutcracker Man'", *Illustrated London News*, Vol. 235, No. 6267(1959), pp. 217-219 ; "The Newly Discovered Skull from Olduvai : First Photographs of the Skull", 같은 책, Vol. 235, No. 6268(1959), pp. 288-289 ; "Recent Discoveries at Olduvai Gorge", *Nature*, Vol. 188, No. 4755(1960), pp. 1050-1052 ; "Finding the World's Earliest Men", *National Geographic Magazine*, Vol. 118, No. 3(1960), pp. 420-435 ; "New Links in the Chain of Human Evolution : Three Major New Discoveries from the Olduvai Gorge, Tanganyika", *Illustrated London News*, Vol. 238, No. 6344(1961), pp. 346-348 ; L. S. B. Leaky, P. V. Tobias, and J. R. Napier, "A New Species of the Genus Homo from Olduvai Gorge", *Nature*, Vol. 202, No. 4927 (1964), pp. 7-9.
3) Carleton S. Coon, *The Origins of Races*(New York : Alfred A. Knopf, 4쇄, 1966), pp. 302-304.
4) James Mellaart, "Hacilar : A Neolithic Village Site", *The Scientific American*, Vol. 205, No. 2(August 1961), 그리고 동일 저자가 쓴 것으로 *Çatal Hüyük : A Neolithic Town in Anatolia*(New York : McGraw-Hill Book Company, 1967) ; 또한 Kathleen M. Kenyon, *Archaeology in the Holy Land*(New York : Frederick A. Praeger, 1960)를 보라.
5) Mellaart, *Çatal Hüyük*, p. 22.
6) Betty J, Meggers, Clifford Evans, and Emilio Estrada, *Early Formative Period of Coastal Ecuador : The Valdivia and Machalilla Phases*(Washington, D. C. : Smithsonian Institution, 1965).
7) Richard S. MacNeish, "The Food-gathering and Prehistoric Middle America", in Richard Wauchope(편), *Handbook of Middle American Indians*(Austin : University of Texas Press, 1964-1967), Vol. I, pp. 413-426 ; Paul C. Mangelsdorf, Richard S. MacNeish, and Gordon R. Willey, "Origins of Agriculture in Middle America", 같은 책, Vol. I, pp. 427-445 ; Philip Phillips, "The Role of Transpacific Contacts in the Development of New World Pre-Columbian Civilizations", 같은 책, Vol. IV, pp. 296-315 ; 그리고 Daniel Del Solar, "Interrelations of Mesoamerica and the Peru-Ecuador Area", *Kroeber Anthropological Society Papers*, No. 34, Spring 1966.

역자 후기

이 『신의 가면 : 원시 신화』는 조지프 캠벨의 주저인 *The Masks of God* 4부작 가운데 제1권에 해당하는 *The Masks of God : Primitive Mythology*를 완역한 것이다. 제2권 *The Masks of God : Oriental Mythology*와 제3권 *The Masks of God : Occidental Mythology*는 1999년에 각각 『신의 가면 : 동양 신화』와 『신의 가면 : 서양 신화』라는 이름으로 번역·출간되었으며, 마지막 편에 해당하는 제4권 *The Masks of God : Creative Mythology*도 2002년에 『신의 가면 : 창작 신화』라는 이름으로 번역본이 출간되었다. 순서는 바뀐 감이 있지만, 이 『신의 가면 : 원시 신화』를 마지막으로 『신의 가면』 4부작이 드디어 우리말로 모두 옮겨진 셈이다.

『신의 가면』 4부작은 양적 측면에서 방대한 규모를 자랑하고 있다. 영어 원본으로는 총 2,500페이지에 이르고, 우리 글로는 200자 원고지 1만 2,000매를 넘어선다. 집필 기간도, 1959년 『신의 가면 : 원시 신화』를 발간한 이후 1968년 『신의 가면 : 창작 신화』로 4부작을 완료할 때까지 꼬박 10년의 세월이 걸렸다. 더구나 이 시리즈가 집필될 당시 캠벨의 나이가 학문적으로 가장 왕성한 활동을 할 수 있는 시기인 50대 중반에서 60대 중반이라는 점을 고려할 때, 이 저서가 그의 저작 가운데 가장 완성도가 높은 작품임을 그 누구도 부정하기 어려울 것이다.

이러한 외적 측면만이 아니라 내용에서도 이 시리즈는 그의 필생의 역저임을 알 수 있다. 제1권은 원시 시대의 신화, 제2권은 동양(이집트, 인도, 중국, 티베트, 일본)의 신화, 제3권은 서양(레반트, 페르시아, 그리스-로마, 북유럽)의 신화, 제4권은 중세 이후 서양의 예술·철학·문학의 옷을 입고 나타난 새로운 '창작 신화' 혹은 '신화의 창조' 과정을 다루고 있다. 시기적으로는 선사 시대에서 현대 사회에 이르기까지 종횡무진으로 달리고 있으며, 공간적으로는 서아프리카에서 멕시코의 유카탄 반도, 시베리아에서 오스트레일리아까지 망라하고 있다. 그리고 방법론의 측면에서도 문헌학, 예술사, 심리학 등 다양한 부문의 성과를 활용하고 있다.

특히 이번에 번역한 『신의 가면 : 원시 신화』에서는 당시의 고고학, 민족학, 심리학, 생물학의 성과가 풍부하게 반영되어 있음을 알 수 있다. 물론 지금의 견지에서 보면 낡은 연구 성과에 의존한 것으로 보이지만, 당시로서는 최신의 성과를 이용한 것임에 틀림없다. 이 책의 제1부는 신화의 심리학적·생물학적 토대를 다루고 있다. 특히 인간이 지닌 생물학적·심리학적 공통분모와 관련하여, 신화적 양식의 다양성 밑에 놓여 있는 신화적 모티프와 주제의 공통성을 강조하고 있다. 제2부와 제3부에서는 원시 경작인의 신화와 원시 사냥꾼의 신화를 대비시켜 서술하고 있다. 여기서 그는, 원시 경작인의 신화가 식물의 죽음과 재생을 근본 모티프로 하는 데 비하여 원시 사냥꾼의 신화는 동물의 살해와 희생제의를 근본 모티프로 하고 있음을 강조하고 있다. 제4부에서는 구석기 시대와 신석기 시대의 신화적 상상력과 그 신화의 분포 및 전파 과정을 탐사하기 위하여 동굴 유적을 비롯한 다양한 고고학적 성과를 분석하고 있다.

이 책의 문제 의식은 「머리말」과 「서론」 그리고 「결론」 부분에 잘 나타나 있다. 캠벨은 이 책의 목적이 신들과 영웅의 자연사(natural history)를 스케치하는 데 있다고 말한다. 따라서 어떠한 신적 존재도 이러한 과학적 탐구의 대상에서 벗어날 수 없다. 그리고 이러한 신들과 영웅들의 세계에는 그 자체의 역사와 진화가 있으며 법칙의 지배를 받는 일련의 변동 과정이 존재하는데, 캠벨에 따르면, 그 법칙을 발견해내는 것이 과학의 고유한 임무라는 것이다.

하지만 한편으로, 신들과 영웅과 악마가 등장하는 신화의 장(場)은 놀이와 축제의 장이기도 하다. 그래서 캠벨은 문자주의자나 실증주의자의 시선으로 신화를 보아서는 안 된다고 말한다. 문자주의자는 신화의 고유한 놀이 규칙을 간과하고 신화를 문자 그대로 고지식하게 받아들이는 오류를 범하며, 실증주의자는 축제와 놀이의 장인 신화의 세계를 단순한 환상과 허구로 매도한다. 따라서 신화는 예술가의 시선으로 접근해야 한다는 것이다. 즉 시적 심성으로 신화를 바라볼 때 삶의 궁극적 신비가 이해된다는 것이다. 이러한 맥락에서 캠벨은 과학과 낭만의 대화를 요청하고 있다. 이와 같은 캠벨의 입장을 견지한다면, 4부작으로 구성된 이 『신의 가면』 자체가 바로 그러한 작업, 그러니까 예술가의 심성을 가지고 통일적인 신화 과학을 구축한 작업이었다고 할 수 있겠다.

그의 거대한 신화 과학의 한 부분을 이루고 있는 이 책은 인류 문화의 뿌리가 되는 선사 시대의 신화를 다루고 있기 때문에, 고고학을 비롯한 인접 학문의 다양한 성과가 망라되고 있다. 따라서 매우 생소한 전문 용어들이 많이 등장하고 있으며, 이는 번역 과정에서의 어려움으로 이어졌다. 가능한 한 적합한 용어를 선택하고자 하였으나 불완전한 용어 선택도 적지 않았을 것으로 생각된다. 기회가 닿는 대로 시정하고자 한다.

번역이 예정보다 많이 늦어졌다. 그럼에도 인내를 가지고 마지막까지 격려를 아끼지 않은 까치 출판사에 감사드린다. 거친 원고에도 불구하고 헌신적으로 교정과 교열에 힘써주신 이경희 님께도 특별한 감사의 말씀을 드린다. 그리고 번역 과정에서 큰 도움을 준 고명선 님께도 감사의 인사를 드리고 싶다.

2003년 1월 2일 옮긴이

색인

ㄱ

가면 32, 35, 36, 40, 43, 60, 63, 68, 78, 238, 248, 262~264, 274, 323, 345, 347, 358, 359, 367, 424, 448, 449, 474
가젤 영양 168, 169, 408, 431, 452, 461, 462, 493
가족의 로맨스 97, 98, 108
가축 사육 455
각인 75, 78~80, 83, 85, 90, 92, 95~97, 112, 114, 142, 148, 152, 207, 526, 528
개(dog) 52, 77, 89, 118, 199, 201, 290, 302, 308, 337, 380, 455, 479, 489, 492, 497, 499, 514
개인적 무의식(personal unconsciousness) 47
거미 93, 314, 416
거북 45, 51, 243, 311, 313, 419, 504, 513
거세 93, 97, 121, 127
거울 124, 166, 517
거위 293, 377
걷어차는 괴물 94, 98
게르만 신화 24, 314
경작인 219, 378, 425, 435, 436, 439, 454, 495, 509, 530
경험의 각인 67, 152
고구마 199, 240, 246
고등 영장류 405

고로드코프(Gorodcov, V. A.) 374, 375
고분 265, 501
고전 시기 246, 248
고전학 20, 21
고통 67~69, 71~75, 121, 149, 279, 301, 532
곡물 86, 154, 162, 164~166, 171, 219, 246, 437, 438, 454, 455, 495, 499
곰 26, 270, 293, 302, 310, 316, 353, 354, 358, 382~389, 391~397, 410, 421, 422, 424, 426~429, 440, 446~448
과학 15, 17, 18, 20, 30~32, 42, 53, 56, 58, 65, 76, 102, 108, 114, 199, 207~209, 529, 531
광대 92, 125, 271, 273, 312
괴경(塊莖) 식물 199, 235
괴테, 요한 볼프강 폰(Goethe, Johann Wolfgang von) 31, 117
교미 52, 59, 60, 526
교육 99, 106, 110, 114, 115, 118, 125, 142, 301, 365, 527
구불구불한 길 무늬 374, 375, 486, 492, 499
구석기 시대 63, 85, 168, 274, 279, 286, 293, 313, 330, 332, 335, 336, 343, 344, 349, 351, 357~360, 371, 392~394, 405, 411, 412, 419, 424, 436, 437, 440, 452, 456, 530, 533
과나코 281, 284, 285, 288

구애 56, 65, 526
국왕 살해 188, 189, 192, 194, 195, 433, 475, 484, 495
그로테 드 그리말디(Grottes de Grimaldi) 372
그리스 20~23, 25, 27, 42, 48, 67, 82, 124, 125, 134, 135, 188, 189, 211~213, 215~218, 226, 228, 234, 244, 272, 314, 317, 318, 471, 483, 493~495, 501
그림(Grimm) 형제 23, 50, 190
근동 157, 161, 162, 164, 171, 200, 219, 234, 235, 244, 263, 272, 334, 359, 360, 377, 401, 417, 442, 454, 475, 488, 494, 497, 498
근본적 관념(elementary ideas) 48, 50, 53, 66, 108, 132, 136, 137, 141, 148, 152, 158, 291, 300, 360, 390, 398, 399, 521, 533
『금강경(金剛經)』 266
금성 173, 195, 330, 457, 462, 464, 477, 510, 519
기도-막대기 383~386
기독교 20, 21, 23, 30, 41, 91, 103, 137, 211, 249, 257, 311, 313, 335
기밀-신(Gimil-Sin) 466
기억 심상(engram) 48, 99, 526
기원 신화 106, 109, 110, 132, 357
기하학적 모티프 375
길렌(Gillen, F. J.) 117, 119, 126, 138, 139, 153, 289, 290, 347, 348, 364
까치 325~327, 333
꿈의 시간 111, 117, 138

ㄴ

"나"라는 개념(concept of "I") 129, 134
나바호족 264, 265
나비 59, 95
나선 84, 88~90, 202, 203, 218, 245, 268, 377, 378, 439, 485~487, 499, 503, 504, 515
나자그네크(Najagneq, 샤먼) 70~72, 119, 149, 275, 279, 283, 284, 398, 531
나투피안(Natufian) 162, 171, 263, 432, 454
나파타(Napata) 178, 179, 187, 188, 191, 216, 477
낙원 44, 84, 92, 97, 146, 156, 175, 513
낙태 379
난나(Nanna) 458, 470, 472
남근 상징의 어머니(phallic mother) 93, 127
네안데르탈(Neanderthal)인 26, 86, 105, 110, 371, 387, 389, 390, 392, 395, 396, 413, 414, 420~422, 440, 446~448
네프티스(Nephthys) 480, 482
놀이 36~44, 56, 60, 149, 157, 158, 174, 214, 337, 338, 368, 406, 407, 427, 443~445, 457, 458, 473~475, 505
놈(Nome) 479
농경 85, 86, 155, 161, 162, 172, 196, 235, 236, 238~240, 244, 245, 262~264, 271, 274, 275, 308, 320, 332~334, 359, 360, 368, 378, 383, 387, 397, 399, 485, 486, 488, 495, 504, 529
누비아(Nubia) 177, 178, 188, 349, 479, 484
뉴 그레인지(New Grange) 84, 89, 486, 487
뉴기니(New Guinea) 197, 200, 244, 368, 436, 498
뉴질랜드(New Zealand) 219, 220, 233, 500
니그로(Negro) 48, 311, 421
니네베(Nineveh) 26, 169, 172
니사의 그레고리(Gregory of Nyssa) 451
니체, 프리드리히 빌헬름(Nietzsche, Friedrich Wilhelm) 30, 54, 56, 274, 312, 317, 321, 442, 525
니키틴, 미하일 사비치(Nikitin, Michail Savvitch) 303

색인 563

닌슈부르(Ninshubur) 470~472

ㄷ

다르마(Dharma) 176, 495, 525, 527~532
다르푸르(Darfur) 178, 179, 188
다무(Damu) 465, 466, 481, 483
다무지-압수(Damusi-absu) → 다무
다윈, 찰스(Darwin, Charles) 26, 409
다트, 레이몬드(Dart, Raymond) 408, 444
단식 142, 213
달(moon) 76, 77, 90, 173, 175,
 181~184, 192, 195, 204~206, 208, 212,
 213, 215, 220, 245, 269~271, 273, 295,
 319, 320, 367, 416, 417, 433, 441, 442,
 445, 457, 458, 462, 464~466, 470, 472,
 475~477, 482, 483, 495, 502, 504, 507,
 508, 510, 511
달력 161, 174, 175, 234, 246, 262, 318,
 320, 456, 479, 480, 513, 516, 519
대나무 199, 200, 203, 226, 513
대정령 273, 276~278, 313
덕(virtue) 42, 91, 524, 525
데마(Dema) 197, 200, 203, 204,
 208~210, 215, 217, 244, 254, 263, 464
데메테르(Demeter) 124, 211~214, 218,
 329, 481, 498
데비(Devi) 494
도(道) 176, 510
도기 165, 199, 236, 245~247, 265, 375,
 402, 418, 455, 456, 477, 478, 484~486,
 492, 495, 499, 507, 509, 510, 514
도끼 169, 171, 390, 397, 409, 413, 414,
 437, 444, 445, 478, 484, 492, 498~500,
 510
도르도뉴(Dordogne) 343, 344, 357, 389,
 390, 396, 425
도취 40
독수리 126, 146, 216, 245, 265, 274, 310,
 320, 341, 456

독신 99
돌멘(dolmen) 505, 507, 508
돌아온 피의 의례(returned-blood ritual)
 339, 349
동성애 99
동손(Dong-son)족 515, 516
동정녀 마리아 → 성모 마리아
동형체(isomorphs) 51, 76, 77, 96
돼지 90, 162, 165, 169, 199, 201, 203,
 204, 212~218, 228, 235, 329, 402, 410,
 414, 416~419, 423, 454~456, 478, 483,
 489, 490, 492, 497~509, 514, 531
두개골 19, 86, 154, 155, 372, 389,
 392~394, 408~410, 412, 422, 428, 437,
 446, 448, 460, 461, 475, 479, 486
두번째 아담 131, 137, 148
둥기(Dungi) 466
드라헨로흐(Drachenloch) 동굴 388, 395
드루이드(Druid) 490
들소 86, 276, 305, 306, 309, 310,
 323~330, 332, 333, 335, 336, 344, 345,
 348, 349, 351, 353, 356, 370, 371, 377,
 390, 393, 397, 410, 411, 421, 424, 427,
 431, 441, 450, 453, 457, 492, 530
디아나(Diana) 74, 81~83, 489
디오도루스 시쿨루스(Diodorus Siculus)
 188, 192
뗏목 241, 313, 519

ㄹ

라그나뢰크(Ragnarök) → 신들의 황혼
라딘, 폴(Radin, Paul) 288, 523
라마(llamas) 164, 245
라마크리슈나(Ramakrishna) 39~41, 523
라비아(Rabia) 204, 211
라 샤펠로생(La Chapelle-aux-Saints) 동굴
 390, 396, 397
라스무센, 크누트(Rasmussen, Knud) 69,
 71, 72, 277~279, 398

라스코(Lascaux) 동굴 293, 344~346, 348, 349, 427, 450
라 페라시(La Ferrassie) 동굴 389, 396, 397
락슈미(Lakshmi) 375, 381
란드-나마(land-náma) 231, 395, 418
래드클리프 브라운(Radicliffe-Brown) 49, 112, 415, 420
레-헤브-헤브(Le-hev-hev) 509
레스퓌그(Lespugue)의 베누스 373
레어드, 존(Layard, John) 502, 504
로데시아(Rodesia) 396, 432, 475, 477
로레토의 연도(Litany of Loreto) 166
로렌츠, 콘라트(Lorenz, Konrad) 56, 64
로마 가톨릭 교회 23, 38, 166
로셀의(Laussel) 베누스 329, 331, 371
로키(Loki) 24, 314, 320
로하임, 게자(Róheim, Géza) 62, 76, 97, 121, 123, 126, 127, 157, 346, 347, 419, 444
루에보 피그미(Luebo Pygmy)족 349
르 무스티에르(Le Moustier) 동굴 390, 396, 397
르네상스 20, 23, 527
리베, 폴(Rivet, Paul) 240~242, 412
리스-뷔름(Riss-Würm) 간빙기 387, 388, 395, 411
링감(lingam) 494, 495

ㅁ

마그달레니안기(Magdalenian period) 358, 369, 394, 424, 426~428, 452
마다가스카르(Magadascar) 163, 164, 233, 234, 333, 500
마로(Maro) 축제 201~203
마르가(māgra) 522, 524, 532
마린드-아님(Marind-anim) 197, 210, 212
마법사 19, 72, 284, 285, 344, 345, 348, 350, 354~357, 450, 488

마야(Maya) 244, 246, 248
마우이(Maui) 220, 222~225, 314, 346
"마치 ~인 것처럼(as if)"의 게임 35, 36, 43
마키(Maki) 의식 502, 503, 504, 508
만, 토마스(Mann, Thomas) 17, 18, 20, 30, 31, 35
만(卍) 자 무늬 167~169, 265~267, 293, 375, 499
말라바르(Malabar) 193, 219
말레이-폴리네시아 언어 복합 163, 233, 235, 240
말레쿨라(Malekula) 88, 90, 156, 163, 445, 501~503, 506
말타(Mal'ta) 293, 376, 377, 397, 425, 439
말타 십자가 484
매머드 26, 27, 85, 293, 353, 358, 370~372, 374~379, 386, 397, 411, 421, 425, 426
매장 86, 89, 90, 154, 163, 211, 378, 392, 396, 397, 424, 448
매컬럭(MacCulloch, J. A.) 488, 489
머리 사냥 97, 205, 206, 243, 367, 422, 437, 446, 499, 500, 502
메가라(megara) 213, 215
메두사(Medusa) 216, 244
메림데(Merimde) 477, 478
메소포타미아(Mesopotamia) 19, 21, 25, 26, 170~172, 234, 244, 245, 248, 265, 354, 431, 454, 464, 465, 478, 479, 483, 492, 494, 495, 497, 514
메진(Mezin) 293, 425
멕시코(Mexico) 164, 233, 239, 240, 242, 245~247, 255, 268, 516, 519
멜라네시아(Melanesia) 28, 89, 199, 212, 219, 242~244, 275, 333, 367, 368, 412, 436, 437, 445, 483, 497~499, 501, 506
멜빌, 허먼(Melville, Herman) 31
멩힌, 오스발트(Menghin, Oswald) 359, 378, 392, 437, 497

명상 73, 81, 84, 113, 266, 277, 407, 493, 494
모권제 367, 368, 498
모잠비크(Mozambique) 193, 195
모헨조다로(Mohenjo-Daro) 84, 491, 492
목성 173, 193, 457, 510
몬순 240, 317, 416
무사도(武士道) 41
무스테리안기(Mousterian period) 358, 388, 390
무의식 16, 18, 30, 31, 47, 60, 66, 84, 93, 97, 104, 106, 123, 152
문신 143, 163, 244, 382, 479
물고기 18, 53, 146, 203, 205, 210, 233, 244, 264, 280, 353, 372, 374, 377, 379, 381, 383, 435, 436, 439, 440, 456, 461, 482, 504, 526
물소 164, 493, 500
물총새 317, 417
물푸레나무 147, 320
미노타우로스(Minotauros) 84, 352, 484, 507
미로 84, 88~90, 145, 148, 156, 163, 218, 228, 350, 352, 374, 375, 377, 378, 440, 484, 503
미분화(indissociation) 40, 102, 106, 107, 350
미사 38, 101, 214, 257, 312, 356
미성숙 55, 56
미케네(Mycenae) 27, 169
민담 24, 88, 163, 189, 190, 232, 263, 311, 416, 426, 489
민속학 17, 20, 93
믿음(belief) 39, 43, 44
밀로마키(Milomaki)의 전설 254, 255

ㅂ

『바가바드 기타(Bhagavad Gītā)』 336, 496

바그너, 리하르트(Wagner, Richard) 24, 31, 323
바나나 146, 163, 199, 201, 203, 232, 235, 436, 509
바다리아(Badaria) 문화 478
바다표범 280, 379, 380, 427
바벨탑 319
바보축제 312
바빌론 26, 88, 98, 195
바숨브와(Basumbwa)족 144, 155
바스티안, 아돌프(Bastian, Adolf) 27, 28, 48, 53, 66, 136, 137, 141, 148, 158, 291, 521, 522
바이네르트, 한스(Weinert, Hans) 387, 423
바이칼(Baikal)호 286, 293, 299, 313, 370, 371, 376, 378, 379, 425, 448
바퀴 161, 174, 234, 456, 479, 480
발사(balsa) 뗏목 241
배로(barrow, 무덤) 485
배변 91
배설물 91, 92
배흘러, 에밀(Bächler, Emil) 388, 392
뱀 25, 124, 147, 154, 163, 166, 174, 201, 214~218, 220, 228, 231, 244, 245, 248, 258, 267, 272, 274, 275, 317, 318, 320, 329, 347, 348, 353, 364, 375, 378, 381, 433, 435~442, 456, 471, 476, 493, 495, 496, 504, 515, 516, 519
뱀장어 146, 219~226, 228~231, 346, 458, 504
베구앵, 앙리(Bégouën, Henri) 351, 356, 393, 450
베넷, 웬델(Bennett, Wendel C.) 238, 239
베누스(Venus) 166, 169, 359, 360, 372, 418, 465, 483
베다 만신전 22
베들레헴(Bethlehem) 231, 344
베이루트(Beirut) 162, 455
벨덴(Velden) 387, 389
병아리의 반응 46, 47, 50, 51, 65

병행 발전(parallel development) 28, 29, 66, 125, 233, 234, 242, 265, 412
보르네오 244, 422, 437, 446
보리 164, 165, 455, 480
보탄(Wotan) 24, 25, 146, 292
보편적 길(universal way) 521
본능 교차 77
본능적 욕구 113
볼크, 루드비히(Bolk, Ludwig) 54, 55
부르-신(Bur-Sin) 466
부리야트(Buriat)인 286, 293, 313, 377
부메랑 350, 421, 432, 478
부시맨(bushman) 413, 423, 432
부처 21, 22, 266, 267, 293, 493, 496, 510, 511, 524
부활 15, 72, 74, 86, 125, 137, 169, 170, 195, 208, 211, 218, 245, 257, 344, 417, 433, 441, 457, 465, 479, 480, 482, 483, 519, 520, 528, 532
북경인 409, 412, 444
북아메리카 인디언 26, 255, 261, 333, 338, 446
불교 20, 23, 83, 91, 174, 266, 274, 291, 293, 381, 493, 496
불멸 163, 170, 174, 209, 293, 334, 360, 396, 399, 507
불안 93, 102, 114, 127, 134, 148, 208, 289, 397, 509
뷔름(Würm) 빙기 370, 387, 388, 423
브라질(Brazil) 49, 240, 242, 243, 254, 333, 399, 412, 500, 501
브뢰이, 아베(Breuil, Abbe H.) 330, 345, 350~352, 354, 356, 357, 374, 423
브리기트(Brigit) 488
브리지스, 루카스(Bridges, E. Lucas) 361
『브리하다라니아카 우파니샤드(Bṛhadāraṇyaka Upaniṣad)』 103, 129, 133
브린턴, 다니엘(Brinton, Daniel G.) 27, 28
블랙풋(Blackfoot)족 인디언 328, 332, 335, 376

블레이크, 윌리엄(Blake, William) 91
비둘기 169, 294, 317, 337, 374, 381, 417, 451, 456
비밀결사 163, 206, 361, 362, 367~369
비비 408, 482
비숍, 칼(Bishop, Carl W.) 498
비슈누(Vishnu) 267, 272, 336, 493
비옥한 초승달 지대 477, 485
빈랑나무 열매 202
빌리쿠(Biliku) 317, 416~418
빵나무 231, 232, 504
뾰족한 막대기(pointing sticks) 348
뾰족한 뼈(pointing bone) 346~349
뾰족한 뼈 의례 → 뾰족한 뼈

ㅅ

사냥꾼 18, 19, 26, 50, 78, 81, 85, 157, 167, 205, 261, 262, 274~276, 284, 285, 288, 324, 328, 331, 333, 336, 338~341, 343, 356, 360, 366, 367, 370, 374, 375, 378, 385, 386, 393, 395, 397, 408, 411, 421, 422, 426, 427, 453, 528, 531
사로잡힘(Seizure) 37, 39, 40, 42, 43, 157, 301, 407, 438, 439, 443
사마라(Samarra) 도기 8, 167~169, 171, 265, 375, 455, 456
사원 동굴 447, 448, 508
사육제 312
사자(lion) 39, 144, 166, 248, 274, 275, 341, 354, 377, 381, 388, 394, 395, 397, 410, 417, 428, 429, 431
사자(死者)의 땅 15, 88, 90, 145, 148, 156, 163, 212, 231, 314, 503, 506
사제 도시국가 171, 172, 176, 192, 196, 206, 210, 246, 267, 301, 337, 381, 396, 401, 456, 465, 492, 494~496, 499, 410, 514, 529
사탄 311
사테네(Satene) 203, 211, 218

색인 567

사하라(Sahara) 349, 372, 429, 431, 432, 453
사향고양이 414, 417~419, 437
사후세계 86, 146
산스크리트 21, 22, 24, 73
살리(Sali) 180~187, 192, 195, 196, 216, 484
살리-푸-함르(Sali-fu-hamr) → 살리
살리나르/갈린나조(Salinar/Gallinazo) 시기 246
살인 78, 205, 206, 420
살해 98, 152, 157, 179, 188, 189, 192~195, 204~206, 210, 211, 219, 249, 274, 327, 335, 336, 341, 384, 394, 395, 397, 399, 419, 424, 433, 444, 448, 475, 476, 484, 495, 508
삼각형 431, 485, 492
상제(上帝) 512, 513
새(bird) 18, 51, 53, 62, 163, 168, 203, 205, 210, 238, 244, 248, 265~272, 292~295, 304, 305, 308, 310, 313, 316, 332~334, 337, 345, 346, 349, 374, 375, 377~379, 383, 386, 416, 419, 439, 440, 482, 508, 513, 518
생득적 방출 기제(IRMs) 45, 46, 51, 53, 59~63, 65, 85, 95, 114, 335, 525, 526
생물학(적) 23, 27, 30, 53, 54, 58, 59, 65, 66, 77, 79, 99, 102, 198, 398, 438, 525, 526, 530, 561
샤르트르(Chartres) 성당 131, 343, 344
샤머니즘 261, 263, 275, 276, 286~289, 292, 293, 296, 299~301, 303, 314, 318, 332, 334, 346, 369, 376, 377, 379, 398, 443, 508, 509
샤먼 69~72, 78, 85, 101, 110, 119, 149, 261~263, 269~275, 277~279, 283~294, 296~304, 313, 314, 319, 320, 323, 328, 331~333, 337, 338, 343, 345, 348~350, 357, 359, 369, 371, 374, 376~382, 396, 398, 401, 421, 424, 427, 429, 431, 440, 450, 495, 498, 508, 531, 532

샹슬라드(Chancelade)인 423
샹폴리옹, 장 프랑수아(Champollion, Jean François) 25
성모 마리아 82, 87, 90, 93, 97, 166, 169, 294
성사(聖事) 16, 38, 101, 350, 427
성서 21, 23, 25, 107, 127, 148, 220, 228, 317, 318, 335
성소 16, 39, 170, 173, 189, 213, 214, 256, 274, 291, 330, 332, 344, 345, 349~351, 354, 356, 357, 359, 364, 371, 376, 407, 414, 422, 440, 446, 448, 450, 502
성숙 52, 55, 56, 62, 79, 111, 112, 151, 156
성스러운 기둥 130
성인(聖人) 40, 90, 92, 189, 320, 401, 457, 488, 523
성찬식 215
성화(Consecration) 255, 349, 503
세계 나무 → 이그드라실
세계 산 174, 272, 273
세람(Ceram) 200, 201, 203, 204, 206, 210, 500
세묘노프, 일리야(Semyonov, Ilya) 286
세몬, 세묘노프(Semyon, Semyonov) 286, 289, 291, 301
세석기 162, 429, 431, 437, 451
세트(Set) 480, 482, 483
셰라자드(Shehrzad) 188~190, 192, 195
셸링, 프리드리히(Schelling, Friedrich W. J. von) 136, 137
손가락 희생 424
솔로몬(Solomon) 제도 242, 500, 501
솔로(Solo)인 422, 437, 446
솔루트레안기(Solutrean period) 358, 424~426
쇼펜하우어, 아르투어(Schopenhauer, Arthur) 24, 30, 46, 55, 133
수단(Sudan) 177, 189, 191, 193, 196, 197, 215, 219, 232, 236, 387, 394, 397, 399, 475, 477

수마트라(Sumatra) 244, 248
수메르(Sumer) 170, 173, 174, 192, 341, 456, 458, 463, 474, 477, 479
수성(水星) 173, 457, 510
수(Sioux) 인디언 → 오글랄라 수족
수학 456, 457, 464, 478, 513, 528
수호자 39, 150, 163, 214, 263, 286, 338, 374, 503
순록 시대 26, 27
숫양 130, 349, 431, 478
슈미트, 빌헬름(Schmidt, Wilhelm) 364~367, 370, 399, 411, 412, 504
슈브-아드(Shub-ad) 461, 462
스위스 395, 484, 486, 497
스쿨크래프트, 헨리 로(Schoolcraft, Henry Rowe) 26, 249, 262
스페인(Spain) 27, 85, 167, 257, 266, 371, 425, 426, 431, 449, 452, 478, 486, 488, 508
스펜서, 볼드윈(Spencer, Baldwin) 117, 119, 126, 138, 139, 153, 289, 290, 347, 348, 364
스핀든, 허버트(Spinden, Herbert J.) 237, 376
시난트로푸스 페키넨시스(Sinanthropus Pekinensis) 409, 444, 446, 447
시런 39, 74, 75, 112, 115, 117, 122, 125, 135, 142, 277, 278, 279, 366
시리아 169, 191, 454, 479, 484
시바(Shiva) 40, 272, 493, 494, 521, 524
시베리아 236, 279, 286, 292, 293, 299, 311, 314, 333, 346, 360, 370, 371, 379, 383, 387, 396, 411, 425
시빌(Sibyl) 89
식인 풍습 87, 254
신경증 30, 48, 83, 84, 93, 102, 288, 398
신들의 황혼 314, 320
신비주의 69, 103, 107, 119, 151, 291, 524
신석기 60, 90, 161, 162, 164~167, 171, 172, 175, 200, 219, 234, 235, 239, 245, 264, 265, 267, 272, 320, 333, 358, 360, 374, 375, 376, 383, 387, 395, 396, 401, 402, 418, 431~433, 435, 440, 442, 449, 452~455, 477, 478, 492, 494, 495, 497~501, 507, 509
신세계 27, 236, 237, 239, 255, 257, 265, 402, 411, 412, 501, 515
신호 자극(sign stimuli) 46, 50, 51, 53~55, 57~61, 64, 65, 77, 79, 85, 95, 99, 443, 449, 526
신화발생 지대 438, 442~444, 446, 448, 449, 451, 452, 454, 456, 477, 479, 485, 492, 494~496, 509, 533
실라(Sila) 71, 149
실론(Ceylon) 11, 431, 451, 496
실루크(Shilluk) 192, 193, 216, 464
심리학(적) 16~18, 25, 27~31, 38, 47~50, 56, 58, 59, 61, 66, 78, 80, 85, 97, 98, 113, 115, 117, 122, 123, 127, 134, 148, 152, 158, 175, 205, 209, 231, 233, 248, 299, 300, 312, 360, 371, 398, 399, 407, 438, 441, 444, 455, 456, 501, 521~525, 531, 532
십자가 132, 135, 148, 167~169, 171, 173, 248, 484, 518
십진법 174
쌀 164, 199
쐐기문자 479
쓰레기 더미 417
씨 86, 154, 156, 163, 165, 187, 193, 256, 257, 267, 271, 333, 441, 457, 464, 504, 505, 530
씨앗 → 씨

ㅇ

아그자르토크(Aggjartog, 샤먼) 279
아눈나키(Anunnaki) 470, 472
아담(Adam) 38, 127, 131, 132, 137, 141, 148, 369, 405

아데나(Adena) 377, 378
아도니스(Adonis) 169, 344, 417, 418, 465, 481, 483, 497
아드자(Aadja, 샤먼) 294, 297, 298
아라비아 189, 190, 191, 195, 399, 414, 454
아라비안나이트 → 천일야화
아라크 벤 하술(Arach-ben-Hassul) 177, 178, 189
아란다(Aranda)족 110, 115, 121, 122, 130, 133, 137, 138, 153, 289, 357, 364, 397, 401
아르테미스(Artemis) 82, 375
아르트하(Artha) 525, 526, 528~532
아리스토텔레스(Aristotles) 39, 67, 101, 335
아리아인 22, 25, 491, 495, 496
아마란스(Amaranth) 240, 242, 243
아메리카 들소 → 들소
아메타(Ameta) 201, 203, 217, 218
아-바르-기(A-bar-gi) 461, 462, 465
아비시니아(Abyssinia) 400, 509
아스타르테(Astarte) 481
아스텍(Aztec) 175, 244, 247, 255
아시아 17, 19, 157, 161, 164, 237, 238, 240, 243, 247, 248, 382, 392, 393, 402, 406, 410~412, 425, 426, 436, 437, 446, 448, 454, 479, 498~500, 516
아우아(Aua, 샤먼) 69, 71
아움(AUM) 107
아이누(Ainu)족 382, 383, 385, 386, 391, 392, 396, 397, 445, 447, 449
아이스킬로스(Aeschylus) 318, 471
아이슬란드(Iceland) 132, 146
아인슈타인, 알베르트(Einstein, Albert) 207
아일랜드(Ireland) 22, 84, 89, 189, 244, 484, 485, 486, 488, 497, 502
아카프(Akaf) 179, 180, 185~187
아테네(Athene) 74, 125, 484
아티스(Attis) 483, 497

아파치(Apache) 인디언 92, 94, 263~267, 271, 284, 334, 485
아폴론(Apollon) 128, 213
아풀레이우스, 루키우스(Apuleius, Lucius) 74
아프로디테(Aphrodite) 374, 417, 440, 465, 481, 483
아프리카 28, 144, 145, 154, 161, 163, 164, 177, 195~197, 199, 200, 212, 219, 232, 233, 244, 311, 314, 339, 348, 349, 350, 367, 394, 395, 397, 399, 405, 406, 408~410, 413, 421, 423, 428, 429, 431, 432, 436, 437, 444, 448, 451~454, 471, 476~478, 497, 498, 507
아프리칸트로푸스(Africanthropus) 410
악마 25, 31, 35, 36, 42, 92, 100, 101, 257, 272, 311, 312, 313, 381, 385, 493
악어 숭배 163
악타이온(Actaeon) 81, 82
안나푸르나(Annapurna) 90
안다만(andaman) 사람들 90, 93, 94, 316, 365, 401, 414~420, 437, 498
안데르손, 요한 군나르(Andersson, Johan Gunnar) 499
안드로메다(Andromeda) 216, 244
알라(Allah) 25, 524
알라칼루프(Alacaloof)족 280, 412
알렉산드로스(Aléxandros) 22, 496
알타미라(Altamira)
알트제링가(altjeringa) 111, 115, 117, 118, 364
알파카(alpaca) 164, 245
암라티아(Amratian) 양식 478
암벽화 349, 351, 424, 429, 431, 453
암브로시아(ambrosia) 87, 90
암브림(Ambrim) 508
암빌예리키라(ambilyerikirra) 138~140
암소 129, 169, 329, 456, 464, 466, 495
앙골라(Angola) 193, 195
애니미즘(animism) 27, 99, 106
애드머럴티(Admiralty) 제도 436, 442

야금업 246, 488, 495, 515
야마나(Yamana)족 280, 363, 365
야브루드(Yabrud) 162, 455
야쿠트(Yakut)인 286, 292, 294, 298, 302, 311, 313, 360
야후나(Yahuna)족 254
야흐간(Yahgan)족 280, 363~365, 368, 412
얌(yam) 146, 163, 199, 208, 215, 232, 436, 504, 507
양성구유 135, 137, 142, 148, 472
양수(羊水) 83, 122
어머니-여신 90, 166, 360
에고(ego) 134, 441, 509, 532
『에다(Edda)』 132, 146, 148, 320
에덴 동산 38, 135, 141
에레슈키갈(Ereshkigal) 467, 468, 470
에르가메네스(Ergamenes) 188
에리두(Eridu) 170
에리트레아(Eritrea) 문화 지대 195, 476~478
에링스도르프(Ehringsdorf) 422, 446
에스키모 52, 69~71, 119, 263, 275, 277~279, 284, 291, 337, 340, 365, 379, 380, 396, 423, 428, 528, 531
「에스겔」 417
에티오피아(Ethiopia) 74, 178, 188, 216
엔릴(Enlil) 470, 472
엔키(Enki) 470, 472
엘레우시스(Eleusis) 74, 213, 214
엘리아데, 미르치아(Eliade, Mircea) 287, 292
여신 74, 81~83, 88, 90, 124, 125, 132, 146, 166, 169~171, 194, 211~213, 215, 217, 218, 231, 244, 245, 255~258, 329, 337, 360, 367, 374, 375, 377~379, 381, 382, 384, 386, 387, 391, 417, 424~426, 439~441, 445~449, 464~467, 470, 471, 477, 480, 481, 484, 488, 489, 494~496, 498, 504, 509
여우 77, 306, 314, 316, 370, 377, 426

여우 레너드(Reynard) 311, 377
열린 구조(open structures) 51
열쇠-자물쇠(key-tumbler) 구조 53, 55
염소 130, 162, 165, 166, 169, 199, 454~456, 462, 478, 497, 501
영양(antelope) 308, 309, 314, 315, 339, 340, 370, 408
영웅 15~17, 21, 42, 89, 90, 94, 95, 98, 205, 206, 216, 220, 226, 313~315, 333, 489, 496, 515, 519
영혼 38, 43, 46, 67~69, 88, 137, 138, 145, 146, 150, 155, 156, 206, 215, 254, 255, 291, 292, 294, 296~298, 302, 335~338, 379, 391, 398, 420, 440, 449, 451, 471, 483, 505, 506, 509, 519, 532
예배 39, 40, 174, 194, 257, 334, 349, 424, 521
예세이 야쿠트(Yessei Yakut)족 286
예수 그리스도 21, 38, 97, 131, 135, 148, 169, 211, 473
옌젠, 아돌프(Jensen, Adolf) 198, 200, 205, 209, 219, 300, 497
오글랄라 수(Oglalla Sioux)족 276
오나(Ona)족 280~285, 296, 361, 363, 368, 369
오디세우스(Odysseus) 422, 423, 497
오이디푸스 콤플렉스(Oedipus complex) 96, 108, 121
오리나시안기(Aurignacian period) 49, 330, 333, 358~360, 369~371, 408, 423~426, 431, 439, 456
오베르카셀(Oberkassel)의 해골 428
오베이드(Obeid) 도기 171, 455
오비디우스(Ovidius) 81, 82, 216, 344, 483
오스터만(Ostermann, H.) 70, 71, 283
오스트레일리아(Australia) 63, 110, 115, 117, 121, 125, 130, 132, 134~136, 141, 142, 153, 211, 219, 275, 299, 331~333, 338, 346, 348, 364, 365, 367, 368, 397, 413, 414, 421, 498, 460

오스트리아(Austria) 372
오스티아크(Ostyak) 286, 313, 360, 376, 377, 387, 392
오시리스(Osiris) 169, 417, 479~483, 497, 519
5음 음계 511, 512
오이신(Oisin) 489~491
오지브웨이(Ojibway) 249, 262, 274, 332, 376
오케아노스(Oceanos) 212, 217
옥수수 163, 164, 238, 240, 245, 246, 249, 253, 255~257, 262~264, 271, 332, 494, 516
올두바이 조지(Olduvai Gorge) 413
올림포스(Olympus) 22, 90, 125, 175, 213, 218, 319
와칸-탄카(Wakan-Tanka) 276
왕권 161, 175, 245, 456, 463, 484, 491
왕비 172, 457, 461, 462, 464~466, 476, 481, 490
요가 134, 266, 267, 293, 334, 381, 493, 496, 524
요니(yoni) 494, 495
요정 50, 81, 488, 489, 497
요정 이야기 → 요정
용산(龍山) 499, 514
우르(Ur) 170, 171, 192, 458, 461, 463, 465, 466, 471, 472, 474, 483, 507, 511, 514
우르-남무(Ur-Nammu) 466
우슈아이아(Ushuaia) 280, 284, 363
우주 16, 19, 23, 25, 31, 38, 40, 71, 74, 78, 83, 90, 93, 98, 101, 106~108, 113, 124, 129, 133~135, 147, 149, 152, 157, 172~176, 206~209, 211, 244, 245, 264, 267, 288, 318, 319, 336, 351, 360, 407, 440, 457, 458, 464, 477, 493, 495, 510, 512, 527, 528, 529, 531
우주관(론) → 우주
우파니샤드(Upanishad) 23, 24, 42, 69, 103, 129, 133, 380, 496

우파디(upādhi) 73~75, 81, 156
울루(Ulu) 230~232
울리, 레너드(Wooley, Leonard) 192, 458, 463, 474
응간동(Ngandong)인 421, 422, 437, 446
원-신석기(Proto-neolithic) 시대 162, 171, 200, 235, 402, 431, 432, 442, 453, 454
원숭이 18, 53, 54, 76, 406, 408, 409, 415, 431
원통형 인장 493~495
월경 78, 127, 419, 421
윌리, 고든(Willey, Gordon R.) 238, 239, 249
유대교 20, 107
유령 124, 153, 155, 156, 243, 354, 362, 392, 420, 428, 456, 509
유발인(releaser) 46, 50, 55, 58, 77
유아 47, 52, 53, 63, 80, 83, 84, 90~92, 97, 101, 102, 106~109, 112~115, 122, 123, 127, 133, 142, 143, 148, 149, 208, 289, 291, 416, 527, 528, 533
유전된 이미지 45, 61, 65, 77
융, 카를(Jung, Carl G.) 30, 47, 48, 66, 150~152, 312
은유 59, 135
음경 120~123, 125, 126, 133, 141, 142
음경에 상처내기(subincision) → 음경
이그드라실(Yggdrasil) 146, 147, 292, 320
이그주가르주크(Igjugarjuk, 샤먼) 69, 71~73, 263, 275, 277~279, 337, 340, 379, 396, 531
이나(Ina) 229, 230
이난나(Inanna) 466~470, 472, 481, 483, 494
이라크(Iraq) 162, 168, 172, 191, 455
이란(Iran) 169, 171, 172, 454, 456, 492, 494, 514
이반, 포포프(Ivan, Popov) 298
이브(Eve) 38, 127, 141, 148, 220, 442
이비-신(Ibi-Sin) 466
이빨 달린 질(Toothed vagina) 93, 95

이슈타르(Ishtar) 90, 169, 194, 417, 418, 437, 440, 465, 481
이스터(Easter) 섬 163, 164, 219, 232, 233, 236, 237, 240, 241, 500
이슬람(Islam) 20, 91, 177
이시스(Isis) 74, 75, 81, 90, 169, 480~483
이집트(Egypt) 19, 20, 25, 74, 75, 82, 89, 90, 98, 162, 171, 172, 175, 176, 188, 189, 191, 234, 244, 248, 312, 354, 377, 417, 453, 455, 456, 463, 474, 477~480, 482, 496, 497
인간화 지대 405, 406, 438, 443, 444
인도차이나(Indo-China) 164, 248, 399, 497, 515
인도네시아(Indonesia) 28, 164, 193, 198, 199, 211, 215, 218, 219, 228, 233, 234, 244, 263, 333, 436, 437, 448, 496, 497, 499, 500
인류학(적) 20, 25, 27, 37, 62, 66, 96, 127, 152, 235, 238, 249, 338, 356, 376, 382, 412, 415
일본 19, 41, 103, 382, 383, 386, 392, 396, 445, 448, 474, 475, 496, 498, 500, 530
잃어버린 고리(missing link) 28, 409
임신 55, 78, 105, 144, 155, 165, 166, 229, 306, 344, 360, 367, 372, 400, 417, 471, 482, 516
입문 의례 288, 367
입센, 헨리크(Ibsen, Henrik) 30, 140
잉카(Inca) 241, 244, 247

ㅈ

자궁 54, 55, 78, 80, 81, 84~86, 93, 126, 148, 269, 273, 381, 441, 505
자기-방어 64
자바(Java) 27, 200, 234, 248, 409, 410, 444, 446, 500, 501

자바인 409, 421, 422
자칼 77, 426, 431, 482
장례식(아이누족의) 391, 396
재생 29, 80, 85, 86, 105, 112, 124, 154, 157, 206, 289, 290, 332, 334, 378, 381, 397, 399, 424, 440, 464, 505, 506
적을 죽이는 자(Killer-of-Enemy) 94, 95, 98
전문화(specialization) 455
전형 63, 90, 317, 371, 423
젊은이의 땅 490, 491
제우스(Zeus) 124, 125, 128, 211, 213, 318~321, 445, 483, 484
조로아스터교 20, 91
조이스(Joyce, James) 67, 440, 530
조화 40, 59, 68, 76, 77, 152, 176, 182, 185, 196, 207, 368, 450, 457, 511~513, 527, 529, 530
죄의식 205, 206, 209, 211
주구점(周口店) 동굴 409, 499
주술 75, 78, 85, 92, 101, 102, 112, 117, 122, 127, 141, 153, 155, 166, 213, 216, 220, 225, 226, 271, 273, 276, 278~285, 289~292, 296, 299, 301, 302, 319, 320, 323, 324, 327, 332, 334~336, 341, 345~347, 349, 350, 352, 354, 356, 357, 359~361, 364, 366, 371, 397, 408, 419, 421, 424, 427, 429, 440, 441, 449~452, 457, 464, 493, 502, 507, 517, 531
죽음 29, 42, 43, 55, 70, 72, 74, 79, 80, 85, 86, 88, 90, 112, 124, 141, 144~158, 163, 170, 179, 180, 183, 185~187, 189, 192, 194~198, 204, 205, 208~210, 215, 220, 232, 249, 254, 278, 279, 289, 290, 298, 300, 332, 336, 339, 361, 380, 390, 391, 396~399, 416, 417, 419~421, 427, 440~442, 444, 458, 462~464, 470, 474, 475, 480, 504, 506, 507, 516, 528, 531, 532
중간 세계(Middle World) 296, 297
중국 19, 129, 134, 175, 176, 199, 234,

244, 248, 266, 293, 333, 396, 409, 414, 475, 485, 496~501, 510~516, 530
중앙아메리카 19, 26, 163, 164, 175, 239, 242, 244, 246~248, 333, 515
『중용(中庸)』 512
중추 흥분 기제(CEMs) 53, 65
지그재그 무늬 374, 375, 485, 487, 492, 499
지복(至福) 84, 488
지브롤터(Gibraltar) 해협 452, 484
지옥 31, 44, 74, 90~92, 245, 253, 314
지카릴라 아파치(Jicarilla Apache) 92, 94, 263, 264, 271, 284
지하 세계 85, 194, 212, 213, 215, 218, 264, 293, 296, 424, 465~470, 472, 478, 482, 494, 495, 504, 507, 519
직조 172, 243~247, 455, 515
진화 15, 17, 55, 60, 62, 76, 199, 210, 405, 409, 410, 422, 444, 529
질(vagina) 93~95, 98, 126, 127, 306, 347, 366, 371
질병 144, 273, 296, 310, 361, 416
집단 무의식 47, 66
집단 소속 52

ㅊ

찬후다로(Chanhu-Daro) 491, 492
「창세기」 83, 127, 133, 171, 210, 369
창조론(artificialism) 106, 109, 110
천둥 223, 271, 445, 446
천문학(적) 175, 234, 248, 457, 510
천사 95, 107, 143, 294, 457, 472, 473
천상 42, 74, 90, 95, 166, 173~176, 250~252, 292, 296, 297, 320, 337, 401, 427, 457, 458, 465~468, 470, 472, 477, 495, 502, 506, 508, 510, 511, 516, 529
천일야화 189~192
청동기 시대 477, 497
초승달 170, 460, 463, 477, 485, 504, 508

초일상적 신호 자극 54, 59~61
총동지회(All Comrades Society) 337
축제 32, 35, 37, 39~41, 43, 44, 75, 138, 139, 155, 174, 184, 195, 202, 204, 207, 211~213, 215, 226, 254, 255, 257, 296, 298, 312, 368, 383, 385, 399, 489, 502
춤마당 85, 117, 118, 141, 275, 288, 315, 357, 414, 415, 449, 532
츄룽가(tjurunga) 120, 124, 138, 139, 141, 142, 414
치말만(Chimalman) 516
치무(Chimu) 시기 247
칠레(Chile) 240, 246, 515
침머, 하인리히(Zimmer, Heinrich) 82
침팬지 19, 55, 56, 406, 407, 443, 530

ㅋ

카로라(Karora) 전설 130~133
카르멜(Carmel)산 162, 432, 454
카리보우 에스키모(Caribou Eskimo) 69, 275, 277, 279, 337, 340, 365, 396
카마(kāma) 525, 526, 528~532
카쉬(Kash) 177, 178, 188~190, 192, 215, 216
카스카(Kaska) 인디언 316, 386
카인(Cain) 205, 210
카프사-세석기 양식(Capsian-microlithic style) 429
칼리(Kālī) 88, 90
캄보디아(Cambodia) 248, 496, 516
캘리포니아(California) 199, 241, 242, 365, 412
캥거루 111, 112, 115, 118, 141, 347
캥거루쥐 130, 131, 133, 141
커티스, 내털리(Curtis, Natalie) 276
케찰코아틀(Quetzalcoatl) 247, 258, 516~519
코끼리 145, 343, 349, 375, 381, 410, 411, 431, 492, 493

코레(Kore) 211, 214
코르도판(Kordofan) 177, 178, 191
코뿔소 26, 85, 343, 345, 348, 353, 370, 390, 410, 421, 426, 431, 493
코요테 77, 306, 311, 314, 315, 377, 426, 471
코코넛 146, 163, 199, 201, 203, 217, 220, 223, 225, 226, 229, 230, 235, 240, 242, 243, 246, 436
코흐 그륀베르크, 테오도르(Koch-Grünberg, Theodor) 253, 254
콘티키 원정대 241
콘노르(Konnor, 샤먼) 302
콜럼비아(Columbia) 315, 316, 386
쾰러, 볼프강(Köhler, Wolfgang) 51, 443, 530
쿠르간 485, 495
쿠자누스, 니콜라우스(Cusanus, Nicolaus) 68, 69, 72, 73
쿤, 칼리턴(Coon, Carleton S.) 356, 413, 414, 423
퀸, 헤르베르트(Kühn, Herbert) 352, 354, 356, 376, 392, 423
크라피나(Krapina) 422, 446
크레타(Crete) 25, 74, 88, 89, 124, 169, 175, 211, 213, 234, 248, 479, 483, 484, 486, 487, 497, 507
크레티앵 드 트루아(Chretien de Troyes) 380, 381
크로마뇽(Cro-Magnon)인 19, 20, 26, 423, 427
크로(Crow)족 인디언 261, 330
크뢰버(Kroeber, A. L.) 237, 242, 382
크리케베르크(Krickeberg, W.) 411
크릭(Creek) 인디언 315
크세노폰토프(Ksenofontov, G. V.) 286, 302
큰가시고기 526, 527
큰도마뱀 93, 417~419, 437
키르케(Circe) 422, 423, 497
키메라(Chimera) 494

키예프(Kiev) 168, 293, 374
킬다레(Kildare) 488

ㅌ

타일러, 에드워드(Tylor, Edward B.) 27, 28
타파천(tapa cloth) 220, 238, 243
탄트라(Tantra) 83, 107, 496
탐무즈(Tammuz) 169, 417, 418, 437, 465, 481, 497
태양 23, 76, 77, 86, 89, 90, 131, 175, 204, 213, 220, 254, 270, 319, 320, 324, 341, 361, 378, 381, 391, 397, 424, 429, 431, 435, 439, 445, 452, 453, 457, 466, 468, 479, 495, 502, 506~508, 510, 516, 518, 519
터부(tabu) 357
터키(Turkey) 169, 171, 177, 456
테 투나(Te Tuna) 221~226, 230
테세우스(Theseus) 21, 89, 352, 484
테스모포리아(Thesmophoria) 212, 213, 215
테스카틀리포카(Tezcatlipoca) 258, 517~519
토로스(Taurus) 산맥 169, 456, 509
토성(土星) 173, 457, 510
토템 97, 117, 130, 157, 243, 244, 338, 515
통과의례 79, 85, 424
투물리(Tumuli) 485
투아모투(Tuamotu) 제도 226, 241
툴라(Tula) 247, 394, 516~519
퉁구스(Tungus) 286, 287, 291, 292, 377
튀크 도도베르(Tuc d'Audoubert) 동굴 328, 351, 393, 427, 450, 464
트럼, 토마스(Thrum, Thomas) 232
트로이(Troy) 27, 88, 213, 294, 486
트루아 프레르(Trois Freres) 동굴 328, 329, 351, 354~357, 427, 429, 450

트루아 프레르의 마법사 → 트루아 프레르 동굴
트릭스터(trickster) 306~315, 318, 333, 471
트와니리카(Twanyirika) 119, 120
티아후아나코 시대(Tiahuanaco period) 246, 247
티에라 델 푸에고(Tierra del Fuego) 279, 299, 331, 361, 365, 368
티탄(Titan) 124, 125, 272, 317~319, 321
틴베르헨, 니콜라스(Tinbergen, Nikolaas) 50, 52, 59, 62, 64, 526

ㅍ

파르 리 마스(Far-li-mas) 179~188, 191, 216, 484
파리우아-아-마키투아(Fariua-a-Makitua) 226
파타고니아(Patagonia) 365, 368
팔레스타인(Palestine) 162, 454, 479
팬더 428
팬파이프(Panpipe) 242, 254, 500, 501
페루(Peru) 19, 20, 163, 164, 175, 233, 237, 239~241, 244~247, 255, 500
페르세우스(Perseus) 21, 216, 244
페르세포네(Persephone) 124, 211~214, 217, 218, 220, 228, 329, 442, 481, 483, 498, 501
페르시아(Persia) 189~191, 272
페르카나오크(Perqanaoq, 샤먼) 277
펠레(Pele) 146, 231, 445
포르트만, 아돌프(Portmann, Adolf) 53, 59, 63, 75
『포폴부(*Popol Vuh*)』 26
폴리네시아(Polynesia) 28, 219, 220, 226, 228, 230~236, 240~242, 244, 314, 346, 372, 499, 500
표범 154, 381, 394, 395, 397
푸에블로(Pueblo) 262~265, 312

푸에오(Puueo) 230, 231
프랑스(France) 26, 85, 167, 293, 328~330, 343, 351, 353, 357, 371, 389, 394, 395, 410, 411, 413, 425, 426, 429, 445, 449, 484, 486
프랑코-칸타브리안 지대(Franco-Cantabrian zone) 449, 451
프랑크포르트, 헨리(Frankfort, Henri) 453, 464, 471
프레이저, 제임스 조지(Frazer, James George) 27, 28, 31, 192, 211, 212, 215, 255, 401, 484, 487
프로메테우스(Prometheus) 314, 317~321, 409, 412
프로베니우스, 레오(Frobenius, Leo) 28, 36, 152, 153, 155, 157, 177, 188, 189, 191, 194, 195, 198, 236, 254, 339, 341, 348, 349, 359, 378, 388, 393, 394, 400, 421, 427, 476, 478, 509
프로이트, 지그문트(Freud, Sigmund) 29, 30, 47, 52, 77, 78, 81, 83, 84, 91, 93, 96~98, 101, 108, 123, 133, 150, 291, 525
프로이트 학파 → 프로이트
플라이스토세(홍적세[洪績世], Pleistocene Period) 26, 408~410, 412
플라톤(Platon) 68, 99, 127, 128, 133, 135, 141, 176, 195, 335, 427, 512
플라톤의 이데아(Platonic Idea) 335, 427
플라톤주의(Platonism) → 플라톤
플레시안트로푸스(Plesianthropus) 50, 405, 443, 444, 446
피그미족(피그미인) 19, 339~341, 349, 365, 406, 414, 421, 427, 452
피아제, 장(Piaget, Jean) 86, 100~102, 105, 106, 350
피타고라스(Pythagoras) 336, 512
피테칸트로푸스(Pithecanthropus) 28, 50, 200, 409, 410, 420, 421, 444
핑가(Pinga) 337, 379

ㅎ

하늘 100, 111, 125, 132, 147, 166, 170, 172, 182, 185, 196, 220, 250, 252, 255, 258, 264, 265, 292, 295, 302, 441, 451, 480, 484, 494, 512, 513
하데스(Hades) 212, 213, 217
하드라마우트(Hadramaut) 191, 219
하랍파(Harappa) 491, 492, 494, 496, 514
하와이(Hawaii) 145, 146, 155, 156, 219, 230, 233, 237, 241, 445
하이네 겔데른, 로베르트(Heine-Geldern, Robert) 175, 235, 243, 244, 436, 437, 497~500, 502, 515
하이누웰레(Hainuwele) 200~203, 210, 211, 217, 218, 220, 228, 244, 483, 501
하이델베르크(Heidelberg)인 410
하인(Hain) 361~363, 368
하프 459, 460, 463, 465, 507, 511
학틴(Hactcin) 264, 265, 267~273, 320, 334
한(漢) 제국 248, 515, 516
할라프(Halaf) 도기 167~169, 171, 172, 455, 456, 484, 507, 509
할례 115, 117, 119~125, 127, 133, 135, 141, 142, 366, 400
행성 192, 458, 510, 511
허드슨(Hudson)만 69, 71, 279, 299, 331, 340, 387
헤르메스(Hermes) 314, 471, 472
헤카테(Hekate) 74, 211~213
헬(Hel) 88, 320
헬완(Helwan) 162, 455
형이상학 30, 31, 43, 46, 83, 97, 104, 133, 291, 496, 521
형제 토끼 311, 314
호루스(Horus) 90, 479, 482
호리병박 238~241, 243, 245, 246, 340, 500, 501

호이징가, 요한(Huizinga, Johan) 37, 38, 41, 157, 473, 474
홍해 191
화덕 319, 374, 376, 384, 386, 409, 426, 445, 447, 448
화산 146, 156, 231, 445, 447, 508, 509
화성(火星) 173, 457, 510
확산 28, 29, 90, 161, 229, 233~236, 239, 244, 246, 401, 418, 438, 442, 444, 448, 449, 452, 473, 475, 477, 483, 484, 486, 491, 497, 500, 501
환상 30, 37, 48, 49, 87, 102, 114, 134, 142, 261~263, 275, 278, 289, 292, 299, 301, 369, 532
황금해안 169, 394
황소 39, 85, 86, 129, 162, 165~167, 169~171, 179, 183, 187, 229, 293, 295~297, 302, 319, 325~329, 334~337, 344, 349, 427, 431, 450, 454~456, 460, 462~465, 471, 475~477, 478, 483~485, 492, 495, 501, 502, 507~509, 511
황소 산맥 → 토로스 산맥
황제(黃帝) 510, 513
황홀경 40, 292, 293, 301, 440
후슈켄(Houshken, 샤먼) 281~283
후아카 프리에타(Huaca Prieta) 237, 241, 245, 500, 501
후지(불의 여신) 386, 445
후지산 386, 445
휴머니즘 23, 189, 484
희생제의 86, 210, 228, 319, 331, 336, 384, 392, 396, 424, 427~429, 433, 444, 489, 500, 501, 505~509, 514
히나(Hina) 220~222, 226, 229
힌두교 82, 91, 101, 134, 174, 267, 291, 380, 493, 496, 521